法 学 阶 梯
INSTITUTIONES
普通高等教育**法学规划教材**

竞 争 法

Competitive Law

主 编 江 帆

撰稿人 江 帆 叶 明 盛学军
以撰写章节先后为序 谭贵华 马 勇 尹亚军
曾 野 吴太轩 万 江
朱战威 郑若瀚 李 剑

法律出版社
——北 京——
始创于 1954 年

好书，同好老师和好学生分享

出 版 说 明

法律出版社在其奋进发展的六十年光辉历程中，秉精诚之心，集全社之力，服务于我国法学教育事业，致力于法学教材出版。尤其在改革开放三十余年间，本社以“传播法律信息，推进法制进程，积累法律文化，弘扬法治精神”为宗旨，协同司法部法学教材编辑部，规划并组织出版了国家“八五”“九五”期间的法学规划教材，为我国改革开放之初的法学教育和法治建设做出了开创性贡献；进入21世纪之后，法律出版社又根据教育部的部署和指导，相继规划并组织出版了“十五”、“十一五”和“十二五”法学规划教材，为我国法学教育事业的发展与改革付出了艰辛努力。

承蒙法学教育领域专家作者的信任，以及广大法律院校师生的支持，法律出版社经过三十年的发展与积累，相继出版各类法学教材达四百余种。在学科范围方面，完成以法学核心课程为重心，涉及法学诸学科的“全品种”横向结构；在培养层次方面，健全以本科教育为根本，兼顾职业教育和研究生教育的“多层次”纵向结构，进而打造“法律版”法学教科书体系，以期更好地为法学教育服务，为法治建设贡献绵薄之力。

近年来，法律出版社应因法学教育的发展变化，在教材编写体例及系列安排方面做出相应调整。在教材编写体例方面，结合当前教学实际与培养方案，将系统、全面的理论知识讲授与灵活、丰富的法律实践和能力训练相结合，倡导教材内容差异化，增加教材可读性，以期更好地培养法科学生的思维能力和法学素养。在教材系列安排方面，全力推进新品教材编写与注重既有教材修订相结合，根据教材风格与特色进行适当的套系整合，集中现有的国家级规划教材和在编的规划教材，形成以“普通高等教育法学规划教材”为名的全新教材系列。

本系列教材多为出版多年并广受好评的经典教科书。此次全新推出，既是向长期以来关心支持法学教育出版事业的专家作者的崇高致敬，也是法律出版社为中国当代法学教育事业发展拳拳努力之情的真诚表达。法律出版社将以高度的精品意识和质量标准，不断丰富、完善本系列教材的结构和内容；除教材文本之外，还将配有多层次、多形式的教辅材料，更好地为广大师生服务。

“好书，同好老师和好学生分享”，法律出版社愿与法律共同体诸同仁，分享好书，分享智识，分享法治进程中的点点滴滴！

法律出版社　谨识

2014年10月

出版说明

作者简介

江　帆　法学博士，西南政法大学经济法学院教授、博士生导师。国家社科基金项目评审专家，重庆市人大常委会立法咨询专家，重庆市政府立法评审委员。撰写《代理法律制度研究》《竞争法对知识产权的保护和限制》《经济法实质正义及其实现机制》《从价值属性的变化看中国农地制度的变革》等著作和论文多篇；编写《竞争法》《房地产法》《经济法》等教材多部；发表《法庭空间与司法公正》《法治的代价》《法治本土化与现代化之间》等法学随笔多篇；2016 年 5 月创办“草街读书会”。

叶　明　法学博士，西南政法大学经济法学院教授、博士生导师。美国加州大学访问学者。国家社科基金重大项目首席专家，重庆市哲学社会科学领军人才，西南政法大学人工智能法律研究院常务副院长。亚洲竞争协会理事，中国法学会经济法研究会理事，国家社科基金项目评审专家，重庆市人大常委会立法咨询专家等。主持国家社科基金重大项目、一般项目等国家级项目五项，主持省部级项目十多项，公开发表著述六十多项，获省部级奖励四项。

盛学军　法学博士，西南政法大学经济法学院教授、博士生导师。英国牛津大学访问学者，法国埃克斯马赛大学博士后，澳大利亚新南威尔士大学高级研究学者。兼任重庆市人民政府立法评审委员。撰写《证券公开规制研究》《欧盟证券法研究》《全球化背景下的金融监管法律问题研究》等著作；发表论文多篇，其中数篇被《新华文摘》《中国社会科学文摘》、人大报刊复印资料转载；编写《经济法》《竞争法学》《金融法》等多部教材。

谭贵华　法学博士，西南政法大学经济法学院教师。西南政法大学与贵州省社会科学院联合培养博士后。已出版个人专著一部，在《法学论坛》《民商法论丛》等刊物发表学术论文二十余篇，主持和参与国家社科基金项目等省部级以上课题十余项，获重庆市优秀博士学位论文等奖项。

马　勇　法学博士，西南政法大学教师。在《华东政法大学学报》《西南政法大学学报》等法学专业期刊上发表多篇学术论文，出版个人专著一部（《物权防御请求权研究》），主持多项省部级课题。获得 2016 年重庆五一劳动奖章、重庆市 2016 年高校青年教师教学竞赛一等奖、第三届全国高校青年教师教学竞赛三等奖、2017 年西南政法大学“西政好老师”等荣誉称号。

尹亚军　法学博士，深圳大学理论经济学博士后（在站）。已在《法制与社会发展》《北大法律评论》《法律适用》等刊物发表论文十余篇，被人大复印资料《经济法学、劳动法学》全文转载一篇，连续两年获中国经济法学会青年优秀论文评选二等奖。

曾 野 法学博士，重庆交通大学知识产权教师。已在《经济法论坛》《现代经济探讨》等期刊上发表论文数篇，获重庆交通大学青年教师教学竞赛一等奖。

吴太轩 法学博士，西南政法大学经济法学院副教授、硕士生导师。美国加州大学访问学者。中国银行法研究会理事，中国商业法研究会理事，重庆市社会科学专家库成员。主持和主研国家社科基金项目六项、省部级项目十多项，公开发表论文五十多篇，出版专著四部，获省部级奖励一项。

朱战威 法学博士，西南政法大学经济法学院讲师。主要研究方向竞争法，在《安徽大学学报（哲学社会科学版）》《理论月刊》《价格理论与实践》等刊物发表反垄断法论文数篇，获得中国法学会“法学家论坛”征文三等奖，主研、参与多项竞争法国家社科基金、司法部及法学会科研项目。

万 江 法学博士，中国社会科学院法学所博士后，西南政法大学经济法学院副教授、硕士生导师。曾在芝加哥大学、英属哥伦比亚大学等访学进修。主要研究竞争法、央地关系、法律的经济分析。主持完成国家社科基金、中国法学会、司法部等项目，在《中外法学》《法学家》《现代法学》《法律科学》等法学核心刊物发表论文多篇。

郑若瀚 法学博士，西南政法大学人权研究院讲师。主要研究方向为人权法和经济法基础理论。在《中州学刊》《甘肃政法学院学报》《西北农林科技大学学报》等核心期刊发表多篇学术论文，其中被《人大复印资料》全文转载一篇，主持和参与十余项国家和省部级课题，两次获得重庆市政府发展研究奖，参与起草多部国务院发布的人权白皮书。

李 剑 法学博士，上海交通大学凯原法学院教授、博士生导师。美国加州大学伯克利分校法学院访问学者。现任上海交通大学创新与规制法律研究中心主任、竞争法律与政策研究中心执行主任。研究领域为竞争法、法与经济学。在《法学研究》《中国法学》等期刊上发表论文三十余篇，被《人大报刊复印资料》《中国社会科学文摘》《高等学校文科学术文摘》转载二十余篇次。主持国家社科基金、教育部人文社科项目等课题多项。获凯原青年学者、上海市“年度社科新人奖”、上海市第六届“优秀中青年法学家”、上海市“曙光学者”以及司法部第三届法学教材和科研成果奖等奖项。

编写说明

1997年6月，由种明钊教授主编的《竞争法》被司法部列入“95规划高等学校法学教材经济法系列”丛书之一。2005年6月，本书经全面修订后作为“21世纪法学规划教材”出版。2006年8月，本教材列选普通高等教育“十一五”国家级规划教材。紧随2007年8月《反垄断法》的颁布，本教材在2008年2月又一次进行了全面修订。由于反不正当竞争法的修订一波三折，我们在等待其颁布的过程中，参考其多次的修订草案以及反垄断法实施以来的典型案例，于2016年9月，对《竞争法》进行了第四次修订。

2017年11月4日，《反不正当竞争法》由中华人民共和国全国人民代表大会常务委员会第三十次会议修订通过。以此为契机，本书重新启动了全面修订工作。鉴于各种现实情况，我们对参编人员进行了部分调整和重新分工。在种明钊教授主编的《竞争法》的基础上，根据最新的立法规范对全书体例和各章结构进行了进一步优化；在内容上，我们注重学理阐释与案例分析相结合，不仅吸收了竞争法最新的理论研究成果，而且还引述和评析了大量争议或典型的案例。此外，本书还回应了网络经济时代对竞争法的影响和挑战，如互联网新型不正当竞争、免费模式下的相关市场、平台经济的反垄断问题等。

本书编写历时一年，其间，全体作者进行了五次集体讨论和二次交叉评阅、修改，最后由主编统稿、校正和审定。在本书的编写过程中，我们秉持种明钊教授严谨求实的学术精神，一丝不苟，力求为学生奉献一本高品质的竞争法教材。但限于我们既有的学术水平，书中错漏难免，还望各位专家、学友不吝指正。我们也将在以后的教学和研究中博学审问、慎思明辨，争取本书的下一次修订“更上一层楼”。

本书由江帆教授担任主编。参加本书的撰稿人员及分工如下：

江　帆　第一章、第十二章

叶　明　第二章、第三章

盛学军　第四章、第九章

谭贵华　第五章

马　勇　第六章

尹亚军　第七章、第十章、思维导图的制作

曾　野　第八章

吴太轩　第十一章

万　江　第十三章

朱战威　第十四章、第十五章

郑若瀚　第十六章

李　剑　第十七章

西南政法大学经济法学院甘强副教授在阅读本书初稿时提出了宝贵的修改意见；经济法硕士研究生王旺、焦川浩、贺军同学认真校阅了全部书稿。在此，谨向他们表示衷心的感谢。

本书主要为高等院校法学本科生、研究生学习用书，同时也适合于高等院校经济学、管理学等专业师生参考使用。

江　帆

2019年1月6日

本书常用法律文件及缩略语

1. 反不正当竞争法	中华人民共和国反不正当竞争法
2. 反垄断法	中华人民共和国反垄断法
3. 商标法	中华人民共和国商标法
4. 广告法	中华人民共和国广告法
5. 消费者权益保护法	中华人民共和国消费者权益保护法
6. 高法《反不正当竞争法解释》	最高人民法院《关于审理不正当竞争民事案件应用法律若干问题的解释》
7. 高法《反垄断法解释》	最高人民法院《关于审理因垄断行为引发的民事纠纷案件应用法律若干问题的规定》
8. 五部委《实施细则(暂行)》	国家发改委、财政部、商务部、国家工商行政管理总局、国务院法制办联合发布《公平竞争审查制度实施细则(暂行)》
9. 美国《谢尔曼法》	美国《保护贸易和商业不受非法限制与垄断侵害法》
10. 日本《禁止垄断法》	日本《禁止私人垄断及确保公正交易法》
11. WTO《TRIPS 协定》	世界贸易组织《与贸易有关的知识产权协定》

目　　录

第一编　竞争法基础理论

第二编　反不正当竞争法

第三编 反垄断法

第四编　竞争法的实施

第一编　竞争法基础理论

第一章　竞争法概述

本章导引

进化论给我们揭示了生物世界"适者生存"的竞争法则,但互助与合作才是人类文明存续的根本保证。竞争是人类古老的现象,竞争法却是现代社会的产物。竞争法被誉为"经济宪法",其在法律体系中享有特殊地位,但同时也极具争议和不确定性。竞争法是"高级法",如果我们把合同法、侵权法比喻为四则运算,那么竞争法就类似于微积分。学习竞争法,我们必须以传统部门法为基础,否则就如空中楼阁,无法建立稳固的知识体系,更无法理解竞争法的精髓。本章从竞争的一般理论入手,带领大家去认识什么是竞争、竞争法何以产生、竞争法的思想基础与价值共识、竞争法的功能和不确定性以及竞争法与知识产权法的特殊关系。

第一节　竞争观念与竞争的意义

竞争,是世间万物相生相克的自然现象,但在人类文明的字眼里,竞争与"私有"一样,似乎历来都不是一个"道德高尚"的词汇。正如美国竞争法学者戴维·格伯尔所言,"在西方文明中,竞争一直既是上帝又是魔鬼。它许诺并提供了财富与经济进步;它也改变财富的分配,动摇共同体的根基,向道德规范发起挑战"。[1]

一、竞争与互助

生物学上的竞争是在同种或异种生物之间,为了维持个体生存和种族繁衍,相互争夺稀缺资源的一种自然现象。达尔文自然选择学说认为,竞争是生物世界的生存法则,是推动生物进化的重要因素。因为"一切生物都有按照几何比例增加的倾向,即使是生殖缓慢的人类,也能在二十五年间增加一倍","由于产生的个体比可能生存的多,(它们)在各种情况下一定要发生生存斗争,或者同种的这一个体同另一个体斗争;或者同异种的个体斗争;或者同物理的生活条件斗争"。[2] 生物世界的生存斗争包括"种间竞争"与"种内竞争"。由于同种个体对事物和空间的需求最为相似,所以"种内竞争"往往比"种间竞争"更加惨烈。人类社会的种种冲突,无

---

〔1〕［美］戴维·J. 格伯尔:《二十世纪欧洲的法律与竞争——捍卫普罗米修斯》,冯克利、魏志梅译,中国社会科学出版社2004年版,"导论"第1页。

〔2〕［英］达尔文:《物种起源》,周建人、叶笃庄、方宗熙译,商务印书馆1997年版,第78~79页。

论在形式上表现为信仰、习惯或价值观,归根结底都是为了获得更好的生存资源,无不体现这种"种内竞争"的残酷性。

自19世纪以来,达尔文关于生物世界"物竞天择,适者生存"的进化观对人类社会的各个领域产生了极其重要的影响,然而,这种观念也招致了强烈的批判和质疑。1880年,俄国动物学家凯士勒教授首先否定了竞争是生物进化的唯一法则,他在《论互助的法则》中明确提出,生物世界除了相互竞争的生存法则外,还有互助法则,而且互助对于物种的进化更为重要。[3] 事实上,在《物种起源》中,达尔文是在一个广义和比喻的层面使用"生存斗争"一词的,其含义也包含这一生物对另一生物的依存关系。他同时认为,在无数的动物社会中,物种之间争取生活资料的竞争最终由合作代替,这种代替的结果保证和发展了物种获得最好的生存条件。[4]

1902年,俄国思想家克鲁泡特金出版了《互助论》,在凯士勒教授的基础上,他系统地论证了"互助"才是一切生物(包括人类在内)的进化法则,并从蒙昧人、野蛮人以及中世纪和近代人的大量实证观察中抽象出人具有"互助本能"的属性。他说:"虽然在不同的纲或不同的种之间,甚或在同一个种的不同的族之间,存在不少的斗争,但和平与互助也是族或种之内的常态;那些懂得如何团结和避免竞争的,必定繁荣昌盛,相反,不合群的种注定要衰退。"不仅如此,克鲁泡特金还提出互助是人类道德观念的基础,在人类道德进步中起主导作用,人类只有扩展互助的范围,才能保证道德和文明的不断进化。[5]

二、竞争与合作

从社会人类学角度观之,社会文明的发展趋势是从竞争走向合作,或者走向竞争与合作和谐并存的局面。纯粹生物性的竞争不过是原始社会的野蛮遗留。从广义上说,所有社会生活都是以合作为基础,如果没有合作,社会不可能存在,而竞争的本质可以视为一种合作性冲突。"合作是指这样一种互动形式,即由于有些共同的利益或目标对于单独的个体或群体来说很难或不可能达到,于是人们就联合起来一致行动。"[6] 从某种意义上说,人类的文明史同时也是一部人类合作方式演化的历史:从最古老的"自发合作"逐步演变为基于社会习惯的"传统合作",再到国家强制性的"指导合作",而后为现代法治社会中互利互惠的"契约合作"。而法律,作为解决社会争议的规则,其本身就是合作的产物。

根据文化人类学的研究结论,人际关系的基本类型可以分为竞争、合作与个人主义。竞争就是相互争胜,努力获取他人也在试图获取的利益,甚至更多;合作意味着共同付出劳动、共同分享利益;个人主义是指不以他人为参照而独自获取利益的一种方式。"以上三种关系构成了人际关系的全部谱系,并普遍存在于政治、经济和社会生活之中。"[7] 现代经济学的研究进一步证实了上述观点,人类在经济活动中的合作无处不在,契约即是一种互利互惠的合作,公司、企业的组织结构甚至就是替代"契约"的合作形式,虽然在某种意义,我们也可以将企业视为一种新型的、替代性的竞争手段,但归根结底,企业已经成为价格机制的替代物,在相当程度上可

---

[3] [俄]克鲁泡特金:《互助论》,李平沤译,商务印书馆1963年版,第7页。

[4] [英]达尔文:《物种起源》,周建人、叶笃庄、方宗熙译,商务印书馆1997年版,第77页。

[5] [俄]克鲁泡特金:《互助论》,李平沤译,商务印书馆1963年版,第79页、第269~273页。

[6] [美]戴维·波普诺:《社会学》(第10版),李强等译,中国人民大学出版社2007年版,第132页。

[7] Margaret Mead, *Competition and Cooperation among Primitive Peoples*, rev. ed. 1961, pp. 2-16. 转引自叶卫平:《反垄断法价值问题研究》,法律出版社2012年版,第52页。

以代替市场进行资源配置，成为人类在经济活动中最为紧密的一种合作形式。虽然，目前在经济学的理论体系中，人们更关注竞争，合作尚未获得相应的地位，但已有经济学者尝试将公平作为经济人的假设并以此构建“合作经济学”。[8] 事实上，如果我们进一步分析竞争法规制的某些反竞争行为，同样可以发现其中所包含的竞争与合作的微妙关系。例如，垄断协议、经营者集中等在本质上就是一种合作，前者包括信息交流、行为协同一致；后者的合作更是全方位的，从双方的组织结构到人力、物力等各种资源要素的重组。可见，合作本身就是竞争的一种手段，甚至可能构成不正当竞争或限制竞争。而这，正是竞争法规制的对象。

三、竞争的意义

通过生物学、社会学层面的观察，我们可以更全面地把握竞争的观念进而理解竞争的文化内涵。事实上，竞争是一把“双刃剑”，其意义是双重的。竞争意味着自由与进步，也意味着残酷和贪婪。全面认识竞争的利弊，有助于我们扬长避短，运用法律手段鼓励合法竞争，抑制非法竞争。

（一）竞争的积极意义

一是优化资源配置。毫无疑问，竞争有利于资源优化配置，因为竞争的内在机制是市场那只“看不见的手”。在自由竞争的条件下，市场是资源优化配置的基础，经营者对于市场需求的了解，最直观的路径就是商品价格的起伏。价格可以灵活地反映商品的价值和供求关系的变化，当某种商品的价格上涨，超出其价值时，说明这种商品供不应求，经营者就会将更多的生产资料和劳动力投入这些商品的生产中去；反之，则说明这种商品供过于求，经营者又会将生产资料和劳动力从这些商品生产部门转移到其他商品生产部门去。[9]“每个人都不断努力为自己所能支配的资本找到最有利的用途。固然，他所考虑的不是社会利益，而是他自身的利益，但他对自身利益的追求自然会或者毋宁说必然会引导他选定最有利于社会的用途。”[10] 正是由于竞争，市场的各种资源可以自由流动和重组，进而实现资源的优化配置。

二是促进社会效益。竞争在实现资源优化配置的同时，经营者追求利润最大化，消费者追求效用最大化，企业自主经营，消费者用货币“投票”。为了在竞争中胜出，经营者千方百计改进技术，改善管理，提高质量，降低成本，关心市场，改进服务，在实现自身利益最大化的同时，也促进了整个社会的经济效益。正如亚当·斯密所言，“他通常既不打算促进公共利益，也不知道他自己在什么程度上促进那种利益。……他只盘算他自己的利益。像许多场合一样，他受着一只看不见的手的指导，去尽力达到一个并非他本意想要达到的目的。……这个目的就是往往使他能比在真正出于本意的情况下更有效地促进社会的利益”。[11]

三是激励技术创新。在知识经济时代，技术是企业的核心竞争力，而技术的进步和创新根源于市场和竞争。技术不仅可以带来物质效益，而且可以满足人们发明创造的乐趣。争强好胜是人之本性，竞争可以充分调动和激发人们在技术发明和思维创新方面的潜能。

四是提高消费者福利。优化资源配置、促进社会效益、激励技术创新的意义最终指向消费

---

〔8〕 韦倩：《人类合作行为与合作经济学理论分析框架》，山东大学2009年政治经济学博士学位论文，第1～2页。

〔9〕 种明钊主编：《竞争法》（第3版），法律出版社2016年版，第8页。

〔10〕 ［英］亚当·斯密：《国民财富的性质和原因研究》（下册），郭大力、王亚南译，商务印书馆1996年版，第25页。

〔11〕 ［英］亚当·斯密：《国民财富的性质和原因研究》（下册），郭大力、王亚南译，商务印书馆1996年版，第27页。但也有人公开否定亚当·斯密“这只看不见的手”，认为这不是他的经济学思想，最多只算是一个文化信息，因为它在其巨著中只用过一次。

者福利的提高。竞争法上的消费者并不简单等同于作为个体消费活动中的消费者,毋宁说具有一般性和整体性。但无论是从短期还是长远来看,只有自由竞争的市场才能提高作为整体意义的消费者的经济福利。

（二）竞争的消极意义

一是限制竞争。竞争是一个充满悖论的现象,竞争导致垄断,垄断限制竞争。正如列宁指出:竞争必然引起资本的积聚和生产的集中,而这种积聚和集中发展到一定阶段就必然走向垄断。垄断一旦形成,它又会反过来窒息竞争,阻碍生产力的发展,给经济和社会带来一系列危害。[12] 自由竞争这双“看不见的手”反映了早期资本主义时代的经济现实,自19世纪中叶,自由竞争的后果为整个欧洲蒙上了阴影,人们开始关注竞争产生的垄断问题并寻求解决的良方,竞争法因此应运而生。

二是阶级分化。竞争具有自发性和盲目性,[13]竞争的优胜劣汰自然会形成强者越强、弱者越弱的“马太效应”,由此产生贫富悬殊、阶级分化等社会问题。这些问题对于社会共同体的危害不言而喻。

三是唯利是图。有竞争就必然会有不正当竞争。竞争虽然可以激发人们奋进和创新,但在竞争压力下,不择手段的竞争也将应运而生。竞争虽然源于生物本能,但从人类道德意义上说,竞争释放了人性中唯利是图的原罪。

通过以上分析,我们看到了竞争的两面性,竞争不是绝对的好,也不是绝对的坏,如果说“私有制是人类社会必要的恶”,那么竞争也是人类无法回避的客观存在。竞争既是目的,又是手段,“相对于国民经济运行的最高目标而言,它是手段;但就竞争制度本身而言,它是目的”。[14] 竞争的两面性需要我们进行恰当的制度安排以使其积极意义得以彰显。

第二节　竞争法的含义、性质和功能

竞争受到不同学科的观察和研究,但其侧重点有所不同。生物学关注竞争与进化的关系;经济学关注竞争对市场结构、竞争对效率的影响。在社会共同体中,法律是人类行为的规则和尺度,是否正义是法律评判的标准,自由与公平是正义的题中之义。竞争法规制竞争行为的目标即是保护自由竞争和公平竞争。

一、竞争与竞争法的含义

戴维·J.格伯尔说:“是否以及怎样用法律保护竞争,常常取决于如何理解竞争。竞争是一个抽象概念,它既不指具体的存在物,也不是一个自然范畴,而是一个文化构造。只有当人

---

〔12〕《列宁全集》(第27卷),人民出版社1991年版,第336页、第400～401页。

〔13〕哈耶克认为,“盲目性”是人们对于竞争所持的普遍异议,但对于古人来说,盲目性恰是正义之神的属性。虽然竞争与正义很少有共同之处,但值得称道的是,二者对所有人一视同仁。参见[英]哈耶克:《通往奴役之路》,王明毅、冯兴元等译,中国社会科学出版社1997年版,第99页。

〔14〕陈秀山:《现代竞争理论与竞争政策》,商务印书馆1997年版,第18页。

们的语言、教育和经验赋予‘竞争’这个概念以意义时，我们才能‘看到’竞争这个事物。”[15]

(一)竞争的法律解释

竞争的法律含义源于经济学对竞争的解释。通常认为，经济学上的竞争是指在市场经济的条件下，经营者在经营活动中自由选择、相互争胜的行为。

竞争作为一个范畴，其法律解释与经济学并无本质的差异，但法律更关注竞争的非法面相。各国竞争法大都不从正面定义什么是竞争，而是直接规定什么是非法竞争。[16] 根据大陆法系概念法学的归纳和抽象，非法竞争包括不正当竞争和限制竞争(垄断)两种类型:所谓不正当竞争是指经营者采取不正当手段获取竞争机会，破坏公平竞争秩序的行为;所谓限制竞争(垄断)是指经营者利用竞争优势获取垄断利益，排除和限制自由竞争的状态和行为。

为了增强竞争法规制的确定性，立法通常对不正当竞争和垄断进行定义或类型化列举，各国大同小异。以我国为例:我国《反不正当竞争法》(1993 年颁布，2017 年修订)第 2 条第 2 款规定:“本法所称的不正当竞争行为，是指经营者在生产经营活动中，违反本法规定，扰乱市场竞争秩序，损害其他经营者或者消费者的合法权益的行为。”该法还在第 6 条至第 12 条列举了七种不正当竞争行为:(1)商业混淆行为;(2)商业贿赂;(3)虚假或引人误解的商业宣传;(4)侵犯他人商业秘密;(5)不正当有奖销售行为;(6)商业诋毁;(7)网络环境下的不正当竞争。我国《反垄断法》(2008 年颁布)并未直接定义垄断，但在文本中列举了四种垄断行为，除了第 3 条的三种经济垄断(垄断协议、滥用市场支配地位、经营者集中)外，还在第五章专门规定了“滥用行政权力排除、限制竞争”。

(二)竞争法的称谓和定义

竞争法的称谓并不统一。例如，美国称反托拉斯法(Antitrust Act);英国称竞争法(Competition Act);德国称反限制竞争法与反不正当竞争法;日本称禁止私人垄断及确保公正交易法;韩国与我国台湾地区统称公平交易法。在学理上，竞争法有广义、狭义之分，广义包括反不正当竞争法与反垄断法，狭义仅指反垄断法。例如，欧盟竞争法主要涉及反垄断问题。

竞争法的定义可以简单表述为:竞争法是由国家颁布的规制竞争行为和调整竞争关系的法律规范的总称。但值得注意的是，与民法直接调整平等主体之间的财产关系和人身关系不同，竞争法所调整的竞争关系是抽象的，它并不直接指向特定的经营者之间，也不直接赋予经营者民事意义上的竞争权。竞争法本质上是行为规制法，其主要通过公共执行的方式对经营

---

〔15〕 [美]戴维·J. 格伯尔:《二十世纪欧洲的法律与竞争——捍卫普罗米修斯》，冯克利、魏志梅译，中国社会科学出版社 2004 年版，第 12 页。

〔16〕 事实上，只有少数国家在立法文本对竞争进行定义。例如，日本《禁止私人垄断及确保公正交易法》第 2 条第 4 款规定:“本法所称竞争，是指两个以上的事业人在通常的事业活动范围内，且无需对该事业活动的设施或形态加以重要变更而实施或能够实施下列行为的状态。但是，第四章(股份的持有、干部的兼任、合并及营业的受让)所规定的竞争，不包括实施或者能够实施本款第二项规定行为的状态。一、向同一需要人提供相同或类似的商品或劳务的;二、从同一供给人取得相同或类似的商品或劳务的。”又如，我国台湾地区的“公平交易法”第 4 条规定:“本法所称的竞争，谓两人以上事业在市场上以较有利之价格、数量、品质、服务或其他条件，争取交易机会之行为。”按照其第 2 条的规定，这里所称的事业包括公司、独资或合伙之工商行号、同业工会，其他提供商品或服务从事交易之人或团体。由此，我们更多看到的是从竞争的主体、范围等方面作出的界定。目前，在我国现行反不正当竞争法和反垄断法中，尚无对竞争这一概念的直接界定。参见种明钊主编:《竞争法》(第 3 版)，法律出版社 2016 年版，第 5 页。

者的反竞争行为进行规制和责任追究。[17] 换言之,竞争法以反竞争行为的构成和认定为核心,通过对“反竞争行为”的规制实现竞争秩序的保护和竞争关系的调整。

讨论1 如何理解竞争权或公平竞争权

学界有竞争权或公平竞争权的提法,如何理解?这不仅涉及竞争在法律上是一种行为还是一种权利,还涉及竞争法是权利保护法还是行为规制法的问题。我们认为,应当从行为角度去理解法律上的竞争,竞争法是行为规制法。如果非要从权利的角度去理解,那也只能把竞争解释为一种抽象或消极权利,对于抽象或消极权利,法律无法界定其范围和边界,无法进行定价和转让,无法确认为一项具体的权利。竞争的违法性在于其行为本身违反了法律而不在于至少主要不在于某种个别的竞争权益是否受到了损害,因此,竞争法无法从赋权的角度去保护某个具体的公平竞争权,而只是通过规制“反竞争行为”实现对自由竞争和公平竞争的保护。

二、竞争法的性质

学界通常认为经济法是公法、私法兼而有之的法律部门,而竞争法是经济法的核心。由此,我们认为竞争法的性质自然兼具公法与私法的性质。

传统公法、私法的分类标准,使某些现代经济或商事法律的性质变得模糊,竞争法即为典型一例。竞争法不能被简单定性为“公法”或“私法”,它既处理竞争(行政)管理机关与市场竞争主体的关系,也解决竞争(平等)主体之间的损害救济问题。

讨论2 公法私法的划分及其对竞争法性质的理解

公法私法的划分源自古罗马法学家乌尔比安,他根据法律所保护的利益,认为公法是关于罗马国家利益的法律,私法是关于个人利益的法律。19世纪法律思想的一个突出特点是在公法和私法之间严格划分,这妨害了人们对竞争法的理解,“竞争法不太容易符合这两个范畴中的任何一个。不宜把它理解为私法,因为它针对的不是私人中的一方对另一方的私人权利的损害。也不宜把它纳入公法的范畴,因为它并不是保护私人权利对抗国家”。[18] 19世纪末期,经济法等现代法的出现使公法私法的划分受到了挑战。

根据德国学者乌茨·施利斯基对经济法的体系分类,经济法可以分为经济刑法、经济公法和经济私法,而竞争法(反不正当竞争法和反限制竞争法)既属于经济私法,又属于经济公法中的竞争公法,竞争公法是指那些影响竞争的国家行为,包括国家直接参与竞争的情形、国家通过影响需求者来影响私人的竞争地位、国家通过对企业施加负担影响其竞争地位、国家对一个竞争者给予优惠措施而影响另一个竞争者。[19] 上述关于经济法体系的分类,与我国学界主张的作为部门法的经济法的内涵和结构存在天壤之别,德国学者理解的经济法是一种内容十分

〔17〕 竞争法兼具公法、私法的性质决定了其实施方式的综合性。但由于私人诉讼的难题,包括原告资格、举证责任、损失计算等问题,实践中,公共执行事实上成为竞争法执行的主要方式。

〔18〕 [美]戴维·J.格伯尔:《二十世纪欧洲的法律与竞争——捍卫普罗米修斯》,冯克利、魏志梅译,中国社会科学出版社2004年版,第47~48页。

〔19〕 [德]乌茨·施利斯基:《经济公法》,喻文光译,法律出版社2006年版,第4页、第162~165页。

宽泛的“与经济有关的法律”。但对于现代经济法律性质的理解和辨识，乌茨·施利斯基仍然为我们提供了一条参考的路径。他认为，“某些法律或某条法律规定属于经济公法还是经济私法，这个问题在实践和案例分析中非常棘手，其原因可归结到传统的公私法分类标准。但依照新的特别法理论，是否归属于经济公法，取决于某个调整经济过程的法规在具体运用时，是否单方面地使某个国家权力主体享有权利、负有义务或者对该主体的组织结构进行规范，如果是，那么该法规就是公法。如果某法规适用的最终主体是私人，则为私法。而经济法领域的特别难点在于，有些法律条款把执行、贯彻经济法律的职能时而赋予私人，时而划归国家行政机关，从而出现了某些法律规范，既可能是公法性的，也可能是私法性的，其可以被归类为中性法。对于那些法律属性只有在具体个案中才能明确的法律规范，可以借助主体理论（从实质意义上理解）来分别确定其属性。例如，《反不正当竞争法》第1条可以是经济私法，也可以是竞争公法（保护竞争和公序良俗的商业目的同时具有公益性）。又如，根据《反限制竞争法》第32条，卡特尔局可以根据该法禁止企业和企业联盟的某个行为，此条款是公法性的；另根据《反限制竞争法》第33条和第19条，某企业的竞争者可以因为该企业滥用其市场支配地位而要求该企业不作为，在此，该法的上述条款则为私法性条款”。[20]

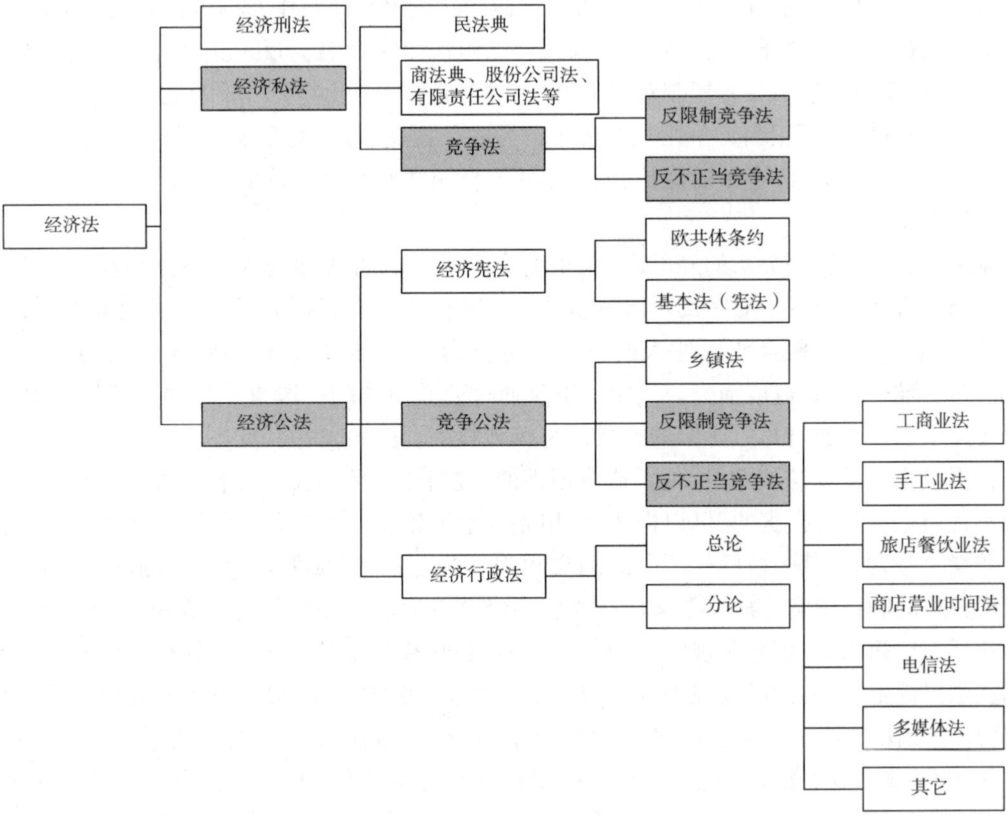

图1 经济法知识结构

（注：此图表资料来源于乌茨·施利斯基所著《经济公法》一书，为方便阅读，特以新的知识结构图呈现）[21]

---

〔20〕［德］乌茨·施利斯基：《经济公法》，喻文光译，法律出版社2006年版，第4～5页。

〔21〕［德］乌茨·施利斯基：《经济公法》，喻文光译，法律出版社2006年版，第4页。

三、竞争法的功能

竞争法的功能即是竞争法的作用或立法目标。成文法上的立法目标通常直接在文本中表述,例如,德国《反不正当竞争法》(2004 年)第 1 条规定:“本法旨在保护竞争者、消费者以及其他市场参与人免遭不正当竞争之害。本法同时保护公众对不受扭曲的竞争所带来的利益。”又如,我国《反不正当竞争法》第 1 条规定:“为了促进社会主义市场经济健康发展,鼓励和保护公平竞争,制止不正当竞争行为,保护经营者和消费者的合法权益,制定本法。”我国《反垄断法》第 1 条规定:“为了预防和制止垄断行为,保护市场公平竞争,提高经济运行效率,维护消费者利益和社会公共利益,促进社会主义市场经济健康发展,制定本法。”

据此,可以将竞争法的功能归纳为以下几个方面:

1. 保护竞争

保护竞争的观念源于保护自由的观念,“自由主义的制度和传统不仅给经济竞争的思想打上印记,也左右着它的政治命运”。[22] 在市场经济条件下,经济自由是经济体制的题中之义,而经济公平更是维系社会共同体的重要法则。竞争法保护竞争的具体内涵就是保护经济自由和经济公平,这是竞争法优先于其他的功能目标。在竞争法体系中,保护经济自由的使命主要由反垄断法担当。德国开启的分别立法模式将竞争法分别命名为反不正当竞争法与反限制竞争法,颇为形象地表达了二者规制对象的差异,前者是“不正当竞争”,后者是“限制竞争”,限制竞争是对自由破坏,不正当竞争则是对公平的蔑视。由此,保护竞争的内涵可以被进一步解读为:反垄断法侧重对经济自由的保护,而反不正当竞争法则是公平价值的守护神。

2. 保护竞争者

竞争者是具有竞争关系的经营者,是市场竞争活动的直接参与人。不正当竞争或垄断的直接后果是直接侵犯竞争对手的经济利益或剥夺其商业机会,例如,反不正当竞争法上的侵犯商业秘密、商业诽谤、擅自使用他人商业标识等行为,反垄断法上的价格联盟、捆绑销售等行为,都将直接给竞争者造成损失。竞争法不仅通过公共执法的手段直接处罚上述反竞争行为,而且还赋予经营者通过私人诉讼的方式进行权利救济。例如,我国《反不正当竞争法》第 17 条规定:“经营者违反本法规定,给他人造成损害的,应当依法承担民事责任。经营者的合法权益受到不正当竞争行为损害的,可以向人民法院提起诉讼。因不正当竞争行为受到损害的经营者的赔偿数额,按照其因被侵权所受到的实际损失确定;实际损失难以计算的,按照侵权人因侵权所获得的利益确定。赔偿数额还应当包括经营者为制止侵权行为所支付的合理开支。经营者违反本法第六条、第九条规定,权利人因被侵权所受到的实际损失、侵权人因侵权所获得的利益难以确定的,由人民法院根据侵权行为的情节判决给予权利人三百万元以下的赔偿。”我国《反垄断法》第 50 条规定:“经营者实施垄断行为,给他人造成损失的,依法承担民事责任。”美国《克莱顿法》第 4 条规定:“任何因反托拉斯法所禁止的行为而在商业或财产上收到侵害的人,可以提起诉讼……并应获得三倍于其损害的赔偿……以及合理的律师费用。”上述立法为经营者或消费者因不正当竞争或垄断导致的损害赔偿提供了法律依据。

---

〔22〕 [美]戴维·J. 格伯尔:《二十世纪欧洲的法律与竞争——捍卫普罗米修斯》,冯克利、魏志梅译,中国社会科学出版社 2004 年版,第 12 页。

3. 保护消费者

竞争法上的消费者具有“集合”意义，作为集合意义的“消费者利益”本身蕴含社会公共性意义。从微观层面来看，消费者并非竞争关系的直接参与者；但从宏观意义而言，消费者却是市场结构或竞争效果的直接受益或受害者。

对于消费者利益的保护而言，竞争法与消费者权益保护法互为补充。一方面，竞争法在规制竞争行为的同时，直接或间接地保护了消费者的利益。例如，擅自使用他人商业标识的商业混淆行为、引人误解的虚假宣传行为，将直接引起消费者对商品或服务的误认或误购；而价格垄断协议可能会使消费者承担不合理的高价、捆绑销售行为可能使消费者丧失自由选择商品的权利等。虽然上述具体损害的发生都存在或然性和间接性，它必须在个体消费者发生交易时才可能显现，但我们如果从长远来看，垄断可能耗散更多的社会资源，而不正当竞争必然导致“劣币驱逐良币”，导致质次价廉的商品充斥市场，进而使整个消费者群体受到损害。

另一方面，消费者权益保护法在通过规定经营者特定的义务以实现消费者权益保护的同时，也对竞争秩序的维护具有积极的作用。例如，我国《消费者权益保护法》明确规定了经营者必须承担的义务，在这些义务中包含了对经营者竞争行为的约束，如真实信息披露与宣传、真实身份标记、真实品质标记等义务。可见，无论是规范竞争行为还是对消费者权益的保护，竞争法与消费者权益保护法相互作用，互为补充，共同实现对消费者利益的保护。

值得注意的是，竞争法对上述三种利益的保护并非简单并列，而是存在主次与递进关系。在法律适用中，当竞争与竞争者的利益发生冲突时，竞争应当首先被关注，“保护竞争而不是保护竞争者”是竞争法首要目标的极端表达。竞争关系虽然最终影响消费者福利，但在具体个案中这种影响往往并不直接呈现，事实上，竞争法保护消费者的功能更多是通过保护竞争而自然实现的。在市场经济条件下，保护竞争意味着保护自由与公平，这也是竞争法的基本价值。

第三节 竞争法的立法形式

世界各国竞争法的立法形式各异其趣。不仅在两大法系之间存在差异，在大陆法系内部也有两种模式。这不仅根源于大陆法系与英美法系不同的法制传统，也基于竞争法本身的特殊性。

一、制定法与判例法

英美法系基于判例法传统，竞争法规范并不统一于某一部法典之中，而是由单行立法以及判例规则构成。例如，美国以《谢尔曼法》《克莱顿法》《联邦贸易委员会法》为核心，以《罗宾逊－帕特曼法》《韦伯－波默斯法》为补充，与司法部和联邦委员会联合颁布的《横向合并准则》《国际反托拉斯指南》等共同构成美国反垄断法体系。美国并没有专门的反不正当竞争法，对类似于不正当竞争的不公平贸易行为，包括侵害性推销行为、侵害性定价行为、侵害商业秘密的行为、侵权性使用相似商标或商号行为、欺骗性广告行为等，主要通过判例以及相关的专利法、版权法、商标法、商业秘密保护法等予以救济。

英国的竞争法缺乏统一性，既没有全面设想也没有结构目标，其名目繁多的立法只是对特定问题作出回应或补充，具体为：1948 年颁布《垄断与限制行为法》、1956 年颁布《限制贸易行为法》、1965 年颁布《垄断与合并法》、1973 年颁布《公平贸易法》、1976 年颁布《转售价格法》、1980 年颁布《竞争法》，1998 年修订《竞争法》后，又将企业合并规定在 2002 年颁布的《企业法》之中。与美国不同的是，英国竞争法并非严格区分不正当竞争行为与限制竞争行为，[23] 同时，在竞争法的适用方式上，英国也没遵循美国私人执行的范例，而是选择了一种行政调查和管制的模式。[24] 在制定法之外，英美法院仍然通过判例创制了许多反垄断法适用的基本原则，例如，合理原则与本身违法原则。因此，制定法与判例法并存是英美法系竞争法的特点。

二、合并立法和分别立法

（一）合并立法

所谓合并立法，即是将反垄断法和反不正当竞争法规定于同一部法典之中。这种模式以我国台湾地区的“公平交易法”为典型代表。在我国台湾地区颁布“公平交易法”以前，理论界与实务界存在很大的争论，但最后仍然突破了德国竞争法立法模式的限制。我国台湾地区的“公平交易法”不仅在实体法上将反不正当竞争行为与反垄断行为的法规放在同一部法律之中，而且也适用同一司法程序。根据 2002 年修订后“公平交易法”的第 26 条之规定，公平交易委员会对于违反“公平交易法”规定的行为，有权根据检举或者依照职权调查处理。也就是说，无论是不正当竞争行为还是非法垄断行为，都将接受同一个执法机构的调查处理。而且，行为的法律后果也基本相同，例如，根据其第 35 条之规定，行为人构成非法垄断的联合行为、独占行为与不公平竞争的假冒行为，都将被处以 3 年以下有期徒刑、拘役或并处 1 亿元以下新台币；同时，受害人有权向法院起诉，请求不超过损失三倍的赔偿。

韩国与我国台湾地区有相似之处。韩国 1980 年颁布《限制垄断与公平交易法》，其中，除了涉及垄断的三种类型即滥用市场支配地位、企业合并、垄断协议外，还单列“不公平交易行为的禁止”一章，而公平交易委员会有权统一管辖上述不公平交易行为与非法垄断行为。但是，作为补充，韩国又颁布了《防止不正当竞争及保护营业秘密法》，专门规范侵犯他人商标、商号等商业标识以及商业秘密的不正当竞争行为。

（二）分别立法

分别立法即是分别制定反垄断法和反不正当竞争法的专门法典，或者仅颁布反垄断法。这种立法模式以德国为代表。德国分别颁布《反限制竞争法》和《反不正当竞争法》。受德国法影响的其他大陆法系国家如日本 1934 年颁布了《不正当竞争防止法》，1947 年颁布了《禁止私人垄断及确保公正交易法》；瑞士 1943 年颁布了《反不正当竞争法》，1986 年颁布了《反限制竞争法》。分别立法的另一种做法是只制定专门的反垄断法法典，而反不正当竞争则适用民法的规定，如法国有属于反垄断的《关于价格和自由竞争的法律》，但对于不正当竞争行为的损害救济仍然沿用《法国民法典》关于侵权行为的基本规定，这是自 1820 年法国法院通过判例形成的

---

〔23〕 李国海：《英国竞争法研究》，法律出版社 2008 年版，第 24 页。

〔24〕 ［美］戴维·J. 格伯尔：《二十世纪欧洲的法律与竞争——捍卫普罗米修斯》，冯克利、魏志梅译，中国社会科学出版社 2004 年版，第 265 页。

原则和传统。[25] 在美国,联邦和各州分享立法权,各州都可以颁布自己的法律,因此不可能形成统一的竞争法。1994 年,作为非官方机构的美国法律协会发布了《反不正当竞争法重述》,对"不公平贸易行为"(unfair trade practices)进行整理和阐述,旨在增强反不正当竞争法的确定性和清晰性,在一定程度上影响经营者的行为预期并可能指导司法的操作和适用。

三、我国竞争法的制定和形式

我国有关竞争的规范性文件最早见于 1980 年国务院发布的《关于推动经济联合的规定》和《关于开展和保护社会主义竞争的暂行规定》,其中明确提出:"开展竞争必须打破地区封锁和部门分割,任何地区和部门都不准封锁市场,不得禁止外地商品在本地区、本部门销售","在经济活动中,除国家指定由有关部门和单位专门经营的产品以外,不得进行垄断、搞独家经营",不得"采取行政手段保护落后、抑制先进、妨碍商品正常流通"等。另外,1981 年国务院《关于制止商品流通中不正之风的通知》、1990 年《关于打破地区之间市场封锁,进一步搞活商品流通的通知》、1989 年国家体改委等《关于企业兼并的暂行办法》等都涉及了一些垄断问题的规定。1987 年 8 月,国务院法制局成立了反垄断法起草小组,并于 1988 年拟定了《反对垄断和不正当竞争暂行条例(草案)》。

几经周折,我国于 1993 年 9 月 2 日颁布了《反不正当竞争法》,该法除对不正当竞争行为及其法律责任作了较为系统的规定以外,还涉及个别垄断行为,即公用企业垄断(第 6 条)、行政垄断(第 7 条)、不当低价销售(第 11 条)、搭售(第 12 条)、串通投标(第 15 条)。1993 年 12 月,国家工商行政管理局发布了《关于禁止公用企业限制竞争行为的若干规定》,对《反不正当竞争法》第 6 条规制的公用企业垄断作了更为具体的规定。1997 年 12 月 29 日颁布的《价格法》第 14 条规定了经营者不得相互串通,操纵市场价格,损害其他经营者或消费者的合法权益;不得提供相同商品或者服务,对具有同等交易条件的其他经营者实行价格歧视等限制竞争行为。1999 年 8 月 30 日颁布的《招标投标法》明确禁止招标人对潜在投标人的歧视待遇和其他限制投标人竞争的行为。2000 年 9 月 25 日国务院发布实施的《电信管理条例》第 4 条明确规定:"电信监督管理遵循政企分开、破除垄断、鼓励竞争、促进发展和公开、公平、公正的原则。"2003 年 6 月 18 日国家发展和改革委员会颁布《制止价格垄断行为暂行规定》,对协议限制竞争、滥用经济优势等涉及价格方面的垄断行为作了较为具体、系统的规定。

自 1994 年以来,《反垄断法》多次被列入全国人大立法规划。2006 年 6 月,《反垄断法(草案)》提交全国人大常委会第二十二次会议首次审议。2007 年 8 月 30 日,《反垄断法》由第十届全国人大常委会第二十九次会议表决通过,自 2008 年 8 月 1 日起施行。《反垄断法》的颁布在我国改革开放的历史进程中无疑具有里程碑意义,它不仅将在保护自由竞争、提高经济效率、保护消费者福利方面发挥积极的作用,而且通过对行政垄断的规制还将进一步扫除市场化的障碍,强化改革开放的信心和决心。同时,《反垄断法》为保护民族产业、维护国家经济安全方面也提供了重要的法律武器。

《反垄断法》颁布以后,我国开启了《反不正当竞争法》的修订历程。在 2017 年颁布的修订

---

〔25〕 相关讨论见 Walter. J. Derenberg,"The Influencen of The French Code Civil on the Modern Law of Unfair Competition",Am. J. Comp. L. (1955), p.4。转引自[美]戴维·J. 格伯尔:《二十世纪欧洲的法律与竞争——捍卫普罗米修斯》,冯克利、魏志梅译,中国社会科学出版社 2004 年版,第 45 页。

文本中,删除了涉及反垄断的条款。自此,从形式到内容,我国建立了实质意义上的分别立法的竞争法体系。

第四节 竞争法的产生及其思想基础

竞争是人类社会古老的现象,但竞争法却是人类现代化的产物。19 世纪末时,竞争法仍然是一个非常边缘和模糊的概念,直到 20 世纪初才开始变得重要,“甚至被誉为消灭阶级差别和保障自由的新普罗米修斯”。[26] 但是,到了 21 世纪,竞争法又被新自由主义嗤之以鼻,甚至被视为政府干预的“帮凶”。[27] 竞争法的命运反映了人类对于竞争观念的暧昧和矛盾,竞争法的思想基础充满了争议。

一、竞争法的产生

在十七八世纪的自由资本主义时代,经济竞争并不十分激烈,尚未形成具有市场支配地位的强大的个人经济力量。亚当·斯密所强调的经济自由主要是反对政府对市场的不当干预,那时他还没有意识到有一种现在被称为垄断的基于自由市场而形成的经济势力同样可能阻碍和限制自由竞争,而能够对抗和限制这种垄断的恰恰只能是国家这只“看得见的手”。显然,自由放任思想具有时代性和局限性,当自由资本主义进入垄断资本主义,这种局限性已经成为市场自身无法克服的弊端,此时,国家干预经济的作用重新被人们认识和重视,而在各种干预措施中,竞争法成为最重要和最有效的手段之一。反不正当竞争法与反垄断法产生的法律途径与传统法的关联性各有不同,前者是侵权法,后者是契约法,但又都超越了传统法律机制适用的方法和程序,即并非直接诉诸于当事人权利的保护,而是以行政手段保护竞争秩序或机制。

反不正当竞争法的观念起源于法国民法典时代对于商业侵权的法律规制,并首次提出了不正当竞争的概念,1850 年法国高等法院依据《法国民法典》第 1382 条侵权行为之一般规范(即任何行为使他人受损害时,行为人因自己的过失而负赔偿责任)作出了不正当竞争行为侵权的民事判决书。因此在大多数人们的观念中,反不正当竞争法属于民法的特别法,是民事侵权行为规范的延伸。反不正当竞争的成文立法诞生于 1896 年的德国,其立法的目的在于,通过规制商业领域的不正当竞争行为以维护公平竞争,保护经营者和消费者的利益。德国《反不正当竞争法》不仅在立法中列举了不正当竞争行为的类型,而且明确规定了相应的行政责任和处罚程序,由此,将反不正当竞争行为从权利救济延伸至权力管制和公共执法的领域。

通常认为,反垄断法的产生以 1890 年美国《谢尔曼法》为标志。1890 年 7 月 2 日,美国参议员谢尔曼提出并由国会通过了“保护商业贸易不受非法侵害和垄断”的法案,该法共计 7 条。

---

〔26〕 [美]戴维·J. 格伯尔:《二十世纪欧洲的法律与竞争——捍卫普罗米修斯》,冯克利、魏志梅译,中国社会科学出版社 2004 年版,第 18 页。

〔27〕 美国著名的经济学家科斯说他最讨厌反垄断法,因为“每当人们看到无法解释的商业行为,就在垄断上找理由”;我国经济学家张维迎认为我们的反垄断法反的恰恰是自由竞争;我国青年学者薛兆丰甚至担心我们的反垄断法可能拓宽了“寻租之门”。薛兆丰:《寻租之门——〈反垄断法〉的另类解释》,载《经济观察报》2007 年 9 月 10 日,第 045 版。

其中第1条规定:“任何契约,以托拉斯或其他形式作出的联合、共谋,用来限制州际之间或者与外国之间的贸易或商业,均属于违法;任何人签订上述契约或从事上述联合或共谋,均被视为刑事犯罪。”《谢尔曼法》被誉为反垄断法之母,但美国竞争法学者戴维·格伯尔认为,欧洲反垄断法观念的产生远远早于美国,奥地利早在1803年的法律中就有类似禁止卡特尔的规定,而在1870年的《反串通法》中更是明确规定了“商人为提高商品价格侵害公众而达成的协议无效”。但由于并未形成保护竞争的一般性框架,上述卡特尔规制条款并不十分奏效。1897年6月,在法学家阿道夫·门泽尔的建议和推动下,奥地利政府正式向议会提交了竞争法案。由于哈布斯堡帝国的崩溃,该法案胎死腹中,但为欧洲的竞争法的传统播下了种子。[28] “二战”以后的联邦德国于1957年颁布了《反限制竞争法》,这部规制垄断行为的成文法成为后来包括我国在内的大陆法系国家的立法蓝本。

二、竞争法的思想基础

竞争法的思想基础一直充满争议。有人说它是自由主义的象征;也有人说它是国家干预的标志;还有人说竞争法的本质是民粹主义,或者就是一种“打土豪分田地”的均贫富思想。这些聚讼纷纭的观点充分体现了竞争法思想内在的冲突和矛盾。

(一)西方古典自由主义思想的衰落

英国作家狄更斯在其小说《双城记》的开篇有这样的描述:“这是一个最好的时代,也是一个最坏的时代……这是希望的春天,也是绝望的冬天;有人奔向天堂,也有人走向地狱。”这个混乱的时代正是19世纪末期,西方自由资本主义已经发展到了垄断阶段,出现了经济权力滥用、中小企业破产、工人失业以及环境污染、贫富悬殊等社会问题。这些问题直逼人们反思个人主义和自由主义的弊端。其中,法国社会学家涂尔干提出了社会整体论思想,他认为,社会如同一个生物,是一个有机的整体,它对于个人具有外在而普遍的约束力。涂尔干与个人主义针锋相对,直接批判了自霍布斯、卢梭以来的自由主义思潮,认为他们看不到社会对人的约束作用,而以荒谬的社会契约解释社会的存在方式。[29] 狄骥将涂尔干的学说运用到私法研究之中,认为《拿破仑民法典》的指导思想是个人主义的,并对近代民法的三大原则进行了猛烈的抨击:首先,权利不只是个人的,同时具有社会职务和社会功能;其次,意思自治在集合契约的条件下已经发生崩溃;最后,责任归属从主观责任转到客观责任。[30] 上述思潮直接影响了法律制度的变迁,直接导致近代民法对所有权神圣、意思自治、个人责任原则进行了全面调整,同时加强了经济领域的管制性立法。竞争法正是这个时代的产物。

历史进入20世纪30年代,资本主义世界出现了空前的经济危机,古典自由主义遭到了各种质疑甚至否定,亚当·斯密自由放任理论出现困境,人们开始寻求另外的思想道路,凯恩斯国家干预经济的思想应运而生,其《就业、利息和货币通论》的出版被誉为经济学世界的凯恩斯革命,也标志着西方宏观经济学的诞生。在为古典自由主义困境寻求出路的途中,主张秩序自由主义的弗莱堡学派开始与凯恩斯的国家干预谨慎“握手”。同时,世界出现了分化,由于当时

---

〔28〕［美］戴维·J. 格伯尔:《二十世纪欧洲的法律与竞争——捍卫普罗米修斯》,冯克利、魏志梅译,中国社会科学出版社2004年版,第65~75页。

〔29〕［法］莱昂·狄冀:《〈拿破仑法典〉以来司法的普通变迁》,徐砥平译,中国政法大学出版社2003年版,第5页。

〔30〕［法］莱昂·狄冀:《〈拿破仑法典〉以来司法的普通变迁》,徐砥平译,中国政法大学出版社2003年版,第18~23页。

各国发展状况极不平衡,发达的资本主义国家并未从根本上否定自由资本主义的经济体制,而不发达的东方世界选择了马克思指定的社会主义道路。这就是列宁对马克思理论的发展:社会主义可以在资本主义薄弱的地方首先取得胜利。当然这已经与竞争法无关了。

(二)德国秩序自由主义及其对竞争法的影响

"二战"结束后,联邦德国在美国管控期间颁布了《反限制竞争法》。但其立法思想却深藏于本土资源,即被称为德国新自由主义的弗莱堡学派。弗莱堡学派作为20世纪西方十大经济学派之一,诞生于20世纪30年代德国的弗莱堡大学,该学派以经济学家瓦尔特·欧肯为代表提出了秩序自由主义(Ordo-liberalisums)的概念和思想。欧肯提炼了奥古斯丁的秩序观念,并用Ordo指代经济生活中作为理想形式的奥尔多(Ordo)秩序。[31] 在欧肯的带领下,弗莱堡大学的两位法学家佛兰兹·伯姆与汉斯·德尔特加入了奥尔多秩序的研究。奥尔多(Ordo)秩序是弗莱堡学派分析经济问题的出发点,如何建立一个"有运作能力和合乎人类尊严的秩序"是他们的现实关切,为了实现这一目标,他们主张把秩序与个人主义结合起来,希望"在自由中建立秩序"。[32] 这种秩序既要保障个人自由,又要限制自由的滥用;既要避免经济权力完全由国家掌控,又要避免经济力量过度集中在私人手中。该学派的法学家代表伯姆在其《作为历史任务的创造性成就的经济秩序》一书中,对私人经济垄断进行了深刻的批判,并根据亚当·斯密的自由主义经济学原理提出控制垄断、实现竞争秩序的主张。[33] 总之,佛莱堡学派致力于研究私人经济权力所引起的社会问题,认为经济资源的过度集中本身就是一种"罪恶",应当分散经济权力,减少大企业,建立一种由中小企业组成的经济体系,上述思想不仅直接指导了德国《反限制竞争法》的颁布,而且成为美国哈佛学派结构主义的思想渊源。

弗莱堡学派主张的秩序观念虽然鲜为人知,但直接受其影响而建立的"社会市场经济"却声名远扬。"二战"结束后,担任联邦德国经济部长及总理的艾哈德是弗莱堡学派忠实的实践者,他在"漫无限制的自由放任与残酷无情的政府管制之间、在绝对自由与经济集权之间践行了一条中间道路",并由此创造了联邦德国战后的经济奇迹。[34] 正如戴维·格伯尔认为,"社会市场经济的支持者在经济政策的大多数问题上同秩序自由主义者看法一致,但是前者更重视保障市场的收益在全社会中更公平分配,从许多方面看,秩序自由主义和社会市场经济的理论密切相关,这两个概念经常可以互换"。[35] 秩序自由主义致力于保护个人尊严和自由,建立一个宽容和人道的社会,它的思想源泉是人道主义而不是单纯的效率或其他经济关切。佛莱堡学派有自己鲜明的立场,"即否定过去,力图在民主主义与社会主义之间、在苏联的'东方'与美国的'西方'之间寻找'第三条道路'"。[36] 因此,秩序自由主义并非走向国家干预主义极端

---

〔31〕 Ordo是拉丁词,意为秩序之意。秩序观念在古希腊已经萌芽,到中世纪早期奥古斯丁将Ordo称作合乎人和事物本质的秩序,是"爱的秩序"和"合理的秩序",但其秩序观中包含着"神授秩序"的理念。并由此形成影响深远的弗莱堡学派。参见[德]维克托尔·凡贝格:《秩序政策的规范基础》,载何梦笔主编:《秩序自由主义》,董靖、陈凌、冯兴元译,中国社会科学出版社2002年版,第31页注释1。

〔32〕 梁小民:《弗莱堡学派》,武汉出版社1996年版,第134页。

〔33〕 梁小民:《弗莱堡学派》,武汉出版社1996年版,第28页。

〔34〕 梁小民:《弗莱堡学派》,武汉出版社1996年版,第198~199页。

〔35〕 [美]戴维·J.格伯尔:《二十世纪欧洲的法律与竞争——捍卫普罗米修斯》,冯克利、魏志梅译,中国社会科学出版社2004年版,第292页。

〔36〕 [美]戴维·J.格伯尔:《二十世纪欧洲的法律与竞争——捍卫普罗米修斯》,冯克利、魏志梅译,中国社会科学出版社2004年版,第296页。

立场,他们首先尊重古典自由主义的核心价值,包括权力必须受到制约,减少国家对个人权利的干预。同时他们认可并接受古典自由主义的基本出发点,即竞争是社会良好发展所必需的,经济自由是政治自由的前提,必须由私人而不是由政府去配置经济资源。他们拓展了古典自由主义的视野,认为个人自由的威胁不仅来自政府,而且也可能来自私人经济权力的侵害,私人经济权力的滥用同样将危及社会公共利益,动摇社会共同体的根基,因此,国家必须有足够的力量抵抗私人权力对社会和个人的损害,而只有通过国家干预对私人权力形成的不正当竞争和垄断进行控制,才能确保竞争自由不受影响。这正是弗莱堡学派与众(学派)不同的地方,他们由经济学家和法学家共同组成,从两条不同的进路研究"秩序"观念和政策,共同指向一种符合经济规律的法律框架,这个法律框架就是被誉为"经济宪法"的竞争法。经济宪法的概念正是秩序自由主义用于整合法律与经济思想的工具。[37] 为了使竞争法得到有效实施,该学派还提出竞争法实施的程序保障,认为建立一个独立于传统行政与司法系统的竞争法执行机构十分必要。从此,竞争法成为秩序自由主义思想的法律表达。

秩序自由主义直接影响了竞争法思想的形成,并对20世纪中后期的德国、欧盟乃至整个世界竞争法观念和制度的演变产生了重要影响。在秩序自由主义的作用下,德国竞争法不仅成为其社会"经济宪法"的重要组成部分,而且赢得了其他欧洲国家的注意和尊重。1986年法国竞争法的起草人"心甘情愿地承认其得益于德国的经验"。[38] 竞争法一直是欧洲一体化进程的核心,毫无疑问,德国竞争法成为欧盟竞争法的立法蓝本。即使在英美法系国家,弗莱堡学派的竞争立法思想也有很大的影响,例如,英国的竞争法在适用方式上,并没遵循美国私人执行的范例,而是选择了一种行政调查和管制的模式。[39] 此外,弗莱堡学派的形成与发展伴随着纳粹的黑暗统治,这种以学术捍卫自由人格和理性精神的品质更是难能可贵。

(三)竞争法思想中的干预手段与自由目的

古典自由主义是西方自由资本主义时代的"圣经"。在自由资本主义时代,竞争并不激烈,垄断尚不凸显,具有市场支配地位的强大的私人经济力量尚未成为自由竞争的障碍。亚当·斯密所强调的经济自由主要是反对政府对市场的不当干预,那时他还没有意识到有一种被称为垄断的基于自由竞争而形成的经济权力同样可能阻碍和限制竞争。那只"看不见的手"即将遭遇挫折,自由放任的局限性已经成为市场自身无法克服的弊端,此时,需要国家这只"看得见的手"干预经济和市场。

应运而生的秩序自由主义不可避免地打上了国家干预的烙印,从某种意义上也可以被视为国家干预的产物。竞争法以捍卫自由竞争为目的而借用国家干预手段"规制"不正当竞争和垄断,但这种干预恰恰又可能成为限制自由的帮凶,而这正是以哈耶克为代表的奥地利学派否定"反垄断"的理由。他们认为,与垄断相比,国家干预对自由竞争的危害更大,所以宁肯容忍人为的经济垄断,也要坚决反对国家的干预;他们对公权力干预市场始终保持怀疑,并确信市场具有自我修复的功能。但在秩序自由主义看来,国家的作用与自由主义并不矛盾,相反,国家正是实现自由的条件之一,只不过国家的作用不能像计划经济那样直接配置资源,也不是像

---

〔37〕［美］戴维·J. 格伯尔:《二十世纪欧洲的法律与竞争——捍卫普罗米修斯》,冯克利、魏志梅译,中国社会科学出版社2004年版,第303~304页。

〔38〕［美］戴维·J. 格伯尔:《二十世纪欧洲的法律与竞争——捍卫普罗米修斯》,冯克利、魏志梅译,中国社会科学出版社2004年版,第413~414页。

〔39〕李国海:《英国竞争法研究》,法律出版社2008年版,第24页。

凯恩斯主义所主张的那样运用政策手段调节经济活动、干预市场机制本身，而只是运用法律维护市场经济所必须的正常秩序。同时，与国家干预相比，私人垄断对自由竞争的危害更大，所以宁可依靠国家干预也要消灭垄断。[40] 总之，秩序自由主义强调经济自由和完全竞争的市场机制，毋宁说国家干预只是矫正竞争秩序中可能出现的问题，从而成为保障自由竞争的一种重要手段。可见，秩序自由主义思想中的国家干预是谨慎而适度的，力图避免对市场机制产生破坏，其功用仅仅在于矫正竞争秩序中可能出现的问题，以此保护市场机制和自由竞争。

正确认识国家干预之于保护竞争的手段意义，还必须注意凯恩斯主义与计划经济体制的本质区别。凯恩斯主义的本质仍然是自由主义，虽然它在形式上与计划经济一样，都表现为国家对社会经济生活的参与和控制，但前者对社会资源配置的作用始终是辅助性的，其目的在于矫正自由经济的弊端，仍然尊重私有制和市场经济；同时，凯恩斯国家干预的手段通常遵循法治程序而非政治或人治，正如竞争法，限制自由是为了保护自由，限制竞争也是为了保护竞争，而非计划经济体制下彻底消灭私有、自由和竞争。

竞争法的命运与自由主义的兴衰有着密切的联系。但吊诡的是，保护自由的竞争法随古典自由主义的衰落而兴起，又随新自由主义的兴起而招致诟病。竞争法的目的是保护自由，但手段却呈现出限制自由的外观。目的与手段的二重变奏，恰是竞争法难以捉摸和令人着迷的地方。

讨论3 国家干预与自由市场的关系

关于二者关系，有一个通俗的比喻：自由市场是五谷杂粮，国家干预是良药，五谷吃后免不了要生病，因此良药不可或缺，但良药苦口，只利于病，不能当饭吃。问题的关键应该是：什么时候吃药而不是什么时候吃饭！因为吃饭是常态，吃药是偶然，如果天天吃药，那就病入膏肓，无药可救了。

通常认为，国家干预包括两个层面"宏观层面与微观层面。宏观层面即是通过财税、金融、货币政策克服市场的盲目性；微观层面即是对市场秩序的规范和调整。竞争法是国家干预微观市场行为的典型的法律形式。它通过对经营者规模结构和经营行为进行控制，实现市场有效竞争结构、确保弱小经营者自由公平竞争的机会、实现消费者利益最大化。其实，我们所有的经济社会问题都集中反映了自由市场与国家干预的关系。

但须注意的是，当代西方国家干预主义与我国计划经济时代的思想有本质区别，虽然在形式上都表现为国家对社会经济生活的直接参与和调控，但前者尊重自由，将市场作为社会资源配置的主要力量；国家干预的作用是次要的，仅仅限于解决自由市场出现的问题，而且干预的手段遵循法治程序而非政治或人治手段。正如竞争法，限制自由是为了保护自由，限制竞争也是为了保护竞争，而非计划经济条件下的彻底消灭自由、消灭竞争。

[40] 梁小民：《弗莱堡学派》，武汉出版社1996年版，第7页。

第五节　竞争法的价值和原则

一、竞争法的价值

法的价值是法律功能和效用之上的精神存在。在“保护竞争、保护竞争者、保护消费者”的法律功用之上,竞争法还凝聚着自由、公平的精神价值。法的价值并不等同于法的功能,功能是一种直接的效用和目的,例如竞争法的功能是保护竞争、竞争者和消费者,但价值却是一种抽象的目的和意义,毋宁说它是“衡量”目的的一种尺度和标准,因此任何价值都是主观的,但主观并非意味着各执一词、没有共识。德国秩序自由主义“在自由中寻求秩序”的思想体现了竞争法关于自由与公平的价值蕴含,这一共识不仅根源于人类追求自由的天性,而且符合维系人类共同体公平秩序的价值追求。

1. 经济自由

自由是竞争的内在规定性,没有自由就没有竞争,竞争是自由的外在形式。如果说商品是天生的平等派(马克思语),那么自由恰是实现这一平等的重要手段。历史经验告诉我们,相对于计划与权力而言,经济自由将更可能地实现社会财富的稳定增长与公平分配,正如哈耶克所言,“虽然在竞争制度下,穷人致富的可能性比拥有遗产的人致富的可能性要小得多,但也只有在竞争制度下,穷人才可能依靠自己而不是某种权力的恩惠获得成功”。〔41〕 竞争法通常赋予竞争者以下自由的权利:在法律范围内自由地选择经营的范围、场所、方式和手段,自由选择商品交易的价格和数量,并有权自由地进入或退出市场。自由是竞争的前提,没有自由的竞争,就没有市场经济,更没有市场经济的繁荣和进步。但自由不是绝对的,其必须受制于法律规范的约束。当竞争不再自由的时候,国家就应该伸出“干预之手”调整竞争秩序,否定和制裁各种限制自由竞争的行为。这只“干预之手”就是竞争法,竞争法对不正当竞争与垄断行为的规制,即是对自由价值的捍卫。而这,正是秩序自由主义赋予竞争法的“内在品质”。

自由竞争蕴含经济效率的目标。换言之,自由竞争自然意味着对效率的追求。经济学上有“最大的效率就是最大的公平”的说法,因此在经济学家眼里,效率甚至是竞争法尤其是反垄断法唯一的价值取向。自美国《谢尔曼法》颁布以来,美国经济学和法学领域关于反垄断法的争论无不是围绕效率问题展开。例如,波斯纳在其《反托拉斯法》第二版(2001 年)序言中说,这本书的第一版(1976 年),是四分之一个世纪以前出版的,当时带一个副标题“一个经济学的视角”,显然暗示还存在其他视角。这种暗示在第一版序言中说得很清楚,这本书的目的是阐释反托拉斯法的经济学方法并为其进行辩护,但是在其后的几年,其他各种视角基本上销声匿迹,因为,“指导反托拉斯政策的只应当是配置效率的考虑”。〔42〕 鉴于该书的内容更多是对美国早期反垄断理论和实践(判例)的检讨和批判,朱苏力先生在译序中甚至认为该书可以更好、更简单概括为“反反托拉斯法”。〔43〕 然而,我们认为,基于法律的视角,效率无论多么重要,始

---

〔41〕［英］哈耶克:《通往奴役之路》,王明毅等译,中国社会科学出版社 1997 年版,第 100 页。

〔42〕［美］波斯纳:《反托拉斯法》(第 2 版),孙秋宁译,中国政法大学出版社 2003 年版,第二版序第 1 页。

〔43〕［美］波斯纳:《反托拉斯法》(第 2 版),孙秋宁译,中国政法大学出版社 2003 年版,代译序第 9 页。

终是工具而不是目的,不能跻身于自由价值的位阶。

2. 经济公平

公平是法律的第一要义,其理所当然属于竞争法的核心价值之一。西塞罗认为,法律规则只是人类公平的一种表达,而公平的真正所在是人类的本性。[44] 公平在法律上表现为基本权利的平等配置和基本利益的平等分配,然而,权利的赋予仅仅提供了平等行使权利的前提和机会而非实际权利利益的获取。不同类别的划分显然不可避免地隐含社会强势与弱势的差别,因此,符合每个人内心愿望的社会公平始终是一种道德理想而不是法律能够全部担当的使命。因此,任何法律包括竞争法上的公平价值同样不是绝对的。

竞争法是经济法的核心,竞争法上的公平观自然与经济法的实质公平一脉相承。经济法所追求的实质公平,完全符合美国现代伦理学家罗尔斯所主张的"作为公平的正义"。罗尔斯认为,人类社会是一个互惠合作体系,即每个人都必须从社会合作所产生的经济利益中受惠,如果在社会合作中那些基于偶然出生而具有较高社会地位和自然禀赋者受惠更多,而较低社会地位和自然禀赋者受惠更少,那么,一种健全而持久的社会基本制度必须包含某种补偿性安排。基于上述理由,罗尔斯在《正义论》中既对以边沁为代表的"效益最大化"的功利主义学说进行了否定,又对以洛克为代表的"权利最大化"的自由主义进行了改造和修正,提出并论证了一个"词典式序列"而非简单强调平等或自由的公平原则。在这个"词典式序列"的正义原则中,第一是平等自由原则,第二是机会公平与差别原则。平等自由原则适用于宪政领域,对应于社会基本结构和制度,这些结构和制度必须充分保证社会所有人平等分配社会的基本权利,平等地享有最广泛的基本自由,即思想、言论、信仰、人身以及各项公民权利。而第二个正义原则既要求公平的机会平等,即"社会职位向所有人公平地开放",同时也要求用差别原则来调节社会和经济的不平等。"差别原则"仅仅适用于社会经济领域,对应于经济权益的分配,即在政治领域平等自由原则下,在确保财富创造和收入机会平等的前提下,主张对社会中"受惠最少者"实行"差别待遇",在经济利益和机会方面给予倾斜性配置。不仅如此,差别原则还"包含了互惠性以及利他主义的道德观念",它要求在平等自由、公平机会的前提下,"将自然天赋的分配看着是一种共同资产,人们可以共享这种分配所产生的利益"。"差别原则"正是罗尔斯超越古典自由主义思想之精髓所在,是在社会基本制度所赋予人们基本人权(生存、平等、自由)的基础上,强调社会经济领域实行有"差别的公平",即给予那些"受惠最少者"更多的机会和利益,以使他们不至于因为偶然的出身和禀赋而丧失原初状态下的基本权利。[45]

实质公平是对近代民法形式公平和机会公平的矫正,也是衡量竞争是否"公平"的价值尺度。在反不正当竞争法上,市场混淆与自由模仿、商业贿赂正当促销、商业诋毁与言论自由,往往呈现出模棱两可、似是而非的状态,其行为性质在法律与道德的边缘徘徊;在反垄断法上,无论是垄断协议还是市场支配地位的滥用,都表现出一种契约自由、权利自主的形式外观,但这些行为的性质已经发生了质变,民法无力规范其行为方式,也不足以救济其行为产生的损害后果。竞争法通过对不正当竞争和垄断的规制,保障了市场竞争条件下的经济公平。经济公平常常受到来自经济学效率至上的挑战,在具体个案中,经济学的分析工具常常使效率成为利益衡量的唯一标准。但无论怎样强调"效率",竞争法不能丧失其作为法律应有的公平的价值判断。

---

〔44〕 [英]彼得·斯坦等:《西方社会的法律价值》,王献平译,中国法制出版社2004年版,第13页。

〔45〕 江帆:《经济法实质正义及其实现机制》,载《环球法律评论》2007年第6期。

二、竞争法的基本原则

竞争法的基本原则是指对竞争的立法、执法、司法和守法具有指导意义和适用价值的根本准则。它是竞争法基本精神的集中体现,是竞争法所追求的多元化价值目标的高度概括,并规定或寓于具体的竞争法律制度之中。[46] 关于竞争法的基本原则,目前学界观点纷呈。但我们认为,单行法的基本原则不仅应该涵盖法律规范的功能、目的和手段,而且应该具有确定性。竞争法的基本原则与价值相互融通,表现出重叠和交叉。比如自由和公平,在原则和价值中都占据重要的位置。而诚信作为保障竞争自由与公平的手段,应当享有基本原则的地位。因此,我们将竞争法的基本原则归纳为自由竞争、公平竞争与诚信竞争三大原则。

1. 自由竞争原则

自由竞争原则赋予竞争者以下权利:在法律范围内自由地选择经营的范围、场所、方式和手段,自由选择商品交易的价格和数量,并有权自由地进入或退出市场。

经济自由既是反垄断法发挥作用的制度环境,也是反垄断法维护的基本价值。从制度运行的环境看,反垄断法脱胎于自由市场体制,同时也生长于自由市场。自由市场不仅要求政府权力的退出,而且要求遏制私人垄断权力。反垄断法作为维护自由市场的大宪章,其发挥作用的前提是市场具备"契约自由、竞争自由、财产权保护"的条件,否则无法在其制度空间发挥有效作用。

自由竞争原则在反垄断法上具有基础性地位。对此,有的国家直接在立法文本中宣称,例如,日本 1947 年《关于禁止私人垄断及确保公正交易法》第 1 条规定:"本法的目的是,促进公正而自由的竞争。"也有国家在立法文件中表达,例如,德国《反限制竞争法》的立法理由陈述:"自由竞争的市场组织需要完全竞争成为一个经济现实,立法就是有责任使完全竞争免受种种限制手段的戕害。"在司法判例中确定法律原则历来是英美法国家的做派,1972 年,美国最高法院大法官马歇尔在"美国诉托普科联合公司案"中提出:"从总体上看,反托拉斯法,特别是'谢尔曼法',是自由企业的大宪章。这些法令对于维护经济自由和我们的自由企业体系的保障作用,正如权利法案对于我们基本权利的保护作用一样。不管营业的规模有多小,保证这些营业的自由,就是在经济领域中保证它们能够利用其精力、想象力、献身精神以及智慧去自由地开展竞争。"[47] 但无论是立法上的考量,还是司法判例的解读,竞争法对自由价值的维护,并不限于个别经营者和消费者的个别利益,而是具有整体性和公共性。

2. 公平竞争原则

公平竞争原则首先需要国家为市场主体创造一个公平的竞争环境和竞争条件,使他们能够在相同的条件下各显其能,共同接受竞争规律考验和优胜劣汰的结果。

公平竞争原则一般在立法中得到体现,例如,我国《反不正当竞争法》第 2 条规定:"经营者在生产经营活动中,应当遵循自愿、平等、公平、诚信的原则,遵守法律和商业道德。"《反垄断法》第 1 条规定:"为了预防和制止垄断行为,保护市场公平竞争,提高经济运行效率,维护消费者利益和社会公共利益,促进社会主义市场经济健康发展,制定本法。"公平竞争原则的主要功能在于分散经济权力和弱者保护。分散经济权力最初在美国《谢尔曼反法》的立法过程中被作

---

〔46〕 参见种明钊主编:《竞争法》(第 3 版),法律出版社 2016 年版,第 14 页。

〔47〕 *United States v. Topco Association, Inc.*,405 U. S. 596,610(1972). 转引自叶卫平:《反垄断法价值问题研究》,北京大学出版社 2012 年版,第 86 页。

为政治诉求提出,但具体到中小企业和消费者那里则产生了实质公平的经济诉求;弱者保护是实质公平竞争观的题中之义,相对于具有市场支配地位的企业,中小企业自然处于弱势地位,虽然竞争法宣称其首要目标是保护竞争而不是竞争者,但竞争者仍然是竞争法不容忽视的保护对象。公平竞争原则的本质还在于其非经济性的目标考量。非经济目标考量是相对于经济学主张绝对效率目标而言的,其核心理念是实质公平,鼓励竞争行为的道德性。正如有美国学者所言,"如果反托拉斯法是作为法律体系而不是作为应有经济的体系存在,它必须对配置效率以外的其他价值作出回应。……法律分析如果能够被看成社会科学的一个分支,该分支也在其意愿和方法论上带有更多的人文色彩,更为接近历史甚至文学而不是经济学"。[48]

3. 诚信竞争原则

诚信竞争原则,是指经营者在生产经营活动中,应当采取公平的竞争手段,遵守法律和商业道德,获取自己的正当利益。在反不正当竞争法中,诚信竞争原则的地位尤为突出,《保护工业产权巴黎公约》(以下简称《巴黎公约》)在1925年海牙修改会议中将不正当竞争行为定义为"违反诚实商业习惯的竞争行为",从某种意义上说,反不正当竞争行为就是反不诚信的竞争行为。

从渊源上讲,诚信竞争是诚实信用原则在竞争法中的具体化。诚实信用原则产生于债法或合同法,《德国民法典》第157条、第242条首次将诚实信用原则作为规范债务人的行为准则,1907年《瑞士民法典》将其提升为民法的基本原则,从此诚实信用原则被誉为民法的帝王条款,对于大陆法系成文法局限之克服具有不可估量的作用。在随后的发展中,诚实信用原则逐渐向私法其他部门和私法之外的公法扩张,进而成为法的一般原则。[49] 到目前为止,诚实信用原则已经成为各部门法均应遵守的基本原则,只是在不同的法律部门中有不同的内容指向。我国1986年《民法通则》第4条、2018年《民法总则》第7条均有明确规定,即民事主体从事民事活动,应当遵循诚信原则,秉持诚实,恪守承诺。在竞争法中,诚实信用原则指向的是商业行为应遵守法律、商业惯例和商业道德,是竞争行为正当与否的评价标准。

从社会学意义上说,诚实信用原则是维持共同体稳定和良性运转的重要机制。孔子曰:"自古皆有死,民无信不立。"为了取信于民,秦国商鞅在变法之前,先以"徙木立信"的仪式取信于民。张维迎说:"法律和信誉是维持市场有序运行的两个基本机制。但与法律相比,信誉机制是一种成本更低的维持交易秩序的机制。"[50] 如果商业活动中出现了普遍性的信任危机,那么社会经济的交易成本将非常高,即使有再完备的法律也很难发挥作用,相反,信任可以降低商业交易成本。

诚实信用原则的道德内涵使其在法律适用中充满争议。美国法学家富勒认为法律与道德难以泾渭分明,他将道德分为愿望的道德与义务的道德。[51] 愿望的道德是一种崇高的追求,如公益、慈善、舍己为人,甚至杀身成仁。义务的道德则是人们应当遵循的最低限度的行为准则,它为社会共同体的基本秩序所要求,如礼尚往来、货真价实不损人利己等。富勒说义务的道德是法律的"表亲",二者可以相互"帮助"。如"礼尚往来、货真价实"在契约法领域就是严格遵

---

〔48〕 See Lawrence Anthony Sullivan, *Handbook of the Law of Antitrust*, 1977, p. 11. 转引自叶卫平:《反垄断法价值问题研究》,北京大学出版社2012年版,第86页。

〔49〕 徐国栋:《论诚信原则向公法部门的扩张》,载《东方法学》2012年第1期。

〔50〕 张维迎:《法律制度的信誉基础》,载《经济研究》2002年第1期。

〔51〕 [美]富勒:《法律的道德性》,郑戈译,商务印书馆2012年版,第6~12页。

守约定，“不损人利己”在侵权法里就是不得侵犯他人的权利。然而，在现实生活中，愿望的道德和义务的道德并非如此泾渭分明。譬如，投机取巧，作为一种商业策略，属于一种不违法的不道德行为；而诚实信用，作为我们倡导的法律原则，却是一种难以实现的愿望的道德。在愿望的道德与义务的道德之间，还存在很多模糊地带。我们之所以将诚信原则 、权利不得滥用、善良风俗这些抽象而原则性的内容写进法律，原因在于我们不能截然区分法律与道德、愿望的道德与义务的道德的关系，我们希望将那些可能违背“义务的道德”的所有行为都纳入法律规制的范围，同时，也倡导人们去追求愿望的道德。“虽然愿望的道德与法律不具有直接的关联性，但它的间接影响却无处不在。”[52]不正当竞争行为的判定往往在愿望道德与义务道德之间。例如，商业模仿、各种促销活动、竞争策略，其中不可避免地包含投机取巧的因素。因此，从这个意义上说，反不正当竞争法具有强烈的属于法律规范性之外的道德性问题，“不正当之标准”常常在道德与不道德的边缘徘徊并随着时代的发展而改变。例如，从德国1896年《反不正当竞争法》与其2004年修订之后关于不正当竞争行为的定义，似乎看到道德的因素在弱化，或者说是义务道德的范围正在缩小。[53]

诚实信用原则的道德内涵使其倡导性大于规范性，诚信竞争原则也不例外。实践中，各国立法通过列举不正当竞争行为类型的方式对诚实与不诚实竞争行为的理解提供指引。我国《反不正当竞争法》第2条第2款明确了诚实竞争行为判断的多重标准：市场竞争秩序、其他经营者或者消费者的合法权益，并在第二章列举了七类不正当竞争行为：商业混淆行为、商业贿赂、虚假或引人误解的商业宣传、侵犯他人商业秘密、不正当有奖销售行为、商业诋毁及网络环境下的不正当竞争。这些行为要么是“搭便车”、投机取巧，要么是误导消费者、损人利己，都直接或间接地侵犯了消费者或其他经营者的合法权益、扰乱了市场竞争秩序，显然与良好的商业道德或者诚实竞争原则背道而驰。一般而言，市场竞争行为是明显涉他性的，即要努力争取消费者的注意力和购买力，并与其他经营者进行竞争，因此，消费者和竞争者利益均是容易被侵犯的权益，这表明，商业行为或市场竞争行为具有一定的社会性，因而需要依据它们对消费者、经营者以及竞争秩序的影响进行评估，而评判的标准即是否诚实、是否符合商业伦理或商业道德，正因如此，反不正当竞争法被认为是确立市场竞争道德的基本法。

第六节　竞争法的地位及不确定性

一、竞争法是经济宪法

竞争法被誉为“经济宪法”“自由企业大宪章”，这在市场经济的法制体系中，无疑具有崇

---

〔52〕［美］富勒：《法律的道德性》，郑戈译，商务印书馆2012年版，第11页。

〔53〕1896年德国《反不正当竞争法》第1条规定：“在商业交易中以竞争为目的而违背善良风俗的行为，（受害人）可向其请求停止侵害和损害赔偿。”2004年《德国反不正当竞争法》第3条规定：不正当竞争行为，如足以损害竞争者，消费者或其他市场参与人而对竞争造成并非轻微破坏的，则是非法的。”其中“足以损害竞争者、消费者”“并非轻微破坏公平竞争”中的程度副词表达了对竞争行为放松规制的态度？同时，在2004年修订后的条文中放弃了“违背善良风俗”一语，使“不正当”的类型列举趋于僵化，这是否弱化了反不正当竞争的道德性？相反观点可参见：蒋舸：《关于竞争行为正当性评判泛道德化之反思》，载《现代法学》2013年第6期。

高的地位。但这也意味着竞争法经常处于"高处不胜寒"的境地,竞争法的不确定性充分反映了这种尴尬和困境。

"经济宪法"一词在20世纪20年代被用来宽泛地指代一个经济体系的基本特征。[54] 后来由德国的秩序自由主义者运用到法律领域,作为整合法律和经济的思想工具。"秩序自由主义者运用法律语言,为他们对经济问题的分析增加了一种'宪法'因素。他们认为,一个共同体的政治宪法,最终必然塑造其经济体系的性格。经济体系不是'随机发生'的,它们是通过政治和法律决定来'塑造'的,这些基本选择决定着国家的'经济宪法'(Wirtschaftsverfassung)。"[55] 但是,"经济宪法"一词并无统一内涵,它可以与"经济秩序"或"经济制度"同义,同时还存在实质意义和形式意义的区分,实质意义上的经济宪法被理解为"所有调整经济生活法律规范的总称"。形式意义上的经济宪法是指"所有涉及经济内容并对经济制度进行规定的基本法(宪法)规范"。[56] 我国在1993年通过的《宪法修正案》第7条关于"国家实行社会主义市场经济"的规定,即是改革开放以来最重要的形式意义上的经济宪法,但鉴于其与现行《宪法》第6条规定的经济制度条款(公有制条款)存在抵牾,适用起来显然会被看成是竞合规范,难分主次。[57]

通过考察经济宪法的本意,可以使我们更为准确地领会"竞争法是经济宪法"的隐喻。竞争法关注的核心问题是"私人经济权力"以及这种权力对自由竞争的威胁,竞争法的首要功能就是要消除这种权力,或至少是防止它的滥用。竞争法通过法律限制私人经济权力的思维逻辑与政治宪法异曲同工,类似于政治宪法的功能想象:如果说政治宪法是为了限制政治集权以保障社会民主,经济宪法(竞争法)则试图通过限制私人经济权力以保障市场的自由竞争。

二、竞争法的不确定性

部门法或单行法的规范模式大体可以分类两类,权利保护和行为规制模式。与权利保护模式相比,行为规制模式具有内在的不确定性。在权利保护模式下,权利有明确的范围和边界,权利也可以定价和转让,因此,法律可以对权利的损害给予相对明确的补偿。相反,行为规制模式无法实现这种利益保护的确定性。

(一)规制对象的不确定性

竞争是一种动态的过程,静态竞争观是不存在的。动态竞争观是竞争的本质属性,同时符合人类经济活动的客观现实。"在亚当·斯密看来,竞争能够产生他自身的和谐,市场能够自我调整,人人可以从竞争中受益,所以它是增加而不是减少了共同体的稳定性。这也改变了共同体的观念,把它建立在动态的过程而不是静态的条件上。"[58] 竞争法的首要目标是保护竞争,而竞争是一种过程或机制,保护一种过程或机制是个相当含糊的目标,具有不确定性。具体而言,实践中的各种不正当竞争行为往往似是而非、模棱两可,例如,在市场混淆与模仿自由

---

〔54〕 最早使用这一概念的是 Siegfroed Tschierschky, Wirtschaftsverfassung(1924),但它的基本理念却是来自《魏玛宪法》。参见[美]戴维·J.格伯尔:《二十世纪欧洲的法律与竞争——捍卫普罗米修斯》,冯克利、魏志梅译,中国社会科学出版社2004年版,第304页注释2。

〔55〕 [美]戴维·J.格伯尔:《二十世纪欧洲的法律与竞争——捍卫普罗米修斯》,冯克利、魏志梅译,中国社会科学出版社2004年版,第303页。

〔56〕 [德]乌茨·施利斯基:《经济公法》,喻文光译,法律出版社2006年版,第20页。

〔57〕 黄卉:《法学通说与法学方法——基于法条主义立场》,中国法制出版社2015年版,第129页。

〔58〕 [美]戴维·J.格伯尔:《二十世纪欧洲的法律与竞争——捍卫普罗米修斯》,冯克利、魏志梅译,中国社会科学出版社2004年版,第19~23页。

之间，在有奖销售与产品促销之间，在虚假宣传与艺术夸张之间，在商业诋毁与言论自由之间等。而在反垄断法上一直存在结构主义和行为主义的争论，结构主义主张规制垄断状态，行为主义主张规制垄断行为，但无论是垄断协议、滥用市场支配地位行为还是经营者过度集中，这些垄断行为的认定与传统法律规范的对象如违约行为、侵权行为、犯罪行为等完全不同。违约行为、侵权行为、犯罪行为等的构成从行为主体的主观动机、目的，客观损失、后果都可以进行相对直观的判断；但是，判断企业之间的协议或合并是否构成非法垄断，或者经营者的行为是否构成滥用市场支配地位，则必须考虑其相关市场规模和相关行业集中程度的影响，而相关市场规模和相关行业集中程度以及对市场效率、消费者福利的影响的判断则受到许多因素的限制和约束，例如，市场占有率、同类产品和替代产品、地域和时间、产业政策的导向等。

（二）多元价值目标的冲突

竞争法保护竞争关系中的经营者、消费者和竞争秩序。在竞争法上，竞争秩序实际上是社会公共利益的另一种表达。这些多元化价值目标事实上很难兼顾。譬如，在反不正当竞争法上，假冒他人名牌标识商品，对于很多消费者来说是明知故买；而有的商业贿赂行为并不影响甚至有利于消费者利益。例如，在2007年长龙药业商业贿赂案中，重庆市工商局虽然最终确认长龙药业向丰都医院提供1600万元无息借款的行为构成了商业贿赂，但长龙药业负责人出示药品采购合同中显示：双方约定的药品采购价是国家定价的80%，患者在丰都医院购买长龙药业的药品比同类药品价格降低了20%左右。反垄断法所体现的这种冲突更明显。例如，在2000年微软Windows视窗捆绑IE浏览器一案中，微软公司免费捆绑销售的行为阻碍了其他浏览器的进入，但对于消费者的利益并无损害甚至可能有利；又如，企业合并行为本身对特定经营者的利益的影响也非显而易见。但是反垄断的首要目标是保护竞争，仍然需要对上述行为进行规制。总之，多元化目标常常成为不正当竞争和垄断行为认定的争议和难点，为了兼顾多元化价值目标，竞争立法倾向于抽象和模糊，立法解释和执法也具有很强的政策性和时效性。

（三）竞争性损害的不确定性

竞争必然意味着损害竞争者的可能性。从某种意义上说，市场竞争就是一种“损人利己”的行为，竞争与损害相伴而生、如影随形。[59] 与竞争法多元的价值目标相配，市场竞争的损害对象也是多元的，包括竞争者、消费者以及社会公共利益，对于一个具体的反竞争行为来说，其造成的损害可能是单一的但在大多数情况下是复合的，我们可以将这种损害统称为竞争性损害。“一般而言，竞争性损害是中性的，不具有是与非的色彩。这就是损害中性，即竞争行为的损害或者说由竞争行为给其他竞争者造成损害是常态，损害本身通常不构成评价竞争行为正当性的倾向性要件，只有特定的损害才成为不正当竞争的考量因素。”[60] 例如，美国《不正当竞争法重述》（第三版）第1条（一般原则）明文规定，除非符合特别的规定，“凡从事商业或者贸易在商业关系中造成他人损害的，不需要对该损害承担责任”。该规定被认为对于不正当竞争行为采取“负面清单”或者“负面列表”的做法，市场竞争的行为人仅对列举的行为所造成的损害承担责任，也即行为人承担责任是例外，不承担责任是原则。这种竞争性损害观念派生于自由竞争原则，且竞争性损害还被归结为竞争“特权”，即“本条所体现的原则常常被泛称为竞争‘特权’。……主张因竞争而遭受损害的人必须确定按照本条列举的情形有足以使行为人承担

---

〔59〕 孔祥俊：《论反不正当竞争法的基本范式》，载《法学家》2018年第1期。

〔60〕 孔祥俊：《论反不正当竞争法的基本范式》，载《法学家》2018年第1期。

责任的事实。"[61]又如,英国法官 Robin. Jacob 曾在一商业标识仿冒案中认为,辨识什么不是法律可以帮我们更好地判断什么是法律,他说:"模仿不构成侵权;攫取他人的市场或者客户不构成侵权,因为无论是市场还是客户都不属于原告自己;利用他人的善意不构成侵权;竞争也不构成侵权。"[62]这意味着,在市场经济条件下,竞争是中性的,竞争性损害通常也是合法的,竞争只有在不正当的情况下才构成违法。但实践中如何认定竞争性损害已经越过了"中性"的边界,常常成为竞争执法机关和法官头疼的问题。

(四)产业政策的影响

产业政策是一个国家对某一具体产业实施的保护或限制措施。产业政策往往通过财政补贴、税收优惠、信贷扶持、市场准入等措施直接参与资源配置、影响市场的需求与供给进而使市场结构发生变化。如何协调产业政策与竞争政策的关系,各国的经验并不一致,也因时代变化而有所不同。例如,美国在1890年《谢尔曼反托拉斯法案》颁布以后,竞争政策明显优于产业政策,而20世纪的日本一直强调产业政策的作用。竞争法,尤其是反垄断法的实施通常需要配合一国当下产业政策的需要,例如,如果需要推动中小企业、高新技术产业的发展,鼓励企业合并和创新,反垄断法对企业合并控制的审查标准就会相对宽松;相反,审查标准就会更加严格。显然,就法律的稳定性而言,产业政策的影响将加剧反垄断法的不确定性。

讨论4 产业政策与竞争政策的关系

产业政策主要是政府通过财税、信贷、市场准入、重组等措施进行资源配置,意图实现特定行业的特殊保护、优先发展、技术升级、规模效益等目标。竞争政策与产业政策在大多数情形下具有一致性。首先,竞争政策与产业政策有共同的理论依据,都是政府干预经济以弥补市场失灵的产物;其次,竞争政策与产业政策的最终目标是相同的,都是要提高资源配置效率,实现社会经济稳定发展;最后,竞争政策与产业政策在内容上会存在交叉和重合。[63] 但产业政策与竞争政策由于在目标、适用范围和实施工具上的差异,仍然存在冲突的可能。目前,在以产业政策为主的协调模式下,公平竞争常常会受到损害。实际上,2008年以后我国实施的一系列产业复兴政策由于强度不当以及缺少必要的竞争政策的检验,在一定程度上导致了产能过剩、私有资本撤退、产业发展失衡、泡沫增长以及市场机制扭曲等诸多问题。有鉴于此,我们有必要逐渐将竞争政策置于种种经济政策的中心位置,赋予其以基础性地位,建立健全公平竞争审查制度;同时,还应进一步明确反垄断法与产业监管法之间的关系以及反垄断执法机构与产业监管机构之间的关系,并建立起制度性的沟通协调机制。

---

[61] Restatement of the Law, Third, Unfair Competition §1, General Principles, American Law Institute, 1995. 转引自孔祥俊:《论反不正当竞争法的基本范式》,载《法学家》2018年第1期。

[62] Hodgkinson Corby Ltd v Wards Mobility Service Ltd. (1995) F. S. R. 169. 175 – 176. Robin. Jacob :"I turn to consider the law and begin by identifying what is not the law. There is no tort of copying. There is no tort of taking a man's market or customers. Neither the market nor the customers are the plaintiff's to own. There is no tort of making use of another's goodwill as such. There is no tort of competition."

[63] 孟雁北:《我国反垄断执法机构与政府产业规制部门的关系》,载《中国人民大学学报》2015年第2期。

第七节　竞争法对知识产权的保护和限制[64]

对知识产权的保护与限制即是在个人与社会之间对知识所产生的利益进行界定、分配和调整。但是,传统知识产权法对于"知识"所建构的权利义务规范以及民法基本原则对于知识产权的保护和限制却存在天然缺陷。知识的私有性与社会性,决定了知识产权与反不正当竞争法和反垄断法的被保护与被规制的关系。反不正当竞争法着眼于侵权人,为了更好地保护知识产权不受侵犯;反垄断法着眼于权利人,是为了防范知识产权的滥用。二者弥补了私法层面对知识产权保护的不足以及对滥用知识产权行为制约的局限。

一、知识的私有性和社会性

在知识成为一种法律保护的客体之前,知识既是个人的,也是社会的。如果个别新知识的创造者试图独占其好处,只能通过保守秘密的方式来实现其绝对私有的目的。然而,试图通过保密方式维持知识的私有性,不仅成本太高,而且很容易将知识的意义局限于自我消费、自我欣赏,最终使知识的价值大大缩减甚至变得没有价值。不仅如此,知识的秘密性占有还阻碍了知识的广泛传播,消解了知识的社会性功能,而"知识"私有范围界定的模糊、私权归属的不确定更是极大地抑制了知识的创新和公共性利用。

随着"知识"财产价值的凸显,自然状态下要么"秘密占有"与要么"社会共享"的二元对立越来越明显,已经严重阻碍了知识的利用与创新。知识的私有性要求法律确认其归属和边界,而其社会性则要求知识最大限度地为公众所用。但是,由于知识的占有不是特定人对特定物的排他性占有,知识产权法不得不构建了一套不同于传统财产权的利益调整机制:即知识的创造者公开披露知识让渡给社会,作为回报,国家赋予创造者在一定时期、一定范围内享有独占知识的权利。这实际上是代表社会利益的国家与个人之间通过"对价"在知识的私有和公有之间实现了一种平衡。然而,随着社会的发展,知识的外部性利益越来越强,知识产权法所确立的利益平衡机制遭到了破坏,使知识产权在保护与限制之间失去平衡。

二、知识产权法保护的局限与反不正当竞争法的弥补

知识产权法对"知识"保护的局限源于类型法定主义以及"知识"的社会性特征。类型法定主义限制了知识被保护的范围,而知识的社会性诉求逾越了私法规范和保护的范畴。

现代被确认和保护的知识产权具有严格的构成要件,专利权、商标权、著作权对"知识"外在表现形态上的要求使更多的智慧成果被排斥在法律保护之外。这些限制虽然符合知识产权"经对价获致平衡"的内在要求,但事实上却使许多智慧成果不能享有知识产权的法律保护。知识产权法上的类型法定原则限制了客体的范围,构成了知识产权法对"知识"的"强保护"与"窄保护"特点。但是,对于任何智慧劳动所形成的知识利益,无论是否经过成文法或司法判例

---

[64]　本节的核心观点和主要内容直接归纳于笔者的同名论文。参见江帆:《竞争法对知识产权的保护和限制》,载《现代法学》2007 年第 2 期。

的确认，都具有法律上的正当诉求，因为这是一种基于劳动价值论而产生的自然权利和应然权利。然而，知识产权法无法突破自身建构规则和体系的局限，去完成对这些“边缘性知识”予以保护的使命。

与知识产权法对“知识”的窄保护相比，反不正当竞争法实现了对“知识”范围的“宽保护”。知识产权法是以被保护客体的类型化为规范基础的法律，知识产权法定原则决定了无法归类于现行知识产权体系中的某些客体将无法获得知识产权法的保护，例如知名商品的特有名称、包装、装潢、字号、域名等。正如世界知识产权组织1988年所总结的那样，反不正当竞争法实际保护着专利法、商标法等专门法所保护不到的那些应予保护的权利。反不正当竞争法对知识产权的保护具有兜底和补充的性质。

不仅如此，反不正当竞争法的社会本位立场还满足了知识的社会性诉求。反不正当竞争法以维护商业领域“善良风俗”为目的，而善良风俗是人类社会应当共同接受和遵守的道德规则，其本身就蕴含社会公益的价值元素。由于知识的社会属性，在个人知识的专有之外，知识价值的“社会性或外部性”不可避免。对知识实施侵害，不仅直接使专有权人利益受损，社会利益也同时受到损害，而侵犯知识产权通常产生市场混同行为，将误导消费者正确选择商品或服务，从而影响市场的公平竞争秩序。知识产权法的私法属性不足以对知识的“社会性”以及侵犯知识产权所导致的“市场秩序损害”提供充分和有效的保护，而反不正当竞争法则可以通过行政权力的处罚措施以补偿因侵害知识产权行为而发生的“社会性损害”，并通过警示那些潜在的侵权者以维护商业领域的公平竞争秩序。

三、私权制约的局限与反垄断法规制的必要

私法对知识产权的制约主要表现在三个方面。第一，知识作为一种脱离思想范畴的社会性财产，必须受到财产权利社会化观念的影响。第二，知识产权作为一项民事权利，必须受制于“权利不得滥用原则”的规范约束。第三，知识产权法作为民事特别法，对知识提供了确认权利归属、鼓励知识公开、权利使用限制之平衡机制。但是，无论是权利社会化观念、权利不得滥用原则，还是知识产权法自身规范的约束，都不能充分而有效地对知识的私有性与社会性予以协调。其不仅要受到私法调整手段的局限，而且始终受到“权利本位”的影响，难以实现对知识产权滥用行为的有效规制。

当然，基于知识产权而形成的市场支配力并不当然构成非法垄断，只有当知识产权被用作限制竞争的工具时，才受到反垄断法的规制。反垄断法对知识产权滥用行为的规制标准和前提，体现了各种社会利益之间的利益衡量，它既不意味着对知识权利垄断性形式的绝对否定，也不意味着对适用除外制度的彻底取消，而是对知识产权这一垄断性权利的负外部性的必要监管。由于反垄断法的社会本位和特有的调整手段，其对知识产权滥用行为的规制既不同于私权规范的“权利约束权利”，也不同于权利不得滥用原则的倡导性规范，而是通过“权力限制权利”的强制性干预矫正知识权利归属与利用过程中的利益倾斜问题。

因此，对于摆脱知识产权私法约束的困境，反垄断法具有非常特殊的意义，是现代社会重新协调知识私有性与社会性冲突的必然选择。它以维护自由竞争、保护弱小经营者和大众消费者利益为宗旨，超越了对私权利益的狭隘关注，以公权力介入市场主体之间的竞争关系，并直接考量知识产权利用与社会公共利益之间是否失去对价和平衡。同时，它主要采取行政制裁方式，并辅之对竞争关系中的受害人以惩罚性赔偿，这种以“权力制约权利”的机制不仅维护了“权利不得滥用”的私法原则，而且更好地平衡了知识私有性与社会性矛盾，并最终实现权利、效益、创新的多元化制度目标。

总之，私法的局限为竞争法提供了舞台，其特有的调节机制在知识产权的保护与限制之间实现了平衡。一方面，反不正当竞争法将法定知识产权的外部性利益和“遗漏”的知识保护起来，为知识提供了最广泛的权利保护范围；另一方面，反垄断法在尊重知识产权的同时，提供了知识从私有领域向公共领域转化的机制，从而维护了知识的公共价值和自由竞争。

本章小结

竞争是世间万物相生相克的自然现象。在人类社会的生存法则里，既有竞争，也有互助与合作，互助与合作是人类文明进步更为重要的力量。竞争法是行为规制法，其试图通过规制不正当竞争和垄断实现对竞争自由、经营者和消费者的保护，但这种多元化的目标功能往往使其在法律适用中“捉襟见肘”。竞争法的立法形式并不统一，即使在大陆法系也呈现出“统一”与“分立”两种模式。竞争法产生的思想基础是自由主义和国家干预思想，但需要辨识二者作为目的与手段的关系。竞争法的价值多元并具有争议，其中关于公平与效率的争议本质上源于法学与经济学价值目标的分歧。竞争法被誉为“经济宪法”，但这种崇高的地位并不能克服其“不确定性”的困境。在知识经济时代，竞争法与知识产权法的关系尤其特殊，知识的私有性与社会性，决定了知识产权与反不正当竞争法和反垄断法的被保护与被规制的关系，而竞争法特有的调节机制在对知识产权保护与限制之间实现了平衡。

思考题

1. 竞争与合作的关系。
2. 如何理解竞争法是“经济宪法”？
3. 弗莱堡学派对竞争法产生与发展的影响。
4. 竞争性损害及其对竞争法不确定性的影响。
5. 竞争法与知识产权法的关系。

第二章　美德英日竞争法律制度

本章导引

由于我国市场经济体制的确立时间较短，竞争法制的历史也不长，因此在构建竞争法律体系时，既要立足于我国基本国情，也要充分借鉴、参考国外先进经验与做法。美国作为世界上反垄断法律制度非常健全的国家，积累了很多值得推广的反垄断经验。德国作为世界上最早制定《反不正当竞争法》的国家，不仅反不正当竞争法律制度走在世界前列，反垄断法律制度也值得其他国家学习。而英国、日本也构建了具有本国特色的竞争法律制度。我国欲建立相对完善的竞争法治体系，有必要学习竞争法制比较完备的美国、德国、日本、英国等国的相关制度。本章主要介绍美国、德国、日本、英国的主要竞争立法及其基本法律规定，旨在让读者了解上述几个国家的基本竞争法律制度。

第一节　美国的竞争法律制度

一般认为，美国是现代竞争法的发源地。美国以《谢尔曼法》为基础，通过一系列法律、法规、准则、指南以及各级法院的司法判例，构筑了以反托拉斯法为中心的竞争法律制度，并极大地影响了许多国家的竞争法制。

一、美国竞争法的渊源

美国竞争法有三大渊源：一是制定法或成文法；二是判例法；三是各种反托拉斯指南。具体而言，美国竞争法包括三个主要部分：(1)1890 年的《谢尔曼法》[1]、1914 年的《克莱顿法》和 1914 年的《联邦贸易委员会法》三部法律以及对其进行修改、补充的相关立法；(2)美国法院各类审理反托拉斯和反不正当竞争案件的大量判例；(3)美国司法部和联邦贸易委员会发布的各种指南。[2]

---

[1] 该法的全称是《保护贸易和商业不受非法限制与垄断侵害法》，由参议员约翰·谢尔曼提出，故简称为《谢尔曼法》。虽然 1889 年加拿大国会通过《预防和禁止限制贸易的合并法》比《谢尔曼法》的颁布时间早一年，但是基于《谢尔曼法》的广泛影响力，《谢尔曼法》仍然被视为现代竞争法产生的标志。

[2] 这类指南虽然对法院没有约束力，但它们表明了美国政府的反垄断政策，对反垄断执法机关和企业行为具有重要的指导意义，丰富了美国的竞争法律制度。

知识拓展1 **美国竞争法基本框架的由来**

1890 年通过的《谢尔曼法》的相关条款可操作性差，加之当时的总统威廉·麦金莱放松了反托拉斯的政策，政府和法院对反托拉斯的态度消极，使《谢尔曼法》在初期基本上成为一纸空文。为了改变这一现象，美国国会于 1914 年制定了《克莱顿法》和《联邦贸易委员会法》。《克莱顿法》弥补了《谢尔曼法》的不足，对限制竞争、垄断贸易的行为作出明确规定，对《谢尔曼法》的内容予以具体化。《联邦贸易委员会法》则确立了联邦贸易委员会作为反托拉斯专门行政执法机构的地位。这三部法律构成了美国竞争法的基本框架，确立了美国竞争法的基本规则。后来颁布的许多竞争法律文件都是对这三部法律的修改和补充，如 1936 年的《罗宾逊－帕特曼反价格歧视法》修改并扩大了《克莱顿法》中有关价格歧视条款的适用范围，1950 年《塞勒－凯弗维尔反合并法》修改了《联邦贸易委员会法》第 7 条的规定。

美国是实行联邦制的国家，因此，其制定法分为联邦立法与州立法两个层次。除联邦一级的立法外，美国各州也大多制定了与联邦类似的但适用范围仅限于本州的竞争法。

从立法体例上看，美国竞争立法属于混合式立法。整个竞争法体系以反托拉斯法为核心，没有对反不正当竞争进行专门立法。对不正当竞争规制的法律既有普通法规范，也有成文法规范，如《专利法》《版权法》《商标法》《商业秘密法》《联邦贸易委员会法》中的相关条款。

美国作为判例法国家，在《谢尔曼法》之前，就曾运用普通法反限制贸易行为。在一百多年的反托拉斯司法实践中，大量的普通法原则被确立。这些判例虽然根据各个制定法的原则规定作出，但它们丰富了制定法中的规定，并成为以后法院审理相关案件的基础。美国法院在适用反托拉斯法的过程中，确立了两项判断垄断行为是否违法的重要原则，即“本身违法原则”和“合理原则”，这两项原则后来被其他国家纷纷借鉴，作为判断垄断行为是否违法的基本原则。

二、美国竞争法的实体内容

（一）美国竞争法的规制对象

1. 垄断或图谋垄断

垄断或图谋垄断是《谢尔曼法》第 2 条所禁止的行为。根据该条规定，任何人垄断或图谋垄断，或与他人联合、共谋垄断州际间或与外国间的贸易或商业的行为，是严重犯罪。此条确定了垄断的标准，即认定一个企业构成垄断，除了要求其具备垄断实力外，还要具有取得或保持这种实力的故意。后来，该垄断认定标准随着垄断政策的变化而不断变化。

《谢尔曼法》第 3 条对垄断采取结构主义的规制方法，即对达到一定市场份额的处于垄断状态的企业原则上予以禁止。但这种结构主义规制方法有其不足，因为垄断力有合法取得和非法取得之分，如果垄断力是通过不正当的手段非法取得的，则可能构成《谢尔曼法》第 3 条所列之罪；如果垄断力是合法取得的，只要垄断企业没有滥用垄断力以阻止竞争的形成和存在，那法律就不应禁止。因此，在后来的实践中，人们逐渐摒弃了纯结构主义的规制方法，而越来越倾向于采用行为主义的规制方法。

2. 限制竞争的协议或行为

限制竞争的协议或行为主要规定于《谢尔曼法》第 1 条和《克莱顿法》的有关条款中。《谢尔曼法》第1条规定,任何契约,以托拉斯或其他形式的联合、共谋,用来限制州际间或与外国之间的贸易或商业,均属于违法,任何人签订上述契约或从事上述联合或共谋,均被视为刑事犯罪。虽然《谢尔曼法》第1条的规定可以说是涵盖了所有可能妨碍竞争的协议,但是,《谢尔曼法》禁止的只是那些"不适当地"或者"以不公正的方式"限制竞争的行为。《克莱顿法》对限制商业交易的行为及其范围作了更明确的规定。根据该法第2条、第3条、第7条、第8条的规定以及其他相关立法规定,被禁止的限制商业交易的行为包括价格歧视、独家交易、搭售、固定价格、董事兼任和股份保有等。

一是价格歧视或其他方式的歧视行为。《克莱顿法》第2条禁止经营者在其商业活动中,直接或间接地对买者实行价格歧视或其他歧视。

二是搭售。《克莱顿法》第3条只规定了商品的搭售,未规定服务的搭售。有关服务的搭售由《谢尔曼法》第1条和第2条的一般规定调整。搭售的构成必须具备三个要件:(1)搭售没有合理理由,违背买受人的意愿,完全是为了销售者的经济利益;(2)搭售具有反竞争的效果;(3)搭售必须对行为人的营业额有显著影响。

三是独家交易。禁止独家交易的主要法律依据是《克莱顿法》第3条的规定,即任何人进行出租或销售货物,如以承租人或买主不得使用或购买其竞争对手的商品为条件,并且其结果可能会实质性地减少竞争或势必在任何行业中形成垄断的,都构成违法。

四是固定价格。固定价格的行为属于"本身违法"的行为,被规定在《克莱顿法》第3条中。固定价格包括"同行企业"之间固定价格和"同一行业企业"之间固定价格。前者是指生产者之间或销售者之间串通将产品的价格固定在统一水平上,这是一种横向固定价格的行为。后者是指同一行业的上下游企业之间(比如制造商与销售商之间)的纵向固定价格行为。

五是董事兼任。董事兼任是指两个或两个以上相互竞争的公司的董事会成员互相在对方公司兼任董事。董事兼任有可能协调公司间的经营活动,对其他有竞争关系的企业不利,因而被认为是违法行为。

3. 企业合并

美国反托拉斯法中的企业合并是企业通过取得股份或者取得资产的方式获取对其他企业的控制。根据合并各方的竞争关系,美国反托拉斯法禁止的企业合并包括横向合并、纵向合并和混合合并。《谢尔曼法》第1条和第2条对任何会削弱或限制竞争的合并行为原则上严格禁止;《克莱顿法》第7条则为企业合并的反托拉斯规制提供了重要依据。

美国涉及企业合并的政策具有三个特征:(1)在管辖方面存在司法和行政的交叉管辖,司法部反托拉斯局和联邦贸易委员会都有权执行《克莱顿法》第7条,两个机关也都颁布实施了企业合并政策的合并准则;(2)监督企业合并既可适用《克莱顿法》第7条,也可适用《谢尔曼法》第1条;(3)合并政策与垄断政策一样,也处于不断的变化之中,法院对合并案件审判标准的把握时严时松。

4. 不正当竞争行为

美国没有专门的反不正当竞争立法,在立法实践中,也基本上不使用"不正当竞争"这个概念,而更多地使用"不公平贸易行为"(unfair trade practices)这一称谓。当然,"不公平贸易行为"比"不正当竞争"在外延上更宽,禁止不公平贸易行为不仅是对经营者的要求,同时也保护消费者权益的诉求。美国对不公平贸易行为的禁止性规定主要体现在知识产权法、商法、联邦贸易委员会法等法律和一些法院的判例中。美国法律禁止的不公平贸易行为主要包括欺骗性定价行为、欺骗性广告宣传行为、欺骗性销售行为、侵害商业秘密的行为、侵权性使用相似商标或商号的行为等，这些行为通常容易导致消费者利益受到损害。在美国，规制不公平贸易行为的主要机构是联邦贸易委员会。《联邦贸易委员会法》不仅禁止不正当的竞争方法，而且也制止对消费者的不公正和欺骗性的做法。

(二)美国反托拉斯法的适用除外

鉴于一些行业发展的特殊性以及维护国家和社会公共利益的需要，美国反托拉斯法对一些特殊行业的特定限制竞争行为以及其他具有特定内容的行为规定了适用除外。美国涉及托拉斯适用除外的立法主要有：1918 年的《韦伯 – 波默斯法》和 1982 年的《出口贸易法》，它们规定不影响国内市场出口的限制竞争行为不适用反托拉斯法；1922 年的《凯普 – 伏尔斯蒂德法》规定反托拉斯法不适用于农业方面的大部分合作形式；1945 年《麦克卡兰 – 费古森法》规定保险业不适用反托拉斯法；1970 年的《报业保护法》规定报纸、出版社可以享受合作便利，而不受反托拉斯法的限制；1980 年的《软饮料诸商标竞争法》允许在销售软饮料时开辟独家销售区域；1984 年的《全国合作研究法》规定研究和开发方面的合作行为不受反托拉斯法的限制……上述立法规定适用除外的特殊行业包括农业、银行业、保险业以及各种公用事业。适用除外的具有特定内容的行为包括：工会在法定范围内为促进会员利益而从事的行为；小企业法允许的小企业为研究、开发和利用资源而进行的协调行为；政府批准的为加强与外国企业竞争而进行的企业协调行为等。此外，国家在战争时期的特殊情况下，也可暂时停止执行反托拉斯法。

三、美国竞争法的实施机构

美国竞争法的实施主要由行政执法机构和司法机关互相配合与制约来完成。而联邦竞争行政执法机构的最主要特色是设立了司法部反托拉斯局和联邦贸易委员会两个职能机构，这两个机构在职能上既有分工又有交叉，两者互相配合，共同实施竞争法。这两个机构在执法内容上有所不同：司法部反托拉斯局主要负责《谢尔曼法》和《克莱顿法》的执行，不负有执行《联邦贸易委员会法》的职责；联邦贸易委员会主要负责其他几个贸易法规的执行，如《联邦贸易委员会法》《韦伯 – 波默斯出口贸易法》等，也负有执行《克莱顿法》的职责。在诉讼程序上，这两个联邦机构有如下差异：司法部反托拉斯局对于违反反托拉斯法的行为，可以运用民事或刑事程序，并必须通过法院起诉；联邦贸易委员会则是独立的执法机构，又是具有准司法性质的机构，它还可以颁布具有法律效力的贸易法规，并解释和执行该法所规定的目的。除司法部反托拉斯局和联邦贸易委员会外，美国还有其他机构如联邦州际商业委员会、联邦民用航空委员会等在法律授权的范围内，配合上述机构从事反托拉斯工作。此外，在州一级的司法总长下设有反托拉斯处和消费者保护处。

四、美国竞争法规定的法律责任

美国竞争法对垄断行为和不正当竞争行为规定了民事责任、刑事责任和行政责任三种责任形式。

1. 民事责任

民事责任主要包括三类：(1)三倍损害赔偿。这种制度是美国竞争法的特色之一。它对受害者进行充分的补偿，由此增加违法者的违法成本，尽管有其消极的一面，但其对减少托拉斯行为的发生起到了重要作用。它被规定在《谢尔曼法》第 7 条和《克莱顿法》第 4 条中，即任何因违反反托拉斯法所禁止的事项而遭受财产或营业损害的人,可在被告居住的、被发现或有代理机构的区向美国区法院提起诉讼,不论损害数额大小,一律给予其损害额的三倍赔偿及诉讼费和合理的律师费。(2)返还财产。法院可对损害消费者的行为作出侵权行为人返还财产的判决,命令侵权行为人返还财产、退款等。(3)对公司资产的再分配。这主要是针对垄断企业,法院可命令其进行企业资产的再分配或改变财产的所有权,其主要方法有解散、分立和放弃。

2. 行政责任

美国竞争法的行政责任主要有罚款和停止违法行为两种形式。联邦贸易委员会对于违反贸易法规的行为,有权向地区法院提起诉讼,请求对其处以罚款。这种罚款形式上是通过法院作出的一种民事性质的罚款,但实质上具有行政罚款性质。另外,对违法行为,联邦贸易委员会还可发布停止违法行为令。

3. 刑事责任

美国反托拉斯法规定可以对违法者实施严格的刑事制裁。刑事责任的主要形式是罚金和监禁。美国在不同时期,对不同反竞争行为规定了不同的罚金和监禁期限,但与过去的立法相比,无论是罚金的最高限额还是监禁的期限都有大幅度的提高和延长。其目的在于通过较重的惩罚来更有效地制止反竞争行为。

第二节 德国的竞争法律制度

一、德国竞争法的立法概况

德国竞争法与美国竞争法在立法体例上有显著的不同,是竞争法制发达国家的又一典范。德国不仅是世界上率先对不正当竞争行为进行专门立法的国家,而且其反不正当竞争法与反垄断法分别立法的体例为众多国家效仿。德国现行竞争法律规范,集中规定在《反不正当竞争法》和《反限制竞争法》之中。

19 世纪中后期,各主要资本主义国家经济发展较快,市场竞争日趋激烈,不正当竞争行为开始凸显。面对各种不同类型的不正当竞争行为,英美国家运用判例确立了相关规则;法国、意大利援引民法典中的侵权条款处理不正当竞争行为;而德国则在 1896 年制定了世界上第一部专门的《反不正当竞争法》,力图以此规制不正当竞争行为,以维护正常的竞争秩序。该法从 1909 年第一次重大修订起至今历经多次修订,最近一次修订是在 2016 年 2 月。其中,2004 年德国《反不正当竞争法》重点对立法目的、一般条款、不正当竞争行为列举、救济措施等规定作了修正。之后的修订旨在减少与 2005 年欧盟颁布的《不正当商业行为指令》的不一致,同时在加强对消费者权益的保护方面也做了相当的努力。

德国《反限制竞争法》(又称《卡特尔法》)从其出台到现在,经历了一个逐步完善的曲折过程。由于经济状况、历史传统及法律文化的差异,卡特尔等垄断形式在德国一度是合法的,在相当长一段时期里,卡特尔还十分盛行,可以说,德国卡特尔等垄断组织的成长,是在政府认可和扶持之下发展起来的。第二次世界大战后,盟国占领当局于 1947 年颁布了《非卡特尔化法令》,以改变德国经济力量过度集中的情况。后为了取代《非卡特尔化法令》,联邦德国 1957 年通过了《反限制竞争法》(又称《卡特尔法》)。《反限制竞争法》自 1958 年生效以来历经多次修订,2005 年进行了第七次修订,2013 年进行了第八次修订,最近一次修订发生在 2017 年 3 月。其中,2005 年的第七次修订使德国《反限制竞争法》发生了根本性的变化。此后的修订皆是在 2005 年德国《反限制竞争法》的基本框架内作相应变动,旨在减少与欧盟竞争法的不一致,提高《反限制竞争法》的执行效率。

二、德国竞争法的基本内容

(一)德国《反不正当竞争法》的主要内容

1. 德国《反不正当竞争法》的立法目的

德国 2004 年《反不正当竞争法》首次规定了立法目的。该法第 1 条规定,该法通过反对各种不正当竞争行为,从而保护正当竞争的竞争者、消费者及其他市场参与者的利益,以及一般公众之利益。此条的突出之处在于将保护消费者利益纳入该法的立法目的,并将消费者利益与竞争者及其他市场参与者的利益置于平等地位。同时,也保护公众在"未扭曲的竞争"中所享有的利益。

2. 德国《反不正当竞争法》的实体规定

德国 2004 年《反不正当竞争法》的实体规定是第 3 条至第 7 条。第 3 条是德国《反不正当竞争法》设置的新的一般条款。第 4 条至第 7 条则是列举一系列不正当竞争行为的种类而将一般条款具体化。

德国 2004 年《反不正当竞争法》第 3 条规定:"禁止足以损害竞争者、消费者或其他市场参与者的利益的行为,而不仅仅是显著地妨碍竞争的不正当竞争行为。"这里的竞争行为是行为人为了自己或他人的利益,旨在促进商品交易或服务供求的各种行为。

由于 2008 年德国《反不正当竞争法》第 3 条第 1 款和第 2 款同时提及了"消费者",导致德国《反不正当竞争法》的法律规范适用体系出现混乱。2015 年德国《反不正当竞争法》通过对一般条款的拆分解决了这一问题。首先,第 3 条第 1 款删去了对市场主体的列举,仅简单明了地规定"不正当商业行为应被禁止"。其次,第 3 条第 2 款作为"消费者一般条款"的地位更加突出,删除了"至少"这一开放性的用语,仅作为消费者保护的兜底条款适用。与之相对应,第 3 条第 1 款作为竞争者保护的兜底条款。此外,第 3 条第 1 款所包含的"足够显著"标准被下移至相关的具体条款,而一般消费者的判断标准则被分出来作为新的第 3 条第 4 款。

德国《反不正当竞争法》所规定的不正当竞争行为主要有以下几种:(1)妨碍决定自由,即以不适当方式妨碍消费者或其他市场参与者决定自由的行为;(2)利用消费者的经验欠缺或轻信、恐惧心理等实施的不正当竞争行为;(3)隐瞒广告性质的行为;(4)在促销和有奖销售中遗漏相关信息,即在促销和有奖销售中没有清楚无误地说明参加条件及其他重要信息;(5)未明确说明参与条件或获得商品或服务条件的有奖竞赛或博彩;(6)贬低或诋毁竞争者商业信誉;(7)模仿竞争者的商品或服务;(8)有目的地妨碍竞争对手;(9)违法性不正当竞争,即通过有意识、有计划地违背税法、工商管理法、环境法、劳动法等谋取竞争优势,获得不正当利益;(10)误导广告;(11)比较广告;(12)不可期待的烦扰行为。

3. 德国《反不正当竞争法》中的救济措施

德国《反不正当竞争法》规定的民事救济措施有:排除妨碍和停止侵害、损害赔偿、利润剥夺、消灭时效等。其中,利润剥夺请求权是德国 2004 年《反不正当竞争法》新增的,其目的在于惩罚那些危害众多顾客以获得非法利益的故意违反竞争法的行为。这种请求可由有关团体提起,但不能由单个竞争者或消费者提起。排除性请求权包括要求排除妨碍和停止侵害。此项请求权的主体包括单个竞争者、有关团体,且不以不正当竞争行为人的主观过错为前提。提出停止侵害请求的权利人在诉讼程序开始前享有向违法者提出警告的权利,只要该警告是合理的,请求权人可以就必要的费用主张赔偿。

此外,德国《反不正当竞争法》还对某些不正当竞争行为——可刑罚的广告、泄露商业秘密和经营秘密、不正当利用资料、引诱泄密和自愿泄密等规定了刑事责任。

（二）德国《反限制竞争法》的实体内容

德国《反限制竞争法》共分六编:第一编对限制竞争行为进行了规定,第二编规定了卡特局的职责,第三编专门规定了反垄断程序,第四编对公共采购的招标投标进行了规范,第五编说明了本法的适用范围,第六编则是一些过渡性规定。本书限于篇幅,只简要介绍德国《反限制竞争法》第一编的一些规定。

1. 限制竞争协议

限制竞争协议又称为卡特尔。德国《反限制竞争法》对横向限制和纵向限制进行了整合。该法第 1 条禁止以阻碍、限制或扭曲竞争为目的或者产生限制、阻碍或扭曲竞争后果的企业协议、企业联合组织的决议和协同行为。

德国《反限制竞争法》第 2 条第 1 款对卡特尔的一般豁免作了规定,即企业之间的协议、企业联合组织的决议及企业之间的协同行为,如果有利于改进商品的生产或销售,或者有利于促进技术或经济进步,并且消费者能够适当地分享由此所产生的利益,同时,并未给参与企业施加获得这些目标必不可少的限制,或没有提供企业排除争议商品实质竞争的可能,应该免于适用第 1 条的禁止性规定。该法不再对标准化卡特尔、条件卡特尔、专门化卡特尔、合理化卡特尔、结构危机卡特尔、特许卡特尔、紧急情况卡特尔以及部长特许卡特尔进行一般豁免,只保留对中小企业卡特尔的一般豁免,但是要求中小企业卡特尔没有因此实质性地损害市场竞争,并且该卡特尔有利于改善中小企业的竞争能力。《反限制竞争法》还规定了欧洲理事会、欧盟委员会发布的关于《欧洲运行条约》第 101 条第 3 款适用于特定种类卡特尔的条例同时在德国适用。

2. 滥用市场支配地位行为和其他限制竞争行为

2005 年德国《反限制竞争法》关于禁止滥用市场支配地位行为的规定比欧盟竞争法的规定更为严格。但之后德国《反限制竞争法》的修订逐步放松了关于禁止滥用市场支配地位行为的规定,旨在减少与欧盟竞争法的不一致。例如,2013 年《反限制竞争法》根据欧盟竞争法对市场支配地位推定制度作了相应调整。

《反限制竞争法》关于禁止滥用市场支配地位的规定主要涉及以下内容:(1)市场支配地位的认定。《反限制竞争法》并不禁止企业拥有市场支配地位,而只是禁止企业对市场支配地位的滥用,即"禁止一个企业或多个企业滥用市场支配地位"。企业的市场支配地位是指:一个企业作为某种商品或服务的供应者或需求者,在相关市场上没有竞争者或者没有实质上的竞争者;相对于其他竞争者具有突出的市场地位。在认定市场支配地位时,需要考虑企业的市场份额、财力、进入采购或销售市场的渠道、与其他企业联系的紧密程度、其他企业进入相关市场时所面临的法律上或事实上的障碍、住所设在本法适用范围之内或之外的企业的事实上或潜在的竞争、将其供应或需求转向其他商品或服务的能力以及当事人转产的可能性等多种因素。如果一个企业在相关市场至少占有 40% 以上的份额,推定这个企业具有市场支配地位。(2)滥用市场支配地位的认定。德国《反限制竞争法》禁止一个或多个企业滥用市场支配地位。滥用市场支配地位主要有以下情形：直接或间接地不正当妨碍另一家企业，或者没有正当理由，直接或间接地差别对待同类公司；提出与在有效竞争情况下理应存在的报酬和其他条件相悖的报酬或其他条件；或提出的报酬或其他交易条件低于具有支配地位的企业本身在类似市场上向同类购买人所要求的报酬或其他交易条件；拒绝另一个企业以合理对价进入其网络或其他基础设施，导致另一个企业由于事实上或法律上的原因无法在前置或后置市场上作为该占有市场支配地位的企业的竞争者从事经营活动，除非该占有市场支配地位的企业能够证明该拒绝交易行为具有正当理由；没有正当理由，要求其他企业给予利益。

德国《反限制竞争法》除了对滥用市场支配地位行为进行了规制，对滥用相对优势地位的行为也作了相应规定，而且其将相对优势地位分为“相对交易优势地位”和“相对市场优势地位”，从而使滥用市场支配地位和滥用相对优势地位的相关规定一起构成了对滥用优势地位企业的整体规制体系。

3. 企业合并行为

德国《反限制竞争法》对企业合并的主要规定是：

一是企业申报的标准。2017 年 3 月 31 日德国《反限制竞争法》第九修正案中规定的企业合并申报的标准是，“合并之前在德国境内上一会计年度中，参与合并的诸企业在全世界的总销售额超过 5 亿欧元，而交易之前在德国境内上一会计年度中，其中一个参与合并的企业营业额超过 2500 万欧元，且对于拟被收购企业以及任何其他参与合并的企业的营业额都未超过 500 万欧元，同时，本次合并的交易价格超过 4 亿欧元且拟被收购企业在德国境内有重要的商业活动”。

二是规制企业合并的原则。如果合并将产生或加强市场支配地位，联邦卡特尔局应禁止合并，但参与合并的企业证明合并也能改善竞争条件，且这种改善效果超过支配市场的弊端的，不在此限。

三是企业合并的类型。德国《反限制竞争法》规定以下几种情形构成企业合并：(1)取得另一企业的全部财产或大部分财产；(2)一个或若干个企业取得对另一个或另若干个企业的全部或一部分的直接控制或间接控制；(3)取得另一企业的股份；(4)其他任何形式的企业联合，因该联合，一个或若干个企业可以直接或间接地对另一个企业施加竞争上的重大影响。

四是合并者的申报义务和报告义务。参与合并的诸企业及出让全部或部分财产给另一个企业的企业在参与合并之前，应向联邦卡特尔局申报合并事宜。这一规定要求凡是符合条件的一切合并计划，都必须事先向联邦卡特尔局进行申报。

此外，德国《反限制竞争法》还对合并的监控程序、违法合并的法律后果等作出了相应规定。

三、德国竞争法的实施

在德国，由于不正当竞争行为的受害人一般可以通过法院诉讼或商会的仲裁获得救济，所以，此处所说的德国竞争法的实施，主要针对的是限制竞争和垄断行为。依照德国《反限制竞争法》的规定，执行该法的主体除联邦和各州的卡特尔局、联邦经济与技术部和垄断委员会这些竞争主管机关之外，还有私人执行以及欧洲竞争执法网络之间的合作执行。

（一）德国竞争主管机关及其职权

1. 联邦和州卡特尔局

联邦卡特尔局是德国主管卡特尔工作的专门机构，它隶属于联邦经济与技术部。联邦卡特尔局的决定由依据联邦经济与技术部的规定而设立的各个决议作出。此外，由联邦卡特尔局局长颁布工作条例，规定联邦卡特尔局的业务分工和业务程序，并且该工作条例须得到联邦经济与技术部确认。联邦各州设立的卡特尔局作为地方的主管机关，依法处理自己有管辖权的案件，它与联邦卡特尔局无隶属关系。

《反限制竞争法》明确规定了联邦卡特尔局与州卡特尔局的职责分工及权限。本法的规定未将某项管辖权赋予特定的州卡特尔当局的，如影响市场的效果、限制竞争行为或歧视性行为或竞争规则的效果超越一个州的范围，则由联邦卡特尔局承担或享有本法赋予卡特尔当局的任务和权限。在其他情形下，由依州法享有管辖权的州最高机关承担这些任务并享有这些权限。若限制竞争行为仅在联邦某州内有影响，该州的卡特尔局原则上即为主管机关，但特定案件也可移送管辖，既包括州卡特尔局将案件移送联邦卡特尔局，也包括联邦卡特尔局移送州卡特尔局。为保证卡特尔局履行职责，该法明确了其享有的职权：讯问权、查阅和检查权、搜查和扣押权、对已登记卡特尔的异议权、命令经济同业团体接纳特定企业的权力、许可废止权、命令企业变更卡特尔契约或协议的权力、企业结合的解散权、告诫权、对卡特尔契约或协议作出不准生效的处置权、禁止权、罚款权、不当利益没收权、卡特尔登记权等。

2. 联邦经济与技术部

联邦经济与技术部除了领导联邦卡特尔局以外，还管辖有关限制竞争的案件。联邦经济与技术部反限制竞争的主要职责有：（1）审批成立特别卡特尔；（2）当出口合同或决议的适用明显损害了国家对外经济利益时，指定成员企业修改合同或决议，或宣布合同或决议无效；（3）成员企业不能证明通过联合会产生更好竞争条件并因此改善、克服市场被控制的局面，而可以预见联合会出现控制市场或加强控制市场的地位时，禁止这种联合的产生。

3. 垄断委员会

垄断委员会是根据《反限制竞争法》而设立的。《反限制竞争法》对垄断委员会的任务、成员、决议、组织、成员的权利义务等作出了明确规定。垄断委员会的主要职责是对德国的企业集中化现状和预期发展作出评估，对有关合并监控的法律规定的适用作出评价，对其他竞争政策方面的现实问题发表意见，并可以根据自己的裁量制作鉴定书。

（二）私人执行机制

德国2005年《反限制竞争法》在原来第33条规定的私人执行制度的基础上，及时结合欧盟竞争执法最新动向，引入了一些新的规则，以建立德国竞争法的私人执行机制。相比原私人执行制度而言，其主要变化有：

一是扩大了原告的范围。2005年以前的《反限制竞争法》规定，只有那些违法行为特别指向的对象才可以起诉；2005年《反限制竞争法》规定，具有起诉资格的是一切受影响的人。所谓受影响的人，是指竞争者以及其他受违法行为影响的市场参与者。2013年《反限制竞争法》进一步规定，所有与案件相关的协会皆可支持并参与私人执行。

二是限制了转递抗辩的运用。被告不能因为原告已经将过高的购买价格转嫁给下游的购买者从而以自己实际上没有遭受任何损失进行抗辩。

三是授予判决前利息。利息的计算从损害发生之日起到判决生效之日止，此规定被认为对于被告有很强的威慑作用，因为诉讼持续的时间越长，这段时间的利息数就越多。

四是竞争主管机关的决定对于法院有约束力。这里的竞争主管机关包括德国卡特尔局、欧盟委员会或其他成员国的竞争主管机关。这个规定有利于减轻原告的举证责任，从而鼓励原告提起后继诉讼。

五是损害赔偿计算的简便化。决定限制竞争行为所造成的实际损失，在实践中往往要考虑很多问题，很难确定准确的赔偿数额，这对原告提起诉讼相当不利。因此，法院可以考虑以企业违法行为所带来的利润为基准来确定具体的赔偿金额。

第三节　英国的竞争法律制度

一、英国的竞争法概况及其特点

英国的竞争法包括判例法和成文法两大渊源。其反不正当竞争法主要是判例法，其反垄断法主要是制定法。英国关于竞争规则的判例适用可追溯到 17 世纪，而第一部保护竞争的成文法《独占与限制行为调查管制法》于 1948 年正式颁布。此后，竞争法的成文立法不断出现，1998 年颁布的《竞争法》已经形成了较为完善的体系。2002 年，英国颁布了《企业法》，这部法律以英国政府 1999 年 7 月颁布的《现代市场：有信心的消费者》和 2001 年 7 月颁布的《生产力与企业：一个世界级的竞争制度》两部白皮书为立法基础，里面包含了大量竞争法条款。这些条款标志英国竞争立法进入一个新的历史时期，它从多方面加强和改善了 1998 年《竞争法》所确立的竞争体制，促进了英国竞争法的现代化。2013 年，英国对《企业法》又作了进一步修订。另外，自英国于 1973 年加入欧共体以来，欧共体竞争法也在英国具有法律效力，但随着英国退出欧盟，欧盟竞争法将不会自动适用于英国。

需要说明的是，英国不使用反不正当竞争法的称谓，没有制定专门的反不正当竞争法。对于不正当竞争行为的禁止散见于为数众多的判例和制定法之中，包括普通法上的合同法、侵权法，以及 1987 年《消费者保护法》、1968 年至 1982 年《商业表示法》等一系列制定法规范。

二、英国竞争法的基本内容

（一）英国竞争法判例的内容

英国早期的竞争法判例是英国法官在对契约进行干预时确立的，如贸易限制的例外原则是在 1894 年的"Nordenfelt v. Maxin Guns and Ammunition"一案中确立的。审理该案的法官克拉顿勋爵在判决中认为，一切贸易限制就其本身来说都是无效的。这是一个基本原则，但也有例外，在某些案例的特殊情形中，贸易限制和对个人行为的干预被认为是正当的。事实上，只有当限制是合理的时候，才是公正的，而合理是相对于当事人双方及公共利益而言的。

（二）英国成文竞争法的实体内容

1. 限制竞争的协议和行为

英国 1948 年的《独占与限制行为调查管制法》确定了垄断和限制性行为调查委员会，负责调查在相关市场上至少占 1/3 商品份额的任何卡特尔。该委员会也可以出于对公共利益的考虑而对特殊类型的行为后果进行调查。垄断和限制性行为调查委员会认为独家交易协议、执行维持转售价格等这些行为通过对市场施加不适当的苛刻条件,影响市场结构、贸易方式和价格,在不同程度上给公共利益造成不利影响。因此,该委员会考虑了控制这些行为的两种方式:(1)要求对此类协议进行登记,登记机关认为不存在公共利益情况的,予以禁止;(2)对此类协议原则上禁止,只有在特殊情况下才有例外。1956 年的《限制性贸易行为法》规定,如果有两个或两个以上当事人愿意在贸易活动中接受限制,则应将此类协议向公平交易局局长登记,否则,公平交易局局长有权将这类协议提交到主管竞争案件的法庭。

1998 年,根据《欧洲共同体条约》第 81 条制定的《竞争法》取代了《限制性贸易行为法》。新法禁止具有反竞争后果的协议,而无论协议的形式如何,包括正式和非正式的、书面和口头的所有协议。根据《竞争法》第 2 条规定,所禁止的限制竞争协议不仅仅限于卡特尔,还包括公司团体的决议以及协同行为,但协议、决议和协同行为的反竞争性要根据其实际后果或者预期后果进行判断。

2. 滥用市场支配地位

1973 年《公平交易法》对有关商品、服务和出口的独占进行了规定。1998 年新《竞争法》第 2 章规定了禁止一个或者多个企业在英国滥用市场支配地位和影响贸易的行为。英国竞争法本身并没有谴责垄断状态。在对一项垄断状态采取反对措施之前必须由垄断与合并委员会进行调查,确定是否存在独占状态、这种状态是否违反公共利益,在作出调查之后,才可以向国务大臣建议采取适当的法律措施。判断独占与否的重要标准是相关企业是否占有 25% 的市场份额。国务大臣有发布命令、采取限制措施的多种权力,包括禁止某些惯例、控制价格甚至取消投资等,以限制垄断状态,恢复有效竞争状态。对那些设置障碍以阻止其他公司进入市场的公司,垄断与合并委员会予以严格限制。

3. 企业合并

控制合并是英国 1973 年《公平交易法》的主要内容之一。根据该法规定,在下列两种情况下,合并可由垄断与合并委员会提交调查:(1)市场份额,即作为合并的结果,在英国的特定市场上占有 25% 的市场份额;(2)资产规模,即目标企业的资产总值超过 7000 万英镑。而无论这种合并是同行业间的合并还是跨行业间的合并,是同一地区的合并还是跨地区的合并。《竞争法》规定,垄断与合并委员会必须向国务大臣报告合并是否已导致或可能导致对公共利益的触犯,如果答案是肯定的,国务大臣有权对合并予以制止,或在合并已经发生的情况下发布解除合并的禁令。

2002 年《企业法》修正了英国合并控制的原有框架,将合并控制决定交由公平交易局和竞争委员会独立作出,而不再由国务大臣作出;除特别案件以外,合并的评估将依据纯粹的竞争测试而不是以前的更广泛的公共利益测试。《企业法》取消了原资产测试标准而代之以营业额测试标准,但 25% 的市场份额标准仍然保留。按照规定,如果一个合并涉及的营业额和市场份额足够重要,那么公平交易局将对该合并启动调查程序。这里的合并包括对目标公司有表决权股票的收购,也包括对目标公司的实际控制。如果目标公司的英国营业额超过 7000 万英镑,那么需要进行营业额测试;如果合并当事人在英国或英国某一特定地区某一特定商品或服务市场的份额达到至少 25%,并且合并后市场份额将增加,那么就需要进行市场份额测试。这里的营业额是指目标公司的营业额,它并不包括收购公司的营业额。同时,《企业法》也允许竞争主管当局在判断 25% 的市场份额门槛是否合适时,考虑价值、成本、数量等标准;允许竞争主管当局考虑是否将不同供应方式的商品与服务的市场份额相加;给予竞争主管当局在判断是否将商品或服务作为一个独立特征的商品或服务时有自由裁量权。

三、英国竞争法的实施机构

英国竞争法的实施机构较为复杂。在2002年《企业法》实施之前，英国的竞争主管机构主要是公平交易局和竞争委员会。它们在执行竞争政策过程中还时常受到国务大臣的牵制，因此独立性并不强，受到政治因素的影响，执法效果不明显。英国政府认为，要建立一个世界级的竞争法体制，必须要对原来的竞争主管机构进行全面改造，强化它们的独立性，并赋予它们广泛的权力。2014年4月1日，英国政府同时撤销了竞争委员会和公平交易办公室，以竞争与市场管理局（competition and market authority，CMA）和金融行为监管局（Financial Conduct Authority，FCA）取而代之。竞争与市场管理局受议会和政府监督。其具体职能包括实施并购审查、市场调查、反托拉斯执法、消费者保护以及与行业监管机构在相关行业内共同实施竞争法。

第四节　日本的竞争法律制度

一、日本竞争法的立法概况

日本竞争法深受德国竞争法和美国竞争法的影响。第二次世界大战之前，日本的竞争立法仿效德国的竞争法。第二次世界大战结束后，其竞争立法较多地体现了美国竞争法的色彩。目前，日本竞争法采用的是不正当竞争和限制竞争分别立法的立法体例。日本《不正当竞争防止法》颁布于1934年，此后经历了多次修改，最新一次修改时间为2015年。该法主要规定了各种不正当竞争行为及其法律责任。

第二次世界大战结束以后，日本在美军占领下推行经济民主化政策，许多财团都被拆成小公司，以减少经济的集中程度。为了更好地推行自由竞争制度，在美国占领军的建议下，日本仿效美国的反托拉斯法于1947年颁布了《禁止私人垄断及确保公正交易法》（以下简称《禁止垄断法》），该法经过多次修改。现行《禁止垄断法》的最近一次修订日期为2013年12月13日。反垄断法一直是日本竞争法的核心，与《不正当竞争防止法》《不当赠品及不当表示防止法》等构成了日本的竞争法律体系。

二、日本《禁止垄断法》的主要内容

《禁止垄断法》所规制的垄断有三种基本类型：私人垄断、不正当的交易限制和不公平交易方法。尽管该法也规定了其他类型的垄断行为，但这些行为均可归入这三类行为之中，这三类行为构成了日本反垄断法所规制的主要行为。同时，该法也对适用除外、法律责任、执法机构等作了明确的规定。

（一）日本《禁止垄断法》的规制对象

1. 私人垄断

日本《禁止垄断法》规定，私人垄断是指企业单独或与其他企业结合或合谋以及采取其他方式，排除或者支配其他企业的活动，从而违反公共利益，在一定交易领域内严重限制竞争的

行为。垄断有垄断行为和垄断状态之分。两者都为法律所禁止。垄断行为是指经营者单独或利用与其他经营者的结合、通谋和其他任何方法，排除其他经营者的活动或进行支配，从而违反公共利益，在一定的交易领域内实质上限制竞争的行为。垄断状态是指一个企业符合以下条件的状态：(1)在一年内，该企业市场份额在50%以上，或它与另一企业共同的市场份额在75%以上；(2)其他企业进入该市场存在显著困难；(3)该企业的价格和利润（或其一般性支出）一直处于较高的水平。如果一个企业处于垄断状态，公平交易委员会有权将其拆散成几个较小的企业，以促进竞争。

为了防止企业支配力的过度集中，《禁止垄断法》对股份的持有、干部兼任、合并及营业的受让等作了限制性的规定。

2. 不正当交易限制

《禁止垄断法》中的不正当交易限制，是指企业以契约、协议及其他任何名义，与其他企业共同决定、维持或者提高交易价格，对数量、技术、产品、设备或交易对象等加以限制，互相约束或促成其经营活动，从而违反公共利益，对一定交易领域内的竞争构成严重限制。

以卡特尔形式出现的不正当交易限制是指竞争者之间消除或者限制相互之间竞争的协议或者默契，如固定价格、限制产量、划分市场和消费者，都是最为典型的卡特尔。只要竞争受到了实质性的限制以及违反了公共利益，根据《禁止垄断法》，这些活动都是非法的。《禁止垄断法》规定禁止实质性的限制竞争的贸易协会活动。该法规定，禁止贸易协会实施下列任何行为：(1)在任何商业领域中实质性限制竞争；(2)订立第6条所规定的国际协议或国际合同；(3)在任何商业领域限制企业现有的或者将来的数量；(4)不正当地限制成员企业的职能和活动；(5)促使企业实施不公平交易行为。

3. 不公平交易方法

不公平交易方法是指符合《禁止垄断法》的规定，可能妨碍公平竞争，且由公平交易委员会认定的行为。日本《禁止垄断法》于2009年对与不公平交易方法有关的条款进行了修订，列举了六种不公平交易行为，包括共同拒绝行为、差别性价格、不当廉价销售、限制转售价格、滥用优势地位以及由公平交易委员会认定的行为。2009年10月28日，公平交易委员会公布了关于“不公平交易方法”的公告。根据该公告，公平交易委员会总共认定了15种不公平交易行为，分别是：(1)共同拒绝交易；(2)其他拒绝交易行为；(3)差别价格；(4)交易条件等差别性对待；(5)经营者联合实施的差别性对待；(6)不当廉价销售；(7)不当高价购买；(8)欺骗性引诱顾客；(9)使用不当利益引诱顾客；(10)搭售；(11)附加排他性条件交易；(12)附加约束性条件交易；(13)不当干预对方的管理层选任；(14)妨碍竞争者的交易；(15)对竞争公司的内部干预。

（二）《禁止垄断法》的除外适用

除外适用情形主要有：(1)自然垄断所固有行为。《禁止垄断法》第21条规定，该法不适用于铁路、电力、煤气以及其他性质上为自然垄断的经营者所实施的企事业所固有的生产、销售或者供应的行为。(2)基于行业法令的正当行为。《禁止垄断法》第22条第1款规定，本法不适用于就特定行业有特别法律而企业或者企业团体根据该法律或根据该法律发布的命令所实施的正当行为。(3)知识产权的行使行为。《禁止垄断法》第23条规定，该法不适用于行使著作权法、专利法、实用新型法、外观设计法及商标法规定的权利的行为。(4)一定的合伙行为。《禁止垄断法》第24条规定，满足下列四个条件设立的合伙行为可以得到豁免：以小企业或者消费者的相互扶持为目的；任意设立且合伙人可以任意入伙或者退伙；各合伙人有平等表决权；在对合伙人进行利益分配时，其限度为法令或者章程所规定。但是使用不公正交易方法时，或者因实质性限制一定交易领域的竞争从而不正当地提高价格时，不适用除外。(5)维持再销售价格契约。根据《禁止垄断法》第 24 条第 2 款的规定，经过公平交易委员会指定的维持转售价格行为可以得到豁免，通常这类商品都是能够进行自由竞争的一般消费者日常使用的商品。(6)萧条卡特尔。《禁止垄断法》第 24 条第 3 款的规定，对旨在克服经济萧条的共同行为实行豁免，但是应满足的条件包括：其商品价格低于平均生产费用；相当部分该行业的企业有难以维持的风险；仅通过企业的合理化方法难以克服上述情况。(7)合理化卡特尔。《禁止垄断法》第 24 条第 4 款规定，该法不适用于为实现技术进步、质量改善、成本降低、效率提高等企业合理化及旨在实现合理化的共同行为。这些行为应满足下列条件并事先经公平交易委员会许可：没有损害需求方的利益；不损害一般消费者及相关企业的利益；并非不当的差别待遇；没有限制其他企业加入或退出以及限制参加者的生产。

近年来随着经济环境的变化以及对自由竞争价值理念的追求，日本陆续取消了一些传统的适用除外情形，如已经删除了对自然垄断行为、基于行业法令的正当行为、不景气卡特尔和合理化卡特尔、转售价格维持等的适用除外。

（三）日本《禁止垄断法》的实施机构

公平交易委员会是根据《禁止垄断法》的规定而特别设立的执行机构。其享有行政、准司法和准立法的权限，依法掌管下列事务：(1)有关私人垄断的规制；(2)有关不正当交易限制的规制；(3)有关不正当交易方法的规制；(4)有关垄断状态的规制；(5)就实质性限制一定交易领域竞争的行为的规制、对可能妨碍公平竞争的行为的规制、为防止行业支配力过度集中的规制以及其他的对经营活动不正当限制的规制，而进行有关经营活动及经济实际状况的调查或者调整经济法令等；(6)其他事务。

2005 年修订的日本《禁止垄断法》强化了专门负责执行反垄断法的公平交易委员会的职责权限，特别赋予公平交易委员会在原享有对违法者刑事制裁专属告发权之外的“犯法调查权”。如果获得法院的搜查令，公正交易委员会可以对嫌疑人的住宅进行搜查并扣押相关资料。这方便了该委员会对违法事件进行事前调查取证，其工作效率也得到很大提高。

公平交易委员会作为《禁止垄断法》的执行机构，严格的执法程序是确保其公正性和权威性的重要基础。公平交易委员会的执法程序可分为以下几个步骤：(1)通过他人报告、检察总长的通知或主动依职权获知违法行为；(2)指定一定人员对发现的违法行为进行必要的调查，确认是否存在违法行为；若不存在则终止调查，若存在则进行劝告或审判；(3)对已确认的违法行为进行劝告或审决；(4)嫌疑人同意相关事实及法律适用或公平交易委员会认为适当的情况下，可不经审判程序直接审决；(5)公平交易委员会进行审判审决，被审人不服审决，可自在审决决定生效之日起 30 天内向法院提起诉讼。

讨论　竞争执法机构有无必要拥有准司法权

以前，日本公平交易委员会拥有巨大的权力，不仅享有竞争执法权，还享有准立法权和准司法权。这样可以保证公平交易委员会独立执法，不受其他组织的非法干扰，也有利于提高竞争执法效率。不过，2013 年《禁止垄断法》修订时，废除了自该法制定之初便实施的公平交易委员会审判制度,违法者对公平交易委员会做出的排除措施命令、缴纳罚款命令等行政处罚如有不服,可向东京地方法院提起上诉,执法上扩大了法院的职责。请问:有无必要赋予竞争执法机构的准司法权?

(四)日本《禁止垄断法》所规定的法律责任和救济措施

日本《禁止垄断法》规定了对私人垄断、不公平交易限制和不公平交易方法的法律责任,其中包括了民事责任、行政责任和刑事责任三种。民事责任主要包括停止请求和损害赔偿请求;刑事责任包括处以3年以下的徒刑和数目不等的罚金。《禁止垄断法》赋予公平交易委员会采取的行政措施则包括了劝告、排除措施、课征金缴付令、提起刑事公诉等。

为了确保《禁止垄断法》的有效实施,《禁止垄断法》经过2005年、2009年、2013年的修订,对相关行政救济作了进一步完善。这其中包括增加课征金的计算比例、引入宽恕制度、引入刑事调查强制措施、修改听证程序。

三、日本《不正当竞争防止法》的主要内容

日本《不正当竞争防止法》首次颁布于1934年3月27日,其后分别于1938年、1950年、1953年、1965年、1975年进行过多次修正,1993年进行了全面修订。此后的多次修正,均是在1993年《不正当竞争防止法》的基础上进行的。与之前的法律相比,1993年《不正当竞争防止法》主要在两方面进行了修改:一是增加了不正当竞争行为的种类;二是对损害救济作出了重大改进。

(一)增加不正当竞争行为的种类

一是不正当模仿行为。此次修改明确将不正当模仿行为列为不正当竞争行为而予以禁止,并列出如下构成要件:(1)完全模仿,即必须是完全模仿他人商品形态的行为。对于仅作细微修饰的行为,因其动机相同,也属完全模仿。二是模仿者和被模仿者的商品存在竞争关系。(3)被模仿商品须具有市场价值。(4)被模仿商品形态须在法定保护期内。(5)特殊情形,即对商品形态不适用本条款规定的其他情况。

二是未经允许而使用他人"著名表示"的行为。该法禁止使用与他人相同或类似的著名商品标志作为自己的商品标志,或者将使用该商品标志的商品予以转让、交付,以及为转让、交付而展览、输出或输入。

三是对商品和服务作令人误解的虚假表示行为。

(二)对损害救济作出重大改进

一是从适当减轻原告的举证责任着手,增加损害赔偿额的推定依据。要求:(1)损害赔偿额除可推定为侵害者因实施不正当竞争而获得的利益外,也可推定为与被侵害者通常应获得的利益相当的数额,具体采用哪种计算方式,视具体案件的难易程度而定。(2)如果侵害者能证明受害者实际所受损害低于推定额,或受害者能证明其所受损害高于其应当获得的利益金额时,则以证明的实际损害为损害赔偿额。(3)赋予法官一定程度的自由裁量权,如果侵害者无故意或重大过失而致使他人商业利益遭受损害,则法官在决定损害赔偿额时可以酌情考虑。(4)对损害赔偿请求人作出了限定,即只有商业利益遭受损害的经营者享有损害赔偿请求权,而消费者或消费者团体并无此项权利。

二是加重对不正当竞争行为的制裁,比如将原50万日元的法人罚款上限提高至1亿日元。

三是扩充采用恢复信用请求权的民事救济措施。对于因故意或过失进行不正当竞争而侵害他人商业信用的，法院可以依受害人的请求，命令侵权者采取措施恢复受害人的商业信用，以取代损害赔偿；或者在损害赔偿的同时，采取恢复商业信用的必要措施。

日本《不正当竞争防止法》的最近一次修订是在2015年，其目的是在日本创建世界一流的商业秘密保护法律制度，完善和丰富保护企业商业秘密制度，为作为竞争力源泉的商业秘密提供适当保护，维持并强化日本产业的竞争力。[3]

知识拓展2 日本《防止不正当赠品类及不正当表示法》的主要内容

日本为了防止经营者利用不当赠品与不当表示实施不正当竞争行为，1962年颁布了《防止不正当赠品类及不正当表示法》，该法最新修订时间为2014年。“赠品类”是指作为引诱顾客的手段，不管其采用的方法是直接的还是间接的，也不管是否采用抽奖的方式，由内阁总理大臣指定的，附随于经营者自己的商品或服务而向对方提供的物品、金钱及其他经济上的利益。由于交易中的赠品会导致价格扭曲，使价格不能正确反映市场供需，故需要对其作出必要的限制或禁止。公平交易委员会为防止经营者不正当地利用赠品引诱顾客，可以对赠品价额的最高额或总额、赠品的种类、提供方法或其他有关提供赠品的事项作出限制，或者禁止提供赠品。

“表示”是指作为引诱顾客的手段，由内阁总理大臣指定的，由经营者对自己提供的商品或服务的内容或交易条件或其他交易事项所发布的广告及其他表示。《防止不正当赠品类及不正当表示法》规定经营者在提供的商品或劳务的交易中，不得进行以下各项表示：使一般消费者误认其商品或服务的质量、规格以及其他内容比其实际情况或比其竞争对手的情况显著优良，从而可能会不正当地引诱顾客，阻碍公正竞争的表示；使一般消费者误认其商品或服务的价格及其他交易条件比其实际情况或比其竞争对手的情况显著有利，从而可能会不正当地引诱顾客，阻碍公正竞争的表示；除上述两项规定以外，由公平交易委员会所指定的，可能会使一般消费者对其商品或服务的交易事项造成误认，从而可能会不正当地引诱顾客，阻碍公正竞争的表示。

本章小结

本章主要对美国、德国、英国、日本的基本竞争法律制度进行介绍。美国作为现代竞争法的发源地，以《谢尔曼法》为基础，通过一系列法律、法规、准则、指南以及各级法院的司法判例，构筑成了以反托拉斯法为中心和特色的竞争法律制度。美国是实行联邦制的国家，除联邦一级的立法外，美国各州也大多制定了与联邦类似的竞争法。美国竞争法实施主要由行政执法机构和司法机关互相配合与制约来完成。德国对垄断与不正当竞争分别立法，《反不正当竞争法》和《反限制竞争法》分别确定了自己的调整对象、手段、目标，并由不同的机关予以实施，共同促进和保护竞争秩序。英国的竞争法包括判例法和成文法两大渊源。英国竞争法仅指反垄断法，他们并没有反不正当竞争法的提法，且将不正当竞争行为称为不公平贸易行为，对其禁止体现在判例和其他制定法中，包括普通法上的合同法、侵权法，以及《消费者保护法》《商业表示法》等一系列制定法规范。日本竞争法采用的是不正当竞争和垄

[3] 郑友德、王活涛、高薇：《日本商业秘密保护研究》，载《知识产权》2017年第1期。

断分别立法的体例。反垄断法一直是日本竞争法的核心,与《不正当竞争防止法》《不当赠品及不当表示防止法》等构成了日本的竞争法律体系。

思考题

1. 美国竞争法的主要组成部分有哪些?
2. 日本竞争法的基本内容是什么?
3. 德国竞争法的立法体例是什么?

第三章　国际竞争法律制度

本章导引

随着经济的全球化,各国在发展经济和贸易的过程中既存在协作,也存在竞争。只要有竞争,就必然存在冲突。为了保护本国的经济利益,一些国家可能会出台一些限制其他国家企业进入本国市场的措施,这些措施不利于国际贸易的顺利开展。为了加强国家之间、地区之间经济贸易的交流合作,减少贸易纠纷,一些区域组织、国际组织制定了一些竞争法律文件,对国家间以及企业间的经济竞争活动加以规范。本章主要对规范不正当竞争行为的《巴黎公约》、推动欧洲一体化的欧盟竞争法律规范、旨在消除或降低关税和其他贸易障碍的WTO 竞争法律规范以及规制限制性商业惯例的联合国竞争法律规范进行简要介绍。

第一节　《巴黎公约》中的竞争法律制度

一、《巴黎公约》简介

《保护工业产权巴黎公约》(Paris Convention for the Protection of Industrial Property)(以下简称《巴黎公约》)既是专门保护工业产权的国际公约,也是最早具有促进竞争条款的国际公约。该公约经过 1873 年和 1878 年的筹备,于 1880 年在巴黎的外交会议上起草,1883 年由 11 个国家签字,并于 1884 年批准生效。截至 2017 年 5 月 14 日,公约的成员国已增至 177 个。我国于 1985 年 3 月 19 日正式成为《巴黎公约》的成员国。

对不正当竞争进行专门规定的主要是《巴黎公约》1900 年的布鲁塞尔文本、1911 年的华盛顿修订本、1925 年的海牙修订本、1934 年的伦敦修订本、1958 年的里斯本修订本以及 1967 年的斯德哥尔摩修订本。这些文本对各成员国在知识产权领域中的不正当竞争的定义及其表现形式、反不正当竞争义务、制止不正当竞争的有效措施和不正当竞争的救济等内容作了比较详细的规定。虽然其涉及的竞争问题主要限于工业产权领域中的反不正当竞争问题,并未对工业产权领域内的反垄断问题和其他领域的竞争问题作出详细规定,但是从总体上来看,《巴黎公约》仍然是国际上第一个比较系统规定竞争规则的国际公约,其关于反不正当竞争的规定具有重大的理论和现实意义。

二、《巴黎公约》关于反不正当竞争的原则性规定

《巴黎公约》为保护工业产权和市场竞争确立了以下基本原则。

1. 国民待遇原则

国民待遇原则是《巴黎公约》各成员国在保护工业产权和市场竞争时应遵循的基本原则。《巴黎公约》第2条规定:“给予本同盟成员国国民的国民待遇。”第3条规定:“本同盟以外的各国国民,在本同盟任何一个成员国的领土内有住所或真实、有效的工商业营业场所的,应享有与本同盟国国民同样的待遇。”

2. 优先权原则

优先权原则是《巴黎公约》的另一重要原则,该原则不仅在1883年的原始文本中有体现,而且1911年华盛顿修订本更把优先权的适用扩大到实用新型和原申请人的权利继受人。《巴黎公约》第4条对优先权的适用条件、优先权的期限等作了比较详细的规定,即申请人已经在一个成员国提出正式专利申请以后,又在特定期限内(发明、实用新型为12个月,外观设计、商标为6个月)就同一专利或商标向其他成员国提出申请,申请人有权要求将第一次提出申请的申请日作为后来申请的申请日。这种权利被称为优先权。第一次提出申请的日期,称为优先权日。上述的特定期限,称为优先权期限。

3. 独立性原则

独立性原则又可以分为专利的独立性原则和商标的独立性原则。专利的独立性原则具体体现在《巴黎公约》第4条之二的相关规定中:“本同盟成员国的国民向本同盟各成员国申请的专利,与其在本同盟国或非同盟成员国为同一发明所取得的专利是相互独立的。”而商标的独立性原则在《巴黎公约》1883年的原始文本中就有体现,只是在1911年的华盛顿会议、1925年的海牙会议和1934年的伦敦会议上进行了修订而已。该公约的第6条专门对商标的独立性原则作了规定:“申请和注册商标的条件,由本同盟成员国的国内法予以决定;对成员国国民提出的商标注册申请,不能以未在本国申请、注册或续展为理由而加以拒绝或使其注册无效;在本同盟一个成员国正式注册的商标,应视为与在本同盟成员国(包括申请人所属国)注册的商标是相互独立的”。

4. 强制许可原则

强制许可原则又称为非自愿许可原则,该原则是指某项专利未能于特定时期内在该国国内得到实施或“使用”,那么,任何有利益关系的当事人均有权从某一行政主管机关得到该项专利的实施许可。为了防止专利权人为了自己利益的最大化而滥用专利权,阻止他人实施其专利或者控制他人进口其专利产品,《巴黎公约》规定可以对符合条件的实施人发放强制许可,体现了强制许可原则。《巴黎公约》第5条第1款第2项规定了实施强制许可的理由:“本同盟各成员国都应有权采取立法措施规定颁发强制许可证,以防止由于行使专利所赋予的独占权而可能产生的弊端,例如不实施专利权。”《巴黎公约》第5条第1款第4项则对强制许可的条件作了规定:“如果某一项专利三年内未在授予专利的公约成员国内实施,则可以允许他人获得该种强制许可。”

5. 驰名商标特别保护原则

为了加强对驰名商标的保护,《巴黎公约》第6条之二专门规定了驰名商标特别保护原则:“商标注册国或使用国主管机关认为一项商标在该国已成为驰名商标,且已经归属有权享有本公约利益的人所有,那么另一商标构成对此驰名商标的复制、仿造或翻译,用于相同或类似商品上,易于造成混淆时,本同盟各国应依职权(如本国法律允许)或应有关多数人的请求,拒绝或取消该另一商标的注册,并禁止使用。商标的主要部分抄袭驰名商标或是导致造成混乱的仿造者,也应适用本法规定。”该条实际上是通过对复制、仿造或翻译驰名商标的行为予以规制的方式来实现对驰名商标的特别保护。按照《巴黎公约》驰名商标特别保护原则的要求,无论驰名商标本身是否取得商标注册,公约各成员国都应禁止他人使用相同或类似于驰名商标的商标,拒绝注册与驰名商标相同或类似的商标。对于以欺骗手段取得相同或类似于驰名商标的商标注册的人,驰名商标的所有人请求保护的期限不受限制。

三、《巴黎公约》关于反不正当竞争的具体规定

(一)对不正当竞争行为的解释

由于《巴黎公约》各成员国对不正当竞争有不同的解释,有些行为在一些国家认为是不正当竞争行为,然而在另一些国家则不认为是(或仅在特殊情况下才认为是)不正当竞争行为。为减少不正当竞争行为认定中的随意性,1925 年的海牙会议首次对不正当竞争行为作了如下定义:“在工商业活动中违反诚实的习惯做法的任何竞争行为。”该定义可从以下两个方面来理解:(1)不正当竞争行为发生在工商业活动中。根据《巴黎公约》第 1 条之三的规定,工商业活动指的是广义的工商业活动,不仅包括工业活动和商业活动,而且包括农业活动和采掘业活动。至于该种行为是必须发生在同一工业和商业部门内,还是可以发生在不同的部门之间,由各国自己确定,《巴黎公约》对此未作统一规定。(2)不正当竞争行为须违反诚实的习惯做法。诚实的习惯做法不仅包括各成员国内诚实的习惯做法,而且包括存在于国际贸易中的诚实的习惯做法。无论是违反了国内还是国际诚实的习惯做法的行为,只要符合不正当竞争行为的定义,各成员国的司法机关或行政机关都必须认定该行为是不正当竞争行为,并实施其本国法所规定的制裁和救济手段。

(二)不正当竞争行为的类型

《巴黎公约》在概括性地规定了不正当竞争行为定义的同时,还在第 9 条和第 10 条特别列举了三种典型的不正当竞争行为,即非法标注商标、厂商名称行为,虚假标记行为和需要特别禁止的行为。

1. 非法标注商标、厂商名称行为

《巴黎公约》第 9 条对非法标注商标、厂商名称行为作了专门规定。非法标注商标、厂商名称行为是指行为人未经权利人许可,擅自在商品上标注别人的商标、厂商名称的行为。

对非法标注商标、厂商名称的行为,《巴黎公约》第 9 条规定了相应的救济手段:“一切非法标注商标或厂商名称的商品,在进口到该项商标或厂商名称有权受到法律保护的本联盟国家时,应予以扣押;在发生非法标注上述标记的国家或在进口此种商品的国家,扣押应同样予以执行;扣押应依检察官或其他主管机关或有关当事人(无论为自然人或法人)的请求,按照本国法的规定进行;主管机关对于过境商品没有予以扣押的义务;如果一国法律不准许在进口时扣押,应代之以禁止进口或在国内扣押;如果一国法律既不允许在进口时扣押,也不允许禁止进口或在国内扣押,则在法律作出相应修改之前,应代之以该国国民在此情况下按该国法律可以采取的诉讼和其他救济手段。”

2. 虚假标记行为

《巴黎公约》第 10 条规定:“第 9 条的规定也适用于直接或间接使用虚假的货源标记、生产者、制造者或商人标记的情况。”该条实际上规定了关于非法标注商标、厂商名称行为的认定及其救济的规定也适用于虚假标记行为。差别只是在于虚假标记行为的方式可以是直接的,也

可以是间接的。间接虚假标记是指通过图形暗示等方式虚假标记商品原产地、生产者、制造者或商人身份的行为。作为《巴黎公约》附属协定的《制止虚假或易误解的商品来源标记的马德里协定》对虚假标记行为进行了更具体的规定。该协定不仅要求“成员国在程序或商标保护方式上与其保持一致,而且要求成员国采取有效措施制止不正当竞争行为”。该协定对成员国规定了下列义务:(1)“如果任何商品上标示着涉及某成员国或成员国国内企业或地方的虚假标记,或易引人误解的欺骗性标记,那么无论是直接的还是间接的,都必须禁止该商品进口,或在边界或抵达进口国时予以扣押”;(2)“禁止在公共广告中使用易于欺骗公众的有关商品原产地标记”;(3)“关于正宗葡萄酒的产地标记的使用限制,即成员国不能将香槟(酒)等著名原产地视为通用名称”。

3. 需要特别禁止的行为

需要特别禁止的行为包括商业混淆行为、商业诋毁行为和商业误导行为。这三种不是穷尽和限制性的列举规定,而是所有成员国应当遵循的规制不正当竞争行为的最低要求和共同法律规范。各成员国或者直接将其纳入本国法,或者由司法机关直接适用。《巴黎公约》第10条之二规定各成员国有义务保证本联盟其他国家的国民获得适当的法律救济手段,以有效制止这三种不正当竞争行为:(1)商业混淆行为,指“具有以任何手段对竞争者的营业场所、商品和工商业活动制造混淆性质的一切行为”。(2)商业诋毁行为,指“在经营商业中,具有损害经营者的营业场所、商品或工商业活动信誉性质的虚假陈述行为”。(3)商业误导行为,指“在经营商业中使用会使公众对商品的性质、制造方法、特征、用途或数量产生误解的表示或陈述”。

第二节 欧盟竞争法律制度

欧盟是欧洲联盟(European Union)的简称,是当今世界上具有重要影响的区域一体化组织,其前身是欧洲共同体(European Communities)。截至目前,欧盟的成员国已增加至28个。[1]

欧盟组织的主要机构有以下4个:欧洲理事会、欧盟理事会、欧盟委员会、欧洲议会。而与竞争法执行直接相关的是欧洲法院(European Court of Justices)。欧洲法院是欧盟的最高司法机构,以欧盟法律规范为准绳,负责维护欧盟所有决议的执行,保障欧盟规章得到尊重,并对条约和规章作出终裁性解释,审理和裁决在执行欧盟条约和有关规定中与成员国同类规定相矛盾的各种争议。

一、欧盟竞争法律规范体系

欧盟竞争法经过多年发展,已经形成了一个健全的法律规范体系。在这个法律规范体系中,存在类似于内国法的法律规范分级体系。按照法律规范的制定机关和效力的不同,欧盟竞

---

〔1〕 2016年6月23日,英国举行全民公投,“脱欧”票数超过“留欧”票数。2017年9月22日,英国首相特雷莎·梅发表脱欧讲话,表示英国将于2019年3月29日正式退出欧盟。因此,如果英国成功退出欧盟,欧盟成员国数量从28个减为27个。

争法律规范体系可分为基础性竞争法律规范和派生性竞争法律规范两个层次。

(一)基础性竞争法律规范

在欧盟竞争法律规范体系中,处于顶端的是基础性的竞争法律规范,它为派生性的竞争法律规范构造了法律基础。它包括各大共同体条约以及与其处于同一级别的法律规范中的竞争法律规范。其中,最重要的是《欧盟运行条约》[2]中第七篇第一章——关于竞争的规则。该章分为两个部分:第一部分是第101条至第106条(原《欧共体条约》第81条至第86条),主要对企业的竞争行为进行了规制。其中,第101条和第102条是欧盟竞争法的核心。第101条专门对限制竞争协议进行了规范,第102条对滥用市场支配地位行为作了规定。第二部分是第107条至第109条(原《欧共体条约》第87条至第90条),主要对国家援助行为进行了规范。

(二)派生性竞争法律规范

派生性竞争法律规范是指根据各大共同体条约或者其他法律文件的授权,由共同体机构颁布的法律文件,包括欧盟理事会制定的竞争规则和欧盟委员会制定的竞争法律规范、指令和决定等。欧盟理事会制定的竞争法律规范主要是就如何适用《欧盟运行条约》第101条、第102条等规范制定的实施细则。这些实施细则可分为两类:

一是适用于欧盟所有成员国及所有行业的一般性规则,如《欧共体理事会关于执行欧共体条约第81条和第82条竞争规则的1/2003号条例》《关于欧盟委员会根据欧共体条约第81条、第82条调查程序的第773/2004号决议》《部长理事会关于控制企业之间合并行为的139/2004号条例》等。

二是适用于特定行业或行为的规则,如《海运业适用第81、82条的理事会第4056/86号规则》《海运业不公平定价行为的理事会第4057/86号规则》等。

根据基础性竞争法律规范和欧盟理事会制定的竞争规则,作为执法机关的欧盟委员会经常制定更加具体的实施规定和作出有关的决定和命令。因此,在欧盟竞争法律规则体系中,欧盟委员会制定的竞争法律规范在数量上最多。

二、欧盟竞争法律制度的主要内容

(一)禁止限制竞争协议的法律规范

《欧盟运行条约》第101条专门对限制竞争协议进行了规范,《欧共体理事会关于执行欧共体条约第81条和第82条竞争规则的1/2003号条例》《关于欧盟委员会根据欧共体条约第81条、第82条调查程序的第773/2004号决议》《欧盟委员会修订〈关于根据欧共体条约第81条、第82条调查程序的第773/2004号决议〉的第2015/1348号法规》等法律文件对之进行了补充。《欧盟运行条约》第101条及其补充文件主要对限制竞争协议的含义、禁止的限制竞争协议的效力和限制竞争协议的豁免进行了规定。

《欧盟运行条约》第101条第1款采取了概括和列举相结合的方法来界定限制竞争协议。《欧盟运行条约》第101条第1款作为一般条款原则上禁止"一切可能影响成员国之间贸易,以阻止、限制或扭曲竞争为目的或产生此结果的协议、决定或协同一致的行动,简称禁止限制竞争协议"。同时,该款又列举了五种需要特别禁止的事项,但是并未对需要禁止的限制竞争协

---

[2] 2009年《里斯本条约》对《欧共体条约》进行了修订,并将《欧共体条约》更名为《欧盟运行条约》。

议作出穷尽列举。可见,《欧盟运行条约》第101条第1款不仅对横向(水平)限制竞争协议进行规制,也对纵向(垂直)限制竞争协议进行规制。

《欧盟运行条约》第101条第2款对禁止的限制竞争协议的效力进行了规定:"任何依照本条规定被禁止的协议或者决定自始无效。"对此需要注意以下三点:(1)并非所有的限制竞争协议都是无效的。被《欧盟运行条约》第101条第3款豁免的限制竞争协议是有效的(具体参考下文)。(2)如果该协议在协议的当事人本国加入条约前已经存在,则在进行通知后,可以获得临时有效性。(3)无效是否及于整个协议?对此,越来越多的欧盟竞争法专家和法院认为无效仅及于限制性条款,而并非整个协议都无效。在许多案例中,欧盟委员会反对的也是限制竞争条款,而不是整个协议。

《欧盟运行条约》第101条第3款规定了垄断协议豁免的两种情况:(1)个别豁免。如果该协议、决定和协同一致行为在满足"有助于改进产品生产或分销,或者促进技术进步或经济进步,同时允许消费者公平分享由此产生的利益"的积极条件的同时,也满足"有关企业所受到的限制对于达到上述目标是不可缺少的;在所涉及的产品的相对范围的领域内,有关企业没有排除竞争"的消极条件,那么可以对该限制竞争协议予以豁免。(2)整体豁免。事实上,运用上述标准对某个具体协议予以正式豁免许可的情况并不多见,更多的是对某类协议的整体豁免。比如,欧盟理事会和欧盟委员会按照《欧盟运行条约》第101条第3款的规定用条例的形式对研究与开发协议、保险协议、汽车销售与运输协议、技术转让协议等给予了整体豁免。

(二)禁止滥用市场支配地位行为的法律规范

欧盟对滥用市场支配地位行为的规定主要见于《欧盟运行条约》第102条、《欧共体理事会关于执行欧共体条约第81条和第82条竞争规则的1/2003号条例》、《关于欧盟委员会根据欧共体条约第81条、第82条调查程序的第773/2004号决议》、《欧盟委员会修订〈关于根据欧共体条约第81条、第82条调查程序的第773/2004号决议〉的第2015/1348号法规》和《欧共体委员会适用〈欧共体条约〉第82条查处市场支配地位企业滥用排挤行为的调查重点指南》。这些文件主要规定了滥用市场支配地位行为的含义及其表现形式。

根据《欧盟运行条约》第102条的规定,认定是否构成滥用市场支配地位行为应从三个方面着手:(1)企业是否具有市场支配地位。对"市场支配地位"一词,欧盟竞争法并没有明确规定,其具体认定取决于欧盟委员会和欧洲法院。(2)企业是否实施滥用市场支配地位的行为。《欧盟运行条约》第102条在对滥用市场支配地位行为作出原则性禁止的同时,还列举了超高定价、掠夺性定价、价格歧视、拒绝交易、搭售、限制生产销售或技术开发等典型的滥用支配地位行为。(3)企业滥用市场支配地位行为是否会对成员国之间的贸易具有现实或潜在影响。换言之,在判定是否构成滥用市场支配地位行为时还须进行市场竞争效果分析。只有那些对成员国之间的贸易具有现实或潜在不利影响的行为,才受《欧盟条约》相关规定的规制。

(三)规制企业合并的法律规范

与《欧盟条约》专门对限制竞争协议和滥用市场支配地位行为进行规制不同,《欧盟条约》中并无专门规制企业合并的相关条款。欧盟正式出台企业合并法规始于1989年的《部长理事会关于控制企业之间合并行为的第4064/89号条例》(以下简称《合并条例》)及执行该《合并条例》的三个规范性文件;2004年1月20日,欧盟部长理事会通过了《部长理事会关于控制企业之间合并行为的第139/2004号条例》(由于该条例修订于《合并条例》,因此以下简称新《合并条例》),随后欧盟公布了《关于实施理事会第139/2004号条例的第802/2004号条例及其附件》《横向合并评估指南》《合并调查最佳实践指南》等法律文件来补充实施新《合并条例》，并于 2017 年 6 月 14 日颁布了《欧洲议会和欧盟理事会关于公司法某些方面的第 2017/1132 号指令》，在其中对企业的合并与分立进行了较为系统的规定。新《合并条例》及与之相配套的“一揽子”法律法规的出台及实施对保持欧盟内部市场上的公平竞争，促进欧盟统一市场的进一步发展和经济发展具有重要的意义。欧盟现行规制企业合并的法律规范主要包括适用范围、企业合并控制程序、评估企业合并的标准等规定。

首先，适用范围。按照新《合并条例》的规定，该条例适用于所有具有欧盟影响的企业合并。所谓具有欧盟影响，即企业合并须在欧盟范围或在相当部分地域具有影响。按照新《合并条例》第 1 条的相关规定，具有欧盟影响包括两种情况：(1)本身应当认定为具有欧盟影响的；(2)应当视为具有欧盟影响的。前者指所有有关企业在全球范围内的年总营业额之和超过 50 亿欧元，且有关企业中至少有两家企业在欧共体内的年营业额均各自超过 2.5 亿欧元的合并，除非有关企业中每一个企业在欧盟年营业额的 2/3 以上，都是在相同的一个成员国中实现的。后者是指虽不符合上述条件，但同时符合下述四个条件的合并，除非有关企业中每一家企业在欧盟的年营业额的 2/3 以上都是在相同的一个成员国中实现的：(1)所有有关企业在全球范围内的年总营业额之和超过 25 亿欧元；(2)在至少 3 个成员国的每一个中，所有有关企业的年总营业额之和超过 1 亿欧元；(3)有关企业中至少有两家企业在(2)中所指的至少 3 个成员国的每一个中的年营业额均各自超过 2500 万欧元；(4)有关企业中至少有两家企业在欧盟的年营业额均各自超过 1 亿欧元。按照新《合并条例》第 3 条的规定，对欧盟具有影响的企业合并应该作广义上的理解，既包括传统公司法上的组织合并，也包括通过合同等方式获得全部或部分控制权的合并，甚至还包括设立长期经营目的并具有完全自主决策功能的合资企业等三种。

其次，企业合并控制的程序。新《合并条例》对企业合并规定了三个控制程序：(1)申报程序。新《合并条例》对应当申报的情况、申报的时间、不申报的法律后果等作了比较详细的规定。(2)第一阶段审查。其目的是审查合并行为是否存在与欧盟市场不相协调的嫌疑。如果能排除嫌疑，审查就到此结束，否则将正式立案调查。(3)第二阶段审查。对于那些是否与欧盟市场相协调存在怀疑的合并，委员会必须进行第二阶段的审查。经过这一阶段的审查，委员会可以根据合并是否与欧盟市场相协调，作出无条件批准、有条件批准或者禁止合并的决定。

最后，评估企业合并的标准。虽然《合并条例》规定的“支配地位标准”是规制企业合并的有效工具，如果“支配地位标准”用得恰当的话，能够处理所有的由合并造成的反竞争情况。但是该标准存在过于僵硬、过于重视静态结构因素、在一些寡头垄断市场存在“支配地位标准失灵”的现象。因此，欧盟在借鉴美国“实质性减少竞争”标准的基础上，在新《合并条例》第 2 条中提出了“严重妨碍有效竞争”的新标准。按照该标准，一切严重妨碍有效竞争的合并都应该被规制，而产生或加强市场支配地位只是其中应被重点审查的一种形式。对合并的审查应从市场份额、市场集中度、反竞争效应、抵消性买方力量、市场进入、效率以及破产等诸多方面进行综合评估。

另外，新《合并条例》及其补充文件还对当事方和第三方的上诉权、企业非法合并应该承担的法律责任等作了明确规定，形成了一个自足性的规制企业合并行为的法律规范体系。

(四)有关国家补贴的法律规范

为避免成员国运用公共资源扭曲企业间的竞争，影响《欧盟运行条约》第 101 条、第 102 条的实施效果，《欧盟运行条约》第 107—109 条规定了国家补贴的规则，还制定了《欧洲议会和欧盟理事会打击来自非欧盟成员国的补贴进口的第2016/1037号法规》等配套法规来共同规制补贴行为。《欧盟运行条约》第107条原则上禁止国家向特定产业和企业提供补贴,无论这种补贴是以政府资助、利息减免、税收减免、国家担保、提供产品或服务的优惠或其他任何形式。其同时也规定了例外情形:如果补贴使欧盟整体受益,则补贴可以被允许,比如对个体消费者提供的具有社会性的补贴;为补偿因自然灾害和意外情况造成损失而提供的补贴;为推动欠发达地区的经济发展提供的补贴;为执行符合欧盟共同利益的重要项目而提供的补贴等。欧盟委员会有权对成员国提供的国家补贴进行审查,以确定其是否与共同市场相容。一旦发现与共同市场不相容,欧盟委员会有权要求成员国通过适当的国内程序恢复原状,并要求受惠者向公共当局返还所受资助。值得一提的是,欧盟委员会审查成员国补贴的专属权利是成员国的授权。

三、欧盟竞争法的主要执法机构及其权限

1. 欧盟委员会

欧盟委员会是欧盟竞争法的主要执行机构。欧盟委员会通过31个总局(Directorate General)工作,其中由竞争总局(DGIV)具体负责欧盟竞争政策与法律的实施。最初,欧盟竞争总局的部门设置主要按照企业或企业组织的违法形态来进行划分,分为反托拉斯部、集中控制部与国家补贴部三个部门。在欧盟经过机构改革后,原有的部门(除国家补贴部外)被按照经济产业进行划分,设立了计划与资源部,政策与战略支持部,能源水利食品与卫生部,信息通讯与传媒部,服务业、工业和消费品部五个专业部门。近年来在竞争总局中增加了总经济师的职位,从专家角度提供独立的、专业性意见供总局长决策参考。此外,欧盟委员会还设有一名专门负责竞争事务的委员。

欧盟委员会竞争执法机构主要享有以下职权:(1)制定豁免个别反竞争行为的法规;(2)对于某些类型的反竞争行为给予"整体豁免"或者"个别豁免";(3)广泛的调查权(为主动获取信息,欧盟委员会的执法人员享有多项调查职权:检查企业的账册和其他商业记录,复制或摘录上述账册或记录的内容,现场进行提问并要求口头解答,进入任何建筑物、企业的土地或运输工具等);(4)可以对实施反竞争行为的人处以罚款,或者分割具有不适当垄断地位的企业;(5)在欧盟成员国违反欧盟竞争法的情况下,向欧洲法院起诉成员国政府;(6)制定促进竞争或者解除垄断的指令。

2. 成员国竞争执法机构

欧盟竞争法的实施并不完全是欧盟机构包办,成员国竞争执法机构也可以适用欧盟竞争法。实际上,欧盟委员会一直鼓励成员国利用其法院或竞争主管机关受理适宜的私法诉讼,以减轻欧盟委员会的负担。因此,当事人既可以通过欧盟委员会,也可以通过国内法院或国内竞争主管机构两种渠道解决竞争纠纷。由于通过欧盟委员会来审理竞争纠纷也非十全十美,例如欧盟委员会受理案件后,如果认定一项协议违反了欧盟竞争法,它只能将其作为竞争法案件审理,其处罚有两种:一是宣布该行为无效,要求当事人停止其违法行为;二是处以罚款。欧盟委员会不能采取单方面的禁令,也不能给原告以补偿。人们转而寻求成员国竞争执法机构的救济。对于竞争纠纷,成员国法院不仅可以直接按竞争案件审理,也可以按其他侵权案件审理,并可以给予受害人损害赔偿。

3. 欧洲法院

欧洲法院是实施欧盟竞争法的另一个重要机构。欧洲法院监督委员会对欧盟委员会执行欧盟竞争法的行为拥有审查权,欧洲法院可以对欧盟委员会在审查违法事实过程中的所有决定进行复审,并酌情取消、改判。对于欧盟委员会的不作为行为,控告者可以要求欧洲法院作出裁决,责令欧盟委员会采取相应措施。

四、欧盟竞争法的效力范围

欧盟竞争法的域内效力是指欧盟竞争法适用于欧盟整个共同市场,并具有高于成员国国内法的效力。成员国可以将欧盟竞争法作为国内法的一部分直接适用,当成员国国内法的规定与欧盟竞争法不一致时,应优先适用欧盟竞争法。欧盟竞争法在适用于欧盟整个市场时采取属地和属人相结合的原则。

所谓欧盟竞争法的域外效力,是指欧盟竞争法可以适用于其境外由其他外国企业或自然人实施的反竞争行为。《欧盟条约》并未直接规定欧盟竞争法的域外适用效力。域外效力主要是通过欧盟委员会的决定以及欧盟法院的判例确立的。域外效力原则主要依赖于以下三个原则,即经济实体原则、后果地原则和履行地原则。在这三个原则中,经济实体原则和履行地原则争议较少,获得了世界各国的普遍公认。对后果地原则,由于其适用的条件非常模糊,要求后果是实质的、直接的,并且是可以预见的,因此,世界各国对后果地原则的有效性和适用范围仍然存在争议。

知识拓展　欧盟竞争法实施的扩张

欧盟委员会在2015年10月裁定卢森堡税务机关与菲亚特的预约定价协议和荷兰税务机关与星巴克的预约定价协议都违反了《欧盟运行条约》所规定的国家援助制度。这个裁定标志着欧盟委员会将欧盟竞争法中国家援助制度的适用范围从审查成员国的税收立法延伸到了审查成员国的税收征管行为。这次欧盟竞争法实施的扩张进一步削弱了成员国的税收主权,同时也继续扩大了欧盟委员会的权力范围,表明欧盟正借着参与当前全球税基侵蚀和利润转移项目的契机,加快欧洲一体化进程。[3]

第三节　世贸组织竞争法律制度

世界贸易组织(World Trade Organization,WTO),简称世贸组织,是根据1994年4月15日124个乌拉圭回合参加方的政府和欧洲共同体的代表在摩洛哥马拉喀什(Marraksh)最后签署的乌拉圭回合多边贸易谈判的最终文本,即《建立世界贸易组织协议》而成立的永久性国际组织。

---

〔3〕 李娜:《欧盟竞争法实施的新扩张——适用国家援助制度来审查成员国的税收征管行为》,载《欧洲研究》2016年第1期。

世贸组织的前身是1947年订立的《关税及贸易总协定》(General Agreement on Tariffs and Trade, GATT)。与GATT相比,世贸组织管辖的范围除传统的货物贸易外,还包括知识产权、投资措施和服务贸易等领域,而且其在调解成员争端方面具有更高的权威性。

世贸组织作为多边贸易体制的代表,其核心是世贸组织的各项协定。通过这些协定,可以很大程度消除或降低关税和其他贸易障碍,推动建立一个完整的、更具活力和永久性的多边贸易体制。下面就世贸组织内具有竞争法规则的协定进行简要介绍。

一、《关税与贸易总协定》中的竞争法律制度

GATT是一个在国际经济领域中引导公平竞争、反对不正当竞争的纲领性文件。其内容涉及倾销与反倾销、补贴与反补贴、国营贸易企业及其限制以及与保护知识产权有关的反不正当竞争等。由于后文专门要对倾销、补贴与知识产权保护作出介绍,故此处只介绍《关税与贸易总协定》第17条对国营贸易企业(State Trading Enterprises)的规定。

《1994年关税与贸易总协定关于解释第17条的谅解》(以下简称《谅解协定》)第1条对国营贸易企业作了解释。所谓国营贸易企业,是指被授予了包括法定的和宪法规定的权利在内的专营权或特殊权利的企业,这样的企业可以是政府拥有所有权的贸易企业,也可以是非政府企业的私营贸易企业,但必须是由政府实施直接控制并赋予其在对外贸易中的专营权或特权。国营贸易企业还应包括营销企业。GATT对国营贸易企业的规制主要是要求其遵循非歧视原则和透明度原则。所谓非歧视原则,是指只以商业上的考虑进行购买或销售,包括价格、质量、货源情况、可推销性、运输及其他购销条件;给予其他成员的企业适当机会参与购销竞争。关于透明度原则,GATT以及《谅解协定》都作了规定,要求成员向货物贸易理事会通知从事国营贸易的企业,以及这些企业进口或出口的产品和其他信息,以便对国营贸易企业经营贸易的方式能有清楚的了解。《谅解协定》还规定由货物贸易理事会下的一个工作组对所有的通知进行审议。该工作组成立的目的是希望最终准备一份关于不同成员的国营贸易企业和它们进出口产品以及与政府的关系的概况文件,使成员能对这些国营贸易企业进行更深层次的监督,以确保它们在实践中从商业出发进行交易。

二、《与贸易有关的知识产权协定》中的竞争法律制度

《与贸易有关的知识产权协定》(Agreement on Trade-Related Aspects of Intellectual Property Rights, TRIPs),是世贸组织代替GATT之前,由GATT成员在1994年乌拉圭回合谈判结束前所达成的协议。其中有关竞争的规定主要有以下内容。

(一)禁止滥用知识产权的规定

一是原则性规定。TRIPs除了在第一部分"总则和基本原则"中规定国民待遇原则和最惠国待遇原则之外,在第8条第2款中还有原则性规定:"只要与本协定的规定相一致,可能需要采取适当措施以防止知识产权权利持有人滥用知识产权、采取不合理地限制贸易或对国际技术转让造成不利影响的做法。"这说明了TRIPs将公共利益放在重要地位,在保护知识产权的同时也防止其被滥用,妨碍公平竞争。

二是专利权的强制许可规定。TRIPs第30条明确规定了专利权的限制:"各成员可对专利授予的专有权规定有限的例外,只要此类例外不会对专利的正常利用发生无理抵触,也不会无理损害专利所有权人的合法权益,同时考虑第三方的合法权益。"这实际上赋予了成员方在一

定情况下对专利专有权应进行适当限制的权利。该协定在第 31 条中还进一步规定了对专利的强制许可使用:如果专利持有人无正当理由拒绝实施专利,那么其他人可以“不经权利持有人的许可而使用,包括政府或经政府授权的第三方使用”,但这种强制许可使用必须符合第 31 条所规定的 12 项条件。同时,为应对公共健康危机,世贸组织总理事会于 2015 年 12 月 6 日通过了《修改〈与贸易有关的知识产权协定〉议定书》,规定符合有关条件的情况下,世贸组织成员可以授予其国内企业生产并出口特定专利药品的强制许可,不受 TRIPs 关于强制许可使用应主要为供应国内市场规定的限制。

三是对专利许可合同中限制竞争行为的控制。TRIPs 第 40 条是规制知识产权滥用的最重要的条款,其目的是防止知识产权人在缔结专利许可合同的谈判中滥用自己的专有权。该条第 1 款和第 2 款是控制知识产权许可合同中限制竞争行为的实体规范。该条第 1 款规定:“各成员同意,一些限制竞争的有关知识产权的许可活动或条件可对贸易产生不利影响,并会妨碍技术的转让和传播。”第 2 款规定:“本协定的任何规定均不得阻止各成员在其立法中明确规定在特定情况下可构成对知识产权的滥用并对相关市场中的竞争产生不利影响的许可活动或条件。如以上所规定的任何一个成员在与本协定其他规定相一致的条件下,可按照该成员的有关法律法规,采取适当措施以防止或控制此类活动,包括诸如排他性返授条件、阻止对许可效力提出质疑的条件和强制性一揽子许可等。”该条并未将属于第 8 条一般原则之下的所有行为都纳入其中,发生在专利许可合同之外的限制性行为或者影响技术转让的行为,如研究开发合同、合作协议或者联营协议等中的知识产权条款,以及具有市场力量的单方行为,都不属于第 40 条规制之列。该条第 3 款和第 4 款是程序性的磋商规范。第 3 款规定:“应请求,每一成员应与任一其他成员进行磋商,只要该成员有理由认为被请求进行磋商成员的国民或居民的知识产权所有权人正在采取的做法违反请求进行磋商成员关于本节主题的法律法规,并希望在不妨害根据法律采取任何行动及不损害两成员中任一成员做出最终决定的充分自由的情况下,使该立法得到遵守。被请求的成员应对与提出请求成员的磋商给予充分和积极的考虑,并提供充分的机会,在受国内法约束和就提出请求的成员保障其机密性达成相互满意的协议的前提下,通过提供与所涉事项有关的、可公开获得的非机密信息和该成员可获得的其他信息进行合作。”第 4 款规定:“如一成员的国民或居民在另一成员领土内因被指控违反该另一成员有关本节主题的法律法规而被起诉,则该另一成员应按与第 3 款预想的条件相同的条件给予该成员磋商的机会。”

(二)禁止侵犯他人知识产权的不正当竞争行为的规定

一是侵犯他人注册商标的行为。TRIPs 第 16 条规定:“注册商标的所有权人享有专有权,以阻止所有第三方未经该所有权人同意在贸易过程中对与已注册商标的货物、服务的相同或类似货物、服务使用相同或类似标记,如此类使用会导致混淆的可能性。在对相同货物或服务使用相同标记的情况下,应推定存在混淆的可能性。上述权利不得损害任何现有的优先权,也不得影响各成员以使用为基础提供权利的可能性。”

二是对地理标志的保护。地理标志指识别某一货物来源于一成员领土或该领土内某一地区或地方的标识,该货物的特定质量、声誉或其他特性主要归因于其地理来源。TRIPs 第 22 条规定各成员国应为利益各方提供法律保护以防止下列不正当竞争行为:(1)在商品的标示或说明中,指明或暗示该商品原产于一个非实际原产地的地域,从而导致公众对该商品原产地产生误解的任何形式的商标使用;(2)《巴黎公约》(1967 年)第 10 条之二规定的构成不正当竞争行为的任何使用行为。例如,一商标包含的或构成该商标的地理标志中所标明的领土并非货物的来源地,且如果在该成员国此类货物的商标中使用该标识会使公众对其真实原产地产生误解,则该成员国在其立法允许的情况下可依职权或在利害关系方请求下,拒绝该商标注册或宣布注册无效。

三是对未公开信息的保护。TRIPs 第 39 条规定:"在保证按照《巴黎公约》1967 年文本第 10 条之二的规定为反不正当竞争提供有效保护的过程中,成员方应依照本条第 2 款,保护未披露过的信息(即未公开的信息);应依照本条第 3 款,保护向政府或政府的代理机构提交的数据。"该协定还对构成"未公开信息"的条件作了规定。

(三)具体保护措施

TRIPs 规定缔约方应采取民事、行政和刑事方面的措施以及边境措施和临时措施来具体实施它们对知识产权所提供的保护,以防止发生侵犯知识产权的不正当竞争行为和滥用知识产权的垄断行为。《知识产权协定》还规定,缔约方对于具有商业规模的故意仿冒商标和侵犯版权等案件,应追究其刑事责任。

TRIPs 的上述规定为目前国际上规制知识产权领域的不正当竞争行为和垄断行为提供了重要的法律依据。

三、《服务贸易总协定》中的竞争法律制度

在《服务贸易总协定》(GATS)中,也有限制在服务贸易领域内实施反竞争行为的规定,这些行为包括垄断和限制性商业惯例、补贴、政府采购等。

(一)GATS 有关竞争的原则性规定

GATS 第 2 条和第 3 条规定了约束所有成员方服务贸易的最惠国待遇规则和透明度规则。这两条规定的基本精神是:任何成员方引入、修改或实施影响服务贸易的竞争政策,无论其形式为法律、法规、一般适用的司法或行政措施,都必须履行这两条中规定的最惠国待遇和透明度义务。值得注意的是,GATS 中的最惠国待遇还规定了一些豁免性或例外性的规定,凡是成员国列出的"免除最惠国义务清单"的措施,都属于"合法的例外",不属于违反公平竞争的歧视性规定。

(二)对垄断和专营服务提供者的规定

GATS 第 8 条对垄断和专营服务作了专门规定。该条要求成员方应确保任何垄断或专营服务的提供者在相关市场上提供垄断或专营服务时遵守最惠国待遇义务,并不得采用与该成员方特别承诺不一致的行动,也不得以与该特别承诺不一致的方式在其他非垄断或专营市场上滥用垄断或专营地位。如果其他成员方有理由相信任何垄断或专营服务的提供者采用了与该成员方上述承诺义务不相符的行动时,可以通过 WTO 的服务贸易理事会要求该成员方提供这些垄断或专营服务提供者的有关营运的具体资料。

(三)对限制性商业惯例的规定

限制性商业惯例是指由服务提供者通过某些习惯做法而形成的限制新来的或外来的服务提供者参与竞争的行为。GATS 第 9 条并无对限制性商业惯例进行强制取消或限制的规定,而是要求各成员认识到:"除属第 8 条范围内的商业惯例外,服务提供者的某些商业惯例会抑制竞争,从而限制服务贸易。"该条还规定了成员为消除此类行为应承担的义务和相应的程序措

施:“在任何其他成员请求下,每一成员应就消除限制性商业惯例问题进行充分磋商。被请求的成员对此类请求应给予充分和积极的考虑,并应通过提供与所涉事项有关的、可公开获得的非机密信息进行合作。在遵守其国内法律并在就提出请求的成员保障其机密性达成令人满意的协议的前提下,被请求的成员还应向提出请求的成员提供其他可获得的信息。”

(四)对政府采购和补贴的规定

GATS 第 13 条规定:“本协定规定的最惠国待遇、国民待遇和市场准入条款不适用于涉及政府采购的法律、规章和要求,但这种政府采购只能是为了政府目的,用于商业转卖或服务供应中的商业销售的政府采购不在其内。”

(五)对市场准入壁垒的规定

GATS 第 16 条是关于市场准入条款,它列举了任何成员不得在其境内或某一地区维持或采取的 6 项措施:限制服务提供者的数量;限制服务交易或资产的总价值;限制经营活动的总量或服务总产出量;限制特定服务部门提供者雇佣自然人的总数量;限制服务提供者通过特定形式的法人实体或合资企业提供服务;限制外资的最高股权或投资总额。市场准入是服务贸易自由化的具体表现,它意味着本国市场对外国服务业的开放是基于公平、公开和非歧视性原则。

四、WTO 的反倾销法律制度

WTO 的反倾销法律制度以 GATT 第 6 条为核心,以《反倾销协定》为主体共同构成。GATT 第 6 条原则性地赋予了各成员国采取反倾销措施的权力,而《反倾销协定》则细化了 GATT 第 6 条的规定。

(一)倾销的界定

倾销的确定是实施反倾销措施的前提条件。《反倾销协定》第 2 条对倾销作了明确界定:“如果从一国向另一国出口的产品其出口价格低于在正常贸易过程中出口国用于本国消费的相同产品的可比价格,则该产品便被认为是在被倾销,即被以低于其正常价值的价格输入到另一国的商业中去。”认定倾销除了要求进口商品的出口价格低于正常价值外,还要求对进口国同类产品的产业有实质性损害,或存在此种威胁,或对某一产业的新建有实质性阻碍,并且低价销售行为与进口国产业损害之间有因果关系。这三个条件缺一不可。值得注意的是,在确定是否构成倾销时,并不一定要求处于倾销调查的进口产品是造成进口国产业损害的主要原因,如果进口产品只是造成损害的众多原因之一,也构成倾销。

(二)反倾销的程序性规定

第一,反倾销调查的发起。根据《反倾销协定》的规定,在一般情况下,反倾销调查应在有关主管机构收到由进口国的国内产业或代表国内产业的机构提出的书面申请后发起。申请调查,需要有证据证明存在低于正常价值销售的行为、给国内产业造成的损害以及低价销售行为与损害结果之间的因果关系。在特殊情况下,没有国内产业或其代表的申请,有关主管机关在掌握足够多证据的情况下,也可以自己发起反倾销调查。

第二,调查。调查是有关主管机构在一定期限内就涉案产品在进口国是否存在倾销行为以及倾销幅度,进口国生产同类产品的产业是否存在实质损害,倾销行为和进口国产业损害的因果关系等情况进行调查。调查既可以采取问卷调查形式,也可以采取实地调查形式。调查中要求当事方提供的证据必须是书面的。

第三,初步裁决。在适当调查的基础上,有关当局对是否构成倾销可作出肯定或否定的初步裁决。

第四,价格承诺。反倾销调查开始后,主管当局在收到出口商修改其商品价格或停止向该地区以倾销价格出口其商品的自动承诺后,如果认为倾销的损害结果因此将可以消除,则可中止或终止调查;但主管当局如认为其价格承诺是不现实的,也可拒绝其价格承诺。此外,有关当局也可主动提出价格承诺的建议,由出口商决定是否接受。作出了价格承诺的出口商,应定期地向有关当局提供有关价格承诺执行情况的材料,并允许对有关数据进行核实。

第五,临时措施。在初步裁决确认存在倾销和损害的事实后,进口国为了防止该国产业进一步受到损害,可以采取征收临时反倾销税、现金保证金或保函等临时性措施。

第六,行政复审。行政复审指进口国征收反倾销税一段时间后,反倾销调查主管机关应有关当事人的请求,或主动审查反倾销税和价格承诺是否有必要延续,以确定是否继续或终止反倾销税的征收和价格承诺的履行。行政复审包括为新出口商开辟的复审、期中复审、期终复审等。

第七,司法审查。司法审查是指出口方对进口方调查机关作出的最终裁定以及行政复审作出的行政行为不服,要求独立的司法、仲裁或行政裁判庭进行审查的司法救济措施。司法审查的目的是保障各方当事人的利益,给予被裁定征收反倾销税的出口方再次申诉的机会,充分保障其利益;同时,在一定程度上防止行政机关对反倾销调查与裁决权力的滥用。

(三)反倾销措施

在认定低价销售行为构成倾销的基础上,对倾销行为最常用的救济措施就是征收反倾销税。所谓反倾销税,是进口国在正常海关税费之外,对倾销产品征收的附加税。反倾销税既可按进口产品价格的一个百分比从价征收,也可以按该产品的正常价值与倾销的进口价格之间差额征收。根据《反倾销协定》的规定,在全部征税条件都已具备的情况下是否要征收反倾销税,以及反倾销税是按倾销差额的全部还是低于倾销差额来征收,要由进口成员方当局作出决定。可取的做法是,所有成员方境内均应允许征收反倾销税。如果征收低于倾销差额的税额就足以消除对国内产业造成的损害,则税额最好是低于全部倾销差额。

当对某种产品征收反倾销税时,应遵守无差别对待原则,即应按照对来自所有地方被判定引起损害的此种产品的进口一视同仁的原则以对每一个案适当的数量来征收。但来自按本协定条件作出的价格承诺已被接受的那些进口渠道进口的产品除外。当局原则上应列举有关产品供应者或供应国的名称。

反倾销税的起征时间一般是自有关当局作出最终肯定性裁决生效之日起,原则上反倾销税只在抵消倾销造成损害的限度内有效,自征收之日起或自征收之后最新一次复查之日起一般不超过5年应当结束。

讨论 WTO反倾销规则是否应该废除?

因现有WTO反倾销规则的不明确和不完善,一些成员国为了保护国内产业,转移就业压力和经济增长压力,开始频繁发起反倾销调查,导致了反倾销措施的滥用。针对此种情形,有学者认为WTO反倾销规则本身不具有经济性,因此针对反倾销规则,存在“废除说”“取代说”

“改进说”三种主张。相比而言，“改进说”更具有合理性。因为反倾销规则尽管存在一些问题，但是，其对于防止一些国家的优势企业为了限制其他国家相关产业的发展而实施的低价倾销行为起到了较大的积极作用。因此，不应该废除 WTO 的反倾销规则，而只能是改进。

五、WTO 的反补贴法律制度

WTO 的反补贴的依据主要是 GATT 中的一些原则性规定和《补贴与反补贴措施协定》的具体规定，主要内容如下：

（一）补贴的定义

根据《补贴与反补贴协定》的规定，补贴是指某一成员政府或任何公共机构向某一企业或某一产业提供财政支持，结果直接或间接增加从其领土输出某种产品或减少向其领土内输入某种产品，或者因此对其他成员利益造成损害的政府性行为或措施。由于补贴产品得到了政府的财政支持，具有价格优势，因此增强了补贴产品的市场竞争力，破坏了经营同种商品的企业之间的公平竞争。

（二）补贴的方式

根据《补贴与反补贴协定》第 1 条的规定，补贴的方式主要包括：涉及资金直接转移的政府行为（如赠与、贷款、投股）；资金或债务潜在的转移（如贷款担保）；政府本应征收收入的豁免或未予征收（如税额减免之类的财政鼓励）；政府不是提供一般基础设施而是提供商品或服务，或收购产品；政府通过向基金机构支付或向私人机构担保或指示后者行使上述所列举的一种或多种通常应由政府执行的功能。

（三）补贴的分类

《补贴与反补贴协定》将补贴分为三种基本类型：

一是禁止性补贴。又称为红箱补贴，包括：（1）出口补贴。指法律上或者事实上以出口实绩为唯一或为其一条件而给予的补贴。（2）进口替代补贴。又称当地成分补贴，指以使用国产货物替代进口货物为唯一或为其一条件而给予的补贴。由于禁止性补贴违背了世界贸易组织的公平竞争的基本原则，因此这类补贴被严格禁止，但农产品协定的规定除外。

二是可诉性补贴。又称为黄箱补贴，指在一定范围内允许实施的，但如果在实施过程中对其他成员方的经济贸易利益产生了不利影响，则该利益受损方可以向使用这类补贴措施的成员方提出反对意见或提起申诉的一类补贴。

三是不可诉的补贴。又称为绿箱补贴，指不会招致其他成员方提出反补贴申诉或采取反补贴措施的补贴行为。这类补贴包括：（1）不具有专向性的补贴，如为保障粮食安全储备而提供的补贴，自然灾害救济补助，农业生产者退休或转产补助等。（2）有专项性特征，但又符合《补贴与反补贴协定》规定条件的补贴，比如政府对科研、落后地区以及环保的补贴。

（四）反补贴的程序性规定

有关反补贴的程序，类似于反倾销的程序，分为申请、请求磋商、调查、采取反补贴措施、行政复审和司法审议等几个阶段。与反倾销不同的是，在调查之前，反补贴程序要求发起方必须邀请可能被调查的成员进行磋商，寻求达成双方满意的解决方法，而反倾销则无磋商要求。此外，反补贴还要求发起方及时发布调查公告并进行信息披露。

（五）反补贴措施

对补贴行为最常用的救济措施是征收反补贴税。所谓反补贴税，是指进口国在正常海关税费之外,对接受补贴产品征收的附加税。征收反补贴税使接受补贴的产品售价提高,原来因补贴而获得的竞争优势被削弱,因此征收反补贴税是规制补贴的最有效措施。征收反补贴税的前提是一成员最终认定存在补贴,并查明补贴数额,同时认定补贴造成的损害。征收反补贴税应遵守下列规定:(1)拟征收的反补贴税的税额不能高于足以抵消对国内产业所造成的损害的程度;(2)征收反补贴税应遵守无歧视原则;(3)对任何进口产品所征收的反补贴税不得超过认定存在的补贴金额,该金额以补贴出口产品的单位补贴进行计算。另外,决定征收反补贴税时,应考虑国内其他利益集团的意见,如进口商品的消费者和工业用户的意见。

此外,如果出口成员政府同意取消或限制补贴,或采取其他减少补贴的措施;或者出口商同意修正价格,并使进口国满意地认为补贴所造成的损害业已消除,那么进口国可以不征收反补贴税。

六、WTO的其他竞争法律制度

在《与贸易有关的投资措施协定》(Agreemant on Trade-Related Investment Measures, TRIMs)、《技术性贸易壁垒协定》、《保障措施协定》等协定中,也有与竞争法律制度相关的内容。

所谓与贸易有关的投资措施,是指投资地主国对于投资者设有若干投资要件或限制,而此等要件或限制的实施对于相关贸易产生若干程度的影响。甚至在一些时候,这些投资要件或限制可能对公平自由的竞争秩序造成影响,因此 TRIMs 在序言中规定“确保自由竞争”是本协定的重要目标,同时该协定还在附录中列举了五种反竞争的要求或限制:自制率要求、贸易平衡要求、出口要求、进口限制和外汇限制。这五种措施都在一定程度上涉嫌限制竞争协议,因此 TRIMs 专门对这五种措施予以规制。不仅如此,TRIMs 还考虑到其他与贸易有关的投资措施(比如制造要求、内地销售要求等)也可能限制竞争,因此在第 9 条中专门规定,“在不迟于《WTO 协定》生效之日后 5 年,货物贸易理事会应审议本协定的运用情况,并酌情建议部长级会议修正本协定的文本。在审议过程中,货物贸易理事会应该考虑本协定是否补充有关投资政策和竞争政策的规定”,争取在补充的竞争政策中把其他可能限制竞争的措施加进去。

此外,《技术性贸易壁垒协定》对技术性贸易中的歧视性行为进行了规定。《技术性贸易壁垒协定》第 8 条第 1 款规定:“成员方不得采取措施直接或间接鼓励评定机构对外国产品实行歧视行为。”

第四节　联合国竞争法律制度

联合国作为目前世界上最大的国际组织,一直非常重视国际竞争立法。在其出台的较多法律文件中,均涉及竞争法治问题。下文将介绍《禁止限制性商业惯例的多边协议的公平原则和规则》(United Nations Multilaterally Equitable Principles and Rules for the Control of Restrictive Business Practices)和《竞争法范本》(Model Law on Competition)这两个法律文件中的竞争法律制度。

一、《禁止限制性商业惯例的多边协议的公平原则和规则》中的竞争法律制度

第二次世界大战后，虽然各国（主要是西方国家）普遍制定了反垄断法，并且在许多双边或多边国际条约中，都有关于竞争方面的条款。但在国际经济交往中，这些反垄断法依然不能适应需要，甚至作用相反。鉴于此，联合国多次举行会议，就限制性商业惯例问题进行研究。经过多年努力，联合国终于在 1980 年 12 月 5 日的联合国大会第35 届会议上批准了《禁止限制性商业惯例的多边协议的公平原则和规则》（以下简称《原则和规则》）。《原则和规则》除前言外，共分 7 节，其主要内容如下：

（一）《原则和规则》的有关定义和适用范围

《原则和规则》对限制性商业惯例行为、企业和市场力量的支配地位三个概念进行了界定。

首先，限制性商业惯例行为。该行为包括两类：（1）企业通过滥用或谋取市场力量的支配地位，限制进入市场或以其他方式不适当地限制竞争，对国际贸易特别是对发展中国家的国际贸易及其经济发展造成或可能造成不利影响的行为；（2）企业之间通过正式或非正式、书面或非书面的协议或安排，对国际贸易特别是对发展中国家的国际贸易及其经济发展造成或可能造成不利影响的行为。

其次，企业。即从事商业活动，无论以何种方式创办、控制或拥有，无论私营或国有的商号、合伙、公司、其他社团、自然人或法人，或它们的任何结合，包括它们的分支机构、子公司、附属公司或直接、间接受它们控制的其他实体。

最后，市场支配地位。其是指一个企业本身或与其他几个企业一起，有能力控制某一货物或服务，或几类货物或服务的能力。

《原则和规则》的适用范围包括对一切企业（包括跨国公司）所实施的限制性商业惯例——只要该惯例会对国际贸易特别是对发展中国家的国际贸易及其经济发展产生不利影响，除非该限制性商业惯例是政府间协定直接造成的。

（二）《原则和规则》中的公平原则

按照《原则和规则》的规定，各成员国应该采取适当措施以消除或者有效处理限制竞争行为。政府间应该改进合作方式，以促使资讯在政府间的交换及散布，并促使各国就控制限制性商业惯例的政策问题，建立双边和多边的协作和磋商。为了保证本套《原则和规则》公平合理地适用，各国（尤其是发达国家）在考虑控制贸易上的限制竞争行为时，应当适当考虑国内法的适用和接受程度，给予发展中国家优惠待遇或差别待遇。

（三）企业应遵守的原则和规则

《原则和规则》第 4 节用 4 个条文专门规定了企业应遵守的原则和规则。其中第 1 条规定企业应遵守行为地的竞争法；第 2 条规定企业应与受限制性商业惯例影响的国家的主管当局进行磋商和合作；第 3 条用概括加列举的方法比较详细地规定了企业应该避免从事限制竞争协议行为。按照第 3 条的规定，要构成限制竞争协议行为需要具备三个要件：（1）必须有协议或安排存在，至于这种协议或安排是正式或非正式、是书面或非书面的并不重要。（2）该协议或安排在后果上限制了进入市场或过分限制竞争，并对国际贸易及其经济发展具有或可能具有不利影响。（3）参与限制竞争协议的企业不属于关联企业。同时第 3 条还列举了几种典型的限制竞争协议行为：协议共同定价、串通投标、安排分配市场或顾客、定额分配销售量和生产量、采取集体行动执行安排、联合拒绝向可能的进口者供应货物和集体拒绝他人参加对竞争关系有重大影响的安排或协会。第4条规定企业应该避免从事下列滥用市场支配地位行为:对竞争者的掠夺性行为,如使用低于成本的价格消灭竞争者;在供应或购买货物或服务时不合理地区别对待;通过合并、接管、合资经营或其他横向、纵向或联合企业性的控制权的获取等措施,获取市场支配地位;限定出口货物在进口国的转售价格;为维持人为的高价,而限制在国外合法标有商标的货物的进口,如其商标与进口国中受保护的相同或类似货物的商标相同或类似,且为同一来源,即属于同一所有人或供关联企业使用;并非为了正当的商业目的,拒绝按该企业惯用的商业条件进行交易或者附加提供货物或服务的条件。

(四)成员国应遵守的原则和规则

《原则和规则》第5节列举了9条成员国在控制国际贸易领域的限制竞争行为时应采取的措施和遵守的原则。该节鼓励各国为控制限制性商业惯例而立法或者采取其他救济和防止措施;规定一国的立法宜确保对所有企业,依照既定法律程序,一律给予公平合理的待遇;建议各国采取措施,以便企业获取资讯,并在适用法律和政策上予以协助,如果某国所获取的资讯属于企业的商业秘密,则国家应该对获取的商业秘密予以保密;提议对于控制限制竞争行为有经验的国家应该将其经验分享给欲改进其控制限制竞争行为体制的国家;该节还要求各国对于他国请求提供资讯以有效控制限制竞争行为者,应该提供相关资讯。

(五)国际措施

《原则和规则》就如何消除或有效应对限制性商业行为,规定了如下国际措施:进行协调工作,以求各国对限制性商业惯例的政策符合《原则和规则》的规定;每年将各国和各区域集团为履行其对《原则和规则》的承诺而采取的步骤,以及所通过、拟订和施行的有关限制性商业惯例的法规、条例和政策,通知联合国贸易与发展会议(以下简称贸发会议)秘书长;贸发会议应根据相关资料,每年发表一份报告,汇报关于限制性商业惯例的法规的发展情况,以及关于对国际贸易特别是对发展中国家的贸易和发展造成不利影响的限制性商业惯例的情况;贸发会议应设法拟订一份或多份关于限制性商业惯例的法律范本,以便协助发展中国家制定适当法规。各国应向贸发会议提供这方面的必要资料和经验;由贸发会议或由联合国系统其他有关组织协同贸发会议,执行和促进有关限制性商业惯例的技术援助、咨询服务和训练计划,尤其以发展中国家为对象;应要求国际组织通过适当的渠道和方式,对上文所列的活动提供资源。

二、《竞争法范本》中的竞争法律制度

2002年,联合国贸发会议在《原则和规则》的基础上,根据国际竞争发展的需要和各国的建议制定了《竞争法范本》,并于2007年至2018年结合国际竞争行为的发展形势对其具体章节进行了持续性地修订,从而为协调和统一各国竞争法提供了可资借鉴的法律文件。《竞争法范本》分两个部分。第一部分是正文,共13条;第二部分是对条款的说明和解释。本书仅对正文的主要内容加以介绍。

(一)《竞争法范本》的宗旨

本范本的宗旨是管制或消除企业之间进行的限制进入市场或以其他方式不适当地抑制竞争而对国内和国际贸易或经济发展造成不利影响的限制性协议或安排、并购以及滥用市场支配地位的行为。

(二)《竞争法范本》的有关定义和适用范围

一是有关定义。(1)"企业":《竞争法范本》中的企业范围较广,包括私人或者国家设立或

者控制的从事商事活动的商号、合伙、社团、公司、协会和其他法人,还包括它们的分支机构、附属企业、关联企业或直接、间接受它们控制的其他实体。(2)“市场支配地位”:指一种市场结构状态,即一个企业单独或与少数其他企业联合一起处于控制某一种或某一类商品或服务的状态。(3)“并购”:是指两个或者两个以上企业之间,通过法律行动,在法律上统一本来是分别控制的资产的所有权,包括买进、集中型合资以及其他诸如互兼董事职位等获取控制权的情形。(4)“相关市场”:是指买卖双方借以交换商品所处的一般条件,意味着对竞争有可能受到限制的商品的卖方、买方的范围的界定。相关市场要求确定产品领域和地理领域的界限,在该领域内,一系列特定的产品、买方和卖方互相影响并决定价格和产量。相关市场应当包括一旦限制或滥用行为导致价格大幅上升,消费者短期内便可转而求购的所有合理替代性产品或服务,以及所有的邻近竞争者。

二是适用范围。该范本除了适用于上述定义所指企业在商品、服务或知识产权方面的所有商事协议、行动或交易,还适用于以企业所有者、经理或雇员等私人身份批准、从事或协助执行法律禁止的限制性商业做法的所有自然人。竞争法不适用于国家或地方政府的主权行为。企业或自然人所实施的行为若受制于国家、地方政府或者在授权范围内行使职权的政府机构的迫使或者监督,亦不再适用该范本。

(三)关于限制性协议的规定

一方面,禁止相互竞争的或有潜在竞争的企业间订立下列协议,无论该协议是书面的还是口头的、是正式的还是非正式的:(1)限定价格或其他销售条件的协议,包括国际贸易中的这类协议;(2)串通投标;(3)划定市场或客户;(4)限定产量或销售量,包括以配额方式所作的限定;(5)联合一致拒绝购买;(6)联合一致拒绝供应;(7)集体拒绝他人参加促进竞争的安排或联合。

另一方面,限制性协议的批准或豁免。限制性协议原则上是被禁止的,但如事先妥为申报,且由受有效竞争支配的企业所为,经竞争主管官员认定协议在整体上将会产生净公共利益时,可予以批准或豁免。

(四)关于滥用市场支配地位行为的规定

一是滥用市场支配地位行为的构成。其构成须具备以下两个条件:(1)一个企业单独或连同少数其他企业若能在某一种或某一类商品或服务的相关市场具有支配地位;(2)占支配地位的企业行动或行为限制了相关市场的进入,或不适当地限制了竞争,因而对贸易或经济发展造成或可能造成不利影响。

二是滥用市场支配地位行为的种类。具体包括:(1)对竞争者实施掠夺性行为,如以低于成本的定价来消灭竞争者。(2)在提供或者购买商品或服务时采用歧视性定价、条款或条件,包括使用在关联企业交易中采用的定价政策,与关联企业以外的类似的或可比较的交易价格相比,这一定价政策对购买或提供的商品或服务定价过低或过高。(3)限定已售出商品的转售价格,包括进出口商品的转售价格。(4)为了维持人为高价,对于在国外已经合法地标注了商标的商品,若该商标与进口国所保护的使用于相同或类似商品上的商标相同或类似,并且该商标源自同一主体或关联企业。(5)非为确保实现诸如质量、安全、充分经销或服务等正当商业目的而实施以下行为:部分或者全部拒绝以企业惯用的商业条件进行交易;以接受限制有竞争关系的商品或其他商品的经销或生产为条件,提供某些特定商品或服务;限定所供应商品或其他商品转售或出口的地点、对象、形式或数量;以向供货商或其指定的人处购买其他商品或服务为条件,供应某些特定的商品或服务。

三是滥用市场支配地位行为的批准或豁免。凡未被范本绝对禁止的行动、惯例或交易,在实施前如果依照该法规定如实向竞争主管机构申报所有相关事实,受影响各方也有机会陈述意见,由此认定所议行为如经必要的修改或调整后符合竞争法目标的,可予以批准或豁免。

(五)关于限制性协议或利用市场支配地位行为的申报、审查的规定

关于企业的申报。对于限制性协议或者利用市场支配地位的行为,只要不是绝对禁止的行为,均有获得批准的可能。企业应当向竞争主管机构申报,并提供所要求的全部细节。向主管机关提出的申报可以由所有的当事人提出,或者由一个或几个当事人代表其他人提出,或者由获得适当授权的代表有关当事人利益的任何人提出。企业或个人作为一方与若干不同当事人之间订立条款相同的限制性协议,若能提供所有当事人或有意订立协议当事人的详细情况,则只须申报其中的一项协议。如果根据法律申报的任何协议、安排或状况的条款或当事人发生变化,或者已经终止(不是因为时间届满),或者已经被放弃,或者情势已经发生实质变化,在事件发生的法定时间内,应立即通知主管机构。对于法律生效之日前已经存在的限制性协议或利用市场支配地位行为,允许企业在规定时间内申请批准。所申报的协议在批准之日或在规定的批准期届满之日起生效,或从申报之日起暂时生效。未申报的协议,若事后被发现并被认定为违法的,将受严厉处罚,而不仅仅是被修改。

关于主管机构的行动。无论限制性协议或利用市场支配地位是否被批准或者须在达到一定条件或者完成某些行为后才予以批准,主管机关均应在收到全部申报详细资料之日起的规定时间内作出相应决定。主管机构在规定时间内对已作出的批准进行定期审查,以决定是否延期、中止或在达到某些条件和履行某些义务的前提下得以延期。有下列情形之一的,主管机构可以撤销以前作出的批准:(1)给予批准的正当事由已不复存在;(2)企业没有达到在批准时附加规定的条件或履行附加规定的义务;(3)申请批准时提供的信息是虚假的或引人误解的。

(六)关于造成市场集中的合并的申报、禁止和调查的规定

首先,申报。在下述情况下,无论是横向的、纵向的或者混合的合并、收购、合资经营以及其他方式取得控制权的,包括互兼董事职位的情形,都应提出申报:(1)其中至少有一家企业设在本国;(2)对于任何产品或服务的国内市场,集中之后所导致的市场份额或相当大的一部分市场份额有可能形成市场支配力,尤其在市场集中程度高、存在市场进入壁垒和其行为正受到审查的企业供应的产品缺乏替代品的行业。

其次,禁止。在下述情况下,无论是横向的、纵向的或者混合的合并、收购、合资经营以及其他方式取得控制权的,应予以禁止:(1)拟议中的市场集中实质性地提高了施加市场支配力的能力(如能使一家企业或采取联合行动的一组企业在相当长的时期内有利可图地将价格维持在竞争水平之上);(2)对于任何产品或服务的国内市场,在企业集中后,导致一家企业在市场份额的占有上处于支配地位,或实质性地削弱了竞争。

最后,调查程序。对于可能有损竞争的企业集中,有关企业集中的法规均可作出对其进行调查的规定。具体而言,任何企业,有上述所列情形时,从收到受理申报的通知发出之日起在规定的等待期届满前不得实行合并,除非竞争主管机构根据竞争法规定,缩短所定期限或经所涉企业同意将该期限再予以延长。竞争主管机构有权要求当事方和受到影响的相关市场或商业行业内的有关企业提供文件和证据,当事方若迟延答复,将耽误更多时间。经由竞争主管机构或法庭全面审理后,若该交易被否定,只要收购或合并可能显著地降低辖区内某一行业或辖

区内相关市场的竞争，该收购和合并就会被阻止甚至被撤销。

（七）竞争主管机构与监管机构之间的关系

一方面，竞争主管机构在监管条例和监管改革方面的积极作用。由行政机构、地方自治机构或者获得政府授权的机构颁布的经济的和行政条例，特别是这类条例与基础设施产业运营部门相关时，在正式通过之前应当经由竞争主管机构进行公开的程序审查。若这一条例限制经济主体行为的独立和自由，或者对特定企业施加了歧视性条件，或者相反地为特定企业提供了特别有利的条件，或者导致了或者可能导致对竞争的限制，或者损害企业或国民的利益，则尤应对这类条例进行审查。特别是对于经济和行政条例中设置的阻碍竞争的监管壁垒，竞争主管机构应当从经济和公众利益角度进行评估。

另一方面，关于监管条例与监管壁垒。竞争法中的监管条例范围很广，此处监管条例是指政府对企业和公民作出硬性规定的各类文书。它既包括各级政府颁布的法律、正式和非正式命令、行政指导和规则，也包括政府赋予监管权力的非政府组织或专业自治机构颁布的各类规则。不同于市场准入面临的结构性和战略性壁垒，监管壁垒主要源于政府行政机构、地方自治机构、政府赋予权力的非政府组织或自治机构颁布的条例或其行为，包括对进入市场的行政壁垒、专营权、证明书、特许权或者其他开业许可证。此外，私营公司或政府公司进行的一些服务活动，无论其性质或其与市场的关系如何，均可被政府视为关系到公众利益。因此，关系到公众利益的服务的提供者负有特殊义务，例如应确保人人均以能够负担的价格享有各类高质量服务。这些义务属于社会和经济监管领域，应以透明的方式加以规定。

（八）主管机构及其职责与权力

各国应设立主管机构并确定其名称；确定主管机构的组成，包括主席和成员人数，任命的方式，包括负责任命的机构；确定被任命人员应具备的任职资格，规定主管机构主席和成员的任期，可否连任，以及空缺职位的填补方式；规定主管机构成员的罢免；规定主管机构成员在履行职责或执行职务时可享有的免予起诉或任何赔偿的权利以及必要工作人员的聘任。

主管机构的职责包括：进行询问和调查，包括在接到控告后进行询问和调查；作出必要的决定，包括实施制裁或向主管部长建议进行制裁；进行研究，公布报告，向公众提供信息；印发表格，置备申报登记表册；制定和颁布规章；协助拟订、修订或审查限制性商业惯例立法或与管制和竞争政策有关领域的立法；促进与其他国家的信息交流等。

此外，主管机构对于从企业获得的含有合法商业秘密的资料信息给予合理保护，以保护其机密性；对于向竞争主管机构提供信息并需保密者，保护其身份以防其遭受报复；防止泄露政府对于正在审议或未决事项的审议意见。

（九）关于法律责任的规定

主管机构酌情对下列情况实行制裁：违反竞争法的行为；未遵守竞争主管机构或有关司法机关的决定或命令；未在规定时限内提供所要求的信息资料或文件；在重大问题上，提供或者陈述企业明知或者有理由相信是虚假的或引人误解的信息或情况。

《竞争法范本》规定的制裁方法主要有：与违法行为的隐秘程度、严重程度和违法的明显程度相称，或与被控行为所获得的非法收益相关的罚款；监禁（只适用于自然人涉及公然和蓄意违反法律或执行令等重大违法案件）；临时命令或禁令；永久性或长期性命令，以责令停止和终止违法行为或以积极行为、公开披露有关情况或道歉等方式对违法行为进行救济；针对已完成的合并或收购的撤销，或针对某些合并、收购或限制性合同的废止；对受害的消费者给予赔偿，在受害人索赔诉讼中行政、司法调查结果、违法行为可作为证明赔偿责任的初步证据。

(十)关于司法程序的规定

有关企业除了可以请求主管机构根据已变化的情况审查其决定,还允许任何企业或个人就主管机构的整个决定或决定的任何部分,或者就任何实质性法律问题在规定时间内向有关司法机关提起诉讼。

因任何企业或个人违反法律规定的作为或不作为而蒙受损失或遭受损害的企业、个人或代表该个人的国家,均有权向有关司法当局提起诉讼,追索相应数额的损失或损害赔偿(包括费用和利息)。

本章小结

本章主要对《巴黎公约》、欧盟、世贸组织、联合国竞争法律制度进行简要介绍。《巴黎公约》作为最早具有促进竞争条款的国际公约,涉及的竞争问题主要限于工业产权领域中的反不正当竞争问题。欧盟竞争法经过多年发展,已经形成了一个健全的法律规范体系。在这个法律规范体系中,处于顶端的是基础性的竞争法律规范,它为派生性的竞争法律规范构造了法律基础。它包括各大共同体条约以及与其处于同一级别的法律规范中的竞争法律规范。属于基础性竞争法律规范的主要是《欧盟运行条约》。派生性竞争法律规范主要包括欧盟理事会制定的竞争规则和欧盟委员会制定的竞争法律规范、指令和决定等。欧盟委员会、成员国竞争执法机构、欧洲法院是实施欧盟竞争法的重要机构。世贸组织涉及竞争规制的法律制度主要反映在《关税与贸易总协定》、《与贸易有关的知识产权协定》(TRIPS)、《服务贸易总协定》(GATS)、《反倾销协定》、《补贴与反补贴措施协定》、《与贸易有关的投资措施协定》(TRIMS)、《技术性贸易壁垒协定》及《保障措施协定》等协定中。联合国的竞争法律制度主要存在于《禁止限制性商业惯例的多边协议的公平原则和规则》和《竞争法范本》这两个法律文件中。

思考题

1. 欧盟竞争法的基本框架是什么?
2. WTO 的反倾销与反补贴措施存在哪些异同?
3.《巴黎公约》主要规制哪些不正当竞争行为?

第二编 | 反不正当竞争法

第四章　反不正当竞争法概述

本章导引

早期的学者曾经撰文称，"不正当竞争行为就像海神，以其千变万化的外形，剥夺诚实商人的劳动成果"；又如"天空中变幻不定、鬼魅异常的云彩"。这既展示了不正当竞争行为手段和方式上的变化无穷、难以捉摸的表象，也在一定层面折射出近代反不正当竞争法主要依靠商业伦理原则的法律化、规则粗放、地位上"寄人篱下"的初创时期的基本面貌。历经一百多年的发展，反不正当竞争法作为竞争法的两大支柱之一，已经成为调整市场经济、规范竞争秩序的不可或缺的重要制度。本章将从反不正当竞争法的概念、特征与性质，不正当竞争行为的概念、类型和认定，反不正当竞争法的一般条款，反不正当竞争法与反垄断法的关系四个层面，揭示该项法律制度的基本内涵和主要结构。

第一节　反不正当竞争法的概念、特征与性质

一、反不正当竞争法的概念、产生和制定

反不正当竞争法是制止经营者采用欺骗、利诱以及其他违背诚实信用原则的手段从事市场交易的各种不正当竞争行为，以维护公平竞争的商业道德和交易秩序的法律规范的总称。它与制止垄断和限制竞争行为、保障自由竞争机制正常运行的反垄断法一起，共同组成现代竞争法。

通常认为，欧洲的英国、法国和德国是反不正当竞争法的开先河者。早在 1824 年，英国的司法判例就确认了被称为仿冒行为(passing-off)的侵权行为，由此对受到侵害的竞争者提供相应的救济。随后，英国的衡平法院逐步形成了一系列反仿冒的不正当竞争案例。19 世纪中期，法国法院开始适用《法国民法典》第 1382 条有关侵权行为的法律规范来处理市场中出现的商业欺诈行为。1896 年德国制定了世界上第一部专门的反不正当竞争法，[1]《保护工业产权巴黎公约》也于 1900 年修订时加入了反不正当竞争条款，随后的一百多年间，反不正当竞争法逐步在各国得到了广泛的发展。

各国和地区反不正当竞争法的传统、定位、内容和体例均存有差异，因此，人们不免从不同

---

〔1〕 德国反不正当竞争法领域的首次立法是 1894 年 5 月 12 日《商号保护法》。该法第 15 条保护产品的外观或者装潢不被模仿，第 16 条禁止使用虚假来源标志。但是这些立法仍然不能满足实践需求，最终促成了 1896 年《反不正当竞争法》的出台。参见孔祥俊：《论反不正当竞争法的竞争法取向》，载《法学评论》2017 年第 5 期。

维度去理解这一概念。从法律的形式渊源来看，它有形式意义和实质意义之分。所谓形式意义的反不正当竞争法，系指冠以"反不正当竞争法"名称的成文法律，如希腊 1913 年《反不正当竞争法》、奥地利 1923 年《联邦反不正当竞争法》、波兰 1926 年《制止不正当竞争法》和日本 1934 年《不正当竞争防止法》等。所谓实质意义的反不正当竞争法，系指具有反不正当竞争规则内容的法律、法规、规章和判例。这就不限于前述的冠以"反不正当竞争法"名称的法律规范了。尤其应当明确的是，除了颁行专门的反不正当竞争法如德国、日本、奥地利、希腊、波兰等国之外，还有不少国家和地区并未制定专门的反不正当竞争法，呈现出多种形态的规制模式。有的最初是在判例法基础上形成并在综合性的竞争法律体系中逐步规定反不正当竞争内容，如美国和英国；有的与反垄断法合并立法，如澳大利亚、我国台湾地区；有的是在民法典中以若干规定来规范不正当竞争行为，如法国。它们都属于世界反不正当竞争法"大家族"中的一员，因此，应当着眼于实质意义上的而非形式意义上的反不正当竞争法。

此外，从法律的规制范围来看，反不正当竞争法的概念有广义和狭义之分。此种划分与"不正当竞争行为"概念上的广狭之分紧密关联。[2] 狭义上的反不正当竞争法，是以狭义的不正当竞争行为即违背诚实商业习惯的竞争行为作为规范对象，世界上大多数国家的反不正当竞争立法即是如此。广义上的反不正当竞争法，以广义的不正当竞争行为概念为基础，规范对象覆盖了垄断行为、限制竞争行为和狭义上的不正当竞争行为，规制内容包括了反垄断法、反限制竞争法[3]和狭义的反不正当竞争法。匈牙利《反不正当竞争法》正是如此。简言之，广义的"反不正当竞争法"等同于竞争法。本书所指的反不正当竞争法，如果未加说明，均取其狭义。

我国《反不正当竞争法》于 1993 年 9 月由全国人大常委会通过，从当年 12 月开始实施。自那时起，我国逐步确立了以《反不正当竞争法》为核心，包括相关法律、行政法规、行政规章、地方性法规和司法解释等多种法律渊源的反不正当竞争法体系。在有关法律如《产品质量法》《消费者权益保护法》《食品安全法》《广告法》《价格法》《招标投标法》《政府采购法》中，也有一些反不正当竞争法的法律规范。国家工商行政管理总局为了推动实施《反不正当竞争法》，制定了一系列配套的行政规章，包括《关于禁止有奖销售活动不正当竞争行为的若干规定》（1993 年）、《关于禁止仿冒知名商品特有的名称、包装、装潢的不正当竞争行为的若干规定》（1995 年）、《关于禁止侵犯商业秘密行为的若干规定》（1995 年）、《关于禁止商业贿赂行为的暂行规定》（1996 年）和《关于禁止串通招标投标行为的暂行规定》（1998 年）等。这些行政规章对《反不正当竞争法》作了细化、补充和发展。另外，许多省、直辖市、自治区、经济特区以及享有立法权的较大的市先后颁布了地方性的反不正当竞争法规或者规章。最高人民法院于 2007 年 1 月 12 日发布了《关于审理不正当竞争民事案件应用法律若干问题的解释》（法释〔2007〕2 号）。

1993 年颁布的《反不正当竞争法》既非狭义上的反不正当竞争法，也非全面包含反不正当竞争和反垄断的统一竞争法，而是呈现为一种在当时反垄断法缺位的前提下、应对竞争领域中突出问题的"综合竞争立法"模式。该法所禁止的 11 种行为中只有 6 种属于公认的不正当竞争行为，其他 5 种则属于垄断或限制竞争行为。随着 2007 年我国《反垄断法》的颁布，《反不正当竞争法》的修订任务日益紧迫。自 2010 年以来，国家工商行政管理总局及其下属机构"反垄

---

〔2〕 参见本章第二节"不正当竞争行为的概念、类型和认定"。

〔3〕 现代竞争法已经不对反垄断法和反限制竞争法之间的界限作出严格的区分，两个概念可以替代使用。

断与反不正当竞争执法局”开始讨论和起草《反不正当竞争法》的修订。2015 年 12 月,国家工商行政管理总局向国务院报送了“修订草案送审稿”(以下简称“送审稿”)。随后,国务院公开“送审稿”,经过广泛征求意见和充分讨论,于 2016 年 11 月通过了《反不正当竞争法》修订草案,并提交全国人大常委会审议。全国人大常委会第三十次会议于 2017 年 11 月 4 日通过了《反不正当竞争法》的修订案。修订后的立法删除了涉及反垄断或限制竞争的条款,实现与《反垄断法》的衔接和协调。至此,从形式到内容,中国构建起实质意义上的分别立法的竞争法体系。

二、反不正当竞争法的特征

竞争现象古已有之,涉及市场交易和竞争领域的法律也具有十分久远的历史,但是反不正当竞争法却是近一百多年的事物。反不正当竞争法的演进和确立,与其特征和性质有着内在的关系。

1. 调整功能上的补充性

反不正当竞争法在一定程度上填补了民法、知识产权法等传统私法的规制侵权行为的不足,是侵权责任法的延伸,对传统私法起到拾遗补缺的功能。以知识产权法为例,它所保护的客体即创造性智力成果与工商业标记,[4] 以法定化为基础,[5] 主要局限在专利权、著作权、商标专用权,并不覆盖专有技术、商业秘密、集成电路布图设计、知名商品特有名称、包装、装潢、字号、域名、商誉等。当这些未纳入知识产权法定类型的智力成果和工商业标记成为不法侵害行为的目标时,法院得考察涉案的智力成果或无形资产是否属于作品、发明创造或者商标,即是否可将其纳入现有的知识产权法律体系之中。[6] 否则,只能寻求反不正当竞争法的保护。[7]

总体来说,反不正当竞争法的核心内容是诚实信用与商业伦理原则的法律化,因此,得以对其他专门法律尚未规制的不正当竞争行为展开“兜底性”的制裁,从而对诚实的经营者提供补充性的保护。相比于业已成型的展开深度调整的其他专门法而言,反不正当竞争法适用的领域比较广泛且富有灵活性,对与竞争相关的行为具有敏锐的回应性。

2. 调整对象上的行为法特征

反不正当竞争法是规制不正当竞争行为,并以此来维护市场竞争秩序和市场主体合法权益的法律。调整市场经济、影响市场交易和经营行为的法律很多,但是不同部门的法律直接调整的对象、规制的着力点、侧重点有所不同。产品质量法重在治理和规范产品质量,它是从客体的角度对相关法律关系进行调整的法律。消费者权益保护法是旨在保护为生活需要购买、

---

〔4〕 工商业标记的价值来源于其区别功能,指代其所标识的商品或者服务及工商业主体的商业信誉。

〔5〕 知识产权法定原则,意指只有明确属于知识产权客体、且符合其保护要件的客体,方能受到知识产权保护的原则。

〔6〕 See Narie Lee, Guido Westkamp, Annette Kur & Ansgar Ohly, *Intellectual Property, Unfair Competition and Publicity*, Edward Elgar, 2014, p. 1.

〔7〕 在山东淄川会仙米酒厂与山东天下第一酒厂侵犯“百粮春酒”知名商品特有名称、包装、装潢一案(山东省高级人民法院〔2007〕鲁民三终字第 43 号)中,山东省高级人民法院依据《反不正当竞争法》的规定认为,知名商品的特有名称、包装和装潢因使用而使其具有识别商品来源的意义,他人擅自作相同或者近似使用,足以引起市场混淆的,可以构成不正当竞争行为,为反不正当竞争法所禁止。由此可见,《反不正当竞争法》在一定程度上弥补了诸如《商标法》等传统私法的规制空白。文献来源于:http://www.cta.org.cn/jdal/sbyzh/201008/t20100815_23194.html,最后访问日期:2016 年 7 月 28 日。

使用商品或者接受服务的消费者而制定的法律，它是从确立特殊主体的地位、确认和赋予主体合法权益的角度进行立法。与上述法律不同，反不正当竞争法是从市场主体行为规则的角度进行法律调整，属于规范经营者的市场交易行为以及管理者相应的管理行为的法律，具有鲜明的行为法特征。当然，这一区分是相对的，毕竟客体、主体和行为之间是无法完全分割的，存在相互交融的彼此联系。但是，仍然具有启示意义。

事实上，反不正当竞争法不同于一般的侵权法，具有行为法属性，要著之一就在于根据行为特征及其对竞争秩序（保护客体）的危害性等要素去规范和认定其行为，行为的构成不是基于对特定权益的损害。对此，我国《反不正当竞争法》制定之时立法者已有所意识。参与立法者认为，“经营者的合法经营受许多法律的调整，各个法律从不同角度保护合法的经营者，反不正当竞争法对合法经营者的保护，不是建立在对实体权利保护的基础上，而是建立在对市场经济秩序予以维护的基础上，故反不正当竞争法亦被称为维护市场经济秩序的法律，凡与诚信营业惯例相悖的行为反不正当竞争法均予以禁止”。〔8〕“既然是竞争法，所调整的行为自然主要是竞争行为，侧重保护的是竞争对手的利益，以致最终达到维护公平竞争秩序的目的。”〔9〕这些论述阐明了反不正当竞争法的行为法属性和行为构成的特性。

3. 救济手段的综合性

各国反不正当竞争法对行为人所规定的法律责任条款一般都不限于民事责任，而是全面规定了不正当竞争行为所应承担的民事责任、行政责任和刑事责任。

这在确认了市场主体提起民事诉讼、获得私法救济的同时，赋予了行政执法机关的主动干预权力以及公诉机关追究不法竞争行为人刑事责任的权力。其依据在于不正当竞争行为具有侵害诚实经营者利益和危害社会竞争秩序的双重性质。这种救济手段上公法、私法兼而有之的制度设计，既有利于调动私人诉讼的积极性、充分实现对受损私益的补偿，也有助于发挥行政救济快捷、简便的优点和刑事制裁的惩戒功能，在保护私益的同时维护正常的竞争秩序和社会公共利益。

三、反不正当竞争法的性质

反不正当竞争法是竞争法的组成部分，具有公法、私法融合的属性，属于经济法的范畴。

虽然同属于竞争法这个“大家族”，但是反不正当竞争法有着不同于反垄断法的发展背景和轨迹，其法律属性的演进也更为复杂，这在一定程度上影响了人们的看法。有的人认为反不正当竞争法具有侵权法的私法属性，对于包括知识产权在内的竞争者权利具有兜底性的保障效果。应当承认，1896 年德国出台世界上第一部《反不正当竞争法》时，确有以该法弥补侵权责任法对利益保护不足的动因，反不正当竞争法是私法的延伸。然而，总体考察，无论 19 世纪反不正当竞争法规则的最初发源，还是反不正当竞争法在各国的后续发展，均凸显对竞争秩序的维护，具有强烈的公私法融合的属性，是竞争行为的规制法。

19 世纪中期以后的欧洲，伴随工业革命和自由市场原则的确立而来的是行会管理的日渐

〔8〕 河山、肖水：《民事立法札记》，法律出版社 1998 年版，第 82 页。转引自孔祥俊：《论反不正当竞争法修订的若干问题》，载《东方法学》2017 年第 3 期。

〔9〕 孙琬钟主编：《反不正当竞争法实用全书》，中国法律年鉴社 1993 年版，第 26 页。转引自孔祥俊：《论反不正当竞争法修订的若干问题》，载《东方法学》2017 年第 3 期。

式微与不正当竞争的广泛出现,欧洲工业化国家逐步意识到仅仅依靠自由原则、市场的"看不见的手"难以遏制不正当竞争行为、制止不诚实的欺骗性交易。于是,法国法院运用民法典第1382条侵权责任一般条款,快速而灵活地发展出反不正当竞争的判例法体系,为商人提供防止混淆危险、模仿、诋毁、泄露秘密的保护。德国开创了制定专门立法的先例。英国则通过推出类似仿冒之诉的判例来应对不正当竞争问题。可见,反不正当竞争法发源的基本动因正是维护市场的公平竞争秩序。〔10〕

当然,早期的反不正当竞争立法与保护产品的标志和来源地等工业元素的立法密切相关,这也是后来《巴黎公约》予以规定的一个基础。从1900年修订《巴黎公约》开始,确立了不正当竞争条款,即在没有专有权可以保护而又需要制止一些削弱知识产权保护的情形下,通过制止不正当竞争进行保护。应指出的是,这种规制虽然进入了巴黎公约,但已经同知识产权的专有权保护机制完全不同,尤其后续修订过程中陆续增加的商业诋毁、误导性宣传之类的行为,更与保护工业产权渐行渐远,其维护竞争秩序的色彩则愈加浓厚。

20世纪中期之后,消费者运动的兴起促使反不正当竞争法进一步转向,管制市场和促进竞争的竞争法色彩更为突出。奥地利、比利时、丹麦、西班牙、瑞典等国家的反不正当竞争法逐渐从纯粹的竞争者保护法,演化为同时保护消费者的法律。德国2004年对于其施行近百年的反不正当竞争法进行了革命性修订,其中为落实欧盟《不公平商业行为指令》而引进消费者和公共利益保护,改变了法律的目标取向和制度设计。这些国家的典型不正竞争行为既包括误导广告、对消费者的不正当影响行为,也包括诋毁竞争对手、侵占商业秘密或不正当干预竞争者的行为,而与知识产权保护已没有太大的关联。因此,它们的反不正当竞争法被称为保护正当经营者、消费者和一般公众利益的市场行为法。〔11〕 这些法律因其调整对象、规范行为和调整方式的特殊性,而被视为属于经济法领域。

制度的发展走向其实反映了现实的内在需求,揭示了理论解释和指导实践的基本取向。不正当竞争行为确实是一种侵权行为,即损害他人合法权益的行为。从这个意义上说,反不正当竞争法是一种特别侵权法。但是,不正当竞争行为又不同于一般民事侵权行为,二者的最大区别在于,它除了损害作为一般民事主体的经营者和消费者的合法利益之外,还直接破坏了市场经济的基本秩序,即竞争机制,具有显著的负外部性。不正当竞争行为扭曲了竞争机制,通过欺骗、不当攀附的"搭便车"、诋毁等,打击了诚实经营者的商誉、抢占了竞争者的市场份额,导致劣者不受市场惩罚,不被淘汰,而诚实经营者、具有良好商誉的竞争者反倒承担损失,甚至被挤出市场,出现了优者不胜、劣者不汰、甚至反向淘汰的竞争失序。各国的制度实践证明,完全依赖私权救济、指望通过单纯的私法保护机制是无法矫正市场失灵的。〔12〕 因此,不少国家除了将不正当竞争行为作为民事侵权行为进行民事制裁外,还将一些不正当竞争行为作为行政违法甚至刑事违法行为,追究相应的行政责任和刑事责任,并由此建立起专门的市场监管部门和执法程序。

我国《反不正当竞争法》是公法与私法合体的法律,同一不正当竞争行为可以同时构成民

---

〔10〕 参见孔祥俊:《论反不正当竞争法的竞争法取向》,载《法学评论》2017年第5期。

〔11〕 NariLee, GuidoWestkamp, AnnetteKur & Ansgarohly(ed.), *Intellectual Property, UnfairCompetition and Publicity: Convergences and Development*, Edward Elgar(2014), pp. 34 – 35.

〔12〕 私权救济本身也面临法律不完备性、"搭便车"等来自制度本身和"经济人"行为模式的制约,导致民事诉讼对于不正当竞争行为的矫正面临"外部性"的约束,而可能存在严重的供给不足。

事违法和行政违法，同时成为民事制裁和行政处罚的对象。它与《反垄断法》一起，成为经济法的重要组成部分。

第二节 不正当竞争行为的概念、类型和认定

一、不正当竞争行为的概念

据文献显示，1850 年前后的法国法院在适用《法国民法典》第 1382 条有关侵权行为的法律规范处理某些案例时，首先提出了“不正当竞争”的概念，即所谓虽未侵犯工业产权，但在某些商业活动中导致欺诈并使人误解或对此负有责任的行为。

这一概念的提出也开启了各国法律界在长达百余年的时空里持续努力、力求对其准确界定并适当规制的进程。最先面对这一挑战的当然是 19 世纪的欧洲各国。当时出现了大量违反商业道德的竞争行为，如仿冒他人字号、商品包装和标记的行为，贬低或毁损他人良好商誉的行为，以虚假广告进行不当宣传的行为，窃取他人商业秘密的行为，以商业回扣争夺交易机会的行为等，这些行为不仅对竞争对手造成了损害，同时也侵害了消费者的利益，对市场竞争秩序产生了严重影响，引起社会公众的强烈不满。显然仅仅依靠民事法律的个案救济途径和既有的权利保护框架，已经无法满足维护经济秩序的需要。为此，各国急需创新和出台新的法律制度去实现不正当竞争行为规制，而首要的问题则是概念的定义。

较早对不正当竞争行为进行定义的是《保护工业产权巴黎公约》，该公约在 1900 年的布鲁塞尔修订本第 10 条第 2 款规定：“凡在工商业活动中违反诚实信用的竞争行为即构成不正当竞争。”这一开创性的定义对于各国立法产生了深远的影响。如德国于 1909 年修订颁布的《反不正当竞争法》第 1 条中规定，不正当竞争是“在营业中为竞争目的采取违反善良风俗的行为”。1986 年修订的瑞士《不正当竞争法》规定：“不正当竞争是指任何欺骗性商业行为，或以其他手段，违反诚实信用原则的任何商业行为。”1988 年的西班牙《商标法》第 87 条规定：“任何违反工业或商业诚实交易惯例的竞争均构成不正当竞争行为。”

总览各国立法规定和学说，尽管各自的语言表述和侧重点有所差异，但是实质内容和基本精神大体上是一致的，集中在“对诚实信用原则的违背”“欺骗性手段”“违反公认的商业道德”等基本要素上。因此，结合我国《反不正当竞争法》的规定，本书认为，不正当竞争行为是指在生产经营活动中，以违背诚实信用原则和公平竞争商业惯例的手段，损害其他经营者或者消费者合法权益，扰乱市场竞争秩序的行为。

此外，就不正当竞争行为概念的外延而论，在各国立法所规制的具体行为样态以及学说见解中都不尽相同，这也真实反映了不同文化背景和经济发展条件下不正当竞争行为的灵活表现和多样化形态。难怪有人比喻道，“不正当竞争行为就像海神，以其千变万化的外形，剥夺诚实商人的劳动成果”；犹如“天空中变幻不定、鬼魅异常的云彩”。这些描述都在于说明不正当竞争行为的类型、手段和方式变化无穷，难以捉摸。从这个意义上说，对其形态进行准确把握的难度要远超于定义上的文字表达。

最后需要指明的是，“不正当竞争行为”的概念有广狭之分。广义的不正当竞争行为，是指

包括垄断、限制竞争和其他违反商业道德行为在内的所有破坏竞争的行为。具体包括三类：(1)垄断行为，主要是指经营者本人或者通过企业兼并等方式，形成对一定市场的独占或控制；(2)限制竞争行为，主要是指经营者滥用经济优势或几个经营者通过协议等联合方式损害竞争对手的行为；(3)不正当竞争行为，主要是指经营者用欺骗、胁迫、利诱以及其他违背诚实信用原则的手段从事市场交易的行为。一些公众舆论也是在这个意义上理解不正当竞争行为，因为，垄断和限制竞争的行为以道德观念看也带有"不正当"的因素。而狭义的不正当竞争行为，是指除垄断和限制竞争行为之外的第三类行为。本书所指的不正当竞争行为，未加说明者，均取其狭义。

二、不正当竞争行为的类型

不正当竞争行为在现实中的表现形式复杂而多变。正因如此，各国竞争立法和理论总是不厌其烦地持续总结和归纳各种形态的反竞争行为。应当肯定，正确认识和区分不同类型的不正当竞争行为，不仅可以弥补单纯从概念上对其进行界定的不足，而且有助于加深我们对各种不正当竞争行为本质的把握，有益于准确地适用法律。

(一)依据采取的手段所作的分类

一是欺骗性市场交易行为。其是指经营者在市场交易中通过捏造并不存在的虚假事实，隐瞒商品或者服务的真实信息的手段进行的不正当竞争行为。这类行为在实践中具体包括仿冒行为、虚假或引人误解的质量标识行为、欺骗性的价格表示、虚假或引人误解的广告行为等。上述行为在社会生活中相当普遍，它们往往不仅直接侵犯了特定竞争对手的合法权益，而且产生市场混同，影响消费者对商品或服务质量的正确判断和选择。

二是利诱性市场交易行为。其是指经营者在市场交易活动中，非法利用物质、金钱或者其他利益引诱对方与之进行交易的不正当竞争行为，比如商业贿赂行为、不正当有奖销售行为、利用利诱手段侵犯他人商业秘密的行为等。经营者在市场竞争中采取物质刺激、金钱引诱或者其他利诱手段来促成交易、获取利润的现象，本属市场经济中争取客户和交易机会的常见现象，但是存在合法与非法的界限。按照有关法律法规的规定，向交易对方给予明示折扣、附赠小额物品、对鲜活或即将过期的物品进行低价销售等交易行为，不属于不正当竞争行为。与此相反的是，在账外给予回扣、高额的有奖销售行为，违背了诚实信用原则和公平原则，冲击了正常的竞争秩序，构成了对其他诚实经营者的排挤，甚至在一定条件下还可能损害消费者的利益，因此理应受到竞争法的规制。

三是市场妨碍行为。市场妨碍行为主要表现在互联网领域。经营者利用技术手段，通过影响用户选择，妨碍和破坏其他经营者网络服务的正常运营，例如，插入链接、强制进行目标跳转、广告屏蔽或广告弹窗、恶意进行不安全提示以及对他人的网络产品恶意不兼容等。

(二)依据侵害对象所作的分类

依据直接侵害对象的差异，可以将不正当竞争行为分为直接损害竞争者和直接损害消费者的行为。直接损害竞争者的不正当竞争行为包括贿赂、侵犯商业秘密、商业混淆行为等。直接损害消费者的不正当竞争行为包括虚假广告、不当有奖销售行为等。

以侵害竞争者的对象是否特定的标准观之，又可以得出两种类型的行为：(1)侵害特定同业者利益的行为，包括混淆商品经营者、诽谤其他竞争者等行为；(2)侵害全体同业者利益的行为，其侵害对象并不特定，包括虚假标识商品原产地、引人误解的质量标识、虚假的广告宣传等。

（三）我国现行立法对不正当竞争行为的分类

根据我国2017年修订后的《反不正当竞争法》第二章的规定，不正当竞争行为包括如下七类：

一是商业混淆行为。根据我国《反不正当竞争法》第6条规定，商业混淆行为是指经营者违背诚实信用原则，采用各种混淆行为，引人误认为是他人商品或者与他人存在特定联系的不正当竞争行为。其具体又分为商品标识混淆行为、主体标识混淆行为、网络标识混淆行为、其他的商业混淆行为四种。

二是商业贿赂行为。根据《反不正当竞争法》第7条的规定，商业贿赂行为是指经营者采用财物或者其他手段贿赂其他单位或者个人，以谋取交易机会或者竞争优势的不正当竞争行为。

三是虚假或引人误解的商业宣传行为。根据《反不正当竞争法》第8条的规定，虚假或引人误解的商业宣传行为是指经营者对其商品的性能、功能、质量、销售状况、用户评价、曾获荣誉等作虚假或者引人误解的商业宣传，欺骗、误导消费者的不正当竞争行为。通过组织虚假交易等方式，帮助其他经营者进行虚假或者引人误解的商业宣传的，也属此类被禁止之列。

四是侵犯商业秘密的行为。根据《反不正当竞争法》第9条的规定，侵犯商业秘密的行为是指经营者采取盗窃、贿赂、欺诈、胁迫或者其他不正当手段获取权利人的商业秘密，或者披露、使用或允许他人使用前述不正当手段获取的商业秘密，或者违反约定或者违反权利人有关保守商业秘密的要求，披露、使用或者允许他人使用其所掌握的商业秘密的不正当竞争行为。

五是不正当有奖销售行为。根据《反不正当竞争法》第10条的规定，不正当有奖销售是指经营者以附带性的提供金钱、物品或者其他利益引诱方式，促销其商品或服务中违反诚实信用和公平竞争原则的不正当竞争行为。

六是商业诋毁行为。根据《反不正当竞争法》第11条的规定，商业诋毁行为是指经营者编造、传播虚假信息或者误导性信息，损害竞争对手的商业信誉、商品名誉的不正当竞争行为。

七是互联网领域的不正当竞争行为。根据《反不正当竞争法》第12条的规定，互联网领域的不正当竞争行为是指经营者利用技术手段，通过影响用户选择或者其他方式，实施的妨碍、破坏其他经营者合法提供的网络产品或者服务正常运行的不正当竞争行为。其具体又包括非法链接行为、不当干扰行为、恶意不兼容行为和其他互联网不正当竞争行为。

三、不正当竞争行为的认定

准确认定不正当竞争行为，是正确适用《反不正当竞争法》、实现竞争法治目标的重要环节。但是，由于不同于传统的权利保护结构的理念和调整模式，各国反不正当竞争立法的条文并未凸显不正当竞争行为的构成要件。司法实践中，早期如法国的判例与学说都认为构成不正当竞争应当具备四个要件：行为人必须有过失；第三人受有损害；行为与损害之间须有因果关系；须有竞争要素。可见，这是比照民事侵权行为的认定标准进行归纳的。晚期的判例在标准掌握上有明显的松动，如对竞争损害的理解较一般侵权责任更宽，以便实现对诚实经营者的保护、维护竞争秩序。

本书结合我国的立法、司法实践和理论发展，归纳和分析不正当竞争行为认定中应当具备的四个要素。

（一）行为主体：经营者（从事商品生产、经营或者提供服务的主体）

按照修订后的《反不正当竞争法》第2条第2款的规定，不正当竞争行为的主体是“经营者”。第3款进一步明确，经营者“是指从事商品生产、经营或者提供服务（以下所称商品包括服务）的自然人、法人和非法人组织”。

在不正当竞争行为主体的认定上，先后出现了两个备受关注的争议。

一是关于“经营者”的理解是根据主体资格还是根据行为性质来认定。从主体资格出发，认为只有具备“从事生产商品经营或者提供服务”的权利能力和行为能力，即具备“经营者”主体资格的人，才能成为经营者，其他没有此种资格的人即使从事了商品经营或者营利性服务，也不是这里的经营者。从行为性质角度理解，无论行为人是否具备实施该种行为的资格，只要实施的行为属于经营行为，行为人即被认定为这里的经营者。如果依照前者的理解，那么，那些不具备特定经营主体资格的组织或者个人实施了不正当竞争行为，甚至无营业执照的人实施了经营行为，如企业职工（在侵犯商业秘密行为中）、商事组织的法定代表人或者具体经办人（如在商业贿赂行为中），也就据此因为不具有主体资格而可以不受《反不正当竞争法》的规制了。显然，从法律规定和立法精神来看，如此理解有欠妥当。1995年国家工商行政管理局发布的《关于禁止侵犯商业秘密行为的若干规定》第3条第1款第4项将“权利人的职工违反合同约定或者违反权利人保守商业秘密的要求，披露、使用或者允许他人使用其所掌握的权利人的商业秘密”规定为侵犯商业秘密的一种形式，体现了不以行为人是否具有“经营者”的主体资格来理解不正当竞争行为主体的认定思路。本书认为，这种认定思路更加符合立法本意和实践情况，也有利于推动《反不正当竞争法》的适用。

二是关于“营利性”的理解。其实质是“经营者”认定标准上有关分歧的延续。因为人们在涉案行为是否属于经营行为、进而判断行为人是否属于“经营者”的问题上仍然歧见纵深。我国1993年颁布的《反不正当竞争法》第2条第3款将经营者表述为“从事商品经营或者营利性服务的法人、其他经济组织和个人”。因此，司法实践中一个常见的做法是将“营利性”作为判断是否符合经营者特征的标准。即便是对经营者做扩大解释的观点，亦是建立在其具备营利性特征的基础之上。例如，在原告中国药科大学诉被告江苏福瑞科技有限公司不正当竞争纠纷一案中，法院最终确认了中国药科大学的经营者主体地位，理由是“其虽然不在市场上直接从事商品经营，但通过附属企业的经营活动，将其研制开发的药品和医疗器械等推向市场，并且通过附属企业的（利润）上缴，间接从市场上获利……已经成为中国药科大学的经费来源之一”。[13] 这种理解实际上仍然限制了反不正当竞争法的适用范围，因为就相当多的非传统意义上的经营主体而言，要证明其具备营利性特征并不容易。现实情况中，随着社会经济和科学技术的发展，越来越多的传统经营者之外的主体如教育、文化、医疗卫生、法律服务、公益组织等机构投入市场竞争中，相互之间形成直接或间接的竞争关系。这部分主体有的体现出较为明显的营利性特征，但亦有相当一部分很难直接反映出其经济利益。换言之，其营利性特征并不鲜明。如果在这些主体参与竞争、出现不正当竞争行为时，仅仅因为营利性特征不够鲜明而不适用反不正当竞争法的规制，恐怕并不符合该法的立法宗旨。[14]

反观世界上一些反不正当竞争法立法的成熟做法，多数并未将营利特征作为认定主体的

---

〔13〕 参见《最高人民法院公报》2005年第6期。

〔14〕 参见宋旭东：《论竞争关系在审理不正当竞争案件中的地位和作用》，载《知识产权》2011年第8期。

判断标准，如德国《反不正当竞争法》(2004 年)将调整的主体扩大到“其他市场参与者”。该法第 2 条第 1 款第 2 项规定，其他市场参与者的利益，是指除竞争者和消费者外，作为商品或服务供需者的所有人(如企业主、经济团体、教会、基金会和公共机构等)的利益。世界知识产权组织(WIPO)推出的《反不正当竞争保护示范条款》第 1 条规定：“在工商业活动中违反诚实惯例的任何行为或者做法，均构成不正当竞争行为。”世界知识产权组织国际局进一步指出：“工商业活动一词应当在广义上理解，即不仅适用企业提供商品或者服务的活动，特别是此类商品或者服务的买卖，而且包括职业活动，如律师、医生，不管是私人形式还是其他形式。因此，就示范法的目的而言，个人或者企业的活动是否以营利为目的，无关紧要。在整个示范中，该术语的含义是一致的。”[15] 所幸的是，我国 2017 年修订颁行的《反不正当竞争法》删除了 1993 年立法中出现的“营利性”表述。

总体来看，立法和实践的趋势是在法律的基本框架内，在主体的范围上作宽泛的解释，扩展反不正当竞争法的适用，以利于法律有效实施，确保竞争秩序的维护。

(二)行为客体：损害竞争者或消费者的权益与社会公共利益

违法行为的客体是指违法行为所侵犯的社会关系和社会秩序，也直接表现为法律主体的权利或合法利益。不正当竞争行为所侵犯的客体往往不是单一的，而是多重的。被侵害利益所归属的主体又可分为特定主体和不特定主体等不同的情形。

一方面，经营者实施不正当竞争行为侵害了竞争对手的合法利益。不正当竞争行为有时是侵害了特定竞争对手的合法权益，如商业混淆、商业诋毁、侵犯商业秘密等；有时是侵害了不特定竞争对手的合法利益，如虚假宣传、商业贿赂、不当有奖销售等。

另一方面，不正当竞争行为有时还侵害了交易相对人尤其是消费者的合法权益。消费者是市场经济中竞争者争夺的对象。市场交易和竞争态势的复杂性决定了不正当竞争行为与受损利益之间的联系经常呈现出错综复杂的局面。有的不正当竞争行为是直接侵害了消费者的利益，如商业混淆和虚假宣传行为中消费者是直接的受害者，而损害消费者的结果(被混淆或虚假宣传所误导的市场选择)又进一步影响合法竞争者的利益；有的是在侵害竞争者利益的同时间接侵害了消费者的利益，如商业诋毁行为的直接受害者是行为人的竞争者，但消费者同样可能因此受到误导而做出违背其本意的市场选择。

讨论 1　仅有消费者权益受损的行为，能否认定为不正当竞争行为

从法律部门各自的调整对象和立法宗旨而言，这似乎是一个不言而喻的问题。因此，对于仅有消费者合法利益受到侵害的行为，有的学者就主张不能认定为不正当竞争行为。[16] 此时的受害者应当通过《消费者权益保护法》等其他相关法律的适用来获得救济。然而，学术界也有不同的观点，如认为从尽可能保护消费者的目的出发，对那些损害消费者利益的行为，也可援引反不正当竞争法予以禁止。[17] 实践中也存在“扩张”适用反不正当竞争法的司法裁判。此外，理论上归纳的仅有消费者权益受损的行为，在实践中是否果真存在？这又回到了关于竞

[15] 孔祥俊：《反不正当竞争法新论》，人民法院出版社 2001 年版，第 85 页。
[16] 刘大洪主编：《反不正当竞争法》，中国政法大学出版社 2005 年版，第 11 页。
[17] 谢晓尧：《竞争秩序的道德解读——反不正当竞争法研究》，法律出版社 2005 年版，第 85 页。

争者利益的范围、竞争秩序(公共利益)等基本问题的认识上。从这个视角观察,所谓“仅有消费者受损行为”的认定,又是一个意蕴广泛、颇为复杂的问题。

另外,不正当竞争行为也损害了代表社会公共利益的市场竞争秩序。竞争体现了市场经济内在的基本机制,正当竞争是确保良性竞争秩序、实现市场对于资源配置的激励约束功能的基本途径。不正当竞争行为不仅会侵害一定市场上彼此竞争的企业的利益,而且会侵害甚至剥夺其他市场参与者以及普通公民的公共利益。这里的公共利益是指社会整体从“未被扭曲的竞争”中可获得的社会福利,包括竞争和创新所带来的发展和效率。

(三)主观方面:行为人主观上具有过错

按照通常的违法行为归责原则来分析,不正当竞争行为作为一种以违背诚实信用原则和公平竞争商业惯例的手段,损害其他经营者或者消费者合法权益,扰乱市场竞争秩序的行为,认定时应以行为人主观过错为要件。从实际情况来看,经营者实施这样一种与公认的商业道德相违背的市场行为,其主观过错应当是十分显著的,大多数行为人的主观上还表现为故意。判断行为人的主观过错,通常可以从是否具有谋取商业利益的目的和动机、是否具有损害竞争对手的目的和动机、是否或者应否知道损害他人利益以及是否违反合同或商业习惯等方面着手。〔18〕 最高人民法院《关于审理不正当竞争民事案件应用法律若干问题的解释》(法释〔2007〕2号)在第1条第2款规定:“在不同地域范围内使用相同或者近似的知名商品特有的名称、包装、装潢,在后使用者能够证明其善意使用的,不构成反不正当竞争法第五条第(二)项规定的不正当竞争行为。”这实际上从一个侧面说明了认定不正当竞争行为时应当坚持过错责任原则。

(四)客观方面:实施了有悖于诚实信用原则或公认的商业道德的行为

不正当竞争行为的客观方面是指行为的表现形式,包括不正当竞争行为的违法行为和损害结果之间的因果关系等。总体来看,不正当竞争行为在客观方面,实施了有悖于诚实信用原则或公认的商业道德的行为,表现为积极作为,但不以损害后果的发生为要件。

不正当竞争行为具体呈现为多种类型,如市场混淆、商业诋毁、商业贿赂、侵犯商业秘密等,其共同的特质在于不劳而获,与公认的商业道德尤其是诚实信用原则相背离。这是其违法性或者不正当性的实质。诚实信用原则由一般道德规范转型为市场经济的法律原则,尤其是成为反不正当竞争法的基本原则,乃至于确定竞争行为正当与否的最具实质性的要件,体现了市场经济对于道德规范内在的需求。美国法哲学家博登海默在论述法律与道德之间的关系时,特别提出:在不公平竞争法中,近年来由法院和立法机构所进行的一些变革,必须归因于道德感的增强和提升,以及由此而盛行的一种信念,即商业社会必须依靠比道德谴责更为有效的保护手段才能抵制某些应受指责的毫无道德的商业行为。〔19〕

不正当竞争行为的表现形式可能存在诸多差异,但是作为一种与市场经济中诚实信用原则和公认的商业道德相悖的竞争行为,不正当竞争这一违法行为只能是作为而非不作为。一般情况下,实际损害结果的发生是追究不正当竞争行为主体法律责任的基础,但并非不正当竞争行为认定的必要条件,不正当竞争行为如侵犯商业秘密、商业诋毁、虚假宣传等,只要行为发

〔18〕 王先林:《竞争法学》(第2版),中国人民大学出版社2015年版,第80页。
〔19〕 [美]E. 博登海默:《法理学、法哲学及其方法》,邓正来译,中国政法大学出版社1999年版,第376页。

生就构成,并不要求实际产生了损害后果。

四、不正当竞争行为认定中的竞争关系

除了前面讨论的四个基本要素之外,不正当竞争行为的认定还往往涉及对竞争关系的认识。

讨论 2 不正当竞争行为的认定应当以竞争关系为前提吗?

在美国石油学会诉北京北方资讯服务中心及其他两被告侵犯著作权和不正当竞争案中,法院就认为,一行为之所以构成不正当竞争,在于其必将破坏同业经营者之间的公平竞争关系,从而导致市场竞争混乱、不利于市场经济秩序的维护,而本案原被告之间在中国大陆市场上不构成竞争关系,被告行为也就谈不上排挤竞争对手或损害竞争对手权益。因此,在适用《著作权法》已足以规范被告侵权行为的情况下,原告有关被告构成不正当竞争的主张,不应予以支持。[20] 该法院判决就是以竞争关系作为不正当竞争行为认定的前提。

一般来看,竞争关系即经营者之间所从事的商品生产、经营或者提供的服务具有相互替代的可能性。然而,不同国家、不同时期的法律和适用对它的把握有所不同。竞争关系在我国反不正当竞争法的司法实践中也经常成为讼争双方争执的焦点,为实务界和学界所共同关注。

反不正当竞争法规制的对象是不正当竞争行为,竞争因素是题中之义,通常理解,这又具体表现为不正当竞争行为总是在具有竞争关系的主体之间发生。以至于有学者认为,所谓竞争关系就是经营者因为其他行为人的行为而受到竞争上的损害所形成的关系。[21] 我国 1993 年颁布的《反不正当竞争法》虽然没有在第 2 条关于不正当竞争行为的概念中明确指出这个特征,但在第 2 章列举行为具体形态的部分条款中直接提到。如其第 5 条规定,"经营者不得采用下列不正当行为从事市场交易,损害竞争对手……"第 14 条规定,"经营者不得捏造、散布虚伪事实,损害竞争对手的商业信誉、商品声誉"。2017 年修订后的《反不正当竞争法》第 12 条也有相应的规定。从本质上说,不正当竞争的方式或者说直接目的可以表现为不当提升自己的竞争优势,也可表现为贬损或破坏竞争对手的竞争优势。不正当竞争行为应以竞争为目的、具有一定的竞争关系,成为相当一段时期以来人们的通常看法。

总体来看,竞争关系包括直接竞争关系和间接竞争关系等不同的形式。不正当竞争行为既可以直接针对消费者的方式表现出来,如不当有奖促销,也可以针对竞争对手的方式表现出来;针对竞争对手的行为,既可以针对特定的竞争对手,如商业诋毁,也可以针对不特定甚至所有的竞争对手,如与同类商品作引人误解的对比。直接针对消费者的行为,也可理解为针对不特定甚至所有竞争对手的行为。所以,反不正当竞争法上的竞争关系,既包括以特定竞争对手为对象的直接竞争,也包括以不特定甚至所有竞争对手为对象的间接竞争。[22]

结合司法实务的情况来看,人们一般是从经营者所从事的业务是否相同、经营商品和经营

---

〔20〕 参见北京市第一中级人民法院(2012)一中民初字第 6959 号民事判决书。

〔21〕 孔祥俊:《反不正当竞争法新论》,人民法院出版社 2001 年版,第 145 ~ 177 页。

〔22〕 焦海涛:《不正当竞争行为认定中的实用主义批判》,载《中国法学》2017 年第 1 期。

范围是否相同或相近、服务对象或行业是否属于同一领域等因素上对竞争关系加以判断，而对于当事人之间没有"竞争关系"者，就被排除在法律的适用之外。例如，在长江贸易部诉中国商报社一案中，法院认为："商业诋毁的不正当竞争必须是发生在竞争对手之间，而本案的三被告与原告分属不同的行业，显然不是同业竞争的对手，因此不能得到法律的支持"。〔23〕 但是，实际的情况也并不完全以此为限，在一定条件下，从事不同业务的市场主体亦可能存在竞争关系。我国司法实践中已有判例支持这一观点。〔24〕 有法院在判决中指出："不正当竞争行为也并非限于经营同类商品或服务的竞争对手之间争夺交易机会的行为，以不正当的手段谋取竞争优势或者破坏他人竞争优势的行为均可构成。"〔25〕最高人民法院的相关司法政策也指出："所谓竞争关系一般是指经营者经营同类商品或服务，经营业务虽不相同，但其行为违背了《反不正当竞争法》第 2 条规定的竞争原则，也可认定具有竞争关系。"〔26〕这显示认定范围已有所扩展。

法律实践上对于竞争关系认定范围的扩展，其实反映了市场经济的复杂性尤其是新兴经济业态向传统竞争法认定模式提出的挑战。在新兴技术尤其是网络经济的时代下，相比于传统的依据产品、行业是否相同或近似的标准而言，竞争关系的认定还应当考虑：(1)功能相似基础上的替代性。例如，录音机、CD 机、MP3 播放器与手机虽然不属于同一个类产品，但由于手机的音乐播放功能日益强大而导致他们的生产者成为竞争对手。(2)在争夺消费者注意力、购买力这一根本性利益上产生冲突。例如，经营产品原本不同的网络游戏提供者、社交软件提供者、视频网站却因为争夺消费者的上网流量、广告机会而成为竞争对手；房地产企业和金融企业可能因为争夺社会资金而成为竞争对手。这些情况都进一步说明了不应拘泥于形式上的同业竞争关系，不能单纯从传统的行业、产品、服务对象等个别因素来判断竞争关系。〔27〕

第三节　反不正当竞争法中的一般条款

一、一般条款的含义和功能

所谓一般条款，是指法律未规定具体的适用条件和固定的法律效果，而将其交由法官根据具体情况予以确定的规范。其通常具有"宽泛"、"抽象"和"一般性"等特征。通常认为，一般条款的开放性和延展性使法律可以适应变动中的社会生活。但作为特殊侵权行为法延伸的反不正当竞争法是否需要设立"一般条款"却存在争议。总览世界各国的反不正当竞争法，大致采取两种模式确定不正当竞争行为，以增强法律的针对性和适用性。一是"列举式"，即在类型化的基础上、列举不正当竞争行为的具体形式。它能克服单纯定义性规则的抽象化，增强法律

〔23〕 江苏省南通市中级人民法院(2002)通中民初字第 22 号民事判决书：长江贸易部与中国商报社商业诋毁纠纷。

〔24〕 山东省高级人民法院(2006)鲁民三终字第 59 号民事判决书。

〔25〕 宋旭东：《论竞争关系在审理不正当竞争案件中的地位和作用》，载《知识产权》2011 年第 8 期。

〔26〕 曹建明：《加大知识产权司法力度，依法规范市场竞争秩序——在全国法院知识产权审判工作座谈会上的讲话》(2004 年 11 月 11 日)。转引自宋旭东：《论竞争关系在审理不正当竞争案件中的地位和作用》，载《知识产权》2011 年第 8 期。

〔27〕 参见本书第七章"虚假或引人误解的商业宣传"中的相关讨论。

的透明度和确定性。二是“概括加列举”相结合的模式，即在列举典型不正当竞争行为的同时，归纳其基本内涵、一般特征乃至构成要件。

一般条款具有两项功能：一是确保不正当竞争行为概念的周延性；二是为法官提供补充判断竞争行为正当性的工具。前者可称为形式功能，后者则为实质功能。[28] 所谓形式功能，指的是一般条款实现了不正当竞争文义上的完整性，也有助于支撑和形成完整的行为构成逻辑体系。它的形式功能为人们普遍认同。所谓实质功能，也称为一般条款的补充性或兜底功能，即通过一般条款的概括表述，将法律没有列举的其他不正当竞争行为纳入该条款而加以禁止，使其具有了弥补法律具体条款的漏洞、进行兜底和补充的功能。“在一般法律概念中，进行价值判断的是立法者，而一般条款的价值判断者，则是法官。”[29] 可以说，一般条款实质性地带给了执法者“造法性”的裁量权。对于一般条款的实质功能，不同国家的态度有所差别，也呈现出截然不同的立法状况。

二、一般条款在各国反不正当竞争法上的规定

世界上第一部反不正当竞争法，即德国 1896 年《反不正当竞争法》出台的时候，并没有一般条款。该法在 1909 年修订时作了重大调整，其第 1 条从总体上规定了不正当竞争是“在营业中为竞争目的采取违反善良风俗的行为”，由此创立了“概括加列举”的法律结构，被认为是既能吸收“列举式”条款所蕴含的确定性、透明度、保证法律稳定性等制度优势，又能克服制定法既有的封闭、僵化的局限性，促进法律能够灵活适应市场竞争情况的变化。这一法律结构保持至今。在 2004 年的修订中，德国《反不正当竞争法》的实体规定共 5 条，第 3 条“禁止足以损害竞争者、消费者或其他市场参与者的利益，且不仅非显著地妨碍竞争的不正当竞争行为”，[30] 是新的一般条款，它取代了修订以前第 1 条的规定。第 4 条到第 7 条则是列举一系列不正当竞争行为的具体条款，且列举之示例呈开放状态。据统计，在德国依据原则条款判决的案件占全部不正当竞争案件总数的 2/3，余下 1/3 的案件是援引针对各具体不正当竞争行为的条文以及附属法令处置的。[31] 可以说，在德国反不正当竞争法近百年的实践中，各级法院根据“一般条款”此项授权规范，结合其他具体规范，适应不断变化的市场态势，及时将竞争领域中违背诚实商业道德的竞争行为认定为不正当竞争，形成了内容丰富、结构严谨、灵活实用的判例体系，有效制止了各种不正当竞争行为。[32]

据考证，欧盟 25 个成员国中，除英国、爱尔兰、塞浦路斯和马耳他这 4 个国家之外，其余 21 国的反不正当竞争法领域均具备一般条款。[33] 从全球范围来看，采取一般条款以增强反不正当竞争法适应性的做法，已经成为不少国家的常见做法。

---

〔28〕 蒋舸：《反不正当竞争法一般条款的形式功能与实质功能》，载《法商研究》2014 年第 6 期。

〔29〕 梁慧星：《民法解释学》，中国政法大学出版社 1995 年版，第 292 页。

〔30〕 此次修订也被认为是提升了不正当竞争行为的认定门槛。参见本书第二章“有关国家的竞争法律制度”。

〔31〕 韦之：《论不正当竞争法与知识产权法的关系》，载《北京大学学报》（哲学社会科学版）1999 年第 6 期。

〔32〕 邵建东：《德国反不正当竞争法》，中国人民大学出版社 2001 年版，第 58 ~ 148 页。

〔33〕 应当注意到这些判例法国家没有形式意义上的反不正当竞争法，故不存在一般条款。更重要的是，判例法国家在缺乏一般条款的情况下仍然能够保持法律适应性，重要的因素在于其司法制度的适应性远比成文法国家更加灵活，成文法国家必须通过一般条款方能导入的弹性，判例法国家通过其判例制度的包容性以及普通法原则之调适性，把其轻易融入了反不正当竞争法。转引自蒋舸：《反不正当竞争法一般条款的形式功能与实质功能》，载《法商研究》2014 年第 6 期。

当然,我们也不应当忽视其他一些国家的做法。日本《不正当竞争防止法》自 1934 年制定以来,一直没有关于诚实信用原则的一般条款。1993 年修订该法的时候,日本国内曾经讨论过是否规定"一般条款"的问题。立法者最后否定了在《不正当竞争防止法》中规定一般条款的建议,担心法院在司法实践中宽泛适用"诚实信用"的原则,降低市场主体的可预期性,从而损害自由竞争的市场秩序。美国《反不正当竞争法重述》的做法也颇具启发意义。它规定,"任何人,在商业或者贸易活动中,即使对他人的商业关系造成了损失,也不应当就该损害向他人承担责任",除非相关的损害是由美国《反不正当竞争法重述》所列举的仿冒、虚假宣传、商业诋毁、淡化、窃取他人商业秘密和侵犯形象权的行为所造成的。[34] 按照这样的规定,市场主体的竞争行为,只要不是法律禁止的,就是正当的。这些国家普遍谨慎适用"一般条款"[35],认为明确列举不正当竞争行为的制度有助于提升市场主体对于自己行为是否违法的预期,进而有助于市场竞争秩序的建立。

三、我国反不正当竞争法中的一般条款问题

我国 1993 年颁行的《反不正当竞争法》第 2 条第 2 款规定:"本法所称的不正当竞争,是指经营者违反本法规定,损害其他经营者的合法权益,扰乱社会经济秩序的行为。"结合该法第二章当时所明确列举的十一种具体违法行为而又缺乏类似"其他不正当竞争行为"的弹性条款的制度设计,可以得见,立法通过"违反本法规定"的表述,将不正当竞争行为的范围限定在法条列举的事项内。这种呈现为"非开放式"的立法安排,决定了第 2 条其实并没有达到一般条款的规范形式。[36]

值得回顾的是,当初提交的立法草案并没有"违反本法规定"的表述,[37] 最终通过的文本才对此进行了关键性的调整。这足以显示有关一般条款的取舍问题是立法过程中反复考量和权衡的结果。参与立法的人士也予以阐明,《反不正当竞争法》第二章所列明的各种不正当竞争行为就是该法所承认的不正当竞争行为。究其原因,是"考虑到我国执法机关实际水平状况,不能给予这种权力。让一个基层的执法部门对需要根据经济形势进行判断的不正当竞争行为进行认定是无法想象的事情";"如果允许判断,将导致一种危险:将很多正当行为当作不正当竞争行为进行制裁"。[38] 这既凸显市场经济推行之初我国制度建构所面临的局促现实,也充分反映了立法者面对一般条款问题所抱持的谨慎态度。毕竟,一般条款的安排关涉不正当竞争行为界定方式上的立法抉择,涉及不正当竞争行为的认定范围,其实质是如何划定竞争自由和政府干预之间的界限,是可能影响市场经济的基本机制和活力的制度设计。

立法者在 20 世纪 90 年代初开展竞争立法时所抱持的谨慎态度是值得肯定的。当时市场

---

〔34〕 American Law Society: Restatement (Third) of Unfair Competition, article one, 1995. 参见李明德:《关于〈反不正当竞争法〉修订的几个问题》,载《知识产权》2017 年第 6 期。

〔35〕 日本对于实践中未纳入反不正当竞争法具体规范的行为,个别时候也能通过适用一般侵权法、反垄断法、商法典等来加以应对。

〔36〕 1993 年法律颁行之后,基于对第 2 条的不同解释,出现了"一般条款说"和"法定主义说"的分歧。参见种明钊主编:《竞争法》(第 2 版),法律出版社 2008 年版,第 112 ~ 113 页。

〔37〕 20 世纪 90 年代初国务院提交全国人大审议的《反不正当竞争法(草案)》第 3 条规定:"本法所称不正当竞争,是指经营者在经营活动中,违背诚实信用原则和公认的商业道德,损害或者可能损害其他经营者的合法权益的行为。"参见中国法律年鉴 1993 年分册:《反不正当竞争法实用全书》,中国法律年鉴社 1993 年版,第 29 页。

〔38〕 孙琬钟主编:《反不正当竞争法实用全书》,中国法律年鉴社 1993 年版,第 26 页。

经济初步推行,交易领域万象更新、法律制度还不健全、执法司法经验十分欠缺,贸然授予执法人员广泛的认定不正当竞争行为的自由裁量权限,难免增加执法的主观随意性,导致诸多混乱。不过,随着社会经济制度的发展,总体的环境条件已发生重大转换,尤其是历经25年的竞争法律实施,法律条文关于不正当竞争行为认定上的封闭性设计与现实需求的矛盾越来越突出,固守立法原意已经不能适应规制不正当竞争行为的需要了。

近年来,各级法院着力扩张解释第2条的规定,寻求应对不正当竞争行为适用范围的现实挑战。根据有关文献的统计,截至2016年,仅以"北大法宝"收集的4777件反不正当竞争法案例中,与第2条相关的案例就达1780件,占比约37.2%。不过,需要指出的是,在这些案例中第2条作为裁判依据还分为"辅助适用"和"独立适用"等不同的情形。前者是法院将第2条结合《反不正当竞争法》的其他具体条款或其他法律(如商标法)来认定不正当竞争行为,后者则更加凸显第2条作为独立的法律渊源来认定不正当竞争行为的价值和地位。其中,山东省食品进出口公司等诉青岛圣克达诚贸易有限公司不正当竞争纠纷再审案具有里程碑意义。[39] 该案中,最高人民法院不仅通过再审裁定首次确立了第2条一般条款的地位,而且明确了独立适用第2条的严格条件。[40]

在司法政策层面,决策者也毫不讳言一般条款的重要性。例如,最高人民法院原副院长曹建明2007年1月18日在《在全国法院知识产权审判工作座谈会上的讲话》中提道:"对没有具体规定予以禁止的行为……可以适用《反不正当竞争法》第2条的一般规定予以制止。"之前,最高人民法院2001年出台的《关于审理涉及计算机网络域名民事纠纷案件适用法律若干问题的解释》第7条规定:"人民法院在审理域名纠纷案件中,对符合本解释第4条规定的情形,依照有关法律规定构成侵权的,应当适用相应的法律规定;构成不正当竞争的,可以适用民法通则第4条、反不正当竞争法第2条第1款的规定。"显然,该司法解释已经将《反不正当竞争法》第2条第1款视为"一般条款"、可以据此认定相应的不正当竞争行为。更加完整的司法适用的思路体现在2005年11月最高人民法院《关于审理不正当竞争民事纠纷案件适用法律若干问题的解释》(征求意见稿)第28条,即"对不正当竞争行为的认定,应当首先适用反不正当竞争法第二章的规定。对违法自愿、平等、公平、诚实信用的原则和公认的商业道德,损害全体经营者合法权益的行为,但在反不正当竞争法中未作具体规定,可以依据反不正当竞争法第二条第一款、第二款的规定予以处理。……在适用反不正当竞争法第二条第一款、第二款的规定认定不正当竞争行为时,应当掌握以下条件:(一)该行为的主体是经营者;(二)该项行为为市场交易行为;(三)该项行为违反了自愿 、平等、公平、诚实信用的原则和公认的商业道德;(四)该项行为造成了损害其他经营者的合法权益;(五)该项行为在反不正当竞争法中没有具体规定,并且在其他法律、法规中也没有特别规定"。这一思路十分完整,包含适用一般条款的基本内容、前提条件和行为认定的构成要件,这些内容虽然并没有出现在当年正式公布的司法解释中,但它提出了一般条款的框架下司法裁判的总体思路和具体步骤,具有借鉴意义。

---

[39] 参见最高人民法院(2009)民申字第1065号民事裁定书。

[40] 吴浚:《反不正当竞争法一般条款的司法适用模式》,载《法学研究》2016年第2期。

讨论3　如何看待司法机关将第2条理解为一般条款并开展相关法律适用的做法？

对于司法部门将《反不正当竞争法》第2条理解为一般条款并开展相关法律适用的做法，有学者是以“有限的一般条款说”进行解释的。该观点认为，行政违法行为实行法定主义，对于须予以行政处罚而《反不正当竞争法》又未列举的不正当竞争行为，按照该法第2条第2款将其确认为不正当竞争行为没有意义，除非其他法律、行政法规、地方性法规另有规定；而由于民事违法不实行法定主义，对于受害人请求民事赔偿而《反不正当竞争法》又未列举的不正当竞争行为，法院可以根据个案将其确认为不正当竞争行为，判令行为人承担民事责任。[41]

当然，根本性的改进措施还在于制定法本身的调整和完善。所以，一般条款的问题自然成为近年来《反不正当竞争法》修改中的一个重要事项。归纳起来，曾经先后出现两个方案。

第一个方案是增设兜底条款。例如，《中华人民共和国反不正当竞争法（修订草案送审稿）》（以下简称送审稿）的第14条，规定了“经营者不得实施其他损害他人合法权益，扰乱市场秩序的不正当竞争行为。前款规定的其他不正当竞争行为，由国务院工商行政管理部门认定”。也就是在第二章“列举式”条款的最后一条增加规定“其他不正当竞争行为”条款作为兜底。送审稿向全社会公开并广泛征求意见，之后在此基础上形成的“修订草案第一稿”的第15条，规定“由国务院工商行政管理部门或者国务院工商行政管理部门会同国务院有关部门研究提出应当认定为不正当竞争行为的意见，报国务院决定”，即把不正当竞争行为的行政认定层级提高到了最高行政机关。但是，全国人大常委会组成人员和一些地方、部门、单位、企业提出，不正当竞争行为不宜授权行政机关对本法未明确列举的不正当竞争行为进行认定。之后，全国人大法律委员会经研究，建议删除了这一条。[42]

第二个方案是调整第2条本身的用语，使其成为“开放式”的制度设计。例如，在2016年11月23日向全国人大常委会提起审议的“修订草案第一稿”中，[43]第2条第2款规定“本法所称不正当竞争行为，是指经营者违反前款规定，以不正当手段从事市场交易，损害其他经营者的合法权益，扰乱竞争秩序的行为”。而“前款规定”正是要求经营者应“遵循自愿、平等、公平、诚实信用的原则，遵守公认的商业道德”。该款系原则性规定而不指向具体的行为范围，这样一来，将1993年立法中的“本法规定”修改为“前款规定”，虽然系一词之差，却改变了之前的“封闭性”设计，认定范围不再限于立法所列举的行为类型了。

不过，与不少参与咨询论证者的预期不同，2017年11月全国人大常委会修改通过的《反不正当竞争法》并未采行这些方案，而是保持了1993年立法对于不正当竞争行为的界定模式。这或许意味着关于一般条款的制度探索仍将持续下去。“划定”规制竞争乱象和保障竞争自由二者之间界限的任务任重道远。

---

〔41〕 王先林：《竞争法学》（第2版），中国人民大学出版社2015年版，第86页。

〔42〕 《全国人民代表大会法律委员会关于〈中华人民共和国反不正当竞争法（修订草案）〉修改情况的汇报》（2017年8月28日）。参见孔祥俊：《〈民法总则〉新视域下的反不正当竞争法》，载《比较法研究》2018年第2期。

〔43〕 国家工商行政管理总局张茅：《关于〈中华人民共和国反不正当竞争法（修订草案）〉的说明》，载王瑞贺主编：《中华人民共和国反不正当竞争法释义》，法律出版社2017年版，第107页。

第四节 反不正当竞争法与反垄断法的关系

反不正当竞争法和反垄断法是保护公平竞争的两个重要法律，他们分别从不同的角度来保障和促进公平、有效的市场竞争。反不正当竞争法是通过制止不正当竞争行为，避免有失诚信的不正当竞争行为对经营者和消费者的危害，以维护市场秩序的稳定。反垄断法通过对垄断和限制竞争的规制，防止出现少数经营者控制和操纵市场、限制竞争的行为，保障市场上的自由、有效竞争，为经营者创造良好的外部竞争环境。

（一）反不正当竞争法与反垄断法之差异

除了调整对象等基本差别之外，反不正当竞争法与反垄断法之间的不同之处，主要表现为如下四个方面。

一是保护对象有所差别。反不正当竞争法的适用条件中多存在为不正当竞争行为者所侵害的特定的当事人，如被窃取商业秘密的权利人或遭到商业诽谤的企业，而反垄断法案件中则不一定存在受垄断行为损害的特定当事人。这种现象体现出，尽管反不正当竞争法和反垄断法的立法宗旨都关涉竞争者的合法权益和社会公共利益的维护，但是它们保护对象的侧重点有所差别：前者侧重于保护受不正当竞争行为所损害的当事人，后者侧重于维护自由竞争、公平竞争的市场秩序，保护市场竞争机制。

二是法律的调整方法有所不同。反不正当竞争法虽然也采用了一些公权干预方法，包括规定执法机关的查处权和相应的行政责任，但更多的仍然是依赖民事救济手段，正因如此，在法国、意大利等一些大陆法系国家，反不正当竞争法往往被归属到私法的范畴。反垄断法一般要设立地位独特的执法机构并赋予其强制性的禁止、许可、罚款甚至强行解散或者分拆企业等公权力的执法手段，其调整方法体现出十分突出的主体干预色彩。

三是规制标准有所差异。反不正当竞争法规制的是经营者采用欺骗、胁迫、利诱等违背商业惯例的手段从事市场交易的不正当竞争行为，因此，其规制的标准，从根本上讲是法律化的诚实信用的商业道德。反垄断法确认垄断或者限制竞争行为时，必须对企业是否具有市场支配力、是否滥用市场支配力、企业合并对市场结构的影响等因素进行考虑，其规制的标准关涉非道德判断的经济、市场等技术因素。

四是适用范围所遵循的原则有所不同。所有的不正当竞争行为都受到反不正当竞争法的规制。换言之，该法不设适用除外制度。但是，反垄断法一般都有适用除外制度，如对于农业生产者及农村经济组织在农产品生产、加工、销售、运输、储存等经营活动中实施的联合或者协同行为，不适用反垄断法。同时，该制度豁免一些本属于垄断的行为，如国家垄断、自然垄断等。

（二）反不正当竞争法与反垄断法之联系

当然，反不正当竞争法和反垄断法毕竟是构成竞争法的两大组成部分，二者之间存在一些相同或联系之处。

一是二者具有相近的立法宗旨。无论是反不正当竞争法还是反垄断法，都旨在维护和营造公平的竞争秩序，确保竞争机制作用的正常发挥，保护经营者、消费者的合法权益和社会公共利益。

二是二者在法律渊源上也具有密切的联系。反不正当竞争法与反垄断法的规范不仅在学理上同属于竞争法的体系，而且在各国和地区的立法实例中，它们也有不少是共存于一部或几部立法之中，有时甚至是水乳交融、不可分离。比如，在美国统称为“反垄断法”的诸个立法中，同时包含对垄断、限制竞争行为和不正当竞争行为的规定，而匈牙利《反不正当竞争法》的内容也涵盖对上述三种行为的法律规范。

三是二者在调整功能上具有互补性。同样作为市场经济的产物、反竞争的行为，不正当竞争行为与限制竞争行为对于竞争秩序的威胁是不同的。通常认为，不正当竞争行为是一种超越商业伦理原则底线的过度竞争，实践中实施该类行为的往往是缺乏技术、资本和市场优势的中小企业；而垄断行为是旨在限制或者消除竞争，实施该类行为者非拥有技术、资本和市场优势的大型企业莫属。因此，反不正当竞争法和反垄断法作为竞争法的两大支柱，依据各自的调整范围和规则，为竞争行为提供了一个完整的规范体系，二者既相互区分，又互补支撑，相辅相成，共同促进良性的市场竞争秩序。

思　考　题

1. 反不正当竞争法属于侵权法的一部分吗？
2. 如何看待反不正当竞争法的行为法特征？
3. 竞争关系应当成为不正当竞争行为认定的前提要件吗？
4. 如何看待“一般条款”在反不正当竞争法中的地位和适用？

第五章　商业混淆行为

本章导引

天津中国青年旅行社于1986年成立，从事国内及出入境旅游业务，在日常经营活动中使用“天津青旅”作为企业的简称。天津国青国际旅行社有限公司于2010年成立，亦从事国内旅游及入境旅游接待等业务。2010年年底，天津青旅发现通过搜索引擎分别搜索“天津中国青年旅行社”或“天津青旅”，在搜索结果的第一名并标注赞助商或推广链接的位置，分别显示“天津中国青年旅行社网上营业厅 www.lechuyou.com 天津国青网上在线营业厅，是您理想选择，出行提供优质、贴心、舒心的服务”，“天津青旅网上营业厅 www.lechuyou.com 天津国青网上在线营业厅，是您理想选择，出行提供优质、贴心、舒心的服务”或“欢迎光临天津青旅重合同守信誉单位，汇集国内出境经典旅游线路，100%出团，天津青旅 400 - 611 - 5253022.ctsgz.cn”。点击链接后进入网页是标称天津国青国际旅行社乐出游网的网站，网页顶端出现“天津国青国际旅行社—青年旅行社青旅/天津国旅”等字样，网页内容为天津国青旅游业务信息及报价，标称网站版权所有：乐出游网—天津国青，并标明了天津国青的联系电话和经营地址。在本案中，天津国青是否构成不正当竞争？基于类型化条款规制的视角，是否构成商业混淆行为？由此延伸，何为商业混淆行为？其有什么特点？有哪些典型表现形式？我国反不正当竞争法是怎样规定的？如何准确理解和把握商业混淆行为的构成要件？本章拟从一般到具体，阐释商业混淆行为的基本理论与法律规则，对前述问题予以基本回应。

第一节　商业混淆行为概述

一、商业混淆行为的概念和实质

商业混淆行为，是指经营者在生产经营活动中，通过仿冒他人标识，使自己的商品（含服务，下同）被误认为是他人商品或者与他人存在特定联系的不正当竞争行为。

（一）商业混淆行为的称谓

在反不正当竞争法中，学界对于商业混淆行为有不同的提法，[1]主要差别在于认识事物的角度、侧重点以及用语习惯不同，实质上并无太大差异。例如，“假冒”“仿冒”旨在突显行为手

---

〔1〕 其他提法有市场混淆行为、市场混同行为、商业混同行为、仿冒行为、假冒行为、假冒仿冒行为、欺骗性交易行为等。

段和性质,“混淆”“混同”则侧重强调行为后果,同时,“仿冒”与“假冒”、“混淆”与“混同”、“市场混淆”与“商业混淆”的称谓体现了不同的用语习惯。[2]

本书采用“商业混淆行为”这一概念,主要基于以下两点考虑:(1)我国2017年修订的《反不正当竞争法》第6条明确使用“混淆行为”这一术语,该术语突显了此类行为的本质属性,相较于“假冒行为”“仿冒行为”,更利于准确把握其意涵、指引法律推理和行为认定;(2)反不正当竞争法调整的是发生在生产经营活动或者说商业(市场)领域中的混淆行为,为使概念的语义指向更加清晰,宜加上“商业”或“市场”的限定,而参照反不正当竞争法上诸如商业贿赂、虚假或者引人误解的商业宣传、侵犯商业秘密、商业诋毁等通行提法,使用“商业混淆行为”可使表达更协调。

(二)商业混淆行为的实质

商业混淆行为具有欺骗性,表现为引人误认为是他人商品或者与他人存在特定联系,使消费者误认误购。需要指出的是,商业混淆行为仅是欺骗性交易行为的一种表现形式,欺骗性交易行为还包括其他有欺骗性质量标示行为、欺骗性价格标识行为、虚假或引人误解的商业宣传行为等。

在实质上,商业混淆行为是一种窃取他人成果、攀附他人声誉以谋取交易机会或竞争优势的搭便车行为,即通过“搭便车”“傍名牌”的方式,不正当地利用他人或他人商品的影响力、美誉度提高自己或自己商品的市场竞争力,进而获取竞争上的成功。[3] 现实生活中的“山寨品”“冒牌货”即为商业混淆的典型。

在市场竞争中,经营者应当通过自身努力,以自己商品的优质优价或是自己经营活动的业绩去展开竞争,而不能以窃取他人成果或阻扰竞争者等不正当手段获取竞争利益。[4] 商业混淆行为在根本上扭曲了市场竞争的激励和约束机制,扰乱了公平竞争的市场秩序,有悖诚信原则和商业道德。正是基于此种认识,商业混淆行为被公认为典型的不正当竞争行为,成为市场监管中的重要打击对象。[5]

二、商业混淆行为的构成要件

(一)行为主体:经营者

实施商业混淆行为的主体应是经营者。判断行为主体是否为经营者,应采“行为标准”而非“资格标准”,即考察其行为是不是以竞争为目的的商业行为,而不是看行为主体是否具备

---

[2] 就“假冒”和“仿冒”而言,有观点认为二者含义有差异,前者指相同使用,后者则指近似使用。基于此种理解,出于严谨考虑,有人使用“假冒仿冒行为”的提法,或是主张在界定时采用“通过假冒或仿冒他人标识……”之类的表述。不过,根据主流观点和通行用法,“假冒”和“仿冒”并无实质区别,也没有必要刻意加以区分。例如,我国1993年《反不正当竞争法》第5条第1项规定“假冒他人注册商标”,使用了“假冒”一词;1995年国家工商行政管理局出台的《关于禁止仿冒知名商品特有的名称、包装、装潢的不正当竞争行为的若干规定》使用了“仿冒”一词,假冒和仿冒都同时包含了作相同或近似使用的意思。

[3] 参见王瑞贺主编:《中华人民共和国反不正当竞争法释义》,法律出版社2017年版,第13~14页。

[4] 参见孔祥俊:《反不正当竞争法的创新性适用》,中国法制出版社2014年版,第4~5页。

[5] 据统计,自我国1993年《反不正当竞争法》施行以来,截至2017年11月,全国工商和市场监管部门共查处仿冒案件20.7万件,罚没金额10.8亿元。参见张茅:《认真贯彻实施新反不正当竞争法 建立统一开放竞争有序的市场体系——在全国工商和市场监管部门贯彻实施新〈反不正当竞争法〉电视电话会议上的讲话》,载《中国市场监管研究》2017年第12期。

"经营"的资格。具体判断需要结合个案实际情况,如果仿冒他人标识的行为不具有竞争目的或者说与市场竞争无关,该项行为即使具有混淆效果,也不能认定为反不正当竞争法上的商业混淆行为,不属于反不正当竞争法的规制范围。

(二)行为手段:仿冒他人标识

在商业混淆行为中,经营者通过仿冒他人标识来制造混淆,使自己的商品被误认为是他人商品或者与他人存在特定联系。

其一,仿冒表现为未经权利人同意,擅自以相同或近似的方式使用他人标识。这里包括三层含义:(1)未经权利人同意而使用,即"擅自使用"。(2)使用方式包括"相同"和"近似"使用,前者体现为直接使用他人的标识;后者体现为对他人标识稍作改变或模仿而进行使用。(3)对他人标识的使用既包括同类标识间的使用,如将他人商品名称用作自己的商品名称,也包括不同类型标识间的交叉使用,如将他人商品名称用作自己的字号。

其二,仿冒的对象是他人的标识。根据我国2017年修订的《反不正当竞争法》第6条的规定,该法保护的是"有一定影响"的"他人的标识","他人的标识"不限于经营者的商业标识,具体包括三种主要类型:(1)商品标识,如商品的名称、包装、装潢等;(2)主体标识,如企业名称(包括简称、字号等)、社会组织名称(包括简称等)、姓名(包括笔名、艺名、译名等);(3)网络标识,如域名主体部分、网站名称、网页等。

(三)行为后果:具有混淆效果

从不同视角出发,在学理上可将混淆划分为不同类型。较为典型的分类有以下四种:(1)根据混淆是否实际发生,分为事实混淆和混淆可能性。前者指混淆已经实际发生;后者指混淆可能发生。(2)根据混淆对象的不同,分为直接混淆和间接混淆。直接混淆也称商品来源混淆,指使用特定标识的某商品实际上来源于乙,而消费者却误认为其来源于甲。间接混淆也称特定联系混淆或是关联关系混淆,指使用特定标识的某商品由乙提供,与甲并无任何关系,而消费者误以为乙与甲之间存在控制、许可或赞助等关联关系。[6] (3)根据混淆发生的时间,分为售前混淆、售中混淆和售后混淆。售前混淆,也称"初始兴趣混淆""最初兴趣混淆""初始利益混淆",是指消费者最初对商品来源产生混淆,但在实际作出购买决定时没有发生混淆。[7] 售中混淆指消费者在作出购买决定时产生的混淆。售后混淆,也称"旁观者混淆",是指实际作出购买决定的消费者并没有对商品的来源产生混淆,但该消费者在此后使用商品的过程中使其他人产生了混淆。[8] 在这三者中,售中混淆属于传统混淆理论的基本意涵,一般情况下所谓混淆即指的是售中混淆,而售前混淆和售后混淆则是20世纪中后期以来随着经济社会的发展而逐步产生、兴起的混淆理论。(4)根据所混淆的标识使用的先后关系,分为正向混淆与反向混淆。正向混淆是指在先使用者的标识被在后使用者仿冒,引人误认为在后使用者的商品来源于在先使用者,或者与在先使用者存在某种关联关系。这是混淆的一般情形。反向混淆,指的是将在先使用者的商品误认为来源于在后使用者,或者与在后使用者存在某种关联关系。反向混淆也被形象地比喻为"反向劫持""大鱼吞小鱼",通常发生在这样的情形中,即在后使用者通过广告宣传等手段使标识获得了更高的知名度,进而引人误认为在先使用者的

---

〔6〕 参见王迁:《知识产权法教程》(第5版),中国人民大学出版社2016年版,第502页。

〔7〕 英文表达为 initial interest confusion,我国学界有不同译法,最为常见的是"初始兴趣混淆"。

〔8〕 参见王迁:《知识产权法教程》(第5版),中国人民大学出版社2016年版,第502页。

商品来源于在后使用者或与之存在某种关联关系。反向混淆自1918年为霍姆斯法官首次提出后，经1977年美国第十巡回法院“轮胎分销商”案，逐渐为美国各法院所认同。在我国，该理论在商标侵权纠纷案件中已有所体现。

我国反不正当竞争法将混淆界定如下：根据我国2017年修订的《反不正当竞争法》第6条的规定，“混淆”可以表述为“足以引人误认为是他人商品或与他人存在特定联系”。对照上述对混淆的学理分类，该表述包括了直接混淆与间接混淆，前者体现为将经营者的商品误认为是他人商品；后者体现为误认为该经营者或者其商品与他人存在商业联合、许可使用、商业冠名、广告代言等特定关系。当然，该表述也包括了事实混淆与混淆可能性，其中的“足以”即表明可能引起混淆效果的行为也应受反不正当竞争法规制。

值得指出的是，鉴于需要在自由竞争（模仿自由）和公平竞争之间求得平衡，对混淆可能性的把握应当慎重。一般认为，“足以”是指具有较高的混淆误认盖然性，而不是一般的可能性。[9] 至于“引人误认”则根据相关公众即相关领域的普通消费者而非专业人士施以普通注意力是否发生误认来判断。[10]

上述表明，对于是否“足以引人误认”的判断，即混淆可能性的判断是有极大主观性和个体差异性的。严格来讲，较为科学的认定方式是采用统计调查法进行实证考察，但由于人力和时间成本等诸多限制，实践中较少适用，而采用推定法来判断是否构成“足以引人误认”，即基于所用标识相同或近似而认定存在混淆可能性。例如，最高人民法院《关于审理不正当竞争民事案件应用法律若干问题的解释》（2007年）第4条第2款规定：“在相同商品上使用相同或者视觉上基本无差别的商品名称、包装、装潢，应当视为足以造成和他人知名商品相混淆。”需要注意的是，实践中的这种处理办法实质上是将“混淆效果”要件替换成了“相同或近似使用”要件，这是否符合反不正当竞争法的本意，值得我们进一步思考。

此外，我国反不正当竞争法上的混淆还包括了售中混淆、正向混淆等传统混淆理论，但其是否也包含了售前混淆、售后混淆、反向混淆等内容，这是存在疑问的，至少法律条文本身并未明确体现出来。而目前来看，无论是理论界还是实务界，均还是完全达成共识，有待深入探讨。

讨论1 初始兴趣混淆理论在商业混淆行为认定中的适用

在传统混淆理论中，混淆一般理解为售中混淆，即相关公众在购买时发生混淆，如果只是在购买之前产生混淆，则不认定为具有混淆效果。而根据初始兴趣混淆理论，只要潜在的顾客在实际购买之前可能发生混淆，即便实际购买时不再混淆，亦认定存在混淆可能性。

一方面，初始兴趣混淆理论在理论和实践中均还面临争议，特别是该理论能否用于认定传统经济社会领域中的商业混淆行为，理论与实践分歧较大。但另一方面，这项理论正在获得越来越多的认可，而且已经被运用到司法裁判中。赞同者认为，初始兴趣混淆与传统混淆理论的关注点在根本上是一致的，即消费者是否发生混淆。此外，初始兴趣混淆理论尤其可为网络领域中的混淆行为认定提供重要的理论支持。在最高人民法院发布的第29号指导案例“天津中

---

〔9〕 参见孔祥俊：《反不正当竞争法的创新性适用》，中国法制出版社2014年版，第282页。

〔10〕 参见1995年国家工商行政管理局发布的《关于禁止仿冒知名商品特有的名称、包装、装潢的不正当竞争行为的若干规定》第5条。

国青年旅行社诉天津国青国际旅行社擅自使用他人企业名称纠纷案”中，法院即引入了该项理论进行裁判说理：“未经天津青旅许可，通过在相关搜索引擎中设置与天津青旅企业名称有关的关键词并在网站源代码中使用等手段，使相关公众在搜索‘天津中国青年旅行社’和‘天津青旅’关键词时，直接显示天津国青旅的网站链接，从而进入天津国青旅的网站联系旅游业务，达到利用网络用户的初始混淆争夺潜在客户的效果，主观上具有使相关公众在网络搜索、查询中产生误认的故意……”不过，在最高人民法院发布的第45号指导案例“北京百度网讯科技有限公司诉青岛奥商网络技术有限公司等不正当竞争纠纷案”中，对于未授权弹出式广告，法院则是依据《反不正当竞争法》一般条款予以规制，而没有从类型化条款规制的角度，通过引入初始兴趣混淆理论将其认定为混淆行为。应当说，基于初始兴趣混淆理论，将未授权弹出式广告纳入商业混淆行为条款的规制范畴，是可行的，而且相较于适用一般条款规制也是更为可取的。[11]

三、商业混淆行为的立法规制概况

商业混淆行为破坏公平竞争的市场秩序，扭曲市场竞争的资源优化配置机制，影响市场经济的健康发展；损害其他经营者的合法权益，并可能导致逆向选择，使提供优质优价商品的诚信经营者丧失交易机会甚至退出市场；欺骗、误导消费者，损害消费者的合法权益。有鉴于此，世界各国和有关国际组织均对该种行为予以积极规制。

在国际上，作为第一个比较系统规定竞争规则的国际公约，《巴黎公约》最早列举的典型不正当竞争行为之一即是商业混淆行为。现行《巴黎公约》（1980 年修订）第 10 条之二在对不正当竞争行为的含义加以规定的基础上，特别禁止了三种情形，第一种是“以任何手段对竞争者的营业场所、商品和工商业活动制造混淆性质的一切行为”。《巴黎公约》的管理组织——世界知识产权组织 1996 年出版的《反不正当竞争法示范法》，就《巴黎公约》有关商业混淆行为的规定作了进一步阐释和补充。其第 2 条规定，在工商业活动中，与他人的企业或者其活动，尤其是该企业提供的产品或服务，产生或者可能产生混淆的任何行为或做法，构成不正当竞争行为。混淆尤其是在下列事项上发生：(1)商标，不论是否注册；(2)商号；(3)商标或者商号以外的商业标示；(4)产品的外观；(5)商品或者服务的表述；(6)知名人士或者众所周知的虚构形象。

为了遏制和打击商业混淆行为，我国在一系列法律法规中对其作出直接或间接的规定。除了《商标法》《产品质量法》《消费者权益保护法》等立法从各自角度所作的相关规定外，这方面的规定集中体现在《反不正当竞争法》及其配套规范中，包括部门规章、行政解释、司法解释等。

我国 1993 年颁行的《反不正当竞争法》第二章（第 5 条至第 15 条）以专章形式列举规定了现实中的典型不正当竞争行为，其中把商业混淆行为列为第一种加以规定。该法第 5 条规定：“经营者不得采用下列不正当手段从事市场交易，损害竞争对手：（一）假冒他人的注册商标；（二）擅自使用知名商品特有的名称、包装、装潢，或者使用与知名商品近似的名称、包装、装潢，造成和他人的知名商品相混淆，使购买者误认为是该知名商品；（三）擅自使用他人的企业名称

---

〔11〕 相关研究，详见谭贵华：《论未授权弹出式广告的法律规制》，载梁慧星主编：《民商法论丛》（第 65 卷），法律出版社 2017 年版，第 183～189 页。

或者姓名，引人误认为是他人的商品；（四）在商品上伪造或者冒用认证标志、名优标志等质量标志，伪造产地，对商品质量作引人误解的虚假表示。”值得指出的是，一般认为，我国1993年《反不正当竞争法》第5条规定的行为并非都是商业混淆行为，即第1项至第3项规定的行为属于商业混淆行为，而第4项规定的行为则不应被纳入商业混淆行为的范畴。[12]

我国2017年修订的《反不正当竞争法》继续设专章——第二章（第6条至第12条）列举规定典型不正当竞争行为并把商业混淆行为排在第一位加以规定。该法第6条规定：“经营者不得实施下列混淆行为，引人误认为是他人商品或者与他人存在特定联系：（一）擅自使用与他人有一定影响的商品名称、包装、装潢等相同或者近似的标识；（二）擅自使用他人有一定影响的企业名称（包括简称、字号等）、社会组织名称（包括简称等）、姓名（包括笔名、艺名、译名等）；（三）擅自使用他人有一定影响的域名主体部分、网站名称、网页等；（四）其他足以引人误认为是他人商品或者与他人存在特定联系的混淆行为。”

总体来看，相较1993年《反不正当竞争法》第5条，2017年修订的《反不正当竞争法》第6条主要作了以下三个方面的修改：

一是进一步澄清商业混淆行为的概念和构成要件。如明确以“混淆行为”指称本条所规制的不正当竞争行为，并以“足以引人误认为是他人商品或者与他人存在特定联系”作为判断标准，以“被仿冒的标识有一定影响”为前提。

二是进一步厘清商业混淆行为的外延以及本条与其他法律法规、本法其他条款的关系。如删除“假冒他人的注册商标”以与《商标法》的相关规范衔接；又如“在商品上伪造或者冒用认证标志、名优标志等质量标志，伪造产地，对商品质量作引人误解的虚假表示”等行为在《产品质量法》《消费者权益保护法》以及国务院《认证认可条例》（2016年修订）中已有规定，且“对商品质量作引人误解的虚假表示”与本法关于禁止虚假或引人误解的商业宣传的规定存在交叉重叠，因此将上述内容予以删除。

三是进一步明确作为仿冒客体的标识类型以及相应的商业混淆行为样态，同时增加一项兜底条款（第6条第4项），以更好回应现实执法、司法和实践发展的需要。对于第6条列举的具体商业混淆行为，本书将第1项概括为商品标识混淆行为，第2项为主体标识混淆行为，第3项为网络标识混淆行为。

第二节 商品标识混淆行为

我国2017年修订的《反不正当竞争法》第6条第1项规定，“擅自使用与他人有一定影响的商品名称、包装、装潢等相同或者近似的标识”，据此，我们可以将商品标识混淆行为界定为经营者在生产经营活动中，擅自使用与他人有一定影响的商品名称、包装、装潢等相同或者近似的标识，引人误认为是他人商品或者与他人存在特定联系的不正当竞争行为。鉴于本章第

---

〔12〕 有学者将我国1993年《反不正当竞争法》第5条规定的行为概括为“虚假标示行为”并将其划分为两大类型：一是商业混同行为，包括第1项至第3项规定的三种行为样态；二是欺骗性质量标示行为，即第4项规定的行为样态。此外，也有学者认为第5条第4项规定的行为本质上属于虚假宣传。

一节已从一般层面对商业混淆行为的构成要件进行了阐释，本节着重就其特殊构成要件加以分析，主要围绕行为手段中的两个方面展开：一是关于有一定影响的商品标识；二是关于商品标识的使用方式。

一、有一定影响的商品标识

在商品标识混淆行为中，仿冒的对象是他人有一定影响的商品标识，包括“商品名称、包装、装潢等”。就此，需要重点把握以下两个方面的问题：一是商品标识的含义和范围；二是何谓“有一定影响”。

（一）商品标识的含义与范围

商品标识，也称商品标志，是表征商品外部特征的记号。商品标识具有区别商品来源的作用，既是经营者用以反映其独特商品声誉乃至商业信誉进而获取交易机会和竞争优势的重要载体，亦是消费者识别商品进而理性做出消费决策的重要依据。因此，商品标识往往成为仿冒的重要对象，其目的是搭他人的“便车”来推销自己的商品。也正因如此，商品标识混淆行为通常被列为商业混淆行为的一种典型样态，成为反不正当竞争法的重点规制对象。

严格来讲，凡是表征商品外部特征、具有区别商品来源作用的标识，都可纳入商品标识的范畴。我国 2017 年修订的《反不正当竞争法》第 6 条第 1 项以列举加兜底的形式就商品标识的范围作出规定，一方面列举了商品标识的三种典型具体形式，即名称、包装、装潢；另一方面规定了一个“等”字以涵盖实践中的其他商品标识，如形状、设计、广告语等。〔13〕

一般来说，商品名称是指用以区别不同商品而使用的商品的称呼；商品包装是指为识别商品以及方便携带、储运而使用在商品上的辅助物和容器；商品装潢则是指为识别与美化商品而在商品或者其包装上附加的文字、图案、色彩及其排列组合。〔14〕

此外，注册商标、未注册的驰名商标、外观设计专利是否可以或是在什么条件下可以纳入商品标识的范畴，获得反不正当竞争法的保护，还可进一步讨论。例如，就外观设计的有关问题，根据 1995 年国家工商行政管理局出台的《若干规定》第 10 条的规定，知名商品经营者已经取得专利的知名商品特有的包装、装潢被仿冒的，“可以”依据《反不正当竞争法》的有关规定对侵权人予以处罚。根据 2003 年国家工商行政管理总局作出的一项《答复》，经营者擅自将他人知名商品特有的包装、装潢作相同或者近似使用，并取得外观设计专利的行为，侵害他人知名商品特有的包装、装潢的在先使用权，造成或者足以造成购买者误认或者混淆的，违反《反不正当竞争法》（1993 年）第 5 条第 2 项的规定，构成不正当竞争行为，“应当”按照《反不正当竞争法》的有关规定查处。〔15〕 这在一定程度上回应了有关疑惑但还不足以完全消解法律适用中的

---

〔13〕《中华人民共和国反不正当竞争法（修订草案）》（二次审议稿）第 6 条对商品标识仅列举了名称、包装、装潢，有意见提出不够全面，建议增加商品“形状”“设计”等标识。为使法律规定更为周延，全国人民代表大会法律委员会经研究，建议将“名称、包装、装潢”修改为“名称、包装、装潢等”。参见《全国人民代表大会法律委员会关于〈中华人民共和国反不正当竞争法（修订草案）审议结果的报告〉》，2017 年 10 月 31 日。此外，有学者提出商品形状、广告语也属于商品标识，参见孔祥俊：《继承基础上的创新——新修订反不正当竞争法解读》，载《中国市场监管研究》2017 年第 12 期。

〔14〕关于商品包装、装潢的界定，见 1995 年国家工商行政管理局发布的《关于禁止仿冒知名商品特有的名称、包装、装潢的不正当竞争行为的若干规定》第 3 条第 4 款、第 5 款。

〔15〕参见国家工商行政管理总局《关于擅自将他人知名商品特有的包装、装潢作相同或者近似使用并取得外观设计专利的行为定性处理问题的答复》（工商公字〔2003〕第 39 号）。

困境,例如基于双重保护而衍生的行政执法中的竞合问题、专利期限届满的外观设计能否继续保护的问题等。

讨论 2 **仿冒注册商标、未注册的驰名商标是否被纳入《反不正当竞争法》第 6 条第 1 项的规制范畴**

一般认为,根据 2017 年《反不正当竞争法》将原法规定的"假冒他人注册商标"予以删除所蕴含的精神,对于仿冒注册商标、未注册的驰名商标的行为,不再适用《反不正当竞争法》,而是适用《商标法》的有关规定处理。但是,亦有观点认为,仿冒他人注册商标或未注册的驰名商标,不仅仅是损害权利人的商标权,也可能导致混淆,破坏公平竞争秩序。从制止不正当竞争,保护市场竞争秩序的角度,显然可以将其纳入《反不正当竞争法》的调整范围。换言之,这其中至少存在竞合的情况,不能简单地将其排除在《反不正当竞争法》的适用范围之外。更为重要的是,我国《商标法》第 58 条还明确规定:"将他人注册商标、未注册的驰名商标作为企业名称中的字号使用,误导公众,构成不正当竞争行为的,依照《中华人民共和国反不正当竞争法》处理。"当然,对于仿冒他人注册商标、未注册的驰名商标的行为,如何适用《反不正当竞争法》第 6 条值得进一步探讨。例如,二者是被纳入第 1 项还是第 4 项的调整范畴?若适用第 1 项,将注册商标、未注册的驰名商标归入何种商品标识范畴,名称,装潢,抑或"等"字?若适用第 4 项,似乎不必要求注册商标、未注册的驰名商标"有一定影响",保护范围更为宽泛,但这是否符合立法本意?

需要指出的是,前述有关商品标识的界定主要是从一般层面揭示了其内涵和外延,然而并不是所有商品标识都属于反不正当竞争法中商品标识混淆行为条款的保护对象。根据我国《反不正当竞争法》第 6 条第 1 项的规定,禁止仿冒的应是"他人有一定影响的"商品标识。下文就此进一步展开分析。

(二)何谓"有一定影响"

我国 2017 年修订的《反不正当竞争法》第 6 条第 1 项将原法第 5 条第 2 项规定的"知名商品特有的名称、包装、装潢"修改为"有一定影响的商品名称、包装、装潢等",其中一个较为显见的变化是以"有一定影响"取代了"知名",而且由"知名商品"修改为"有一定影响的"商品标识。

这意味着,被仿冒的商品标识必须有一定影响,这是认定商品标识混淆行为的一个前提要件。这是因为,经营者欲达到"搭便车"的目的,所选择的仿冒对象一般都是在相关领域有一定影响的标识;如果标识在相关领域没有一定影响,也不可能造成混淆,〔16〕或者说,谈不上利用其影响力、美誉度来谋取竞争优势,因而也就不会影响竞争秩序,不具有反不正当竞争法调整的意义。〔17〕

---

〔16〕 参见王瑞贺主编:《中华人民共和国反不正当竞争法释义》,法律出版社 2017 年版,第 16 ~ 17 页。不过,在《反不正当竞争法》修订过程中,也有不同意见,持否定论者认为,《保护工业产权巴黎公约》第 10 条之二禁止以任何手段对竞争者的营业所、商品或工商业活动产生混淆的一切行为,并未要求被混淆对象在相关领域有一定影响;不论被混淆对象是否在相关领域有一定影响,只要导致引人误认为是他人商品或者与他人存在特定联系,都构成混淆。

〔17〕 参见种明钊主编:《竞争法》(第 3 版),法律出版社 2016 年版,第 109 页。

接下来的问题是,如何认定商品标识有一定影响?结合《反不正当竞争法》的修订情况,现行法中的"有一定影响"与此前规定的"知名"是否同义?"有一定影响的"商品标识与"知名商品"的认定标准是否有实质性的区别?

一般认为,"一定影响"与"知名"含义相同,虽然二者修饰的对象不同,但在解释上,"有一定影响"的商品标识与以往"知名商品"的认定标准并无实质性区别。2017 年修订的《反不正当竞争法》以"一定影响"表达对于标识的知名度要求,主要考虑的是,此前"知名商品"之类的措施,容易被人滥用为追求荣誉称号,且此类标识本质上属于未注册商标,与《商标法》第 32 条中"一定影响的商标"的性质相同,有必要在称谓上保持一致。[18]

根据最高人民法院《关于审理商标授权确权行政案件若干问题的意见》(法发〔2010〕12 号)第 18 条第 2 款对"一定影响的商标"的界定,"一定影响"指的是"在中国境内实际使用并为一定范围的相关公众所知晓"。根据《反不正当竞争法司法解释》第 1 条关于"知名商品"的界定,"知名"指的是"在中国境内具有一定的市场知名度,为相关公众所知悉"。因此,实践中对"一定影响"和"知名"的界定大同小异。

基于以上认知,商品标识有一定影响,可以界定为商品标识在中国境内具有一定的市场知名度,为相关公众所知悉。具体来看,判断商品标识是否有一定影响,需要着重把握以下四个方面:

第一,地域范围。一定影响以在中国境内为相关公众所知悉为必要。在 1995 年国家工商行政管理局出台的《若干规定》对"知名商品"的界定中,"知名"指的是"在市场上具有一定知名度,为相关公众所知悉",其中没有"在中国境内"之类的限定。这虽然与《反不正当竞争法司法解释》的规定不尽相同,但它们更多是技术层面上的差异,在含义解读上和现实适用中应无实质区别。当然,在技术层面,明确规定"在中国境内"更为合理。而之所以强调"在中国境内",主要是由知识产权保护的地域性所决定,商品标识只有在中国境内具有知名度,才可能受法律保护,若在国外(境外)具有较高知名度而在中国境内不具有知名度,则不受中国法律保护。[19] 2015 年最高人民法院发布的第 47 号指导案例"意大利费列罗公司诉蒙特莎(张家港)食品有限公司、天津经济技术开发区正元行销有限公司不正当竞争纠纷案"中,第一项裁判要点即明确指出:"在国际上已知名的商品,我国对其特有的名称、包装、装潢的保护,仍应以其在中国境内为相关公众所知悉为必要。"不过,亦有学者认为"一定影响"的地域范围应当既包括国内,也包括国外;其同时提出,认定"一定影响"时,在地域方面,只要涉案产品在县一级行政区划达到"一定影响"即可;当然,即便没有达到县一级,若经营者确实有证据证明有"一定影响"(包括在国外有"一定影响"),也理当予以采信。[20]

第二,相关公众。相关公众指的是与相关商品有交易关系的特定购买人群。它的基本意涵是,判断是否为相关公众所知悉,并不简单以全社会所有人或是大部分人是否知晓为依据。这里的"交易关系""购买人群"应包括现实和潜在的交易关系、购买者。"特定"则进一步强调需要结合相关商品、相关市场领域来把握相关公众或者说购买者的范围,不能作过于泛化的理解。例如,在日常用品等一般性的市场领域,购买者较为大众化,此种情形中,一般的、普通的

---

〔18〕 参见孔祥俊:《继承基础上的创新——新修订反不正当竞争法解读》,载《中国市场监管研究》2017 年第 12 期。

〔19〕 参见孔祥俊:《反不正当竞争法的创新性适用》,中国法制出版社 2014 年版,第 274 页。

〔20〕 参见肖顺武:《混淆行为法律规制中"一定影响"的认定》,载《法学评论》2018 年第 5 期。

消费者都可被纳入“相关公众”的范畴。而在诸如医疗器材、生产器械等较为专业的市场领域，购买者相对专业和小众化，此时不宜笼统地将一般的消费者都纳入“相关公众”的范畴，而是应主要以那些相对特定的购买者群体为考察对象来判断是否为相关公众知悉。

第三，知名度。知名度或者说知悉度达到何种程度可以认定有一定影响，这没有精确的边界，需要考虑诸多因素加以综合判断。商品标识和商品既有区别但又高度关联，商品标识的影响和商品的影响可能有所分离但更多时候结合紧密。因此，在判断商品标识是否有一定影响时，一方面可着眼于商品标识本身进行考察，如商品标识的持续使用时间、区域和宣传持续时间、程度和地域范围等；〔21〕另一方面往往需要结合乃至立足相应商品的知名度来认定，换言之，只要认定商品知名实际上即可认定相应商品标识有一定影响。而就知名商品的认定，根据《反不正当竞争司法解释》第1条的规定，应当考虑该商品的销售时间、销售区域、销售额和销售对象，进行任何宣传的持续时间、程度和地域范围，作为知名商品受保护的情况等因素，进行综合判断。不过，也有学者提出，“一定影响”可以结合商品的销量、销售时间、广告投入、市场占有率、被保护情况等任何一个因素作出认定，亦即只要能够证明有其中之一的情形，便可认定具有“一定影响”，这种思路既符合立法本意，也更加具有可操作性，并体现了新修订的《反不正当竞争法》对混淆行为从严治理的新要求。〔22〕

第四，“一定影响”的推定。必要时可使用推定法来认定商品标识有一定影响。根据《若干规定》第4条第1款的规定，商品的名称、包装、装潢被他人擅自作相同或者近似使用，足以造成购买者误认的，该商品即可认定为知名商品。循此思路，商品标识被他人擅自作相同或者近似使用，足以造成购买者误认的，自当可以认定该商品标识有一定影响。此种认定方法的基本理据是，不知名则不会被仿冒，即便仿冒也不会造成混淆。应当说，这种认定方法在理论上具有解释力，在实践中可降低法律适用难度，有利于充分保护商品标识权利人的权益，因而具有一定的积极性。不过，这种认定方式存在循环论证的问题，某种程度上使得“商品标识有一定影响”这一构成要件被消解，结合实践中往往基于“标识相同或近似”来推定混淆可能性，似乎认定混淆行为所应满足的“商品标识有一定影响”“作相同或近似使用”“具有混淆效果”这三个条件实际上归为一个，即“作相同或近似使用”，而这是否符合反不正当竞争法的本意，值得进一步探讨。

二、商品标识的使用方式

在认定商品标识混淆行为时，对于商品标识的使用方式，需要认真把握以下两个关键要素的意涵：一是擅自使用，二是相同或近似使用。

（一）擅自使用

根据2017年修订的《反不正当竞争法》第6条第1项的规定，认定商品标识混淆行为，须以商品标识被“擅自使用”为前提条件。所谓“擅自使用”，是指未经权利人同意而自行使用，包

〔21〕 可参考“有一定影响的商标”的认定规则。最高人民法院《关于审理商标授权确权行政案件若干问题的意见》（法发〔2010〕12号）第18条第2款规定，“有证据证明在先商标有一定的持续使用时间、区域、销售量或者广告宣传等的，可以认定其有一定影响”。最高人民法院《关于审理商标授权确权行政案件若干问题的规定》（法释〔2017〕2号）第23条第2款规定：“在先使用人举证证明其在先商标有一定的持续使用时间、区域、销售量或者广告宣传的，人民法院可以认定为有一定影响。”

〔22〕 参见肖顺武：《混淆行为法律规制中“一定影响”的认定》，载《法学评论》2018年第5期。

括自始未经权利人同意而使用，授权终止后未经权利人同意而继续使用，或者超越授权范围进行使用等情形。显然，经营者经权利人同意而使用其商品标识，属于正当利用他人商品声誉和商业信誉以获取竞争优势的行为，无论是主观还是客观层面都不存在“引人误认”的问题。进一步来看，在认定是否属于“擅自使用”时，有以下四个方面值得关注：

第一，“擅自使用”体现了仿冒行为的主观故意性、恶意性。换言之，认定仿冒行为应以行为人的主观故意和恶意使用为条件。仿冒行为的实质是行为人不愿通过自身努力而是试图通过搭便车、攀附他人声誉的方式谋取市场竞争力，其主观心态应当是故意的，包括希望或放任混淆结果的发生，而这也就反映出其行为的恶意性。如果行为人并无希望或者放任混淆结果发生的主观心态，但却在客观上出现了其使用的商品标识与他人商品标识相同或近似的情况，就此应认定为纯属巧合或是正当（善意）使用，不能称为“擅自使用”。当然，行为人的主观故意应结合过错推定原则加以认定，是否为善意使用亦当由行为人来证明。

在这方面，《反不正当竞争法司法解释》第1条第2款规定，在不同地域范围内使用相同或者近似的知名商品特有的名称、包装、装潢，在后使用者能够证明其善意使用的，不构成仿冒行为。但是，因后来的经营活动进入相同地域范围而使其商品来源足以产生混淆，在先使用者请求责令在后使用者附加足以区别商品来源的其他标识的，人民法院应当予以支持。司法实践中，法院亦循此思路作出了相应的裁判。例如，在最高人民法院2016年发布的第58号指导案例“成都同德福合川桃片有限公司诉重庆市合川区同德福桃片有限公司、余晓华侵害商标权及不正当竞争纠纷案”中，法院基于原告的行为“具有合理性”，“是善意的”，并未违反诚实信用原则，认定不构成不正当竞争。又如，在王老吉与加多宝“红罐凉茶”特有包装装潢纠纷案中，2017年最高人民法院作出的终审判决认为，广药集团和加多宝公司对涉案包装装潢权益的形成、发展和商誉建树均作出了重要贡献，将其权益完全判归一方所有，均会导致显失公平的结果，并可能损及社会公众利益；在遵循诚实信用原则和尊重消费者认知并不损害他人合法权益的前提下，可由双方共同享有涉案包装装潢权益。〔23〕

第二，擅自将他人有一定影响的商品标识用于商品、商品包装以及商品交易文书上，或者用于广告宣传、展览以及其他商业活动；擅自将他人有一定影响的商品名称用作自己的字号，〔24〕这些都可被纳入《反不正当竞争法》第6条第1项中的“擅自使用”范围。需要指出的是，根据《反不正当竞争法司法解释》第7条的规定，“在中国境内进行商业使用，包括将知名商品特有的名称、包装、装潢用于商品、商品包装以及商品交易文书上，或者用于广告宣传、展览以及其他商业活动中”，“应当认定”为“使用”他人商品名称、包装、装潢。

第三，擅自制造、销售、运输他人有一定影响的商品标识，是否属于《反不正当竞争法》第6条第1项中的“擅自使用”范畴。根据1997年国家工商行政管理局作出的一项答复，擅自“制造、销售”属于“擅自使用”。〔25〕 至于“运输”，未见相应规定。有观点认为，仿冒行为往往通过

〔23〕 参见“广东加多宝饮料食品有限公司与广州王老吉大健康产业有限公司擅自使用知名商品特有名称、包装、装潢纠纷案”，最高人民法院（2015）民三终字第2号民事判决书。不过，该判决亦引发了较大争议，值得进一步探讨。

〔24〕 参见“腾讯科技（深圳）有限公司与怀远县微信汽车贸易有限公司不正当竞争纠纷案”，安徽省蚌埠市中级人民法院（2017）皖03民初44号民事判决书。

〔25〕 国家工商行政管理局《关于擅自制造、销售知名商品特有包装、装潢的行为如何定性处罚问题的答复》（工商公字〔1997〕第128号）指出：“擅自制造、销售他人知名商品特有的包装、装潢的行为，其后果足以导致市场混淆，属于《反不正当竞争法》第五条第（二）项规定的擅自使用知名商品特有的包装、装潢的不正当竞争行为，应依据《反不正当竞争法》和《关于禁止仿冒知名商品特有的名称、包装、装潢的不正当竞争行为的若干规定》予以处罚。”

一系列主体的制造、使用、销售、运输等相关行为来完成,仅仅将仿冒行为的形态限于“使用”,不足以从源头和流向上有效打击这些行为。而且,制造、销售、运输都是“使用”行为的延伸,对“使用”行为起着辅助作用,在性质上完全可以归入仿冒行为之中。[26]

第四,销售、运输明知是仿冒他人有一定影响的商品标识的商品,是否属于《反不正当竞争法》第6条第1项中的“擅自使用”范畴。根据2015年最高人民法院在“上海帕弗洛文化用品有限公司诉燕新华擅自使用知名商品特有名称、包装、装潢纠纷案”中的裁定观点,“擅自使用”限于直接使用行为,即生产商的生产、制造以及销售被控侵权产品行为,不包括仅仅作为被控侵权产品销售商的销售行为。[27] 就此,理论界和实务界均存有异议,主张应当将销售明知是仿冒商品的行为纳入这里的“擅自使用”范畴。[28] 此外,亦有观点提出,运输明知是仿冒商品的行为,也应认定为“擅自使用”。[29]

(二)作相同或者近似使用

根据我国《反不正当竞争法》的规定,对他人有一定影响的商品标识作“相同或者近似”使用,是认定商品标识混淆行为的一项基本要件;它同时也表明,以“相同”或者“近似”的方式使用,都可能构成商品标识混淆行为。

作相同使用,即所使用的商品标识与他人的商品标识相同。所谓“相同”既包括一模一样,也包括在视觉上基本无差别,[30]若不借助仪器检查或特殊手段几乎无法发现其虚假性,极易引人误认是他人商品。

作近似使用,即所使用的商品标识与他人的商品标识相似,表现为其文字的字形、读音、含义或者图形的构图及颜色,或者其各要素组合后的整体结构相似,或者其立体形状、颜色组合近似,容易引人误认为是他人商品或者与他人存在特定联系。[31]

按照《若干规定》第5条的规定,在认定商品标识是否近似时,可根据其主要部分和整体印象相近,一般购买者施以普通注意力会发生误认等综合分析认定。一般购买者已经发生误认或者混淆的,可以认定为近似。就此,需要把握以下几点:(1)主要部分是指商品标识最显著、最醒目、最易引起购买者注意的部分。(2)一般购买者也即相关领域的普通消费者,区别于专业人士、无关人员;普通注意力的程度需结合商品价值等因素来把握。(3)在比对时,既要进行整体比对,又要进行主要部分的比对,比对应当在比对对象隔离的状态下分别进行。(4)判断商品标识是否近似,应当考虑请求保护的商品标识的显著性和知名度。[32] (5)可采用推定法来认定近似,即基于一般购买者已经发生误认或者混淆,可以认定为近似。

---

〔26〕 参见种明钊主编:《竞争法》(第3版),法律出版社2016年版,第108页。

〔27〕 参见最高人民法院(2015)民申字第302号民事裁定书。

〔28〕 参见王太平、袁振宗:《反不正当竞争法的商业标识保护制度之评析》,载《知识产权》2018年第5期。

〔29〕 参见种明钊主编:《竞争法》(第3版),法律出版社2016年版,第111页。

〔30〕 根据《反不正当竞争司法解释》第4条第3款的规定,认定“名称、包装、装潢相同或者近似,可以参照商标相同或者近似的判断原则和方法”。根据最高人民法院《关于审理商标民事纠纷案件适用法律若干问题的解释》第9条第1款的规定,商标相同是指“被控侵权的商标与原告的注册商标相比较,二者在视觉上基本无差别”。

〔31〕 参考最高人民法院《关于审理商标民事纠纷案件适用法律若干问题的解释》第9条第2款关于“商标近似”的界定。

〔32〕 参考最高人民法院《关于审理商标民事纠纷案件适用法律若干问题的解释》第10条关于商标相同或者近似的认定原则的规定。

讨论3 擅自使用是否限于可见使用而不包括隐性使用?

在传统混淆行为理论中,对他人标识的使用一般理解为可见意义上的使用,即用于可视载体上,公众能够做视觉上的比较。在互联网领域中,经营者可能仅是作隐性使用,例如将他人有一定影响的商品标识如商品名称、商标设为搜索关键词,用于触发互联网弹出式广告,但是在最终呈现的广告页面上则不再使用。此种情形能否纳入《反不正当竞争法》第6条第1项的调整范围?就此,理论界和实务界均尚未形成共识,其中一个争议点即在于擅自使用是否限于可见使用,而不包括隐性使用?

在美国的司法实践中,虽然歧异尚存,但是已经有法院通过拓展界定商标"使用"的含义,以及引入初始兴趣混淆理论认定"混淆可能性",进而将未授权弹出式广告纳入市场混淆不正当竞争的范畴。在我国以往的司法实践中,一般适用《反不正当竞争法》第2条进行调整,典型案例可见最高人民法院发布的第45号指导案例"北京百度网讯科技有限公司诉青岛奥商网络技术有限公司等不正当竞争纠纷案"。2017年《反不正当竞争法》修订后,全国人大法工委的同志组织编写的法律《释义》将该案列为互联网领域特有的不正当竞争案件——第12条第2款第1项的典型案例。[33] 这是否意味着今后应当或是更宜按照此种思路来规制诸如未授权弹出式广告这类行为,而直接排除第6条第1项的适用?

第三节 主体标识混淆行为

我国2017年修订的《反不正当竞争法》第6条第2项的规定为"擅自使用他人有一定影响的企业名称(包括简称、字号等)、社会组织名称(包括简称等)、姓名(包括笔名、艺名、译名等)",据此,我们可以将主体标识混淆行为界定为经营者在生产经营活动中,擅自使用他人有一定影响的主体标识,引人误认为是他人商品或者与他人存在特定联系的不正当竞争行为。鉴于主体标识混淆行为也是商业混淆行为的一种类型,与商品标识混淆行为的构成要件在诸多方面也具有一致性,本节仅着重就其中的特殊之处进行解读。

一、主体标识的含义和范围

主体标识,也称主体标志,是指用以区别不同主体的记号,其在生产经营活动中亦具有区别商品来源的功能。正是基于此种区别性特征,主体标识成为经营者体现或获取商誉、影响力的重要载体。而经营者在生产经营活动中,擅自使用他人有一定影响的主体标识,即是试图通过造成混淆,盗用他人声誉或影响力来谋取竞争优势,这亦属于商业混淆行为的一种典型形式,应当予以禁止。

我国1993年《反不正当竞争法中》第5条第3项规定,不得"擅自使用他人的企业名称或者姓名,引人误认是他人的商品",其禁止仿冒的主体标识限于"企业名称或者姓名"。而在

---

〔33〕 参见王瑞贺主编:《〈中华人民共和国反不正当竞争法〉释义》,法律出版社2017年版,第180页。

2017 年修订的《反不正当竞争法》中，禁止仿冒的主体标识为“有一定影响的企业名称（包括简称、字号等）、社会组织名称（包括简称等）、姓名（包括笔名、艺名、译名等）”。一方面，修订后的法律强调被仿冒的主体标识须“有一定影响”，这与其他商业混淆行为中的要求一致；另一方面，修订后的法律扩展了主体标识的范围，不仅明确增加列举了企业简称、字号，社会组织名称、简称，笔名、艺名、艺名等具体形式，还用三个“等”字兜底以实现全面覆盖。

（一）关于企业名称、简称、字号

根据《企业名称登记管理规定》《企业名称登记管理实施办法》的规定，[34]企业名称由行政区划、字号、行业或经营特点、组织形式四个部分组成。按严格解释，反不正当竞争法所禁止仿冒的“企业名称”应当是他人完整的企业名称，即包含四部分内容。在 1993 年《反不正当竞争法》制定实施后，司法实践中最初亦持此种严格解释的裁判立场，但随着商业实践的发展，严格解释日益脱离现实需要，最高人民法院通过发布《公报》案例、指导案例和司法政策、司法解释等方式对“企业名称”不断扩大解释，将企业字号、简称纳入其范畴。[35]

例如，2007 年最高人民法院发布的《反不正当竞争法司法解释》第 6 条，一方面规定企业登记主管机关依法登记注册的企业名称，以及在中国境内进行商业使用的外国（地区）企业名称，“应当”认定为“企业名称”；另一方面规定“具有一定的市场知名度、为相关公众所知悉的企业名称中的字号”，“可以”认定为“企业名称”。2009 年印发的最高人民法院《关于当前经济形势下知识产权审判服务大局若干问题的意见》指出：“对于具有一定市场知名度、为相关公众所熟知、已实际具有商号作用的企业名称中的字号、企业或者企业名称的简称，视为企业名称并给予制止不正当竞争的保护。”最高人民法院 2014 年发布的第 29 号指导案例“天津中国青年旅行社诉天津国青国际旅行社擅自使用他人企业名称纠纷案”中，其裁判要点再次明确指出：“对于企业长期、广泛对外使用，具有一定市场知名度、为相关公众所知悉，已实际具有商号作用的企业名称简称，可以视为企业名称予以保护。”

诚然，此种司法对法条的扩张解释对于化解成文法适用困境具有积极意义，但从立法论而言，这种扩张解释毕竟存在一定的合法性缺陷。鉴于此，在 2017 年修订《反不正当竞争法》时，我国以正式立法的形式加以确认，将企业字号、简称与企业名称并列写入法条。这同时也表明，立法增加规定“企业字号、简称”，主要是对已有司法实践经验的总结和确认，在把握其变化和含义时，需要结合相关规则来理解。进一步地看，在理解企业名称、字号、简称时，需要把握以下两点：（1）鉴于立法已经将三者并行规定，不应再通过扩大解释的方式，将企业字号、简称纳入企业名称的范畴，以“视为企业名称”的形式提供保护。其中，企业名称应当是他人完整的企业名称；企业字号即作为企业名称组成部分的字号或商号；[36]企业简称则是将企业名称中若干关键字进行整合、概括而形成的企业名称的缩略语。（2）企业名称、字号、简称纳入《反不正当竞争法》第 6 条调整范围的前提条件是“有一定影响”，“有一定影响”指的是在中国境内

---

〔34〕《企业名称登记管理规定》（1991 年 5 月国务院批准，同年 7 月国家工商行政管理局发布；根据 2012 年 11 月公布、自 2013 年 1 月 1 日起施行的《国务院关于修改和废止部分行政法规的决定》修正）；《企业名称登记管理实施办法》（1999 年 12 月国家工商行政管理局公布；2004 年 6 月国家工商行政管理总局修订）。

〔35〕参见李友根：《论企业名称的竞争法保护——最高人民法院第 29 号指导案例研究》，载《中国法学》2015 年第 4 期，第 266～274 页。

〔36〕根据《企业名称登记管理规定》第 7 条第 1 款“企业名称应当由以下部分依次组成：字号（或者商号，下同）、行业或者经营特点、组织形式”的规定，企业字号也即商号。

具有一定的市场知名度，为相关公众所知悉（详见本章第二节）。

（二）关于社会组织名称、简称

对于禁止仿冒的主体标识，我国2017年修订的《反不正当竞争法》首次增加规定“社会组织名称（包括简称等）”，明确将“社会组织”的名称、简称等纳入适用范围。

社会组织是不同于企业的一种组织类型，在我国实践中主要体现为社会团体、基金会和社会服务机构。[37] 在我国有关立法或规范性文件中，目前未见直接针对“社会组织”的定义（内涵界定），即便是外延式界定也很少见，而且最多也是典型列举。例如，2018年民政部出台的《社会组织信用信息管理办法》就未对社会组织作任何形式的界定。2018年8月民政部发布的《社会组织登记管理条例（草案征求意见稿）》第2条也只是规定：“本条例所称社会组织，包括社会团体、基金会、社会服务机构”，进而就这三种具体社会组织形式分别加以定义。

根据1998年国务院出台的《社会团体登记管理条例》（2016年修订）第2条的规定，社会团体是指“中国公民自愿组成，为实现会员共同意愿，按照其章程开展活动的非营利性社会组织”。《社会组织登记管理条例（草案征求意见稿）》在界定社会团体时总体上沿用了这一定义，只是将“非营利性社会组织”修改为“非营利法人”。

根据2004年国务院颁行的《基金会管理条例》第2条的规定，基金会是指“利用自然人、法人或者其他组织捐赠的财产，以从事公益事业为目的，按照本条例的规定成立的非营利性法人”。《社会组织登记管理条例（草案征求意见稿）》对此予以了细化规定，将基金会界定为“利用自然人、法人或者其他组织捐赠的财产，以提供扶贫、济困、扶老、救孤、恤病、助残、救灾、助医、助学、优抚服务，促进教育、科学、文化、卫生、体育事业发展，防治污染等公害和保护、改善生态环境，推动社会公共设施建设等公益慈善事业为目的，按照其章程开展活动的非营利法人”。

关于社会服务机构，目前未见专门立法和正式立法界定。《社会组织登记管理条例（草案征求意见稿）》将其界定为“自然人、法人或者其他组织为了公益目的，利用非国有资产捐助举办，按照其章程提供社会服务的非营利法人”。

综观前述有关社会团体、基金会和社会服务机构等的界定，同时结合《民法总则》第87条第2款的规定——“非营利法人包括事业单位、社会团体、基金会、社会服务机构等”，可以看到，社会组织属于非营利法人。而由此出发，可进一步参考《民法总则》第87条第1款有关非营利法人的界定来把握社会组织的基本特征，即为公益目的或者其他非营利目的成立，不向出资人、设立人或者会员分配所取得的利润。

就社会组织“名称”“简称”等的理解，总体上可参考有关企业名称、简称的解释规则加以把握。关键有两点：一是社会组织名称应当是他人完整的社会组织名称；二是将社会组织名称、简称纳入《反不正当竞争法》第6条调整范围的前提条件是“有一定影响”。

值得进一步探讨的是，对于社会组织的字号如何看待。诚然，社会组织名称不一定都有字

---

〔37〕 参见中共中央办公厅、国务院办公厅《关于改革社会组织管理制度促进社会组织健康有序发展的意见》（2016年8月21日）；2018年8月3日民政部发布的《社会组织登记管理条例（草案征求意见稿）》第2条。

号这一构成要素,社会团体即是典型代表,[38]如“中国法学会”。但是,社会组织名称中使用字号也是普遍存在的,而且根据有关规定,一些社会组织还应当在名称中使用字号。[39] 如果经营者只是擅自使用他人社会组织名称中的字号,该如何处理?就此,我们认为,社会组织名称中的字号和企业名称中的字号,具有类似的功能和法律地位,应当参照《反不正当竞争法》有关仿冒企业字号的规制思路进行处理。从立法论来讲,应将社会组织的“字号”亦写入法条,规定为“社会组织名称(包括字号、简称等)”。从解释论来看,不宜再循以往将企业字号视为企业名称的解释和裁判路径,将社会组织字号亦视为社会组织名称,鉴于现行立法中规定了“等”字,可把社会组织的字号纳入“等”字的范畴。

(三)关于姓名、笔名、艺名、译名

姓名、笔名、艺名、译名这类标识指向的主体是自然人。值得指出的是,虽然我国1986年颁布的《民法通则》和2017年颁布的《民法总则》均将个体工商户规定在“自然人”一章,[40]但一般认为,在涉及“姓名”“姓名权”“名称”“名称权”的语境中,个体工商户则不纳入自然人范畴,而是归入广义上的企业范围。例如,《民法通则》第99条规定,个体工商户享有的是“名称权”,而非“姓名权”;其有权使用、依法转让自己的“名称”,而非“姓名”。[41] 不过,在《民法总则》出台后,这种理解似乎面临一定的障碍。《民法总则》并未像《民法通则》第99条所规定的那样作出相应的细化规定,而只是在第110条笼统规定:“自然人享有……姓名权……等权利。法人、非法人组织享有名称权……等权利。”若严格按文义解释和体系解释,既然个体工商户规定在“自然人”一章,那么它享有的似乎亦应是“姓名权”。当然,这种理解是否符合《民法总则》的本意,值得进一步探讨,我们倾向于认为不应作如此机械的解释。

此外,诚如前文所述,《反不正当竞争法》第6条并未要求被混淆对象一定是商业标识,即经营者既不能仿冒他人用于生产经营活动的有一定影响的标识,也不得仿冒他人虽未用于生产经营活动但也有一定影响的标识。这同样适用于仿冒自然人的姓名、笔名、艺名、译名等标识的情形。换言之,对于经营者擅自使用他人有一定影响的姓名(包括笔名、艺名、译名等)的行为,是否认定为混淆行为,不应以该“他人”系与行为人具有竞争关系的经营者为前提条件。[42]

最后,在理解姓名、笔名、艺名、译名时,还有两点需要把握:(1)鉴于现行立法已经将笔名、艺名、译名与姓名并列写入法条,且规定了“等”字兜底,对于“姓名”应当作严格解释,而不需要也不应再像以往那般尽量做广泛意义上的理解。(2)将姓名、笔名、艺名、译名等纳入《反不正当竞争法》第6条调整范围的前提条件是“有一定影响”。

---

〔38〕《社会团体登记管理条例》并未就社会团体的名称是否应当或可以使用字号作出明确规定,只是第10条第2款规定,社会团体的名称应当符合法律、法规的规定,不得违背社会道德风尚。社会团体的名称应当与其业务范围、成员分布、活动地域相一致,准确反映其特征。全国性的社会团体的名称冠以“中国”“全国”“中华”等字样的,应当按照国家有关规定经过批准,地方性的社会团体的名称不得冠以“中国”“全国”“中华”等字样。

〔39〕例如,《基金会名称管理规定》第3条第2款、第3款规定:“基金会的名称应当依次包括字号、公益活动的业务范围,并以‘基金会’字样结束。公募基金会的名称可以不使用字号。”

〔40〕在《民法通则》中,规定的是“公民(自然人)”,将公民和自然人作为同义语混合使用。

〔41〕《民法通则》第99条规定:“公民享有姓名权,有权决定、使用和依照规定改变自己的姓名。”“法人、个体工商户、个人合伙享有名称权。企业法人、个体工商户、个人合伙有权使用、依法转让自己的名称。”

〔42〕在以往的司法实践中,较为通行的理解和裁判思路是,必须首先认定“他人”系与行为人具有竞争关系的经营者,进而才能认定存在不正当竞争。“湖南王跃文诉河北王跃文等侵犯著作权、不正当竞争纠纷案”可谓这方面的典型案例,详见《最高人民法院公报》2005年第10期。

二、主体标识的使用方式

根据《反不正当竞争法》第6条第2项的规定，认定主体标识混淆行为，须以主体标识被“擅自使用”为前提条件。着眼“擅自”一词，其含义与前述商品标识混淆行为条款中的“擅自”并无二致，此处不再赘述，而主要对“使用”部分做进一步的延伸解读。

1. 作相同使用

我国《反不正当竞争法》第6条第1项明确规定，对于商品标识混淆的认定，行为人可以是“相同或近似”使用，即“擅自使用与他人有一定影响的商品名称、包装、装潢等相同或者近似的标识”。而对于主体标识混淆行为，《反不正当竞争法》第6条第2项则未有“近似使用”的规定，即“擅自使用他人有一定影响企业名称（包括简称、字号等）、社会组织名称（包括简称等）、姓名（包括笔名、艺名、译名等）”，上述“差异性”规定的立法目的以及法律适用值得我们进一步思考。

2. 恶意使用

一般认为，“擅自使用”体现了仿冒行为的主观故意性、恶意性。换言之，认定仿冒行为应以行为人的主观故意和恶意使用为条件。此种理解和裁判立场，在有关商品标识混淆行为的司法解释和指导案例、典型案例中已有明确体现，被最高人民法院所肯定与采纳（详见本章第二节）。

应当说，在“擅自使用”的主观故意性和使用的恶意性上，仿冒主体标识行为和仿冒商品标识行为并无不同，认定主体标识混淆行为亦应以“恶意使用”为条件。此外，这种理解从全国人大法工委组织编写的《释义》中亦可获得印证。例如，针对1993年《反不正当竞争法》进行解释的《〈中华人民共和国反不正当竞争法〉释义》指出，擅自使用他人的企业名称或者姓名当然包含了国外和我国台湾地区的排除性规定的意思，如善意使用自己姓名与他人姓名相同的行为。[43]

3. 是否包括作隐性使用

擅自将他人有一定影响的主体标识用于商品、商品包装以及商品交易文书上，或者用于广告宣传、展览以及其他商业活动，这些都可被纳入《反不正当竞争法》第6条第2项中的“擅自使用”范围。[44] 总的来看，这里的使用基本上都体现为显性使用，也称可见意义上的使用，即用于可视载体上，公众能够做视觉上的比较。传统混淆行为理论一般亦认为，认定混淆行为以“显性使用”为前提。

不过，随着互联网经济的发展，在互联网领域中擅自“隐性使用”他人标识的情形不断出现，如将企业名称、简称用作互联网竞价排名、弹出广告的搜索关键词。对此，能否将其纳入这里的“擅自使用”范畴？进言之，能否将这类行为纳入《反不正当竞争法》第6条第2项的适用之中？根据我国的司法裁判情况，答案应是能够，这方面已有案例提供支撑。

---

〔43〕 参见全国人大常委会法制工作委员会民法室编著：《〈中华人民共和国反不正当竞争法〉释义》，法律出版社1994年版，第17页。

〔44〕 根据《反不正当竞争法司法解释》第7条的规定，在中国境内进行商业使用，包括企业名称、姓名用于商品、商品包装以及商品交易文书上，或者用于广告宣传、展览以及其他商业活动中，应当认定为反不正当竞争法（1993年）第5条第3项的“使用”。值得进一步探讨的是，若用于广告宣传、展览等活动中，是否也可能构成引人误解的商业宣传行为，如果可能，那么一律“应当认定”就显得欠妥。

例如，在东方京宁诉睿达华通等不正当竞争纠纷案中，睿达华通在参与百度竞价排名时，将东方京宁的全称、简称等设为自己网站的搜索关键词。用户在百度搜索引擎中输入"北京东方京宁建材科技有限公司""北京东方京宁""东方京宁"进行搜索，搜索结果中的第一项均为睿达华通公司网站的链接。法院认为：睿达华通在参与百度竞价排名时擅自使用东方京宁的企业名称、字号，使欲通过百度搜寻东方京宁公司网站的相关公众误入睿达华通公司网站，误认为睿达华通与东方京宁存在某种联系，不正当地夺取了东方京宁的竞争机会，构成"擅自使用他人的企业名称，引人误认为是他人商品"的不正当竞争行为。〔45〕

第四节　网络标识混淆行为

我国2017年修订的《反不正当竞争法》第6条第3项的规定为"擅自使用他人有一定影响的域名主体部分、网站名称、网页等"，据此，网络标识混淆行为可以界定为经营者在生产经营活动中，擅自使用他人有一定影响的网络标识，引人误认为是他人商品或者与他人存在特定联系的不正当竞争行为。

一、网络标识的含义与范围

我国2017年修订的《反不正当竞争法》对商业混淆行为中的标识类型作了进一步的细化规定，包括把网络活动中的一些特殊标识如域名主体部分、网站名称、网页等单独归为一种类型，并在此基础上制定出更为细化和具体化的商业混淆行为条款，使法律规定更具操作性，这被誉为一个亮点。

值得指出的是，对于《反不正当竞争法》第6条第3项所规定的标识究竟归为何种类型，人们有不同的理解。全国人大法工委的同志所作"官方"解读，称为"网络活动中的一些特殊标识"；〔46〕有学者则概括为"互联网商业标识"或"互联网标识"；〔47〕亦有学者称为"域名主体部分、网站名称、网页等新型商业标识"，〔48〕或是将其笼统地归为"其他商业标识"范畴。〔49〕不同解读实际上反映出对这类标识的含义和性质的不同认知，而此种莫衷一是的认知状况对于准确适用法律可能会造成不利影响，需要进一步厘清。

首先，定性为商业标识不妥。以"商业标识"概念指称商业混淆行为中的各类标识，似乎已成为一种较为通行的做法，这在诸多理论文献的行文表达中有较为明显的体现。在我国《反不

〔45〕参见王贺瑞主编：《〈中华人民共和国反不正当竞争法〉释义》，法律出版社2017年版，第179页。详见北京市海淀区人民法院(2012)海民初字第23378号民事判决书；北京市第一中级人民法院(2013)一中民终字第04394号民事判决书。

〔46〕王贺瑞主编：《〈中华人民共和国反不正当竞争法〉释义》，法律出版社2017年版，第16页。

〔47〕肖江平：《新〈反不正当竞争法〉的制度与法理》，载《中国工商报》2017年12月21日，第6版。

〔48〕宁立志：《〈反不正当竞争法〉修订的得与失》，载《法商研究》2018年第4期。

〔49〕孔祥俊：《继承基础上的创新——新修订反不正当竞争法解读》，载《中国市场监管研究》2017年第12期。

正当竞争法》修订过程中亦曾引入“商业标识”概念,[50] 虽然最终没有被保留,但这亦在一定程度上反映出商业混淆行为中被仿冒的标识即是“商业标识”的观念较为普遍。而且对于“商业标识”概念最终没有被保留,一些学者还很是遗憾。然而,事实上,《反不正当竞争法》第 6 条规定,“并未要求被混淆对象一定是商业标识,即经营者既不能仿冒他人用于生产经营活动的有一定影响的标识,也不得仿冒他人虽未用于生产经营活动但也有一定影响的标识(如公益网站名称)”。[51] 因为即便经营者仿冒的是他人的非商业标识,同样可能导致“引人误认”的后果,欺骗、误导消费者,因此,将商业混淆行为中的各种标识限定或概括为“商业标识”的做法和观念并不恰当,需要摒弃。

其次,能否称为新型或特殊标识,需要辩证看待。诸如域名主体部分、网站名称、网页等这类标识,基于网络领域的特点,可以说在呈现形式等方面有一定的新颖性和特殊性。但是,严格来讲,这类标识与通常所谓商品标识、主体标识在实质上并无不同,抑或按有关学者的说法,实际上《反不正当竞争法》第 6 条第 3 项规定的标识与第 1 项和第 2 项规定的标识有交叉。[52] 例如,基于域名——核心是域名主体部分——的主体身份识别功能,可将其归入主体标识的范畴。基于网站名称通常是企业、社会组织简称或自然人姓名等在网络领域的延伸使用,亦可将其归入主体标识的范畴,或者是,基于网站实为一种服务或者说网络产品,可将网站名称归入商品标识的范畴。[53] 网页是网站的呈现形式,主要由文字和图片这两个基本元素构成,而网站本质上是一种服务或者说网络产品,因此可将网页纳入商品标识(装潢)的范畴。基于此种认知,实际上可将网络标识混淆行为视为商品或主体标识混淆行为在网络领域的延伸,在理解相关法律规定的涵义时可结合起来把握。

最后,需要强调的是,将域名主体部分、网站名称、网页等标识纳入《反不正当竞争法》第 6 条调整范围的前提条件是“有一定影响”。其中,对于“有一定影响”的要求,在 2017 年《反不正当竞争法》修订之前,司法实践中即已持此种理解和裁判立场。例如,在“上海枫晴化工有限公司诉上海弘昊化工有限公司侵害网络域名及擅自使用他人企业名称纠纷案”中,法院最终没有支持原告诉讼请求的一个依据便是,原告提供的证据不能证明涉案域名主体部分暨英文企业字号“foodchem”具有一定的市场知名度。[54]

二、网络标识的使用方式

根据《反不正当竞争法》第 6 条第 3 项的规定,认定主体标识混淆行为,须以网络标识被“擅自使用”为前提条件。鉴于网络标识在某种程度上可归入商品标识或主体标识范畴,可将网络标识混淆行为视为商品或主体标识混淆行为在网络领域的延伸,本节不再就网络标识的使用方式问题作过多阐释,而主要结合有关司法解释和案例作两点补充说明。

---

〔50〕《反不正当竞争法(修订草案送审稿)》第 5 条第 2 款规定:“本法所称的商业标识,是指区分商品生产者或者经营者的标志,包括但不限于知名商品特有的名称、包装、装潢、商品形状、商标、企业和企业集团的名称及其简称、字号、域名主体部分、网站名称、网页、姓名、笔名、艺名、频道节目栏目的名称、标识等。”

〔51〕参见王瑞贺主编:《〈中华人民共和国反不正当竞争法〉释义》,法律出版社 2017 年版,第 16 页。

〔52〕肖江平:《新〈反不正当竞争法〉的制度与法理》,载《中国工商报》2017 年 12 月 21 日,第 6 版。

〔53〕在商品标识语境下,该网站应限定为经营性网站,而不包括非经营性网站,如公益网站。

〔54〕参见上海市浦东区人民法院(2011)浦民三(知)初字第 204 号民事判决书。

1. 作相同使用

与前文主体标识混淆的规定相似，我国2017年《反不正当竞争法》第6条第3项关于网络标识的混淆，也没有"近似使用"的规定，而是直接表述为"擅自使用他人有一定影响的域名主体部分、网站名称、网页等"。上述规定与最高人民法院2001年相关司法解释[55]及国家工商总局的2014年的相关规定[56]存在冲突，但是，根据新法优于旧法原则，应当依照现行《反不正当竞争法》第6条的规定执行。不过，在执法实践中仍然存在适用"旧法"的惯性，把"近似使用"作为了混淆认定的依据，例如，在2017年《反不正当竞争法》颁行后浙江省立案查处的首例网站混淆案中，金华市市场监管局认定，当事人使用与360导航网站域名主体部分相近似的域名、擅自使用360导航网站名称、使用360导航网站页面内容（底部）、仿制网页版面的行为，构成了新《反不正当竞争法》第6条第3项规定的混淆行为。[57]

2. 恶意使用

认定仿冒行为应以行为人的主观故意和恶意使用为条件，这不仅适用于商品标识混淆行为和主体标识混淆行为，亦适用于网络标识混淆行为。就一般层面的理论分析和逻辑推演，前文已有相应阐释，此处不再赘述。值得补充说明的是，这种理解和裁判立场在我国有关司法解释和案例中已经有明确的体现。

最高人民法院2001年颁布的《关于审理涉及计算机网络域名民事纠纷案件适用法律若干问题的解释》第4条明确将"被告对该域名的注册、使用具有恶意"规定为认定被告注册、使用域名等行为构成不正当竞争所应当满足的一项条件。此外，该司法解释第5条还就"恶意"的认定作了进一步规定，例如，被告为商业目的注册、使用与原告的域名等相同或近似的域名，故意造成与原告提供的产品、服务或者原告网站的混淆，误导网络用户访问其网站或其他在线站点的，应当认定为恶意。被告举证证明在纠纷发生前其所持有的域名已经获得一定的知名度，且能与原告的域名等相区别，或者具有其他情形足以证明其不具有恶意的，人民法院可以不认定被告具有恶意。

又如，在"上海枫晴化工有限公司诉上海弘昊化工有限公司侵害网络域名及擅自使用他人企业名称纠纷案"中，法院最终没有支持原告诉讼请求的一个依据是："原告提供的现有证据不能证明被告具有攀附原告的主观意图。在原告未能证明被告的使用具有恶意的情况下，原告不能阻止被告使用系争域名，也无权要求将该域名转给原告注册使用。"[58]

本章小结

商业混淆行为是一种典型的不正当竞争行为。其以仿冒他人标识为手段，以造成市场混淆为目

---

〔55〕 最高人民法院2001年颁布的《关于审理涉及计算机网络域名民事纠纷案件适用法律若干问题的解释》第4条规定："对符合以下各项条件的，应当认定被告注册、使用域名等行为构成侵权或者不正当竞争：……（二）被告域名或其主体部分……与原告的域名等相同或近似，足以造成相关公众的误认。"

〔56〕 2014年国家工商行政管理总局出台的《网络交易管理办法》第19条规定，网络商品经营者、有关服务经营者销售商品或者服务，不得从事"擅自使用知名网站特有的域名、名称、标识或者使用与知名网站近似的域名、名称、标识，与他人知名网站相混淆，造成消费者误认"的不正当竞争行为。

〔57〕 参见戚辉（案评人）：《金华适用新〈反不正当竞争法〉查处浙江首起网站混淆案——假360搜索网站被罚5万元》，载《中国工商报》2018年6月28日，第6版。

〔58〕 参见上海市浦东新区人民法院（2011）浦民三（知）初字第204号民事判决书。

的，实质是盗用他人影响力提高自身竞争力。我国2017年修订的《反不正当竞争法》第6条以“列举+兜底条款”的方式对商业混淆行为作了细化规定。总体上，认定商业混淆行为需要满足以下三个构成要件：其一，行为主体为经营者；其二，行为手段是擅自使用他人有一定影响的标识；其三，行为后果是引人误认是他人商品或与他人存在特定联系。根据《反不正当竞争法》第6条中的列举性规定，被仿冒的标识体现为三种类型：商品标识、主体标识和网络活动中的一些特殊标识，在此基础上，可将商业混淆行为划分为三种类型：商品标识混淆行为、主体标识混淆行为和网络标识混淆行为。需要注意理解它们之间的异同，准确把握它们的构成要件，深刻体悟法律规定的意涵，以正确适用法律规则。

思考题

1. 2017年修订的《反不正当竞争法》第6条的进步与不足。
2. 商业混淆行为的类型化。
3. 商业混淆行为条款中“一定影响”的认定。
4. 混淆的认定方法及其在司法及执法实践中的应用。
5. 商业混淆行为法律规制中的竞合问题。

第六章　商业贿赂行为

本章导引

学习本章知识前,请阅读此案例并予思考。某县人民医院与该县公安局交通警察大队签订了借款捐赠协议,协议主要内容如下:(1)县人民医院同意借资35万元支持交警大队购买"122"交通事故报警台、车辆及其有关配套设备;(2)协议执行5年后,医院方面自愿把该笔借款捐给交警大队;(3)协议履行期间,医院方面派员工到"122"交通事故报警台实行24小时值班,并在接到交通事故报警电话后出车赶到出事地点抢救伤员,交警大队协助医院收缴交通事故伤员的医疗费;(4)交警大队不能与其他医院签订类似的协议,否则须归还全部借款。[1] 请思考:公立医院是否属于《反不正当竞争法》规制的对象?"120"给"122"捐款,是公益行动还是商业贿赂?

第一节　商业贿赂概述

一、商业贿赂的内涵及其演变

（一）贿赂的含义

《现代汉语词典》对"贿赂"的解释是:"用财物买通别人"(动词)或者"用来买通别人的财物"(名词)。[2] 由此可见,贿赂行为成立的两大要素是"买通"和"利益"。这是因为贿赂本质上也是一种交易,即行贿方以利益收买受贿方,受贿方则需要"出卖"他人利益为其所用。有能力出卖他人利益的,通常是掌握一定职权的单位或者个人,因此贿赂双方的目的在于"钱权交易""以权谋私"。如果收受利益的一方,"出卖"的仅仅是自己的利益,这就属于普通交易的范畴。这是因为市场交易的当事人都是平等的市场主体,遵循意思自治原则,其利益交换本来不存在"收买"的可能。从这个角度来看,贿赂行为通常牵涉到行贿人、受贿人和受害人三方面的利益关系。其中,受贿人的地位最具特殊性,也是认定商业贿赂行为成立的关键。

（二）商业贿赂的定义及其演变

商业贿赂是贿赂现象在市场领域中的体现,从广义上说指的是,"在商业活动中违反公平竞争原则,采用给予、收受财物或者其他利益等手段,以提供或获取交易机会或者其他经济利

---

〔1〕 范湘平、袁振华、欧晶雄:《120"赞助"122 被判商业贿赂》,载《法制日报》2005年05月27日。

〔2〕 中国社会科学院语言研究所词典编辑室编:《现代汉语词典》(第七版),商务印书馆2016年版,第585页。

益的行为"。[3] 我国在计划经济时期,政企不分,资源从生产到分配都服从于国家指定的调配,商品生产和销售领域的贿赂与公权力领域的贿赂连为一体,自无与贪污贿赂概念区分的必要。但是改革开放以后,随着市场经济的蓬勃发展,企业为推销商品或服务,采用回扣的方式收买交易相对方工作人员的现象,变得日益普遍。随着经济的全球化,商业贿赂甚至出现了国际化的趋势。一些跨国公司开始贿赂东道国的官员,以得到政府采购项目或者其他优惠。在此背景下,商业贿赂作出一种特殊的贿赂形态在竞争法中得到表达。1993 年颁布的《反不正当竞争法》第 8 条第 1 款规定:"经营者不得采用财物或者其他手段进行贿赂以销售或者购买商品。在帐外暗中给予对方单位或者个人回扣的,以行贿论处;对方单位或者个人在帐外暗中收受回扣的,以受贿论处。"据此,我国工商行政管理部门长期以来将商业贿赂理解为经营者为购销商品,在账外暗中向对方单位和个人进行不当利益引诱的交易行为。[4] 如果按照这种理解,贿赂也存在于交易双方之间,这就混淆了回扣和折扣之间的界限。"将给予对方单位的财物也视为商业贿赂,与合同自由存在一定的冲突,扩大了商业贿赂的范畴。"[5] 这在法体系上造成了评价矛盾,同时也使得商业贿赂执法出现了"泛化",不利于打击真正的商业贿赂行为,妨碍了正常的商业创新和商业竞争。[6] 2017 年《反不正当竞争法》的修订,主要是对商业贿赂的对象作了调整,将笼而统之的"对方单位或者个人"细分为"交易相对方的工作人员"、"受交易相对方委托办理相关事务的单位或者个人"以及"利用职权或者影响力影响交易的单位或者个人"三类主体。由此可见,立法上对商业贿赂的规制对象出现了重大转变,原则上将作为交易当事人的企业或个体户排除在外。

综上所述,本书认为,商业贿赂是指经营者为了争取交易机会或竞争优势,采用财物或者其他手段,收买交易对方的委托代理人以及对交易具有一定影响力的单位或个人,以谋取交易机会或者竞争优势的行为。需要注意的是,尽管商业贿赂是由行贿和受贿共同构成的对合行为,但是《反不正当竞争法》仅着眼于对行贿行为的规制。这是因为商业受贿并非市场竞争行为,不属于反不正当竞争法的调整范围,而主要由刑法及其他相关法律予以规制。因此,本书关于商业贿赂的论述仅指商业行贿,而不包括商业受贿。

讨论 1 商业受贿是否应当被纳入竞争法规制的范围?

"贿赂"包含行贿和受贿两个对合行为,有商业行贿就有商业受贿。修订之前的《反不正当竞争法》第 8 条虽然规定,"对方单位或者个人在帐外暗中收受回扣的,以受贿论处",但是第 22 条关于法律责任的规定却明显强调行贿一方,"经营者采用财物或者其他手段进行贿赂以销

---

〔3〕 中央治理商业贿赂领导小组《关于在治理商业贿赂专项工作中正确把握政策界限的意见》(中治贿发〔2007〕4 号)。

〔4〕 原国家工商行政管理局《关于旅行社或导游人员接受商场支付的"人头费""停车费"等费用定性处理问题的答复》(工商公字〔1999〕第 170 号)指出:"《反不正当竞争法》第 8 条禁止经营者为销售或购买商品而采用财物或其他手段进行贿赂的行为,其实质是禁止经营者以不正当的利益引诱交易。经营者无论将这种利诱给予交易对方单位或个人,还是给予与交易行为密切相关的其他人,也不论给予或收受这种利益是否入账,只要这种利诱行为以争取交易为目的,且影响了其他竞争者开展质量、价格、服务等方面的公平竞争,就构成《反不正当竞争法》第八条禁止的商业贿赂。"

〔5〕 刘继峰:《竞争法学》(第 3 版),北京大学出版社 2018 年版,第 312 页。

〔6〕 参见黄璞琳:《〈反不正当竞争法〉修订应纠正商业贿赂执法"泛化"倾向》,载《中国工商报》2016 年 06 月 25 日,第 003 版。

售或者购买商品，构成犯罪的，依法追究刑事责任；不构成犯罪的，监督检查部门可以根据情节处以一万元以上二十万元以下的罚款，有违法所得的，予以没收"。原工商行政管理总局于1996年11月15日发布的《关于禁止商业贿赂行为的暂行规定》（以下简称《暂行规定》）第9条第2款规定："有关单位或者个人购买或者销售商品时收受贿赂的，由工商行政管理机关按照前款的规定处罚；构成犯罪的，移交司法机关依法追究刑事责任。"

尽管如此，1996年《行政处罚法》施行后，国务院部委制定的规章设定行政处罚必须在"法律、行政法规规定的给予行政处罚的行为、种类和幅度的范围内作出"（第12条）。由于《暂行规定》的层级较低，因而其在执法实践中经常受到合法性的质疑。[7] 为此，江苏省工商行政管理局曾向上级部门提交了《关于国家工商局〈关于禁止商业贿赂行为的暂行规定〉的有关条款是否超出〈反不正当竞争法〉规定的请示》，2000年国家工商总局对此作出答复："《反不正当竞争法》第8条规定'经营者不得采用财物或者其他手段进行贿赂以推销或者购买商品'，其中所指的贿赂既包括行贿也包括受贿。对于有关当事人在商品购销中收受贿赂的行为，工商行政管理机关应当依照《反不正当竞争法》的有关规定和国家工商行政管理局《关于禁止商业贿赂行为的暂行规定》进行查处。"[8]

2016年2月25日，国务院法制办公布的《反不正当竞争法（修订草案送审稿）》（以下简称送审稿）中明确规定了"给付或者承诺给付经济利益的，是商业行贿；收受或者同意收受经济利益的，是商业受贿"。2017年2月22日，十二届全国人大常委会第二十六次会议上，国务院提请审议的《反不正当竞争法》（修订草案一次审议稿）中也规定："交易相对方或者可能影响交易的第三方不得收受贿赂。"但是，2017年9月全国人大公布的《反不正当竞争法》（修订草案二次审议稿）却将有关商业受贿的表述全部删除，直到最终公布的修订法案都不再包含相关规定。由此可见，立法部门并不支持将商业受贿纳入反不正当竞争法。但是，《暂行规定》作为部门规章并未自动废止。在今后的执法实践中如何应对这一问题，还有待于国家市场监督管理总局通过修订《暂行规定》，作出进一步的明确。

二、商业贿赂的社会危害

商业贿赂不仅直接破坏竞争秩序，损害经营者和消费者的利益，而且还存在以下社会危害：

首先，商业贿赂损害了委托人与受托人之间的内部信任关系。受贿人通常是单位的工作人员，接受单位委托从事相关交易活动，应该向委托人尽到勤勉忠实的义务。但其一旦被收买，就要服务于交易对方的利益，暗中出卖委托人，这就违背了忠实义务，破坏了市场的交易链。

其次，商业贿赂违背商业伦理，腐化市场风气。商业贿赂盛行的领域，不但商品或服务的价格更高，还呈现出"劣币驱逐良币"的景象。长此以往，整个社会都会陷入信任危机。以2018年的"疫苗事件"为例，不良商家利用贿赂，打通了从监管到销售的各个关节，使"问题疫苗"流入到市场，这种行为使市场内生的竞争秩序和外部的监管秩序都遭到严重破坏。

最后，商业贿赂腐蚀公共权力，危害国家廉政制度。"在我国，大量国有经济体的存在以及

---

〔7〕 参见何珂等：《工商机关受贿管辖权的制度缺陷与完善》，载《中国工商管理研究》2008年第7期。

〔8〕 《国家工商行政管理局对苏工商〔2000〕88号请示的答复》（工商公字〔2000〕第246号）。

政府对经济领域的深度介入，导致行政权力和其他国家权力也成为商业贿赂的重要对象”，许多商业贿赂往往与国家工作人员滥用职权、以权谋私有关，严重损害公权力的公信力。[9]

三、商业贿赂综合治理的路径

经营者是否采取贿赂手段，根本上取决于成本和收益的比较。当“权钱交易得到的收益大于这样做的成本，即以权谋私败露后可能受到的惩罚和谴责，腐败和贿赂就会发生；净收益越大，就越容易发生，其程度也越严重”。[10] 正因如此，必须强化纪律和法律，增加商业贿赂的成本。

对商业贿赂的治理，根据事实、情节以及处罚依据的不同，可由轻到重分为不正当交易行为、一般违法行为和犯罪行为，分别对应于违纪、违法和犯罪三个层次。“不正当交易行为是商业贿赂中情节轻微、数额较小，违反商业道德和市场规则，依照党政机关、行业主管（监管）部门以及行业自律组织的有关规定，应当予以处理的行为；一般违法行为是商业贿赂中情节较轻、数额不大，违反反不正当竞争法和其他法律法规，尚未构成犯罪，应当给予行政处罚的行为；犯罪行为是商业贿赂中数额较大，或者具有其他严重情节，依照刑法应当受到刑罚处罚的行为。”[11]

纪律处分主要着眼于违反道德的层面，由贿赂参与人所在单位或者相关组织予以追责，但处罚力度有限。法律在商业贿赂治理中占据主导地位，尤其是反不正当竞争法和刑法的作用最为显著。但是，反不正当竞争法局限于市场竞争活动中，法律制裁主要是行政处罚，其打击力度仍然有限。因此，还需要刑法将商业贿赂作为犯罪行为予以更严厉的制裁。2006 年《刑法修正案（六）》的通过后，商业贿赂犯罪的刑法规定基本完备，主要涉及以下八种罪名：（1）非国家工作人员受贿罪；（2）对非国家工作人员行贿罪；（3）受贿罪；（4）单位受贿罪；（5）行贿罪；（6）对单位行贿罪；（7）介绍贿赂罪；（8）单位行贿罪。因此，我国法律对于商业贿赂的规制呈现出“双轨制”的特色：既有行政处罚又有刑事制裁。需要指出的是，对于商业贿赂的竞争法规制和刑法规制，无论在立法目的、构成要件还是法律责任上都具有较大区别。我们在学习和理解时，既要相互对照，也要相互区别。

总之，治理商业贿赂是一个系统工程。商业贿赂的重大案件，牵涉甚广，既得利益集团的阻碍势力很大，甚至包括商业贿赂的执法本身也存在“贿赂”的可能。商业贿赂的治理，不仅需要法律的制裁，也需要行业自律，更需要公开透明的舆论监督。“阳光是最好的防腐剂”，新闻监督、社会监督是治理商业贿赂重要盟友。

讨论 2 商业贿赂综合治理中多头执法的问题

就商业贿赂的规制而言，除了《反不正当竞争法》的规定以外，其他法律中也有专门规定。比如《药品管理法》《建筑法》《保险法》《商业银行法》《招标投标法》《政府采购法》等法律中都授权相关部门对特定领域中出现的商业贿赂进行查处。这种多头执法的规制体系，也造成了

---

〔9〕 参见孙晋、李胜利：《竞争法原论》，武汉大学出版社 2011 年版，第 323 页。

〔10〕 张曙光：《腐败问题再思考》，载《读书》1993 年第 5 期。

〔11〕 《关于在治理商业贿赂专项工作中正确把握政策界限的意见》（中治贿发〔2007〕4 号）。

市场监管部门和诸多行业主管部门在职权上存在一定的交叉。如何厘清不同执法部门的管辖权限,是一个值得研究的问题。比如涉及商业银行的贿赂问题,《商业银行法》已有专门规定,至于工商部门是否具有行政执法权,确有不同的解释。2005 年最高人民法院《关于工商部门对农村信用合作社的不正当竞争行为是否有权查处问题的答复》(〔2005〕行他字第 10 号))认为:“金融违法行为包括反不正当竞争行为的监督管理职权,应由银行监督管理机构行使。”但是2008 年国家工商总局《关于商业银行等金融企业不正当竞争管辖权问题的请示的答复》(工商公字〔2008〕7 号)却指出:“除《商业银行法》明确规定由银行业监督管理机构查处的不正当竞争行为外,工商行政管理部门对金融机构的其他不正当竞争行为和限制竞争行为,包括金融机构的不正当有奖销售、商业贿赂、虚假宣传等不正当竞争行为,具有监督检查权。”商业贿赂涉及范围广泛,对于商业贿赂的行政执法,既存在工商部门的综合性的市场监管,也存在特定领域的行业监管。修订后的《反不正当竞争法》第 4 条规定:“县级以上人民政府履行工商行政管理职责的部门对不正当竞争行为进行查处;法律、行政法规规定由其他部门查处的,依照其规定。”这也就意味着多元执法的格局还将继续存在。

四、我国商业贿赂规制的制度沿革

改革开放之初,经济往来中收受回扣非常普遍,甚至被部分人认为是“市场经济的润滑剂”。一些企业为了推销产品或购买原料,或承包业务,牵线搭钩,给予大量现金或实物,作为“酬劳”。1980 年国务院发布《关于开展和保护社会主义竞争的暂行规定》第一次对商业贿赂作出了规定:“竞争要严格遵守国家的政策法令,采取合法的手段进行。要树立企业的信誉、企业的道德。不准弄虚作假,行贿受贿,投机倒把,牟取暴利,损害国家和人民的利益。”1993 年《反不正当竞争法》颁行,商业贿赂第一次上升到国家法律的层面予以规制。但由于该法对于商业贿赂认定标准的规定比较原则,为了使工商执法更加具有可操作性,1996 年原工商行政管理总局发布《关于禁止商业贿赂行为的暂行规定》(以下简称《暂行规定》)。这也是第一次在正式的法律文件中出现“商业贿赂”的概念。然而,随着改革开放和市场经济的推进,关于商业贿赂的法律规定已经落后于实践的需要,不能完全适应社会经济的发展。

2017 年修订的《反不正当竞争法》第 7 条规定:“经营者不得采用财物或者其他手段贿赂下列单位或者个人,以谋取交易机会或者竞争优势:(一)交易相对方的工作人员;(二)受交易相对方委托办理相关事务的单位或者个人;(三)利用职权或者影响力影响交易的单位或者个人。经营者在交易活动中,可以以明示方式向交易相对方支付折扣,或者向中间人支付佣金。经营者向交易相对方支付折扣、向中间人支付佣金的,应当如实入账。接受折扣、佣金的经营者也应当如实入账。经营者的工作人员进行贿赂的,应当认定为经营者的行为;但是,经营者有证据证明该工作人员的行为与为经营者谋取交易机会或者竞争优势无关的除外。”该条款的修订要点在于:(1)突出了商业贿赂的竞争性特征,强调其目的是“谋取交易机会或者竞争优势”,而不再局限于“销售或者购买商品”;(2)调整了构成商业贿赂受贿主体的范围,交易相对方不再规定为受贿对象,同时明确将“受交易相对方委托办理相关事务的单位或者个人”“利用职权或者影响力影响交易的单位或者个人”规定为受贿对象;(3)增加了员工行贿的责任认定规则;(4)不再单独规定“回扣”条款,也不再强调“账外暗中”的形式特征;(5)加重了行政处罚的力度,大幅提高罚款额度,并且增加了“资格罚”,情节严重将被吊销营业执照。

五、比较法上的观察

1896年德国《反不正当竞争法》制定之初，尚未规定商业贿赂行为。但鉴于企业职员收受好处和非法佣金的行为泛滥，1909年修订后的德国《反不正当竞争法》引入了刑事责任条款。该法第12条第1款规定："在商业交易中，以竞争为目的，向商业企业的职员或受托人提供、允诺或者给予某种利益，以使其在采购商品或服务时以不正当方式优待自己或某个第三人的，处一年以下监禁或罚金。"1997年，德国出台专门的《反腐败法》（实际上是一部修正法案），对多部法律中有关规制贿赂行为的法律规范作了系统整合。据此，商业贿赂条款从《反不正当竞争法》中挪到了德国《刑法典》第299条和第300条予以调整。[12] 后来，两个条款又经历了多次修改。尽管法律上有所调整，但商业贿赂历来都被当作一种刑事犯罪予以打击。

美国关于商业贿赂的禁止和处罚，首先是在联邦层面颁布了一系列的法律。例如，《克莱顿法》第2条(c)款规定："商人在其商业过程中，支付、允许、收取、接受佣金、回扣或者其他补偿是非法的。但是，对商品购销相关的，提供给另一方当事人或者代理机构，或代表人，或其他中介机构的劳务除外。"[13]《联邦贸易委员会法》第5条也以不正当竞争指控或欺诈指控来制裁商业贿赂。另外各州还各自制定了严格的刑事立法。随着跨国贸易的发展，越来越多的美国公司在海外开展经营活动的过程中从事贿赂行为。1975年，洛克希德公司为推销喷气式飞机，竟然向日本首相办公室行贿巨额款项。丑闻曝光后举世哗然。为此，美国国会于1977年通过了《反海外贿赂法》，该法旨在禁止美国企业、个人向外国政府官员行贿的行为。对违反该法者，将被处以巨额罚款甚至监禁。该法的实施对于维护美国公司的形象和商业道德起到了重要作用。

在日本，《不正当竞争防止法》自1934年颁布以来，虽经过多次修改，但都没有对商业贿赂作出规定。唯有该法第18条规定了禁止向外国公务人员行贿。不过，1962年日本出台了《不当赠品及不当标示防止法》，对赠品进行限制，以避免商业交易中的不当利诱。总体而言，打击商业贿赂的任务是由日本《刑法典》来完成的。"日本现行《刑法》初订于1907年，原先规定的贿赂罪，仅含《刑法》第197条的单纯受贿罪、加重受贿罪和第198条的行贿罪。1941年对《刑法》做了修改，增加了请托受贿罪和事前受贿罪、第三者供贿罪、事后受贿罪四个罪名。1958年，新增了斡旋受贿罪和斡旋行贿罪。"[14] 除此之外，日本《商法》《有限公司法》《证券交易法》《破产法》等法律中还对商业贿赂有诸多特别规定。

比较而言，上述国家将商业贿赂作为一种犯罪行为予以打击，并且随着商业贿赂形态的不断发展而扩张法律的规制范围。就我国而言，在刑法将商业贿赂作为犯罪行为予以打击的同时，反不正当竞争法也将商业贿赂作为一种行政违法行为予以处罚，由此形成了行政处罚和刑事制裁的双轨制规范体系。

---

〔12〕 参见王晓晔：《竞争法学》，社会科学文献出版社2007年版，第96～97页。

〔13〕 李武华主编：《竞争法》，武汉大学出版社2015年版，第282页。

〔14〕 陈家林：《中日刑法中的商业贿赂犯罪之比较》，载《政府论坛》2006年第6期。

第二节　商业贿赂的构成要件

一、主体要件:行为主体是经营者

(一)经营者的含义和范围

《反不正当竞争法》仅调整经营者的商业行贿行为。所谓经营者,即从事商品生产、经营或者提供服务的自然人、法人和非法人组织。判定是否属于经营者的依据主要是看其是否从事了经营性活动,而不在于其组织形式或者是否以营利为目的。

讨论3　公立医院是否属于行贿主体?

公立医院的经费支出依靠财政拨款,并非自收自支的独立实体,性质上属于民法总则规定的非营利法人。但由于医院要从事药品交易和提供诊疗服务等经营活动,甚至其某些交易活动中也会有高额营利,故亦属于反不正当竞争法中"经营者"的范畴。通常而言,公立医院处于交易优势地位,通常是受贿主体。但是随着医疗行业的发展,当前许多公立医院采用了科室外包的方式,交由市场化的主体进行运营。加之医院的数量增加和规模扩张,医疗机构之间的竞争加大,即使是公立医院也出现了抢客现象,甚至雇佣"医媒"吸引病患。这些现象的出现也和公立医院过度功利化、以药养医体制和医保制度的不完善等问题密切相关。

(二)经营者工作人员行为后果的归属

经营者的工作人员所为的贿赂行为,视为职务行为,其法律后果归于经营者。但是,经营者有证据证明该工作人员的行为与为经营者谋取交易机会或者竞争优势无关的除外。在《反不正当竞争法》修订过程中,有意见提出:"有时候经营者的工作人员为完成销售指标、获取业务提成、实现职务升迁等个人目的,也可能进行商业贿赂,不应当将工作人员的商业贿赂行为一律认定为经营者的行为;只要经营者制定了严格的反商业贿赂规章制度,对工作人员进行了必要的管理培训,即应免除其责任。"但是,员工之所以进行贿赂是因其担任的工作,经营者负有积极的管理义务,应当约束员工的行为,不可"睁一只眼闭一只眼"。鉴于在实践中,"有的经营者形式上制定了反商业贿赂规章制度,进行了管理培训,但是营销方式、薪酬制度、升迁规则设计上放任工作人员进行商业贿赂,事后又以属于工作人员个人行为为由逃避责任"。[15] 因此最终第7条第3款"但书"规定:"经营者有证据证明该工作人员的行为与为经营者谋取交易机会或者竞争优势无关的除外。"据此,一旦员工存在贿赂行为,即推定为职务行为,并由经营者承担举证责任。经营者不但要证明对于员工的贿赂行为并不知情,还要证明员工的贿赂行为"与为经营者谋取交易机会或者竞争优势无关"。从企业风险控制的角度,这不仅要求企业要有反商业贿赂的必要管理培训,而且在营销模式和奖惩机制上不存在变相激励商业贿赂的情况,避免系统性的商业贿赂风险。举例来说,药品经营企业常常以业务人员销售费用的名义将

〔15〕 王瑞贺主编:《〈中华人民共和国反不正当竞争法〉释义》,法律出版社2018年版,第19~20页。

现金支付给本单位业务员，并采取费用包干的承包方式，再由业务员在购销活动中支付回扣等。更有甚者，整个药品经营单位采取承包经营，承包人在经营过程中大量地采取商业贿赂方式推销商品。[16] 这种情况下，医药企业实际上是通过内部管理的方式鼓励商业贿赂，实质上是故意让业务员采取商业贿赂方式促销，不能推脱其责。

二、对象要件：商业贿赂对象的适格性

《反不正当竞争法》修订后，商业受贿虽然并未被纳入其调整对象，但是受贿主体的身份仍然是判断商业行贿是否成立的重要标准。商业贿赂的对象依法可分为以下三种类型：

1. 交易相对方的工作人员

商业贿赂的对象通常是交易相对方中掌握一定职权的人。"贿赂的一个重要属性或特点，就是它总是与一定的职务密切相关，离开一定的职权，贿赂便无从谈起。"虽然职权"自身并不创造任何社会资源，但它却可以决定某些现有的有限资源流向何处。正因如此，职权成为某些人收买的对象，同时也成为一些掌权者拥有的可用来交换其他社会资源的资源。这种内在的职务利益交换，是贿赂的本质属性，也是商业贿赂需要规制的理由所在"。[17] 在交易活动中掌握职权的人，通常是因为担任领导职位，比如单位的采购科主任及各种分管领导，或者企业的董事、经理及高级管理人员。但即使是一般工作人员，也可能因担任的工作具有利用价值而成为贿赂对象，比如受企业指派办理相关事务的采购人员、摆货人员、运输人员等。

2. 交易相对方的受托人

和上述交易相对方的工作人员一样，受交易相对方委托办理相关事务的单位或者个人受托人也可能被收买。这里的受托人并非仅限于狭义上委托合同关系中的受托人，而是广义上接受交易相对方委托办理相关事务的单位或个人。比如律师、会计师、房产中介机构作为客户的受托人，旅行社和导游作为游客的受托人，出租车司机作为乘客的受托人。如果受托人收受第三方的"人头费"或者"返利"等，利用委托人的信任帮助他人谋取不当利益，则构成了商业贿赂。在表面的交易关系中，委托人可能作为交易一方与他人订立合同，但也要根据实际情况分析真正的交易双方。"例如学校受全体学生委托与校服供应商签订校服购买合同，此时交易的双方应当是供应商和学生，交易的法律后果实际由学生承担。如果供应商给予学校财物或者其他经济利益，则涉嫌构成商业贿赂。"[18] 因为学校向学生收取的校服费、书本费等实际上带有"代收代付费用"的性质，这些费用必须用于购买相应的产品或服务，学校实际上是"受交易相对方委托办理相关事务的单位"。除此以外，实报实销专款专用的财政专项资金使用者、药品零差价销售或限定加价率销售的公立医院，虽然以自己名义参与市场交易，但实质上是相关利益人的受托人，也可能成为商业贿赂的受贿主体。[19]

3. 利用职权或者影响力影响交易的单位或者个人

除了以上两种情况，第三人还可能利用其职权或者影响力不当影响交易，这主要存在于四种情况：(1)国家机关及其工作人员利用管理职权或者地位形成的便利条件影响交易，比如文

---

〔16〕 本书编写组：《反不正当竞争法律理解与适用》(第二次修订增补版)，中国工商出版社2009年版，第167～168页。

〔17〕 李剑：《反思雪花啤酒案：商业贿赂本质的误读》，载《上海财经大学学报》2009年第3期。

〔18〕 吴楠：《总局反垄断与反不正当竞争执法局局长就新〈反不正当竞争法〉接受记者专访》，载《中国工商报》2017年11月09日，第005版。

〔19〕 参见王先林：《竞争法学》(第3版)，中国人民大学出版社2018年版，第127页。

具企业买通教育主管部门，以便对学校采购教具、教材及后勤物资施加影响；或是建筑企业买通水电气等公用企业，以便承揽到相关工程。（2）国有企业工作人员利用对下属公司、企业的人事任免、业绩考核权影响交易。（3）事业单位、人民团体及其工作人员利用特殊地位影响交易，比如电信运营商收买学校及班主任，利用其教育者的特殊影响力迫使家长开办校讯通等电讯业务。（4）上述单位的离退休人员或者相关工作人员的亲朋好友利用人际关系来影响交易。《反不正当竞争法（修订草案二次审议稿）》曾将“国家机关、国有公司和企业、事业单位、人民团体，或者国家工作人员”单独列为商业贿赂的对象。这个建议虽然最终未被采纳，但事实上，所列举的这些主体均是能够对市场交易施加不当影响力的典型。

三、目的要件：以争取交易机会或竞争优势为目的

1993 年《反不正当竞争法》将“为了销售或购买商品”作为商业贿赂的主观要件。但在执法实践中，往往需要证明存在相关的商品交易。没有实际交易证据的案件，查办难度很大。新法将主观要件修改为“谋取交易机会或竞争优势”，这意味着无论是否存在实际交易，都有可能构成商业贿赂。

所谓谋取“交易机会”，指直接达成某项交易或者增加达成该交易的可能性。至于交易最终是否达成，在所不问。所谓谋取“竞争优势”，一方面是指积极地获取比竞争对手更有利的交易地位，比如通过贿赂在特定市场形成排他性的地位；另一方面是指消极地阻碍竞争对手的交易活动，比如阻碍竞争对手与他人达成交易。交易机会和竞争优势是市场竞争的一体两面，二者既有区别也有融合，都属于广义的商业目的。反面而言，如果贿赂的目的不是为了商业营销，就不符合商业贿赂的目的要件。例如，在文艺或体育比赛中，参赛者向评审或裁判进行贿赂以获得竞争上的优势，是否属于商业贿赂呢？我们认为，如果是商业化的比赛中，贿赂是为了营销目的，此种行为应当可以认定为商业贿赂。但是在非商业化比赛中，贿赂仅仅出于荣誉目的，则不应定性为商业贿赂。有学者认为“谋取交易机会或竞争优势”只能发生在合同缔结之前，“如果在获得交易后，为了获取更大的利益而变更合同内容为此而给予公司、企业的工作人员财物的，不应该定性为商业贿赂”。[20] 本书认为这种观点失之偏颇，不正当交易既可能发生在合同缔结之前，也可能发生在合同订立以后，尤其是继续性合同。为变更合同而贿赂对方的工作人员，实际上是为了巩固和扩大其交易机会和竞争优势，也符合商业贿赂的目的要件。

最后需要注意的是，商业贿赂的目的要件是中性的，至于经营者谋取的是正当利益还是不正当利益，在所不论。[21] 即使经营者的市场竞争力本就强于竞争对手，按照正常的市场规律本应取得交易机会，但只要采取了商业贿赂的手段，其行为就具有不法性。

四、行为要件：采用财物或者其他手段实施贿赂

（一）贿赂的手段

实践中，商业贿赂的手段五花八门、层出不穷。以药品购销中的商业贿赂手段为例，既有赤裸裸地送红包，也有巧立名目的“宣传费”“临床观察费”“医疗器械保健费”等，还有“开大处

---

〔20〕　参见刘继峰：《竞争法学》（第 3 版），北京大学出版社 2018 年版，第 315 页。

〔21〕　这一点与刑法上的单位行贿罪不同。《刑法》第 393 条规定：“单位为谋取不正当利益而行贿，或者违反国家规定，给予国家工作人员以回扣、手续费，情节严重的，构成单位行贿罪。”

方”“卖病号”的回扣，以及提供居室装修、安排国内外旅游等。归结起来，商业贿赂主要是财物手段，但也可能是非财物手段，只要对受贿人具有交换价值即可。

所谓“财物手段”，即直接给付现金、有价证券和实物。所谓“其他手段”是指采用直接给付财物以外的手段输送的利益，包括输送物质性利益和非物质性利益。所谓物质性利益是指可以间接体现为金钱价值的利益，例如赠送股权（俗称“入干股”）、免除债务、消费招待、安排旅游等。所谓非物质性利益是指难以衡量其金钱价值的利益形态，包括升学就业、职务升迁等，还包括了性贿赂。这两种利益形态在司法适用中的认定标准也差异较大，涉及的贿赂金额计算方式也大不相同：“财物手段”的证明和认定都比较明确，然而“其他手段”的认定却具有极大的模糊性和不确定性，需要在个案中进一步确定其规范内涵。

讨论 4　“无息或低息借款”行为是否属于贿赂手段？

在医疗交易活动中，有些实力雄厚的医药企业，通过向医疗单位无偿借款或者低息借款的方式，争取交易机会和竞争优势。然而根据借款合同，医疗单位负有还款义务，这种“无息或低息借款”是否构成贿赂手段便具有很大争议。在重庆长龙药业商业贿赂案中，长龙医药公司在2003年5月与丰都县人民医院签订了一个有效期10年的“药品、医药器械购销合同”，双方约定：长龙医药公司向丰都县医院提供1600万元的无息借款，丰都县医院以购买药品、医药器械的方式充抵借款；同时，丰都县医院80%以上的药品必须从长龙医药公司购买。[22] 长龙公司的无息借款是否属于商业贿赂中的“其他手段”成为重庆市工商行政管理局认定的难点。后来，全国人大法工委在批复意见中指出：“在经营活动中，借款一般是有利息的，以提供无息借款为名，实际上是提供由利息构成的这部分金额进行贿赂，达到销售或者购买商品的目的，仍属于《反不正当竞争法》第八条规定的‘采用财物’的手段。”[23]

（二）贿赂与财会制度

1993年《反不正当竞争法》特别强调；“在帐外暗中给予对方单位或者个人回扣的，以行贿论处。”《关于禁止商业贿赂行为的暂行规定》第5条第3款“对帐外暗中”作出了专门解释：“本规定所称帐外暗中，是指未在依法设立的反映其生产经营活动或者行政事业经费收支的财务账上，按照财务会计制度规定，明确如实记载，包括不记入财务帐、转入其他财务帐或者做假帐等。”

在过去的执法实践中，一些执法人员过度关注相关支付行为是否符合财务会计准则，并将其作为判断商业贿赂的必要条件。一方面，但凡没有如实做账的折扣或是佣金，往往都被认为是回扣而被处罚；另一方面，部分执法人员将“帐外”和“暗中”同时作为商业贿赂的构成要件，对如实入账的贿赂案件不予查处。其结果，既导致了商业贿赂的泛化，也留下了法律的“漏洞”。以上问题的根本原因在于对“帐外暗中”的机械性理解，并将其视为商业贿赂的必要条件。对此，原国家工商行政管理局曾多次强调：“帐外暗中”只是构成回扣的必要条件而不是构

〔22〕 参见王成：《医药公司商业贿赂 医院药价涨400%》，载《重庆晨报》2007年6月27日。

〔23〕 全国人大法工委《对重庆市人大常委会关于〈中华人民共和国反不正当竞争法〉第8条的请示的意见》（法工委复〔2007〕8号）。

成其他商业贿赂行为的必要条件,收受利益一方无论是否将所收的"劳务费"入账,其行为均可能构成商业贿赂。[24]

此次修订,不再将"回扣"单独列举,也不在立法中强调是否"帐外暗中",可以说明这一要件不再具有认定商业贿赂的形式意义。2016 年国务院法制办公布的《反不正当竞争法(修订草案送审稿)》将"经营者之间未在合同及会计凭证中如实记载而给付经济利益"也视为商业贿赂行为,但这种观点忽视了经营者从事的涉嫌违法或者违规行为并不一定是商业贿赂行为的可能性,扩大了反不正当竞争法的调整范围,偏离了反不正当竞争法禁止商业贿赂行为的初衷。[25] 虽然,在实践中,贿赂双方为了掩盖其违法行为,绝大部分情况下仍会用"账外暗中"的手段来做账,但这只是隐藏其违法行为的常见方式,不具有决定行为法律定性的意义。当然,在个案的具体调查过程中,"帐外暗中"仍然是案件办理的重要突破口。尽管如此,"帐外暗中"首先违反的是财务会计、税务制度制度,应依照《会计法》《税法》等相关法律法规追究其责任。因此,2017 年《反不正当竞争法》第 7 条第 2 款仍然强调:"经营者向交易相对方支付折扣、向中间人支付佣金的,应当如实入账。接受折扣、佣金的经营者也应当如实入账。"

总之,商业贿赂构成并不以是否如实入账为条件,无论是否入账,无论入账是否符合规范,都有可能构成商业贿赂。因为归根结底,记账方式不过是掩盖商业贿赂的一种形式,二者并不具有必然的逻辑关联。

第三节　商业贿赂的表现形式

自 1993 年《反不正当竞争法》以来,工商部门查处了大量的商业贿赂案件,积累了丰富的执法经验。随着 2017 年商业贿赂条款的修改,需要根据新法的立法意旨和规范内涵,对不同案件进行类型化分析,使得立法和执法更好地形成协力。

一、回扣

长期以来,回扣被认为是指经营者在交易中帐外暗中以现金、实物或者其他方式退给对方单位或者个人的一定比例的价款。[26] 与之类似的一个概念是"折扣"。折扣是指经营者为了促销,以价格优惠的方式进行的让利销售。折扣既可以是支付价款时,在总价款的基础上按一定比例予以扣减,也可以是先按原价支付价款,然后按一定条件予以"返点"。回扣和折扣表面上看都是经营者的让利,但不同之处在于,回扣的"让利"侵害了国家、集体或个人的财产利益,不仅没有起到降价的作用,甚至还抬高了价格。"经营者用以行贿的'诱饵',即成为回扣的那部分商品价款,本非行贿人自己的正常利润,而是'羊毛出在羊身上',往往就是买方单位自己的财产。在双方的恶意串通之下,通过商品购销活动,这部分财产经过迂回之后进入了买方单位

〔24〕 参见《国家工商行政管理局关于医院非法收受保险公司给予的"劳务费"定性处理问题的答复》(工商公字〔2000〕第 97 号),《国家工商行政管理局对苏工商[2000]88 号的答复》(工商公字〔2000〕246 号)。

〔25〕 参见孟雁北:《论反不正当竞争立法对经营自主权行使的限制》,载《中国政法大学学报》2017 年第 2 期。

〔26〕 参见原工商行政管理总局 1996 年《关于禁止商业贿赂行为的暂行规定》第 5 条。

的小金库或者个人腰包。单位和个人收受回扣,无疑是逃避财务制度的约束,侵吞国有资产或集体财产,'化大公为小公'或者'化公为私'。这与折扣有本质不同,已经超出了价格竞争的范畴。"[27]

回扣是商业贿赂最典型的表现形式。1993年《反不正当竞争法》第8条第1款甚至于在一般商业贿赂的规定之外,又专门对回扣作了规定。[28] 依照该法,回扣的支付具有两大显著特征:一是指向对方单位或者个人,二是"帐外暗中"。通常而言,回扣是付给经办人的。如果是向交易的对方单位返还商品价款,似乎并不涉及第三方利益,应当作为折扣。事实上,将交易对方单位视为受贿主体,是我国较为独特的一项规定。"在私有制国家,私人企业归企业主个人所有,若向私人企业行贿,贿赂款物最终仍归企业主所有,而企业主犯不着为获得贿赂款物而出卖自己的利益。而在公有制企业等单位中,存在国家(集体)、企业(单位)、个人之间的不同利益关系,公有制企业(单位)是国家(集体)的,国家(集体)享有最终利益,公有制企业(单位)本身作为利益载体享有中介利益,个人(职工等)享有个人利益。因此,向公有制单位行贿,单位本身可获得小团体利益,行贿人仍可达到不正当竞争目的。"[29] 但是坚持公有制为主体的同时,多种所有制经济也在蓬勃发展,这种单一的标准便造成了制度的滞后,甚至阻碍了经营模式的创新。2017年修订颁布的《反不正当竞争法》,商业贿赂的对象不再使用"交易对方单位或者个人"的提法,该法第7条第1款第1项和第2项着重从委托代理人的角度来重新诠释受贿主体,而第3项则主要针对公有制单位。另一方面,"帐外暗中"指的是不按照财会规范如实入账,这自然是商业贿赂的典型表现形式。不过,无论是暗中还是公开,也无论记账是否符合财会规范,都同样可能成立商业贿赂。另外,旧法虽然对回扣作了单独规定,但法律责任上仍然和一般的商业贿赂一样。因此,法律上单独规定回扣实无必要。在新法实施以后,回扣不应当再与其他商业贿赂区别对待。

二、附赠式商业贿赂

在当今的商业活动中,经营者采用附赠进行促销已经成为常态。此种交易中,赠品只是主交易达成的"副产品",先有交易才会给予附赠。附赠财物具有让利优惠的性质,故法律原则上并不干预。然而,商业贿赂时常也借助附赠的方式来掩盖其违法的实质,这种贿赂类型被称为附赠式商业贿赂。附赠式交易和附赠式商业贿赂虽然都表现为主交易之外的"赠予",但二者最大的区别在于,前者的附赠发生在交易双方之间,而后者的附赠发生在交易一方和交易对方委托代理人或者中间的斡旋人之间。需要注意的是,按照商业惯例,经营者有时也会向交易相对方的委托代理人提供商务接待或者一些广告性质的样品,但由于利益有限,不足以影响交易对方的商业选择,不被视为商业贿赂。[30]

附赠式商业贿赂常常采用捐赠的形式。所谓捐赠,广义而言即是将其财产无偿地赠与给他人,狭义而言仅指向公益事业的赠与。狭义的捐赠受到《公益事业捐赠法》的特别规制,不得

〔27〕 本书编写组:《反不正当竞争法律理解与适用》(第二次修订增补版),中国工商出版社2009年版,第176~177页。

〔28〕 该法第8条第1款规定:"经营者不得采用财物或者其他手段进行贿赂以销售或者购买商品。在帐外暗中给予对方单位或者个人回扣的,以行贿论处;对方单位或者个人在帐外暗中收受回扣的,以受贿论处。"

〔29〕 孔祥俊:《反不正当竞争法的适用与完善》,法律出版社1998年版,第339页。

〔30〕《关于禁止商业贿赂行为的暂行规定》第8条规定:"经营者在商品交易中不得向对方单位或者其个人附赠现金或者物品。但按照商业惯例赠送小额广告礼品的除外。违反前款规定的,视为商业贿赂行为。"

以捐赠为名从事营利活动。经营者以捐赠为名，谋取交易机会和竞争优势的，属于商业贿赂。在本章的导入案例中，县人民医院采取捐款的手段实现急诊“120”与“122”交通事故报警台联动。就建立联动机制而言，确实可能使交通事故伤员得到更为及时、便捷的救治，减轻交通事故损失。但是，在实际操作过程中，县人民医院在捐款中附加的条件，目的是争取更多交通事故患者的诊治机会。此种行为利用了交警队的职权来对患者的就诊选择施加不当影响，目的是排挤其它医院的竞争，构成了附赠式商业贿赂。

三、非法佣金

在当今日趋专业的商业活动中，经营者无须事必躬亲，可以通过向中间人购买中介服务来拓展市场。提供中介服务的中间人包括经纪人、居间人、代理人等，可能是专职从事中介服务，也可能是偶尔从事中介服务。经营者向提供代买代卖或介绍买卖等服务的中间人支付的劳务报酬，即是佣金。[31]经营者向中间人支付佣金时，应当以明示方式，且收受双方都应当如实入账。

商业贿赂也常常被“包装”成介绍费、劳务费、宣传费等形式，容易和佣金发生混淆。二者最大的不同在于，佣金是一种劳务报酬，而贿赂是一种职务利益交换。在商业贿赂中，受贿人利用的是自己与交易事项密切相关的身份便利，以牵线搭桥，帮助行贿人获得竞争优势。比如医院以给付“介绍费”“处方费”等各种名目的费用为手段，诱使其他医院的医生介绍病人到本院做 CT 检查或者其他检查的行为，这种行为不仅损害医疗服务秩序，而且极易增加公费医疗、劳保医疗单位及患者的负担，已经构成了商业贿赂。[32]同理，医院违反国家有关规定从事保险代理业务，收取保险公司给予的“劳务费”，利用自己的便利条件，为保险公司向患者推销保险，这种非法收受经营者给予的财物并为其牟取交易机会的行为也构成了商业贿赂。[33]

商业贿赂、折扣和佣金三个概念之间的关系容易引起混淆，可有如下区分（见表 1）：

表 1

概念比较	商业贿赂	折扣	佣金
法律性质	不正当竞争	优惠让利	劳务报酬
支付对象	委托人代理人或能够影响交易的单位及个人	交易相对方	交易中间人

本章小结

商业贿赂是一种以争取交易机会和竞争优势为目的的“黑幕交易”，但也是最腐化人心的一种竞争手段，需要构建多层次的治理体系予以防止和打击。越是透明度不高，法规纪律约束力不强的领域，商

〔31〕 参见《关于禁止商业贿赂行为的暂行规定》第 7 条。

〔32〕 参见《国家工商行政管理局关于医院给付医生 CT“介绍费”等是否构成不正当竞争行为的答复》（工商公字〔1997〕257 号）。

〔33〕 参见《国家工商行政管理局关于医院非法收受保险公司给予的“劳务费”定性处理问题的答复》（工商公字〔2000〕第 97 号）。

业贿赂现象越是普遍。但这种商业“捷径”败坏了市场风气，扭曲了优质优价的效能竞争方向，破坏了健康的市场秩序，违背商业伦理和法律规定。经营者支付商业贿赂的目的是收买受贿人以不当影响交易对方的商业决策。商业贿赂的对象分为三类：交易相对方的工作人员、受交易相对方委托办理相关事务的单位或者个人，以及利用职权或者影响力影响交易的单位或者个人。商业贿赂的典型表现形式有：回扣、附赠式商业贿赂和非法佣金。

思考题

1. 商业贿赂为什么是一种不正当竞争行为?
2. 商业贿赂和折扣、佣金的区别是什么?
3. 商业贿赂有哪些典型的表现形式?

第七章　虚假或引人误解的商业宣传

本章导引

在日常生活中，商业宣传无处不在，它们影响甚至决定消费者的购买决策，也正因如此，真实的、虚假的、尚未有定论的信息充斥于市场之中，经营者利用这些信息及消费者的决策心理而进行商业宣传，其中相当一部分即为误导性宣传。一般而言，我们接触最多或印象最深的当属广告语，例如，“脑白金里有金砖，送礼就送脑白金”“鸿茅药酒祝您：每天两口，把病喝走”“搜狗高速浏览器——上网最快的浏览器”“全国销量领先的红罐凉茶改名加多宝”“中国每卖10罐凉茶7罐加多宝”“安居客，中介数量遥遥领先”“经常用脑，多喝六个核桃”等，这些广告语是否会造成消费者产生超出其产品功能的期待，是否不正当地夺取了其他经营者的交易机会，它们将会对市场竞争秩序产生怎样的影响？这些问题正是本章讨论的主要议题，除了分析商业宣传中最典型的广告外，本章还将探讨商品上的宣传、组织虚假交易等其他商业宣传形式，以及构成虚假或引人误解的商业宣传行为的认定问题。

第一节　商业宣传行为概述

一、商业宣传行为的基本含义

（一）“宣传”词源简考

在中国古代，“宣传”是“宣”和“传”两个词的组合，“宣”和“传”本身就是重要的传播行为或传播活动。据许慎的《说文解字》解释，“宣，天子宣室也。从宀，亘声”，这表明“宣”与王室的关系密切，是王室政治传播的重要语言标记，进一步地，“宣传”的核心在于显示王权的礼德、威仪或恩泽，以之实现对子民的教化或以德服人，具有正面意义。[1]

英语中的宣传（propaganda）概念源自拉丁文“to sow”，有播种、繁殖和散布之意，在宗教领域一般指向教义传播，用于政治领域则是近代之事，在第一次世界大战以后，“宣传”一词在战争的影响之下逐渐变成带有“负面含义”的词汇，与“不诚实、操纵性、洗脑”“深思熟虑的、系统的企图，意图影响看法、操纵认知、引导行为，以便促成宣传者所欲达到的目的”联系在一

---

〔1〕 潘祥辉：《宣之于众：汉语“宣”字的传播思想史研究》，载《新闻与传播研究》2018年第4期。

起。[2] 因此,英语中"宣传"的积极部分则由传播、营销、公共关系等语词替代,[3] 而在现代中国,"宣传"一词的使用倾向于中性和正面色彩。

宣传行为不仅包括商业宣传行为,还包括其他诸多领域的非商业宣传行为,本章研究的对象是"虚假或者引人误解的商业宣传行为",尽管在理论和实践中也往往以"虚假宣传"作为简称,但我们应该清楚其间存在的差异和界限。

(二)商业宣传行为的定义

"商业宣传行为"并没有标准的定义,客观上也很难有准确的界定,但我们可以通过商业宣传行为的实践维度来认识商业宣传行为。从商业宣传的受众来看,既有消费者、社会公众或用户,也有经营者、政府部门和其他社会主体;从商业宣传的内容来看,不仅针对商品或服务、企业和品牌形象,也包括对消费理念和社会观念的传播;而从商业宣传的形式上看,大致有广告、商品包装、现场展示、新闻报道、组织和参加社会活动、履行社会责任以及消费者评价等层出不穷的方式。整体而言,商业宣传的目标是指向商品或服务销售以及品牌价值与企业形象的提升,当然,也可以是防御竞争对手对市场份额的争夺。此外,对于商业宣传行为的更多理解,我们还可以借助于相关的近似词,如商业推广、市场营销、品牌管理、市场开拓、建立顾客关系和公共关系等。

二、商业宣传行为的本质与信息供给

在本质上,商业宣传是一种信息供给,即企业向市场传播关于商品或服务的消费信息,包括商品类型与技术的更新、企业和品牌的价值追求、消费理念的宣扬等,这一方面是企业商业言论自由的实现;另一方面则丰富了消费者的购买选择,增加了消费者福利。可以说,商业宣传是市场必然需要的一种制度。

就企业而言,商业宣传行为的核心在于影响消费者的购买决策,而消费者的决策过程受价格、质量、品牌、包装等多种因素影响。与此相应,商业宣传的内容选择则有两种取向:一种是以企业为中心,着重推广企业、品牌和产品的消费信息;另一种是以消费者为中心,从消费者决策的心理活动特征出发设计传播消费信息。在现代社会中,商品或服务趋于同质化,这意味着大多数商业宣传是在"为质量极为相似的产品而竞争。"[4] 以买西瓜的故事为例:有四个瓜摊,门头牌匾一样、瓜的品种一样、花色一样、价格一样,看上去并没有什么区别,该怎么选?思量再三之后发现了不同——卖瓜人,于是选择了第三个瓜摊,因为卖瓜的是一位老妪。换言之,当下的竞争并不在于各家公司在其工厂中生产什么,而在于它们能为其产品增加些什么内容。[5]

遗憾的是,商业宣传行为逐渐偏离其信息供给制度的本质,而是转向了对消费者购买力、注意力的直接争夺,即从商业宣传中很难获得足够的信息以进行消费者决策,越来越多的"独特卖点"(Unique selling proposition, USP)被提炼和传播,但是,大部分独特卖点并不真实反映

---

[2] 参见[美]哈罗德·拉斯韦尔:《世界大战中的宣传技巧》,张洁、田青译,中国人民大学出版社2003年版,译者序第9页。

[3] 叶俊:《宣传的概念:多维语境下的历史考察》,载《新闻与传播研究》2015年第8期。

[4] [美]奥格威:《一个广告人的自白》(纪念版),林桦译,中信出版社2015年版,第223页。

[5] [美]凯林、哈特利、鲁迪里尔斯:《市场营销》,董伊人、史有春、何健译,世界图书出版公司北京公司2012年版,第5页。

商品的核心特性,而是反映消费者决策过程会受影响的语言和概念。例如,霍普金斯曾为Schlitz牌啤酒策划广告活动,该啤酒厂的珍品为麦芽和啤酒花,但霍普金斯并不以为然,而是热衷于工人用蒸汽对啤酒瓶杀菌之事,事实上,所有的酿酒厂都会采用这一工艺,但霍普金斯所创作的"我们的瓶子经过高温蒸汽清洗"广告语则成为经典案例。类似地,墙纸粘合剂的制造公司Solvite将产品的粘合力作为其独特卖点也获得了成功。[6] 在食品领域,不含防腐剂、不含人工色素、不含蔗糖、不含味精、不含胆固醇、零添加、含有水果营养、高膳食纤维、含有维生素C等成为常见的独特卖点,但滥用情形较为普遍,如植物油标注了不含胆固醇,实际上凡是植物油都不含胆固醇;不含防腐剂也随处可见,而罐头、一些含盐和糖极高的食品、一些极干的食品、方便面、挂面等本身就不需要防腐剂。[7]

上述研究表明,商业宣传行为不仅能够传递商品或服务的基本信息,而且可以刺激购买者的好奇心和购买欲望,把人们潜在的需求变为具体的、明确的购买需要,同时也树立了经营者及其商品或服务的良好形象。总之,商业宣传行为是经营者开拓市场、促进销售的有力竞争手段,这也意味着商业宣传行为与消费者、其他经营者等利益有直接的关联。首先,商业宣传行为可以增加消费者福利,但也可能通过误导而侵犯消费者权益;其次,在消费者购买力、注意力资源有限的前提下,不正当的商业宣传行为还会造成其他经营者的利益损失,因为交易机会被不正当地夺取,市场的资源配置给了不正当竞争者;最后,这种现象进一步会产生示范效应,即相关经营者通过模仿或者采取其他不正当商业宣传行为争夺消费者资源,最终导致市场诚信、商业道德、竞争秩序的破坏。正因如此,虚假或引人误解的商业宣传行为属于典型的不正当竞争行为,需要反不正当竞争法予以规制。

三、商业宣传行为的分类

商业宣传行为是一个内容涵盖范围非常大的概念,我们可以采取分类的办法求得对其的更为准确的理解,一般按照商业宣传的媒介标准将其分为三类:通过广告的宣传、商品上的宣传、其他方式的宣传。

1. 通过广告的宣传

广告是最常见、也是最直观的商业宣传行为,具体有广义和狭义之分,广义的广告可经由"广而告之"一词来理解,是指通过某种方式吸引公众注意力而传播相应的信息,如通过报纸、广播、电视、互联网、传单等媒介传递商品信息,从广告的内容宗旨上进一步细分,则有公益广告和商业广告之分。狭义的广告仅指其中的商业广告,根据《广告法》(2015年)第2条,广告是指"商品经营者或者服务提供者通过一定媒介和形式直接或者间接地介绍自己所推销的商品或者服务的商业宣传活动",即通过明确广告活动的主体、广告活动的具体方式、广告活动的目标等基本内容来界定广告的内涵。

2004年国家工商行政管理总局发布的《广告管理条例施行细则》第2条列举了广告的一些具体形式[8]:(1)利用报纸、期刊、图书、名录等刊登广告;(2)利用广播、电视、电影、录像、幻

---

[6] 参见[美]阿姆斯特朗:《广告说服力:基于实证研究的195条广告原理》,吴国华等译,商务印书馆2016年版,第35~36页。

[7] 林维:《食品包装上的"说明"是怎样误导消费者的》,载《上海包装》2012年第4期。

[8] 尽管该条例已于2016年4月29日因"简政放权、优化服务的改革"而废止,但其内容对于我们理解什么是广告有很大帮助。

灯等播映广告;(3)利用街道、广场、机场、车站、码头等的建筑物或空间设置路牌、霓虹灯、电子显示牌、橱窗、灯箱、墙壁等广告;(4)利用影剧院、体育场(馆)、文化馆、展览馆、宾馆、饭店、游乐场、商场等场所内外设置、张贴广告;(5)利用车、船、飞机等交通工具设置、绘制、张贴广告;(6)通过邮局邮寄各类广告宣传品;(7)利用馈赠实物进行广告宣传;(8)利用其他媒介和形式刊播、设置、张贴广告。

2. 商品或商品包装上的宣传

有研究认为,包装是消费者在购买产品前看到的最后一条广告[9],并且消费者在购买后的使用过程中,也较多地关注包装上的标识,这些内容可能直接影响消费者的购买决策和再购买意愿,因此,经营者对"商品上的宣传"的关注度越来越高,许多小企业或品牌甚至选择不做广告,而将商业宣传的重心放在包装等"商品上的宣传"。例如,大多数产品的包装直接将广告语、广告宣传中的图片等信息作为重要内容突出显示;在商品上标注的"安全标准、使用性能、功能或用途、质量等级、销售状况、产品规格、主要成分和含量、生产日期与有效日期、保质期"[10]、曾获荣誉等与商品质量相关的内容均可以构成"商品上的宣传";此外,有时经营者未将标签贴于商品或包装上,而是随商品附带,如产品说明书、产品生产批号等信息也构成"商品上的宣传"。

3. 其他方式的宣传

商业宣传方式的创新与消费者搜寻消费信息的技术手段及消费者决策过程中的心理活动等直接相关。对于通过广告的宣传、商品上的宣传之外的形式,目前各国法律实践总结了一些典型的"其他方式的商业宣传",主要包括对商品所作的现场演示、在经营场所对商品所作的文字标注或说明、通过新闻媒介所作的不同于广告的宣传报道、网络购物中的消费者评价、网络购物中的刷单、上门推销、搜索引擎的竞价排名、召开宣传会和推介会、通过组织和参加社会活动实现商业宣传的目的、通过履行社会责任实现对企业或品牌的传播等。

四、虚假或引人误解的商业宣传的概念

虚假或引人误解的商业宣传包含了两个方面的内容:一是虚假的商业宣传;二是引人误解的商业宣传。其中,"引人误解"并不是对"虚假"的限定词,两者是并列的关系,换言之,虚假但并不引人误解的商业宣传也是反不正当竞争法所禁止的。

针对虚假或引人误解的商业宣传,国际和各国立法的称谓不尽相同,例如,(1)《巴黎公约》中称其为"误导公众(行为)"(mislead the public);(2)德国《反不正当竞争法》(2016 年修订版)将其区分为一般误导行为(第 5 条)与遗漏型误导行为(第 5a 条);(3)英国相关法律称为虚假或诱导宣传行为(false or misleading statement);(4)美国《联邦贸易委员会法》称其为虚假或误导广告(false or misleading advertising);(5)我国台湾地区学者将其概括为虚伪不实或者引人错误广告[11];(6)日本《防止不正当赠品类及不正当表示法》(2014 年修订版)则将其称为"不正当表示"(第 4 条)。

---

[9] [美]阿伦斯、谢弗、魏戈尔德:《广告学》,丁俊杰、钟静、康瑾译,中国人民大学出版社 2014 年版,第 365 页。

[10] 国家工商行政管理总局《关于对〈反不正当竞争法〉第五条第(四)项所列举的行为之外的虚假表示行为如何定性处理问题的答复》(工商公字〔2007〕220 号)。

[11] 参见刘继峰:《竞争法学》(第 3 版),北京大学出版社 2018 年版,第 324 页。

整体而言，国际和国内立法并不直接对虚假或引人误解的商业宣传的概念作出界定，而是通过列举具体行为类型的方式表达什么是虚假或引人误解的商业宣传，我们通常见到的对"虚假或引人误解的商业宣传"的概念界定一般仅是学理上的概括。

我国1993年《反不正当竞争法》第9条并未明确区分经营者商业宣传的虚假与引人误解，只规定"经营者不得利用广告或者其他方法，对商品的质量、制作成分、性能、用途、生产者、有效期限、产地等作引人误解的虚假宣传"。2017年修订后的《反不正当竞争法》第8条则将其调整为"经营者不得对其商品的性能、功能、质量、销售状况、用户评价、曾获荣誉等作虚假或者引人误解的商业宣传，欺骗、误导消费者。经营者不得通过组织虚假交易等方式，帮助其他经营者进行虚假或者引人误解的商业宣传"。根据这一规定，我们将"虚假或引人误解的商业宣传"界定为：经营者通过广告、商品上的标识或者其他方法开展与商品内容不符的或者导致消费者误解的商业宣传。

经营者进行商业宣传，向消费者提供商品、服务信息，是消费者作出购买决策的重要参考，真实的商业宣传不仅有利于培养消费习惯、创造消费需求，也有利于商品、服务的更新，以及企业、品牌形象提升，同时还能维护诚信和有序的市场竞争环境。相反，那些虚假或引人误解的商业宣传扭曲了有关商品、服务的信息，欺骗、误导了消费者，侵犯了消费者作出决策所需的知情权，使得消费者的购买决定偏离理性决策，是一种直接侵犯消费者权益的商业行为。进一步地，通过虚假或引人误解的商业宣传，经营者不正当地获得了消费者的"选票"，实质上是抢夺了其他经营者的交易机会，是违反诚实信用原则和商业道德的行为，且扰乱了市场竞争秩序，因而具有不正当竞争属性，是一种典型和普遍的不正当竞争行为。基于上述理由，国际组织、区域性组织以及各国立法均将虚假或引人误解的商业宣传行为纳入规制范围。

第二节 虚假或引人误解的商业宣传的立法概况

一、国际组织关于虚假或引人误解的商业宣传的规定

在国际层面，最初的《巴黎公约》[12]（1883年）并没有将不正当竞争问题纳入制止范围，而是在1900年的布鲁塞尔修改会议后开始引入。1925年的海牙修改会议引入了不正当竞争的定义——"违反诚实商业习惯的竞争行为"，并列举了两种特别的不正当竞争行为：一是禁止"不择手段地对竞争者的营业所、商品或工商业活动制造混淆的一切行为"，即市场混淆行为；二是禁止"在经营商业过程中，实施损害竞争者营业所、商品或工商业活动商誉性质的虚伪说法"，即商业诋毁行为。1958年的里斯本修改会议加入了第三种特别类型，即《巴黎公约》第10条之二规定的禁止"在经营商业中使用会使公众对商品的性质、制造方法、特点、用途或数量易于产生误解的表达或说法"，即虚假商业宣传行为。这是反不正当竞争法规制虚假或引人误解的商业宣传行为的重要国际法渊源。

1995年生效的《与贸易有关的知识产权协定》（以下简称TRIPs协议）对不正当竞争行为

---

〔12〕 修订会议先后在布鲁塞尔（1900年）、华盛顿（1911年）、海牙（1925年）、伦敦（1934年）、里斯本（1958年）和斯德哥尔摩（1967年）召开。

的多方面规定都是以《巴黎公约》为基础的,与《巴黎公约》相比,通过与GATT和WTO的连接,TRIPs协议对于促进竞争和交易更加直接,虚假或引人误解的商业宣传是不正当竞争行为中的重要类型。

二、欧盟关于虚假或引人误解的商业宣传的规定

在欧盟,法院禁止不正当竞争行为的基本依据是基于"关于商品自由流通的条款"而发展出的若干原则和零碎的指令。欧盟1984年通过了针对误导广告(misleading advertising)的《误导广告指令》,在1997年将比较广告也纳入规制范围后则更名为《误导与比较广告指令》,直到2005年《不正当商业行为指令》(Unfair Commercial Practices Directive,UCPD)才完成欧盟各国最大限度的协调,该指令因此成为欧盟反不正当竞争法的核心。

《不正当商业行为指令》第5条的附录列举了23种"误导型商业行为",非常全面地总结了误导消费者的商业行为类型,如"不实宣称为某行为准则的签署者""未获必要授权而标记证明商标、质量标记或类似标记""将消费者法律上的权利当做营业人给予的特殊优惠""对于宣称'免费提供''免费赠送''无运费'等的产品,收取高于运费、取得产品必要之费用"等,其要点在于:如果一种商业行为违背专业上的勤勉注意,〔13〕并且该行为严重扭曲或可能严重扭曲产品一般消费者的经济行为,就可以认定为不正当商业行为。〔14〕

进一步讲,UCPD还将"误导型商业行为"分为积极误导(Misleading actions,第6条)和遗漏误导(Misleading omissions,第7条)。前者是指通过宣传不实信息,或者信息事实正确,但会导致欺骗或可能欺骗一般消费者,导致或可能导致消费者作出本不会作出的交易决策;后者是指宣传行为遗漏了一般消费者所需要的、在某种背景下作出理性交易决策的重要信息,以至于导致或可能导致消费者作出一个本不会作出的交易决策。显然,这些规定对于我们理解虚假或引人误解的商业宣传有重要参考意义。

三、德国、日本关于虚假或引人误解的商业宣传的立法

在禁止虚假或引人误解的商业宣传行为上,德国《反不正当竞争法》(2016年修订版)的正文中有3个条文与此直接相关,分别是第5条的一般误导行为、第5a条的遗漏型误导行为以及第6条的比较广告;此外,该法在被称为"黑名单"的附录中列举了30种不正当商业行为,涉及虚假商业宣传行为的即有24种。根据该法第5条,误导行为的效果是"导致消费者或其他市场参与者做出了原本不会做出的交易决定",而构成误导的信息主要有三类:即不真实陈述、欺骗性信息以及可能引起混淆的信息。需要提及的是,在德国《反不正当竞争法》中,要评估涉及消费者的商业行为是否正当,所引入的是"一般消费者"标准,如果商业行为针对的是特定的消费者群体,则以该群体中的一般消费者为评判标准。

在日本,关于虚假或引人误解的商业宣传行为的规定集中在《防止不正当赠品类及不正当

---

〔13〕"专业上的勤勉注意"是指经营者针对消费者所应施加的被合理期待的特定技能和注意标准,这应与诚实的市场行为且/或与经营者活动领域关于诚信的一般原则相匹配。根据UCPD第7条的规定,如果经营者不持有消费者作出理性交易决策的重要信息,则他有义务去获取这种信息。

〔14〕[德]博德维希主编:《全球反不正当竞争法指引》,黄武双、刘维、陈雅秋译,法律出版社2015年版,第66页。

表示法》(1962 年制定,2014 年修订)的第 4 条,即关于不正当表示〔15〕的禁止规定,具体内容为:经营者不得就自己提供的商品或服务的交易,作出以下各项表示:(1)针对商品或服务的质量、规格及其他内容,作出让一般消费者误认为其比实际情况显著优良,或比提供同类或类似商品或服务的其他经营者所提供的商品或服务显著优良的与事实相悖的表示,从而被认为具有不正当地引诱顾客、阻碍一般消费者自主且合理选择的可能性的表示;(2)针对商品或服务的价格及其他交易条件,作出让一般消费者误认为其比实际的商品或服务、比提供同类或类似商品或服务的其他经营者所提供的商品或服务显著有利的让消费者产生误解的表示,从而被认为具有不正当地引诱顾客、阻碍一般消费者自主且合理选择的可能性的表示;(3)除上述两项所列情形外,由内阁总理大臣指定的,可能会使一般消费者对商品或服务的交易事项产生误解,从而被认为具有不正当地引诱顾客、阻碍一般消费者自主且合理选择的可能性的表示。

内阁总理大臣在有必要对经营者作出的表示是否符合前项第 1 款所规定的内容进行判断时,可以要求作出该表示的经营者在规定的期限内提交能够证明所表示内容属实的有合理证据的相关资料。在此情形下,如果该经营者未提供相关资料,该表示则被认为符合前项第 1 款所规定的表示,适用第 6 条的规定(命令停止相关行为等措施)。

此外,日本公平贸易委员会还针对上述第 4 条发布了多项告示,如"关于无果汁清凉饮料等的不正当表示"(1963 年)、"关于商品原产国的不正当表示"(1973 年)、"关于消费者信用融资费用的不正当表示"(1980 年)、"关于诱饵广告的不正当表示"(1982 年制定,1993 年修订)、"关于不动产诱饵广告的不正当表示"(1980 年)、"关于收费养老院的不正当表示"(2004 年)〔16〕,上述立法根据具体领域的实际情况而规定了虚假或引人误解的商业宣传的表现形式。

四、我国关于虚假或引人误解的商业宣传的立法

(一)《反不正当竞争法》的规定

2017 年修订的《反不正当竞争法》第 8 条重新梳理了虚假或引人误解的商业宣传的内容,即"经营者不得对其商品的性能、功能、质量、销售状况、用户评价、曾获荣誉等作虚假或者引人误解的商业宣传,欺骗、误导消费者。经营者不得通过组织虚假交易等方式,帮助其他经营者进行虚假或者引人误解的商业宣传。"与 1993 年《反不正当竞争法》第 9 条〔17〕的内容相比,新法主要作了如下修订:(1)删除了商业宣传的形式列举,即"利用广告或者其他方法",因为商业宣传的形式多种多样,无需再强调或列举商业宣传的形式;(2)针对电子商务领域的特殊问题作专门规定,即"通过组织虚假交易等方式"的帮助行为也应受到规制;(3)明确了虚假或引人误解的商业宣传的效果,即造成了欺骗、误导消费者的客观后果,或者有欺骗、误导消费者的可能性。总结起来,新法的修订进一步确立了《反不正当竞争法》在规制虚假或引人误解的商业宣传上的基础性地位。

---

〔15〕 根据该法第 2 条对概念的界定,"表示"是指作为引诱顾客的手段,由内阁总理大臣指定的,由经营者对自己提供的商品或服务的内容或交易条件或其他交易事项所发布的广告及其他表示。

〔16〕 关于日本《防止不正当赠品类及不正当表示法》及上述告示的中文翻译,可参见陈肖盈:《日本广告行为行政规制研究》,法律出版社 2016 年版,"附录"第 159 ~ 173 页。

〔17〕 该条文内容为:经营者不得利用广告或者其他方法,对商品的质量、制作成分、性能、用途、生产者、有效期限、产地等作引人误解的虚假宣传。广告的经营者不得在明知或者应知的情况下,代理、设计、制作、发布虚假广告。

（二）《产品质量法》、《消费者权益保护法》与《食品安全法》的规定

在具体规范方面，《产品质量法》（2009 年）（第 5 条、第 30—31 条、第 37—38 条）从质量管理的角度对正确的质量标志、产地进行了详细规定，并严格禁止通过质量标志、产地的伪造或冒用以达到对商品质量的虚假或引人误解的商业宣传。2013 年修正后的《消费者权益保护法》（第 20 条）从消费者知情权实现和经营者信息提供义务的角度明确规定了禁止虚假或引人误解的商业宣传，即“经营者向消费者提供有关商品或者服务的质量、性能、用途、有效期限等信息，应当真实、全面，不得作虚假或引人误解的宣传”。实践中，消费者也经常通过消费者权益保护法寻求针对虚假或引人误解的商业宣传的惩罚性赔偿。2015 年修订的《食品安全法》对食品、食品添加剂、保健食品的标签、说明书和广告内容进行了规定，如“食品和食品添加剂的标签、说明书，不得含有虚假内容，不得涉及疾病预防、治疗功能”（第 71 条）、“食品广告的内容应当真实合法，不得含有虚假内容，不得涉及疾病预防、治疗功能”（第 73 条）、“保健食品的标签、说明书不得涉及疾病预防、治疗功能，内容应当真实”（第 78 条），保健食品还必须在标签、说明书和广告中声明“本品不能代替药物”。

（三）《广告法》的规定

2015 年修订的《广告法》比较系统地对虚假或引人误解的广告进行了梳理：(1)“总则”部分规定了“广告应当真实、合法，以健康的表现形式表达广告内容，符合社会主义精神文明建设和弘扬中华民族优秀传统文化的要求”（第 3 条）、“广告不得含有虚假或者引人误解的内容，不得欺骗、误导消费者”（第 4 条）。(2)“广告内容准则”部分从正面明确广告对商品或服务的基本信息应当准确、清楚、明白地标注，同时从反面列举了广告不得出现的情形，以免使消费者产生误解，如“广告应当具有可识别性，能够使消费者辨明其为广告。大众传播媒介不得以新闻报道形式变相发布广告。通过大众传播媒介发布的广告应当显著标明‘广告’，与其他非广告信息相区别，不得使消费者产生误解”（第 14 条）、“除医疗、药品、医疗器械广告外，禁止其他任何广告涉及疾病治疗功能，并不得使用医疗用语或者易使推销的商品与药品、医疗器械相混淆的用语”（第 17 条）、“广播电台、电视台、报刊音像出版单位、互联网信息服务提供者不得以介绍健康、养生知识等形式变相发布医疗、药品、医疗器械、保健食品广告”（第 19 条）。(3)此外，该法还对医疗、药品、医疗器械、保健食品、农药、兽药、饲料和饲料添加剂、酒类、教育、培训等特定领域的广告行为规范进行了规定。

值得一提的是，《广告法》第 28 条通过概括加列举的方式界定了“虚假广告”的内涵与外延，即“广告以虚假或者引人误解的内容欺骗、误导消费者的，构成虚假广告”，虚假广告的具体情形有：“（一）商品或者服务不存在的；（二）商品的性能、功能、产地、用途、质量、规格、成分、价格、生产者、有效期限、销售状况、曾获荣誉等信息，或者服务的内容、提供者、形式、质量、价格、销售状况、曾获荣誉等信息，以及与商品或者服务有关的允诺等信息与实际情况不符，对购买行为有实质性影响的；（三）使用虚构、伪造或者无法验证的科研成果、统计资料、调查结果、文摘、引用语等信息作证明材料的；（四）虚构使用商品或者接受服务的效果的；（五）以虚假或者引人误解的内容欺骗、误导消费者的其他情形”。

整体而言，我国立法对虚假或引人误解的商业宣传的规制是建立在不正当竞争行为这一本质认识上的，这缘于该行为对公平竞争的妨害，也是对商业领域的诚实、诚信、公平、商业惯例以及商业道德的维护，《反不正当竞争法》的立法目的正在于此，也正因如此，《反不正当竞争法》仅作了原则性规定，在具体案件的法律适用中，我们还必须借助包括《产品质量法》《消费者

权益保护法》《食品安全法》《广告法》等法律以及相应的法规内容，如此才能准确、全面和彻底地规范该类行为。此外，由于虚假或引人误解的商业宣传直接涉及消费者利益保护问题，因此，相应规制的最初基础源于私法，所以我们也不难发现从《民法通则》《合同法》的路径寻求救济的司法案例。

第三节　虚假或引人误解的商业宣传的认定

一、主体要件

根据《反不正当竞争法》第8条的规定，虚假或引人误解的商业宣传的主体〔18〕应是“经营者”。此处经营者的涵盖范围较广，不仅包括为自己的商品、服务作商业宣传的经营者，还包括通过组织虚假交易帮助其他经营者进行商业宣传的经营者。（关于“经营者”的详细内容，参见本书第四章。）

在主体要件的理解过程中，较为特殊的是广告活动中各类主体的认定问题。《反不正当竞争法》第20条规定，经营者实施虚假或引人误解的商业宣传，欺骗、误导消费者，“属于发布虚假广告的，依照《中华人民共和国广告法》的规定处罚”，在《广告法》中，经营者不仅有广告主〔19〕，也有广告经营者〔20〕、广告发布者〔21〕、广告代言人〔22〕。

首先，由于“广告主”是广告活动的委托方、出资人和受益者，具有对广告活动的决定权，应当对广告内容的真实性负责，因此，广告主理应是虚假或引人误解的商业宣传行为的主体。

其次，广告经营者、广告发布者、广告代言人是否也可以构成虚假广告〔23〕宣传的主体？从《广告法》对虚假广告的法律责任设定上来看，广告经营者、广告发布者、广告代言人均可能成为责任承担的主体，即可以构成广告法上虚假广告宣传的主体。当然，这并不意味着他们必然是反不正当竞争法上虚假或引人误解的商业宣传的主体，因为，直观上讲，他们经营的事项与广告主宣传的事项并不属于同种类型，与其他经营者也不构成竞争关系，且他们在广告活动中对广告内容没有决定权，因而不构成不正当争夺商业交易机会、获取基于误导消费者而产生的

---

〔18〕有学者认为“主体要件”应该包括违法主体、受违法行为侵害的主体、以及执法过程中的主体，但我们认为，在讨论违法行为的构成时，主体要件专指“违法主体”，除非特殊情况，其他主体不在考虑范围之类。事实上，对所涉主体的全面讨论的，应称为“主体制度”，而不是“主体要件”。

〔19〕《广告法》（2015年）第2条第2款规定：本法所称广告主，是指为推销商品或者服务，自行或者委托他人设计、制作、发布广告的自然人、法人或其他组织。亦即，广告主既可以是商品生产者、销售者，也可以是服务的提供者或其他主体。

〔20〕《广告法》（2015年）第2条第3款规定：本法所称广告经营者，是指接受委托提供广告设计、制作、代理服务的自然人、法人或者其他组织。

〔21〕《广告法》（2015年）第2条第4款规定：本法所称广告发布者，是指为广告主或者广告主委托的广告经营者发布广告的自然人、法人或者其他组织。

〔22〕《广告法》（2015年）第2条第5款规定：本法所称广告代言人，是指广告主以外的，在广告中以自己的名义或者形象对商品、服务作推荐、证明的自然人、法人或者其他组织。

〔23〕值得一提的是，《广告法》（2015年）第28条规定，“广告以虚假或者引人误解的内容欺骗、误导消费者的，构成虚假广告”，因此，“虚假广告”就有了特殊的内涵，即不仅包括虚假的广告，也包括引人误解的广告。因此，下文如无特殊需要，我们使用“虚假广告”指称“虚假或引人误解的广告”。

利益。然而,从禁止不正当竞争行为的发展趋势来看,我们认为广告经营者、广告发布者、广告代言人仍应被视为反不正当竞争法上虚假或引人误解的商业宣传的主体,理由在于:一方面,反不正当竞争法关注的是不正当竞争行为,对主体资格和竞争关系的理解较为宽泛,即只要实施了虚假广告行为,就应该成为责任的承担主体,也就是说反不正当竞争法上的经营者或不正当竞争的行为人,实质上应当包括参与或影响市场竞争的任何人,既可以是为自己谋求竞争优势的人,也可以是为他人谋取竞争优势的人,还可以是破坏他人竞争优势的人,广告经营者、广告发布者、广告代言人显然属于为他人谋取竞争优势的人。另一方面,从《反不正当竞争法》对"虚假或引人误解的商业宣传"表述的逻辑来看,虚假商业宣传行为的核心是欺骗、误导消费者,并由此损害其他经营者的合法利益,而广告经营者、广告发布者、广告代言人的行为是直接作用于消费者的,因而构成虚假广告宣传的主体。

二、主观要件

一般情况下,故意和过失均可构成虚假或引人误解的虚假宣传;在特殊情况下,无过错也可能构成虚假或引人误解的商业宣传。亦即,行为人只要在效果上造成了欺骗、误导消费者的客观后果,或者有欺骗、误导消费者的可能性,即可构成虚假或引人误解的商业宣传。这是《反不正当竞争法》对虚假或引人误解的商业宣传的主观要件的一般规定,但《广告法》对虚假广告中各主体的主观要件有特殊规定,即对广告主、广告经营者、广告发布者、广告代言人采取了区别对待的办法。

第一,广告主承担严格责任,不要求主观上的故意或过失。一般而言,广告宣传是一种正式的商业言论自由表达的制度,因此,对于广告内容的虚假或引人误解,广告主一般是故意的,即具有欺骗、误导消费者的动机,以实现争夺顾客、获取利润的目的。但是,为了更好地保护消费者、其他经营者的权益,维护社会诚信和市场竞争秩序,《反不正当竞争法》和《广告法》都是从"欺骗、误导消费者"的后果来判定是否为虚假广告的,并不要求广告主的故意或过错为要件。正如世界知识产权组织(WIPO)在《关于反不正当竞争保护的示范规定注释》(1996年)中倡导的一样,"无意的欺骗、误导也必须禁止";欧盟《不正当商业行为指令》(2006年)也禁止"违背专业勤勉注意",即广告主应承担积极、审慎的注意义务,避免广告宣传有欺骗、误导消费者的可能;相应地,我国《广告法》第4条明确了"广告主应当对广告内容的真实性负责"。

第二,广告经营者、广告发布者一般承担过错责任,即"明知或者应知"是虚假广告仍设计、制作、代理、发布的情形才承担相应责任;但在关系消费者生命健康的商品或服务的虚假广告中,造成消费者损害的,则应承担严格责任。《广告法》第34条规定了广告经营者、广告发布者承接广告活动的审核制度,必须履行"查验有关证明文件,核对广告内容"的审核义务,这是其承担过错责任的制度基础。实践中,"明知"是指广告经营者、广告发布者已经知道其为虚假广告的情形,如在履行审核义务时发现广告内容虚假、被行政机关或他人告知为虚假广告;"应知"是广告经营者、广告发布者应当知道其为虚假广告而没有发现,存在过失的情形,如广告内容明显虚假、根据常识应当发现为虚假内容。此外,《广告法》第56条第2款规定:"关系消费者生命健康的商品或者服务的虚假广告,造成消费者损害的,其广告经营者、广告发布者、广告代言人应当与广告主承担连带责任。"

第三,广告代言人一般承担过错责任,即"明知或者应知"广告内容虚假,仍在广告中对商品、服务作推荐、证明;但在关系消费者生命健康的商品或服务的虚假广告中,造成消费者损害的，则应承担严格责任。在现实生活中，消费者往往出于对广告代言人的信任而购买其推荐或者证明的商品或者服务，因此，广告代言人在获得经济利益的同时，也应当为其公众形象所承担的社会责任负责。《广告法》第 38 条规定，广告代言人在广告中对商品、服务作推荐、证明，“应当依据事实”“不得为其未使用过的商品或者未接受过的服务作推荐、证明”，因此，广告代言人发现广告内容与其使用产品或接受服务的情况不符而继续作推荐或证明，或者按照常理应当知道内容为虚假的，广告代言人要承担相应的责任。

三、客观方面

从《反不正当竞争法》第 8 条的规定来看，虚假或引人误解的商业宣传在客观方面表现为：形式上，商业宣传的内容虚假或者引人误解；效果上，造成了欺骗、误导消费者的客观后果，或者有欺骗、误导消费者的可能性。因此，以下从这两个方面分别予以说明。

（一）虚假或引人误解的理解

《反不正当竞争法》规定了虚假的商业宣传和引人误解的商业宣传两种情形，但并没有解释什么是“虚假”“引人误解”。在具体实践中，我们一般从“欺骗、误导消费者”的后果上来确定“虚假”或者“引人误解”的内涵，即根据“一般消费者的普通注意力”标准判断是否构成欺骗、误导，进而确定是否构成虚假或引人误解的商业宣传。因此，这里需要厘清三个相互关联的问题：一是何为“虚假”；二是如何判定“引人误解”；三是虚假或引人误解的商业宣传认定中的“消费者”的形象和地位。

第一，关于“虚假”的理解。一般而言，形成虚假信息的方式有四种：(1)捏造虚构事实，即无中生有地编造并不存在的事实，或者宣传商品所不具有的质量、性能等，例如无相关专利却谎称有某种专利、无相关认证却谎称为某种认证产品；(2)歪曲真实事实，即对确实存在的事实进行偏离事实本身的改造，例如夸大产品的功能、对商品作片面宣传或者对比，但是，以明显夸张的方式宣传商品，不足以造成相关公众误解的，不构成虚假或引人误解的商业宣传；(3)渲染未定论事实，即将未定论、不确定的观点或现象宣传为定论、确定的事实或结论，如将法院未生效判决书内容作定论宣传、将专家个人意见宣传为普适性结论；(4)其他误导方式，如以模糊性或者歧义性的语言宣传、别有用心地采取“忠告”等方式暗示自己的商品是“更优”的、将自己的商品不适当地宣传为“换代产品”等。

第二，关于“引人误解”的理解。在《反不正当竞争法》修订之前，认定虚假或引人误解的商业宣传的核心标准是“引人误解的虚假宣传”，未将“引人误解的真实宣传”“引人误解的未定论事实宣传”“不引人误解的虚假宣传”等情形包含在内，因此不足以全面实现反不正当竞争法的立法目的。需要提及的是，尽管反不正当竞争法将虚假的商业宣传和引人误解的商业宣传区分开，但两者有交叉重合之处，从原理上讲，“不引人误解的虚假广告”因为不涉及对消费者的误解、误导，也不构成对其他经营者交易机会的不当争夺，可以不将其纳入反不正当竞争法的规制范围，但仍然将其纳入的考虑是，但这样的安排可以更大限度地禁止虚假的商业宣传，这也表明反不正当竞争法对虚假商业宣传行为的立法态度。根据理论研究和实践探索，“引人误解”的识别标准可以总结如下：使相关消费者对商品产生错误认识，误认为该商品具有本不存在的品质特征或者其他特点，消费者因此作了本不会作出的交易决策，经营者由此得到利益或竞争优势。[24] 在实践中,各国均尝试探索“引人误解”的判断标准,如一般消费者施以普通注意原则、整体观察及比较主要部分原则、异时异地隔离观察原则;通过斟酌商业宣传的整体内容是否对消费大众产生误解而尝试将引人误解的标准量化,即导致10%至20%的消费者有误解的可能时就认定为引人误解;也有根据经营者作出的商业宣传行为是否有合理依据(reasonable grounds)来判断,无合理依据则可认定为引人误解等。从描述上来看,引人误解的客观表现是使相关消费者产生误认误购的可能,这是对其中的“误解”的基本认识,而其中的“人”则是影响判断结论的又一关键因素,即虚假或引人误解的商业宣传的受众——消费者——也是判断是否引人误解的核心要素。

第三,关于“消费者”的理解。商业宣传是向所有消费大众作出的,而不同消费者的消费经验、认知能力各有差异,因此,这里就有了依据哪一种消费经验、认知能力的消费者作为判断标准的问题。有观点认为,所有消费者都必须受到保护,包括经验不足、认知能力有限的少数消费者,大多国家并没有采取此种标准,这实质上是严格保护与鼓励创新之间的利益衡量问题,因为有调查表明,“任何广告信息,无论真假,广告对象中总是有相当部分的消费者产生了误解,这个比例平均占5%”[25]。与此对应的是采取“理性、知情和谨慎的消费者”标准,即指消费者在认识和理解广告内容时应尽到充分的注意义务。然而,俗话说“买的没有卖的精”,理性消费者标准对消费者的保护显然是最弱的,这进一步会影响消费者信心和消费市场,因此也少有国家或地区采取这一标准。与大多数国家一样,我国法律采取的是“一般消费者”标准,具体为“一般消费者的普通注意力”,即“根据日常生活经验、相关公众一般注意力、发生误解的事实和被宣传对象的实际情况等因素”[26]对引人误解的虚假宣传行为进行认定。这是一种偏向实践的综合认定标准,其中,“相关公众”是指如果商业宣传是针对特定的群体,那么这个群体的一般消费者就是参照标准,如老年人群体、医护人员群体。尽管《反不正当竞争法》《广告法》都将实际购买和潜在的消费者纳入考虑,但在司法实践中,部分地由于“职业打假”现象大都与虚假或引人误解的宣传行为有关,因此在认定中有时也会将当事人的知识、经验等实际情况作为判断标准。值得一提的是,随着法律实践的推进,《反不正当竞争法》相关的司法解释、新《广告法》都分别总结了虚假广告、虚假或引人误解的商业宣传行为的典型类型,[27]这为理解和运用虚假或引人误解的商业宣传有着重要意义。

(二)欺骗、误导消费者的效果

反不正当竞争法对虚假或引人误解的商业宣传的规制,核心在于商业宣传行为的不正当性,因此,在行为后果的规定上,包括已经造成了欺骗、误导消费者的客观后果,以及有欺骗、误导消费者的可能性。

事实上,上述效果的表述是较为笼统的,并且,“欺骗、误导消费者的可能性”是一种需要诉诸于消费者因素的判断标准,因此常造成司法实践中认定的不统一。鉴此,实践中越来越多的做法是通过类型列举的方式将虚假或引人误解的商业宣传客观化。例如,最高人民法院《关于

[24] 重庆市高级人民法院民事判决书(2014)渝高法民终字第00318号:广州王老吉大健康产业有限公司与加多宝(中国)饮料有限公司虚假宣传纠纷。

[25] 孔祥俊:《反不正当竞争法原理》,知识产权出版社2005年版,第306页。

[26] 最高人民法院《关于审理不正当竞争民事案件应用法律若干问题的解释》(法释〔2007〕2号)第8条。

[27] 《中华人民共和国广告法》(2015年)第28条;最高人民法院《关于审理不正当竞争民事案件应用法律若干问题的解释》(法释〔2007〕2号)第8条。

审理不正当竞争民事案件应用法律若干问题的解释》(2007 年)规定,以下行为如果足以造成相关公众误解的,是虚假宣传行为:(1)对商品作片面的宣传或者对比的;(2)将科学上未定论的观点、现象等当作定论的事实用于商品宣传的;(3)以歧义性语言或者其他引人误解的方式进行商品宣传的。

此外,《广告法》(2015 年)第 28 条在明确"广告以虚假或者引人误解的内容欺骗、误导消费者的,构成虚假广告"的同时,列举了五种虚假广告的典型类型:(1)商品或者服务不存在的;(2)商品的性能、功能、产地、用途、质量、规格、成分、价格、生产者、有效期限、销售状况、曾获荣誉等信息,或者服务的内容、提供者、形式、质量、价格、销售状况、曾获荣誉等信息,以及与商品或者服务有关的允诺等信息与实际情况不符,对购买行为有实质性影响的;(3)使用虚构、伪造或者无法验证的科研成果、统计资料、调查结果、文摘、引用语等信息作证明材料的;(4)虚构使用商品或者接受服务的效果的;(5)以虚假或者引人误解的内容欺骗、误导消费者的其他情形。

第四节　虚假或引人误解的商业宣传的表现形式

一、通过广告进行的宣传行为

通过广告进行宣传是一种影响力较大、向不特定的多数消费者传递商品、服务信息的手段,也是最为直观、常见的宣传方式。相较于其他商业宣传形式而言,广告的受众更广泛,其内容的虚假或引人误解所造成的后果一般也更为严重,这是反不正当竞争法规制商业广告行为的重要基础。新《反不正当竞争法》在"虚假或引人误解的虚假宣传"的规定中删去了"广告"二字,而在"法律责任"一章的第 20 条第 2 款规定:"经营者违反本法第八条规定,属于发布虚假广告的,依照《中华人民共和国广告法》的规定处罚。"

这种处理方式可以有以下三个方面的理解:一是虚假或引人误解的广告是广告管理的题中之义,将其纳入广告法是顺理成章之事;二是广告是虚假或引人误解的商业宣传的主要方式,仍然是反不正当竞争法规制的重点;三是此种立法安排更加突出了《反不正当竞争法》在规制虚假或引人误解的广告行为中的基础性地位。此外,相比于 1994 年的《广告法》,2015 年修订后的"总则"部分第 5 条增加了"公平竞争"作为广告主、广告经营者、广告发布者从事广告活动应当遵守的基本原则,并且在第 31 条继续申明"广告主、广告经营者、广告发布者不得在广告活动中进行任何形式的不正当竞争",这实质上是将通过广告进行的虚假或引人误解的商业宣传更好地与反不正当竞争法衔接。

(一)关于"广告"的理解

我国立法对"广告"的界定是由《广告法》《广告管理条例》《广告管理条例施行细则》《互联网广告暂行管理办法》等集中完成的,这一界定随着媒介的发展而逐渐演变或更新。

国务院 1987 年的《广告管理条例》通过对媒介的列举间接回答了什么是广告,其第 2 条规定:"凡通过报刊、广播、电视、电影、路牌、橱窗、印刷品、霓虹灯等媒介或者形式,在中华人民共和国境内刊播、设置、张贴广告、均属本条例管理范围。"国家工商总局 1988 年颁行的《广告管理条例施行细则》则进一步详尽地列举了广告媒介的具体形式与分类[28]。值得一提的是,该施行细则在1998年、2000年、2004年、2011年分别进行了修订或修正,且于2016年被废止[29],但其对广告媒介的总结和分类均未发生变化。国家工商总局1995年的《户外广告登记管理规定》也采用了同样的方式界定"户外广告"。在2016年,国家工商总局颁行的《互联网广告管理暂行办法》也通过"概括+列举"的方式界定了何为互联网广告,即"通过网站、网页、互联网应用程序等互联网媒介,以文字、图片、音频、视频或者其他形式,直接或者间接地推销商品或者服务的商业广告"(第3条),紧接着该办法列举了几种典型的互联网广告。[30]

通过对媒介形式的列举可加深我们对广告的理解和认识,但要对广告作内涵界定仍然是较为困难的事情。1994年《广告法》尝试对广告作了界定,即"本法所称广告,是指商品经营者或者服务提供者承担费用,通过一定媒介和形式直接或者间接地介绍自己所推销的商品或者所提供的服务的商业广告活动"(第2条),但该界定在实践中常面临困境,争论的要点在于"承担费用"是否应作为认定商业广告的必要条件。2010年1月,国家工商总局在报送全国人大常委会法工委的《关于如何理解〈广告法〉第二条第二款规定的请示》中,认为该条款对于广告的界定是基于商业广告自然属性的客观描述,反映的是"在市场经济条件下,商业广告作为广告主推销商品或者服务的市场活动,所发生的费用理应由广告主来承担"的客观情况,不能理解为"可以通过广告发布者作出未经委托发布广告或放弃收取广告费的主观决定,来选择不适用《广告法》、不承担发布违法广告的法律责任"。事实上,除了"免费"情形外,随着广告媒介形态的变化,企业官方微博、自设网站以及通过自媒体传播商品、服务信息的广告活动本身也不存在广告费用。[31] 因此,在2015年《广告法》修订时,通过该法调整对象的限定,间接地将广告描述为经营者"通过一定媒介和形式直接或者间接地介绍自己所推销的商品或者服务的宣传活动"(第2条),这也是目前对广告通用的理解。

(二)禁止虚假广告的一般规定

尽管虚假广告的惩治是广告法的核心任务,但《广告法》及相关法律法规对广告的规范并非都指向虚假广告,而有大部分内容涉及广告活动的监督与管理,鉴于本章所讨论的是反不正当竞争法意义上的虚假广告规制问题,因此,接下来的梳理均以虚假广告为线索展开,具体可以分为三个方面:

第一,广告的基本准则:诚信、合法。在广告宣传中,经营者不可避免地有通过虚假宣传以获取最大化商业机会的动机。《反不正当竞争法》确立了市场竞争行为的诚信、合法原则,诚信

---

[28] 《广告管理条例施行细则》(1987)第2条列举的媒介形式分别为:(1)利用报纸、期刊、图书、名录等刊登广告;(2)利用广播、电视、电影、录像、幻灯等播映广告;(3)利用街道、广场、机场、车站、码头等的建筑物或空间设置路牌、霓虹灯、电子显示牌、橱窗、灯箱、墙壁等广告;(4)利用影剧院、体育场(馆)、文化馆、展览馆、宾馆、饭店、游乐场、商场等场所内外设置、张贴广告;(5)利用车、船、飞机等交通工具设置、绘制、张贴广告;(6)通过邮局邮寄各类广告宣传品;(7)利用馈赠实物进行广告宣传;(8)利用其他媒介和形式刊播、设置、张贴广告。

[29] 国家工商行政管理总局《关于废止和修改部分工商行政管理规章的决定》(2016年4月29日国家工商行政管理总局令第86号公布):为了贯彻落实简政放权、优化服务的改革精神,进一步激发市场活力,保障"稳增长、促改革、调结构、惠民生"政策措施落实落地,国家工商行政管理总局对现行有效的工商行政管理规章进行了清理。

[30] 《互联网广告管理暂行办法》(2016年)第3条第2款对互联网广告类型的总结为:(1)推销商品或者服务的含有链接的文字、图片或者视频等形式的广告;(2)推销商品或者服务的电子邮件广告;(3)推销商品或者服务的付费搜索广告;(4)推销商品或者服务的商业性展示中的广告,法律、法规和规章规定经营者应当向消费者提供的信息的展示依照其规定;(5)其他通过互联网媒介推销商品或者服务的商业广告。

[31] 国家工商总局广告监督管理司编著:《〈中华人民共和国广告法〉释义》,中国法制出版社2016年版,第7~8页。

原则要求经营者秉持善意，讲诚实、重承诺、守信用，不弄虚作假、不欺骗他人，即要求经营者从事广告活动应当遵循道德规范、接受商业道德规范的约束。合法原则要求经营者遵法、信法、守法，依法从事生产经营活动，依法维护自身的合法权益。对于广告宣传而言，这些基本准则指向的是广告活动"不得作虚假或引人误解的商业宣传，欺骗、误导消费者"，具体如《广告法》第3条规定广告"应当真实、合法，以健康的表现形式表达广告内容"；第4条重申广告"不得含有虚假或引人误解的内容，不得欺骗、误导消费者"；第5条载明经营者从事广告活动"应当遵守法律、法规，诚实信用"；第7条倡导广告行业组织要"推动广告行业诚信建设"。

第二，广告的内容准则：真实、准确。广告的生命在于真实，真实原则是广告法的核心原则。[32] 在广告宣传中，经营者的虚假表示最核心的就是偏离内容的真实性，或者对真实内容进行片面、模糊、不准确陈述，由此造成对消费者的误导。真实原则要求广告宣传"与事实相符，不虚假"，准确原则要求广告宣传不引人误解，必须以事实为依据，如实、准确、客观地介绍商品、服务。当然，作为艺术创作的过程，广告可以采用艺术夸张的手法，但要处理好真实性和艺术性的关系，艺术形式的选择不得违背真实原则，不得利用艺术手段造成消费者的误解。《广告法》第4条明确了"广告主应当对广告内容的真实性负责"；第11条规定广告所使用的"数据、统计资料、调查结果、文摘、引用语"等引证内容必须真实、准确，且应标明出处和数据的限制性条件；第28条指出不能兑现广告对商品、服务的承诺者为典型的虚假广告；第38条要求广告代言人在广告中对商品、服务做推荐、证明的，"应当依据事实"，且"不得为其未使用过的商品或者未接受过的服务作推荐、证明"。

第三，广告的形式准则：显著、清晰。这是对广告的形式要求，越来越多的广告以新闻报道等其他形式出现，使消费者误认为其宣传的内容是权威、客观和可信的；此外，在广告宣传中，经营者也往往对商品、服务的信息作选择性展示，故意遗漏或掩盖重要信息，这些都是导致消费者误认误购的重要原因。因此，新《广告法》第14条增设广告的可识别性规定，也是对"软文广告"的规制，即要"使消费者辨明其为广告"，通过大众传媒发布的广告应"显著表明'广告'"，以此与其他非广告信息相区别；第19条规定传播媒介"不得以介绍健康、养生知识等形式变相发布医疗、药品、医疗器械、保健食品广告"；第8条也新增了"法律、行政法规规定广告中应当明示的内容，应当显著、清晰表示"，实践中常有广告遗漏、隐藏或掩盖对消费者决策有实质性影响的重要信息，并使消费者相信某些需要的、好的品质会在该商品中出现，或者使消费者产生相应联想，这已成为误导消费者的主要手段。

（三）禁止虚假广告的特殊规定

商业宣传是否虚假的判断标准是"相关公众"，这意味着不同商品、服务在虚假宣传上的策略会有所差异，由此，《广告法》及相关法律法规梳理了特殊商品、服务各自的广告内容准则，针对性地预防虚假广告行为的发生。

总结起来有如下三个方面：

第一，不得对商品、服务的功效作断言或保证。在医疗、药品、医疗器械、保健食品、农药、兽药、饲料和饲料添加剂、酒类、教育、培训、招商、房地产、农作物种子、林木种子、草种子、种畜禽、水产苗种和种养殖领域，消费者对这些商品、服务的功效有明显的期待，为避免经营者不正当利用消费者的此种心理状态，法律绝对禁止类似的说辞，并规定这些特殊商品的广告不得有

---

〔32〕 国家工商总局广告监督管理司编著：《〈中华人民共和国广告法〉释义》，中国法制出版社2016年版，第14页。

"表示功效、安全性的断言或者保证""说明治愈率或者有效率""明示或暗示饮酒有消除紧张和焦虑、增加体力等功效""对教育、培训的效果作出明示或暗示的保证性承诺""升值或者投资回报的承诺""作科学上无法验证的断言""对经济效益进行分析、预测或者作保证性承诺"等内容。以医疗服务、药品、医疗器械产品为例,由于在治疗各种疾病的过程中,需要对症用医用药,其治疗效果因患者个体体质的不同、环境差异或者其他不确定因素而有所不同,同样的药品或者医疗器械等产品用于不同的患者身上效果可能有较大的不同,因此在广告中作出"保证治愈""无任何副作用"等功效性断言,不仅会误导消费者,同时也是对科学规律的违背。

第二,不得利用广告代言人、科研单位或专业人士等作推荐、证明。一般而言,由于消费者缺乏特殊商品的性能、功能、品质等信息或知识,因而在选购相关商品时主要依赖广告宣传的信息,广告代言人、科研单位、专业人士、行业协会等主体因其自身的专业性、权威、公信力等因素而对消费者有较大的影响力和说服力,会使消费者误认为该推荐、证明具有普适性,而事实上,这些特殊领域的商品会因个体差异而有不同的效果。因此,在医疗、药品、医疗器械、保健食品广告中禁止"利用广告代言人作推荐、证明";在农药、兽药、饲料和饲料添加剂、教育、培训、招商、农作物种子、林木种子、草种子、种畜禽、水产苗种和种养殖广告中禁止"利用科研单位、学术机构、教育机构、技术推广机构、行业协会或者专业人士、用户或受益者的名义或形象作推荐、证明"。

第三,不得出现攀附性、模糊性的误导陈述。实践中,经营者很容易利用消费者重视身体健康、希望消除病症的心理,因而在广告宣传中大量使用比较的方法,或者在非医疗、药品、医疗器械的广告中也使用医疗用语,这是违背科学规律的,但极易使消费者误认误购,因而需要特别禁止。例如,医疗、药品、医疗器械广告不得"与其他药品、医疗器械的功效和安全性或者其他医疗机构比较";保健食品广告不得"与药品、其他保健食品进行比较";以及"除医疗、药品、医疗器械广告外,禁止其他任何广告涉及疾病治疗功能,并不得使用医疗用语或易使推销的商品与药品、医疗器械相混淆的用语"。此外,使用模糊性的概念表达诱导消费者产生错误认识也是一种重要类型,因此保健食品广告不得"声称或者暗示广告商品为保障健康所必需";教育、培训广告中不得"明示或者暗示有关考试机构或者相关工作人员、考试命题人员参与教育、培训";房地产广告中禁止"以项目到达某一具体参照物的所需时间表示项目位置"。

二、商品上的宣传行为

1993 年《反不正当竞争法》第 5 条规定了虚假标识行为,即"在商品上伪造或者冒用认证标志、名优标志等质量标志,伪造产地,对商品质量作引人误解的虚假表示",这是一种在商品上所作的虚假或引人误解的商业宣传,但此规定的行为方式较为局限,仅限于"伪造、冒用",实践中通过"不伪造、不冒用"的其他办法使消费者产生误解的情形也较为常见。与此同时,该法第 9 条规定经营者"不得利用广告或者其他方法,对商品的质量、制作成分、性能、用途、生产者、有效期限、产地等作引人误解的虚假宣传",即针对商品的质量、产地的商业宣传也有明确限制,只是宣传方式限定为"广告或者其他方法"。事实上,这两处规定有内容上的重合。

2017 年《反不正当竞争法》修改时将其作了合并处理,规定为"经营者不得对其商品的性能、功能、质量、销售状况、用户评价、曾获荣誉等作虚假或者引人误解的商业宣传,欺骗、误导消费者"(第 8 条),即通过不限定宣传方式的办法整合起来,统一规范。

尽管《反不正当竞争法》修改后不再单独凸显"商品上的宣传行为",但我们仍将其总结为一种重要的虚假或引人误解的商业宣传行为类型,并与其他宣传方式相区分。这是因为,在现实生活中,商品上的标识内容很多,除了前述提到的质量标志、产地信息、性能、功能,还有安全标准、规格、等级、主要成分及其含量、生产日期、有效期限、广告语、广告代言人、企业承诺等众多信息,这些重要信息因其存在的特定形式而对消费者的消费行为产生直接影响,甚至可以控制消费者的决策。正因如此,商品包装、说明书等商品上的标识被称为消费者在购买产品前看到的最后一条广告。〔33〕 而根据杜邦公司的一项调查表明,63%的消费者是根据商品的包装来选购商品的。因此,考虑到这些原因,我们的国家工商总局认为:较之于大众广告媒介或形式,商品上的违法标识的社会危害性更大,〔34〕因此具有重要的规制意义。

由于商品上的标识在较大程度上与商业广告类似,因此在规制思路上,可借鉴虚假广告规制的做法。一般而言,商品上的标识并不属于严格意义上的"广告",尽管商品上的文字、图形、符号、宣传用语以及包装设计等信息在表达商品本身的特性和功能外,也符合商业广告的基本特征。在本质上,两者都是向消费者传递商品、服务的各种信息,以此影响消费者判断和决策,因此,当发生消费者误认误购的可能时,其中的基本原理是一致的。但与广告相区别的是,不同商品的包装一般都有相应的信息标识标准,如国家标准化委员会2012年发布的《预包装食品营养标签通则》(GB 28050 - 2011)规定了强制性标示内容:能量、核心营养素的含量值及其占营养素参考值(NRV)的百分比,也就是说,在信息表达的自由度上,广告所受的限制更小。事实上,在执法实践中,监管部门也基本是按照广告监管的思路展开的,例如,2014年3月10日,"好丽友·薯愿"马铃薯膨化食品因产品外包装上的"口感松脆、不油腻;且100%不含反式脂肪"的信息标识涉及虚假宣传,被上海市工商部门罚款5万元。

讨论 "否定式标识"应如何定性?

在商品的包装上,我们经常能够发现"不含添加剂""零添加""不含防腐剂""不含人工色素""不含胆固醇""非转基因"等凸显的标识,统称为"否定式标识"。从法律规定的情况来看,我们仅规定了经营者应该如实披露信息,即可以宣传事实上存在的信息,不能无中生有地宣传不存在的信息内容,但对于商品中不存在的信息,如上述列举所示,则是法律没有规定的。但这些信息对于消费者决策的影响至为关键,也正因如此,商品生产者、销售者越发热衷于采取此种标注方式。那么,在法律上,我们应该如何对其进行定性呢?是经营者对自身的虚假商业宣传、还是对其他经营者的商业诋毁、抑或是正当的商业行为?

三、在经营场所内对商品的演示、说明、解释或者其他文字标注

在经营场所内的商业宣传,是商业广告、商品上的标识之外的重要宣传形式,此种商业宣传直接面对购买者,其内容和形式灵活而直观,各国无不加以重视,有的国家甚至将其视为广告的一种形式。与商品上的标识一样,此种宣传方式与商业广告也有类似之处。但事实上,由于时空因素的影响,在经营场所内的商业宣传对消费者的影响力更大,即消费者更容易受虚假

〔33〕 [美]威廉·阿伦斯等:《广告学》,丁俊杰等译,中国人民大学出版社2014年版,第365页。

〔34〕 国家工商行政管理总局《关于对部分食品包装说明书涉及商业广告内容进行检查情况的通报》(工商广字〔2002〕第241号)。

或引人误解的信息欺骗、误导，因而可归为重要的商业宣传方式之一种。

一般地，在经营场所内对商品所做的商业宣传，可以涉及商品各个方面的信息，且信息的提供模式也可以灵活多变。例如，通过与现场销售人员的对话、问答，消费者可以获知关于某一商品的质量信息，也可能获得关于同类商品的质量比较信息，这些信息有时是代表企业的官方或准确信息，有时则是代表销售人员个人的不确定信息。从此种宣传方式所传达的信息内容来看，性能、功能、产地、规格、质量、销售状况、用户评价、曾获荣誉、零售价格、促销等广泛信息都可能涵盖；从此种宣传方式的具体形式来看，也是足够广泛和灵活的，这里的经营场所不限于固定的营业场所，还包括临时性举办的展览会、展销会、博览会、订货会等，不管名称为何，其目的均旨在进行商业宣传、推销商品；而从信息提供方式来看，价格标签、价目表、其他宣传材料、实物展示、专人讲解、示范使用等不一而足。总之，如上述形式所提供的信息在客观上导致或可能导致消费者误认误购，就是对《反不正当竞争法》的违反，构成反不正当竞争法意义上的虚假商业宣传行为。

四、通过产品鉴定会、座谈会、庆典等公共场合所作的商品介绍和宣传

产品鉴定会、座谈会等公共场合往往以参加人员的专业性、会议程序的规范性、形式的正规性而备受人们的关注和一定程度的信赖。而各种庆典、社会集会也具有比较高的社会影响力，所以，在市场经济中上述活动已经同商业宣传发生了紧密的联系。因此也禁止经营者利用这些活动以及这些活动的参加人员，包括所谓专家和领导人的渠道，去制造、散布虚假或引人误解的商品信息。

五、通过组织虚假交易的商业宣传

《反不正当竞争法》第 8 条第 2 款规定："经营者不得通过组织虚假交易等方式，帮助其他经营者进行虚假或引人误解的商业宣传。"这是《反不正当竞争法》修订后的新增条款，主要是针对电子商务领域较为普遍的"刷单炒信"现象，即互联网平台的经营者通过虚假交易而虚构商品成交量、交易额、用户评价、信用等级等信息，以此欺骗、误导消费者，进而谋取本不应有的交易机会或竞争优势，是名副其实的虚假或引人误解的商业宣传。

事实上，在电子商务领域的"刷单炒信"现象之前，就已经有通过组织虚假交易等方式的商业宣传，即通过"媒子""托儿"所作的诱导销售，例如，经营者通过雇佣他人假扮消费者在门口排队购物、传播好口碑，伪造其商品热销假象，致使消费者误认误购。在现代市场经济中，经营者为争夺消费者注意力、购买力而广泛采取各种宣传攻势，由于常出现虚假或引人误解的宣传情形，消费者已形成对经营者的抵触心理，对经营者的广告等宣传大都采取不信任的态度，也就是说，在消费者的购买决策中，来自生产者、销售者的信息更难获得消费者的信任。正因如此，经营者转向其他购买者，通过其他购买者间接向消费者传递商品、服务信息，这种方式也被证明是行之有效的，因为消费者除了更加信任其他购买者的评价和推荐外，还存在从众的心理特点。与此同理，在网络购物过程中，消费者的信息来源是多种多样的，且真实信息和虚假信息同时存在，这给消费者辨别信息真伪带来不少困难，因而难以做出合理的购买决策。对于消费者而言，已购买过商品的消费者的评价是一种重要的经验信息，正常情况下，这些信息具有较强的参考意义，可以指导消费者合理选购。

值得一提的是，《反不正当竞争法》第 8 条第 1 款也明确了对"销售状况""用户评价"等作

虚假或引人误解的商业宣传的行为应受规制，如上所述，之所以将其单列出来，一方面是为了禁止帮助他人进行虚假或引人误解的商业宣传，即目前最突出的经营者通过组织虚假交易的方式帮助其他经营者进行商业宣传，因此有必要对该帮助行为的组织者进行专门规定，这里实质上还对虚假宣传行为的主体作了区分，即将商品卖方的宣传、第三方的宣传区分开来；另一方面，是关注到组织虚假交易的行为对市场交易中真实信息的干扰、混淆或破坏，这一行为本身也足以导致欺骗、误导消费者的效果，是公平竞争市场不能容忍的。正是由于这个原因，目前的执法实践强化了对组织虚假交易行为的查处和惩罚，例如，2018 年 4 月 9 日，金华 JS 网络科技有限公司通过组织虚假交易等方式，为入驻拼多多、苏宁易购等第三方交易平台的商家提升网店信誉、增加商品销量记录，并以此获取佣金，浙江省金华市市场监督管理局其认定构成组织虚假交易行为，责令停止违法行为，并处罚款 200 万元(最高罚款限额)。

本章小结

虚假或引人误解的商业宣传是国际和各国明确禁止的不正当竞争行为，是指经营者对商品的性能、功能、质量、销售状况、用户评价、曾获荣誉等影响消费者购买决策的信息作虚假或者引人误解的商业宣传。商业宣传的形式多种多样，通过广告的宣传、商品上的宣传是最基本的形式，经营场所的展示、新闻发布会、组织虚假交易等也成为常见的形式。虚假或引人误解的商业宣传是通过虚假或引人误解的信息实现对消费者的欺骗、误导，或者造成欺骗、误导消费者的可能性，核心在于引起消费者的“误认误购”。其不仅直接侵犯了消费者的合法权益，还不正当地夺取了其他经营者的经营利益，也是对竞争秩序和商业道德的直接破坏。对于本章的学习不仅要与商业混淆行为相结合，还要注意其与商业诋毁行为之间的区别和联系。

思考题

1. 如何理解通过组织虚假交易的商业宣传？
2. 简述反不正当竞争法视角规制虚假或引人误解的商业宣传的必要性。
3. 怎样判定虚假或引人误解的商业宣传中的“引人误解”？
4. 如何消除虚假或引人误解的商业宣传对消费者的影响？

第八章　侵犯商业秘密的行为

本章导引

2016年5月，“老干妈”工作人员发现本地另一家食品加工企业生产的一款产品与老干妈品牌同款产品相似度极高。该事件引起了老干妈公司的警觉，公司相关人员认为很可能老干妈的重大商业机密已被泄露。2016年11月8日，老干妈公司到贵阳市公安局南明分局经侦大队报案，经查，涉嫌窃取此类技术的企业从未涉足该领域，绝无此研发能力。老干妈公司也从未向任何一家企业或个人转让该类产品的制造技术。侦查人员经过排查，将注意力最终锁定到老干妈公司离职人员贾某身上，并依法搜查了贾某随身携带的移动硬盘及内含的电子证据资料，并从中发现了大量涉及老干妈公司商业秘密的内部资料。其后，嫌疑人贾某因涉嫌侵犯商业秘密案，被刑事拘留。思考：近年来前员工带走原单位商业秘密投奔新单位的事件频发，老干妈也无法幸免，此种行为究竟应当如何防范？该行为是否属于不正当竞争行为？除此之外，法律是否还规定了其他侵犯商业秘密的行为？

第一节　商业秘密概述

一、商业秘密的界定

商业秘密是商品经济发展的产物，最早有关商业秘密的法律规定可以追溯到古罗马时代。但是，现代意义上的商业秘密的法律保护则是到了19世纪，伴随近代工业革命的发生和资本主义、市场经济的发展而产生的。此一时期，商业秘密法律保护制度的基本内容逐步确定，商业秘密的概念也逐渐统一。

（一）我国立法对商业秘密的界定

“商业秘密”一词最早出现在我国《民事诉讼法》（1991年）第66条及第120条当中，但该法没有对这一法律术语进行界定。[1] 我国对商业秘密进行明确界定是在1993年的《反不正当竞争法》中，该法第10条将商业秘密定义为，不为公众所知悉、能为权利人带来经济利益、具有实用性并经权利人采取保密措施的技术信息和经营信息。该条确立了商业秘密的四个构成要件：（1）不为公众所知悉；（2）能为权利人带来经济利益，即具有经济价值；（3）具有实用性；（4）信息已经被权利人采取了保密措施。随后以此界定为基础，我国在相关的部门规章、司法解释中对商业秘密的这一界定不断进行重申和细化，例如1995年11月23日国家工商行政管

〔1〕 1987年11月1日实施的《技术合同法》（已失效）为技术秘密提供保护，但并未使用“商业秘密”一词。

理总局《关于禁止侵犯商业秘密行为的若干规定》,2007 年 2 月 1 日最高人民法院《关于审理不正当竞争民事案件应用法律若干问题的解释》。2017 年新修订的《反不正当竞争法》第 9 条第 3 款将商业秘密重新界定为:“不为公众所知悉、具有商业价值并经权利人采取相应保密措施的技术信息和经营信息。”该条针对 1993 年《反不正当竞争法》第 10 条做了如下修改:(1)将“能为权利人带来经济利益”改为了具有商业价值;(2)取消了“实用性”这一构成要件。

(二)主要国家和地区立法对商业秘密的界定

目前,商业秘密已然成为国际上通行的法律术语,通常以英文 trade secrets 来进行表达,但在涉及其具体内容时,各国家和地区立法以及国际条约又存在不同的表述。

美国《统一商业秘密法》第 1 条第 4 项将商业秘密界定为“特定信息,包括配方、样式、编辑产品、程序、设计、方法、技术或工艺等,其(1)由于未能被可从其披露或使用中获取经济价值的他人所公知且未能用正当手段已经可以确定,因而具有实际或潜在的独立经济价值;(2)是在特定情势下已尽合理保密努力的对象”。[2] 美国 1996 年通过的《经济间谍法》第 9 条第 3 款对商业秘密进行了详细的界定:“是指各种形式和种类的金融、商业、科学、技术、经济或者工程信息,包括样板、计划、编辑、程序装置、方案、设计、原型、方法、技术、工艺流程、程序或是代码。无论是有形还是无形的,也不论是否以及如何通过有体物、电子、图像、照片或是文字进行储存、编辑或是记录,只要符合以下条件即可称为商业秘密:(1)该所有人采取了合理措施保守前述秘密信息;(2)该信息具有实际或潜在的独立经济价值,其来源不为公众所知悉,同时公众通过正当手段也不易获取。”[3]

德国《反不正当竞争法》没有对商业秘密确立定义性的规范,但司法实务和理论学说中却有大致相近的见解,即商业秘密是指所有人有保密的意思、具有正当的经济利益的所有与经营有关并尚未公开的信息。[4] 然而,目前德国立法正在有所改变,为了符合欧盟《保护未披露的技术、经营秘密(商业秘密)反非法获取、使用和披露的指令》(以下简称《商业秘密指令》),[5] 该指令必须在 2018 年 6 月 9 日之前转化为各国的国内法,德国已于 2018 年 4 月 19 日提出了关于商业秘密的新法案,该法案为了保持与欧盟《商业秘密指令》的一致性,将商业秘密界定为:任何信息(1)是秘密的,意味着不为公众所知悉,并且即使对本领域的人员而言也是不能轻易获取的;(2)因为秘密所以具有商业价值;(3)依法控制该信息的人为保证该信息的秘密性而采取了合理措施。[6]

日本 2005 年《不正当竞争防止法》第 2 条将商业秘密界定为:“作为秘密管理的生产方法、

---

〔2〕 孔祥俊主编:《商业秘密司法保护实务》,中国法制出版社 2012 年版,第 6 ~ 9 页。

〔3〕 美国学者普遍认为,要对商业秘密进行准确的定义是不可能的,需要从保密性和商业价值两方面去理解它。在 2006 年 ConFold Pac 诉 Polaris Indus 一案中,州法院对商业秘密做了如下界定:商业秘密是一种信息(例如客户名单、制作方法或是针对某种软饮料的秘密配方),为了使该信息处于秘密状态,信息持有人尽可能通过要求雇员和其他人履行保密协议的义务。同时,信息持有人通过防火墙、保险箱、加密以及其他隐蔽措施,使该信息处于不为外界所知悉的状态。因此,唯一可能获取该信息的方式是违反保密协议或者是侵权行为。参见 Brian T. Yeh. *Protection of Trade Secrets: Overview of Current Law and Legislation*. Congressional Research Service, April 2016。

〔4〕 种明钊主编:《竞争法学》,高等教育出版社 2012 年版,第 182 页。

〔5〕 该指令全称为“*Directive on the protection of undisclosed know - how and business information (trade secrets) against their unlawful acquisition, use and disclosure*”。

〔6〕 Wolfgang Schönig and Holger A. Kastler. *Update on the Implementation of the EU Trade Secrets Directive into German Law*. 载 https://www.mofo.com/resources/publications/180505 - eu - directive.html,最后访问日期:2018 年 8 月 5 日。

销售方法以及其他对经营活动有用的技术上或者经营上未被公知的情报。"由此可知,商业秘密包括作为秘密管理、对经营活动有用、未被公知三个构成要件。[7]

我国台湾地区1996年颁布的"营业秘密法"第2条将商业秘密界定为:"方法、技术、制程、配方、程序、设计或其它可用于生产、销售或经营之信息,而符合下列要件者:一、非一般涉及该类信息之人所知者。二、因其秘密性而具有实际或潜在之经济价值者。三、所有人已采取合理之保密措施者。"

(三)主要国际条约对商业秘密的界定

国际条约中影响较大的是1994年世界贸易组织制定的《与贸易有关的知识产权协定》(TRIPs协定)和1996年世界知识产权组织以TRIPs协定为蓝本制定的《反不正当竞争法示范条款》。

TRIPs协定中虽未直接使用"商业秘密"的表述,但其所谓"未披露的信息"即为商业秘密。该协定第7节"未披露的信息的保护"第39条第2款规定:"自然人和法人应有可能防止其合法控制的信息在未经其同意的情况下以违反诚实商业行为的方式向他人披露,或被他人取得或使用,只要此类信息:(1)属秘密,即作为一个整体或就其各部分的精确排列和组合而言,该信息尚不为通常处理所涉信息范围内的人所普遍知道,或不易被他们获得;(2)因其属于秘密而具有商业价值;(3)合法控制该信息之人,为保密已经根据有关情况采取了合理的措施。"

《反不正当竞争法示范条款》第6条第3项[秘密信息的定义]规定,具备下列条件的信息才被认定为"秘密信息":(1)作为一个整体或者作为其组成部分的确切构造或组合,它未被通常从事该类信息工作的领域内的人们普遍知悉或者容易获得;(2)由于是秘密而具有商业价值;(3)权利人根据情况采取了合理措施以保持其秘密。其注释中写道:"本条中的'秘密信息'的含义,与TRIPs协定第39条第2款中'未披露的信息'的含义没有实质性的差别,如果需要在条文中可以用'未披露信息'代替'秘密信息'。"[8]

从主要国家或地区立法以及国际条约对商业秘密的界定不难发现,虽然表述各有特点,但均承认商业秘密乃一种特殊信息,并围绕构成商业秘密的三要素即秘密性、价值性和保密性展开。

二、商业秘密的保护范围

发达国家如美国早期的判例将商业秘密的范围限定在财产特征比较明显的技术秘密范围。[9] 但自1979年美国《统一商业秘密法》开始,商业秘密的保护范围就发展成为特定信息,[10]随后在TRIPs协定第39条中商业秘密的保护范围被概括为"未被披露的信息",这足以说明商业秘密的保护范围之广,难以用列举的方式一一呈现。[11] 根据我国现行《反不正当竞争法》对商业秘密的规定,并结合国家工商行政管理总局1998年《关于禁止侵犯商业秘密行为的若干规定》、国有资产管理委员会2010年《中央企业商业秘密保护暂行规定》以及2015年最

---

[7] 孔祥俊主编:《商业秘密司法保护实务》,中国法制出版社2012年版,第11页。

[8] 孔祥俊译:《反不正当竞争法示范条款(续)》,载《工商行政管理》1998年第12期。

[9] 种明钊主编:《竞争法》,法律出版社2016年版,第154页。

[10] 张玉瑞:《商业秘密保护范围的发展》,载《法学研究》1995年第4期。

[11] 有学者在评价商业秘密保护范围时指出,"商业秘密的范围,涉及整个社会范围内信息的独占与共享,必须把法学中的利益平衡机制贯穿始终,利益平衡也一向说来容易做来难"。参见宁立志:《商业秘密——好似法学中的《红楼梦》,载http://www.whuipr.com/show/?27-848.html,最后访问日期:2018年8月7日。

高人民法院《关于适用〈中华人民共和国民事诉讼法〉的解释》的相关规定，商业秘密的保护范围主要涉及两个方面：

1. 技术信息

又称为专有技术（know how）。所谓技术信息是指与产品的生产制造直接相关的信息，包括产品的设计、配方，产品的制作工艺、流程和方法等重要信息。当前述信息被企业作为一种秘密进行保护的时候，就成为技术秘密，从而形成商业秘密。世界范围内最为著名的技术秘密有可口可乐的配方、肯德基的秘密食谱；我国较为著名的技术秘密有老干妈的配方、云南白药的配方等。技术信息又可以称为非专利技术，其与专利技术异曲同工，都是精神创作活动的成果，都具有财产价值，但对它们的保护却有很大差异。这是因为专利是以技术公开为保护条件的，而非专利技术则是以技术保密为条件的。[12]

2. 经营信息

经营信息是指技术信息以外的能够给权利人带来竞争优势的用于经营的信息，此类信息一般可分为以下两类：(1)具有秘密性质的市场以及与市场密切相关的商业情报或信息，比如原材料价格、销售市场和竞争对手的情报、招投标中的标底及标书内容，还包括供销渠道、贸易记录、客户名单、产销策略等。(2)经营管理方法和与经营管理方法相关的资料和信息，通常指能够合理有效地管理各部门之间的相互合作与协作，使生产与经营有机运转的秘密。此类信息包括管理的模式、方法、经验等。[13]

需要说明的是，学界对于单纯的管理方法是否应当以及如何可能受到法律保护的问题，存在争议。通常情况下，管理方法的保密性较差，因为管理是一种公开活动，很难“秘密管理”，也很难通过特殊的方式阻止别人知晓和模仿。同时，管理方法通常并不具有绝对的“私有”的特征，毋宁说是既有管理经验的综合和发展，凝聚了前人智慧的结晶，具有很强的公共属性。

三、商业秘密的法律特征

商业秘密与传统意义上的财产权并不相同，它不似土地、房屋、汽车、轮船能够“看得见，摸得着”，也不像知识产权的主要客体即商标、专利和著作等财产利益那样能够为大众所知，这就决定了商业秘密具有独特的法律特征。

1. 无形性

无形财产权的概念系由德国学者科拉于 1875 年率先提出。他批判了以往的学说将精神产物之权利说成是一种所有权的错误，而将其视为是区别于有形财产所有权的另类权利，即“无形财产权”（Immaterial Giiterrecht）。综观各国立法，商业秘密是一种信息，一种具有价值的商业信息，其价值不在于物质形态，而是非物质形态的精神内容，是一种知识产品。20 世纪初，美国学者施瓦茨曾列举了“具有重大价值的新型财产”，“这些财产包括商业信誉、商标、商业秘密、著作权、经营利益、特许权以及公平的便利权”。[14] 无形财产本质上是一种权利，它与有形财产从权利角度而言是相同的。[15] 然而，无形财产在形态上的确又呈现出了与有形财产

---

〔12〕［日］盛冈一夫：《专利制度与技术诀窍的保护》，张坤明摘译，载《环球法律评论》1983 年第 6 期。

〔13〕周楠生：《试论经营秘密及其法律保护》，载《现代法学》1996 年第 4 期。

〔14〕吴汉东：《财产的非物质化革命与革命的非物质财产法》，载《中国社会科学》2003 年第 4 期。

〔15〕马俊驹、梅夏英：《无形财产的理论和立法问题》，载《中国法学》2001 年第 2 期。

完全不同的状态，从而致使在法律保护和权利设置上与有形的土地、房屋、汽车等财产并不相同。商业秘密虽然需要由一定的载体来承接，但是载体并不体现商业秘密真正的价值，其核心价值在于凝结于秘密之上的人类智力和精神劳动成果，载体作为一种形态是用于记录和固定该智力和精神劳动成果的。

商业秘密作为与商业活动有关的信息，从主观、抽象、无形的状态转化为客观、具体、有形的成果，也需要承载这种信息的特定形式的载体，这种载体一般表现为书面记录、图纸、照片、计算机数字信息（光盘、软盘、U盘）等有形载体，以及企业邮箱、云邮箱等利用信息系统的"云"载体。载体与商业秘密的价值密切相关，商业秘密可能因载体的丢失或被盗窃而丧失其秘密性，从某种意义上说，商业秘密最安全的"载体"是人的大脑，但另一种风险是，个人死亡或者个人记忆的错乱将导致商业秘密绝对消失。[16] 因此，为了安全保存商业秘密，实践中权利人往往会采取以"人脑＋其他载体"的方式来对商业秘密进行贮存和使用。

2. 秘密性

秘密性的法律表达为"不为公众所知悉"，所谓不为公众所知悉实际上应当从两个方面加以理解：（1）该信息处于一种秘密状态，除权利人和权利人允许知晓的人员外，他人并不知晓；（2）该信息通过一般的合法途径是难以获取的，即他人无法轻易的获知该信息。"不为公众所知悉"，不仅意味着该信息不能从公开渠道直接获取，包括不为权利人以外的其他人以违反诚实经营活动的方式所知悉，如违反合同约定，违反保密纪律等；而且还意味着该商业秘密知晓的范围仅限于非常有限的特定人员，如果是公众周知或公用的通用技术和经营方法等，则不是秘密。

不过，由于商业秘密是生产、经营活动中的一种信息，其商业价值要通过有限的人的使用才能实现，要求其不被任何人知道，在很多情况下是不可能的。正如美国马萨诸塞州法院的一些判例所指出，"一项秘密的制造工程并不因其在保密的前提下向职能人员或工作人员公开而失去商业秘密的特征，因为没有上述人员的辅助，不能产生任何价值"。[17] 因而商业秘密的秘密性只是相对而言的，"不为公众所知悉"中的"公众"，也并非指所有的自然人，而是指某一行业或准备涉足某一行业的有可能从该商业秘密的利用中取得经济利益的人。[18] 由此决定，商业秘密因业务所需，为企业内部有关职工或者企业外部的原材料供应商、产品销售商、加工承揽商、修理商所知，只要局限在很小的范围内，即所知人不扩散，且知悉者负有保密义务，那么这种知悉，就不会使商业秘密丧失其秘密性。[19]

提示　商业秘密的秘密性与专利的公开性

商业秘密具有秘密性，即要求其不为公众所知悉，包括两个方面：一是关于"公众"的范围。最高人民法院《关于审理不正当竞争民事案件应用法律若干问题的解释》第9条中规定，有关

〔16〕 江帆：《商业秘密理论与立法探讨》，载《现代法学》2004年第3期。

〔17〕 田宏杰、温长军：《侵犯商业秘密罪的规范解读和司法适用》，载《政法论坛》2009年第6期。

〔18〕 最高人民法院在"成武县科技开发中心与吕洪进、冯建利其他侵害商业秘密纠纷申请再审民事裁定书"中就对不为公众所知悉进行了说明，本案"中药杀菌净"技术是经过艰苦研发形成的具有商业价值的信息，不为所属领域的人员所普遍知悉。也即此处的公众是指所属领域的人员。参见最高人民法院民事判决书（2014）民申字第437号。

〔19〕 田宏杰、温长军：《侵犯商业秘密罪的规范解读和司法适用》，载《政法论坛》2009年第6期。

信息不为所属领域的相关人员普遍知悉和容易获得，就应当认定为“不为公众所知悉”。因此，“公众”实际上应当是指，该信息所属领域的相关人员，是具有行业属性的特定人，包括同业竞争者和可能从该商业秘密的利用中取得经济利益的人，如从事同行业的人，或者准备涉足该行业的人，在诉讼中都可以被认定为“公众”。二是关于“知悉”的判断方法。众所周知的事实，属于公知信息，但在现实生活中，大量的信息虽然没有事实上引起大多数人的注意，但其客观上已经处于一种可以从公开、正当的渠道获得的状态，即只要行为人主观上愿意，就可以获取该信息的状态。那么，这些信息也属于公知信息，也不应受到法律保护。[20]

专利的公开性，即要求专利申请人将专利内容进行公开，以此作为获得法律保护的前提条件。从时间点上来说，一旦专利进入申请阶段，专利的内容就需要公开。从程度上来说，专利内容必须要充分的公开，即达到本领域技术人员能够据此实现该专利的程度。

由此可知，商业秘密的法律保护与专利的法律保护恰恰相反，商业秘密一旦公开就丧失了保护的价值，专利唯有公开才具有保护的价值。

3. 保密性

商业秘密作为一种智力成果，其生命在于它的“秘密性”，而要维持商业秘密的秘密性，就需要权利人为使其商业秘密处于秘密状态而采取保密措施。如果权利人不通过保密措施证明自己主张权利，从法律上来说，就没有占有该商业秘密的主观意图，不能成为权利人。而权利人只有通过采取保密措施，表明了商业秘密的存在，才能通过控制商业秘密而主张其权利。[21] 实践中，保密措施有多种表现形式，权利人可以采取法律、技术等措施来维护信息的秘密性，包括制定企业保密规则，明确企业商业秘密的种类、范围、密级、管理职责、违规处罚等；与雇员签订保密协议，约束受雇人员对企业商业秘密不得泄露、使用的义务；在合作开发技术合同、技术转让合同中订立保密条款，使合作伙伴承担相应的保密义务；通过技术手段进行监控，如防盗装置、电控电眼监视系统、门卫制度等。若是体现在软件中的商业秘密，当软件进入市场销售时，所有购买者被要求与软件公司签订禁止泄露商业秘密的协议，以维持软件的秘密性。[22] 保密性虽然呈现出一定的客观状态，但同时又是权利人主观意愿的反映，那么究竟需要达到何种程度才能使秘密信息成为一种商业秘密呢？综合国内外立法，应当认为采取合理措施（reasonable steps）即可，并不需要权利人以极高的注意义务采取极其复杂的保密措施。例如，将秘密信息置入办公室抽屉里锁好与将秘密信息通过高科技手段加密都同样能够满足保密性的要求。只要权利人主观上有保密的意愿，客观上采取了合理的保密措施即可。

4. 价值性

价值性是指该项技术信息或经营信息具有可确定的应用性，能够为权利带来现实的或者潜在经济利益或者竞争优势。[23] 商业秘密的价值性实际包含两个方面：（1）是商业秘密能够为权利人所带来的竞争优势。例如，可口可乐因其独特的口感而备受青睐，使其成为全世界最受欢迎的饮料，其配方便是可口可乐公司成功的关键。设若该配方被公之于众，可口可乐公司

---

〔20〕 参见浙江省高级人民法院知识产权审判庭：《关于商业秘密司法保护问题的调研报告》，载 http://www.315dajia.cn/susong/20150625217.html，最后访问日期：2018 年 8 月 20 日。

〔21〕 袁荷刚：《反思与重构：我国商业秘密立法之完善》，载《法学杂志》2012 年第 1 期。

〔22〕 张今：《商业秘密的范围和构成条件及其应用》，载《法律适用》2000 年第 4 期。

〔23〕 张今：《商业秘密的范围和构成条件及其应用》，载《法律适用》2000 年第 4 期。

将失去在饮料行业中的优势地位。(2)商业秘密能够被量化,最终形成一定的价格。商业秘密能够经过评估从而作价入股,在受到他人侵犯时,能够根据实际损失计算出其数字价格。商业秘密也正是因为其价值性,使其具备了成为一种可交换的财产的基础条件。

自1993年《反不正当竞争法》对商业秘密进行了法律界定以来,商业秘密的价值性与实用性常被视为一对"孪生兄弟"。价值性和实用性不是并列关系,而是包含关系,某种信息要具有价值性,首先必须具有一定的可应用性,即实用性,没有实用性的信息就必然没有价值性,价值性包含了实用性。而实用性要求商业秘密能够用于制造和使用,产生积极效果,与价值性相比,其判断标准更加模糊和抽象。为此2017年《反不正当竞争法》修改时取消了对商业秘密实用性的要求,不需要该商业秘密能制造和使用,产生积极效果。

5. 传授与转让的有限性

商业秘密与专利权一样,在进行商业活动时具有可传授与可转让的特征。但是,商业秘密保护与专利权并不相同,其传授和转让是受到限制的。专利权制度是以公开换取垄断,在实践中会大量的以许可和转让的方式来完成专利权的应用和分享,而商业秘密的保护是拒绝公开和分享的,一旦公开该商业秘密即失去价值。但商业秘密也并非完全无法分享,商业秘密法律制度中允许他人通过技术手段对从公开渠道取得的产品进行拆卸、测绘、分析等而获得的有关技术信息,即通过反向工程来获知商业秘密,这亦可谓是商业秘密特有的公开和分享方式。

讨论1　商业秘密是否具有独特性?

商业秘密的独特性实际上是商业秘密与专利所具有的共同特征,即法律保护的商业秘密必须达到一定水平的新颖性和非显而易见性也即创造性,在较长的时期内不易被他人总结、研究而获知。因此,一般的常识、同行或者同专业普通技术人员都知晓的经营、技术知识、信息或资料,以及根据已有的技术和经营知识能显而易见的技能、知识等,都不属于商业秘密。[24] 那么对商业秘密的创造性要求究竟有多高呢?实际上回答这个问题需要根据商业秘密类型的不同进行分析。对技术秘密创造性的衡量标准应低于发明专利的要求,只要符合实用新型的标准即"有实质性特点和进步即可"。而对于经营秘密和管理秘密,必须是属于特有的资料信息,[25] 即有一定的创造性,但更侧重于对其新颖性评判。

四、商业秘密的法律性质

关于商业秘密的法律性质,长期以来存在不小的争议。大陆法系习惯于将商业秘密置于反不正当竞争法的保护之下,而将商业秘密定位于知识产权显然又与此种保护模式有所区隔。当然,商业秘密属于知识产权已经成为通说,亦在我国得到相关立法的认可。在现代商业活动中,保护商业秘密已经是知识产权大课题中一个重要的组成部分。[26]

一方面,商业秘密具有财产权性质。诸多国家(尤其是英美法国家)的法律、法院判例和法学理论都倾向于承认商业秘密的财产权属性。例如,英美法院曾多次判定,商业秘密的持有人

〔24〕 李永明:《商业秘密及其法律保护》,载《法学研究》1994年第3期。

〔25〕 江帆:《商业秘密理论与立法探讨》,载《现代法学》2004年第3期。

〔26〕 刘春田、郑璇玉:《商业秘密的法理分析》,载《法学家》2004年第3期。

从转让该项商业秘密的合同中所取得的使用报酬,按财产所得(income form property)纳税,而不是按劳务所得纳税,这实际是在司法实践中承认商业秘密是一种财产权。[27] 当然,有关商业秘密是否具有财产权性质的争论不断,无论是在美国还是我国,争论的焦点都集中在商业秘密不具有对世性,因为商业秘密不能为公众所知晓,从而不具有成为财产权的基础。支持的一方则认为,商业秘密具有对世性和排他性是不言而喻的,只是其性质与物权之对世性逻辑并不完全一致。实际上,商业秘密的财产权性质不言而喻。权利人不仅可以通过对商业秘密的占有取得竞争优势和收益,而且还能够将商业秘密进行转让从而实现其财产价值。

另一方面,商业秘密具有财产权性质,但财产权并非商业秘密的全貌,作为一种智力成果,商业秘密通常被认为是一种特殊的知识产权。之所以说其特殊,原因在于知识产权的传统客体——专利、商标、作品,均是通过公开而换取保护,因此而受保护期限的限制。商业秘密则不同,其保护方式是秘密进行的,一旦公开就意味着保护的失败。而同样,知识产权的地域性特征也难以在商业秘密中体现。但是商业秘密所具有的特殊知识产权的属性,已为人们逐渐接受。早在20世纪60年代,国际商会就把商业秘密视为工业产权,允许进行有偿转让。世界知识产权组织在其成立公约中,也暗示商业秘密可以包含在知识产权中,该组织在草拟的各种知识产权示范法及国际条约中,都把商业秘密列入其中。关税与贸易总协定"乌拉圭回合"缔结的《与贸易有关的知识产权协定》(TRIPs协定)专门规定了对"未公开信息"的保护。许多国家也已将商业秘密作为一种特殊的知识产权给予不同程度的法律保护。例如,英国下议院的法律委员会在1981年的一份报告中,曾建议从法律上允许秘密权利作为一种区别于一般知识产权的特殊产权转让。[28] 我国目前立法亦将商业秘密作为一种知识产权,与TRIPs和各国之立法趋势保持一致。

实际上,商业秘密尤其是技术秘密与专利十分接近。商业秘密与专利法的保护客体密不可分。只要持有人愿意,并且希望其受到专利法保护,皆可努力构成产品发明和方法发明专利的客体,其间或许只有一纸之隔,除非持有人基于知识产权战略的整体考量不打算申请专利。[29] 因此,将商业秘密作为一种知识产权,是对商业秘密法律性质的准确定位。

第二节 侵犯商业秘密行为的构成及方式

一、侵犯商业秘密行为的构成

在反不正当竞争法上,侵犯商业秘密行为是指经营者为了获得市场交易机会,以不正当的方式取得、披露或使用他人商业秘密,从而破坏公平、诚信竞争秩序的不正当竞争行为。[30] 从广义上讲,只要是侵犯民事权利的行为,均可被认定为侵权行为。然而,在立法模式上,我国将侵犯商业秘密的行为置于反不正当竞争法的保护之下,也说明了侵犯商业秘密行为较之普通的民事侵权行为,具有独特性,反映在其主体的特殊性、侵害客体的复杂性和归责原则的特殊

〔27〕 李永明:《商业秘密及其法律保护》,载《法学研究》1994年第3期。

〔28〕 李永明:《商业秘密及其法律保护》,载《法学研究》1994年第3期。

〔29〕 郑友德、王活涛:《新修订反不正当竞争法的顶层设计与实施中的疑难问题探讨》,载《知识产权》2018年第1期。

〔30〕 种明钊主编:《竞争法》,法律出版社2016年版,第159页。

性等方面。

(一)主体为经营者

我国《反不正当竞争法》第2条第2款规定,本法所称的不正当竞争行为,是指经营者在生产经营活动中,违反本法规定,扰乱市场竞争秩序,损害其他经营者或者消费者的合法权益的行为。侵犯商业秘密的行为主体在反不正当竞争立法中被限定为经营者。该条第3款紧接着对"经营者"进行了界定,本法所称的经营者,是指从事商品生产、经营或者提供服务(以下所称商品包括服务)的自然人、法人和非法人组织。由此可以推知,经营者并非局限于取得营业执照的商事主体,任何民事主体,只要是从事商品生产、经营或者提供服务,均满足经营者的条件,将可能被视为不正当竞争的主体。尽管如此,我国仍有诸多学者认为侵犯商业秘密的主体可以突破"经营者"的限制,理由是许多合法持有商业秘密的人并非经营者,而且TRIPs协定中所指商业秘密的持有人比经营者的范围大得多。因此,我国《反不正当竞争法》的有关规定是不恰当的。[31] 1993年我国《反不正当竞争法》颁布以后,包括上海、北京、深圳等20个地方人大颁布了地方性反不正当竞争法规。从内容来看,这些地方性法规更加具体,适用范围更加广泛。许多地方性法规将该法适用的主体范围进行了扩展,使其适用于经营者以外的从事与市场竞争有关的单位和个人。[32] 但我国《反不正当竞争法》的规定绝非是不恰当的,恰恰相反,其规定应和了《反不正当竞争法》的立法宗旨,因为《反不正当竞争法》要解决的就是经营者之间的问题。经营者以外的主体侵犯商业秘密的,完全可以适用《侵权责任法》的相关规定进行处理。(关于经营者认定的详细论述参见本书第四章)

(二)侵害客体的双重性

作为一种不正当竞争行为,侵犯商业秘密的行为与一般的民事侵权行为在侵害的客体上并不完全一致。一般的民事侵权行为常常仅是单纯的有损于权利人的利益,而侵犯商业秘密的行为则有所不同。侵犯商业秘密的行为首先会侵犯秘密专有权人的利益,但与此同时,该行为亦会损害诚信、公平的竞争秩序,扰乱市场的正常运行。当侵权人使用不正当手段获取、披露或者使用他人商业秘密的同时,秘密持有人的竞争优势随之丧失,而侵权人则获得了竞争优势,此种竞争优势的丧失,不仅意味着权利人利益的丧失,也是市场秩序利益的崩坏。因此,侵犯商业秘密行为所侵害的客体是双重的,包括了权利人的财产利益和市场竞争秩序。

(三)主观方面

侵犯商业秘密的行为属于不正当竞争行为,但同时,其又应当被归为侵权行为。当侵犯商业秘密的行为产生时,另一个问题随之应运而生,即行为人的主观方面应当如何考量,即归责原则问题。就过错责任而言,侵权人承担民事责任的基础是其过错;就无过错责任而言,侵权人承担民事责任的基础不以过错为前提。而侵权责任法中的"归责原则",则是对于各种具体侵权案件的可归责事由(责任基础)进行的一般性抽象,抽象出同类侵权行为共同的责任基础。[33] 由此,侵权行为最终是否承担侵权责任,不仅需要对所实施的行为进行判断,还要对实施行为主体的主观方面进行判断,依据主观方面的不同就形成了多元的归责原则。

---

〔31〕 郑成思:《知识产权法论》,法律出版社2003年版,第268页。

〔32〕 单海玲:《中美商业秘密保护制度比较研究》,载《政治与法律》2004年第5期。

〔33〕 张新宝:《侵权责任法原理》,中国人民大学出版2005年版,第24~25页。转引自魏振瀛:《侵权责任方式与归责事由、归责原则的关系》,载《中国法学》2011年第2期。

侵权行为归责原则的基础是过错责任原则。行为人之所以要为自己的行为负责,是因为行为人具有过错。此种对过错的判别,即是对行为人主观方面的追究,主观上存在故意显然是一种过错,过失即通常我们所说的"不小心"也是一种过错,只是较之故意来说,其主观上的过错程度较低。例如,A公司将机密文件交于张三保管,张三知晓该文件的价值,遂以100万卖与李四,这就是一种故意的过错;设若张三并非贪财之徒,妥善保管了文件。但一日与好友李四喝酒之时,因酒醉一不小心泄露了该机密文件的关键信息,这就是一种过失的过错。然而,追究行为人主观心态比较困难,因为每个人具体的想法唯有自己最清楚,在某些特殊情况下,为了使损害能够得到充分的补偿,行为人无过错也有可能需要承担责任。尤其是在知识产权侵权纠纷当中,原告要证明被告"有过错"往往很难,而被告要证明自己"无过错"又很容易,因此,无过错给他人知识产权造成损害的"普遍性",就成了知识产权领域归责原则的特殊性。[34]

我国现行《反不正当竞争法》对于侵犯商业秘密的行为设置了两种不同的责任承担的方式,即过错责任原则和违约责任。具体分述如下:第一,适用过错责任的情形主要有三种:(1)以盗窃、贿赂、欺诈、胁迫或者其他不正当手段获取权利人的商业秘密,其主观心态上具有明显的故意。(2)以披露、使用或者允许他人使用以前项手段获取的权利人的商业秘密。以上两种情形的主观心态均为故意。(3)第三人明知或者应知商业秘密权利人的员工、前员工或者其他单位、个人实施前款所列违法行为,仍获取、披露、使用或者允许他人使用该商业秘密的,其主观心态可能明知也可能过失,但无论是故意还是过失,均属于有过错,可以适用过错归责。第二,适用违约责任的情形。当行为人违反约定或者违反权利人有关保守商业秘密的要求,披露、使用或者允许他人使用其所掌握的商业秘密。此种方式,以行为人与权利人之间的约定为前提,是一种对合同义务的违反,无论其有无过错,只要违反约定就需要承担责任。

(四)客观方面

客观方面主要是指侵犯商业秘密的行为的事实及其造成的客观后果。根据反不正当竞争法的相关规定,侵犯商业秘密的行为即是以不正当的手段去窃取、披露或是使用他人的商业秘密,或者违反商业秘密的保护协议,具体表现为侵犯商业秘密的方式和手段。值得注意的是,侵犯商业秘密行为的构成并不需要上述行为造成了实际损害的后果。根据《专利法》第11条和第60条的规定,只要行为人未经许可,以生产经营目的实施了专利,就构成了专利侵权,应承担赔偿责任。这表明专利侵权同样不以损害结果为客观要件。但是否存在实际损害,在民事赔偿方面却是一个重要的考量因素。

二、侵犯商业秘密行为的方式

由现行《反不正当竞争法》第9条可以推知,侵犯商业秘密的行为,从行为主体来看,主要表现为员工、前员工或其他单位以及其他第三人,从行为方式来看,主要有以下四类。

(一)非法获取他人的商业秘密

根据2017年《反不正当竞争法》第9条第1款第1项的规定,非法获取他人商业秘密包括盗窃、贿赂、欺诈和胁迫四种行为。所谓"盗窃",是指行为人以非法占有为目的,以秘密的方式窃取他人商业秘密的行为。由于商业秘密是一种无形财产,其特点与普通财产有所区别,对商业秘密的盗窃与一般的盗窃并不相同,《刑法》在第264条对普通的盗窃行为进行了规定,而将

---

〔34〕 郑成思:《知识产权法论》,法律出版社2003年版,第273~277页。

盗窃商业秘密专门规定在侵犯知识产权罪当中,在第 219 条进行了专门的规定以示区别。所谓"贿赂",是指行为人给予掌握或了解商业秘密的有关人员提供金钱或其他利益,从而获取他人商业秘密的行为。2017 年《反不正当竞争法》将利诱修改为贿赂,原因在于利诱本身并非一个严谨的法律术语,没有具体的认定标准,而贿赂在商业贿赂条款中有明确界定,在实际操作过程中更加具体。

所谓"欺诈",是指行为人故意告知掌握或了解商业秘密的有关人员虚假情况,或者向其隐瞒真实情况,从而骗取对方商业秘密的行为。[35] 以欺诈行为骗取商业秘密在现实生活中屡见不鲜。例如,A 公司向 B 公司谎称要对其进行投资,向 B 公司索要其技术信息和管理信息,而其真实目的并非是要投资 B 公司,B 公司虽然有技术,但是缺乏相应资金,当然对 A 公司和盘托出。结果 A 公司代表人在与 B 公司代表人会面后随即消失,音信全无。数月后,B 公司就发现 A 公司投资了其竞争对手 C 公司。[36] 对于 B 公司而言,这无疑是一种巨大的损失,在《反不正当竞争法》修改之前,B 公司唯有根据我国《合同法》第 42 条之规定,以缔约过失来维权,而在现行《反不正当竞争法》之下,B 公司则可以依据《反不正当竞争法》之规定进行维权。

所谓"胁迫"是指行为人直接对商业秘密持有人或者其员工,亦或者持有人或员工的近亲属的生命、健康、荣誉、名誉、财产等实施损害为要挟,迫使持有人或者其雇员提供商业秘密的行为。[37] 所谓"其他不正当手段"实际上包含了盗窃、利诱、胁迫以外的所有非法手段,例如通过虚假的投资行为、联合开发行为、技术贸易谈判行为等方式获取他人的商业秘密。这一规定具有兜底的作用,将一些缺乏典型性的"不正当方式"纳入规范之中,但是,实践中在考量是否属于"其他不正当手段"时,应当综合判断并特别慎重把握。例如,通过"反向工程"(Reverse Engineering)而解构、分析他人的技术秘密行为就不属于以"其他不正当手段"侵犯商业秘密之情形,因为"反向工程"本身是一项复杂的技术劳动,是通过合法途径取得权利人利用秘密技术制造的产品并对产品进行拆解、分析、反复研究而获得原型结果(即原来的秘密技术)或者创新结果。例如,日本本田公司通过对五百多种摩托车的反向工程研究,最后综合研制出了垄断国际摩托车市场的技术产品。[38]

上述非法获取他人商业秘密的行为,其行为本身就是违法的,是否披露、使用在所不问,不影响对其违法性的认定。[39]

(二)非法披露他人的商业秘密

披露是指未经权利人许可或者违反保密义务的规定或约定而向他人扩散商业秘密,包括在要求对方保密的条件下向特定人、少部分人透露商业秘密以及向社会公开商业秘密。[40] 根据现行《反不正当竞争法》的规定,非法披露他人商业秘密并非一定以非法获取商业秘密为前

---

〔35〕 刘勇:《缔约过失与欺诈的制度竞合——以欺诈的"故意"要件为中心》,载《法学研究》2015 年第 5 期。

〔36〕 类似的案例如,智能手机生产商魅族公司的负责人黄章(J. Wong)在魅族论坛称曾被某天使投资人以投资为名从其处获得了大量手机生产的经验和商业秘密,包括整体理念、开发流程、供应商选择,生产和销售,公司状况和计划、核心人员介绍和财务报表等,自己中了圈套。载 http://www.chinanews.com/cj/2011/08-24/3279604.shtml,最后访问日期:2018 年 8 月 9 日。

〔37〕 参见《民通意见》第 69 条规定:"以给公民及其亲友的生命健康 荣誉 名誉 财产等造成损害,或者以给法人的荣誉 名誉 财产等造成损害为要挟,以胁迫对方作出违背真实的意思表示,可以认定为胁迫行为。"

〔38〕 种明钊主编:《竞争法》,法律出版社 2016 年版,第 162 页。

〔39〕 杜军:《侵犯商业秘密行为的法律救济》,载《现代法学》2000 年第 1 期。

〔40〕 杜军:《侵犯商业秘密行为的法律救济》,载《现代法学》2000 年第 1 期。

提,大致可以分为以下情形:(1)行为人非法获取商业秘密后披露。实际上此种行为是非法获取行为的继续,好比盗窃以后将盗窃所得之物进行销赃。(2)合法取得商业秘密,然后非法披露。此时,行为人通常是掌握商业秘密的员工、交易相对方,其通常对该商业秘密负有保密义务或者合同义务。(3)第三人故意披露。第三人明知或者应知商业秘密权利人的员工、前员工或者其他单位、个人实施前款所列违法行为,仍获取、披露、使用或者允许他人使用该商业秘密的,视为侵犯商业秘密。[41] 此时,第三人构成侵犯商业秘密的前提是第三人明知或者应知的主观心态,而在信息来源上则特别强调了单位前员工实施违法行为获取商业秘密的情形。例如,张三从A公司离职,A公司与张三约定张三在离职2年内不能将张三在A公司负责的电脑源代码进行披露。张三离职后1年即进入B公司,张三将该源代码告知了B公司,B公司转而告知了A公司的直接竞争对手C公司。此时,不仅张三要对其披露行为负责,B公司同样要对其作为第三人的披露行为负责。

(三)非法使用他人商业秘密

非法使用不仅指自己使用,也包括非法转让即允许他人使用。此种侵权方式同样包含三种情形:(1)以盗窃、贿赂、欺诈、胁迫或者其他不正当手段获取权利人的商业秘密,行为人随之将获取的商业秘密进行使用,或者允许他人使用;(2)行为人对商业秘密的持有是合法的,然而其未能遵守合同约定的义务或者是保密义务,而擅自对合法持有的商业秘密进行使用的;(3)与第三人故意非法披露行为相似,如果非法获取人将商业秘密转让给第三人,第三人明知或应知商业秘密的来源违法仍然予以受让并使用的,将构成非法使用他人商业秘密的行为。但是,第三人仍享有善意抗辩权。[42]

(四)违反竞业限制协议

商业秘密需要通过有限的人员使用才能实现其商业价值,而对知悉商业秘密的人员加以约束是权利人采取保密措施的重要手段,其中就包括与知悉商业秘密的特定人员签订在特定时间内要求其不得自营或在有竞争关系的企业从事一定行为的协议,即竞业限制协议。特定人员违反竞业限制协议的行为亦属于侵犯商业秘密行为的一种,因下面有专节讨论,故此处不再详述。

第三节　竞 业 限 制

商业秘密保护中的竞业限制,又称为竞业避止或竞业禁止,是指用人单位(雇主)利用签订竞业禁止协议的形式,禁止本企业的员工(雇员)在任职期间以及离职后一定期间内,利用其掌握的原用人单位(雇主)的商业秘密,在一定范围内从事与用人单位(雇主)相竞争的业务。

一、竞业限制与反不正当竞争法

商业秘密作为保密状态下的技术信息与经营信息,除了文件、图纸、磁盘等物化载体外,了

[41] 参见《反不正当竞争法》第9条第2款。

[42] 种明钊主编:《竞争法》,法律出版社2016年版,第163页。

解商业秘密的职工本身更是重要的活化载体。所以,商业秘密极可能随着人才流动而流动。发达国家的历史经验和现实司法判例表明:雇员的“跳槽”行为,是企业商业秘密流失的最主要渠道。[43] 司法实践中,因职工跳槽引发诉讼是侵犯商业秘密纠纷形成的主要诱因之一。据不完全统计,在一些地方法院,此类纠纷约占商业秘密案件总数的90%以上。[44] 根据我国《劳动合同法》第23条之规定:用人单位与劳动者可以在劳动合同中约定保守用人单位的商业秘密和与知识产权相关的保密事项。对负有保密义务的劳动者,用人单位可以在劳动合同或者保密协议中与劳动者约定竞业限制条款,并约定在解除或者终止劳动合同后,在竞业限制期限内按月给予劳动者经济补偿。劳动者违反竞业限制约定的,应当按照约定向用人单位支付违约金。由该条规定可知,劳动者承担保守商业秘密的义务是在职期间和离职以后,而最容易引起纠纷的,则是在离职以后,尤其是由于劳动者“跳槽”所带来的争议。现行《反不正当竞争法》第9条第3款在原1993年《反不正当竞争法》的基础上增加规定:第三人明知或者应知商业秘密权利人的员工、前员工或者其他单位、个人实施前款所列违法行为,仍获取、披露、使用或者允许他人使用该商业秘密的,视为侵犯商业秘密。将员工、前员工实施侵犯商业秘密的行为进行单列,足见反不正当竞争法立法过程中对劳动者“跳槽”所引发的商业秘密侵权问题的重视。

竞业限制规定在《劳动合同法》之中,使人们往往在对待该问题时局限于用人单位和雇员之间,这并非设立竞业限制制度之本意。例如,“竞业禁止协议是雇佣双方合意的一种表达,在缔约的过程中体现了当事人的意思自治,通过私法自治的理念就雇主商业秘密的保护和劳动者再就业权的限制进行衡平和协调”。[45] 实际上,竞业限制涉及三方主体的关系,即原用人单位、劳动者及新用人单位。由于劳动者在经过一段时间的积累后“跳槽”,往往会去往自己所熟知的行业,因此原用人单位与新用人单位之间往往具有竞争关系,是以不可忽视新用人单位在竞业限制中的重要地位。若无新用人单位和原用人单位之间形成竞争关系的可能性,劳动者与原用人单位的竞业限制协议毫无必要。因此,从法律属性上看,竞业限制关系本质上体现为对竞争关系的调整。竞业限制不仅涉及用人单位经营权和劳动权的内部冲突,也涉及由劳动关系而发生的经营权和竞争权的外部冲突。竞业限制关系中其实蕴含多元利益所构成的复杂利益结构和利益冲突。[46]

正因为竞业限制关系的基础涉及原用人单位与新用人单位之间的利益冲突,使得《反不正当竞争法》有必要对该关系加以调整,以维护良好的竞争秩序。

二、竞业限制协议的内容

商业秘密竞业限制协议的内容主要有以下方面:

第一,竞业限制协议中的时间限制。商业秘密权与劳动者就业权的利益平衡是一种特殊现象,原因在于很多时候商业秘密是由用人单位的劳动者创造的,而劳动者的流动性对用人单

---

〔43〕 方龙华:《商业秘密竞业禁止若干问题研讨》,载《法商研究》1996年第6期。
〔44〕 顾韬:《论侵犯商业秘密纠纷中有关竞业限制的若干法律问题》,载《法律适用》2013年第5期。
〔45〕 邓恒:《论商业秘密保护中竞业禁止协议的法律性质》,载《西南民族大学学报》(人文社会科学版)2018年第2期。
〔46〕 张妮、王全兴:《离职竞业限制协议的效力问题探讨——兼论商业秘密法律保护手段选择》,载《法学杂志》2011年第10期。

位所有的商业秘密构成了极大威胁。[47] 但仅从用人单位的商业秘密权出发，就会损害劳动者的就业权，竞业限制协议签订的时间越长，对劳动者就业权的损害就越大。为此各国立法均对竞业限制协议的时间进行限制。例如，《意大利民法典》第2125条规定，限制经理级人员从事与企业进行竞争业务期限不得超过5年，对其他人员的限制不得超过3年，约定期限超过上述规定的，超过部分无效；[48]《德国商法典》第74条以下也规定了竞业禁止期间最长不得超过二年。[49] 为了平衡员工的生存权与企业对商业秘密的专有权，我国《劳动合同法》在第24条第2款对离职员工承担保密义务的期限进行了规定，即要求不得超过两年的时间。

第二，竞业限制协议的地域限制。《劳动合同法》与《反不正当竞争法》均未对竞业限制协议的地域进行限制。实践中，竞业限制协议往往会将限制的地域范围约定为全国，在个别情况下会约定到特殊区域，例如约定为江苏、浙江、上海地区。但是，并非所有的约定都是合理的，在具体的判定中会从用人单位所处的行业、领域以及所开拓市场的地域范围来确定。

第三，竞业限制协议的人员范围。根据《劳动合同法》的规定，竞业限制协议限于用人单位的高级管理人员、高级技术人员和其他负有保密义务的人员。实际上限于知悉用人单位商业秘密和核心技术的人员，并不适用于每个劳动者。

第四，竞业限制协议的补偿标准。最高人民法院《关于审理劳动争议案件适用法律若干问题的解释(四)》第6条规定："当事人在劳动合同或者保密协议中约定了竞业限制，但未约定解除或者终止劳动合同后给予劳动者经济补偿，劳动者履行了竞业限制义务，要求用人单位按照劳动者在劳动合同解除或者终止前十二个月平均工资的30%按月支付经济补偿的，人民法院应予支持。前款规定的月平均工资的30%低于劳动合同履行地最低工资标准的，按照劳动合同履行地最低工资标准支付。"通常情况下，劳动者在签署竞业限制条款的时候，竞业限制补偿金的标准、支付方式等一般情况下都是由用人单位统一制定，但上述司法解释为劳动者在签约时提出经济补偿金提供了依据。

讨论2　未约定经济补偿金的竞业限制协议是否有效？

根据《劳动合同法》的规定，用人单位与劳动者签订竞业限制协议时应当约定向劳动者支付经济补偿金，如果未约定经济补偿金，该竞业限制协议是否有效？如果约定了经济补偿金，但是用人单位并未支付该经济补偿金，该竞业限制协议的法律效力又如何？我们认为，前述两种情况下，竞业限制协议均有效。情况一，根据最高人民法院《关于审理劳动争议案件适用法律若干问题的解释(四)》第6条之规定，未约定经济补偿金，劳动者仍然可以履行竞业限制义务，并可以据此要求用人单位支付经济补偿金。情况二，根据最高人民法院《关于审理劳动争议案件适用法律若干问题的解释(四)》第8条之规定，用人单位未支付约定的经济补偿金超过3个月的，劳动者可以要求解除竞业限制协议，同样不影响竞业限制协议的法律效力。

---

[47] 胡良荣、冯涛：《全球视域：我国商业秘密保护中竞业禁止制度的审视》，载《江苏大学学报》(社会科学版)2009年第5期。

[48] 种明钊主编：《竞争法》，法律出版社2016年版，第163页。

[49] 邓恒：《德国的竞业禁止制度与商业秘密保护及其启示——兼论〈劳动合同法〉第23、24条的修改》，载《法学杂志》2017年第3期。

三、违反竞业限制协议的认定与法律适用

需要注意的是,行为人违反竞业限制协议是一种违约行为,尤其是在员工离职以后,如果当事人双方没有合同约定,一旦员工离开企业,就不承担保密义务。在“山东省食品进出口公司等与马达庆、青岛圣克达诚贸易有限公司不正当竞争纠纷案”中,最高人民法院指出:“职工在职期间筹划设立与所在单位具有竞争关系的新公司,为自己离职后的生涯作适当准备,并不当然具有不正当性。只有当职工的有关行为违反了法定或者约定的竞业限制义务的情况下,才能够认定该行为本身具有不正当性。职工在工作中掌握和积累的知识、经验和技能,除属于单位的商业秘密的情形外,构成其人格的组成部分,职工离职后有自主利用的自由。在既没有违反竞业限制义务,又没有侵犯商业秘密的情况下,劳动者运用自己在原用人单位学习的知识、经验与技能为其他与原单位存在竞争关系的单位服务的,不宜简单地以反不正当竞争法第二条的原则规定认定构成不正当竞争。”〔50〕

有学者认为违反竞业限制义务侵犯商业秘密的行为主要还是应当由《反不正当竞争法》来规制,《劳动合同法》所规定的竞业限制协议仅仅起一个辅助作用。〔51〕 实际上,二者之间的关系并不能由主要规制和辅助作用来简单概括,由于有《反不正当竞争法》与《劳动合同法》的规定,当发生侵犯商业秘密的行为时,拥有商业秘密权的原用人单位就有了更多的选择。例如,技术人员甲于2015年9月至2018年6月就职于A公司,在A公司期间,甲与公司团队一起研发了技术秘密X,2018年6月甲携带技术秘密X从A公司离职,并于2018年7月加入B公司。B公司在明知技术秘密X系甲从A公司带出的情况下,仍然坚持聘请甲作为技术人员,并在技术秘密X的基础上开发出发明专利Y。此时,作为A公司而言,可以通过与甲签订的竞业限制协议追究甲的违约责任,但竞业限制协议并不能约束B公司。对此,A公司可以援引现行《反不正当竞争法》第9条之规定,追究B公司侵犯商业秘密的行为,要求其赔偿损失。实际上,《劳动合同法》与《反不正当竞争法》为原用人单位保护其商业秘密提供了双重的保障。

需要提示的是,为了保护商业秘密,用人单位通常会与员工签订《保密协议》。根据《劳动合同法》第25条规定,用人单位只能在与劳动者约定有培训费或竞业限制条款的情况下约定违约金。如果保密协议中没有明确约定竞业限制的内容,包括限制的时间、内容以及补偿金等,则员工离职后侵犯商业秘密的,用人单位即无法以违反保密义务为由来要求其承担违约责任,而能否构成《反不正当竞争法》上的侵犯商业秘密则要根据《反不正当竞争法》第9条的规定予以判断。

---

〔50〕 参见最高人民法院(2009)民申字第1065号。

〔51〕 对于惩罚和制止侵犯商业秘密行为,应当强调《反不正当竞争法》的基础作用,不能过度地放大或依赖竞业限制机制发挥其保护商业秘密的功能。参见张妮、王全兴:《离职竞业限制协议的效力问题探讨——兼论商业秘密法律保护手段选择》,载《法学杂志》2011年第10期。

第四节　商业秘密的立法保护

一、域外的立法模式和内容

(一)美国的立法模式和内容

美国对商业秘密的保护形成了十分完整的法律体系,从《侵权行为法第一次重述》到《统一商业秘密法》再到《反不正当竞争法重述》,相关内容主要体现了以下特点:(1)在商业秘密权利的取得方面,以"正当手段"获取商业秘密的某些方式,例如经原拥有者授权使用、根据对公开使用或公开展出的项目的观察取得独立发现或者通过"反向工程"取得发现等,与通过先占获得财产的方式大同小异。[52] (2)对侵权行为方式进行了明确的界定,包括非法获取商业秘密,即以盗窃、贿赂、间谍等行为获取;违反诚信原则披露和使用商业秘密;使用和披露非法获取的商业秘密。[53] (3)在权利救济及救济程序方面,除了与专利、商标等一样拥有广泛的诉权外,还体现了某些特殊救济原则,如禁令救济制度和金钱赔偿制度。禁令救济制度目的在于确保已经泄密的信息不再被非法使用,包括临时禁令、预备性禁令和长期禁令。[54]

美国主要采取专门立法对商业秘密进行保护,并一直试图通过对商业秘密进行统一的保护,以改变各州在各自先例中确立的关于商业秘密认定标准、举证责任的规定存在较大差异的状态,为此 1979 年美国统一州法委员会发布《统一商业秘密法》,试图统一各州关于保护商业秘密的法律规定,但其仅为示范文本并没有直接的法律效力,各州在司法实践中的判案标准仍千差万别。1996 年的《经济间谍法》,第一次将侵犯商业秘密规定为联邦刑事犯罪,但该法律内容仅限于刑事领域,侵犯商业秘密的民事救济仍存在诸多限制。基于此,美国国会 2016 年通过了《2016 保护商业秘密法》(Defend Trade Secrets Act of 2016,DTSA)首次赋予联邦法院对于窃取商业秘密案件的管辖权。该法案的突出特点是:(1)规定在满足特定条件时,联邦法院可基于当事人的单方申请发布扣押财产的命令;(2)提高了窃取商业秘密案件赔偿数额的上限,将《经济间谍法》规定的"500 万美元"改为"500 万美元或被侵害的商业秘密的三倍价值中较大的数额,该商业秘密的价值包括研发机构为避免商业秘密被检索、研发以及其他复制行为所产生的成本";(3)要求司法部定期报告域外案件情况。《2016 保护商业秘密法》第 4 条规定,司法部应当针对美国境外侵害美国商业秘密的案件情况,包括被盗地域及范围、是否存在资助情况及资助程度等进行追踪,经与知识产权执法部门等机构磋商后定期向参、众两议院提交报告并向社会公布。该法案公布后,由于其既允许州法院对侵犯商业秘密案件进行管辖又允许联邦法院对侵犯商业秘密管辖,而遭受广泛质疑,质疑者认为其无法实现统一商业秘密保护标准

---

〔52〕 朱效亮:《美国商业秘密保护的来龙去脉》,载《法学评论》1992 年第 2 期。

〔53〕 Brian T. Yeh. *Protection of Trade Secrets: Overview of Current Law and Legislation*. Congressional Research Service, April 2016.

〔54〕 曹苏:《保护商业秘密亟需完善立法》,载《中央政法管理干部学院学报》1998 年第 6 期。

的效果,而是增加了更多的保护标准。[55]

(二)德国的立法模式和内容

与美国不同,德国确定以《反不正当竞争法》为中心,由合同法、民法、刑法等若干相关法律构成的商业秘密保护体系。德国是以刑事特别法对商业秘密提供保护最具代表性的国家。它对商业秘密的保护主要依靠 1896 年颁布的《反不正当竞争法》。该法不仅对商业秘密作出了专门规定,而且对商业秘密提供了较为全面的刑事保护。该法于 1987 年 10 月 22 日重新修订公布,又对商业秘密作了补充规定。最近一次修订的德国 2016 年《反不正当竞争法》第 4 章第 17 节专门就泄露商业秘密的行为进行了规定,将侵犯商业秘密视为一种犯罪行为,主要有以下三种表现形式:(1)作为企业中的受雇人员,以竞争为目的,或出于私利,或为第三人谋利,或出于损害本企业所有人之意图,在雇佣关系存续期间,擅自将因雇佣关系掌握或获取的商业秘密或经营秘密泄露给他人的;(2)以竞争为目的,或出于私利,或为第三人牟利,或出于损害本企业所有人之意图,通过使用技术手段,制作该秘密载体的复本,或盗取载有该秘密的物品擅自获取或保全商业秘密或经营秘密的;(3)将通过前述非法行为获取的商业秘密擅自加以利用或告知他人。

欧盟 2016 年《商业秘密指令》的通过,对德国保护商业秘密的立法影响深远,要求德国国内立法与欧盟《商业秘密指令》相适应,对不一致之处进行修改。

(三)日本的立法模式和内容

与德国类似,日本同样将对商业秘密的保护纳入反不正当竞争法的范畴。日本 1990 年修改《不正当竞争防止法》,首次将商业秘密作为一种知识产权予以保护。此后,日本对《不正当竞争防止法》进行了多次修订均与商业秘密保护有关,2003 年修订引入商业秘密保护刑事条款;2005 年、2006 年和 2009 年的三次修订均涉及强化侵犯商业秘密罚则;2011 年的修订侧重于维护法院适度保护商业秘密的刑事程序。日本《不正当竞争防止法》最近的一次修订发生在 2015 年,目的是为了在日本创建世界水平的商业秘密保护法律制度,完善和丰富保护企业商业秘密制度,为作为竞争力源泉的商业秘密提供适当保护,维持并强化日本产业的竞争力。[56] 日本《不正当竞争防止法》在第 2 条第 1 款第 4 项至第 9 项中列举了各项侵犯商业秘密行为,其中包括侵犯商业秘密行为中的以不正当手段获取、披露、使用行为;第三人得知商业秘密为不正当获取时的获取、使用或披露行为;第三人在善意获得后,得知该商业秘密为不正当获取时的使用、披露行为;获得、使用或披露不正当披露的商业秘密的行为;第三人已知该商业秘密为不正当披露时的使用、披露行为;第三人在善意获取后,得知该商业秘密为不正当披露时的使用、披露行为。[57]

(四)欧盟的立法模式和内容

欧盟 2016 年 5 月 26 号正式通过了《商业秘密指令》,同时,欧盟要求各成员国需要在该指令通过后的 24 个月之内,修改其国内法,使其国内法与该指令一致。伴随《商业秘密指令》的

---

〔55〕 相关评论指出:"联邦法院取得侵犯商业秘密案件的管辖权后,此类案件所能适用法律的来源更多了,但国会并未明确适用法律的标准,因此《2016 商业秘密保护法》的颁布与其说是统一了保护商业秘密的标准,不如说是让标准更加不统一了。"参见 Brian T. Yeh. *Protection of Trade Secrets: Overview of Current Law and Legislation*. Congressional Research Service April 22, 2016。

〔56〕 郑友德、王活涛、高薇:《日本商业秘密保护研究》,载《知识产权》2017 年第 1 期。

〔57〕 陈爱华:《日本关于侵犯商业秘密行为的认定》,载《知识产权》2013 年第 7 期。

通过和强制修改的要求，欧盟各成员国各具特色的商业秘密保护模式将逐渐趋同，该指令对欧盟及各成员国影响深远。该指令对以下内容进行了规定：一是商业秘密的定义。基本与TRIPS协定的定义相同，从秘密性、价值性和保密性对商业秘密进行了界定。二是侵犯商业秘密的行为。《商业秘密指令》将侵犯商业秘密的行为定义为：(1)非法获取商业秘密，包括未经授权接近、使用或复制任何权利人合法持有的商业秘密及任何违反诚信的商业行为。(2)行为人明知或者应当知道商业秘密是经他人违法获取或披露的而仍然获取的。(3)以下人员使用或者披露商业秘密同样是违法的：该商业秘密是经行为人违法获取的；该行为人违反了保密协议或其他禁止或限制披露商业秘密的合同义务。(4)行为人明知或者应知该商业秘密是由他人违法取得而仍然使用或者披露的。三是不侵犯商业秘密的行为。以下获取商业秘密的行为是合法的：自主研发的；反向工程(除非受合同限制)；职工自己累积的工作经验；其他以诚信的商业行为获取的商业秘密。[58] 值得注意的是，《商业秘密指令》对向政府揭示商业秘密的"告密者"(whistleblower)进行了特殊规定，只要该揭秘者是为了社会公共利益并且不对商业秘密的违法使用负有义务。[59] 《商业秘密指令》的出台旨在统一欧盟各国之商业秘密立法，使各国对商业秘密的保护更加一致，有利于欧盟范围内的商业秘密保护。

二、我国现行立法的规定

我国立法对于商业秘密的保护散见于民法、合同法、劳动法、刑法、反不正当竞争法等法律及其司法解释中。当然，就立法模式选择而言，我国目前主要采取的是与德国和日本相似的模式，即以反不正当竞争法为主。但其他法律及司法解释，从不同的侧重点对商业秘密进行了规定。我国《民法总则》第123条规定："民事主体依法享有知识产权。知识产权是权利人依法就下列客体享有的专有的权利：……(五)商业秘密……"该条将商业秘密作为知识产权的客体，但并未对商业秘密的内涵和外延进行界定，仅对商业秘密的法律性质进行了确定。

合同法对商业秘密的规定以合同中的保密义务为基础，对违反保密义务的行为进行了规定。例如，我国《合同法》第43条规定："当事人在订立合同过程中知悉的商业秘密，无论合同是否成立，不得泄露或者不正当地使用。泄露或者不正当地使用该商业秘密给对方造成损失的，应当承担损害赔偿责任。"此外，《合同法》第325条、第341条、第342条、第343条、第347条、第348条、第351条、第352条、第353条、第354条从定义、开发、使用、转让等方面对"技术秘密"进行了全面规定。最高人民法院《关于审理技术合同纠纷案件适用法律若干问题的解释》则对"技术秘密"进行了更为细化的解释，以便指导审判实践。

因为员工跳槽所引发的商业秘密侵权是实践中商业秘密侵权最为常见的一种形式，因此，现行《劳动合同法》在《劳动法》的基础上，对员工的保密义务和竞业限制做了进一步的完善。

刑事责任是对侵犯商业秘密的一种最为严厉的制裁，世界各国普遍通过刑法对商业秘密进行保护，德国尤其注重此种保护方式，我国亦不例外。我国刑法关于侵犯商业秘密罪的构成

---

[58] McDonnell Boehnen Hulbert & Berghoff LLP. *Trade Secrets in the Spotlight Again: the EU Directive*，载 https://www.jdsupra.com/legalnews/trade-secrets-in-the-spotlight-again-40986/，最后访问日期：2018年8月3日。

[59] McDonnell Boehnen Hulbert & Berghoff LLP. *Trade Secrets in the Spotlight Again: the EU Directive*，载 https://www.jdsupra.com/legalnews/trade-secrets-in-the-spotlight-again-40986/，最后访问日期：2018年8月3日。

以侵权人给权利人造成重大损失为要件，处三年以下有期徒刑或者拘役，并处或者单处罚金；造成特别严重后果的，处三年以上七年以下有期徒刑，并处罚金。同时，我国《刑法》亦将侵犯商业秘密罪作为一种单位犯罪。

本章小结

商业秘密是一种具有经济价值的信息，属于广义的知识产权范围，其特征有无形性、秘密性、保密性、价值性和永久性。侵犯商业秘密的行为是一类典型的不正当竞争行为，我国2017年《反不正当竞争法》第9条对此进行了规定。认定侵犯商业秘密的行为主要从以下三个方面入手：其一，行为主体是经营者；其二，侵犯的对象是商业秘密；其三，行为人主观方面具有过错。根据我国2017年《反不正当竞争法》第9条的规定，侵犯商业秘密的行为主要表现为：第一，非法获取他人的商业秘密；第二，非法披露他人的商业秘密；第三，非法使用他人商业秘密；第四，违反竞业限制协议。需要注意理解各个侵权行为之间的联系，准确把握其构成要件，认真分析法律规定的涵义，以正确运用该法律规则。

思考题

1. 如何判断权利人采取了合理的保密措施？
2. 若某员工挟带原单位的商业秘密跳槽到另一公司，或某员工为泄私愤而向他人披露商业秘密，原单位如何进行维权？
3. 未约定经济补偿金，竞业限制协议是否有效？

第九章　不正当有奖销售行为

本章导引

2016年5月31日，福建省莆田市涵江区工商局在检查中发现，人民街东侧的某家居经营部代理的某品牌官方微信正在开展有奖销售活动。同时，当事人店面展厅摆放有奖销售的广告牌和宣传单，宣称特等奖为“免单4999 + iphone6s”。执法人员认为，当事人设置的特等奖金额明显超过5000元，违反有关法律的规定，于当日立案调查。经查，当事人于当年5月16日至6月18日响应某陶瓷公司号召，开展陶瓷全国联动品牌月活动，凡消费满5000元可获抽奖券1张，以非现金的物品和其他经济利益作为奖励，特等奖“免单4999 + iphone6s”一台。截至案发，共有10名消费者参与有奖销售活动。在该案查办过程中，当事人某家居经营部辩称，第一，抽奖活动由其所代理产品的生产商某陶瓷公司发起，该经营部只是响应厂商号召在店内进行抽奖活动布置，所有涉及抽奖活动的官方微信、广告牌、宣传单落款均为某陶瓷公司。该经营部不存在违法故意，应当由某陶瓷公司承当法律责任。第二，其设置的特等奖是“免单4999 + iphone6s”一台，不是直接奖励现金且未超过5000元。此外，活动期间虽然有10名客户下订单，但这是该经营部的正常业务量，不能证明这10名客户为了参与抽奖购买商品。[1] 请思考：该案的行为主体究竟是该家居经营部，还是某陶瓷公司？该案中的特定奖设置是否违法？

第一节　有奖销售行为概述

一、有奖销售行为的定义与特征

（一）有奖销售行为的定义

我国《反不正当竞争法》并未对有奖销售行为作出定义。按照国家工商行政管理局《关于禁止有奖销售活动中不正当竞争行为的若干规定》第2条第1款的规定，有奖销售行为是指“经营者销售商品或者提供服务，附带性向购买者提供物品、金钱或者其他经济利益的行为，包括奖励所有购买者的附赠式有奖销售和奖励部分购买者的抽奖式有奖销售”。一些学理解释也是采取类似的思路认识有奖销售的。例如，全国人大法工委民法室曾经作出过如下解释：“有奖销售包括附赠式的有奖销售和抽奖式的有奖销售两种形式。附赠式的有奖销售表现为经营者向所有的购买者赠送奖品；抽奖式的有奖销售则是经营者以抽签或者其他带有偶然性

---

〔1〕 林步奇：《本案属于违规有奖销售吗》，载《中国工商报》2016年12月24日，第003版。

的方式确定购买者是否中奖，对中奖的才赠与奖品。”〔2〕这种解释基本反映了有奖销售行为的内涵，因此也得到比较普遍的认同。

我们还应注意到，虽然概念是“有奖销售”，但不应当将有奖销售行为限定于狭义上的经营者和购买者之间的关系。例如，曾经有电视台为提高收视率，以吸引更多的广告客户，推出了各种名目的有奖竞猜活动，包括在电视剧开播前向观众提出一道非常简单的问题，猜对的观众通过抽奖可以获得从手机、空调到手提电脑等各种档次、价值不等的奖品。显然，在多家电视媒体竞争十分激烈的市场上，此等所谓有奖竞猜的“重奖行为”对于电视台吸引更多观众的收看，由此拓展广告客户、增加收入而言，无疑具有重大意义，按理也应纳入有奖销售行为的范围而受到法律的规制。然而，此时接受奖品的观众却并非电视台广告时段的购买者，而那些购买广告时段的商家与有奖竞猜活动本身也往往没有直接的交易关系。此种情形在目前互联网上的抽奖活动中也同样存在。如果将有奖销售行为限定在狭义的经营者和购买者的关系范围内，则此等在电视台或者互联网上发生的有奖竞猜行为就不能被纳入有奖销售行为的规制范围了。这无疑与《反不正当竞争法》的宗旨相违背。

因此说，有奖销售是指经营者以附带性的提供金钱、物品或者其他利益的引诱方式，促销其商品或服务的行为。〔3〕“有奖”是“销售”的手段，这正好体现了有奖销售作为利诱性竞争行为的基本特征。根据上述定义，无论是向商品的购买者提供奖品，还是向其他相关者提供奖品，只要属于促销商品或服务的目的，均可构成有奖销售行为，将受到《反不正当竞争法》第13条的规制。

（二）有奖销售行为的特征

第一，有奖销售行为的目的是招揽顾客，促销商品或服务。不论经营者如何将其有奖销售美其名曰“大酬宾客”“回报顾客的厚爱”等，但受赠者得到的赠品都不会是“天上掉下来的馅饼”。经营者搞有奖销售活动的根本目的是以此获取更多的利润，实现经营者个人的利益，这恰与那些出于社会公益目的而开展的有奖募捐等相区别。

第二，有奖销售行为是在经营者与商品购买者或者其他相关者之间进行的，即有奖销售行为的一方是销售商品或者提供服务的经营者，另一方是商品购买者或者接受服务的购买者，或者是其他相关者。而主持或者组织有奖募捐、社会福利彩票、体育彩票事业的大多是政府部门或者政府部门批准的非营利性组织。

第三，有奖销售行为蕴含主从法律关系。所谓主法律关系，即是经营者向购买者销售商品或者提供服务的关系；所谓从法律关系，即是经营者向购买者或者相关者提供赠品的赠与关系。这两种关系原本内容各不相同，但二者却在有奖销售行为之中相互依存，紧密联系，一般表现为从法律关系服从于主法律关系，没有主法律关系就不存在从法律关系。正是基于这两种法律关系在有奖销售行为之中的紧密关联性，所以那种将买卖关系与赠与关系割裂开来看待，甚至按照一般交易生活中单纯的买卖关系与赠与关系、分别确定各自权利义务内容的观点是不准确的。

二、有奖销售行为的类型

从不同的角度划分，可以将有奖销售行为分为不同的类型。比如，根据奖品的形式不同，可以将其分为提供现金、提供实物或者提供服务的有奖销售。现金和实物在既往的有奖销售

---

〔2〕 全国人大法工委民法室编著：《〈中华人民共和国反不正当竞争法〉释义》，法律出版社1994年版，第34页。

〔3〕 孔祥俊：《反不正当竞争法的适用与完善》，法律出版社1997年版，第579页。

活动中极为常见,而近来以提供服务作为奖励的形式也屡屡出现。比如,当前提供免费旅游的有奖销售比比皆是。下面着重说明对于法律适用有显著指引功能的两种分类。

（一）附赠式有奖销售行为与抽奖式有奖销售行为

根据奖品赠与范围及其确定方式的不同,可以将有奖销售行为分为附赠式有奖销售行为与抽奖式有奖销售行为。这是一种最为基本的分类。附赠式有奖销售是经营者对其指定商品的购买者或购买该商品达到一定金额的购买者予以奖励。也就是说,经营者对符合条件的所有购买者都赠与奖品,但奖品价值或奖金金额较少,所以有的国家也称其为普遍的有奖销售。抽奖式有奖销售是经营者以抽奖、摇号、对号码或者其他带有或然性的方式确定购买者是否中奖,对中奖者才提供奖品。其特点是只向部分而不是全部购买者提供奖品,同时奖品分为若干等级,购买者获奖情况悬殊较大。决定谁能够中奖的方式是偶然性的、射幸的,所以有人又称其为悬赏。

（二）商品销售中的有奖销售与提供服务中的有奖销售

根据有奖销售行为发生的商业领域的不同,可以将有奖销售行为分为商品销售中的有奖销售和提供服务中的有奖销售。以前,有奖销售活动大多发生于普通商品的促销过程中,随着商业领域的逐步扩展和现代服务业的迅猛发展,目前各类服务领域中的有奖销售活动已经极其普遍,有些还与特定服务内容相衔接,由此给有关执法机构认定和适用法律提出新的挑战。例如,有些保龄球馆在营业期间举办有奖体育娱乐活动,根据消费者每一局得分的多少奖励摩托车、彩电、VCD 机等价值不等的奖品。虽然这种奖励的确定方式与普通有奖销售有所差异,毕竟保龄球活动的得分包含消费者自身的技巧、体力和多方面因素的综合,但总体来看,它仍可以归属于以带有偶然性的方式决定中奖的抽奖方式,最根本的是,该行为符合“以奖”促销的范围,应当将其纳入有奖销售的法律规制范围。

第二节　对有奖销售行为的法律规制

一、对有奖销售行为进行法律规制的理由

有奖销售是一个颇受争议的社会经济现象。一方面,作为一种行之有效的促销手段,它的确能在相当程度上激发人们的消费欲望,刺激消费增长,促使潜在的购买力转变为现实购买力,从而在短期内给从事有奖销售的企业带来可观的经济利益。社会上常有不少企业在搞有奖销售之前业绩平平,搞了有奖销售之后,销售额竟然成倍增长,有的甚至一度增长四倍至五倍之多。这在一些市场经济处于发展初期的国家中屡试不爽。因此,有奖销售对于启动市场,搞活企业,加速资金周转,促进生产经营,具有一定程度上的积极作用。

然而,另一方面,有奖销售作为一种利诱性的竞争行为,也具有十分突出的消极影响,主要表现在以下方面。(1)有奖销售产生不良的市场导向。有奖销售不是在提高商品和服务质量、降低成本上下工夫,而是借助于奖品或奖金的诱惑力,利用消费者的好奇心、投机赌博心理甚至直觉上的错误(如以为占了便宜,实际上还是“羊毛出在羊身上”),从而影响消费者对于商品和服务的选择。有奖销售行为不仅事实上减弱而且还诱导其他经营者减弱企业在提高水平和服务质量、降低成本上的努力,阻遏人们消费心理的成熟,由此必然危及同行业间原本在技术、

质量、价格和服务方面的正常竞争秩序。(2)有奖销售促使市场畸形竞争。有奖销售,尤其是巨额抽奖式有奖销售,通常是部分实力雄厚,财大气粗的大、中型企业滥用经济优势,排挤竞争对手的一种手段;而中小企业实力弱小,往往一下难以支付巨大的奖励开支,在愈演愈烈的有奖销售狂潮中,不得不面临顾客流失、收入减少甚至亏损的局面。例如,曾经某市一中型商场平时每日有约5万元的销售额,在另一大型商场开展有奖销售的影响下,日销售额急剧跌为2万元以下。(3)有奖销售容易欺骗或者误导消费者,损害消费者权益。在有奖销售尤其是巨奖销售的诱惑下,消费者的投机赌博心理急剧膨胀,他们的购买"热情"其实已经偏离了购物的本意,往往忽视对商品质量、价格、性能等本应考虑的因素去选购商品。当部分经营者利用有奖销售行为设置骗局或者推销质次价高的商品甚至是有害商品之时,消费者极易上当受害。

作为商品经济及市场竞争的产物,有奖销售行为既是刺激消费需求、活跃市场的有效手段,也可能产生不良的市场导向,危及同行业间原本在技术、质量、价格和服务方面的正常竞争秩序,同时还容易诱发损害消费者权益的弄虚作假行为,甚至导致错误信息的传递,扭曲社会的真实需求,造成生产与需求的不平衡。总而言之,有奖销售是一利弊兼具的经营行为,对其采取放任自流的公共政策是不明智的,人们理当选择适当的法律加以规制。

二、国外有关有奖销售行为的法律规制

世界上大多数国家的竞争法都对有奖销售行为进行了规定,如西班牙规定经营者向购买者提供好处的实际价值不得超过主商品价值的15%,且必须与销售的商品有关;加拿大竞争法禁止非经法定程序利用有奖销售推销商品等。还有的国家颁布了专门法规,如德国于1932年颁布了《附赠法》,日本于1962年颁布了《不当赠品及不当表示防止法》。从这些国家的规定来看,各国对于附赠式有奖销售一般都是允许的,只是进行了必要的限制;对于抽奖式有奖销售就态度不一,有的允许但进行限制,有的国家则予以禁止。下面集中对日本、法国、德国关于有奖销售行为的法律规定予以简要介绍。

(一)日本竞争法关于有奖销售的法律规定

日本竞争法原则上允许事业者采取附赠式有奖销售和抽奖式有奖销售手段销售商品和提供服务,同时也对某些有奖销售行为加以严格限制。日本《不当赠品及不当表示防止法》第2条第1款首先对"赠品"进行了界定,即"由公平交易委员会指定的,作为引诱顾客的手段,不管其方法是直接的还是间接的,也不管是采取抽奖的形式还是其他形式,事业者在供给商品或劳务的交易中,附带向对方提供的物品、金钱及其他经济上的利益"。该法对于赠品的限制和禁止作出了原则性的授权规定,即"公平交易委员会为了防止不正当地引诱顾客,认为有必要时,可以就赠品金额的最高额、总额、赠品的种类、提供方法或其他有关提供赠品的事项作出限制,或者禁止提供赠品"。对于附赠式有奖销售,该法规定事业者提供附赠的赠品的最高价值是:交易额在1000日元以下的,赠品的价值不得超过100日元;交易额在1000日元到50万日元之间的,赠品的价值不得超过交易额的10%;交易额在50万日元以上的,赠品的价值不得超过5万日元。对于抽奖式有奖销售,该法规定交易额在500日元以下的,赠品不得超过交易额的20倍;交易额在500日元到5万日元之间的,赠品的价值不得超过1万日元;交易额在5万日元到10万日元之间的,赠品的价值不得超过3万日元;交易额在10万日元以上的,赠品的价值不得超过5万日元;如果是一定地区内半数以上零售商联合进行抽奖式有奖销售的,每笔交易中可能中奖的赠品价值不得超过20万日元。违者即构成不正当有奖销售行为,由公平交易委员会依法发布“排除命令”和处罚。

（二）法国竞争法关于有奖销售的法律规定

法国从1945年起也先后颁布多项涉及有奖销售的法律，允许经营者在销售商品时赠送价值不大的广告用品，如烟灰缸、打火机、盘、杯等日用品，但对这些用品的赠送方式与数额进行了限制。根据法国法律的有关规定，经营者用于有奖销售的赠品必须有明确的广告标志，表明其为广告用品。同时，奖品的数额根据纯销售价确定（纯销售价低于或者等于500法郎，奖品的数额不得超过7%）；奖品必须与销售的商品属于同一种类；奖品的说明必须易于观察，并且擦洗不掉，否则赠送奖品的行为即属于不正当。

（三）德国竞争法关于有奖销售的法律规定

德国竞争法允许经营者在销售中附带赠送一些价值不大的小物品，如小气球、打火机、梳子等，并且这些物品只能用做广告，上面应当有永久性的、明显的广告标记。《附赠法》虽然不禁止赠送现金，但所赠现金不得超过折扣法规定的销售商品价值的3%。同时，德国禁止商业往来中带有“馈赠”“奖励”“凭票赠送”“免费”等词语的广告宣传。此外，抽奖式有奖销售在德国是被禁止的。

三、我国禁止不正当有奖销售的规定

（一）我国规制不正当销售的制度沿革

有奖销售作为商品经济生活的伴生物，在中国这样一个从计划经济向市场经济转型的国家，它出现的时间并不太长。但在如此短暂的期间内，我国有关立法对其规制的态度已发生了一些转变。

在1993年颁布《反不正当竞争法》之前，全国范围内就没有对有奖销售行为进行统一的法律规定，只有一些地方法规、规章或规范性文件作了一些规定，对有奖销售行为的态度存在明显分歧。有的一概予以禁止，如1989年江西省人民政府发布的《制止不正当竞争试行办法》第3条规定：“以有奖销售方式推销商品的为不正当竞争行为，工商行政管理机关有权予以制止并做出处罚”；有的则对有奖销售进行区别对待，允许合理的有奖销售存在，而对不正当有奖销售则予以禁止，如河北省定州市工商局发布的《有奖销售活动监督管理暂行规定》就允许有奖销售行为存在，但对有奖销售的金额作了限制，禁止有奖销售发行额超过企业注册资金1/3的不正当有奖销售行为。

为了在全国范围内统一规范包括有奖销售行为在内的不正当竞争行为，国家开始酝酿起草相关的立法。《反不正当竞争法（草案）》第13条、第14条分别规定：“经营者不得从事抽奖式有奖销售”；“经营者不得以金钱、物品或者其他利益为诱饵，推销商品；但是，按照商业惯例采取优惠措施推销商品的除外”。该立法草案之所以对抽奖式有奖销售行为做出完全禁止的规定，除了借鉴德国等国家的立法范例之外，还考虑到国内不少经营者不是通过提高质量、降低成本、改善服务进行正当竞争、提高经济效益，而是利用一般消费者的投机、发财心理，追逐所谓的“效益”，尤其是当时采取抽奖式有奖销售方式的日渐增多，设奖金额也越发增大，以此推销商品甚至推销假冒伪劣商品的行为愈演愈烈，对公平竞争秩序的破坏性很大，因此，立法草案采纳了禁止抽奖式有奖销售行为的主张。在全国人民代表大会常务委员会审议该草案的过程中，一些人士指出，包括抽奖式在内的有奖销售行为也是一种促销手段，不能完全禁止，只应采取适当的限制措施。这些建议为立法机关所接受，最终形成所谓“不禁止但限制”的立法思路,表现在法条上,正是原《反不正当竞争法》第13条的规定:"经营者不得从事下列有奖销售:(一)采用谎称有奖或者故意让内定人员中奖的欺骗方式进行有奖销售;(二)利用有奖销售的手段推销质次价高的商品;(三)抽奖式的有奖销售,最高奖的金额超过5000元。"1993年12月24日,国家工商行政管理局发布了《关于禁止有奖销售活动中不正当竞争行为的暂行规定》,对如何适用《反不正当竞争法》第13条,准确认定不正当有奖销售行为的有关政策界限作了比较具体的规定。

依据上述规定,可以说我国实际上是通过划分正当有奖销售行为和不正当有奖销售行为的界限,在原则上允许经营者采取有奖销售的促销方式,但不正当的有奖销售行为,即欺骗性的有奖销售、促销质次价高的商品的有奖销售以及赠品最高额超过一定金额的有奖销售三种情况除外。另外需要指出的是,根据法条及有关文献的说明,《反不正当竞争法》第13条包含了抽奖式有奖销售与附赠式有奖销售行为,而立法草案第14条所提到的"不得以金钱、物品或者其他利益为诱饵"则转换为有关商业贿赂行为的法条。当然,无论有奖销售行为还是商业贿赂行为,本质上都属于以利诱方式进行交易的行为,由此也就不难理解国家工商行政管理局颁布的《关于禁止商业贿赂行为的暂行规定》将附赠行为也纳入其调整范围。

2017年11月4日,全国人大常委会第三十次会议通过了《反不正当竞争法》的修订案。此次对有奖销售行为作了以下修改:(1)删除了有关禁止"利用有奖销售的手段推销质次价高的商品"的规定,因为《产品质量法》《消费者权益保护法》等对禁止以假充真、以次充好,消费者享有公平交易权等已经作了明确规定;(2)新增了一种禁止性情形,即"所设奖的种类、兑奖条件、奖金金额或者奖品等有奖信息不明确,影响兑奖";(3)考虑到经济社会发展和人民收入增长,将抽奖式有奖销售的最高奖金额上限由5千元调整为5万元;(4)将处罚金额从1万元以上10万元以下调整为5万元以上50万元以下。

(二)我国台湾地区"公平交易法"关于有奖销售的规定

我国台湾地区"公平交易法"并未将有奖销售作为独立的行为进行规定,但其内容蕴含于第19条第3款规定的"不当争取交易相对人"的行为之中,即事业者不得从事"以胁迫、利诱或其他不正当方法,使竞争者之交易相对人与自己交易之行为"。根据"公平交易委员会"的解释,不当争取交易相对人的行为,"其目的在藉由侵害竞争事业或剥夺竞争事业交易机会之方式,以阻挠市场竞争,使其交易相对人与自己交易,常见之不正当方法除胁迫、利诱外,尚包括恐吓、暴力行为、给付不当利益等"。而所谓利诱,"系指事业不以品质、价格及服务争取顾客为正常之选择,从而诱使顾客与自己为交易行为"。关于赠品、抽奖等赠奖促销行为是否构成"公平交易法"所称之"利诱","公平交易委员会"认为,"应视其赠品促销之内容是否已经达到签署之利诱程度,而使竞争者之交易相对人因此而与自己为交易行为而定。另外,还必须考虑有无'妨碍公平竞争之虞'"。此外,"公平交易委员会"在"处理赠品赠奖促销案件原则"中对赠品赠奖限额作了规定,"事业销售商品附送赠品,其赠品价值上限如下:(一)商品价值在新台币100元以上者,为商品价值之二分之一。(二)商品价值在新台币100元以下者,为新台币50元"。"事业办理赠奖,其全年赠奖总额之上限如下:(一)上一会计年度之销售金额在新台币10亿元以上者,为新台币2亿元。(二)上一会计年度之销售金额超过新台币2亿5千万元,未满新台币10亿元者,为销售金额的五分之一。(三)上一会计年度之销售金额在新台币2亿5千万元以下者,为新台币5千万元。""事业办赠奖,其最大奖项之金额,不得超过行政院劳工委员会公布之每月基本工资的120倍。"并且,该处理原则"得以经济、社会之情况加以调整"。

第三节　对不正当有奖销售行为的认定

所谓不正当有奖销售行为，是指经营者违反诚实信用和公平竞争的原则，以附带性的提供金钱、物品或者其他利益的引诱方式，促销其商品或服务的不正当竞争行为。我国现行立法肯定了有奖销售行为在市场经济生活中具有一定积极意义的同时，也确认那些违背公认的商业道德准则和过度竞争的有奖销售行为，会造成对竞争对手的排挤，损害其他经营者和消费者的合法权益，扰乱社会经济秩序。而要准确地认定不正当有奖销售行为，则以竞争法规对有关行为作出的禁止性规定为要旨。不正当有奖销售行为包括以下三种类型。

一、信息不明确的有奖销售行为

所谓信息不明确的有奖销售行为，是指经营者有关设奖的种类、兑奖条件、奖金金额或者奖品等有奖销售信息不明确，影响兑奖的行为。实践中，有的经营者既想通过有奖销售吸引消费者，又不想支付过高的促销费用，往往故意对所设奖的类型、条件、金额或奖品等信息不做明明白白的表述，在消费者兑奖时制造困难，使消费者无法实际获得可以合理期待的奖励。例如，宣称"买一赠一"，实际上买一双鞋赠送一双鞋垫；宣称"来店有礼"，实际上数量有限，或者消费满一定金额才能获得；宣称买汽车保险赠送汽车养护，实际上限定由特别偏远的门店、仅在特定时段提供服务；宣称所设奖品总价值百万元，实际上虚标奖品价格；宣称赠送时尚电子产品，实际上赠送老旧滞销款型等。〔4〕

信息不明确的有奖销售行为，是 2017 年修订《反不正当竞争法》时增设的一个类型。事实上，之前的有关行政规章已有相关的规则。例如，根据《关于禁止有奖销售活动中不正当竞争行为的若干规定》第 6 条的规定，经营者举办有奖销售，应当向购买者明示所设奖的种类、中奖概率、奖金金额或者奖品品种、兑奖时间、方式等事项；属于非现场即时开奖的抽奖式有奖销售，告知事项还应当包括开奖的时间、地点、方式和通知中奖者的时间、方式。经营者对已经向公众明示的前款事项不得变更。此外，在销售现场即时开奖的有奖销售活动，对超过 500 元以上奖的兑奖情况，经营者应当随时向购买者明示。此次法典中将信息不明确的有奖销售行为进一步类型化，作为法律明文禁止的行为，将堵塞有关漏洞，进一步严格市场竞争的规范。

二、欺骗性有奖销售行为

欺骗性有奖销售行为是经营者在有奖销售活动中隐瞒事实真相、虚构有奖销售相关事实的行为。这种行为具体又表现为以下几种形式：

1. 谎称有奖

这种行为大多发生在抽奖式有奖销售行为中，在少数附赠式有奖销售中也存在。其主要特点是经营者宣称有奖，但事实上在有奖销售活动全过程中，自始至终就完全没有设奖，从头至尾就是一个骗局。相比于其他欺骗性有奖销售行为而言，上述骗局容易被人们戳穿，因此在

---

〔4〕 王瑞贺主编：《中华人民共和国反不正当竞争法释义》，法律出版社 2018 年版，第 35～36 页。

实践中出现得也越来越少。

2. 故意让内定人员中奖

这种行为存在于抽奖式有奖销售活动中，在实践中的表现形式也是多种多样的。例如，将有奖号码作特殊记号，指示内定人员抽取；或者将有奖号码送给内定人员；或者在抽签、摇奖的操作过程中弄虚作假，故意让内定人员持有的号码中奖。在这种有奖销售活动中，由于经营者依其宣称的内容设立了奖项，按照一定程序举行了抽奖活动，甚至邀请了有关人员进行见证，并且也确实有人中奖，因此，从表面上看，符合公正的要求。但是，经营者是通过不正当的手段促使奖品归于事先内定的人员，他们所宣称的抽奖名存实亡，在本质上与谎称有奖的行为并无差别，俱为欺骗性的有奖销售行为，只不过这种行为在欺骗的手法上更隐蔽、不易为人们所察觉罢了。要正确认定“故意让内定人员中奖”的行为，必须把握它所包含的两个要件：(1) 内定人员必须是经营者足以控制、影响的人员。这里的“内定人员”并不限于经营者的内部工作人员或者经营者及其内部工作人员的亲属，关键在于他与经营者之间存在依附、控制关系。(2) 内定人员的中奖是由经营者利用自己主办抽奖活动的便利条件，通过不正当的手段事先安排的。如果经营者的内部工作人员、亲属等中奖并非经营者采用不正当手段、加以安排的结果，则不构成欺骗性的有奖销售行为。

3. 操纵有奖销售

这是指经营者故意将设有中奖标志的商品、奖券不投放市场或者不与商品、奖券同时投放市场，或者故意将带有不同奖金金额或者奖品标志的商品、奖券按照不同时间投放市场。在这种情况下，经营者搞有奖销售所宣称的奖品或奖金是属实的，但通过在奖券或有奖品标志的商品投放市场的方式和时间上弄虚作假，仍会造成欺骗和愚弄购买者的后果。例如，有的当场兑奖的有奖销售，经营者故意把最高奖的奖品或有中奖标志的商品在销售开始乃至中间阶段不投放市场，以避免最高奖被抽走后对以后的购买者丧失诱惑力。这种做法显然欺骗了前阶段购买商品的消费者，违背了诚实信用原则。

三、最高奖金额超过五万元的抽奖式有奖销售

根据我国《反不正当竞争法》第 10 条的规定，抽奖式有奖销售最高奖的金额不得超过五万元。由此可见，与德国等国家所采行的严格禁止的立法态度不同，我国法律对抽奖式有奖销售行为采取了“不禁止但限制”的规范方式。如前所述，该项规定是当时立法机关综合各方面意见所作出的抉择，这对于遏制愈演愈烈的巨奖销售、打击滥用经济实力进行不正当竞争的行为，无疑具有积极社会功效。至此，凡是抽奖式有奖销售所设最高奖的金额超过五万元的，包括以非现金的物品或者其他经济利益作奖励的，按照同期市场同类商品或者服务的正常价格折算其金额超过五万元的，均构成不正当有奖销售行为。监督检查部门应当责令该经营者停止违法行为，同时可以根据情节处以处五万元以上五十万元以下的罚款。

本章小结

有奖销售是指经营者以附带性地提供金钱、物品或者其他利益的引诱方式，促销其商品或服务的行为。通常有附赠式有奖销售行为与抽奖式有奖销售行为之分。有奖销售是经营者参与市场竞争的一种常用手段。经营者通过有奖销售，可以吸引消费者，增加市场交易，活跃市场竞争。但是，有的经

营者在有奖销售过程中欺骗、误导、不当诱惑消费者,也可能扰乱市场经济机制,损害消费者或者其他经营者的合法权益,构成不正当竞争。因此,反不正当竞争法所禁止的是不正当有奖销售行为,它们包括:信息不明确、影响兑奖的有奖销售;欺骗性有奖销售;最高奖金额超过五万元的抽奖式有奖销售。

思 考 题

1. 有奖销售规制的理论基础和基本思路是什么?
2. 不正当有奖销售的基本类型有哪些?

第十章　商业诋毁行为

本章导引

在日常生活中，我们需要做出各种各样的消费决策，市场中的消费信息是这些消费决策的重要基础，也是消费者知情权和选择权的基本保障。为了赢得消费者的"选票"，经营者一般会宣传自身的特色或优势，有时也会发表针对竞争对手的商业言论，这便涉及商业言论的妥当性问题。例如，消费者王洪购买恒升笔记本电脑后出现速度慢、温度烫手、频繁死机、显示屏晃动等毛病，申请维修未果后走上维权之路，在网上发表文章斥责恒升笔记本电脑娇气得像块豆腐、是垃圾品等言论的行为是否构成商业诋毁；光线传媒公司在宣传中暗示甚至明示《人再囧途之泰囧》是《人在囧途》的"升级版"，这是否影射华旗公司的《人在囧途》是"低版本"而贬损了华旗公司及《人在囧途》的商誉；"360 扣扣保镖"软件给 QQ 软件的运行状况评出低分，并提示存在严重的健康问题，如"在 QQ 的运行过程中会扫描您电脑里的文件，为避免您的隐私泄露，您可禁止 QQ 扫描您的文件"等描述，这些提示语给腾讯公司造成的商誉损害应该如何认定和处理？在本章中，我们将集中分析市场竞争中的商业言论及其法律规制问题，如什么是反不正当竞争法上的商誉、何为商业诋毁行为的构成要件以及如何计算或补偿被损害的商誉等，进一步地，通过对商业诋毁行为的梳理，我们可以明确正当商业言论的边界。

第一节　商业诋毁行为概述

一、商业诋毁行为的概念

在法律上，商业诋毁行为是一种典型的不正当竞争行为，但我们并没有对商业诋毁行为的明确界定，而是通过描述商业诋毁行为的主体、客体、行为的方式间接表达什么是商业诋毁行为。我国 1993 年颁布的《反不正当竞争法》第 14 条规定："经营者不得捏造、散布虚伪事实，损害竞争对手的商业信誉、商品声誉"；2017 年修订后改为"经营者不得编造、传播虚假信息或者误导性信息，损害竞争对手的商业信誉、商品声誉"（第 11 条），这是我国法律对商业诋毁行为的描述性规定，它意在表达：在生产经营活动中，经营者应当通过自己的努力，遵守法律、商业道德以及诚实信用等基本原则，建立和维护自己的商业信誉、商品声誉，以取得合作者、消费者的信任，赢得更多交易机会和竞争优势。因此，我们认为，商业诋毁行为的概念可以表述为：经营者通过编造、传播虚假信息或误导性信息等不正当手段，对竞争对手的商业信誉、商品声誉进行恶意诋毁、贬低，以削弱其市场竞争能力，并为自己谋取不正当利益的行为。这不但损害了其他经营者的合法权益，而且向消费者传播了虚假或误导性信息，干扰了消费者的正常交易选择，扰乱了市场竞争秩序，应予严格禁止。

二、规制商业诋毁行为的域外立法概况

在国际上，商业诋毁行为是《巴黎公约》引入不正当竞争（unfair trade practice）概念后最早确定的两种行为类型（另一种是"商业混淆行为"）之一。1925 年海牙国际会议将不正当竞争定义为"违反诚实商业习惯的竞争行为"的同时，列举了两种具体行为类型：（1）禁止制造与竞争者产品的混淆；（2）禁止通过不实指控竞争者产品贬损竞争者名声。1934 年的伦敦国际会议将其中的术语"产品"扩张为"竞争者的营业所、商品或工商业行为"。目前的标准表述见《巴黎公约》第 10 条之二第（3）项，即特别禁止"在经营商业过程中，实施损害竞争者营业所、商品或工商业活动商誉性质的虚伪说法"。

1996 年，世界知识产权组织（WIPO）出版的"关于反不正当竞争保护的示范规定"被视为《巴黎公约》的解释和补充，该规定的第 3 条解释了"损害他人的商誉或名声"，即"凡在工商业活动中损害或可能损害他人企业的商誉或名声的行为或做法，无论此种行为或做法是否造成混淆，均应构成不正当竞争的行为"，且进一步列举了 6 种损害商誉或名声的事例〔1〕；第 5 条对"损害他人企业或其活动的信用"也作了规定，即"凡在工商业活动中损害或可能损害他人企业或其活动、尤其是此种企业提供的产品或服务的信用的虚假或不当说法，应构成不正当竞争的行为"，同时也列举了五种损害信用的事例。〔2〕尽管"关于反不正当竞争保护的示范规定"并没有获得一致通过，但它的确提供了很多"有用的见解"〔3〕，可以供国际条例或国内法更新参考使用。

国际立法对商业诋毁行为的重点关注是将其理解为一种典型的不正当竞争行为的，这与传统法律的保护存在实质的区别。作为市场中的一种不正当竞争行为，商业诋毁行为对整个市场的公平竞争环境、商业惯例与商业道德、消费者福利以及诚实经营者合法权益等多维利益都有侵害的可能。因此，从法律关系角度来理解，这不仅是侵权人与受侵害者之间的单一法律关系，而是还有消费者利益、社会公共利益等多元、复杂、动态法律关系，因此需要新型、现代性法律来调整，或者说传统法律需要以社会化为方向的改革和创新。

基于上述原因，世界主要国家和地区都将商业诋毁行为纳入禁止范围，有的通过独立的反不正当竞争法进行规范，有的则是以特定条款或规则的形式规定。例如，德国《反不正当竞争法》（2016 年）第 4 条规定了不正当竞争行为的特别容易发生的情形，其中就有：（1）诋毁或贬低其他竞争者的可识别标志、商品、服务、活动、个人或业务状况；（2）陈述或散布有关其他竞争者的商品、服务、业务状况或企业经营者、管理层成员的事实，这些事实须为不完全真实的并达

---

〔1〕 该规定第 3 条（2）（a）项内容为：弱化下列内容带有的商誉或名声尤其可引起损害他们的商誉或名声：（ⅰ）商标，无论注册与否；（ⅱ）厂商名称；（ⅲ）除商标或厂商名称之外的企业名称；（ⅳ）产品外观；（ⅴ）产品或服务介绍；（ⅵ）名人或著名虚构人物。

第 3 条（2）（b）项内容为：在本示范规定中，"弱化商誉或名声"系指降低商标、厂商名称或其他企业名称、产品外观或产品或服务介绍、或名人或著名虚构人物的区别性特征或广告价值。

〔2〕 第 5 条（2）项内容为：损害信用可因广告或促销引起，并尤其可对下列情况发生：（ⅰ）产品的制造方法；（ⅱ）产品或服务用于特定目的之用途；（ⅲ）产品或服务的质量或数量或其他特点；（ⅳ）提供或供给产品或服务的条件；（ⅴ）产品或服务的价格或其计算的方式。

〔3〕 ［德］博德维希主编：《全球反不正当竞争法指引》，黄武双、刘维、陈雅秋译，法律出版社 2015 年版，第 38 页。

到足以损害企业经营或经营者信用的程度。日本《不正当竞争防止法》(1975 年,第 1 条)规定,告知或散布虚假信息,致使与其有竞争关系的其他经济主体之商誉受损的行为,构成不正当竞争行为。瑞士《关于不正当竞争的联邦法》(1986 年,第 3 条)规定,以不准确、误导或者不必要的损害性陈述,贬低他人及其商品、工作、服务、价格或者营业的行为,应当被认定为不正当竞争行为。此外,美国对商业诋毁的规定则在《兰哈姆法》[4](The Lanham Act)的第 43 条第 1 款中,也被适当地归置于关于消费者保护的法案中,但在美国,反不正当竞争与消费者保护的法律规范都散见于独立的且看似不相干的法律渊源之中;在英国,商业诋毁行为的规制可以通过普通法侵权规则来实现,也可以通过制定法来规范,如《保护消费者免受不正当交易规则》(2008 年),在他们看来,竞争不可避免地会带来损害,因此两种路径都要求经营者存在主观上的恶意。

三、商业诋毁与虚假或引人误解的商业宣传行为之间的关系

本质上,商业诋毁行为和虚假或引人误解的商业宣传行为都是通过宣传进行的不正当竞争行为。实践中,经常出现经营者通过诋毁竞争对手商誉的方式开展商业宣传,这便可能同时构成虚假或引人误解的商业宣传和商业诋毁行为,即出现两种行为的竞合,[5]这是它们紧密联系的一面。

然而,我国《反不正当竞争法》采取分别对待,其立法旨趣在于两者之间存在明显的区别,具体可从以下几个方面理解:(1)行为的对象不同,商业诋毁的对象通常是特定的竞争对手,而虚假或引人误解的商业宣传则针对的是不特定的消费者;(2)行为的作用原理不同,商业诋毁是通过损害商誉的方式减少竞争对手的交易机会和竞争优势,而虚假或引人误解的商业宣传则是通过虚假或误导性的信息增加自己的交易机会和竞争优势;(3)行为规制的目标不同,规制商业诋毁的主要目标是保护竞争者,而规制虚假或引人误解的商业宣传的主要目标则是保护消费者;(4)规制的方式不同,对商业诋毁的规制不仅有行政执法,而且还有受害人的民事诉讼,而对虚假或引人误解的商业宣传则主要通过行政执法予以规制。

第二节　商誉的一般理论

我国《反不正当竞争法》使用“商业信誉、商品声誉”来指称“商誉”,其中,商品声誉主要是建立在某种商品或服务质量基础上的信誉;而商业信誉的含义则更为广泛,它不但包含商品声誉,而且还包含与商业活动有关的其他因素,例如社会关系、公益形象、企业文化等[6]。鉴于商誉在商业诋毁中的重要地位,本节专门就商誉的一般理论进行讨论,内容涉及商誉的基本内涵、商誉的载体以及商誉的特征。

---

[4] 虽然《兰哈姆法》主要是处理注册商标及服务标记侵权的联邦法律,但人们普遍认为该法第 43 条第 1 款属于联邦反不正当竞争法律条款,主要涉及虚假广告和对商品的诋毁。

[5] 有学者认为,处理时可以将法律对商业诋毁行为的规定看作虚假或引人误解的商业宣传之特别规定。参见孔祥俊:《反不正当竞争法原理》,知识产权出版社 2005 年版,第 322 页。

[6] 王瑞贺主编:《中华人民共和国反不正当竞争法释义》,法律出版社 2017 年版,第 41 页。

一、商誉的基本内涵

商誉(goodwill 或 commercial reputation)是一个古老的概念,有关商誉的最初论断主要来自法庭的判决,即认为商誉表现为顾客的友善看法、顾客的惠顾等内容。如今,商誉已演变为经济与社会中一种重要的制度,它的经济价值与社会价值越来越突出,并可以认为是克服信息不对称的一种信任机制。[7] 对于企业而言,当企业的信用、名声、声誉、信誉等社会评价(即商誉)与物质利益联系起来时,企业可以从商誉中获得投资的补偿,因此企业会竭力去建立和维护商誉;对消费者而言,选择商誉好的企业的产品,意味着也获得了一份关于产品质量的隐性担保,这无形中节约了交易成本。换言之,商誉直接扩大了企业在商业活动中的影响力,不仅能为企业赢得更多的消费者"选票",还能争取与更多合作者、投资者的交易机会。以上是对商誉的宏观理解,较多为共识;但在实践中,人们对商誉的微观认识不仅有学科差异,也有学科内对商誉界定、商誉范围以及载体等内容的不同主张,因此有必要作简要梳理和说明。

(一)会计理论中的商誉

会计学主要从构成要素和计量的角度对商誉作出理解和解释。从构成要素来看,有"好感价值论""协同效应观""核心能力观""人力资本观""无形资源观"等众多观点[8]。"好感价值论"认为,商誉的产生源于有利的商业联系、良好的职工关系和顾客对企业的好感;"协同效应观"认为,商誉本质上不过是企业各项要素之间的协同效应,即企业各个组成部分之间的协同效应是企业整体价值大于单项资产价值合计的根本原因。总结起来,构成要素角度的界定一般只强调了某一特定类别的无形资源的关键作用,因此主观性较强,然而,商誉的构成要素极为广泛,我们不能简单地将商誉归结于其中的某一种或几种,正如"短板理论"所揭示的原理那样,对于企业而言,企业的每一块资源都很重要,限制企业综合盈利能力的,可能是其中任何一种资源的短缺。与此对应,从计量角度将商誉量化,则是一种相对综合的、客观的界定进路。

从计量角度确定商誉的典型观点为:[9](1)商誉是可以为企业带来超额盈利的一切有利的要素和情形;(2)商誉是预期未来超额盈利能力的贴现值;(3)商誉是企业总体价值与单个可辨认净资产价值的差额。第一种观点是描述性的,是基础认识;第二、三种观点尽管不完美,如涉及参数估计,可能出现偏误,但仍为理论和实务界广泛接受,进而以此为基础探索如何对商誉进行计量的方法。又由于商誉的计量主要发生在企业并购活动中,因此会计中还存在"负商誉"(negative goodwill)的概念,即收购价格低于被收购企业可辨认净资产公允价值的情形。不难发现,计量角度为我们理解商誉提供了不少智识帮助,商誉的计算并不等同于商誉的界定,但从商誉的计算过程可以看到,我们对商誉的理解仍然是一种综合评价,具有一定的主观性,而考量的范围是"一切要素和情形",即不仅涉及众多构成要素,还涉及对这些要素的评价或预期。

(二)法学理论中的商誉

如前所述,法学对商誉的最初总结是经由判例而完成的,因而也是相对零散的,如"商誉作为出售的对象不过是顾客回到原先地点的可能性""商誉是引起顾客和企业交往的某种商业联系""商誉是指企业的一切优势,无论这一优势源于哪一方面"等。从这些表述可以得出,法学

---

[7] 参见谢晓尧:《竞争秩序的道德解读——反不正当竞争法研究》,法律出版社 2005 年版,第 240 ~ 243 页。

[8] 参见董必荣:《商誉本质研究综述》,载《中南财经政法大学学报》2008 年第 3 期。

[9] 杜兴强、杜颖洁、周泽将:《商誉的内涵及其确认问题探讨》,载《会计研究》2011 年第 1 期。

上对商誉的理解是偏向于“好”的，不存在“负商誉”的情况，而且有一个从最初的“销售优势”到“一切优势”的视角转变，这一转变在普通法系中是容易实现的，即可以通过判例扩展或重新确定商誉的范围。但要在法律文本中确定何为商誉，则是极为困难的，因为商誉不是物，是人们观念上的认识和看法，其内涵相当复杂，难以用文字穷尽其意思。

到目前为止，在法律文本中，我们并没有商誉的准确界定。在反不正当竞争法的国际和国内立法中，对商誉的保护是通过明确侵犯商誉的手段、列举具体事项的禁止性规定完成的，如《巴黎公约》中的禁止“通过不实指控竞争者产品贬损竞争者名声”，其中的“产品”进一步被确定为“竞争者的营业所、商品或工商业行为”；与此类似，世界知识产权组织（WIPO）“关于反不正当竞争保护的示范规定”通过列举的方式表明损害或可能损害“他人企业的商誉或名声”“他人企业或其活动的信用”是对“商誉”的侵犯，例如商标、企业名称、产品外观、商品或服务的质量等；德国《反不正当竞争法》则列举了企业的可识别标志、商品、服务、业务状况、管理层成员等容易被侵犯商誉的情形；我国《反不正当竞争法》吸取了上述经验，将众多承载商誉的载体进行抽象，并总结为“商业信誉、商品声誉”，商业信誉是一个经营者的综合印象；商品声誉是经营者某项商品的个别印象，即通过这两者涵盖被侵害商誉的可能情形。

概而言之，为了制止不正当竞争行为，维护商业道德和公平竞争秩序，反不正当竞争法上的商誉内容需要尽可能涵盖广泛，因此，其对商誉的理解是开放性的，因而也更关注竞争行为本身及其对消费者的实际或可能影响。具体到实践中，反不正当竞争法对商誉的识别和评估较大程度上依赖于商誉的载体是什么，商誉的载体类型也影响着商誉被诋毁后的赔偿程度。

（三）商誉的载体

商誉的载体是指那些可能影响经营者获得商誉的因素，或者说是人们对经营者的商业行为进行社会评价的依据。前已述及，商誉的构成要素是极其丰富的，因而商誉的载体具有多元性和不确定性特征。例如，有的学者认为，商誉可以分为：内在的表现形态、外在的表现形态以及与商品生产流通有直接联系的表现形态。内在的表现形态主要是指商誉主体的经营方式和管理水平；外在的表现形态主要有商业道德、商品质量、服务质量、资信、价格；与商品生产流通有直接联系的表现形态是指商业活动，典型例子是广告宣传。并且，商誉是上述三种表现形态相互配合、密切联系的完整统一体，它们共同反映和影响商誉。[10] 也有学者主张，影响经营者商誉判断和评价的因素多种多样，不可能完全确定，列举方式难免挂一漏万，因为与商业活动有关的各种因素都可能体现和影响商誉的价值，即商誉决定于商品的质量、价格、企业内部管理、产品生产与销售的业绩、售后服务、企业历史、信用、偿债能力等与商业活动有关的各种因素。[11]

尽管如此，法律实践中列举商誉载体的做法仍旧非常普遍和常见。德国《反不正当竞争法》（2016年）第4条列举了“可识别性标志、商品、服务、活动、个人或业务状况”和有关“商品、服务、业务状况、企业家、管理层成员”的事实；世界知识产权组织（WIPO）“关于反不正当竞争保护的示范规定”（1996年）中则列举了“商标、厂商名称、除商标或厂商名称之外的企业名称、产品外观、产品或服务介绍、名人或著名虚构人物”和“产品的制造方法、产品或服务用于特定目的之用途、产品或服务的质量或数量或其他特点、提供或供给产品或服务的条件、产品或服

〔10〕 参见梁上上：《论商誉和商誉权》，载《法学研究》1993年第5期。

〔11〕 江帆：《商誉与商誉侵权的竞争法规制》，载《比较法研究》2005年第5期。

务的价格或其计算的方式”。这一方面说明立法对商誉载体的理解是持开放态度的，另一方面也说明既有的列举仅是示例性的，是不完全列举。

提示1　商誉的载体并不必然体现或增加经营者的商誉

商誉的载体多种多样，但是否都必然体现或增加经营者的商誉？这是有待进一步讨论的。例如，经营者的荣誉标志或产品质量标志就不能完全体现某个经营者的商誉，虽然它们在一定程度上体现商誉的存在，并以“官方或半官方”的公信力代表着对经营者及其商品或服务的看法，但是，商誉并不完全以荣誉标志或质量标志的存在而存在，因为一个没有荣誉标志或质量标志的经营者同样可以获得良好的商誉，而一个拥有这些荣誉的经营者也可能“口碑”很差。换言之，商誉是一个整体的、综合的抽象概念，不宜将其构成要素完全分割开来单独理解和评估。

二、商誉的特征

（一）商誉具有抽象性、不确定性、依附性和区域性

商誉的抽象性〔12〕是指，商誉是一种对众多要素的共性的提炼和描述，是人们主观上的认识和评价。而且，商誉的抽象性很难具体化，因为商誉是由多种信息的综合评价，而承载这些信息的载体具有多元性、动态性和不确定性。与著作、商标、专利技术、商业秘密等知识产权相比，商誉的无形更为彻底，因为无论是作品、技术方案还是商标都可以通过有形的文字、录音、图案、符号、数据等载体固定，而商誉完全属于人们的主观认识，没有一种可以直接表达商誉的标识存在，即便是个别反映商誉的文字符号（如荣誉证书）也不能完全体现和取代人们的主观评价。

商誉的不确定性是指，由于评价主体（公众）、评价依据（载体）、评价标准（主观）以及评价的时间和环境等因素的原因，商誉的价值处于不确定的状态。具体地，商誉的形成既不决定于权利人的某一个具体的行为，也不决定于权利人的主观意志，甚至某一部分公众的评价也不具有决定性意义，而是依赖于权利人以外的、社会公众的判断和评价。此外，商誉的不确定性还指商誉的形成原因是不确定的，即不仅不能确定是哪些因素促成了商誉，更不能确定其中的某一种因素对商誉的贡献值。当然，这种不确定是相对而言的，在一个确定的时期和特定范围内，我们可以通过评估的方式给出一个相对确定的估值或估值范围，因此，认识商誉的不确定性的意义在于，商誉的确定是因时、因地、因评估目的等因素而异的，我们需要在具体情况中讨论和评估商誉。

商誉的依附性是指，商誉必须依附于主体而存在。以企业为例，商誉不能脱离企业而单独存在，这是商誉不同于企业其他无形资产的一个鲜明特征。换言之，商誉虽然具有财产价值，但不能脱离商誉主体而单独成为出卖、出租、抵押、质押的客体，所谓商誉的转让只是一种附属物的转让，实际上伴随的是原商誉主体的消灭。某种程度上，商誉的依附性体现了商誉之人格特征。

商誉的区域性是指，商誉的“实际影响”受国别、区域、行业等的影响明显。这里的“实际影响”并不是完全抽象的标准，而是可以根据商品、服务的具体情况来确定，因为商誉的价值最终取决于消费者、合作者、投资者等主体对经营者及其商品的态度。换言之，商誉形成的评价主

---

〔12〕　参见种明钊主编：《竞争法》（第3版），法律出版社2016年版，第171～172页。

体为“相关公众”，相关公众的区分标准可以是地理条件，也可以是特定的行业，即在一定的“圈子”里发生影响。但是，如果是区域性的独占企业，商誉问题是很难界定的。例如，一家自来水公司把顾客的好感计算为有价值的资产，法官对此不予认可，因为“在毫无选择权的地方不宜谈商誉。只要被告的企业事实上是独占性的，就不应该考虑商誉问题”[13]。在商业诋毁案件中，商誉的区域性是衡量商誉受侵害程度的重要考量因素，也是判决责任承担方式（如在指定的报纸上发表声明或赔礼道歉）和赔偿金额的重要依据。

（二）商誉是一种社会评价信息

一般而言，不管是对于消费者、合作者、投资者，还是对于政府、社会组织等其他主体而言，此种评价（商誉）都是非常重要的市场信息，是他们据以作出合理经济决策的基本依据。更为重要的是，作为一种社会评价，商誉是在自由竞争中自发生成的，而非来自外部权威的赐予，[14]具有较强的可靠性。从信息原理角度来讲，商誉既是市场信息的生产，又是市场信息的传播，因为商誉体现了社会评价过程，同时也凝结成社会评价结果；相应地，商业诋毁行为的本质则是市场信息的扭曲，就是通过不正当的“说法”，改变消费者等主体的评价，进而改变购买意愿或合作意愿，就此而言，可以说，对商誉的保护即是对市场信息的维护，也是对扭曲的市场信息的矫正，某种程度上还可以说是对市场信息不对称的克服，其重要性是显而易见的。

也正因如此，世界各国均对侵害商誉的行为予以规制，这在本质上是确保市场中信息传导机制的正常运作，也是降低市场主体信息成本的重要途径，这对于鼓励经营者诚信经营、建立公平竞争秩序而言意义重大，因而各国大都是在反不正当竞争法意义上保护商誉的。在市场经济中，一个社会评价负面的企业，不可能获得消费者的信赖和忠诚，也不大可能获得合作者的信赖以及投资者的支持；与此对应的是，积极的社会评价蕴含经营者的承诺，不仅代表商业吸引力，还能带来直接或间接的交易机会，这是市场竞争的正常状态，此种优胜劣汰的市场内在机制是市场各方主体利益的保障。换言之，所有的市场参与者都有获得公正评价、不为他人贬损的权利，商业诋毁破坏的正是经营者获得公正评价、公平参与竞争的正当利益。

（三）商誉是一种无形财产

商誉可以被视为一种优势、机会或者潜在利益等资源，是一种无形财产。[15]它与股票、债券、专利、商标、商业秘密等无形财产有相似性，但也有明显的不同。一方面，商誉源于经营者为了创造良好的社会评价而实际所付出的长期努力和资金投入，该过程本身即凝聚了经济价值；另一方面，商誉可以为权利人带来超出一般经营者平均利润的超额利润，因此，尽管商誉本身不具有财产的实体形态，也不像上述知识产权（无形财产）一样可以单独交易获得经济利益，但商誉可以表现为竞争优势，并进一步在商品、服务的价格和市场占有率等环节体现，是实实在在的利益，且有其合理性、正当性，因而是法律应予保护的对象。

作为一种受法律保护的无形财产或正当利益，商誉具有明显的权利属性，并且随着社会的发展逐渐得以强化。在英美法系，将商誉视为一种受法律保护的利益主要是通过判例建立起

---

〔13〕［美］约翰·R. 康芒斯：《资本主义的法律基础》，寿勉成译，商务印书馆2003年版，第344页。

〔14〕谢晓尧：《竞争秩序的道德解读——反不正当竞争法研究》，法律出版社2005年版，第249页。

〔15〕需要注意的是，“无形财产”并不是会计学意义上的“无形资产”。在会计学中，无形资产是企业拥有或控制的、没有实物形态的、但是可以辨认的非货币资产，并要同时符合货币计量的要求；而商誉是企业拥有或控制的、能够为企业带来未来超额经济利益的、无法具体辨认的资源，由于它无法与企业自身分离，无法计量其单独的价值，因而要从无形资产中剔除。

来的,具体则是在自然人的名誉"诋毁之诉"基础上发展而来,原本诋毁之诉只保护自然人的情感、尊严、声望等有关道德和行为的社会评价,因此,"法人能否提起诋毁之诉"是一个存疑的问题,即法人是否可以有感情、尊严等名誉。实际上,英美法系在判例中回避了"法人是否存在名誉"的基础问题,而是引入了"商誉"(commercial reputation)的概念,并以此确立法人商誉的财产权价值。从深层次讲,这种历程仍然表明商誉的保护是以承认法人享有人格权为前提的,但这种人格权主要体现为财产利益,即商誉(权)是一种兼具人身性与财产性的复合性权利。

但在大陆法系中,对于商誉保护制度的讨论要复杂得多。按照英美法系的传统,财产是一个人地位和人格的标志,正如其谚语所讲的,"体面的人是一个有财产的人"(He is a good man who is a man of goods)。表现在法律上即是,财产权相当发达,而人格权很少提及,至今仍没有统一的人格权观念。[16] 与此相反,大陆法系却有明显的财产权与人格权之区分,因此,对于兼具财产性质和人身性质的商誉而言,将商誉所产生的权利定位为财产权还是人格权就有了很大的争议。有的学者认为商誉属于一般人格权,是法人名誉内容的一部分,法人的商誉与法人的名誉在本质上没有差异;有的学者认为商誉属于特别人格权,即商誉的财产性只是其非本质属性,人格权才是它的本质属性;也有的学者认为商誉属于知识产权,因其与专利权、商标权、版权类似,都具有人身性和财产性双重属性;还有的学者认为商誉仅属于财产权,这与商誉产生的经济活动密切相关。[17] 尽管争论仍然没有停止,但可以肯定的是,法律对商誉的保护是基本共识,企业有自己的商誉,这种商誉的构成复杂,竞争者可从中牟取不正当利益。目前,大陆法系民事权利体系中并没有使用"商誉权"的概念,但在他们的反不正当竞争法中都明确列举了商业诋毁的反竞争性,以此实现对商誉的法律保护。

对于商誉的权利属性认识,单一的财产权说或人格权说都是片面的。一方面,商誉权兼具人格与财产的双重属性。人格性质表明商誉必须与特定的主体相生相随,是商人人格形象的反映;而财产性显示了商誉已经从名誉人格中分离出来,并区别于名誉的单纯的人格利益,具有独立的财产价值。而另一方面,商誉权性质的双重性与专利权、商标权、版权的属性是相似的,商誉的形成不仅与经营者的商标、专利相关,也与经营者的其他智慧性商业活动相关,因此,商誉权也在相当程度上体现了知识产权的性质。[18]

提示2 商誉与名誉的区别

当经营者遭受恶意贬损的商业言论时,其救济的选择可以是商业诋毁的商誉侵权,也可以是名誉侵权。这是商誉和名誉的内在联系,两者并非泾渭分明,但从理论和实践角度仍可对两者作如下区分:(1)前提条件不同。商誉发生在生产经营活动中;名誉并不作此要求,可以是日常生活中。(2)评价标准不同。商誉是经营者在社会责任、商业道德等商业活动中所获得的社会评价;名誉则是一般道德水平和职业活动方面的社会评价。(3)权利性质不同。名誉是一种具体人格权,是对精神损害的赔偿,无法量化、也无法与主体分离;商誉是一种经济利益,虽然也无法与主体分离,但可以通过评估的方式量化并随主体转移。(4)实现方式不同。商誉可以

---

〔16〕 程合红:《商事人格权论》,中国人民大学出版社2002年版,第37页。

〔17〕 参见吴汉东:《论商誉权》,载《中国法学》2001年第3期。

〔18〕 江帆:《商誉与商誉侵权的竞争法规制》,载《比较法研究》2005年第5期。

通过价值内化的方式获得超额利润,也可以通过评估转让实现价值转换;名誉则主要强调主体的良好主观感受。

第三节 商业诋毁行为的认定

在本质上,商业诋毁是商业宣传或商业言论的一种,而商业言论是受各国宪法保护的基本权利,只是由于这种言论对消费者权益、其他经营者利益以及公平竞争市场秩序有直接或间接侵害效果,有必要设定相应的限制。当然,这里的限制并不意味着政府应对商业言论自由实施干预或管制,而是一种对商业言论自由的矫正,因为从根本上讲,保护商业言论自由是旨在保护经营者的经济利益(也存在消费者福利、市场信息的“真理性”等社会性利益的间接保护),因此,即便追求自利的经营者的商业言论可能虚假失真、引人痛恨和厌恶,但依然要保证他们发表商业言论的这一行为本身,至于该言论的内容应如何评价,评价的标准是宽松还是严格,此即进入商业诋毁的认定问题了。

到目前为止,大多数国家和地区都有关于商业诋毁的法律规定,但在内容表述上则不尽一致。我国 1993 年《反不正当竞争法》第 14 条规定:“经营者不得捏造、散布虚伪事实,损害竞争对手的商业信誉、商品声誉”;2017 年修订后调整到第 11 条,内容为:“经营者不得编造、传播虚假信息或者误导性信息,损害竞争对手的商业信誉、商品声誉。”尽管上述修改在语词上的变动幅度不大,[19]但由于相隔二十多年之久,理论和实务界对商业诋毁的认识和理解有了更多的素材,因此对商业诋毁的构成要件知识也有了更新,本节即从商业诋毁的认定角度作如下讨论。

一、主体要件:竞争关系中的经营者

一般而言,主体要件的适用范围大小,决定了商业诋毁在《反不正当竞争法》上的受规制程度。从《反不正当竞争法》修订前后的表述来看,关于商业诋毁主体要件的理解,两个重要的关键词是“经营者”和“竞争对手”。根据文义解释方法,此处的主体要件可理解为“具有竞争关系的经营者”,亦即这两个关键词将《反不正当竞争法》在此的适用范围限定在了一个特定的范围。那么,《反不正当竞争法》对“何为经营者”“何种范围的经营者”的限制性规定及其实践则是我们理解商业诋毁之主体要件的关键。

(一)经营者的认定:从资格标准到行为标准

- 关于经营者认定的立法变化

“经营者”是反不正当竞争法的基本概念之一,因此《反不正当竞争法》修订前后均对“经营者”作了明确的界定。修订前的《反不正当竞争法》(1993 年)第 2 条第 3 款规定:“本法所称的经营者,是指从事商品经营或者营利性服务的法人、其他经济组织和个人”;修订后的《反不

---

〔19〕《反不正当竞争法》(1993 年)并没有为商业诋毁行为规定相应的行政责任,从法律结构上讲,这是不完整的;2017 年修订后,增设了“责令停止违法行为、消除影响、罚款”三种行政责任条款。可以说,行政责任的增设间接地表明,我们对商业诋毁行为的禁止,并不在于仅仅保护竞争者,还存在对社会公共利益的维护,因为行政权设定的重要基础就是社会公共利益。

正当竞争法》(2017 年)第 2 条第 3 款则规定:“本法所称的经营者,是指从事商品生产、经营或者提供服务的自然人、法人和非法人组织。”

不难发现,这一修订幅度是较大的,体现了《反不正当竞争法》对不正当竞争行为的规制态度。具体地,即是对“从事商品经营或者营利性服务”“法人、其他经济组织和个人”两个要件都进行了重大调整:一方面,对于行为主体参与的市场活动,不再要求“营利性”,而是关注行为本身是否违反法律和商业道德,是否对市场竞争产生了影响;另一方面,则是对不太严谨的“其他经济组织和个人”作了更新。新法的“自然人、法人和非法人组织”之表述,与《民法总则》(2017 年)中对民事主体的划分保持一致,实质上,这样的表述涵盖了所有民事主体。

按照《民法总则》第 2 条的规定:“民法调整平等主体的自然人、法人和非法人组织之间的人身关系和财产关系”。进一步地,《民法总则》分别对“自然人”“法人”“非法人组织”进行了专章、全面规定:在“自然人”一章中,除了一般理解的人,还有“个体工商户和农村承包经营户”;在“法人”[20]一章中明确了法人的类型,即营利法人、[21]非营利法人、[22]特别法人;[23]在“非法人组织”一章中规定了非法人组织的定义和范围。[24]

可以说,修订后的《反不正当竞争法》对经营者所作的调整,实质上是涵盖了所有可能的民事主体,这意味着,判断一个主体是否属于《反不正当竞争法》意义上的经营者,关键在于其是否作为法律上和经济上独立的行为主体,而不在于其具体的组织形式,即侧重于关注主体的经营行为及其对市场活动的参与和对市场竞争的影响。对于商业诋毁的认定而言,这是一种重大的转变。事实上,这一转变也在实践中有了逐渐清晰的体现。

- 关于经营者认定的实践情况

整体上,在商业诋毁认定的司法实践中,主体的判断一直受“具有竞争关系的经营者”的限制;再者,旧《反不正当竞争法》对“经营者”的界定也不尽科学,“营利性”和“其他经济组织和个人”都成为认定的障碍,这极大地限制了商业诋毁行为在反不正当竞争法上被规制的可能性。

也正因如此,为了实现“鼓励和保护公平竞争,制止不正当竞争行为,保护经营者和消费者的合法权益”(立法目的),越来越多的司法裁判、法律解释、地方性法规等实践做法在一定程度上突破了旧法给定的“经营者”限制。例如,认定律师事务所因出具律师函而构成商业诋毁,[25]而事实上律师事务所并不完全属于涉案的“具有竞争关系的经营者”;认定高等学校因

---

〔20〕《民法总则》第 57 条,对法人的定义为:法人是具有民事权利能力和民事行为能力,依法独立享有民事权利和承担民事义务的组织。

〔21〕《民法总则》第 76 条,对营利法人的定义和类型规定为:以取得利润并分配给股东等出资人为目的成立的法人,为营利法人。营利法人包括有限责任公司、股份有限公司和其他企业法人等。

〔22〕《民法总则》第 87 条,对非营利法人的定义和类型规定为:为公益目的或者其他非营利目的成立,不向出资人、设立人或者会员分配所取得利润的法人,为非营利法人。非营利法人包括事业单位、社会团体、基金会、社会服务机构等。

〔23〕《民法总则》第 96 条,对特别法人的类型规定为:本节规定的机关法人、农村集体经济组织法人、城镇农村的合作经济组织法人、基层群众性自治组织法人,为特别法人。

〔24〕《民法总则》第 102 条,对非法人组织的定义和范围规定为:非法人组织是不具有法人资格,但是能够依法以自己的名义从事民事活动的组织。非法人组织包括个人独资企业、合伙企业、不具有法人资格的专业服务机构等。

〔25〕参见绍兴市中级人民法院民事判决书(2002)绍中经初字第 333 号:博洋管业有限公司与万邦律师事务所商业诋毁纠纷;上海市第一中级人民法院民事判决书(2002)沪一中民五(知)初字第 221 号:明月眼镜公司与正大联合律师事务所商业诋毁纠纷。

实际从事药品研制开发经营活动而构成不正当竞争行为;[26]认定非营利性医疗机构可以构成反不正当竞争法上的经营者,[27]只要在购买药品或者其他医疗用品中收受回扣,即可以构成商业贿赂;此外,还有众多的不正当竞争行为的实施主体,如农村承包经营户、企业职工、行业协会、作家、科研单位、部队单位、无营业执照的个人等均不符合旧法规定的"营利性"和"具有竞争关系的经营者"之要件,但均被认为属于《反不正当竞争法》所规定的"经营者",其基本理据在于,这些主体在涉案中从事了影响市场竞争的经营活动。[28]

事实上,一些地方性法规早已对经营者的限制性条件作了修正,如《四川省反不正当竞争条例》[29](1995 年)将适用范围修改为"从事商品经营或者营利性服务的经营者""其他组织和个人从事与市场竞争有关的活动",这实质上是舍弃了"其他组织和个人"的"营利性"标准;类似的做法还有广东省,即规定"经营者以外的组织或者个人,其行为对公平竞争有影响的,也必须遵守本办法"。[30]

概括起来,反不正当竞争法的法律实施情况、最新立法修订结果均显示了一个明显的趋势和转变,即在经营者的认定问题上,应当采取行为标准而不是主体资格标准。换言之,只要参与或者从事与市场竞争有关的行为或活动,无论是否具有法定的经营主体资格,也不论是否以营利为目的,都可以是《反不正当竞争法》上的经营者,并且都可以构成不正当竞争行为的主体。相较之下,行为标准的认定方式更具合理性,很多实施了不正当竞争行为的实际主体不再是经营者的例外。[31]

(二)竞争关系的要求:竞争对手

在 1993 年版的《反不正当竞争法》中,商业混淆行为(第 5 条)、低价倾销行为(第 11 条)、商业诋毁行为(第 14 条)、串通招投标行为(第 15 条)中均规定以"竞争对手"作为限定条件。2017 年修改后则删除了低价倾销行为、串通招投标行为的全部内容,也删除了商业混淆行为中"竞争对手"的相关规定。换言之,仅有商业诋毁行为的规定中保留了"竞争对手"这一限制条件,亦即,商业诋毁行为必须是"损害竞争对手的商业信誉、商品声誉"。

应当说,这里特别强调"竞争对手"(而不是表述为"其他经营者")是有特殊考虑的。立法者的意图是要严格区分作为不正当竞争行为的商业诋毁与一般的民事商誉侵权,同时也表明商业诋毁行为相较于其他不正当竞争行为的特殊性所在。事实上,对于商业混淆行为等其他不正当竞争行为而言,其行为的构成可以不用考量是否存在竞争关系,这是因为它们本身就存在不正当竞争的商业目的,或者可以推定有不正当竞争的商业目的。然而,商业诋毁的情形则有所不同,如果商业诋毁行为发生在完全没有竞争关系的经营者之间,则既无客观的"竞争关系"又无主观的"不正当竞争目的",这样的损害完全可以通过民事的商誉侵权予以救济,在"恒

---

[26] 江苏省南京市中级人民法院民事判决书(2004)宁民三初字第 219 号:中国药科大学与福瑞公司不正当竞争纠纷。

[27] 国家工商行政管理总局关于非营利性医疗机构是否属于《反不正当竞争法》规范主体问题的答复(工商法字〔2001〕第 248 号)。

[28] 参见谢晓尧:《在经验与制度之间:不正当竞争司法案例类型化研究》,法律出版社 2010 年版,第 36~41 页。

[29] 《四川省反不正当竞争条例》(1995 年 10 月 19 日)。

[30] 《广东省实施〈中华人民共和国反不正当竞争法〉办法》(2014 年修正)(2014 年 9 月 25 日)第 2 条第 2 款。

[31] 参见孔祥俊:《反不正当竞争法原理》,知识产权出版社 2005 年版,第 52~63 页。

升笔记本电脑案”[32]中,恒升公司即选择了商誉侵权的救济方式起诉损害其商誉的消费者王洪,并成功获得法院支持。基于以上考虑,我们需要在反不正当竞争法上对构成商业诋毁的“竞争关系”作一定限制。

按照一般理解,“竞争对手”意味着经营者之间所从事的商品生产、经营或者提供的服务具有相互替代的可能性,或者说构成反垄断法上的“相关市场”。在司法实践中,对于是否存在竞争关系的认定,法官会根据具体案例选用适当的标准。例如,经营者的“经营范围”是否属于同类产品、“注册商标的商品类别”是否相同或相近、“商品的功能”是否有差别以致于存在市场利益方面的冲突、“行业性质和职业分工”是否属于同一领域、“消费者是否混淆”“商品的形态”是否相同以致会造成实际经济利益损失、“潜在的市场竞争标准”“服务对象”“交叉价格弹性理论”“地域市场的考虑”等多种标准。[33] 因此,也会出现因为当事人之间没有“竞争关系”而被排除在法律适用之外的案例,例如在长江贸易部诉中国商报社一案中,法院认为“商业诋毁的不正当竞争必须是发生在竞争对手之间,而本案的三被告与原告分属不同的行业,显然不是同业竞争的对手,因此不能得到法律的支持”。[34]

讨论　是否可以在宽泛意义上理解“竞争对手”?

上述论证表明,商业诋毁中的“竞争对手”是较为严格意义上的“竞争关系”,但也有观点认为,随着经济与社会的发展,市场中的竞争已经跨越传统的认知界限,因此,“竞争对手”应是宽泛意义上的“竞争关系”。换言之,在传统上,一般仅将生产、销售相同或相似商品或服务的经营者认定为竞争对手,对此类竞争对手进行商业诋毁最为典型,也最为多发。随着实践的发展,有必要根据个案情况,对竞争对手作更加广义的理解:第一,经营者生产、销售的商品或服务虽然不相同、不相似,但具备相似功能、可以相互替代的,也可能构成竞争对手。例如,录音机、CD机、MP3播放器生产者与音乐手机生产者可能成为音乐播放工具的竞争对手。第二,经营者之间存在争夺消费者注意力、购买力等商业利益冲突的,也可能成为竞争对手。例如,网络游戏提供者、社交软件提供者、视频网站可能因争夺消费者的上网流量、广告机会而成为竞争对手;房地产企业和金融企业可能因争夺社会资金流向而成为“竞争对手”。[35]

二、主观要件:故意或过失

一般地,商业诋毁行为的主观要件有两种情况:一是故意,即恶意诋毁竞争对手商誉的主观心理态度。二是过失,即在造成竞争对手商誉损害的行为中,经营者有疏忽大意的过失或过于自信的过失,前者指经营者应当预见自己的行为可能发生损害竞争对手的结果,但由于疏忽大意没有预见到,以致发生损害竞争对手商誉的主观心理态度;后者指经营者已经预见到自己的行为可能发生损害竞争对手商誉的结果,但轻信能够避免,以致发生损害结果的主观心理

〔32〕 参见北京市海淀区人民法院民事判决书(1999)海民初字第3538号(一审);北京市第一中级人民法院民事判决书(2000)一中民终字第1438号(二审):北京恒升远东电子计算机集团与王洪、中国计算机世界出版服务公司等名誉权纠纷。

〔33〕 参见谢晓尧:《在经验与制度之间:不正当竞争司法案例类型化研究》,法律出版社2010年版,第47~51页。

〔34〕 江苏省南通市中级人民法院民事判决书(2002)通中民初字第22号:长江贸易部与中国商报社商业诋毁纠纷。

〔35〕 参见王瑞贺主编:《中华人民共和国反不正当竞争法释义》,法律出版社2017年版,第39~40页。

态度。

从发展历程来看,商业诋毁的最初形式是侵权行为法中的商誉侵权,也称恶意毁谤、致害诋毁,其对主观要素的要求是“恶意”,即行为人必须知道他的言论是不真实的,而且希望造成商誉损害的结果。这是商业诋毁认定的最严格标准,但其仍然是具有合理性的,因为竞争是残酷的,竞争不可避免地会带来损害,因此,如果不将主观要件限定为较为严格的“恶意”标准,将会干扰市场中的合法竞争,法院也由此不愿总是将造成他人商誉损害的行为认定为非法。[36]

但是,从反不正当竞争法的规制实践来看,各国对行为人主观要素的要求有明显的降低,过失、轻微过失的行为也构成商业诋毁,此种规定即是要求经营者在商业宣传中应加强对自己言论的注意义务。例如,德国判例确认了竞争目的之推定原则,即推定经营者的商事行为一般都具有竞争目的,[37]也就是主观上是故意的。此外,世界知识产权组织(WIPO)甚至认为,有效制止商业诋毁行为的典型做法是,不将实际损害或者主观意图纳入考虑范围之内,其在《关于反不正当竞争保护的示范规定》第5条的注释中清楚载明:“虚假或不当说法不需要实际上损害信用,也不要求带有恶意”,亦即,无论有无过错,只要商业宣传行为客观上对其他经营者的商誉造成了实际损害,都会产生不正当竞争的事实后果,因此应当予以制止。进一步的现实做法是,如果行为人能够证明其不具有主观意图或者不具有过错,可以不承担损害赔偿责任,但应当制止其行为,必要时还应当消除影响。[38]

我国《反不正当竞争法》关于商业诋毁的规定也没有明示行为人的主观要件,但一般认为应包括故意和过失,前者为故意编造、传播虚假信息或者误导性信息;后者为疏忽大意或放任损害竞争对手商誉的情形。根据《反不正当竞争法》(2017年)第11条规定:“经营者不得编造、传播虚假信息或者误导性信息,损害竞争对手的商业信誉、商品声誉”,对行为的表述是“编造、传播”,这本身隐含了一定的主观要素,即编造和传播行为都应该是故意实施的,至少应当存在过失。应当说明的是,这只是我们推导的结果,即故意和过失是明确可以构成商业诋毁行为的主观要件,但并不能排除无过错的情形。因为,从反不正当竞争法的立法趋势来看,禁止不正当竞争行为的重心,已经从违反“诚实商业惯例”的性质判断,转向是否误导消费者、损害其他经营者利益和公平竞争秩序的客观效果的认定,那么,行为人是否存在过错的主观心态,不再成为判定是否构成商业诋毁行为的必要条件,而是成为衡量行为人承担多少责任时考虑的“情节”。

当然,从实践经验来看,在大多数情况下,商业诋毁行为的主观因素是有明显的故意或过失的,但法官在论证过程中,并不专门论述行为人的主观心态是故意还是过失,而只在必要时才会指出或简要提及。例如,在“腾讯诉360案”中,腾讯主张被告的“360扣扣保镖”对QQ软件“体检”打分的系列行为贬损了QQ软件及公司商誉,构成商业诋毁。对此,被告认为,“360扣扣保镖”的打分功能只是基于技术中立原则,具体得分是对QQ软件运行状态的反映与评价,而不是对QQ的整体评价,没有贬低QQ软件的意图。那么,应当怎样确认被告的主观心态呢? 似乎故意和过失都能解释得通,但也都不能完全解释得通,因为被告并不追求贬低QQ软件的意图,事实上被告的业务发展很大程度上需要依赖于QQ软件,其行为目的是争取更多的

---

〔36〕 参见[德]博德维希主编:《全球反不正当竞争法指引》,黄武双、刘维、陈雅秋译,法律出版社2015年版,第744~747页。

〔37〕 参见邵建东:《德国反不正当竞争法研究》,中国人民大学出版社2001年版,第43页。

〔38〕 孔祥俊:《反不正当竞争法原理》,知识产权出版社2005年版,第328页。

QQ 用户使用他们的产品。在该案的判决书中，法官并没有围绕被告的主观心态展开论证，而是关注被告的行为对 QQ 用户产生或者可能产生的效果，具体而言，法院认为："无论是整体评价还是就特定问题做评价，只要在对产品进行评价时陈述虚假或者引人误解的事实的，就可能构成商业诋毁。"而该案中，连同被告的其他行为，被告的软件评分行为足以使 QQ 用户产生 QQ 软件"不安全"的联想，误认为 QQ 软件在利用安全扫描功能窥看并收集、泄露用户隐私，因此构成商业诋毁。

针对此案，法院进一步提出了商业言论（评论、批评）行为的一般标准，即"经营者对于他人的产品、服务或者其他经营活动并非不能评论或者批评，但评论或者批评必须有正当目的，必须客观、真实、公允和中立，不能误导公众和损人商誉、经营者为竞争目的对他人进行商业评论或者批评，尤其要善尽谨慎注意义务"[39]。

三、客观要件：编造、传播虚假信息或者误导性信息

商誉诋毁行为的客观方面表现为侵权人实施了贬损他人商誉的行为，具体有以下三点关键要素：一是信息的虚假或者误导性，经营者正是通过信息来影响市场观念、消费者决策的；二是行为的公开性，虚假信息或者误导性信息要对市场产生影响，必须经过"传播"；三是损害商誉的可能性，即不仅包括对商誉的实际损害，也包括可能的潜在损害，这是禁止商业诋毁行为的根本所在。

（一）信息的虚假或误导性

与虚假商业宣传一样，商业诋毁也是通过使消费者产生对企业、商品、服务等产生误解的方式实现的，因此，相较于旧法使用的"虚伪事实"表述，新法改用为"虚假信息或者误导性信息"，使得表述上更为周延，尽可能涵盖所有可能使经营者的商誉受到贬损的商业言论。"虚假信息"，即内容不真实，与实际情况不符的信息，这当然是反不正当竞争法应予禁止的商业言论。例如，无中生有地宣称竞争对手遭遇经营困难、被有关主管部门查处；毫无根据地宣称竞争对手的产品存在质量问题、服务人员不具备相应资质。在杭州娃哈哈集团公司与珠海巨人高科技集团公司不正当竞争纠纷一案中，被告印制的宣传册中称"据说娃哈哈有激素，造成小孩早熟，产生许多现代儿童病"，但是，经鉴定，证明并不存在被告宣称的事实信息，属于虚假信息，损害了原告的商誉，因而构成商业诋毁。

"误导性信息"，一般是指信息虽然真实，但是仅陈述了部分事实，容易引发错误联想的信息。虽然商业言论中的部分信息是真实的，但如果作片面的、误导性的陈述，所起的效果与虚假信息的效果并无二致，因此，也基本上被各国立法所禁止。例如，宣称竞争对手提供的产品含有有毒有害物质，呼吁消费者不要购买，实际上该产品中有毒有害物质含量极少，对人体没有危害，是符合国家安全标准的；恶意对竞争对手提起诉讼，在法院终审判决前传播竞争对手遭遇重大诉讼的信息，暗示与其交易存在风险，破坏竞争对手的交易机会。

在具体案例中，许多商业诋毁行为都是通过暗示的方式实施的，这就需要根据商业言论的特定环境，如竞争对手、市场状况、商业背景等进行辨别。例如，在"蓝月亮与保洁公司案"中，保洁公司在国内多家电视台播放新一代多功能汰渍洗衣粉的广告，在广告场景中，保洁公司将

---

〔39〕 最高人民法院民事判决书(2013)民三终字第 5 号：腾讯科技（深圳）有限公司、深圳市腾讯计算机系统有限公司与北京奇虎科技有限公司、奇智软件（北京）有限公司不正当竞争纠纷。

有外观设计专利的蓝月亮衣领净包装瓶去除标签并将原红色瓶盖换成白色瓶盖代表衣领净，将其配以黑白的画面与彩色的新汰渍洗衣粉洗衣画面进行比较，广告词为："衣领最难洗，一定要用衣领净；新一代多功能汰渍，可不这么认为；用全新汰渍，很脏的衣服，不用衣领净，都能洗得干干净净……用新汰渍，不需用衣领净。"对此，法院认为，"用新汰渍，不需用衣领净"的广告语会产生如下理解：用汰渍可以排除衣领净的使用，衣领净是多余的，即对衣领净产品有贬低之意，由于衣领净具有独特外观的包装瓶代表衣领净产品，相关消费者会直接将广告与蓝月亮衣领净联系起来，因此认定构成不正当竞争。[40]

而在"白水杜康与洛阳杜康案"中，洛阳杜康公司在其商品外包装上印制了"杜康商标唯一持有企业"字样，并在市场上销售。法院认为，在目前的市场中，由于历史的原因，"杜康"注册商标和含有"杜康"二字的注册商标（即"白水杜康"注册商标）均合法存在，而且洛阳杜康公司明知与白水杜康公司之间存在竞争关系的前提下，使用"杜康商标唯一持有企业"表述中的"唯一"一词，这足以令相关消费者感知到这句话是宣称洛阳杜康公司独占"杜康"商标，亦即切断了"含有'杜康'二字的注册商标"与"杜康"的历史渊源，这容易使消费者产生白水杜康公司及其商品并非合法使用"杜康"商标。换言之，该行为容易使消费者误认为白水杜康公司使用"白水杜康"是无权使用的侵权行为，或者，白水杜康公司不再对"杜康"文字享有权利，并进一步对白水杜康公司相关商品产生质疑或否定性评价。这些均直接影响消费者的选择和白水杜康公司的商誉。[41]

在该案中，即便从字面上看洛阳杜康公司陈述的是真实的事实，但由于特定的历史渊源，其使用的"杜康商标唯一持有企业"广告语具有片面性，容易引人误解，足以导致相关消费者对相关商品产生错误认识，即对白水杜康公司的商业信誉、商品声誉造成负面影响，因而也构成商业诋毁。

（二）行为的公示性

《反不正当竞争法》第 11 条对商业诋毁的行为方式规定为"编造、传播"，因此，相应的行为组合是：(1)既编造又传播虚假信息或者误导性信息；(2)仅传播别人编造的虚假或者误导性信息；(3)仅编造虚假信息或者误导性信息，但未进行传播。一般认为，前两种都可能构成商业诋毁，第三种不构成商业诋毁，因其不会对市场竞争造成影响。这意味着，虚假信息或者误导性信息要对市场竞争产生影响，还必须经过"传播"，使信息公之于众，而秘密的传播方式并不足以对企业、商品或服务等产生负面的社会评价，这也契合了商誉在本质上是一种社会评价信息。

在实践中，公示或传播的方式多种多样，无法完全列举，只要其在实质上能够起到影响相关公众的社会评价即可。例如，比较传统的传播方式有，通过商品包装、标识、宣传册、企业网站等形式传播（企业、商品或服务等信息），也有通过广播、电影、电视、报纸、杂志、网络等大众传播媒介传播；还有通过产品订货会、发布会等交易场所进行传播；此外，尚有通过律师函、警告函、公开信、公开启事等形式传播的，或者，通过专门向竞争者的合作伙伴发函、发电子邮件

---

〔40〕 参见谢晓尧：《竞争秩序的道德解读——反不正当竞争法研究》，法律出版社 2005 年版，第 347 页。

〔41〕 陕西省高级人民法院民事判决书(2017)陕民终 154 号：陕西白水杜康酒业有限责任公司与洛阳杜康控股有限公司商业诋毁纠纷。

传播的,以及通过向相关部门、行业组织、消费者组织投诉举报传播的。[42]

因此,商业诋毁比较普遍而典型的形式大致有:(1)在自己商品的包装、说明书或宣传册上宣称他人的商品质量差、价格高。(2)在媒体上发布声明性广告、对比性广告说明他人商品质量低劣或对人体有毒副作用,例如甲公司引进美国技术,生产了一种粉红色的加酶洗衣粉,销量大增,生产传统洗衣粉的乙公司在广告中“提醒”消费者,有色洗衣粉容易导致皮肤癌,并列举了虚假事例。(3)在商品宣传、新闻发布会等公开场合批评他人的商品或售后服务。(4)向监督机构“投诉”他人商品存在缺陷或者“举报”他人服务方式违法,例如,甲宾馆捏造事实向有关部门投诉乙宾馆提供色情服务,有关部门在审查后认为投诉事实不成立,但这期间因有关部门的调查行为使乙宾馆的客人减少。(5)雇佣职业差评师,通过购物平台、论坛、微信公众号等方式损害经营者商业信誉、商品声誉等。

(三)损害商誉的可能性

对于商业诋毁的损害后果,《反不正当竞争法》的表述为“损害竞争对手的商业信誉、商品声誉”。如前所述,商誉是一种社会评价信息,其形成有不确定性特征,那么,观测商誉是否受到损害即是要衡量社会评价是否有所降低,这本身是一个难以测量和估计的事情,并且商誉的损害还可以分为“实际的损害”和“潜在的损害”,而潜在的损害更难确定。因此,合理的做法是强调客观上存在侵害事实(infringement fact),而不是损害事实(damage fact)。换言之,这里的“损害”,指的是损害个体经营者的商业信誉、个别商品或者服务的声誉,既包括造成直接利益损失,也包括造成潜在利益损失,如丧失交易机会、降低议价能力等。

第四节　商誉损害赔偿额的计算

商业诋毁行为损害的是经营者的商誉,对于是否损害商誉的问题,我们可以根据既有规定作出定性结论;[43]但要对被损害的商誉进行准确估值,则是一个需要进一步解决的难题。《反不正当竞争法》(2017年)第17条第3款规定:“因不正当竞争行为受到损害的经营者的赔偿数额,按照其因被侵权所受到的实际损失确定;实际损失难以计算的,按照侵权人因侵权所获得的利益确定。赔偿数额还应当包括经营者为制止侵权行为所支付的合理开支。”这一规定是针对所有不正当竞争行为的财产损失的赔偿规则,包括“赔偿额的计算方法”和“适用顺序”,这当然也适用于商业诋毁的民事赔偿。具体地,针对商誉损害的计算,有三种方式:(1)在商誉损害可以计算的情况下,按照受到损害的经营者因被侵权所受到的实际损失来确定赔偿数额,此时的赔偿额还包括为调查商誉损害的合理支出、恢复商誉的必要费用;(2)在商誉损害难以计算的情况下,按照侵权人因侵权所获得的利益确定赔偿数额,即侵权人在侵权期间从每件侵权

---

〔42〕　王瑞贺主编:《中华人民共和国反不正当竞争法释义》,法律出版社2017年版,第40页。

〔43〕　例如,存在这样一种情况,经营者的诋毁行为在一定时期内不但没有使他人商品的社会评价降低,反而提高了该商品的知名度,这种情形并不能否认商誉损害的存在,因为这种损害的危险性是存在的,执法机关完全有理由不处罚这种不正当竞争行为,而商誉权人为了消除危险、防止损失的发生,也有权请求行为人承担停止侵害、消除影响、赔礼道歉等非财产性的法律责任。因此,商誉损害事实的认定标准应当是商誉损害是一种危险性存在,而并不必然要求损害结果的发生。参见种明钊主编:《竞争法》(第3版),法律出版社2016年版,第177页。

商品中获得的利润，乘以在市场上销售的商品数量，所得之积为侵权人在侵权期间所得利润，即侵权人在侵权期间因侵权所获得的利益[44]；(3)在前两种方式均不能确定时，由人民法院根据侵权行为的情节判决给予权利人法定的侵权赔偿，即“法定赔偿”，该赔偿数额的上限为300万元。[45]

一般而言，商誉的损害是难以计算的，或者计算结果容易出现较大偏差，因此实践中商誉被侵害方往往选择第二种方式确定赔偿数额，但是，这种方式却存在如下问题：[46](1)如何界定“侵权期间”。如果简单以侵权行为的结束为限，对于受损害方而言是很不公平的，因为即使侵权人停止了侵权行为，甚至被迫做出了消除影响和赔礼道歉措施之后，受害人被诋毁的商业形象很可能仍留在消费者或客户的头脑中，继续影响受害人的交易机会，而由此造成的损失，显然超出了“侵权期间”的范围。(2)如何确定“因侵权”而获得的利益。在商业活动中，由于受行业特性、国家政策变化、社会消费观念、经营者的经营管理水平等多重因素的影响，我们很难确定侵权人的哪一部分利益是“因侵权”而获得的。在现有的诸多商业诋毁纠纷的司法裁判中，法院均以“原告未举证证明因被告因侵权所获得的具体利益，以及原告因被告的侵权所受到的具体损失”为由而选择酌情确定赔偿额。例如，在“微梦与淘友案”中，一审法院认为“在双方均未提交充分证据证明因本案不正当行为对被上诉人微梦公司造成的实际损失或上诉人淘友技术公司、淘友科技公司因侵权行为所获得的利润，一审法院考虑到涉案不正当竞争行为涉及的用户群体广泛、影响范围巨大、危害性显而易见及双方均存在过错的情况下”酌定赔偿额为200万元，二审法院对此予以支持。[47] (3)很可能，侵权人“因侵权”所获得的利益微不足道，但受损害的经营者的商誉贬损却非常巨大，因而难以实现赔偿目的。

正因如此，司法实践中，法院普遍倾向于避开第一、二种方式，而是选择第三种方式：“法定赔偿”，即“酌情确定损失赔偿以及合理支出的数额”。“法定赔偿”的设定初衷是为了加大知识产权领域不正当竞争行为的打击力度，有效保护经营者的合法权益，在第一、二种方式计算赔偿额依据不足时采用。例如，在上海豪爽餐饮管理有限公司与上海龙旗餐饮管理有限公司不正当竞争纠纷一案中，法院认为：由于豪爽公司因侵权所受到的实际损失以及龙旗公司因侵权所获得的利润均无足够证据证实，故根据龙旗公司实施侵权行为的性质、持续时间、情节和方式，结合豪爽公司为制止侵权行为所付出的合理开支费用等因素，酌情确定赔偿数额。[48] 在这里，“法定赔偿”的数额上限也并非绝对，例如，在“腾讯与360案”中，由于原告计算损失所依据的原始数据、计算方法和计算逻辑均缺乏足够的依据，难以据此直接认定原告经济损失的具

---

〔44〕 王瑞贺主编：《中华人民共和国反不正当竞争法释义》，法律出版社2017年版，第61页。

〔45〕 需要注意的是，商业诋毁行为的法定赔偿额并没有在《反不正当竞争法》(2017年)中规定，其在第17条第4款有关法定赔偿额的规定中仅限于经营者违反第6条(市场混淆行为)和第9条(侵犯商业秘密行为)两种不正当竞争行为类型。商业诋毁使用法定赔偿额的依据是：(1)《最高人民法院关于审理不正当竞争民事案件应用法律若干问题的解释》(法释〔2007〕2号)第17条，该条规定商业诋毁行为的损害赔偿额，可以参照确定侵权注册商标专用权的损害赔偿额的方法进行。(2)《商标法》(2013年)第63条第3款规定“权利人因被侵权所受到的实际损失、侵权人因侵权所获得的利益、注册商标许可使用费难以确定的，由人民法院根据侵权行为的情节判决给予三百万元以下的赔偿”。

〔46〕 参见种明钊主编：《竞争法》(第3版)，法律出版社2016年版，第177～178页。

〔47〕 参见北京知识产权法院民事判决书(2016)京73民终588号：北京淘友天下技术有限公司、北京淘友天下科技发展有限公司与北京微梦创科网络技术有限公司不正当竞争(商业诋毁)纠纷。

〔48〕 上海知识产权法院(2017)沪73民终315号：上海龙旗餐饮管理有限公司与上海豪爽餐饮管理有限公司不正当竞争纠纷。

体数额,但考虑到原告商标和公司声誉的市场价值、互联网环境下侵权行为的迅速扩大及蔓延、被告有明显的侵权主观恶意等具体情节,法院认为:虽然无法确定原告所遭受的经济损失的具体数额,但可以确定该数额已经远远超过 50 万元法定赔偿限额的情况下,酌情确定两被告应连带赔偿两原告经济损失及合理维权费用共计 500 万元。[49]

本章小结

商业诋毁为国际公约和各国法律明文禁止,它是指经营者通过编造、传播虚假信息或者误导性信息等不正当手段,对竞争对手的商业信誉、商品声誉进行诋毁,以降低其社会评价、削弱其市场竞争能力的不正当竞争行为。商业诋毁损害的是竞争对手的商誉,而商誉表现为一种积极的社会评价,一般而言,商誉是由商品的质量、价格、售后服务、企业的历史、企业信用、企业内部管理等多种可能因素的决定的。在商业诋毁的构成要件方面,行为主体是反不正当竞争法上具有竞争关系的经营者;主观要件为故意或过失;客观要件是编造、传播虚假信息或者误导性信息。在商业诋毁案件中,赔偿额的计算是一个实践难题,法官往往倾向于选择法定赔偿额弥补受害者的损失。此外,对本章的学习要注意与虚假或引人误解的商业宣传行为一章相结合。

思　考　题

1. 如何理解商业诋毁行为与一般的民事商誉侵权行为之间的区别?
2. 为什么法学上不存在"负商誉"的概念?
3. 如何恢复被侵犯的商誉?
4. 如何计算商誉损害的赔偿额?

---

〔49〕 最高人民法院民事判决书(2013)民三终字第 5 号:腾讯科技(深圳)有限公司、深圳市腾讯计算机系统有限公司与北京奇虎科技有限公司、奇智软件(北京)有限公司不正当竞争纠纷。在 2013 年修订之前,《商标法》(2001 年)规定的最高法定赔偿额为 50 万元。(第 56 条第 2 款:"前款所称侵权人因侵权所得利益,或者被侵权人因被侵权所受损失难以确定的,由人民法院根据侵权行为的情节判决给予 50 万元以下的赔偿。")

第十一章　互联网新型不正当竞争行为

本章导引

合一公司经营优酷网，发现乐视公司经营的乐视盒子中的乐视浏览器点播优酷网免费视频时，屏蔽了优酷网的贴片广告，有意针对优酷网更改浏览器 UA（User-Agent）设置并使用乐视播放器覆盖优酷播放器。合一公司遂向北京海淀区人民法院起诉，指控乐视公司的行为构成了不正当竞争。乐视公司则表示，由于优酷网针对不同端口有不同的广告规则，对 iphone 端浏览器不提供视频广告，用户体验和资源较好，所以，乐视公司将安卓系统的乐视浏览器 UA 设置为 iphone 端标识，当其访问优酷网时，自然屏蔽了视频广告，因此不存在直接针对优酷网屏蔽视频广告的不正当竞争行为。法院在审理该案时查明，被告采取的技术措施并不是直接改变视频网站广告播放模式，而是直接对自己浏览器 UA 设置进行修改，使用户通过乐视浏览器访问优酷网时，优酷网将安卓端乐视浏览器误认为 iphone 端浏览器，从而推送不带广告的视频内容。法院认为，由于终端设备系统设置、技术原因以及权利人区分终端设备授权等因素，视频网站或者出于主动的商业安排，或者由于技术兼容性等问题，会针对不同系统的终端设备推送不同的视频资源、提供不同服务。浏览器经营者为了自身利益，有意采取技术措施获得视频网站为特定系统终端提供的服务，导致视频网站合法权益受到损害，其行为构成不正当竞争。[1] 请思考：在该案中，法官认定乐视公司屏蔽优酷网贴片广告的行为构成不正当竞争的理由是什么？互联网新型不正当竞争与传统不正当竞争相比，具有哪些特殊性？如何防范互联网新型不正当竞争？本章在介绍互联网新型不正当竞争概念和特征的基础上，对如何认定互联网新型不正当竞争以及如何追究这类行为的法律责任进行分析。

第一节　互联网新型不正当竞争行为概述

一、互联网新型不正当竞争行为的概念

互联网经济和技术的迅猛发展一方面极大地方便了大众各方面的生活，另一方面也显著地影响了传统经济领域的商业利益格局。近年来，互联网领域的市场竞争日益激烈，互联网新型不正当竞争案件逐步增多且不断挑战法律的边界。[2] 如何界定互联网新型不正当竞争，是

〔1〕 易潇、沈光倩：《网络不正当竞争典型案例分析》，载人民网：http://it.people.com.cn/n1/2018/0425/c1009-29948760.html，最后访问日期：2018 年 8 月 28 日。

〔2〕 朱理：《互联网领域竞争行为的法律边界：挑战与司法回应》，载《竞争政策研究》2015 年第 1 期。

对其进行准确判定的逻辑起点。按照界定概念的一般做法，需要对“互联网”“新型”“不正当竞争”三个关键词进行解析。

首先，“不正当竞争”强调此类行为符合不正当竞争行为的基本特征，即经营者在商事活动中为谋求交易机会、攫取竞争优势而进行的违反诚实信用原则与商业道德，扰乱市场竞争秩序，损害其他经营者或者消费者的合法权益的违法行为。

其次，“互联网”指的是这类不正当竞争发生在互联网经济领域，而不是发生在传统经济领域。

最后，“新型”指的是这类不正当竞争必须依托互联网技术而实施，离开了互联网技术，这类不正当竞争就无法实施。而且，此类不正当竞争无法依照1993年《反不正当竞争法》的类型化条款进行处理。在2017年《反不正当竞争法》生效之前，这类不正当竞争行为只能依照反不正当竞争法一般条款进行处理。在2017年《反不正当竞争法》生效之后，这类不正当竞争主要依照该法第12条来处理。[3] 这就将发生在互联网领域的传统不正当竞争行为排除在外，如发生在互联网领域的虚假宣传、不正当有奖销售、商业诽谤、擅自使用或披露他人商业秘密等。这些行为虽然发生在互联网领域，但是基本上不需要利用专门的互联网技术，任何能在网上发布信息的主体均可实施，而且，这些行为可以根据1993年《反不正当竞争法》的类型化条款予以规制，因此，这些行为仍然属于传统不正当竞争行为，而不能称为互联网新型不正当竞争行为。基于发生在互联网领域的传统不正当竞争在前面几章中已作了较充分的论述，本章只对互联网新型不正当竞争进行分析。

综上，互联网新型不正当竞争行为是指经营者利用互联网技术实施的，由2017年《反不正当竞争法》第12条和第2条进行规制的不正当竞争行为。互联网新型不正当竞争并不等同于互联网不正当竞争，它的范围比互联网不正当竞争要窄，而互联网不正当竞争包括互联网新型不正当竞争和发生在互联网领域的传统不正当竞争。

二、互联网新型不正当竞争行为的特征

1. 行为具有隐蔽性及高技术性

互联网经济建立在虚拟数字信息的基础之上，虚拟数字信息易于复制和修改，却不易被发现，极具隐蔽性，这导致发生在互联网经济领域、利用互联网技术实施的互联网新型不正当竞争行为具有极大的隐蔽性。互联网新型不正当竞争行为的隐蔽性一方面导致发现该行为及其实施主体比较困难，另一方面使证据的取得和保全十分不易。比如，在“百度诉青岛奥商、联通青岛流量劫持案”中，被告青岛奥商公司和联通青岛公司的侵权行为就十分隐蔽且不断变化，有时候原告发现有侵权行为，有时候未发现侵权行为，被告甚至在网上实施其他行为以对自己的侵权行为进行掩饰。而且，该案侵权行为的实施主体也十分隐蔽，为了找出侵权行为的实施手段和实施主体，百度公司先后10次到青岛、济南等地取证，并多方征求业内权威的技术专家意见。[4] 又如，在一些恶意软件冲突的案件中，行为人对竞争对手的软件进行恶意干扰、拦截

---

〔3〕 当然，基于《反不正当竞争法》立法与互联网经济发展必然存在张力，《反不正当竞争法》不可能对互联网新型不正当竞争行为作出穷尽规定，因此，将来法官仍有可能根据《反不正当竞争法》一般条款来处理互联网新型不正当竞争行为。

〔4〕 谭俊：《论互联网行业不正当竞争的新特征及其法律规制》，载《电子知识产权》2014年第10期。

甚至强行卸载,他们往往会以此状况是正常软件冲突为由来解释和抗辩。然而,由于软件兼容与冲突是个技术性非常强的问题,非专业技术人员对发生于虚拟世界的这些行为,无法判断其性质是否违法,有些时候甚至难以感知行为是否存在。

除此之外,现实中互联网新型不正当竞争行为的进行往往伴随着先进的技术手段的使用,这使得案件审理前证据的取得和案件审理过程中的举证环节充满挑战,进而也导致了行为认定的困难。比如,在"百度诉珠穆朗玛搜索助手案"中,原告百度公司证明被告珠穆朗玛公司通过创新代码注入技术将程序嵌入 IE 浏览器的核心进程,……从而修改用户请求和网页信息。[5] 又如,在"猎豹浏览器广告屏蔽纠纷案"中,原告优酷公司通过使用 smart sniff 软件查看普通浏览器与猎豹浏览器分别访问其视频反馈的数值参数来证明被告猎豹浏览器通过修改行为屏蔽了优酷视频网站中的广告。[6] 除上述案件之外,互联网新型不正当竞争行为中诸如深度链接、加框链接、屏蔽视频广告、软件冲突等无不涉及先进的互联网技术。对于欠缺互联网技术相关知识的法官而言,要透过技术的表象探知其背后的违法实质无疑非常困难。

2. 行为认定标准的抽象性

在 2018 年之前,法官们主要依据 1993 年《反不正当竞争法》第 2 条"一般条款"来认定互联网新型不正当竞争行为。由于该条的规定较为抽象,这就造成认定该行为的违法性并非易事。根据一般条款认定互联网新型不正当竞争有两种标准:一种是纯粹的经济分析标准;另一种是商业道德标准。以往的司法实践中,大多数法官将商业道德作为判定行为是否正当的标准,并将判断重点设定在行为人的主观意图上,只有少数案件着眼于行为的客观效果,将竞争行为对竞争秩序造成的影响作为判断标准(即经济分析标准)。[7] 虽然 2017 年《反不正当竞争法》设立的"互联网条款"可以很大程度上缓解一般性条款解决互联网新型不正当竞争行为的压力,但《反不正当竞争法》禁止性和列举式规定并存的立法特点,决定了其不可能穷尽未来所有可能出现的新型不正当竞争行为,[8] 因此可以预见的是未来在互联网新型不正当案件诉讼中,一般条款仍将发挥举足轻重的作用。这就要求我们明晰互联网商业道德的内涵。但在当今社会价值多元化的背景之下,商业道德标准具有极大的不确定性,而且由于竞争规则的特殊性,某些在伦理意义上应受谴责的行为在互联网竞争领域未必如此。就商业道德而言,行为主体是否遵循既有的商业道德,则成为法官判断行为是否构成不正当竞争的重要衡量标准。正是由于互联网新型不正当竞争行为的认定规则具有不确定性和抽象性,这就加大了法官判定某种行为正当与否的难度。

3. 行为损害后果的扩散性

互联网信息的传播受时间和空间的限制较少,这种特性一方面有利于信息快速、高效地传播;另一方面也使得互联网新型不正当竞争行为迅速蔓延,导致损害后果不断扩大。以"QQ 保镖不正当竞争纠纷案"为例,被告奇虎公司的侵权软件发布后仅 72 小时其下载量即破千万,平均每秒就有 40 个独立下载安装量,腾讯公司据此主张其因此损失了 7.34 亿元。[9] 正是由于互联网新型不正当竞争行为传播速度快的特点,其将导致严重后果。在"北京开心人与北京千

---

[5] 参见北京市第一中级人民法院判决书(2005)一中民初字第 5456 号。

[6] 参见北京市海淀区人民法院民事判决书(2013)海民初字第 13155 号。

[7] 蒋舸:《反不正当竞争法一般条款的形式功能与实质功能》,载《法商研究》2014 年第 6 期。

[8] 田小军、朱萸:《新修订〈反不正当竞争法〉"互联网专条"评述》,载《电子知识产权》2018 年第 1 期。

[9] 参见最高人民法院民事判决书(2013)民三终字第 5 号。

橡不正当竞争纠纷案”中,被告千橡公司购买了与原告域名相似的域名并推出与原告开心人公司经营的“开心网”基本雷同的山寨开心网,在不到一年的时间里,山寨开心网从开心网抢得的用户达3400万。最后,虽然北京开心人公司赢得了官司,但是输了市场。

4. 维权成本很高

从实践来看,市场主体因实施互联网新型不正当竞争行为而承担的损害赔偿责任普遍偏低,侵权收益却很大。同时,受害者还面临着维权困难的窘境。一方面,受害者取得证据和保全证据的成本较高。随着电子证据相关规定的完善,有关电子证据真实性、证明力以及电子证据保全的操作规则和管辖方面的规定在司法实践中被严格限制适用,在证据大多属于电子证据的互联网环境中,要通过合法程序获得具有证明力的证据需要更专业的知识和更高额的成本。另一方面,考虑到互联网商业模式的特殊性,受害人所受损失往往难以计算,这些案件受害者最终所得的补偿将不足以弥补其所受到的损害。以上两种因素导致互联网领域恶性竞争频发,例如,自2010年10月起至2014年2月,奇虎360与百度、腾讯、金山等互联网公司之间发生诸多不正当竞争纠纷且均遭遇败诉,创造了奇虎公司“十五连败”的行业“神话”。虽然奇虎公司在法律上败诉,但它却在商业上获得了成功。奇虎公司在诉讼过程中不仅借机宣传“免费保护用户隐私”“技术创新”“反垄断”等经营理念,使大量互联网用户和中小网络公司加入“蚂蚁啃大象”的队伍中去。奇虎公司在实施此战略蚕食其他网络巨头的同时,还借机推广其产品和服务,从而获得巨大的市场份额和经济利益。[10] 因此,面对数以亿计经济利益的诱惑,几十万元或上百万元的民事赔偿根本不足以遏制互联网新型不正当竞争行为的发生,奇虎公司的此种行为实际上是“以诉讼之名行市场营销之实”,此种行为损害了公平竞争的互联网市场秩序。此种行为如果得不到有效规制,通过互联网新型不正当竞争行为扩大市场份额、获取经济利益的营销模式将被其他经营者竞相模仿,最终导致互联网行业陷入恶性竞争的泥潭。

第二节　互联网新型不正当竞争行为的认定

一、互联网新型不正当竞争行为的构成要件

法律的相对滞后性、互联网领域竞争行为的特殊性,决定了应当从《反不正当竞争法》立法目的出发,以出现的互联网新型不正当竞争行为为考察对象,抽象出互联网新型不正当竞争行为的构成要件。在判定某一互联网新型竞争行为是否构成不正当竞争行为时,可从以下四方面着手。

(一)行为主体

《反不正当竞争法》所规定的不正当竞争行为主体是“经营者”。在相关市场中,自然人、法人、非法人组织在从事商品生产、经营活动或者提供服务时通常被视为“经营者”。在互联网新型不正当竞争行为中,互联网经营者即运用网络技术进行商品和服务经营活动的主体,包含从事电子商务活动的实体企业以及互联网服务商。

对于“经营者”概念的界定,一直存在主体资格和行为标准两种不同的观点。主体资格标

---

〔10〕 晁金典:《网络不正当竞争法律规制再考量》,载《法律适用》2014年第7期。

准认为经营者在作为不正当竞争行为主体时必须获得相应资格,这个资格应当合法有效,这里的合法有效意指获得正式的注册登记、相关部门已经认可其经营资格。行为标准学说的出现在时间上晚于主体资格说,在作用上相当于是对主体资格标准的一种补充。由于主体资格标准过于强调经营资格的取得,主张无资格即无行为,因此导致很多互联网新型不正当竞争行为主体因不具有经营资格而被轻易排除在《反不正当竞争法》的规制范围以外,逃避相应法律责任的承担。行为标准说认为,《反不正当竞争法》侧重于规制行为,属于行为法的范畴,与其他主体法强调对某一领域或行业的特殊主体进行调整不同,作为行为规制法的《反不正当竞争法》更关注市场竞争主体能够遵照公认的商业道德和诚实信用的基本原则从事商品生产、经营及服务交易,禁止从事违反法律及商业道德的不正当竞争行为。从认定效果来讲,同样的互联网新型不正当竞争行为,根据行为标准学说进行评价,更加能够体现客观公正的法律价值。倘若行为主体为了获取竞争机会,侵犯了其他经营者及消费者的合法利益,则应受到反不正当竞争法的规制,经营资格的取得与否不影响其不正当竞争行为的构成。

虽然互联网市场区别于一般的传统市场,互联网领域经营者提供的网络服务区别于一般经营者所提供的服务,但这些经营者一旦实施了通过市场配置和交换机制提供某种对价获取利益的行为,都可认为其在从事商品生产、经营或提供服务,均可视为反不正当竞争法意义上的经营者,从而受到《反不正当竞争法》的规制。

讨论1　互联网新型不正当竞争的行为主体是否仅限于互联网企业?

由于互联网新型不正当竞争行为是经营者利用互联网技术实施的不正当竞争行为,而且实践中互联网新型不正当竞争绝大多数由互联网企业所实施,因此,一些人误认为互联网新型不正当竞争的行为主体只能是互联网企业。需要指出的是,互联网新型不正当竞争的行为主体并不仅限于互联网企业。比如,通过黑客技术妨碍、破坏其他经营者合法提供的网络产品或者服务正常运行的行为,就属于我国2017年《反不正当竞争法》第12条第2款第4项所规定的行为,此行为既可以由互联网企业实施,也可以由拥有黑客技术的普通企业实施。

(二)主观要件

主观要件也称为主观方面,一般被定义为行为人对自己所实施的行为及其对社会产生的影响和结果所持有的故意或者过失的心理状态,主观要件的内容包括行为人作出某种行为或不作出某种行为时必须认识的实施内容和必须具有的意志状态两个方面。

那么,如何理解互联网新型不正当竞争行为的主观意图?理论界普遍将不正当竞争行为看作是侵权行为在市场竞争领域的特殊违法表现,按照侵权行为的责任承担要件来讲,必须对行为人的主观过错进行分析判断。主观状态由于其属于心理内在意识,要从外部进行判定本身具有相当的难度,加之我国《反不正当竞争法》对于不正当竞争行为的主观要件并未作出明确规定,例如该法第2条规定,不正当竞争系"扰乱市场竞争秩序,损害其他经营者或者消费者的合法权益的行为",从该条文能够看出,该法在界定不正当竞争定义时并没有对行为的主观状态予以明确说明,这里的主观意识既可能是故意,也可能是过失。在司法实践中,法院裁判文书中在认定涉诉行为是否构成不正当竞争时,却往往论证行为主体是否存在主观恶意或过失。倘若不存在主观过错,则涉诉行为可能不会被认定构成不正当竞争。例如,在"奇虎诉金山不正当竞争纠纷案”中,法院经审理认为,被告北京金山公司的行为证明其主观上并不存在恶意,没有违反诚信原则,不构成不正当竞争。可见,在司法实践中,审查互联网经营者实施的新型竞争行为是否具有主观过错是评判其行为是否构成不正当竞争之关键。

过错具有评价和处罚的功能,“无过错则无责任”,依照过错责任原则的内容,当经营者主观上不存在过错时,即使对其他经营者的利益造成不当损害,也可能不被认定为不正当竞争。侵权行为主体存在主观过错表明侵权行为在本质上的应受非难性和不可原宥性。同时,过错责任原则要求根据经营者主观过错程度来确定责任范围及责任形式。在特殊情形下,经营者能够因无过错或过错轻微而免去责任或者减轻处罚,也可能因故意或重大过失而加重责任的承担,同理,在确定对行为主体是课以赔礼道歉、消除影响抑或采用赔偿甚至惩罚性赔偿的责任方式时,也应视行为主体的主观恶意程度加以判决。在多数情况下,互联网商品或服务经营者在谋求不正当利益时所保持的心理态度是故意的,包括直接故意及间接故意,前者如恶意软件冲突行为,后者如互联网服务商故意忽略相关关键信息,造成互联网消费者对商品和服务形成误解;但在有些情形中,即使经营者认识到行为问题所在也可能因为疏忽而导致纠纷的发生。

对于判断行为主体主观过错的现有学说来讲,主观说将行为完全排除在外而纯粹以经营者行为时的主观意思为判断依据的观点,使司法实践容易造成不适当归责的问题。而客观说由于分割行为主体内心意思与外在行为的内在联系,故无法解释主观故意或过失与客观违法性的区别,造成责任归结错误。〔11〕 因此,对于主观要件的判别应站在主客观相统一的视野进行把握,在对互联网新型不正当竞争行为进行认定,也应采取此种方法。经营者主观过错中的故意或者过失状态都与不正当竞争行为相连接。

(三)行为客体

互联网新型不正当竞争行为危害了什么样的利益被称为行为的客体要件,也就是指该行为侵害了反不正当竞争法律规范保护范围内的社会关系。互联网新型不正当竞争行为的行为客体具有复合性。这是因为《反不正当竞争法》的规制目标在于通过维护公平竞争秩序、促进社会主义市场经济健康发展,发挥竞争机制的市场自主调节作用,提高社会整体生产效率,推动市场经济总量提升,故其保护客体通常包括经营者利益、消费者利益与社会公共利益。

其一,其他互联网相关经营者的利益。互联网市场竞争主体通过自由发挥经营能力和竞争优势,达成与他人的自由交易并获得合理的利润分配。竞争者的利益表现为自由竞争。竞争同时存在于直接竞争关系与间接竞争关系之间,包含同业经营者以及潜在、显在的非同业经营者。无论是何种竞争关系,只要存在不正当剥夺他人竞争自由,或不当增加自身竞争交易机会的情况,〔12〕都应认定行为构成不正当竞争而被追究相应法律责任。

其二,互联网消费者的利益。互联网新型不正当竞争行为不仅侵害了竞争对手的利益,而且侵害交易相对人尤其是消费者的利益。消费者是经营者在互联网市场竞争中争夺的对象。在移动互联网高度发展的背景下,不难发现,移动互联网具有“捆绑销售”且隐蔽性强的特点,同样应当将移动互联网经营者通过技术手段影响用户选择以谋取不当利益的行为,纳入不正当竞争的构成要件。事实上,消费者的利益与经营者利益之间本就存在矛盾。这是因为,对经

〔11〕 汪涌:《软件不正当竞争行为及其法律规制》,载《法律适用》2012 年第 4 期。

〔12〕 张占江:《不正当竞争行为的认定的逻辑与标准》,载《电子知识产权》2013 年第 11 期。

营者而言，经营的最终目的是最大限度获取超出投入资本的高额利润。欲达致利润最大化的目标，经营者要么提高商品及服务的价格，要么降低生产成本，甚至是降低商品和服务的质量，这恰恰与消费者期待高质量产品及服务的初衷相违背。换个角度看，互联网新型不正当竞争行为有时是在损害经营者利益的同时间接侵害消费者利益，有时则是直接损害消费者利益，特别是在软件干扰行为与网络不当链接行为中，消费者是直接的受害者。反不正当竞争法激励互联网竞争参与者在公平竞争的条件下争夺网络用户的注意力，同时要求其关注行为界限，禁止以“保护消费者利益”为借口通过网络技术实际造成消费者利益损失。值得肯定的是，2017年《反不正当竞争法》第2条第2款在定义不正当竞争行为时，增添了消费者因素，确认了消费者利益在不正当竞争判定中的重要作用。该举措乃引领消费者利益保护的重大举措，一定意义上彰显了新法极强的回应性。

其三，社会公共利益。互联网新型不正当竞争行为还损害了代表社会公共利益的市场竞争秩序，因为不正当竞争行为直接扭曲了市场竞争机制，使公平竞争的市场秩序受到破坏，公众也就不能享有公平竞争所带来的社会福利。值得说明的是，相对于保护竞争机制来讲，公共利益不具有主体上的意义，但其评价功能与消费者利益一样，仍十分突出，应当予以考虑。反不正当竞争法在具体适用中可能存在对涉案行为认定标准不明确的情况，这时法官需要根据立法宗旨和相关法律原则进行自由裁量，[13]引入公共利益来对行为性质进行正当性判断，如此能够最大限度地融合相关政策，促使互联网经济市场各方利益的均衡。

（四）客观要件

客观要件通常涉及不正当竞争行为和危害结果两个方面。一方面，“无违法竞争行为即无责任”，违法竞争行为是互联网新型不正当竞争成立的条件，如果仅有违法竞争的内在思想意思但未外化为行为，就不能构成不正当竞争；另一方面，危害结果一般是认定过失性互联网新型不正当竞争行为的基本条件，这与传统不正当竞争行为有所不同，传统不正当竞争行为的构成一般不考量实际损害后果。对互联网新型不正当竞争行为客观方面的认定也是分析其主观方面要件的重要依据，主观意图通过客观行为达成目的，欲明确不正当竞争者的主观意思必须解析其客观要件。

二、互联网新型不正当竞争行为认定的考量因素

（一）经营者利益

反不正当竞争法保障市场主体得以自由竞争、公平竞争，以及基于此获得合理对价之权利。无论反不正当竞争法具体保护法益发生何种变迁，立法表述如何不同，该法仍始终聚焦于对经营者合法权益的维护。具体到互联网新型不正当竞争行为的法律规制，在以经营者利益分析其竞争行为是否违法时，应重点把握以下两点：

第一，互联网市场主体如借由不正当手段强化自身竞争优势、损害其他经营者合法权益的，无论行为主体与受害对象两者之间是否具备直接、狭义的竞争关系，都可认为涉诉行为构成不正当竞争，应被纳入反不正当竞争法的规制范围。这是因为，从最广义的角度看，经营者在整个互联网市场皆可能具有某种程度的竞争关系，这种竞争关系是以消费者的消费抉择、消费决策等深层次选择为中介。亘言之，在互联网市场中，任一经营者只要借助不正当手段谋取

---

〔13〕 石必胜：《网络不正当竞争认定中的公共利益考量》，载《电子知识产权》2015年第3期。

更多商业机会、争夺更多交易对象从而攫取更多经济利益，并且该行为给其他诚实经营者的合法利益、消费者利益和互联网市场竞争秩序造成损害的，该经营者实施的市场行为已经构成不正当竞争行为。[14]

第二，考虑到互联网市场竞争中的任一阶段都可能存在不当获取竞争优势的行为，故而对涉诉行为的性质进行认定时应当严格依照以下逻辑层层推演："竞争参与——竞争能力——竞争结果"，才能保证无论是市场主体参与竞争的阶段，还是在竞争能力的展示阶段，抑或是在竞争结果的分配阶段，皆享有可见的公平与自由竞争之权利。[15] 在这三个阶段期间的任一环节，只要互联网经营者的正当合法权益受损，皆可认定涉诉行为的不正当性。

（二）消费者利益

市场竞争并非由竞争者单独构成的封闭整体，而是由诸多主体以各种形式展开、共同型构的整体环境。其中，每个经营者的行为不仅影响其他竞争者，经济行为的外部性意味着其必然波及消费者，甚至是整个市场之供给与需求。事实上，《反不正当竞争法》的立法目的条款也明晰了保护消费者合法权益。因此在规制互联网新型不正当竞争行为之时，也应当将消费者利益置于重要战略点。

那么，互联网新型不正当竞争案件中具体如何考量消费者利益？消费者利益的内涵是什么？通常而言，在司法实践中，法官主要从消费者的选择权与知情权两方面加以判断。比如，在"百度诉三际公司案"中，[16] 被告利用消费者处于信息不对称的劣势地位，借助一系列具有偏向色彩的词语，诱导消费者卸载竞争对手的软件。表面上看该行为给予消费者充分的自主选择权，然而实质上依然是一种剥夺消费者知情权、间接干扰与限制消费者选择的行为。因此法官以该行为损害消费者的知情权、选择权为由，从而认定该诱导消费者卸载竞争对手软件的行为构成不正当竞争。事实上，无论是《反不正当竞争法》，抑或工信部颁布的《规范互联网信息服务市场竞争秩序若干规定》，基本都是立基于保障消费者的知情权及选择权的角度加以规范竞争秩序。

此外，在将消费者利益作为规制互联网新型不正当竞争行为的考量因素时，也应当审慎分析那些以保护消费者利益、提高消费者体验为名，而施行侵害其他经营者合法权益之实行为的发生。鉴于特定历史发展阶段、特定商业模式不可避免的局限性，因而不得因特定阶段的商业模式不便于全面保障消费者利益而固然认为该商业模式损害消费者利益。此时应借助的是市场机制的作用，利用市场机制来推动商业模式的日益完善。市场主体具体采用何种商业模式，归根结底还是由市场总体竞争状况与消费者选择共同决定。

（三）技术中立与技术创新

在软件冲突类互联网新型不正当竞争案件中，被告常以"技术中立"或"技术创新"为抗辩事由，以此为自身行为树立正当性旗帜。那么，此类行为中技术冲突是否不可避免，是否对该行为持包容态度，技术中立是否是当事人行不正当竞争的正当事由，对此，司法实践中存在不同的认知。

---

〔14〕 也有学者认为，可通过论证被侵权企业是否享有法律保护的合法权益、竞争行为是否属于破坏他人经营的行为、竞争行为是否属于不正当利用他人经营的行为来判断是否侵害竞争者的利益。参见张钦坤：《反不正当竞争法一般条款适用的逻辑分析——以新型互联网不正当竞争案件为例》，载《知识产权》2015 年第 3 期。

〔15〕 张占江：《不正当竞争行为的认定逻辑与标准》，载《电子知识产权》2013 年第 11 期。

〔16〕 参见北京市海淀区人民法院民事判决书（2007）海民初字第 17564 号。

总体而言,我国的互联网经济仍然处于成长期,其发展仍然存在诸多不确定性因素,因此我们应当始终以十八届三中全会提出的"坚持发展"作为解决所有问题的重要战略判断。只有先保障互联网市场主体的发展利益,并为之创造良好的、宽松的互联网经济发展的大环境,才能更好地将这个"互联网经济蛋糕"做大,也才会谈及深层次地实现社会整体利益。因此,对于合理、必要的技术创新应当予以鼓励,对于正当的技术中立给予包容。

比如,在"奇虎诉金山案"[17]中,虽然被告金山公司设计的金山网盾和原告奇虎公司的软件发生了冲突,然而考虑到计算机程序本身的复杂性,以及软件升级换代的速度非常迅猛,不同软件经营者所推出的软件不可避免地出现相互冲突,软件冲突可以说是经常发生。该案中被告在发现两者不兼容之后主动采取补救措施,从该补救行为可见被告主观上并非恶意,因而法院认为被告实施的软件冲突行为未违反诚实原则。本案中法院对技术冲突予以了充分的包容,主要是受近阶段社会经济发展之需的影响,而这也是社会整体利益的内在诉求。

因此,在一项技术诞生之初,我们完全不需急于作出是非判断或评价,尤其是在该技术发展前景尚未十分明朗时,更应审慎对之,不可贸然予以限制或禁止,而是应当循序渐进、留有余地,为创新与发展留下必要空间。需要说明的是,为技术创新、技术中立留存空间也不可绝对化,不可将其无条件加以扩大,谨防市场行为主体将其作为免除法律责任的挡箭牌,而肆意施行侵害其他诚实经营者合法权益、侵害市场竞争秩序的行为。技术提供者对于该行为引发的损害,是否有主观恶意,应结合具体案情,予以全面的综合考量。

(四)商业模式

商业模式,也谓为"商业经营方法",意指商业活动中经营者采取的特定的经营方法、经营方式,其是经验和创新思维相统一的产物,得以有针对性地解决市场经营中的某些特定问题,也是特定历史阶段处于市场竞争中的经营者所普遍采取、遵循的经营模式。[18]

那么,怎么判断商业模式正常经营下所获利益是否纳入反不正当竞争法的保护范畴?其关键在于评判该商业模式本身的正当性。若经营者在原先模式的基础上开发出更优的方案,或者开发出相对于原有模式更优的商业模式,并且对其他经营者合法权益未造成负面影响,对于消费者利益的保护与市场竞争秩序皆未产生影响,那么经营者以此谋利之行为,非但不会受到法律的禁止,还会获得市场的激励。市场的发展取决于自由竞争,对商业经营模式的效仿和复制并不必然伴随法律的规制。尤其是在互联网经营模式的快速发展中,"模仿"不失为一种低成本开展经济活动的恰当选择,对具体竞争行为的界定不得忽略互联网经济发展的特性,不可背离互联网"互联互通、信息共享"之基本规律,妨碍正常的商业竞争。然而,如经营者所开发的商业模式不正当地侵扰其他竞争者的商业模式,妨碍其合法权益的获得,那么经营者的行为显然超越法律授予的权限。

需要说明的是,任一互联网市场主体皆不享有判断、甄别其他竞争者商业模式合法性的权利,也不得立基于这种判断,针对性地施行干扰他人商业模式、破坏或妨碍其他经营者权利的行为。互联网经营者肆意对其他市场主体商业模式与经营行为予以破坏、侵扰,必然导致后者的反击,进而将互联网市场变为战火纷飞的市场与"丛林世界",那么正常公平的竞争秩序也将不复存在,最终损害的将是广大消费者的权益,遑论社会整体利益的实现。因而同属于平等民

---

〔17〕 参见北京市第一中级人民法院民事判决书(2011)一中民初字第136号。

〔18〕 傅静坤:《网络商业模式专利初探》,载《深圳大学学报》(人文社会科学版)2001年第2期。

事主体的互联网经营者,通常情况下不享有在先判断其他竞争主体商业模式及其经营行为非法性的权利,以及不得以此为其破坏、干扰其他竞争主体行为作正当辩护。

总之,但凡商业模式不背离反不正当竞争法的精神原则与禁止性规定,互联网经营者凭借商业模式谋求商业利益之行为应纳入社会整体利益的范畴;然若互联网经营者以提高用户体验为借口,凭借自身的技术优势而任意判断其他竞争者商业模式的优劣,不合理干扰甚至是破坏其他竞争者的商业模式之行为,则构成不正当竞争。

讨论2　侵犯他人商业模式的行为是否必然构成不正当竞争

随着互联网经济的发展,互联网行业也逐渐发展出一些不同于传统经济的商业模式,比如"免费服务+广告""免费服务+增值服务"。各国对这些互联网经济中典型商业模式的侵犯,是否构成不正当竞争,还存在一些争议。比如,对于向互联网用户提供软件从而拦截视频网站广告的行为,我国司法机关通常认定为不正当竞争,而美国法院却不认为违法。中国司法机关判定这些行为违法的理由通常是"免费+广告"是视频网站常见的商业模式,如果一些经营者通过向互联网用户提供软件,从而将视频网站提供的广告予以拦截,将会颠覆互联网视频行业的商业模式,如果没有广告收益为免费视频提供支撑,视频网站将没有动力也没有财力继续为互联网用户提供免费的视频广告。因此,对于一些互联网企业付出较多成本而且对广大互联网用户有益的商业模式,就应该给予保护,对那些具有较高创新价值或者正外部性价值的商业模式的恶意侵犯,可以视为不正当竞争行为。当然,侵犯商业模式的行为并不必然违法,那些比较落后、对多数消费者不利的商业模式,理应淘汰,对这些商业模式的侵犯,就不能认为是不正当竞争行为。

(五)行业公约与行业惯例

在规制互联网新型不正当竞争行为过程中,法官也时常会借助行业公约与行业惯例来界定涉诉行为的正当性。为何行业公约与行业惯例可作为行为正当性的重要参考因素?行业公约与行业惯例由行业协会针对特定行业,由共同参与的主体协商制定而成,是行业共同体普遍遵循的行为准则。有时行业公约与行业惯例是由历史的传承而沿袭下来,有时是受时代发展需要而创设,但无论如何都需要经过时间的沉淀、共同体内成员的普遍认同与社会经济道德准则之检验。基于此,互联网行业公约与行业惯例得以成为法官认定涉诉行为是否构成不正当竞争的考量因素。

比如,在"腾讯诉奇虎案"[19]中,最高人民法院对行业公约与行业惯例的效力及具体适用作出认定,其认为在市场经营活动中,为规范特定领域的竞争行为与维护经营秩序,相关行业协会及自律组织会根据本行业的需求以及行业竞争特点,在归纳总结本行业竞争特征的基础上,制定相关行业公约或行业惯例,并将其作为共同体内成员开展竞争行为的指导原则,对共同体内成员具有普遍约束力。这些行业自律规范由于能够反映与体现该行业公认的商业道德与市场行为标准,因此可以作为法院审案中界定行业惯常行为标准与公认商业道德的重要渊源。

---

〔19〕 参见最高人民法院民事判决书(2013)民三终字第5号。

需要说明的是，并非所有的行业公约与行业惯例都可以成为公认商业道德的渊源，行业公约与行业惯例得以作为认定公认商业道德的参考因素，必须具备以下三要件：(1)应当达到"行业规范性"与"行业确信"。具体而言，该行业公约与行业惯例不得与现行的法律强制性规定、社会公德发生冲突。而所谓"行业确信"，指的是该行业公约与行业惯例形成中的心理与主观因素，即在具体法律规定缺位时，行业主体确信行业公约具有法律效力。(2)应当接受司法的审查，且由司法机关在裁判中予以认定。(3)可以被司法机关援引，适用于实务裁判。

总之，凸显行为规制法性质的《反不正当竞争法》在立法宗旨上与《专利法》《商标法》等知识产权法大不相同。在司法裁判过程中认定互联网新型不正当竞争时，法院须充分考虑创新的空间，充分发挥司法机关的能动性，充分考虑各种可能产生的法益冲突，在符合《反不正当竞争法》立法目的之前提下，作出司法裁判。

第三节　互联网新型不正当竞争行为的主要类型

2017年《反不正当竞争法》第12条规定："经营者不得利用技术手段，通过影响用户选择或者其他方式，实施下列妨碍、破坏其他经营者合法提供的网络产品或者服务正常运行的行为：(一)未经其他经营者同意，在其合法提供的网络产品或者服务中，插入链接、强制进行目标跳转；(二)误导、欺骗、强迫用户修改、关闭、卸载其他经营者合法提供的网络产品或者服务；(三)恶意对其他经营者合法提供的网络产品或者服务实施不兼容；(四)其他妨碍、破坏其他经营者合法提供的网络产品或者服务正常运行的行为。"可见，互联网新型不正当竞争行为主要包括以下类型：

一、非法链接行为

所谓非法链接行为，指的是未经其他经营者同意，在其合法提供的网络产品、服务中强行插入链接或进行目标跳转。经典案例如"百度诉联通青岛公司不正当竞争案"[20]，在该案中，用户利用百度进行关键词搜索时，联通青岛公司在其所提供的网络接入服务区域内，利用电信运营商的底层技术、渠道优势，强行弹出与搜索结果无关的广告页面。类似案件还有"百度诉360插标及劫持流量案"[21]等。

此类行为之所以构成不正当竞争，原因有二：(1)损害经营者利益。互联网经济也称为"注意力经济"，互联网竞争主要争夺的是用户的注意力，谁掌握更多的注意力，谁便可能在竞争中获胜。而互联网新型不正当竞争的本质则是经营者以不正当手段攫取用户的注意力。在其他经营者合法提供的网络产品、服务中强行插入链接或进行目标跳转，意味着不当抢夺了其他经营者本可能获得的消费者的注意力，进而可能造成其他经营者丧失增值服务的交易机会和广

---

〔20〕 参见山东省青岛市中级人民法院民事判决书(2009)青民三初字第110号。

〔21〕 百度起诉360称，360篡改百度搜索结果页面，并利用360浏览器捆绑其网站导航站，故意仿冒、混淆搜索结果，劫持百度流量，侵犯百度商标权并且构成不正当竞争，法院经审理认为360插标及劫持流量行为构成不正当竞争，具体参见北京市高级人民法院民事判决书(2013)高民终字第2352号。

告收入,由此损害了其他经营者利益。此外,强行进行目标跳转或插入链接的行为也折射了该经营者主观上具有"不劳而获或寄生性获取"的意图。(2)损害消费者利益。消费者本想通过链接自主浏览、获取某些相关内容,但却被强制性转到其他产品、服务中,违背了消费者原本的意愿与心理预期,消费者的选择权明显也受到侵害。

二、不当干扰行为

不当干扰行为是指经营者利用网络技术手段,误导、欺骗、强迫用户修改、关闭、卸载其他经营者合法提供的网络产品或者服务的行为,其主要表现为屏蔽广告、不当更改他人主页、恶意安全提示这三种形式。

1. 屏蔽广告

随着广告屏蔽软件为越来越多的用户所使用,客观上影响了网站经营者的广告收入,也日益成为那些依赖广告获取利润的网站经营者所面临的重要挑战。在我国,因屏蔽互联网广告引发的纠纷近年来逐渐增多,如"'极路由'屏蔽视频广告不正当竞争纠纷案"[22]"湖南快乐阳光互动娱乐传媒有限公司诉广州唯思软件股份有限公司不正当竞争一案"[23]"优酷(合一公司)诉金山猎豹浏览器不正当竞争案"[24]等。

那么,如何评判屏蔽广告类竞争行为的性质?首先,屏蔽网页广告软件提供商在明知网站经营者与广告投放商间存在合同的前提下,故意提供屏蔽网页广告的工具,使网站经营者无法履行合同项下的义务,主观恶意明显。其次,以视频网站为代表的网站经营者在遭受广告屏蔽后,丧失了一定的收入来源,而网站上的大量视频均需支付高昂的版权许可费用,承认屏蔽广告行为合法意味着同时对网站经营者和用户利益的摒弃,因为这必将影响到网站为用户提供免费内容的数量。在这种情形下,网站经营者、软件提供商以及用户的利益完全失衡,显然不符合诚实信用原则的要求,网站经营者因屏蔽广告软件提供商的竞争行为遭受严重打击,甚至被威胁到生存程度,超出了比例原则的范围,软件提供商应被认定为构成不正当竞争。[25] 故屏蔽视频广告类竞争行为通常被认定为构成不正当竞争。

然而,学界对这种评判存在不同看法。网站经营者"免费 + 广告"的商业模式是否应该得到法律保护,尚无定论。最高人民法院在"腾讯诉 360 案"中认为,"正当的商业模式必然产生受法律保护的正当商业利益","免费平台与广告或增值服务相结合的商业模式是本案争议发生时,互联网行业惯常的经营方式,也符合我国互联网市场发展的阶段性特征"。[26] 然而,在早前的"海带配额案"[27]中,最高人民法院却指出:"在反不正当竞争法上,一种利益应受保护并不构成该利益的受损方获得民事救济的充分条件。商业机会虽然作为一种可以受到反不正当竞争法所保护的法益,但本身并非一种法定权利。而且交易的达成并非完全取决于单方意愿而需要交易双方的合意。因此,他人可以自由参与竞争来争夺交易机会。竞争对手之间彼

〔22〕 参见北京市海淀区人民法院民事判决书(2014)海民初字第 21694 号、北京市知识产权法院民事判决书(2014)京知民终字第 79 号。

〔23〕 参见广东省广州市黄埔区人民法院民事判决书(2017)粤 0112 民初 737 号。

〔24〕 参见北京市海淀区人民法院民事判决书(2013)海民初字第 13155 号。

〔25〕 参见刘建臣:《浏览器屏蔽网页广告的不正当竞争认定》,载《上海政法学院》(法治论丛)2015 年第 2 期。

〔26〕 参见最高人民法院民事判决书(2013)民三终字第 5 号。

〔27〕 参见最高人民法院民事裁定书(2009)民申字第 1065 号。

此进行商业机会的争夺是竞争的常态,也是市场竞争所鼓励和提倡的。对于同一交易机会而言,竞争对手之间一方有所得另一方即有所失。"可见,最高人民法院的立场并未保持一致。关于"免费+广告"商业模式保护的正当性问题需作进一步讨论。

2. 不当更改他人主页

该行为表现是网络经营者意为推广自身的搜索引擎、网站而借用互联网技术手段,以误导、欺骗、强迫的方式更改用户原本的主页,妨碍用户按照原本真实意愿查询其他主页(或搜索引擎),从而直接减少竞争对手的网页点击率及访问量。此种行为往往利用用户的不知情,采用误导、欺骗、强迫的手段进行,不但有损用户的知情权和选择权,也导致竞争对手主页的浏览量的降低,不当排除其他竞争主体的交易机会,破坏其公平竞争利益,有损市场客观竞争秩序,因而构成了不正当竞争。

3. 恶意安全提示

近年来利用安全风险提示实施误导、欺骗、强迫用户而达到截流目的之不正当竞争行为频发。例如,在"安智诉华为不正当竞争纠纷案"[28]中,当用户通过互联网企业的应用分发软件,如百度手机助手、豌豆荚等应用市场,或者直接通过原告网站下载"安智市场"软件时,华为手机及其操作系统会提示,"该应用未经华为市场安全检测,请谨慎安装",并在该页面"官方推荐"处推荐"华为应用市场"。用户在查询到"安智市场"或者在"安智市场"查询到游戏应用软件,在查询结果页面点击"我已充分了解风险,继续安装"后,华为手机及其操作系统仍会弹出安全提示:"该应用未经华为市场安全检测,请谨慎安装。继续安装或使用可能造成设备损坏或数据丢失。"类似的案件还有"奇虎与小米不正当竞争纠纷案",[29]用户通过小米 MIUI 操作系统的移动终端从 360 手机助手中下载安装软件时,MIUI 系统均会弹窗阻止该进程,并提示"从非官方来源安装应用可能存在风险"等类似提示。

那么,如何识别提供安全评测建议的行为是属于客观公正行为,抑或构成不正当竞争?关键在于如何理解"恶意"。对此可以参考以下几方面考量因素:(1)如果所有未经其安全监测的应用或 APP 下载或安装时,均有此提示,则很难认定构成不正当竞争,应该视为用户安全或手机安全保护措施或机制。但若"安全提示"是有针对性的,那么则可能涉嫌不正当竞争。(2)分析行为的目的,以用户安全保护为目的的"安全提示"与抢夺、分流用户为目的的"安全提示",结果的认定显然截然不同。(3)是否对其他竞争对手的产品进行不真实的描述,是否存在欺骗、误导、强迫用户的情形,是否存有夸大风险、是否采用感情色彩较强烈的词语、是否存有客观依据等。

三、恶意不兼容行为

所谓恶意不兼容行为,意指行为人出于排挤竞争对手目的而故意让自己提供的产品或服务与其他经营者提供的网络产品或者服务不兼容,比如"3Q 大战"中腾讯公司实施的"二选一"行为则是此行为的典型案例,[30]在该案中,奇虎通过其运营的 www.360.cn 网站向用户提供"360 扣扣保镖"软件下载,并通过各种途径进行推广宣传。该软件直接针对腾讯 QQ 软件,自

---

[28] 参见北京市海淀区人民法院民事判决书(2015)海民(知)初字第 12602 号。

[29] 参见北京市西城区人民法院民事裁定书(2016)京 0102 民初 8699 号。

[30] 参见最高人民法院民事判决书(2013)民三终字第 5 号。

称具有"给 QQ 体检""帮 QQ 加速""清 QQ 垃圾""去 QQ 广告""杀 QQ 木马""保 QQ 安全""隐私保护"等功能模块,而腾讯公司告知用户,要在装有 360 软件的电脑上停止运行 QQ,用户只有卸载 360 软件才可登陆 QQ,只能"二选一"。而在奇虎科技公司与金山安全软件公司互诉的多个不正当竞争纠纷案中,双方都指责对方对己方的杀毒软件实施恶意不兼容。

那么,对此类行为如何认定其性质?事实上,在自由竞争的市场经济中,参与市场竞争的经营者有充分的自主经营权,在未扰乱市场竞争秩序及损害社会公共利益的前提下,市场竞争者并无"兼容"其他竞争者产品或者服务的义务。也就是说,网络产品与服务之间的不兼容,有些是因为技术原因所导致的,有些则是经营者根据竞争关系设置的。关键在于判定行为人是否具有恶意,可综合以下几方面因素考量之:不兼容是否针对特定主体,其是否基于客观描述,这种不兼容是否合理和必要,是否存在误导、欺骗、强迫消费者的情形,是否不当损害其他经营者的利益,有无损害竞争效率与市场秩序等。需要说明的是,考虑到在市场上具备相对优势地位的经营者通常才有能力采取不兼容的做法,为此,在定性行为是否构成恶意不兼容时,可结合相关主体是否具备相对市场优势地位作出判断。

讨论 3　恶意不兼容行为的法律适用问题

在《反不正当竞争法》的修订过程中,立法者对于是否将恶意不兼容纳入该法的调整范围一直存有争议。但是,立法机关出于各种考虑,在最终通过的《反不正当竞争法》第 12 条中对此行为进行了规定。由于是否兼容是经营者的自主权利,如果是小企业实施的不兼容行为,其对竞争秩序的影响较小,法律基本上不会关注。只有大企业实施的不兼容行为,由于其可能产生实质限制竞争的后果,如果其不兼容行为没有正当理由,则可以按照《反垄断法》中规制滥用市场支配地位(拒绝交易)思路予以处理。在《反不正当竞争法》和《反垄断法》均可对恶意不兼容行为进行规制的情况下,如何选择适用法律依据值得思考。本书认为,小企业为了扩大市场影响力,往往会积极推广自己的技术,通常情况下,其不会拒绝兼容,除非有正常理由。加之现实中实施恶意不兼容行为的企业多数是大企业,因此按照《反垄断法》中规制滥用市场支配地位的思路来处理恶意不兼容行为更加合理。

四、其他互联网新型不正当竞争行为

除了上述几类互联网新型不正当竞争行为之外,还有一些司法实践中已认定为不正当竞争、但 2017 年《反不正当竞争法》没有列举的不正当竞争行为类型,如深度链接、未经授权或同意抓取其他网络经营者数据和内容以及弹窗广告等。

深度链接,是指侵权人故意绕开被链网站的首页而直接连接到分页之行为。通常被链接方的分页面上缺乏显著的标识信息,无法有效说明此网页的最终来源,容易导致访问用户的混淆、误认。并且,由于行为避开其主页,直接到达被链网站的分页(甚至是某些具体内容)造成主页访问量的下降,进而导致其广告收入的不当减少,明显损害其他经营者的合法权益。此外,行为人未经许可截取使用他人数据库的行为也是典型的不正当竞争。考虑到数据库的制作者耗费了大量的时间、金钱对信息进行组织、整理,而其竞争对手未作任何资金或者人力的投入,利用网络技术手段,直接将其转发给公众,从而以较低的成本来达到抢占市场、排挤竞争对手的目的,并以此获取商业利益。这种窃取他人成果的行为属于典型的"搭便车"行为,违背

了公平竞争原则,侵害了数据库制作者的公平竞争利益。

弹窗广告行为,指行为人在用户浏览他人网站的时候自动弹出广告页面,临时性地覆盖他人网站的部分内容,利用他人在互联网用户中拥有的知名度和市场份额,以推广商品或服务的不正当竞争行为。此类行为违反了公平、自愿、诚实信用等原则,以损害其他竞争者利益的手段,来使自己获利,当它在未经授权的网站上插播其广告时,就会损害该网站经营者的利益,使该网站失去公平获得该广告收益的机会。同时也会损害与广告投放商家有竞争关系的同类利益主体,使他们的广告受关注度下降,从而影响其核心利益。

第四节 《反不正当竞争法》第12条评析

一、"互联网不正当竞争行为规制条款"的意义

多数学者认为,2017年《反不正当竞争法》修订的最大亮点在于新增的第12条,即规制互联网领域新型不正当竞争条款,而之所以新增该条款存在三方面的考虑及现实意义:其一,从经济因素看,无论是消费者、经营者或是社会公众,对互联网领域的关注度、投入度都超出以往任何一种市场领域。法律对已经达到规模化的互联网新型不正当竞争进行单独规制,是经济选择的必然。其二,从市场因素看,对互联网竞争违法行为的具体认定,可以提高社会市场主体对竞争行为评价的正确性、指引性和可预测性。其三,从执法因素看,这种案件比例的高发性和市场主体的需求性,形成特殊的新型不正当竞争行为的类型。因此,对这种特殊类型予以规制,有现实司法和执法的考量。〔31〕

与之相反,也有学者表示,没有必要设立互联网专条。其缘由是:第一,根据司法实践,互联网的所有行为跟传统领域的行为没有本质差异,不过互联网情境下行为表现形式不同,充斥着较多技术性措施或手段,但本质上并没有不同。第二,互联网行业最明显的特点就是"新"和"快",法律无法穷尽互联网业态下花样翻新的不正当竞争行为。〔32〕 这种见解虽具有一定合理性,然而从现有客观实际看,《反不正当竞争法》制定专门的"互联网条款"具有更大的制度价值,也具备市场与经济基础,符合执法和司法的需求。

我国首部《反不正当竞争法》自1993年实施以来,有效规制了市场经济发展过程中所发生的许多不正当竞争行为,但是,随着互联网经济的飞速发展,互联网新型不正当竞争行为大范围频发,1993年《反不正当竞争法》逐步显露出对此类行为规制的不足。而2017年《反不正当竞争法》第12条采纳各方建议,对互联网新型不正当竞争行为作出了类型化规定,值得肯定。其原因是:随着互联网经济的发展,对于互联网新型不正当竞争行为已经形成了一批司法案例,对于预防和规制互联网新型不正当竞争行为,也达成了一些行业自律性公约,因此,一些互联网新型不正当竞争行为类型化的时机已经成熟。通过将司法实践中常见且较为成熟并具有一定规律性的互联网新型不正当竞争行为进行类型化规定,有助于互联网企业明晰其行为的合法边界。同时,直接法律依据的出现对于像我国这样的成文法国家而言,能够促进法官采用

---

〔31〕 陶钧:《竞争法视角下对新型不正当竞争行为的规制与界定》,载《中国工商报》2017年12月28日,第006版。

〔32〕 戴龙等:《〈反不正当竞争法〉修订的重大问题学术研讨会综述》,载《竞争政策研究》2017年第4期。

符合一般法律适用逻辑的明晰的三段论形式对互联网新型不正当竞争行为进行认定,降低同类案件"同案不同判"的可能性。此外,该条款采用了"概括 + 列举 + 兜底"的形式,既体现了适应实践发展需要的立法目的,又体现了立法者减少《反不正当竞争法》第 2 条过度适用现象的意图。在 2017 年《反不正当竞争法》生效之前,1993 年《反不正当竞争法》第 2 条常常作为原则性、兜底性条款解决涉及互联网新型不正当竞争案件,而法官因裁判案件的需要往往容易对第 2 条作目的性扩大解释以容纳普通条款所不能调整的内容,这与立法初衷相违背。因此可以说,明确的类型化规定的出现也将在一定程度上避免"向一般条款逃逸"的发生和一般条款的滥用。而对执法机关而言,以往受法定原则的限制,在 1993 年《反不正当竞争法》的框架下,其并不能通过行政执法的手段对互联网新型不正当竞争行为进行规制,类型化条款的出现则为其提供了行政执法的法律依据,通过对类型化条款覆盖下的互联网新型不正当竞争行为进行行政处罚,将与司法规制形成合力,共同维护互联网市场竞争机制的正常运行,维护经营者、消费者合法权益和社会整体利益。可以说,2017 年新增的"互联网条款"将对有效遏制互联网新型不正当竞争行为、规范市场竞争秩序起重要作用。

二、类型列举合理性问题

在证成《反不正当竞争法》增加专门的"互联网条款"的合理性之外,还需思考的是该条文在立法技术上是否科学,是否足够周延规制互联网新型不正当竞争行为。

众所周知,互联网新型不正当竞争行为具有鲜明的时代特征,它们随着互联网技术的勃兴而不断发展,随着互联网技术的"进步"而不断演变,也正因如此,互联网新型不正当竞争行为所使用的技术手段、表现形式具有纷繁复杂的特征。该条款设置了兜底项,采用了"概括 + 列举 + 兜底"的立法模式,具有较强的合理性,对有效规制互联网新型不正当竞争行为起重要作用。然而还需指出的是,即使是对于已发生的实践案例而言,该条款所列举的这三类具体不正当竞争行为也无法覆盖大多数的案件类型,《反不正当竞争法》第 12 条还存在一些不足:

其一,根据现有案例统计,在互联网领域的不正当竞争中,除诋毁商誉与虚假宣传外,软件恶意冲突、不正当利用他人竞争优势"搭便车"是最常见的不正当竞争行为。在他人产品或服务中插入链接或广告等推广信息,是借助其他经营者提供的产品和服务,不正当地为自己谋取商业机会、商业利益的典型"搭便车"行为。但 2017 年《反不正当竞争法》第 12 条第 1 款所规定的"插入链接、强制进行目标跳转"范围过窄,无法涵括其他未经许可、在其他经营者产品或服务中插入广告等商业推广、商业宣传信息,进而谋取更多商业机会的不正当"搭便车"行为,因此建议在第 12 条中增加"插入广告等推广信息"。

其二,《反不正当竞争法》第 12 条所列举的禁止性规定并不能覆盖主要的互联网新型不正当竞争行为,除了前文提到的深度链接、未经授权或同意抓取其他网络经营者数据和内容以及弹窗广告行为之外,建议也增设搜索引擎类不正当竞争行为的条款,此一类案件通常具有"不劳而获"的特征,违反反不正当竞争法的基本理念。行为人将其他经营者的网站标记、网站所有者的信息、表达网站特色之关键词等埋设于自身网页的源代码中,当消费者通过关键词形式使用搜索引擎来查询其他经营者的网站时,埋设元标记行为人的网页即会出现于搜索结果,并且多数情况下位于权利人的网页之前。此类行为的行为人意在攀附他人在市场已然获得的商业信誉,是一种典型的不正当盗用他人劳动成果的"搭便车"行为,明显违反了诚实信用原则与互联网领域公认的商业道德,应被纳入不正当竞争行为的序列。除软件干扰行为和通过在他人产品中插入商业内容以不正当获取商业机会两类行为外，互联网新型不正当竞争中关于搜索引擎类不正当竞争案例已日益增多，都体现了此类行为对互联网行业正当竞争秩序的极大危害，因此需要规制并写入条文。

三、兜底条款的模糊性问题

2017年《反不正当竞争法》第2款第4项是一项兜底性规定，设置该条的目的本身十分合理：互联网技术发展日新月异，新型的互联网不正当竞争行为层出不穷，仅仅依靠前述3项列举根本无法适应新的社会变化。但是这一笼统的规定并未明确何为"妨碍、破坏"，反而使该项规定落入了1993年《反不正当竞争法》第2条的地位中。另外，市场竞争本身就带有一定的冲突性和激烈性，合理范围内的"妨碍"应当为法律所容忍，过多的干预反而不利于市场的自由竞争。因此，第4项的兜底规定是否太过模糊、概括，是值得深思的问题。并且，该第4项与现在《反不正当竞争法》第2条之间是何种关系，也留待进一步审视。

四、法律责任的恰当性问题

（一）行政责任

2017年《反不正当竞争法》第24条增加规定了利用互联网技术实施不正当竞争行为的行政责任条款，根据该条规定可知行政机关有权责令互联网新型不正当竞争行为人停止违法行为，并可根据行为情节处以不同力度的罚款，罚款额度最高可达300万元，比1993年《反不正当竞争法》关于其他不正当竞争行为的行政责任规定更加严格。[33] 2017年《反不正当竞争法》的规定弥补了反不正当竞争法关于互联网新型不正当竞争行为行政责任的缺失，然而，责令停止违法行为和罚款这两种类型的行政责任是否足以规制互联网新型不正当竞争行为？罚款金额中最低金额的设定在约束行政机关执法行为的同时是否考虑到现实的复杂情况，能否适应最轻微的违法行为？最高限额的规定又能否起到惩罚、威慑严重违法行为的作用？行政机关在执法过程中又应当采取什么标准在罚款幅度内确定具体罚款数额？这些问题需要加以回应，否则将会不利于维护互联网行业公平竞争秩序。

对此，本书认为，该条款虽然明确了互联网新型不正当竞争行为的行政责任包括责令停止违法行为和罚款，这两种行政责任是最有效也是最便捷的责任类型，但是这两种行政责任并不能完全起到惩罚、遏制互联网新型不正当竞争行为的作用。为了对严重侵犯互联网公平竞争秩序的不正当竞争行为进行惩治，该条款还应当将没收违法所得、吊销营业执照等行政责任纳入其中。在罚款金额的设定上，应当引入经济学分析方法合理确定，同时还要考虑我国各地经济发展差异和行业发展差异。[34] 另外，行政机关在行使自由裁量权确定不正当竞争行为人应

---

〔33〕 2017年《反不正当竞争法》第24条规定："经营者违反本法第十二条规定妨碍、破坏其他经营者合法提供的网络产品或者服务正常运行的，由监督检查部门责令停止违法行为，处10万元以上50万元以下的罚款；情节严重的，处五十万元以上三百万元以下的罚款。"第12条规定："经营者利用网络从事生产经营活动，应当遵守本法的各项规定。经营者不得利用技术手段，通过影响用户选择或者其他方式，实施下列妨碍、破坏其他经营者合法提供的网络产品或者服务正常运行的行为：（一）未经其他经营者同意，在其合法提供的网络产品或者服务中，插入链接、强制进行目标跳转；（二）误导、欺骗、强迫用户修改、关闭、卸载其他经营者合法提供的网络产品或者服务；（三）恶意对其他经营者合法提供的网络产品或者服务实施不兼容；（四）其他妨碍、破坏其他经营者合法提供的网络产品或者服务正常运行的行为。"

〔34〕 郑友德等：《反不正当竞争法（修订案送审稿修改建议）》，载《知识产权》2016年第6期。

当承担的罚款数额时,应当根据行为人的行为性质、社会危害程度等因素合理确定。

(二)民事责任

根据2017年《反不正当竞争法》第17条[35]的规定,法官可以根据两种方法来确定损害赔偿金额:一种是直接法,即以原告(被侵权人)在不正当竞争行为实施期间因该不正当竞争侵权行为所受损失(即原告损失)为赔偿额;另一种是拟定法,即以不正当竞争侵权人在侵权期间因不正当竞争行为所得利润(即被告获利)为赔偿额,这实际上沿袭了1993年《反不正当竞争法》第20条[36]的规定。目前,我国司法机关在确定民事责任的损害赔偿额时,除了以原告损失、被告获利作为赔偿依据外,也适用酌定赔偿作为赔偿依据。[37]

此外,1993年《反不正当竞争法》第20条仅规定了"损害赔偿"这一种民事法律责任,然而,互联网新型不正当竞争行为复杂多变,这样的规定自然无法满足当事人权利救济的需求。司法实践中法官并未严格遵守反不正当竞争法的规定,法官除了在不正当竞争行为中适用损害赔偿的民事法律责任外,还适用了停止侵害、赔礼道歉、消除影响等法律责任形式。在"上海善佳诉大连化工案"中,法官对不正当竞争案件适用"消除影响"作出如下论述:《反不正当竞争法》虽未对不正当竞争行为的侵权责任进行全面列举,但不正当竞争纠纷本质上是一种侵权纠纷,故《侵权责任法》可以作为实施不正当竞争行为的侵权人承担民事责任的法律依据。[38]《侵权责任法》第15条规定了8种侵权责任:停止侵权、排除妨碍、消除危险、返还财产、恢复原状、赔偿损失、赔礼道歉、消除影响及恢复名誉。至此,在互联网新型不正当竞争案件中适用上述法律责任有了法律依据。但上述经验却并未被吸收进2017年《反不正当竞争法》之中,在一定程度上不能满足当事人权利救济的多样化需求。其实,综观世界其他国家或地区的不正当竞争法律责任,包括德国、日本、瑞士以及我国台湾地区,不正当竞争行为除了采用损害赔偿的责任形式外,均采用了许多其他民事法律责任形式。例如,德国反不正当竞争法对不正当竞争行为规定的民事责任包括排除妨碍、停止侵害、损害赔偿、利润剥夺[39]以及消灭时效等;日本的法律对不正当竞争行为的民事责任也规定得比较详尽,不正当竞争行为的受害方除了享有损害赔偿请求权外,还享有要求不正当竞争行为人承担停止侵害、恢复信用等责任。[40] 本书认为,未来的反不正当竞争法修订应当吸收此类实务经验,丰富民事法律责任形式以应对层出不穷的互联网新型不正当竞争行为。

---

[35] 2017年《反不正当竞争法》第17条第3款规定:因不正当竞争行为受到损害的经营者的赔偿数额,按照其因被侵权所受到的实际损失确定;实际损失难以计算的,按照侵权人因侵权所获得的利益确定。赔偿数额还应当包括经营者为制止侵权行为所支付的合理开支。

[36] 1993年《反不正当竞争法》第20条第1款规定:经营者违反本法规定,给被侵害的经营者造成损害的,应当承担损害赔偿责任,被侵害的经营者的损失难以计算的,赔偿额为侵权人在侵权期间因侵权所获得的利润;并应当承担被侵害的经营者因调查该经营者侵害其合法权益的不正当竞争行为所支付的合理费用。

[37] "酌定赔偿"是指当权利人的实际损失或侵权人的违法所得难以确定,且不能通过其他方法确定侵权人的赔偿数额时,由人民法院根据当事人的请求或依职权在法定数额幅度或基数额度内确定具体赔偿额的一种赔偿制度。参见周晖国:《知识产权法定赔偿的司法适用》,载《知识产权》2007年第1期。

[38] 参见北京知识产权法院民事判决书(2015)京知民终字第00326号。

[39] "利润剥夺"是指如果被告故意违法而以众多消费者利益为代价获得利润的,则工商业协会、手工业协会等团体机构可提请法院剥夺被告多获得的利润。我国对侵害众多消费者利益的不正当竞争行为有行政处罚的规定,因此,剥夺非法利润不适合再纳入民事法律责任当中。

[40] "恢复信用"是指对故意或过失以不正当竞争行为损害他人经营信用的人,法院应经营信用受损害方的请求,可以责令替代损害赔偿或者责令损害赔偿同时采取必要措施恢复经营上的信用,参见张晓燕、张鹏飞:《不正当竞争损害赔偿探讨》,载《山西高等学校社会科学学报》2009年第10期。

本章小结

互联网新型不正当竞争行为是指经营者利用互联网技术实施的，由2017年《反不正当竞争法》第12条和第2条进行规制的不正当竞争行为。该类不正当竞争行为具有隐蔽性及高技术性、认定标准抽象、损害后果扩散快、维权成本高等特征。在认定互联网新型不正当竞争行为时，通常考量经营者利益、消费者利益、技术中立与技术创新、商业模式、行业公约与行业惯例这几个因素。互联网新型不正当竞争主要有非法链接、不当干扰、恶意不兼容及其他行为类型。我国《反不正当竞争法》设置互联网不正当竞争专门条款具有显著意义，但在类型列举、兜底条款及法律责任设置方面尚需进一步研究。

思考题

1. 互联网新型不正当竞争行为与传统不正当竞争行为有何区别?
2. 互联网新型不正当竞争行为的构成要件有哪些?
3. 互联网新型不正当竞争行为的法律责任有哪些?
4. 我国《反不正当竞争法》对互联网新型不正当竞争的类型化规定有哪些长处？有哪些不足?

第三编 反垄断法

第十二章　反垄断法概述

本章导引

在市场经济条件下，完全竞争是一种假设，完全垄断也难以持续，只有垄断竞争才是市场结构的常态。垄断竞争意味着市场同时存在竞争和垄断的一些特征。反垄断法试图通过规制垄断行为确保市场自由竞争和有效竞争。然而，反垄断法在实施中争议很大，如果我们要理解这些争议，就需要按照本章的思路学习并重点关注以下问题：经济学关于垄断的类型划分、反垄断法关于非法垄断的基本分类、反垄断规制的思想和方法、垄断行为认定的原则和法律责任以及反垄断法的适用除外与域外效力。此外，本章专门设置了对我国反垄断法存在问题的讨论，希望引导大家去思考我国反垄断立法的完善以及实施中的难点问题。

竞争导致垄断，垄断阻碍竞争。如何解决竞争与垄断的冲突，是反垄断法试图实现的目标。法律经济学是经济学介入反垄断研究的产物，其中关于市场配置效率的分析对反垄断法的实施影响十分巨大，甚至有很多经济学家反对以法律的手段规制垄断，认为“反垄断法丝毫不可能削弱垄断，而只是不断运用各种办法折腾效率最高的企业”。[1] 美国经济学家科斯更是旗帜鲜明地反对反垄断。[2] 但相反的观点同样掷地有声，正如经济学家萨缪尔森的形象比喻：“反垄断法在企业变成一头垄断的野猪时，防止它到处乱窜。”[3]

第一节　垄断的一般问题

一、垄断的含义

就字面含义而言，垄断是指人们利用自身的优势或外部特有的条件对某种机会和利益进行独占。作为一种古老的社会现象，垄断在我国战国时期已有记载。孟子曰：“古之为市也，以其所有易其所无者。有司者治之耳。有贱夫焉，必求龙断而登之，以左右望而罔市利，人皆以为贱，故从而征之。征商自贱夫始矣。”[4]这里的“贱夫”是那时对商人的贬称，“龙断”原意是

---

[1] [美]穆雷·罗斯巴德：《权力与市场》，刘云鹏等译，新星出版社2007年版，第61页。转引自薛兆丰：《寻租之门——对反垄断法的另类反思》，载《经济观察报》2007年9月10日，第045版。

[2] 科斯说：“他最讨厌反垄断法。假若价格涨了，它说是垄断性定价；价格跌了，它就说是掠夺性定价；价格不变，它就说是合谋性定价。每当人们看到他无法解释的商业行为，他就在反垄断法上找理由。”

[3] 转引自孔祥俊：《反垄断法原理》，中国法制出版社2001年版，第1页。

[4] 《孟子》之公孙丑章句下（十）。

高高的土坡，孟子用以比喻商人囤积居奇，待价而沽。从某种意义上说，垄断是商业的本性，自古有之。

在西方，“垄断”一词的英文 monopoly 源于希腊语中的 mono（单个的）和 polist（卖的人），单独的卖者意味着没有其他人能够生产或销售他的产品或替代品。[5] 因此，垄断也称个人独卖或市场独占行为。根据美国《布莱克法律词典》的解释，“垄断（monopoly）是指享有市场优势和特权的公司或个人，对某一特定市场、交易，或者特定商品的产、供、销实施排他性控制或全面控制的行为。或者，垄断是指一个或少数几个公司独占某种商品或服务的一种市场结构”。[6] 在经济学上，经济学家注重分析垄断的事实状态以及对市场效率的影响。他们认为垄断只是一个中性概念，不涉及价值判断。

鉴于各国立法传统、经济体制以及经济发展水平的不同，由反垄断法规制的垄断状态和行为略有差异。例如，在美国，垄断是指在商业贸易或市场交易活动中，任何以协议、共谋或其他形式构成限制自由竞争的状态或行为。在日本，关于垄断的定义明确规定在《禁止私人垄断及确保公正交易法》第 2 条第 5 款，即“本法所称的垄断，是指事业者无论是单独地还是采取与其他事业者相结合或合谋等其他任何方式，排除或者支配其他事业者的事业活动，从而违反公共利益、实质性地限制一定交易领域内竞争的行为”。对于垄断，我国《反垄断法》并未明确解释，但根据立法内容可以概括为：在经济活动中，任何以协议、滥用市场支配地位、经营者集中以及滥用行政权力等形式构成限制自由竞争的状态或行为。

二、经济学上的垄断与竞争

（一）市场结构与竞争的关系

经济学认为不同竞争的状态会形成不同的市场结构。所谓市场结构是指市场的构成或市场的类型。它所反映的是竞争程度不同的市场状态。所涉及的因素包括企业规模及规模的分布、进入障碍和进入条件、产品差异、厂商成本结构和政府管制的程度等。

市场结构是经济学上通行的分类标准，具有技术性和客观性，不涉及是否公平或是否合法的主观价值判断。根据这一标准，我们可以将竞争分为完全竞争、完全不竞争（独占）、寡头竞争和垄断竞争。[7]

其一，完全竞争。完全竞争是一种完美的竞争状态。它指完全不受任何阻碍和干扰的自由竞争。在完全竞争的条件下，商品或服务的最高价格是它的平均成本，任何竞争者都不能影响其价格的高低，因而可以实现最优的市场供应和资源配置。完全竞争的市场结构需要满足以下条件：(1) 市场上必须有大量的购买者和出卖者，任何人占据的市场份额都是微不足道的，均无力影响商品或服务的价格；(2) 所有替代性商品或服务的品质完全相同，不存在任何差异；(3) 各类生产要素均可自由流通，每个厂商都能够按自己的意愿进入或退出某一行业，不受任何限制；(4) 买卖双方均具有完备的市场信息而且反应灵敏，知悉市场有可能出现的各种情况。上述市场条件是苛刻而不现实的，所以完全竞争只能是一种理论假设。

其二，完全垄断。又称独占或完全不竞争，是与完全竞争相对的一种市场结构。它是指某

---

〔5〕［美］保罗·A. 萨缪尔森、威廉·D. 诺德豪斯：《经济学》，高鸿业等译，中国发展出版社 1992 年版，第 842 页。

〔6〕*Black's Law Dictionary* (fifth edition), West Publishing Co. 1979, p. 908.

〔7〕种明钊主编：《竞争法》（第 3 版），法律出版社 2016 年版，第 5 ~ 7 页。

一市场完全处于某一企业控制的市场结构。当某种商品或服务，完全由某一企业供给，无任何替代商品或服务，就会出现这一特殊的市场结构。形成独占的条件是：(1)政府凭借政权对某一行为的支持和特许；(2)规模经济十分显著；(3)某一企业控制着某种商品的全部资源或绝大部分资源；(4)存在技术优势和技术垄断。在现实生活中，可能出现某些自然垄断行业（公用事业垄断）或通过专利权形式获得局部市场结构的独占。但覆盖全社会的完全不竞争的市场结构很难由市场自主完成，这种情形只能由集权政府安排，其极端形式即是计划经济。

其三，寡头垄断。也称寡头竞争。它是介于完全竞争和完全垄断之间的一种市场结构或竞争状态，是指少数几个企业控制着所有产品的生产和销售。由于少数几家企业的产量在某一行业的总产量中占有很大的比例，这样每个企业的产量都占有相当大的份额。在这种情况下，它们对产品的产量和价格能起决定性的作用，从而使竞争遭受排斥，价格形成的竞争因素大大减弱。在市场经济条件下，寡头竞争结构与政府干预直接相关，通常是自然垄断、基础设施或关系国家安全的特殊管制行业。

其四，垄断竞争。垄断竞争是介于完全竞争与不完全竞争之间的一种市场结构或竞争状态。意味着有垄断，也有竞争。垄断竞争的市场条件是：(1)不同厂商生产或提供的同种商品或服务，从价格到品质都具有差异性；(2)在同一行业中，存在较多的企业，进入和退出某一行业彼此之间的竞争激烈；(3)每个厂商生产的份额占市场总供给的很小一部分。在市场经济条件下，垄断竞争是一种常态的市场结构，但同时又具有动态性。

（二）经济学上的“五力竞争说”

企业之间的竞争主要表现为商品或服务的品质、价格、售后服务等方面，其竞争强度与许多因素有关。美国研究竞争战略的学者迈克尔·波特提出了“五力竞争学说”，认为任何产业的竞争都将受制于五种竞争力量的作用，这些力量包括同行业竞争者、潜在竞争者、替代品的竞争、供应商的议价能力、购买者的议价能力。[8]（见图2）

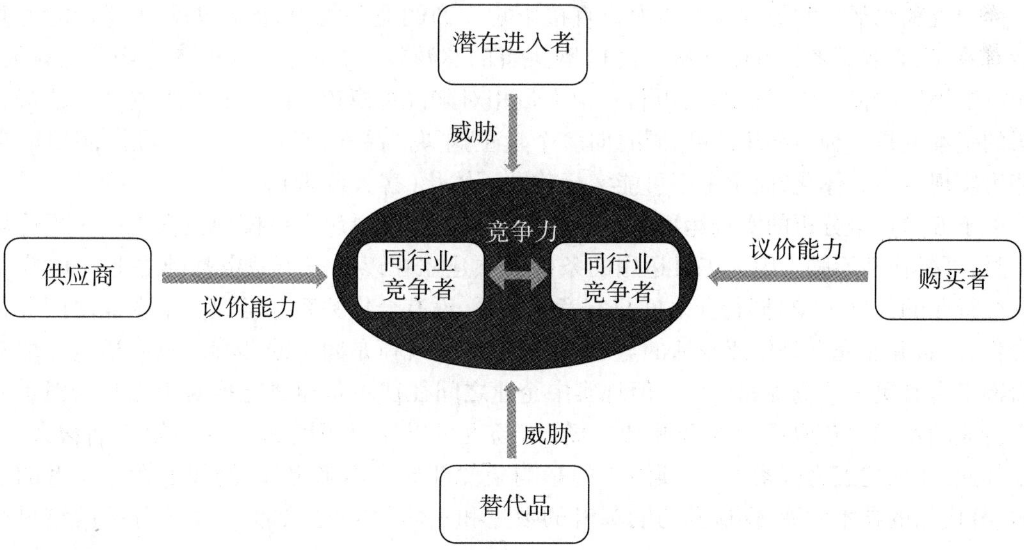

图2　影响企业竞争的五种力量

---

〔8〕［美］迈克尔·波特：《竞争战略》，陈小悦译，华夏出版社2005年版，第3～30页。

一是同行业竞争者。在垄断竞争的市场结构中,大部分行业都存在广泛的同业竞争者。这些竞争者势均力敌,提供几乎相同的产品或服务,同时这些产品或服务的用户转换成本很低,产品需求增长缓慢。由于技术和信息传播的普遍性,对于一般商品的同行业竞争者而言,在品质和价格方面几乎没有竞争的空间,售后服务、产品介绍、广告等成为同业竞争的重要方式。

二是潜在进入者。在市场经济条件下,同行业潜在进入者无处不在。潜在进入者在给行业带来活力的同时也给既有竞争者带来了威胁。如果希望在未来市场竞争中赢得一席之地,潜在进入者必须综合考量"五力竞争"因素对获取市场份额的影响。与同行业竞争者比较,潜在进入者对竞争力的影响是次要的,因为任何行业的进入并非畅通无阻,包括资本需要、销售渠道、政府许可、自然资源、地理环境等都可能成为进入障碍,这些障碍往往使它们望而却步。

三是替代品的威胁。对于商业活动来说,创新无止境。替代品的竞争往往比相同商品的竞争更加残酷,智能手机淘汰模拟手机即是明证。由于替代品生产者的潜在威胁,既有商品的经营者必须提高产品质量、降低成本、提高增值服务,否则将丧失其竞争能力。相反,替代品价格越低、质量越好、用户转换成本越低,竞争实力也就越强。替代品往往与技术更新、产品升级换代密切相关。

四是供应商的议价能力。供应商主要通过提高其供应的原材料价格或降低其质量,来影响厂商的盈利水平,供应商的议价能力将直接影响厂商的竞争能力。但不同供应商的议价能力的大小并非相同,一般来说,满足以下条件的供应商具有比较强大的议价能力:(1)供应商具有比较稳固的市场地位,如独占或寡头垄断企业;(2)供应商所提供产品的买主很多,每一单个买主都不可能成为其重要客户;(3)供应商产品具有独特性,以致买主难以转换或转换成本太高,或者很难找到可与其产品相竞争的替代品;(4)供应商能够方便地实行前向联合或一体化,而买主难以进行后向联合或一体化(店大欺客)。

五是购买者的议价能力。购买者主要通过向厂商压价或要求提供产品或服务质量,来影响厂商的盈利水平。购买者议价能力将直接影响厂商的竞争能力,但购买者的议价能力并非当然有效,除非购买者具有以下条件:(1)购买者的总数较少,而每个购买者的购买量较大,占了卖方销售量的很大比例;(2)卖方行业由大量相对来说规模较小的企业所组成;(3)购买者所购买的基本上是一种标准化产品,同时向多个卖主购买产品在经济上也完全可行;(4)购买者有能力实现后向一体化,而卖主不可能实行前向一体化(客大欺店)。

关于五力竞争分析的实践运用一直存在许多争论。通说认为该模型更多是一种理论思考的工具,可操作性不强。因为工具运用的条件必须建立在以下三个假定基础之上:(1)完全了解整个行业的信息。(2)同行业之间只有竞争关系,没有合作关系。但现实中企业之间存在各种合作关系,并非完全是你死我活的竞争。(3)行业的规模是固定的,因此,只有通过夺取对手的份额来占有更大的资源和市场。但现实中企业之间往往不是通过吃掉对手而是与对手共同做大行业的蛋糕来获取更大的资源和市场,市场也可以通过不断的开发和创新来增大容量。不仅如此,在前述五力因素中,各项因素的影响条件都具有不确定性,例如潜在竞争者的进入障碍、替代品的技术发展、供应商与购买者的数量和一体化问题,都将使竞争分析的结果充满变量。

三、垄断的学理分类

在学理上,根据垄断形成的原因,可以将垄断分为国家垄断、行政垄断、自然垄断、经济垄断、知识产权垄断。

1. 国家垄断

国家垄断基于国家权力产生,涉及国家经济安全以及国计民生需要而由中央政府垄断经营的事业,如军事、能源、交通运输、金融服务、媒体服务等。但是,国家垄断的范围因不同国家或不同时期有所不同,例如,在中国古代有"盐铁专卖"的垄断,近现代有"烟草专卖"的垄断。随着现代社会的发展,国家垄断的范围已呈限缩之势,例如,在西方资本主义国家,国家垄断已经基本退出交通运输、金融、媒体等领域。

2. 行政垄断

行政垄断是行政机关和法律法规授权的具有管理公共事务职能的组织滥用行政权力,排除或限制市场自由竞争的行为。其主要表现为限定或指定交易、地区封锁、信息封锁、设置主体准入障碍等行为。

3. 自然垄断

自然垄断在形式上表现为寡头垄断的市场结构,但并非基于市场自由竞争而产生。由于有些产品或服务的特殊性,必须规模经营即垄断经营才具有效益,例如自来水供给,其修建水厂、铺设管道的投资巨大,如果多家企业重复投资,消费者最终分担的成本将很高,相反,如果只有一家或两家企业,成本将得到合理控制。因此,这种垄断符合消费者的利益选择,被称为自然垄断,而又由于这类产品的消费具有公共性,也称为公用企业垄断。自然垄断企业具有垄断的市场结构无可厚非,但如果利用其市场支配地位实施限定交易、强制交易以及获取垄断高价的行为,仍然应当受到反垄断法的规制。

4. 经济垄断

经济垄断,是指市场主体通过自由竞争、优胜劣汰而形成的一种市场垄断,其主要表现为经营者以垄断协议、滥用市场支配地位或相互集中的方式排斥、限制竞争的行为或状态。经济垄断对市场竞争秩序具有很大的危害性,因此是反垄断法规制的主要目标。传统意义上的经济垄断形式有以下类型:

一是普尔(pool)价格协定。这是一种最简单的垄断形式,指大企业之间通过口头或书面形式达成协议,约定在短时间内共同控制某类商品价格,从而获取高额利润。

二是卡特尔(cartel)。这是垄断协议的一种重要形式,指生产同类商品的企业之间通过达成协议,规定商品产量、价格、市场划分、利润分配等垄断性行为。可以分为价格卡特尔、区域卡特尔、产量卡特尔、份额卡特尔等。"卡特尔在现代意义上的使用始于19世纪60年代的德国,原意为协议,后被赋予企业联合的意义。各成员企业主要靠共同遵守所缔结的协议而享受高额利润,协议发生作用的对象一般是商品的价格或是生产及销售的数量,各成员企业在经济上和法律上都是独立的。"〔9〕

三是辛迪加(syndicat)。其是指生产同类商品的企业之间达成协议,统一采购原料和销售商品,各企业在购销领域失去独立地位,购销业务由辛迪加的总办事机构统一办理。

四是托拉斯(trust)。其是指生产同类商品或在生产上有密切联系的企业,为了获取高额利润,从生产到销售全面合并,形成新的组织即托拉斯。这个组织的参加者在法律上以及产供销、人财物方面全面失去独立性,由托拉斯组织成立的董事会掌握全部业务活动,原来的企业

〔9〕 时建中:《反垄断法草案应进一步完善法律责任的规定》,载《经济观察报》2007年8月20日,第015版。

成为托拉斯的股东，按照股权分配利益。托拉斯实际上具有联合公司或集团公司的功能，是高级的垄断形式，具有相当的紧密性和稳定性。

五是康采恩（konzern）。其是指完全不同类型且各具雄厚实力的企业联合而成的组织形式。这种垄断组织是更高级、更复杂的垄断形式。其参加者不限于某一行业或有联系的生产企业，从一般的商品生产，到能源、交通、金融等部门的联合，这种联合形式就是垄断资本主义的象征，又被称为金融寡头。

六是国际托拉斯。随着国际经济一体化的建立和发展，跨国公司已经成为当今时代的重要组织形式。它们往往通过国际间的联合图谋垄断利益，这种垄断组织已经成为国内和国际反垄断法的重要任务。

5. 知识产权垄断

知识产权是典型的权利垄断。由于知识产权产生的法定性，知识产权被视为合法垄断。因此，当20世纪各国反垄断立法兴起，对知识产权“适用除外”的规定无一例外。例如，日本1947年《禁止私人垄断及确保公正交易法》第23条规定：“本法规定，不适用于被认为是行使著作权法、专利法、实用新型法、外观设计法或商标法规定的权利的行为。”然而，20世纪70年代以后，知识产权垄断地位的消极性越来越凸显，利用知识产权进行限制竞争的行为越来越普遍，反垄断法的态度开始发生变化，即从绝对豁免原则演变为相对豁免原则。例如，1991年我国台湾地区“公平交易法”第45条规定：“依照著作权法、商标法和专利法行使权利的正当行为，不适用本法规定。”“正当”一词的限定表达了反垄断法与知识产权法之间的衔接关系，既是豁免条款，又是约束性条款，对于知识产权使用的合法性和正当性，有赖于反垄断执法机关和司法机关根据个案进行价值判断。[10]

第二节 反垄断法的一般问题

一、反垄断法的产生和发展

反垄断的观念可以追述到古罗马时期，当时颁布的《粮食买卖法》中关于限制粮行密谋提价的规定类似于现代反垄断法所规制的固定价格行为。我国《唐律》也有类似现代反垄断法上“强迫交易行为”的规定，《唐律疏议 · 杂律》写道：“诸卖买不和，而较固取者；及更出开闭，共限一价；若参市，而规自入者，杖八十。已得赃重者，计利，准盗论。”这里的“较固”是指“利用非法手段，强买或者强卖商品”，而“更出开闭，共限一价”是指“私下串通，限定价格，坑害消费者和生产者的行为”。[11] 17世纪英国普通法中已有“因限制贸易而获得的权力不受保护”的原则；1791年法国颁布了“反对组成卡特尔和其他竞争措施”的《沙彼利耶法》。[12] 18世纪大陆法系各国民法典中也有类似反垄断条款。[13]

现代意义上的反垄断法以1890年美国的《谢尔曼法》为标志，但是由于《谢尔曼法》过于原

---

〔10〕 缪剑文、刘迁：《知识产权与竞争法》，载《法学》1999年第6期。

〔11〕 张中秋：《唐代经济民事法律论述》，法律出版社2002年版，第70~71页。

〔12〕 种明钊主编：《竞争法》，法律出版社1995年版，第218页。

〔13〕 曹士兵：《反垄断法研究》，法律出版社1996年版，第33~34页。

则以及英美国家的判例法传统，该法通过后的相当长时间并没有得到有效执行；1914 年，美国又通过了《克莱顿法》，该法的目的在于完善和弥补《谢尔曼法》的不足，其中补充列举了限制竞争的行为；1914 年颁布的《联邦贸易委员会法》，不仅补充了私人诉讼的规定，而且还明确联邦贸易委员会作为执行反托拉斯法的专门机构。上述三部法律构成美国反垄断法核心，其与后来颁布的《罗宾逊－帕特曼法》、《韦伯－波默斯法》、各州政府反托拉斯法以及司法部和联邦委员会联合颁布的《横向合并准则》《国际反托拉斯指南》等共同构成美国的反垄断法体系。随着第二次世界大战后国家干预主义的兴起以及在美国《谢尔曼法》的影响下，世界各国及地区掀起了反垄断立法高潮。例如，英国 1948 年制定了《独占及限制行为调查管制法》、1947 年日本颁布《禁止私人垄断及确保公正交易法》、1957 年德国颁布《反限制竞争法》、1948 年英国颁布了《垄断与限制行为法》、1985 年加拿大颁布《竞争法》、1980 年韩国颁布《限制垄断与公平交易法》、1986 年法国颁布《关于价格和竞争自由的法律》、1991 年我国台湾地区颁布“公平交易法”等。

随着世界贸易自由化的发展，反垄断问题在国际领域也受到重视。1948 年《哈瓦那宪章》被认为是第一个国际性的反垄断法。〔14〕 联合国、经济合作与发展组织、世界贸易组织以及欧共体（欧盟前身）等国际组织在反垄断方面都有相关立法规定，如 1957 年欧共体条约《关于竞争、税收和法律趋同化的共同规则》和《关于控制企业之间合并行为的 4064/89 号法规》，经济合作组织（OECD）《竞争法的基本框架》等，1984 年联合国发布《消除或控制限制性商业惯例法律范本》，后来进一步修改完善，命名为《竞争法示范法》。〔15〕 此外，国际双边和多边协定中涉及反垄断的规定也越来越盛行，如 1991 年美国和当时的欧共体签订的《美国政府与欧洲共同体委员会关于竞争法适用的协定》《澳大利亚、新西兰公平贸易委员会、商业委员会合作与协调协定》等。

欧盟的竞争法对推动欧洲一体化进程起到了非常重要的作用，近年来，欧盟的竞争法体系越来越完善，同时欧盟法院反垄断执法经验对世界各国的影响也越来越大。

二、反垄断法的名称和定义

从上述反垄断立法史可以看出，反垄断法的称谓并不统一。美国在制定法上并不以反垄断法命名，而是直接以描述方式，如《保护贸易和商业不受非法限制和垄断的侵害法》（又称《谢尔曼法》）；德国称《反对限制竞争法》；日本称《禁止私人垄断及确保公正交易法》；瑞典称《竞争法》；我国台湾地区称“公平交易法”，我国大陆则直接以《反垄断法》命名。

关于反垄断法的定义，学者们有不同的表述。例如，有学者认为，“反垄断法是通过规范垄断和限制竞争行为来调整市场中的组织和个人相互之间的竞争关系以及国家在管理市场竞争中发生的关系的法律规范的总和”。〔16〕 也有学者从内涵和外延两个方面进行解释，认为“从内涵上讲，反垄断法是禁止行为人排除或者限制市场竞争行为的法律部门或法律规范的总称；从外延上讲，反垄断法是禁止反竞争的购并、联合行为或者滥用市场力量行为的法律部门或者法

---

〔14〕 刘宁元等：《国际反垄断法》，上海人民出版社 2002 年版，第 32～33 页。

〔15〕 李墨丝：《联合国竞争法述评》，载《时代法学》2008 年第 2 期。

〔16〕 种明钊主编：《竞争法学》，高等教育出版社 2002 年版，第 198 页。

律规范的总称”。[17]

我们认为,对于部门法的概念,有两种定义模式,即“调整关系模式”和“规制行为模式”。前者如民法,即调整平等主体之间财产关系和人身关系的法律规范的总称;后者如刑法,即规定犯罪和刑罚及其罪刑关系的法律规范的总称。不同定义模式的选择与部门法的性质和目的直接相关。民法是私法,其目的在于调整平等主体之间的财产关系和人身关系;刑法是公法,其目的在于打击犯罪行为、保护社会秩序。反垄断法通过规制非法垄断行为保护市场竞争秩序,保护经营者和消费者利益,既适用公法规制的手段和程序,也涉及经营者之间、经营者与消费者之间权利义务关系的调整。因此,我们认为,反垄断法须综合采用两种定义模式。简言之,反垄断法是指规制经营者限制竞争行为、调整经营者竞争关系的法律规范的总称。

此外,在理解反垄断法的基本含义时,还应当注意以下问题:(1)反垄断法不仅包括实体性规范,还应包括程序性规范。反垄断实体规范主要涉及竞争者的权利、义务和责任、垄断的认定标准,反垄断执法机关的权限、职责和责任等实体内容;反垄断程序规范主要涉及反垄断执法机关查处垄断的程序性规则。[18] (2)反垄断法不仅指形式意义上的《反垄断法》法典,而且包括所有具有反垄断内容的法律和行政法规。(3)在我国目前的社会条件下,反垄断法规制对象不仅包括经济垄断所体现的垄断协议、滥用市场支配地位、经营者过度集中行为,还包括行政垄断和公用企业垄断。

三、我国《反垄断法》规制的垄断类型

1. 垄断协议

垄断协议也称联合限制竞争,是指两个或两个以上具有竞争关系的经营者为了消除或限制竞争而达成的协议。根据我国《反垄断法》第 13 条、第 14 条的规定,垄断协议主要表现为:固定或者变更商品价格;限制商品的生产数量或销售数量;分割销售市场或者原材料采购市场;限制购买新技术、新设备或者限制开发新技术、新产品;联合抵制交易;固定向第三人转售商品价格;限定向第三人转售商品的最低价格。

2. 滥用市场支配地位

所谓市场支配地位,是指经营者在相关市场内具有能够控制商品价格、数量或者其他交易条件,或者能够阻碍、影响其他经营者进入相关市场能力的市场地位。而所谓滥用市场支配地位,是指具有市场支配地位经营者,滥用其竞争优势排斥、限制其他经营者,或者损害消费者利益的行为。根据我国《反垄断法》第 17 条的规定,滥用市场支配地位主要表现为:以不公平的高价销售商品或者以不公平的低价购买商品;没有正当理由,以低于成本的价格销售商品;没有正当理由,拒绝与交易相对人进行交易;没有正当理由,限定交易相对人只能与其进行交易或者只能与其指定的经营者进行交易;没有正当理由搭售商品,或者在交易时附加其他不合理的交易条件;没有正当理由,对条件相同的交易相对人在交易价格等交易条件上实行差别待遇。

3. 经营者集中

经营者集中是指一个经营者通过取得财产、股份、联营或者其他方式,对另一个经营者施

---

〔17〕 孔祥俊:《反垄断法原理》,中国法制出版社 2001 年版,第 8 页。

〔18〕 种明钊主编:《竞争法》,法律出版社 2005 年版,第 211 页。

加支配性影响。经营者集中的方式除了公司法意义上的合并以外，还包括经营者之间通过收购股份、联营、人员兼任等方式实现控制与被控制的关系。我国《反垄断法》第20条规定了经营者集中的三种方式，即“经营者合并；经营者通过取得股权或者资产的方式取得对其他经营者的控制权；经营者通过合同等方式取得对其他经营者的控制权或者能够对其他经营者施加决定性影响”。为了防止经营者过度集中行为对相关市场竞争产生限制，各国反垄断执法机关对经营者集中行为大多采取事前申报、审查或事后备案制度。

4. 行政垄断

行政垄断是行政机关和法律法规授权的具有管理公共事务职能的组织滥用行政权力，排除或限制市场自由竞争的行为。根据我国《反垄断法》第五章的规定，行政垄断主要表现为限定或指定交易、地区封锁、信息封锁、设置主体准入障碍等行为。

5. 公用企业垄断

公用企业垄断属于自然垄断，且它提供的商品或服务带有公共利益属性，如水、电、气、邮政、电讯、交通运输等，因此，自19世纪末公用事业开始大规模发展以来，在其经营中长时期内不存在有效的竞争机制，反垄断法将其列入适用除外的范畴，形成了公用事业领域的垄断传统。[19] 但是，随着公用企业滥用其市场垄断地位损害消费者利益的行为越来越普遍，各国反垄断立法开始重新审视对公用企业的态度。例如，德国《反限制竞争法》在1980年修订时，仍然保留邮政、交通运输、供电、供气、供水等公用企业豁免适用的规定，但在1998年修订时则大大缩小了豁免的范围，确立了公用企业之于《反垄断法》“一般适用，例外豁免”的原则。[20] 反垄断立法对公用企业态度的变化，顺应了公用企业引入竞争机制的改革和发展趋势。根据我国《反垄断法》第7条规定的精神，公用企业不得利用其控制地位或者专营专卖地位损害消费者利益。

四、反垄断法的特殊性

（一）反垄断法的不确定性

不确定性是反垄断法的鲜明特征。这种不确定性基于以下因素：(1)反垄断法价值目标的多元性。反垄断法的立法目的是保护竞争秩序、保护竞争者和消费者，这些多元化目标之间往往存在冲突。例如，垄断低价可能限制了竞争但并非对消费者不利，经营者集中对竞争者有利却可能损害消费者福利。同时，保护竞争机制具有社会公共利益的内涵，而公共利益的解释极具争议。(2)反垄断法规范对象的不确定性。[21] 垄断行为的认定与传统侵权法规范的对象不同，后者可以从行为主体的动机、目的，损失进行相对直观的判断；但是，判断经营者之间达成的某个协议是否构成垄断，或者经营者的行为是否构成滥用市场支配地位，则必须考量相关市场、行业集中度及其对市场效率、消费者福利的影响，而上述影响的因素是复杂而且不确定的，例如，市场占有率、同类产品和替代产品、地域和时间、产业政策的导向等。显然，试图“简单地要求在制定法律中对垄断行为给出清晰的定义是徒劳的”。[22] (3)认定垄断行为的原则具有不确定性。在大量垄断行为的审查中，不得不适用合理原则进行综合考量。而合理原则强调

---

[19] 史际春：《资源性公用事业反垄断法律问题研究》，载《政治与法律》2015年第8期。

[20] 史际春：《公用事业引入竞争机制与〈反垄断法〉》，载王晓晔、[日]伊从宽主编：《竞争法与经济发展》，社会科学文献出版社2003年版，第157页。

[21] 沈敏荣：《法律的不确定性——反垄断法规则分析》，法律出版社2001年版，第75~77页。

[22] [美]穆雷·罗斯巴德：《权力与市场》，刘云鹏等译，新星出版社2007年版，第61页。

对行为相关因素的分析,具有很强的主观性,因此加剧了反垄断法的不确定性。(4)反垄断法适用除外制度对反垄断法确定性的影响。由于自由竞争、垄断与规模效益的特殊关系,也由于各国特有的文化传统、经济政策和价值目标的差异,反垄断法对于特定时期或特定领域的垄断状态或垄断行为需要适用除外。适用除外规定不仅缩小了反垄断法的适用范围,而且在很大程度上增加了反垄断法的不确定性。(5)国家产业政策对反垄断法不确定性的影响。产业政策是一个国家对某一具体产业实施的保护或限制措施,如推动中小企业发展、推动高新技术产业发展的政策,限制传统化工污染企业发展的政策等。反垄断法的制定和实施不可避免地受到国家产业政策的影响,甚至彼此存在激烈的冲突。例如,推动中小企业发展可能就要鼓励企业合并行为,在这种情况下,对企业合并控制方面就必须放松,相反就应当收紧,这种政策导向加剧了反垄断法的不确定性。

反垄断法的不确定性表现在立法上即是不得不使用大量原则、抽象的条款和术语。为了应对不确定性所带来的执法困境,一方面,强化执法机构的专业能力,通常配备经济、社会领域的专家对垄断事实进行综合判断。另一方面,通过法律的修订以适应新的观念和现实。

(二)反垄断法的经济法属性

作为兼具公法和私法性质的第三法域,经济法突破了传统公法、私法二元结构划分。反垄断法是国家干预经济、克服市场失灵的重要法律手段,它不仅调整经营者之间、经营者与消费者之间的利益关系,更重要的是通过行政执法手段规制垄断协议、滥用市场支配地位、经营者过度集中等限制竞争行为;它不仅保护经营者、消费者的具体利益,更重要的是保护市场自由竞争秩序。反垄断法充分体现了个人利益与社会公共利益、个人本位与社会本位的双重立法思想和价值目标。因此,反垄断法不能简单归入公法或私法,而属于兼具公法、私法的经济法范畴。(进一步理解可参见第一章第二节有关竞争法性质的讨论)

(三)反垄断法执行的特殊性

相对于传统法,反垄断法是新型的,它所处理的是传统法律机制不适于处理的问题,所以它也相应地需要非传统的方法和程序。〔23〕 反垄断法执行的特殊性首先表现为反垄断执法机构的独立性。由于反垄断法价值目标的多元性、垄断行为认定的不确定性,其违法事实涉及经济效率和公平正义的冲突,因此通常认为反垄断法需要高水平的执法能力,反垄断执法机构的独立性、权威性和专业性是反垄断法有效实施的重要保障。例如,美国的司法部和联邦贸易委员会、日本的公平交易委员会,执行机构有权解释反垄断法中不确定的规则,有权制定相关的法规,有权发布劝告、禁止令以及没收、赔偿等裁决。因此,反垄断法执行机构被视为具有准立法权和准司法权的性质和地位。2018 年 4 月 10 日,根据第十三届全国人民代表大会第一次会议批准的国务院机构改革方案,设立中华人民共和国国家市场监督管理总局,自此,统一了我国反垄断执法的主体和程序,结束了曾经由国家发展和改革委员会、国家工商行政管理局、商务部三家分治的局面。

反垄断法执行的特殊性还涉及公共执行与私人执行的关系,公共执行是指反垄断执法机关主动发现或启动对垄断行为的调查、处理的执法活动。私人执行则是由垄断行为的受害者(包括经营者和消费者)向法院提起诉讼主张损害赔偿。目前,反垄断法以公共执行为主,但私

---

〔23〕 [美]戴维·J.格伯尔:《二十世纪欧洲的法律与竞争——捍卫普罗米修斯》,冯克利、魏志梅译,中国社会科学出版社 2004 年版,第 15 页。

人执行的趋势越来越明显。“尽管行政决策处于欧洲竞争法体系的中心,但几乎所有的体系都有着加强其司法特征——使其‘司法化’——的趋势。”〔24〕例如,在美国,可以由司法部或联邦贸易委员会提起民事或刑事诉讼,也可以由受垄断损害的经营者或消费者基于反垄断法的规定而提起独立的民事诉讼,并有权请求垄断行为人承担三倍于损失额的赔偿责任。美国的私人诉讼完全可以独立于司法部和联邦贸易委员会,不需要将反垄断主管机关的调查和处理决定作为私人反垄断诉讼的前置程序。〔25〕实际上,由私人诉讼的反垄断案件至少占据了美国联邦反垄断案件数量的 90%。〔26〕我国《反垄断法》亦规定了非法垄断行为的民事责任,即“经营者实施垄断行为,给他人造成损失的,依法承担民事责任”。2012 年最高人民法院出台的《关于审理因垄断行为引发的民事纠纷案件应用法律若干问题的规定》,为我国反垄断的私人诉讼提供了具体制度支撑。

(四)反垄断法责任形式的特殊性

关于此特性的详细论述请参阅本章第五节,在此不赘述。

第三节　结构主义与行为主义

在反垄断立法的历史演进中,形成了两种规制垄断的思想——结构主义和行为主义。结构主义认为,如果某经营者在相关市场具有控制和支配商品的数量、价格等绝对优势,即被视为构成了非法垄断。而行为主义认为,市场优势地位虽然影响了市场结构,但是否构成非法垄断还应当考虑经营者是否存在滥用其优势地位、排斥限制竞争的具体行为。

一、结构主义思想及其规制方法

结构主义根源于美国政治民主与经济自由的信念。正如 1890 年美国参议员谢尔曼在《谢尔曼法》的立法理由中强调,我们不能忍受作为政治权力的皇帝,我们也不能忍受统治我们各种生活必需品的生产、运输、销售的皇帝;我们不能屈服于一个专制的国王,我们也不能屈服于那些阻碍竞争、固定各种商品价格的贸易大亨。〔27〕他们朴素地认为,绝对的、大的力量就是不好的,当私人经济权力强大到一定程度时必然会影响国家的政治决策,破坏政治民主。但上述结构主义思想和理念并未获得清晰的认知,直到 20 世纪 30 年代,哈佛大学的产业经济学派提出了“结构(Structure)—行为(Conduct)—绩效(Performance)”(以下简称 SCP 模式)理论。哈佛学派以梅森(Edward S. Mason)和贝恩(Joe S. Bain)为代表,他们应用经验性数据分析得出了许多市场失灵的结论。他们认为,除了那些规模经济绩效较显著的行业,过高的产业集中

〔24〕［美］戴维·J. 格伯尔:《二十世纪欧洲的法律与竞争——捍卫普罗米修斯》,冯克利、魏志梅译,中国社会科学出版社 2004 年版,第 522 页。

〔25〕王健:《反垄断法私人执行制度初探》,载《法商研究》2007 年第 2 期。

〔26〕C. Jones, Private Enforcement of Antitrust Law in the EU, UK and USA (Oxford, OUP, 1999) 17 and 18. 转引自万宗瓒:《欧盟反垄断私人诉讼制度的最新发展及启示》,载《法学杂志》2013 年第 7 期。

〔27〕21Congressional Record 2456(1890). 转引自王晓晔:《竞争法的基础理论问题》,载李昌麒主编:《经济法论坛》(第 2 卷),群众出版社 2004 年版,第 262 页。

度、过高的产品差异化以及高度的市场进入障碍等对市场绩效都具有明显的负面作用，因此要提高市场绩效，必须消除上述因素。上述观点为反垄断结构主义思想提供了支撑。结构主义认为，市场结构决定企业市场行为，企业的市场行为又决定市场绩效，市场结构对市场行为和市场绩效具有决定性意义。他们坚信，只有竞争性的市场结构才能保持有效竞争，才能产生更好的市场绩效。如果一个企业的产品在相关市场上占有绝对的市场份额，它必定会凭借自己的市场优势地位获取垄断利润，形成市场准入壁垒，从而限制自由竞争。总之，垄断的市场结构不仅在经济上缺乏效率，而且可能在政治上破坏民主。哈佛学派理论充分体现了第二次世界大战后国家对市场积极干预的思想，主张通过反垄断立法对市场结构进行规制和调整。虽然 SCP 模式后来饱受争议，但仍然不失为分析市场结构、理解垄断竞争方法的工具。[28]

在哈佛学派 SCP 理论的影响下，反垄断立法和执法的理念充满了结构主义色彩。结构主义的规制方法表现为介入式规制和防御式规制。所谓介入式规制，是指以占据市场支配地位的企业为对象，直接对其进行分割，从而使市场恢复和维持原有的竞争性结构状态；所谓防御式规制，指对企业集中行为的规制，即通过禁止或限制企业利用集中的方式形成市场支配地位，从而防止出现完全垄断或寡头垄断的市场结构。[29] 介入式规制直接针对具有市场支配地位的企业。例如，在 1945 年，美国联邦法院仅仅因为铝公司垄断了美国 90% 的铝锭市场，即认定其违反了《谢尔曼法》规定。在法官裁决的理由中，并不试图证明这家铝公司是否实施了谋求或维持其垄断地位的行为，而仅仅基于一种垄断状态的存在（即铝锭产品已经占有 90% 的市场份额）即认定其构成非法垄断。防御式规制的目的在于控制经营者集中。在以德国为代表的大陆法系的反垄断法中，对于经营者集中实行事前申报、审查，或事后备案制度，其目的在于预防经营者通过集中方式形成结构性垄断状态。在结构主义思想指导下，反垄断法对于经营者集中行为的控制非常严厉。例如，1955 年美国司法部对布朗（Brown）鞋业公司并购肯尼（Kinney）鞋业公司的行为提起反垄断诉讼。当时布朗鞋业是美国第三大鞋业制造、销售商，同时拥有、经营或控股 1230 家零售鞋店。肯尼鞋业是美国第八大鞋业生产、经销商，同时拥有 300 多家零售鞋店。双方拟定通过肯尼交换布朗的股票，使肯尼并入布朗。法院认为，该合并行为将限制其他鞋子生产商进入肯尼鞋业的销售系统，从而限制了竞争，最后裁决该合并行为违反了美国《克莱顿法》第 7 条。[30] 此外，为了配合反垄断法结构主义思想，美国又先后制定了《塞勒－凯弗维尔反合并法》《集中行业法》《行业调整法》等，这些法律对市场结构采取了更为严格的规制措施。

结构主义思想使反垄断法显得十分严厉，而且加深了反垄断法与规模经济的冲突。人们开始意识到，结构主义及其制裁方式将限制国内企业规模经济的发展，进而削弱国际竞争能力。不仅如此，结构主义所认定的“垄断标准”——市场支配地位，需要对相关市场份额及相关市场集中度予以考量，但由于各个行业或部门受自身特点和外部条件的制约，相关市场范围与

---

〔28〕 W. 积帕·维斯库斯、约翰·M. 弗农、小约瑟夫·E. 哈林顿：《反垄断与管制经济学》，陈甬军等译，机械工业出版社 2004 年版，第 36 页。

〔29〕 王为农：《中国反垄断立法的若干基本问题》，载王晓晔、［日］伊从宽主编：《竞争法与经济发展》，社会科学文献出版社 2003 年版，第 138 页。

〔30〕 黄勇、董灵：《反垄断法经典判例解析》，人民法院出版社 2002 年版，第 18～69 页。美国《克莱顿法》第 7 条规定：“从事商业的企业不得直接或间接收购同一行业、同一地区的另一家企业全部或部分股票或其他股权资产，前提为此收购可能实质性限制竞争或形成垄断。”

市场集中度各不相同，市场份额的量化难以确定，从而使“垄断标准”具有相当的不确定性，这种不确定性不仅增加了执法的难度，而且极易发生不公正的自由裁量。20 世纪 70 年代以后，美国的结构主义立场已呈相对化趋势，结构主义思想的衰微使后进各国的反垄断立法有了新的变化。

二、行为主义思想及其规制方法

对结构主义的批评盛行于 20 世纪 70 年代。美国芝加哥大学的德姆塞茨（H. Demsetz）、波斯纳（R. A. Posner）、斯蒂格勒（G. J. Stigler）以及博克（R. H. Bork）等对哈佛学派的 SCP 模式进行了全面的批判，他们认为，市场机制本身是完美的，现实中的垄断和低效率往往是政府管制而不是市场机制失灵的结果；高市场集中度不仅是自由竞争的结果，而且是有效率的；同时市场主体是理性的，除了那些“赤裸裸的限制”行为，厂商的经营策略，例如特许经营、转售价格维持、独占交易和掠夺性定价等都不会妨碍竞争，不能视为一种市场准入的障碍。由此可见，市场结构、市场行为、市场绩效三者的关系是互动的而不是单向决定的关系，市场结构应是自然演进的结果，在没有国家干预的前提下，市场上最后生存下来的企业就是最健康、最优秀的企业。而且，只有规模经济才能产生效益，因此反垄断法的任务是维护市场机制而不是干预市场结构。芝加哥学派提出了经济自由主义和社会达尔文主义的反垄断思想，他们坚信，竞争是市场经济的常态，垄断只是暂时的现象，通过市场机制的自我调节最终能够实现和保障市场的自由竞争。[31]

受芝加哥学派的影响，美国反垄断法的执行开始了行为主义的转向，开始调整认定违法的“垄断标准”，即注重经营者“滥用市场支配地位的行为”而非仅仅“具有市场支配地位”。同时，美国对大企业的合并也持更加宽容的态度。而尤其重要的是，结构主义制裁方式——拆分大企业，也开始非常谨慎地适用。1982 年美国司法部撤销了自 1969 年以来对 IBM（国际商业机械公司）长达十多年的垄断指控，由此标志着美国的结构主义立场已呈相对化趋势。

芝加哥学派及其行为主义观念迎合了新自由主义思潮，对美国乃至许多国家的反垄断立法和执法产生了深远的影响。尽管在反垄断立法上，结构主义仍然存在一定的合理性，但行为主义的主导地位越来越被人们推崇。在行为主义思想的影响下，对大企业进行分割的积极介入式规制方法一般不予采用，对经营者集中的控制也有所放松。行为主义强调对行为的规制不仅大大缓解了反垄断法与企业规模经济的冲突，而且行为标准的确定性也使反垄断法的可操作性有所提高。但是，芝加哥学派的最大问题是使“效率”成了垄断行为认定的唯一标准，使反垄断法几乎成为一种“效率工具”从而完全丧失其作为法律应有的社会公平的价值判断。于是，“后芝加哥”理论在 20 世纪 90 年代兴起，开始反思这种效率工具的弊端。

三、后芝加哥学派及其对反垄断思想的影响

后芝加哥学派以经济学家加里·S. 贝克尔、夏皮罗、萨罗普等为代表，他们应用博弈论工具和新实证产业组织经济学对厂商策略行为进行分析并得出了许多与芝加哥学派相左的结论。他们认为：（1）现实市场中相关厂商的数量是有限的，相互之间的策略行为存在交互作用，厂商是博弈参与人而不是单纯的价格接受者；（2）厂商获得信息的边际成本大于零，而且每个厂商几乎不可能获得市场需求数量、竞争对手成本和未来趋势的全部信息；（3）现实世界中普

---

〔31〕　任剑新：《美国反垄断思想的新发展——芝加哥学派与后芝加哥学派的比较》，载《环球法律评论》2004 年第 2 期。

遍存在信息不对称,即厂商和厂商之间、厂商和消费者之间都存在信息不对称,信息占优的一方(也许是规模较小的厂商)往往会利用这一优势获得一些利益;(4)由于沉没成本的存在,在位厂商和潜在厂商的竞争是不完全的。[32]

如果说芝加哥学派纠正了哈佛学派对于大企业的偏见,后芝加哥学派则纠正了芝加哥学派的充分信息和完美市场假说。因为"在竞争性产业中,价格等于边际成本,所以只有竞争性产业才会形成资源的最优配置,如果产业的垄断是'自然'垄断,那么政府的间接调节或直接管制就能使价格等于边际成本,因此,为了阻止或打破既成的垄断,反托拉斯立法以及对自然垄断的政府调节或管制是可取的"。[33] 正如芝加哥学派批评哈佛学派以市场结构来评价市场绩效的方法过于简单,芝加哥学派的反垄断思想是同样走向了另一个极端,后芝加哥学派显然是二者折衷的产物,既认为市场规模有促进竞争的一面,也关注其存在限制竞争的后果。

讨论1 反垄断规制方法的比较、发展趋势及我国的选择

在结构主义与行为主义思想的影响下,反垄断规制的思维和方法存在差异。具体而言:(1)思想基础方面:结构主义规制是以哈佛学派的"结构—行为—绩效"理论为基础,强调市场结构在经济发展中的决定作用;而行为主义规制则以崇尚经济自由的芝加哥学派的学说为基础,认为反垄断的首要目标在于促进经济绩效,效率是评价垄断的唯一标准。(2)认定依据不同。结构主义的宗旨是维护市场结构,仅以企业规模的大小作为认定非法垄断的依据而不管经营者是否存在限制竞争行为;行为主义只是将企业规模作为前提条件之一,以是否存在限制竞争的行为为认定标准。(3)责任形式不同。结构主义主张结构性的制裁方法,即拆分大企业;而行为主义不主张拆分大企业,而是通过发布禁令、罚款、赔偿等方式达到规制垄断的目的。(4)结构主义与行为主义对于规模经济的发展有不同的影响。通常认为,严厉的结构主义及其制裁方式将限制市场规模经济的发展,而行为主义虽然给予规模经济以自由的空间,但却可能放任大企业形成市场壁垒。

反垄断规制方法的演变,目前似乎是行为主义占据了上风,美国对微软垄断案的最终司法裁决即是最好的证明。[34] 此外,以德国为代表的后起的大陆法系国家的反垄断法大多以行为

---

〔32〕 任剑新:《美国反垄断思想的新发展——芝加哥学派与后芝加哥学派的比较》,载《环球法律评论》2004年第2期。

〔33〕 [美]加里·S.贝克尔:《人类行为的经济分析》,王业宇、陈琪译,格致出版社、上海三联出版社、上海人民出版社2015年版,第35页。但值得注意的是,贝克尔在本书中同时提出以下疑问:"为什么实际的民主政治与理想的民主政府有显著不同,实际的民主政治中对私人垄断的政府调节是否会使情形改善?……如果政府的不完备性超过市场的不完备性,那么不去调节经济垄断而甘愿承受它的不利影响比进行调节从而蒙受更大的政治不完备性的影响或许对人们更为有利。"同前书第36页,第39页。

〔34〕 2000年6月,美国哥伦比亚地方法院法官杰克逊认为:微软公司视窗软件的市场垄断力量已经构成,理由是:(1)微软在全球个人电脑操作系统的占有率高达95%;(2)技术产业本身具有很高的入门障碍,微软的市场占有率具有稳定性;(3)消费者缺乏替代性选择。同时,微软还通过捆绑销售试图垄断浏览器市场,已经严重阻碍了市场竞争。最后法院裁定:将微软公司拆分为视窗软件与浏览器软件两个公司。微软随后向美国最高法院提出上诉,2001年6月28日,上诉法院否决了拆分微软的裁定,但将其他涉嫌捆绑销售的行为发回地方法院重审。在案件重新审理期间,微软公司提出与司法部进行和解谈判,并表示愿意放松对PC制造商的许可限制,司法部也表示不再坚持拆分微软公司。2001年11月2日,双方向地方法院提交了和解协议,美国其他9个州也相继同意了和解协议,2002年11月1日,地方法院批准了美国司法部和其他9个州与微软公司达成的全面和解协议。上述内容参考了部分网络资料以及王传辉:《反垄断的经济分析》,中国人民大学出版社2004年版,第213~214页。

主义为指导。但必须注意的是,行为主义观念的盛行并不意味着对结构主义的彻底抛弃。事实上,结构主义与行为主义作为垄断控制的立法思想,体现在各国的反垄断法律制度中并非泾渭分明,非此即彼,而是互为补充,相得益彰。但是,鉴于不同国家以及不同时期经济发展的需要,在反垄断立法或法律的解释和适用上将有不同的侧重。总体上说,"结构规制始终是行为规制的补充,并通过维持一个有效竞争的市场结构来影响和制约企业的行为"。[35] 一般说来,在各国反垄断立法上,对于滥用市场支配地位行为的规制体现了行为主义的主张,但在企业合并控制的问题上,仍然贯彻了结构主义思想,即通过申报、审查、批准或备案等程序性限制来体现结构主义的消极防御式规制。

对于我国反垄断法究竟应当选择何种规制模式,我国经济法学界曾有激烈的争论。鉴于各国反垄断立法趋势及我国目前经济发展现状,我们认为仍然应当采取各国通行的做法,对滥用市场支配地位的规制,应当以行为主义为主导思想;而对经营者集中的控制,应当采用结构主义之预防式规制。从我国已颁布的《反垄断法》相关规定来看,其既体现了目前我国鼓励规模经济发展的行为主义思想,也包含了预防经营者过度集中的结构主义思想。

第四节 本身违法原则与合理原则

由于反垄断法无法给垄断的违法性设立一个明确的标准,实践中对于垄断行为的认定存在极大的争议。"本身违法原则"与"合理法则"是美国反垄断法在一百多年的司法实践中不断争议、总结和发展的产物,已被各国借鉴,成为分析和认定垄断行为的重要原则。

一、本身违法原则的产生及其适用范围

本身违法原则雏形于1887年美国最高法院受理的第一起反托拉斯案——"跨密苏里运输协会案"。该案涉及美国18家铁路公司组成的协会决定统一运费价格,因此被美国司法部指控涉嫌构成垄断,最后法院裁决:被告"统一运费"的协议违反美国《谢尔曼法》第1条,其"合理运费"的抗辩不成立,其"统一运费价格"行为构成了不合理的限制贸易行为。[36] 本身违法原则在后来的"阿迪斯通管子"一案中得到进一步发展,但正式确立却是在1935年的"索科尼"一案。在该案的判决书中,最高法院法官道格拉斯发表了以下经典性观点:"根据《谢尔曼法》,固定价格协议构成本身违法,避免毁灭性竞争或消除所谓恶性竞争不能作为抗辩理由";"任何损害价格结构的联合是非法的,即使固定价格的成员没有提高、降低或稳定市场价格的控制力量,也会直接影响市场的作用";"固定价格协议也许有,也许没有控制市场的力量,但这并不意味着协议价格对协议各方成员没有好处……价格固定协议的影响取决于许多因素,例如竞争政策、在产业中的地位、确定价格政策的方法,不管特定的价格固定协议有什么经济上的正当

〔35〕 王为农:《中国反垄断立法的若干基本问题》,载王晓晔、[日]伊从宽主编:《竞争法与经济发展》,社会科学文献出版社2003年版,第139页。

〔36〕 [美]U. S. v. Trans-Missouri Freight Ass'n,166U. S. 290(1897).转引自王传辉:《反垄断的经济学分析》,中国人民大学出版社2004年版,第137页。

理由,法律不允许对这种价格固定的合理性进行调查。由于它们对中枢神经系统有实际或潜在的威胁,因此,都是被禁止的”。[37]

根据上述道格拉斯法官的表述,我们可以将本身违法原则简要概括为:只要是限制贸易或商业的协议或联合行为,无论是否具有合理性,都构成对《谢尔曼法》第 1 条的违反。通常认为,本身违法原则适用于横向价格固定、横向地域或客户的市场划分、拒绝交易、转售价格维持、某些搭售等。[38] 这些行为被视为本身违法,不需要合理性考虑市场结构、集中度以及实际上对竞争的影响。

二、合理原则的产生及其适用范围

1906 年,新泽西标准石油公司通过取得竞争对手的资产、订立托拉斯协议等形式控制了美国90%的石油市场,美国司法部指控其违反了《谢尔曼法》,要求法院发布禁令。该案引起极大的争议,怀特法官基于普通法的视角解释了“限制贸易合同”的效力,他认为如果这种合同限制存在合理理由并在实施中是公平的,则合同有效,而认定一个合同或行为是否具有非法意图应取决于在制定法律或作出司法判决时的经济理念。因此,合理原则应当成为判定某种经济行为是否构成非法垄断的标准。1918 年,布兰代斯法官在“芝加哥贸易商会案”中又对合理原则进行了进一步的细化与说明,他认为,约束和限制正是每一个与贸易有关的协议和规则的本质。判断是否合法的标准仅仅是,所施加的限制是可能促进了竞争还是可能压制甚至毁灭竞争,而要作出这一判断,需要考虑如下因素:协议订立的时间、前后条件、协议的理由、目的或试图达到的目标,协议对相关市场实际和潜在的影响以及对协议的危害性认识等。[39] 综合上述法官的解释,合理原则的基本含义可以表述为:对于限制贸易和商业的状态或行为,并非当然构成垄断,需要根据综合因素合理考量该行为是否构成违法。

合理原则的适用范围并不像本身违法原则那样明确而具体,主要适用于企业合并、纵向市场划分、垄断高价、掠夺性定价等行为。合理原则在企业合并案中的适用几乎没有争议。虽然“合并甚至比卡特尔更有效地消除参与合并企业之间的竞争,并且它们更具有持久性。然而,无论是根据《谢尔曼法》还是根据更严格的《克莱顿法》第 7 条的标准,合并不属于本身违法”,因为“合并能产生新的效率,而卡特尔不会整合参与当事人的生产活动,没有或很少具有创造效率的潜力”。[40] 但是,合理原则在对其他垄断行为的认定中则存在许多争议。例如,纵向市场划分究竟适用何种原则在美国法院曾有不同意见。1972 年由 25 家小的食品杂货连锁店组成的美国烟草协会,共同建立排他性销售市场,以抗衡其他大的连锁公司。地区法院认为,这种联合提高了市场竞争能力,不违反托拉斯法;但上诉法院则认为,同一市场划分协议本身违法,地区法院运用合理原则是错误的。但最高法院的立场很快又在 1977 年西尔瓦尼亚案中发

---

〔37〕 United States v. Socony Vacunm Oil Co. ,310 U. S. 150(1940). 转引自郑鹏程:《论“本身违法”与“合理法则”》,载王艳林主编:《竞争法评论》(第 1 卷),中国政法大学出版社 2005 年版,第 61 ~ 62 页。

〔38〕 [美]赫伯特·霍温坎普:《联邦反托拉斯政策——竞争法律及其实践》,许光耀、江山、王晨译,法律出版社 2009 年版,第 278 页。

〔39〕 郑鹏程:《论“本身违法”与“合理法则”》,载王艳林主编:《竞争法评论》(第 1 卷),中国政法大学出版社 2005 年版,第 62 ~ 64 页。

〔40〕 [美]Robert H. Bork the Antitrust Paradox, Basic Books, Inc. , Publishers, New York 1978, p. 67. 转引自郑鹏程:《论“本身违法”与“合理法则”》,载王艳林主编:《竞争法评论》(第 1 卷),中国政法大学出版社 2005 年版,第 70 页。

生转变:任何纵向非价格限制,特别是对经销商的地区和顾客限制,应当根据“合理原则”予以评估。[41]

需要说明的是,合理原则与适用除外或豁免适用制度存在本质区别。某种垄断行为一旦符合适用除外或豁免适用的条件,即当然不被认定为非法,而合理原则的适用则并非当然不构成非法垄断,它只是一种分析方法。前面提及的美国政府指控新泽西标准石油公司涉嫌垄断一案,根据合理原则,法院仍然认定公司行为构成了非法垄断。

讨论 2　本身违法原则与合理原则的比较及发展趋势

从两大原则的产生和适用范围可以看出,本身违法原则适用起来简明、简便,执法成本低,具有确定性和可预期性,但案件处理比较严厉和僵化;而合理原则的适用则比较模糊和不确定,案件处理结果比较灵活,也能对不断更新反垄断观念作出及时的回应。自 20 世纪 70 年代以来,受芝加哥学派反的影响,美国反垄断政策趋向宽松,本身违法原则开始受到质疑,在 1972 年“Topco 协会案”中,法院根据本身违法原则认定 Topco 协会违法,这一判决结果引起了广泛讨论,许多学者认为,这样一种“弱者联合”的表面限制竞争的行为在整体上却是促进竞争的。[42] 之后,法院开始适用合理原则分析纵向价格限制和市场划分,甚至对于不是十分明显的横向价格限制或市场划分,也倾向于合理原则的适用。在 2000 年美国微软垄断案中,虽然对于微软的市场支配地位毋庸置疑,但最后对其搭售行为是否构成非法垄断仍以合理原则进行分析判断。

为了避免合理原则的不确定性,法院要求提供比本身违法行为更全面的事实,表现出综合运用本身违法原则和合理原则的特点,由此也使两个原则的差别有所淡化。正如有美国学者认为,两个原则的差别被夸大了,实际上,任何法律分析在不同程度上都是对“本身违法”的分析。本身违法原则是一种经验性规则,它的产生并不基于逻辑而是基于累积观察的经验结果,这种经验性规则注定要经历持续不断的进化过程。[43] 二者融合之表现可以归纳为一种快速审查(quick look)或修正的合理原则(modified rule of reason)或简易的合理原则(truncated rule of reason),这种审查的本质是可抗辩的违法推定,即行为一旦确认,就推定违法,此时促进竞争效果的举证责任转移给被告。[44] 快速审查适用于那些高度可疑、几乎已经达到适用本身违法原则的限制行为。

可见,两大原则适用中的差别已趋式微。有学者认为,美国一百多年反垄断司法的历史,

---

〔41〕 郑鹏程:《论“本身违法”与“合理法则”》,载王艳林主编:《竞争法评论》(第 1 卷),中国政法大学出版社 2005 年版,第 71 页。

〔42〕 分布在美国 33 个州的 23 家中小型地方性连锁超市组成协会,目的是跟大的连锁超市竞争。该协会成员使用共同的 Topco 标志,并且规定各个成员只能在划定的区域销售。法院认为该协议是在竞争者之间分割市场,是明显限制贸易的协议。参见 U. S. v. topco associates,405 U. S. 596(1972)。转引自王传辉:《反垄断的经济学分析》,中国人民大学出版社 2004 年版,第 137 页。

〔43〕 [美]赫伯特·霍温坎普:《联邦反托拉斯政策——竞争法律及其实践》,许光耀、江山、王晨译,法律出版社 2009 年版,第 278 ~ 280 页。

〔44〕 时建中、郝俊淇:《原则性禁止转售价格维持的立法正确性及其实施改进》,载《政治与法律》2017 年第 11 期。

就是一部"本身违法"被"合理原则"取代的历史。[45]

第五节 垄断行为的法律责任

一、反垄断法法律责任的性质和特点

法律责任是任何部门法的重要组成部分。法律实施的效果在很大程度上取决于法律责任规定的科学性和合理性。在传统部门法领域,有三种基本的法律责任形式,即刑事责任、行政责任和民事责任,并分别适用于刑法、行政法和民法。反垄断法既是经济法制度之核心,其法律责任的性质也当然具有经济法属性。目前,对于经济法责任的性质和属性虽然尚未达成共识,[46]但其区别于传统部门法的特殊性却是毋庸置疑的。

垄断行为的法律责任充分体现了经济法责任形式的复合性和特殊性。一方面,它可以对传统部门法的民事责任、行政责任和刑事责任选择适用或合并适用。例如,构成经营者过度集中行为可能并无确定的受害主体因而不必进行民事责任的追究,但反垄断执法机构有权主动追究其行政责任;而滥用市场支配地位行为则可以同时追究垄断者的行政责任和民事责任。这种与其他部门法责任形式的"共享与借用"是由反垄断法所规范的竞争关系的复杂性和社会性所决定的。

另一方面,在对垄断行为以传统刑事责任、行政责任和民事责任进行规制之外,反垄断法还创设了两种独特的责任形式,即拆分大公司和惩罚性赔偿。拆分大公司源于反垄断法结构主义思想,其独特的意义在于这种责任形式并没有使责任主体减少任何财产利益,而仅仅是将公司分解为不同的市场主体,通过改变公司的组织结构以消除其垄断条件,从而改变市场结构和市场秩序。例如,1945 年,美国法院仅仅因为美国铝公司垄断了美国 90% 的铝锭市场,即认定其违反《谢尔曼法》规定。法官认为,如果一个企业控制了这么大的市场份额,它必定凭借自己的特殊地位以一个垄断者的身份进行活动,而对该公司进行分拆的目的是保护该行业中小型企业的有效竞争,尽管可能要付出其他代价。[47] 但是,为了避免这种责任对企业规模效益的负面影响,对于大公司是否采取拆分措施,司法机关掌握的非常严格,从反垄断法执行的历史来看,拆分大公司的案例也是屈指可数。惩罚性赔偿作为一种法定的对受害人损失双倍乃至三倍赔偿的责任形式,显然突破了传统民事赔偿的补偿性,但它与行政罚款或刑事罚金也存在显著的区别。目前,有的国家明确规定了这种责任形式。例如,美国的《谢尔曼法》第 7 条规定:"任何因反托拉斯法所禁止的事项而遭受财产或营业损害的人,可在被告居住地或有代理机构的地区向美国法院提起诉讼,不论损害大小,一律给予其损害额的三倍赔偿及诉讼费和合理的律师费用。"又如,我国台湾地区"公平交易法"第 32 条规定:"受害人所受损害若因经营者故意实施的垄断行为所致,法院可以依侵害情节,酌定损害额以上之赔偿,但不得超过已证明

---

〔45〕 薛兆丰:《商业无边界》,法律出版社 2008 年版,第 32 页。
〔46〕 关于经济法责任属性的不同表述,可参见李昌麒主编:《经济法学》(第 3 版),中国政法大学出版社 2007 年版,第 88 ~ 89 页。
〔47〕 黄勇、董灵:《反垄断法经典判例解析》,人民法院出版社 2002 年版,第 149 页。

损害额之三倍。”[48]尽管在理论界主张对垄断损害进行惩罚性赔偿的呼声很高，但我国《反垄断法》并未采纳这一建议，而仅仅在第50条规定：“经营者实施垄断行为，给他人造成损失的，依法承担民事责任。”

二、反垄断法对垄断行为的制裁措施

垄断行为的法律责任最终体现为反垄断法规定的具体制裁措施。这些措施可以分为以下三类：[49]

1.约束性制裁

约束性制裁措施可以对当事人行为产生约束和限制，具体包括三种形式：(1)和解协议，即由反垄断执行机关与垄断行为人自愿达成协议。协议的核心内容包括垄断行为人承诺停止涉嫌垄断的事项，或者修正自己的行为以满足执法机关的要求。例如，1995年美国司法部控告微软公司利用其视窗95软件的市场垄断地位进行捆绑销售。随后微软与司法部达成和解协议，即微软承诺向PC制造商许可使用视窗95时，不得附加任何条件。根据美国反垄断法相关规定，和解协议须经司法机关审查确认后生效。目前，我国《反垄断法》第45条的规定与和解协议有点类似，但强调的是“经营者承诺在反垄断执法机构认可期限内采取具体措施消除其涉嫌垄断行为的后果”，这一承诺的效力是“中止反垄断执法机构的调查程序”，而且承诺并不以司法确认为生效的条件。(2)停止令和限期改正，即由反垄断法执行机关直接发布命令责令当事人停止和改正其正在实施的垄断行为。发布这种命令的前提一般是当事人涉嫌垄断的证据比较充分而且所产生的损害正在发生。例如，美国的1914年《联邦贸易委员会法》第5条规定，授权联邦贸易委员会有权直接向涉嫌垄断或不正当竞争的当事人发布停止令。但同时规定当事人有权在停止令送达后60日内向上诉法院申请复审，法院具有确认、修改或废除停止令的权利。根据我国《反垄断法》第46条、第47条、第48条之规定，对达成非法垄断协议、滥用市场支配地位以及违法集中的经营者，反垄断执法机构可以作出责令其停止违法行为并限期改正的决定。经营者对决定不服的，有权申请行政复议或提起行政诉讼。(3)行政劝告，即反垄断法执行机构对涉嫌垄断的当事人进行劝诫，建议其采取相关修正措施。这种制裁措施如日本《禁止私人垄断及确保公正交易法》第48条第1款的规定。

2.惩罚性制裁

惩罚性制裁措施一般适用于比较严重的垄断行为，主要包括没收违法所得、行政罚款、拆分大公司、刑事罚金以及直接责任人员的有期徒刑。(1)没收违法所得主要适用于垄断协议和滥用市场支配地位行为，适用的前提是当事人通过垄断行为获取了超额垄断利润。没收违法所得在适用中并不普遍，因为如何合理地计算出当事人已经取得的这部分利润确非易事。(2)行政罚款是反垄断执法中适用频率最高的一种制裁措施，这一处罚决定并不以当事人是否已经获利为前提。各国对于行政罚款的适用条件、金额都有比较明确的规定，主要有定额制和比例制两种。例如，我国《反垄断法》对于尚未实施所达成的非法垄断协议和违法实施集中行

---

〔48〕　尚明主编：《主要国家(地区)反垄断法律汇编》，法律出版社2004年版，第187页。

〔49〕　以下分类方法综合了以下作者的观点，但类型名称及适用范围有所调整和扩展。参见王磊：《试论对滥用市场支配地位行为的法律制裁方式》，载《学术交流》2005年第6期；李昌麒主编：《经济法》(第3版)，中国政法大学出版社2007年版，第281~282页。

为的经营者,可以处五十万元以下罚款。而对于已经实施垄断协议或滥用市场支配地位行为的经营者,反垄断法还明确规定“处上一年度销售额百分之一以上百分之十以下的罚款”。(3)分拆大公司是反垄断法上特有的一种惩罚措施。反垄断执法机构如果认为某个具有市场支配地位的大公司存在潜在的、不可避免的垄断危害,即可以决定将该公司分拆为两个或两个以上的小公司,以此削弱其市场支配地位。分拆大公司源于反垄断法结构主义指导思想,美国最先通过司法判例确立了这一比较严厉的制裁措施。但在其他国家成文形式的反垄断立法中,没有明确规定。(4)刑事罚金与行政罚款的区别在于作出决定的机关不同,法律效力不同,责任性质不同。刑事罚金是直接由法院做出的具有终局效力的司法判决;行政罚款是由反垄断执法机构作出的行政决定,其效力并非终局的,对行政罚款不服当事人有权提起诉讼,法院有权予以否决。(5)直接责任人员的有期徒刑适用于垄断行为特别严重的情形。例如,美国《克莱顿法》第13条规定,当公司违反反托拉斯法的刑事规定时,整体上和部分上,授权、命令、直接参加违反反托拉斯法的公司经理、行政官员、代理人,也是违法的,犯有轻罪,将处以5000美元以下的罚款,或一年以下的监禁或由法院酌情两者并用。我国《反垄断法》并没有对实施垄断行为的直接责任人员进行刑事责任的规定,只有当反垄断执法机构实施调查时,如果相关人员拒绝提供有关材料、信息,或者提供虚假材料、信息,或者隐匿、销毁、转移证据,或者有其他拒绝、阻碍调查行为,情节严重构成犯罪时,才被追究刑事责任(第52条)。但上述规定显然不属于实施垄断行为本身的刑事责任。

3. 赔偿性责任

赔偿性责任的意义在于对私人损害的救济。对此,各国反垄断立法都有相应的规定,但赔偿责任的范围及私人(受害人)救济程序略有不同。例如,美国和我国台湾地区的反垄断立法都明确规定私人有权请求垄断损害的三倍赔偿责任。这一规定实际上体现了垄断赔偿具有一定的惩罚性。但目前多数国家包括德国在内仍然基于当事人滥诉的顾虑,没有作有关惩罚性赔偿的规定。此外,各国的反垄断私人救济程序和方法也有差异。在德国,只有当反垄断法明确规定以维护私人权利为目的,私人方可提起民事诉讼,如价格固定协议、联合抵制协议、拒绝交易、价格歧视等行为的受害人有权提起民事诉讼;而对于旨在维护竞争秩序的规定,如经营者过度集中行为,私人一般无权提起民事诉讼。[50] 相反,美国赋予了私人相当宽泛的诉讼权利。私人有权对任何垄断行为提起民事诉讼。而且美国的私人诉讼完全可以独立于司法部和联邦贸易委员会,不需要将反垄断主管机关的调查和处理决定作为私人反垄断诉讼的前置程序。[51] 我国《反垄断法》第50条和最高人民法院《关于审理因垄断行为引发的民事纠纷案件应用法律若干问题的规定》对垄断行为设置了赔偿责任,原告可以直接向人民法院提起民事诉讼,或者在反垄断执法机构认定构成垄断行为的处理决定发生法律效力后向人民法院提起民事诉讼。

---

〔50〕 种明钊主编:《竞争法学》,高等教育出版社2002年版,第210页。

〔51〕 王健:《反垄断法私人执行制度初探》,载《法商研究》2007年第2期。

第六节 反垄断法的适用效力及适用除外

法律适用有广义和狭义之分。广义上包括一切国家机关的执法行为;狭义上仅指人民法院的司法活动。反垄断法的适用是指反垄断行政执法机构与法院依照法定权限和程序,将反垄断法律规范施行于特定对象或行为的专门活动。

一、反垄断法的一般适用效力

反垄断法的适用效力包括时间效力、空间效力和对人的效力。

1. 时间效力

"法不溯及既往"是法治的基本原则。任何法律的效力都只能及于颁布生效以后的行为而不能溯及既往,反垄断法也不例外。从当今各国的反垄断法来看,反垄断法的生效与失效皆由各国立法机关在反垄断法中或以其他法律文件明确规定。例如,我国《反垄断法》第57条明确规定其生效时间是2008年8月1日。

2. 空间效力

法律的空间效力取决于制定机关所管辖的地域范围。例如,国家制定的宪法与法律在全国范围内都应有法律效力,地方政府制定的条例与规章在其管辖范围内有效。反垄断法适用范围原则上限于反垄断法所属国家的主权管辖范围,但许多国家的反垄断法规定了域外效力,即发生在国外的垄断行为如果对国内的贸易造成损害的,可以予以管辖。例如,我国《反垄断法》第2条规定:"中华人民共和国境内经济活动中的垄断行为,适用本法;中华人民共和国境外的垄断行为,对境内市场竞争产生排除、限制影响的,适用本法。"这一规定符合大多数国家反垄断法"以域内效力为基础,域外效力为补充"的原则。[52]

3. 对人的效力

法律在对人的效力问题上有三种主张,即属人主义、属地主义、保护主义。属人主义是指本国法律只对所有的本国人都具有法律约束力,而对所有外国人没有法律约束力。属地主义是指本国法律只在本国的管辖地域范围内具有效力,对于不在本国管辖地域领域范围内的人没有约束力,即使是本国人也如此。保护主义是以保护本国利益为原则,不论本国人还是外国人,只要侵害了本国利益都应适用本国法律。目前,各国立法大多主张兼而有之而非任何单一的主张,反垄断法也不例外。根据我国《反垄断法》第2条规定,该法首先强调了属地主义,即适用于中华人民共和国境内经济活动中的垄断行为,而不管行为主体是本国人还是外国人;其次,体现了保护主义,即对于中华人民共和国境外的垄断行为,不管行为主体是本国人还是外国人,只要对境内市场竞争产生排除、限制影响的,就可以适用。

---

〔52〕 种明钊主编:《竞争法》,法律出版社2005年版,第221页。

二、反垄断法的域外适用效力

(一)反垄断法域外适用的一般原则

反垄断法的域外适用,是指作为国内法的反垄断法适用于本国主权管辖范围之外的垄断行为的法律制度。随着世界经济的一体化,域外经济行为对国内经济影响的力度越来越大,方式越来越复杂。例如,外国企业利用其分支机构在国内进行垄断;跨国企业并购与国内有竞争关系的企业或者与国内企业订立垄断协议等。因此,为了维护本国经济利益,各国反垄断法都千方百计地向域外延伸其管辖权范围,并确立了相应的适用原则,如效果原则、经济实体原则、结果地原则、履行地原则等。

1. 效果原则

效果原则又称客观地域管辖原则,该原则产生于1927年国际法院审理的一个著名案件。1926年8月2日,法国邮船"荷花号"(Lotus)在地中海的公海上与土耳其"博兹－库特号"煤船相撞,导致土耳其船沉没并有8名船员死亡。次日"荷花号"到达土耳其之后,土耳其当局对这个事件进行了调查,并对该船船长和责任船员提起刑事诉讼。法国对该案提出地域管辖争议,认为公海上的船舶只能接受船旗国的管辖。1927年9月,常设国际法院判决土耳其有权对法国船上的负责人行使管辖权。理由是,属地原则并不具有绝对性,国际法上并不禁止国家把它们的法律和法院的管辖权延伸适用到其领土之外的人、物和事。每个国家可以自由地采用它认为最好的和最合适的原则。公海上的行为在另一个船旗国的船舶上产生影响,该船旗国可以将这一行为视为自己领土内的行为。〔53〕 国际法院在"荷花号"案的判决对国际法上的属地原则作出了宽泛的解释。人们把这种属地管辖权称为客观的属地管辖,也称为效果原则。

在反垄断法领域,最早根据"效果原则"主张域外管辖权的是美国。1945年在审理美国诉美国铝公司垄断一案中,第二巡回法院主张任何国家均可就发生在境外但又对其境内产生影响的行为行使管辖权,即使行为人是不对本国负有忠诚义务的人。由此,确立了美国反垄断法域外适用的效果原则。"根据这个原则,发生在美国境外且与美国反托拉斯法的精神相抵触的任何行为,不管行为者的国籍,也不管行为的实施场所,只要这种行为对美国的市场竞争能够产生不良影响,美国法院对之就有管辖权。"〔54〕

效果原则的适用与国际法上传统的地域管辖原则存在极大的冲突。为了缓和"效果原则"适用引起的国际舆论,1976年美国第九巡回法院就"Timberlane Lumber诉美洲银行"一案的管辖问题创设了合理管辖权原则。法院认为,管辖权的确定不应仅仅根据对美国商业利益的影响,还应当考虑到其他国家的利益需要和国际礼让,以及与域外适用有关的其他所有因素,诸如当事人的国籍、对美国和他国利益影响的比较,以及行使管辖权可能导致的冲突等。〔55〕 上述思想还贯彻在随后发布的政策文件中,如1977年司法部发布了《反垄断国际实施指南》,指南强调美国反垄断法"只应当适用于那些对美国商业有着实质性和可预见性影响的外国交易"。1982年《对外贸易反垄断修订法》也重申了上述观点。

---

〔53〕 梁淑英主编:《国际法教学案例》,中国政法大学出版社1999年版,第28～29页。

〔54〕 王晓晔:《欧共体竞争法》,中国法制出版社2001年版,第469～470页。

〔55〕 种明钊主编:《竞争法》,法律出版社2005年版,第222页。

2. 经济实体原则

经济实体原则也称企业一体化原则,由欧盟法院通过判例而创设。根据这一原则,设在欧盟管辖之内的子公司与管辖之外的母公司虽然具有相互独立的法律人格,但在反垄断法领域被视为同一经济实体,如果子公司存在垄断或限制竞争行为,那么可以对母公司追究法律责任。这一原则的确立源于欧洲法院 1972 年审理的 ICI(Imperial Chemical Industries Ltd.)公司诉欧盟委员会一案。在这个案件中,ICI 等 3 家在欧盟境外的染料制剂公司,通过它们所控制的驻在欧盟领域内的分支机构或子公司,就 3 家公司在欧盟领域内的产品销售价格达成协议。欧盟委员会查处了这一限制竞争协议,并对 3 家母公司及其在欧盟境内的子公司分别作了罚款处罚。ICI 不服处罚决定起诉到欧洲法院,法院认为:"3 家外国公司在欧盟境内的子公司,是实施上述价格卡特尔行为的主体。但是,3 家外国公司作为母公司,与其下属设在欧盟境内的子公司实际上是一个经济实体。"因此法院维持了欧盟委员会的处罚决定。[56] 与效果原则比较,该原则更具可操作性,由于其首先考虑到了子公司与母公司经济上的关联性,不仅便于调查和寻找证据,确保了判决的执行,而且缓解了与母公司所在国的主权冲突问题。

3. 后果地原则和履行地原则

自美国反垄断法适用效果原则以来,其他国家或地区的反垄断法都对其有不同程度的借鉴。但在具体适用时针对具体情况有所变化,并形成了与效果原则功能类似的后果地原则和履行地原则。所谓后果地原则是指,只要垄断行为在本国相关市场产生了限制竞争的后果或影响,即使行为人不在本国境内,也可以对其适用反垄断法。我国《反垄断法》第 2 条有关"中华人民共和国境外的垄断行为,对境内市场竞争产生排除、限制影响的,适用本法"的规定即体现了后果地原则。

所谓履行地原则是指,只要垄断协议的履行地在本国境内,即使垄断协议的签订在境外,也可适用本国反垄断法。履行地原则虽然没有强调行为的后果,但履行行为既然在本国发生,客观上当然会对境内产生限制竞争的后果。

(二)反垄断法域外适用效力的限制

反垄断法的域外适用是一把"双刃剑"。一方面,通过扩展其管辖范围实现了对本国利益的保护;但另一方面,如果一国过度扩张其域外效力的适用,则可能产生相应的国际争端。在国际舞台上的主权国家都有权制定符合本国利益的法律政策。即使对他国境内的违法行为主张管辖权,但如果得不到他国的认可,甚至他国采取完全对立的态度,那么这一域外管辖不仅形同虚设,而且可能在两国经贸领域产生摩擦和冲突。针对无限扩张的域外适用,一些国家除外交申明和反对之外,还通过特别立法来限制他国反垄断法的域外管辖权在本国的执行。例如,澳大利亚 1979 年《外国反托拉斯判决法》第 3 条规定:"如果外国反托拉斯判决对其他国家的贸易或商业产生有害的影响,这种判决在澳大利亚无法律效力。"新西兰 1980 年《证据修正法案》规定,总检察长有权禁止为外国当局提供任何资料和证据。根据这些立法,政府当局有权禁止将任何为外国法院实行域外管辖所需要的文件和证据送到本国的管辖范围之外。另外,这一类立法还可能否认外国反托拉斯判决在本国的效力或削弱该判决的效力。[57]

因此,要最大限度地实现反垄断法域外管辖,必须将其范围控制在合理范围以内。既要考

---

〔56〕 阮方民:《欧盟竞争法》,中国政法大学出版社 1998 年版,第 72 ~ 73 页。

〔57〕 种明钊主编:《竞争法》,法律出版社 2005 年版,第 224 页。

虑本国的利益保护，也要注重对他国主权的尊重和国际礼让。20 世纪中期，美国试图以“效果原则”无限扩张自己的反垄断的域外管辖，但欧共体随之以牙还牙，最后实际上两败俱伤。近年来，美国积极寻求与主要贸易国家签订反垄断双边或多边合作协定的办法来减少在适用和执行反垄断法方面的冲突，例如，美国和欧共体签订了《关于竞争法适用的协定》《关于在执行竞争法适用积极礼让原则的协定》，和澳大利亚签订了《关于相互实施反托拉斯法的协定》。

三、反垄断法适用除外制度

适用除外制度是反垄断法的重要组成部分，并成为其区别于其他部门法的一大特色。通常而言，法律具有普遍适用的效力，任何行为都不例外。然而，由于市场竞争、垄断以及规模经济之间的特殊关系，也由于各国特有的文化传统、经济政策和价值目标的差异，反垄断法对于特定时期或特定领域的垄断状态或垄断行为需要适用除外。适用除外制度在某种条件下容忍垄断和限制竞争行为的存在，既是对反垄断法价值目标的合理背离，又是对反垄断法局限的克服。

（一）适用除外制度的基本含义和立法形式

通常而言，适用除外也可以称为豁免适用，指基于特定目的，对违反反垄断法基本原则、基本制度的特定行业、特定企业或其特定行为，不适用或豁免适用反垄断法的制度。但有学者认为，适用除外（exception）与豁免（exemption）应当区别而论。适用除外一般是针对特定行业或特定的经济领域，而豁免一般是针对具体行为；适用除外一般由法律直接规定，而豁免往往通过司法判决予以确认；适用除外的具体情形不需要反垄断法专门列举，多由其他特别法规定，而对于豁免，反垄断法规定了详细的标准和机制；豁免是反垄断法的基本内容和有机组成部分，而适用除外则不是。[58] 我们认为，虽然就制度的理论解释和体系的逻辑结构而言，二者的确存在上述区别，但在适用除外与豁免的具体范围和对象上，这种严格的区分并不十分必要。而且，如果将豁免限定为司法确认的结果，那么任何不够构成垄断的司法判决都可以视为豁免，这显然扩张了豁免的外延。

各国对适用除外制度的规定有不同的立法形式，有的在反垄断法中专章规定反垄断法的适用除外，如 1947 年 4 月日本《禁止私人垄断及确保公正交易法》第 6 章；有的在反垄断法相关条文中规定，如德国《反限制竞争法》第 2 条至第 8 条；有的以特别法的形式予以规定，如 1947 年 11 月日本的《关于〈禁止私人垄断及确保公正交易法〉的适用除外的法律》，美国的《韦伯－波默斯法》《凯普奥尔斯蒂能法》《麦克卡兰－福格森法》《出口贸易法》等。日本非常重视反垄断法适用除外制度的影响和作用，既在《禁止私人垄断及确保公正交易法》第 6 章对反垄断法的适用除外作了专门规定，又通过了单行立法和其他专门性法律进行规定，如《中小企业团体组织法》《农业协同组合法》等。我国《反垄断法》第 7 条、第 15 条、第 28 条、第 55 条、第 56 条等涉及适用除外的规定。

（二）适用除外的范围和对象

反垄断法适用除外制度的范围与本国产业政策导向和公共利益密切相关。作为国家干预经济的重要方式，产业政策的目的在于扶持和振兴本国的经济行业，调整和改善不合理的产业

---

〔58〕 许光耀：《合法垄断、适用除外与豁免》，载王艳林主编：《竞争法评论》（第 1 卷），中国政法大学出版社 2005 年版，第 44～58 页。

结构。而为了有效执行产业政策,政府不得不认可和鼓励某些限制竞争的垄断。此外,公共利益目标也使某些自然垄断行业无法适应自由竞争规则而需要对反垄断法适用除外。例如,美国适用除外的范围和对象包括工会(对劳动力的联合垄断),农业组织,渔业组织,小企业合并,知识产权以及受管制的公用企业如通信、能源、交通、金融、保险等。基于各国的具体情况,适用除外的范围和对象并非完全相同,但在理论上,大致可以归纳为以下几类。

1. 自然垄断行业

自然垄断主要涉及公用事业领域,如供水、供电、供热、供气、邮政、电信、交通运输等行业。这些行业一般具有社会公益性、系统依赖性、投资规模性、政府管制性等特点。在反垄断法产生之初,基于自然垄断的规模效益和公共利益考虑,各国反垄断法都规定了相应的适用除外。

但随着经济和技术的发展,大多数具有传统管网系统的自然垄断行业,既存在垄断性业务,也存在竞争性业务。而且由于政府管制失灵,自然垄断行业滥用其支配地位损害消费者利益的行为越来越普遍,已经在一定程度上丧失了适用除外的合理性。1974 年,美国司法部对美国电报电话公司(AT&T)提起反垄断诉讼,声称该公司在长话业务、市话业务以及相关设备市场存在垄断,请求法院对其进行拆分。1982 年,AT&T 最终同意与司法部达成拆分协议。该案标志着自然垄断行业适用除外的观念遭到挑战。目前,自然垄断行业适用除外的范围已经大大缩减,如 1998 年德国《反限制竞争法》的修订内容之一即是对许多自然垄断行业不再适用除外,而要求其原则上适用该法。1995 年澳大利亚的《贸易行为法》也严格限制了自然垄断行业适用除外的条件。[59] 我国《反垄断法》未作特别适用除外的规定,符合上述立法趋势的发展和变化。总之,自然垄断之于反垄断法,经历了从“一般豁免,适用例外”到“一般适用,豁免例外”的变化。

2. 金融行业

银行业与保险业与社会稳定、经济安全密切相关,适当的垄断有助于维持金融秩序的稳定,因而,银行与保险企业可以在贷款利率、保险费率等方面进行协商或采取共同行动,从而避免由于过度价格竞争所产生的金融风险。如德国《反限制竞争法》第 5 章(“适用于特定经济领域的特殊规则”)第 29 条第 1 项规定:“信贷机构或保险企业联合会的协议、决议和建议,可以豁免适用第 14 条、第 22 条第 1 款第 1 句的禁令,准用第 7 条规定。”我国《反垄断法》第 7 条涉及“国有经济占控制地位的关系国民经济命脉和国家安全的行业以及依法实行专营专卖的行业”的保护性规定,虽然没有明确针对金融行业规定适用除外,[60] 但可以推论其属于适用除外的范围。

3. 农业

农业是整个国民经济的基础,由于受到自然条件的制约和影响,存在很大的自然风险,因此农业是需要被保护的弱质产业。[61] 由于农产品需求弹性小,可替代性低,在自由竞争的市场条件下,农产品市场常常出现供过于求或供不应求的情形。为确保农产品的有效供给和稳定

---

〔59〕 史际春、肖竹:《反公用事业垄断若干问题研究》,载王晓晔主编:《经济全球化下竞争法的新发展》,社会科学文献出版社 2005 年版,第 9 ~ 24 页。

〔60〕 我国《反垄断法》第 7 条第 1 款规定:“国有经济占控制地位的关系国民经济命脉和国家安全的行业以及依法实行专营专卖的行业,国家对其经营者的合法经营活动予以保护,并对经营者的经营行为及其商品和服务的价格依法实施监管和调控,维护消费者利益,促进技术进步。”

〔61〕 这里应对农业作扩张解释,包括农、林、渔、牧等诸多领域。

农民的收入，世界上许多国家都豁免了农业领域的一些限制竞争行为，如德国《反限制竞争法》第28条规定，农业生产者和农业生产者联合会除了不得订立价格卡特尔外，他们可以订立有关农产品生产、销售、储存、加工等各方面的卡特尔协议。我国《反垄断法》第56条规定："农业生产者及农村经济组织在农产品生产、加工、销售、运输、储存等经营活动中实施的联合或者协同行为，不适用本法。"

4. 知识产权的正当行使

现代被确认和保护的知识产权类型具有非常严格的构成要件，这源于知识产权法定主义的主张。所谓知识产权法定主义，是指"知识产权的种类、权利以及诸如获得权利的要件、保护期限等关键内容必须由成文法确定，除立法者在法律中特别授权外，任何机构不得在法律之外创设知识产权"。[62] 由于知识产权产生的国家意志性，知识产权也被视为具有国家垄断性质的合法垄断。专利、商标、著作权人可以在国家授权的期限内正当行使其专有权，即使这种行使在一定程度上限制了竞争。因此，当20世纪各国反垄断立法兴起，对知识产权"适用除外"的规定无一例外。如日本《禁止私人垄断及确保公正交易法》第23条规定："本法不适用于被认为行使著作权法、专利法、实用新型法、外观设计法或商标法所规定权利的行为。"

然而，20世纪70年代以后，知识产权垄断地位的消极性越来越凸显，利用知识产权进行限制竞争的行为越来越普遍，反垄断法的态度开始发生变化，即从"绝对豁免"演变为"相对豁免"。例如，我国台湾地区"公平交易法"第45条规定："依照著作权法、商标法和专利法行使权利的正当行为，不适用本法规定。""正当"一词的限定意味着如果知识产权的行使构成了对竞争的限制，将受到反垄断法的规制。我国《反垄断法》第55条的规定同样体现了这一立法理念。[63]

5. 合理化的垄断协议

对于垄断协议，各国反垄断法一般要列举适用除外的具体事项。例如，我国《反垄断法》第15条第1款规定："经营者能够证明达成的协议属于下列情形之一的，不适用本法第十三条、第十四条的规定：(一)为改进技术、研究开发新产品的；(二)为提高产品质量、降低成本、增进效率，统一产品规格、标准或者实行专业化分工的；(三)为提高中小经营者经营效率，增强中小经营者竞争力的；(四)为实现节约能源、保护环境、救灾救助等社会公共利益的；(五)因经济不景气，为缓解销售量严重下降或者生产明显过剩的；(六)为保障对外贸易和对外经济合作中的正当利益的；(七)法律和国务院规定的其他情形。"德国《反限制竞争法》第2条至第8条规定了几种可以得到批准的卡特尔，包括条件卡特尔、专门化卡特尔、中小企业卡特尔、合理化卡特尔、结构危机卡特尔、特别卡特尔等。日本《禁止私人垄断及确保公正交易法》第24条规定，对维持转售价格契约、旨在克服萧条的共同行为、旨在实现合理化的共同行为等豁免适用反垄断法。

在对外贸易中，各国对于不限制国内企业竞争的垄断协议也持宽容态度。典型如美国1948年《韦伯－波默斯法》第1条规定："仅仅为了出口和实际上仅从事出口的企业(联合体)，或由出口企业签订的协议，从事的活动如不限制国内贸易，也不限制其国内竞争者的出口，将

---

[62] 李扬：《知识产权法定主义及其适用》，载《法学研究》2006年第4期。

[63] 我国《反垄断法》第55条规定："经营者依照有关知识产权的法律、行政法规规定行使知识产权的行为，不适用本法；但是，经营者滥用知识产权，排除、限制竞争的行为，适用本法。"

免受谢尔曼反托拉斯法制约。”据此，只要不限制和影响美国国内贸易，以及国内其他竞争者的出口业务，美国出口商可以以行业组织形式统一出口各成员的货物，并且可以在其成员间划分出口市场，或者就出口销售的价格和条件达成协议，以提高竞争力，控制和垄断他国市场。1982 年，美国通过了《对外反托拉斯修正法》和《出口贸易法》，其中规定，出口商经联邦贸易委员会对其出口贸易行为进行审查后，即可获得豁免美国政府的任何反托拉斯诉讼，除非其行为被证明限制了美国境内贸易，或限制了与出口贸易公司竞争的其他美国出口商的出口贸易。

（三）适用除外的法律程序

适用除外的法律程序是适用除外制度有效运行的重要保障。目前，主要有三种程序：申请登记、申报确认和直接适用。

申请登记和申请授予程序源于德国《反限制竞争法》的规定。对于需要适用除外的卡特尔协议，需要向联邦卡特尔局申请登记或者申报确认。申请登记程序适用于标准、型号和条件卡特尔（第 2 条）、专门化卡特尔（第 3 条）和中小企业卡特尔（第 4 条）。申请登记时根据不同类型的卡特尔须附上不同的意见书，如对于标准和型号卡特尔，须附上合理化协会〔64〕的意见书；对于条件卡特尔，须附上相关供应人和购买人的意见书。而对于中小企业以共同购买商品或者共同购买服务为内容的协议和决议在向卡特尔局申请登记时，还须提供章程或合伙合同的内容，以及相关行业委员会和参与企业目前结算销售额和对外销售额等方面的信息。申请登记后，如果 3 个月内未被驳回，相关卡特尔协议即可豁免适用反垄断法。申报确认程序是在申请登记的基础上，增加了主管机关审查确认并授权决定的程序，主要适用于合理化卡特尔（第 5 条）、结构危机卡特尔（第 6 条）、其他卡特尔（第 7 条）和部长特许卡特尔（第 8 条）。根据《反限制竞争法》第 10 条的规定，卡特尔当局授权豁免适用的决定应当附期限，期限一般不超过 5 年。豁免可以附加条件和负担。豁免期间须接受卡特尔当局的监督，如果发生了不符合适用除外的情形，或者滥用豁免，或者违反了豁免附加的条件，卡特尔当局可以撤回豁免决定。

直接适用程序源于欧盟对原来申报确认程序的改革。1962 年欧盟《部长理事会第 17 号法规》第 4 条规定了“协议、决定和经营行为”反垄断法适用除外的申报程序。但随着经济合作关系越来越普遍，欧盟反垄断委员会对众多申报协议不能及时作出决定，导致大量协议的效力处于不确定状态。2002 年欧盟理事会颁布了《关于实施建立欧盟条约第 81 条和第 82 条竞争规则的规定》第 1/2003 号规则，对欧盟《部长理事会第 17 号法规》第 4 条作了重大修改，取消了申报确认的规定，建立了直接适用制度。〔65〕 经营者只要认为其协议符合 1957 年《欧共体条约》第 81 条第 3 款以及其他条约中的适用除外情形，即可自行实施，而无须向委员会申报确认。2005 年德国修订了《反限制竞争法》，亦规定适用《欧共体条约》第 81 条第 3 款，采纳了直接适用程序。

我国《反垄断法》对于适用除外制度的程序机制未作规定。尚须反垄断执法机关发布相关程序适用规则，但选择何种程序机制有待探讨。从各国经验来看，申请登记、申报确认和直接适用程序各有利弊。我们认为，在目前我国市场竞争不充分，竞争环境不成熟的现实条件下，

---

〔64〕 合理化协会是指以执行或审核标准化计划和型号化计划，并以适当方式使与此相关的供应人和购买人参与这些计划为其章程规定的人物的协会。参见《德国反限制竞争法》第 9 条。

〔65〕 王晓杰：《略论反垄断法的适用除外制度》，载游劝荣主编：《反垄断法比较研究》，人民法院出版社 2006 年版，第 284 ~ 291 页。

既不宜选择严格的申报确认程序，也不宜选用过分宽松的直接适用程序。申请登记是一种比较合适的选择，对于符合适用除外的行为，主管机关不作特别授权确认，以限期默示的方式予以认可。但对于明显不符合条件的，可在法定期限内驳回申请。

第七节　我国反垄断法需要完善的几个问题

《反垄断法》自2008年实施以来，配套立法逐步完善、执法经验日渐丰富、司法裁判水平不断提升，也同时暴露出诸多问题，有待进一步改进，主要包括如下几个方面。

一、私人诉讼有待激励

反垄断法的公共执行始终面临成本高昂、效率低下、政府失灵等问题，这通常会严重削弱反垄断法的实施效果。

我国《反垄断法》第50条明确了私人诉讼的规定，2012年最高人民法院在《关于审理因垄断行为引发的民事纠纷案件应用法律若干问题的规定》（以下简称《若干规定》）中也明确了反垄断私人诉讼无行政前置、降低了原告举证责任，并且规定了案件管辖、诉讼时效等制度。但目前反垄断私人诉讼并不发达，制度层面的问题仍然存在：

一是原告举证困难。《若干规定》在一定程度上减轻了原告的举证负担，然而，由于信息不对称问题依旧严重，证明负担仍然很大。相比较而言，美国和欧盟在减轻原告举证负担上都有更为积极的措施，其核心制度便是证据开示，即诉讼中任何一方当事人都可以要求对方当事人提供与诉讼标的有关联的，而且不属于保密事项的材料，拒绝开示证据的当事人将会面临严厉的制裁（包括法院可以对其作出不利的推定）。

二是私人诉讼激励不足。反垄断诉讼往往程序繁琐且成本高昂，有限的赔偿额度难以激发受害者“为权利而斗争”的积极性，进而也不利于提高反垄断法的实施效果。在反垄断法的域外实践中，已经发展出了惩罚性赔偿制度。美国《谢尔曼法》第7条规定：“任何因反托拉斯法所禁止的事项而遭受财产或营业损害的人，可在被告居住的、被发现或有代理机构的区向美国区法院提起诉讼，不论损害大小，一律给予其损害额的三倍赔偿及诉讼费和合理的律师费。”我国台湾地区对于此种强制性三倍赔偿制度进行了变通改造，设计出酌定三倍损害赔偿制度，即“法院依照被害人之请求，如果侵害行为属于主观故意，则根据案情，酌情在实际损害基础之上加重处罚，但处罚的总额不得超过已被证明额度之三倍”。在我国反垄断法的后续完善中，同样可以考虑引入灵活的惩罚性赔偿制度，既可以防止滥诉问题的产生，也可以有效地激励私人通过诉讼途径维护自身合法权益。

三是程序衔接机制不畅。反垄断诉讼与反垄断行政执法都涉及对垄断行为的定性，因而会存在不同程序之间的衔接问题，但《若干规定》并未就该问题给予完整的关注，这至少会导致两方面的制度盲点。一方面，不同程序竞合时的处理问题，即当反垄断私人民事诉讼和反垄断执法机构行政执法皆已启动，是否应当中止某一程序以等待另一程序的结果？另一方面，反垄断行政执法决定与反垄断私人民事诉讼裁决的效力判定问题，由于在信息的掌握、处理案件程序与方式上的不同，两种实施程序会出现针对同一垄断行为作出不同的性质与事实认定。例如,如果个人因举证能力弱而不能对垄断违法行为提供充分的证明,从而导致法院作出原告败诉判决;而原告向行政机关再次举报同一垄断行为后,反垄断执法机构凭借自身的专业及信息优势而确认了该垄断行为,那么个人是否可根据行政执法机构的决定再次向法院提起诉讼以及法院是否可以作出与行政执法机关不同的认定结果?这两方面的规则疏漏都有待及时弥补完善。

二、刑事责任有待明确

考察我国的立法习惯,多数法律中都有关于刑事责任的概括性的规定,一般表述为"构成犯罪的,依法承担刑事责任",例如,《公司法》第 216 条规定,违反本法规定,构成犯罪的,依法追究刑事责任;甚至连《物权法》第 38 条第 2 款也规定,构成犯罪的,依法追究刑事责任。《反垄断法(草案)》一审稿第 49 条曾有类似规定。但在正式颁布的《反垄断法》中没有规定,对此,许多学者颇感诧异。这意味着我国《反垄断法》所列举的各种垄断行为,即使情节恶劣,后果严重也无法追究刑事责任。[66]

从世界范围来看,严重的垄断行为被规定为犯罪行为并应承担刑事责任是各国和各地区的通例,例如,美国《谢尔曼法》第 1—3 条,不仅明确规定其构成犯罪,而且直接规定了罚金和刑期;法国 1987 年修订后的《公平交易法》第 17 条;日本《禁止私人垄断及确保公正交易法》第 89—92 条;我国台湾地区"公平交易法"第 35—38 条。而加重对严重的垄断行为的刑事制裁在国际上已成为一种趋势。例如,英国在 2002 年修法加重了垄断行为的刑事制裁,美国在 2004 年出台了《反托拉斯刑事制裁强化和改革法》等。

以何种具体立法形式追究严重的垄断行为的刑事责任也是一个有争论的问题。从其他国家和地区的规定来看,有的在反垄断法中作概括性规定,具体罪名规定在刑法典中;但更普遍的形式是直接在反垄断法中规定罪名和刑期,如美国、法国、日本、我国台湾地区等。就我国目前的情形而言,《反垄断法》既已颁布,只有在将来刑法典的修改之时增设相应的罪名;或者,等到《反垄断法》修改时,再作考量。但无论如何,这次《反垄断法》"放弃"对严重垄断行为刑事责任的追究不能不说是一个重大缺失。

此外,在法律责任方面,《反垄断法》还存在一个不容忽视的问题,即未规定经营者的高级管理人或者直接责任人承担相应的法律责任。综观世界立法,几乎所有颁布了反垄断法的国家或地区都有这种"双罚制"的规定:即对于实施垄断行为的经营者,不仅要对经营者本身进行民事赔偿、行政罚款、刑事罚金等法律责任的追究,还要明确经营者的高级管理人或者直接责任人承担相应的行政责任和刑事责任。例如,美国《谢尔曼法》第 1—3 条规定了个人可能接受罚款和有期徒刑;日本《禁止私人垄断及确保公正交易法》第 95 条也有类似规定;有的甚至首先规定高级管理人或者直接责任人的刑事责任,如我国台湾地区的"公平交易法"第 35—38 条。

对于任何一个具体实施的垄断行为,虽然在法律主体上直接体现为经营者,但决策和实施最终决定于企业的高级管理人或者直接责任人。"如果决策者和实施者无须对经营者的垄断

---

[66] 目前,我国《刑法》只有对串通投标罪设有罪名。《刑法》第 223 条规定:"投标人相互串通投标报价,损害招标人或者其他投标人利益,情节严重的,处三年以下有期徒刑或者拘役,并处或者单处罚金。投标人与招标人串通投标,损害国家、集体、公民的合法利益的,依照前款的规定处罚。"

行为承担任何法律责任,预防和制止垄断行为无异于缘木求鱼,反垄断法的立法目标难以实现。”[67] 而且,目前我国可能实施垄断行为的经营者大多是国有独资或国家控股企业,高管人员没有个人承担罚款责任或刑事责任的约束,其垄断行为的决策和实施更可能无所顾忌。

法律责任是法律最终得以实施的重要保障。只有在《反垄断法》中安排合理有效的责任机制,才可能最大限度地实现其立法目标。

三、互联网及共享经济的垄断问题有待回应

社会发展的同时,也会向法律提出新的挑战。21 世纪以来,互联网产业成为世界经济最为活跃的增长点,并且形成了一些无法由传统反垄断法制度予以回应的新情况、新特征。概括而言,它主要包括以下三个方面:

一是双边市场特性的影响。双边市场(Two-sided Markets)也称双边网络(Two-sided Networks),是指有两个互相提供网络收益的独立用户群体的经济网络。在这种网络中,平台厂商一边用户数量的增加会带来另一边用户效用的提高;例如,在“搜索引擎市场”中,网络广告和搜索服务互为支撑:一方面,搜索引擎的长期运营需要来自网络广告的收入支持;另一方面,搜索引擎用户的增长以及其知名度的提高,会带来网络广告收益的相应增加。[68] 这意味着我们不能割裂地看待双边市场的任何一边的行为和竞争,在界定相关市场时应当进行整体性的、融贯的考虑和分析;在进行具体的行为定性时则应当综合考虑市场势力、进入壁垒、掠夺性定价、市场圈定、市场效率的评估等因素。[69]

二是产品、服务“免费”特征的影响。互联网商业模式对于产品、服务的定价往往采用“平衡法则”,交易平台往往会对需求价格弹性较小一边价格加成(cost-plus or mark-up pricing)比较高,而对需求弹性较大的一边的价格加成比较低,甚至采用免费策略,以此增加用户规模。“免费”产品意味着价格为零,这将使得 SSNIP 法中假定垄断者涨价 5% 至 10% 的测试失去了计算基础。[70]

三是网络外部性的影响。在互联网产业中,通常而言,某一产品或服务的价值会随着消费该产品或服务的消费者数量的增加而增加,用户的转移成本很高,容易被锁定在现有产品、服务中,这一方面增加了替代性分析的复杂度,另一方面也弱化了消费者对于小幅价格变化的敏感度,从而也削减了以价格变化为重点分析内容的假定垄断者测试法(SSNIP)的有效性。上述情况凸显了既有反垄断法分析工具的局限,如何更新思路,利用既有制度资源对目前的判断和规制方法作出有效的调整和改造已经成为反垄断法完成“升级换代”所无法回避的问题。

此外,共享经济作为是一种新兴的产业结构,已经改变了传统商业公司的基本内涵和形式。例如像 Uber 和 Airbnb 这样的平台公司,他们每天将数千家供应商与数百万消费者连接起来,运用即时通信和大量的信息分类技术来协调供应商之间的关系、匹配供应商与消费者之间的需求。在上述过程中,“平台公司伴随着明显的反垄断法关切与大规模消费者利益之间的

---

〔67〕 时建中:《反垄断法草案应进一步完善法律责任的规定》,载《经济观察报》2007 年 8 月 20 日,第 015 版。

〔68〕 于馨淼:《搜索引擎与滥用市场支配地位》,载《中国法学》2012 年第 3 期。

〔69〕 See David S. Evans, “The Antitrust Economics Of M ulti-Sided Platform Markets”, *Yale Journal on Regulation*, Vol. 20, 2003. 转引自蒋岩波:《互联网产业中相关市场界定的司法困境与出路——基于双边市场条件》,载《法学家》2012 年第 6 期。

〔70〕 叶明:《互联网对相关产品市场界定的挑战及解决思路》,载《社会科学研究》2014 年第 1 期。

冲突,由此对反垄断法和反垄断政策造成的影响模糊不清”。[71]

四、知识产权滥用的规制有待完善

目前,对于知识产权的使用不享有反垄断豁免特权的观点已经得到我国立法的采纳。[72]但在理论上仍然存在不同的看法。有学者认为,我国目前对于知识产权应当坚持“保护优于规制”的思想,因为知识产权自主创新的意识还很脆弱,过于严苛地使用限制将不利于激励人们去创造新知识并以公开的“对价”换取垄断利益的平衡。这显然是一种狭隘的视野。随着经济全球化的发展,我们无法回避国际经济交往中基于知识产权滥用而形成的各种贸易与合作壁垒,“尤其是在中国加入 WTO 后,传统的关税壁垒和非关税壁垒逐步淡化,技术壁垒的力量则日益凸显。跨国公司不仅仅把知识产权当作一个法律手段运用,而且当作一种市场策略在使用”。[73] 今天很多的中国企业在海外遭受的知识产权诉讼,恰恰是国外企业集团在滥用它们的知识产权(即通过不当警告和不当诉讼指控他人侵犯其知识产权的一种滥用知识产权行为)。

当然,基于知识产权而形成的市场支配力并不当然构成非法垄断,只有当知识产权被用作限制竞争的工具时,才受到反垄断法的规制。反垄断法对知识产权滥用行为的规制标准和前提,体现了各种社会利益之间的利益衡量,它既不意味着对知识产权垄断性形式的绝对否定,也不意味着对适用除外制度的彻底取消,而是对知识产权这一垄断性权利的负外部性的必要监管。由于反垄断法的社会本位和特有的调整手段,其对知识产权滥用行为的规制不同于私权规范“权利约束权利”的机制,而是通过“权力限制权利”的强制性干预解决知识产权使用过程中的利益冲突并维护自由竞争秩序的这一公共性价值。[74]

在滥用知识产权的反垄断问题上,更为棘手的问题是在实践中如何判断某项知识产权使用行为构成了非法垄断。这是一个非常复杂的问题。在美国,为了使人们更好地判断知识产权许可协议是否违反反垄断法,司法部和联邦贸易委员会于 1995 年 4 月联合发布了《知识产权许可的反托拉斯指南》(以下简称《指南》),该指南确立了三个原则:(1)强调知识产权与其他财产权完全相同的法律地位,即既要受到反托拉斯法的约束,但也不应受到特别的质疑;(2)知识产权作为一个生产要素,并不必然产生市场支配力,而已经产生市场支配力的知识产权产品并不必然构成违反反托拉斯法的行为;(3)反托拉斯法并不限制知识产权许可协议,只有当某项许可协议有可能对现有的或者潜在的商品或服务的价格、质量、数量或者多样性产生不利影响时,才存在是否违反反托拉斯法的问题。[75]《指南》其实就是对美国法院司法实践的总结,美国法院对是否滥用知识产权进行垄断行为的认定遵循“合理原则”而不是“本身违法”

---

〔71〕［美］Mark Anderson 、Max Huffman:《共享经济遇上反垄断法:Uber 是公司,还是卡特尔,或是介于两者之间?》,时建中、王佳倡译,载《竞争政策研究》2018 年第 3 期。

〔72〕我国《反垄断法》第 55 条规定:“经营者依照有关知识产权的法律、行政法规规定行使知识产权的行为,不适用本法;但是,经营者滥用知识产权,排除、限制竞争的行为,适用本法。”

〔73〕据商务部的调查显示,2002 年我国 71% 的出口企业遭遇到国外技术型贸易壁垒的限制,39% 的出口产品因此受到影响,最终的经济损失达 170 亿美元,损失额比 2000 年增大了 50%,相当于 2002 年全国出口额的 5.2%。参见王先林:《实施国家知识产权战略依法限制知识产权滥用》,载《中国工业报》2005 年 7 月 5 日,第 A01 版。

〔74〕江帆:《竞争法对知识产权的保护和限制》,载《现代法学》2007 年第 2 期。

〔75〕王先林:《知识产权滥用的反垄断法规制问题论纲》,载李昌麒主编:《经济法论坛》(第 2 卷),群众出版社 2004 年版,第 292 ~328 页;王晓晔:《滥用知识产权限制竞争的法律问题》,载《中国社会科学》2007 年第 4 期。

进行分析。1999 年日本公平交易委员会发布的《专利和技术秘密许可协议中的反垄断法指导方针》,其目的也是减少反垄断与知识产权保护的冲突问题。2004 年 5 月 1 日生效的《欧共体第772 号条例》与美国《指南》相比,有了更为完善的规定,例如提出了"核心限制"的概念,如果一个知识产权许可协议中含有一个或几个性质上属于"核心限制"的条款,这个许可协议就不能得到反垄断豁免。[76]

2015 年 4 月,国家工商总局发布了《关于禁止滥用知识产权排除、限制竞争行为的规定》,对于涉及非价格的滥用知识产权排除、限制竞争行为作出了细化规定,增强了工商行政管理机关反垄断执法的可操作性。但是,该规定只是作为我国三家反垄断执法机构之一的国家工商总局出台的部门规章,效力有限,适用范围也仅限于工商行政管理机关的反垄断执法活动,而不包括国家发展和改革委员会及其授权机构的反价格垄断执法活动和商务部的经营者集中反垄断审查活动;同时,囿于部门规章的立法权限和体例,该规定涉及的内容还比较有限,而且很多问题也未能充分展开分析,对执法机构和经营者的指引仍然有限。[77] 自 2015 年以来,国务院反垄断委员会多次发布了《关于滥用知识产权的反垄断指南(征求意见稿)》,重点涉及了联合研发、专利联营、交叉许可、标准制定、价格限制、独占性回授、不质疑条款、协议的豁免、不公平高价许可费、拒绝许可、搭售、差别待遇、禁令救济等多个知识产权领域的问题。这标志着我国反垄断法在知识产权滥用方面的规制将逐步趋于专业化、体系化,但遗憾的是,目前该指南尚未出台。

五、行政垄断的规制有待落实

尽管我国《反垄断法》专章规定了禁止"滥用行政权力排除、限制竞争",但实际上是"一只没有牙齿的老虎"。尤其是对于抽象性行政垄断,目前反垄断法与行政诉讼法的相关规定存在冲突。例如,《反垄断法》第 37 条关于"行政机关不得滥用行政权力,制定含有排除、限制竞争内容的规定"与《行政诉讼法》第 20 条关于不予受理的范围(包括行政法规、规章或者行政机关制定、发布的具有普遍约束力的决定、命令)存在明显的冲突。[78]

借鉴行政法上关于具体行政行为和抽象行政行为的概念,我们可以把分则所列举的行政性垄断归纳为具体性行政垄断和抽象性行政垄断。随着市场化程度的提高,政府官员法治意识的增强,像强制或者限定某个经营者交易等具体行政垄断行为将不再是常态,而通过制定地方性法规、政府规章,发布规范性文件的抽象行政垄断行为才是行政垄断的重点。

反垄断法无权审查和确认抽象行政行为的违法性,无疑使反垄断法规制行政垄断的功能大大削弱。行政权与司法权的冲突是现代民族国家的经典问题,事实上,即使在西方制度下,限制行政权同样不是单纯的法律问题。由于我国社会主义市场经济体制的特殊性,行政垄断

---

〔76〕 王晓晔:《滥用知识产权限制竞争的法律问题》,载《中国社会科学》2007 年第 4 期。

〔77〕 王先林:《关于制定我国滥用知识产权反垄断指南的若干思考》,载《价格理论与实践》2015 年第 10 期。

〔78〕 2008 年 8 月 1 日,《反垄断法》实施的第一天,北京兆信技术有限公司联合其他三家防伪技术公司起诉"国家质量监督检验检疫总局",请求法院认定质检总局强制要求企业对产品赋码交费加入"电子监管网"的行政行为违法。上海、江苏、深圳、贵阳四家防伪企业分别以同样的事实和理由起诉,2008 年 9 月 4 日,北京市第一中级法院以"已超过法定起诉期限"为由,裁定不予受理。其依据是《行政诉讼法》第 39 条的规定,即"公民、法人或者其他组织直接向人民法院提起诉讼的,应当在知道作出具体行政行为之日起三个月内提出。法律另有规定的除外"。事实上,法院以程序问题回避了实体问题。

目前仍然是我国市场自由竞争的主要障碍，因此反垄断法规制行政垄断是必要的，即使不能治本，也能治标，至少可以使行政垄断得到一定程度的遏制，并客观上会促使、推动行政管理体制的改革。即使执行的效果难以预期，立法上明确规制行政垄断仍然具有积极意义。否则，反垄断法颁布的现实意义将大打折扣。

本章小结

垄断是经济学和法学共同关注的问题。反垄断法的产生和发展无不烙上经济学思想变迁的印记。经济学关于市场配置效率的分析对反垄断法的实施产生了十分巨大的影响。反垄断法在经济学与法学之间关系最密切，争议也最大。那些唯效率论者甚至直接否定反垄断法存在的意义，他们忽略了反垄断法同时也是市场公平的守护神。反垄断法规制的对象主要包括垄断协议、滥用市场支配地位、经营者集中以及行政垄断。结构主义和行为主义是反垄断法上的两种主要的思想，但二者并非水火难容，这正如本身违法原则与合理原则，作为认定垄断行为的适用原则，实践中也开始呈现出融合的趋势。从我国已颁布的《反垄断法》来看，其既体现了鼓励规模经济发展的行为主义思想，也包含了预防经营者过度集中的结构主义思想，同时在个案处理中也并非严格遵守本身违法原则与合理原则的适用范围。反垄断法的法律责任是特殊的，具有多元性与复合性。适用除外是反垄断法特有的规范内容，虽然十分必要但也同时增加了反垄断法实施的不确定。为了维护本国经济利益，各国反垄断法千方百计地向域外延伸其管辖权范围，并确立了相应的适用原则。自2008年我国《反垄断法》实施以来，其对自由市场竞争秩序的保护产生巨大意义，但同时也暴露出一些问题，这些问题需要在未来的立法和执法中予以克服。

思　考　题

1. 市场结构与竞争的关系。
2. 反垄断法结构主义与行为主义思想的流变。
3. 本身违法原则与合理原则的产生和发展。
4. 反垄断法域外适用的原则、功能和意义。
5. 共享经济模式下平台公司的垄断问题。

第十三章　垄断协议

本章导引

五粮液公司于2009年与全国上千家经销商达成协议，限定经销商向第三人转售五粮液白酒的最低价格，要求经销商只在授权区域销售，并通过各种方式对不执行合同约定的经销商予以处罚。2012年，五粮液公司多次追究多家经销商低价、跨区、跨渠道违规销售五粮液的违约责任。四川省发改委认为，五粮液公司利用自身较为强势的市场地位，对经销商向第三人销售白酒的最低价格进行限定，排除和限制了市场竞争，损害了消费者利益，因而对其处罚款2.02亿元。同期，贵州省物价局认为茅台公司与经销商共同排除和限制了市场竞争，损害了消费者利益，决定对该公司依法处以2.47亿元罚款。请思考：五粮液限制经销商销售价格、销售区域的行为是正常的合同行为还是违法行为、违反了《反垄断法》的何种规定？如何理解五粮液公司限制经销商的销售价格排除、限制了市场竞争？四川省发改委为什么要强调五粮液公司的市场地位？本章将重点讲解如何理解垄断协议限制、排除市场竞争的问题。

第一节　垄断协议概述

竞争是市场的基本特征。市场竞争迫使经营者不得不改进产品工艺、提高产品质量、降低产品价格，进而有利于提高消费者福利。但经营者可能会达成一致意思排除市场竞争以此获得高额利润、减少支出，这一行为就构成垄断协议。“垄断协议是经济生活中一种最常见、最典型的垄断行为”，[1]是《反垄断法》所规制的主要垄断行为之一。基于参与主体的区分，垄断协议可分为横向垄断协议与纵向垄断协议两类。自2008年《反垄断法》实施以来，我国各级法院、反垄断执法机构受理、查处了大量垄断协议案件，典型案例如湖北省工商行政管理局查处了12家保险公司达成的保费收取的横向垄断协议案，上海市高级人民法院审理了强生公司与其经销商达成的纵向垄断协议案。尽管如此，有关垄断协议的客观效果之认定、合法性判断原则等在理论与实务中仍然存在较大争议。

〔1〕 曹康泰：《关于〈中华人民共和国反垄断法（草案）〉的说明》，2006年6月24日在第十届全国人民代表大会常务委员会第二十二次会议上。

一、垄断协议的定义、类型与特征

(一)垄断协议的定义与类型

垄断协议是指两个及以上经营者达成或者行业协会做出的限制、排除竞争的协议、决定或者协同行为。各国反垄断法对垄断协议的表述不尽相同,如卡特尔、竞争者合谋、联合行为、不正当交易限制、限制竞争协议等。[2] 尽管称呼迥异,但内涵并无太大差别。我国法律采取了垄断协议这一概念。《反垄断法》第 13 条规定:"本法所称垄断协议,是指排除、限制竞争的协议、决定或者其他协同行为。"

垄断协议类型多样。从表现形式来看,垄断协议包括协议、决定和协同行为三种;从内容来看,则包括价格垄断协议、数量垄断协议、销售区域垄断协议等;从缔结主体看,分为横向垄断协议、纵向垄断协议与行业协会垄断。一些学者研究发现,7.8% 的反托拉斯案件涉及客户分配,14.6% 的案件涉及销售区域分割,1.8% 的案件涉及产品市场分配。[3]

(二)垄断协议的特征

第一,垄断协议的参与者既存在利益一致性,又具有竞争性。经营者参与垄断协议的目的是牟取超额利润,利益上的一致性才有激励共同限制、排除竞争。但是,横向垄断协议的经营者之间又存在竞争,这就迫使经营者不得不采取各种措施确保协议的履行,比如由行业协会监督协议的履行。一些经济学家认为经营者之间的竞争关系使得横向垄断协议长期来看是不稳定的,他们由此否认反垄断法存在的必要性。而对纵向垄断协议而言,双方的竞争性要弱得多,但参与者同样会有不履行垄断协议的激励。[4]

第二,垄断协议具有隐蔽性。由于垄断协议经营者利益的一致性及其违法性质,经营者会尽可能隐藏垄断协议。比如参与者会尽量采取口头协议,乃至协同行为,而不是缔结书面协议。垄断协议的隐蔽性增加了反垄断司法、执法的难度。

第三,垄断协议的竞争效应具有不确定性。垄断协议的违法性体现在限制、排除市场竞争,降低社会福利。但是,特定情况下垄断协议具有减少交易成本、提高中小企业效率等积极效应,尤其是纵向垄断协议有利于鼓励新企业进入、新产品开发、新市场开拓,进而促进品牌间竞争。这种竞争效应的不确定性使得垄断协议并不总是会受到禁止。

二、垄断协议的构成

(一)主体

多数情况下,垄断协议都是由两个及以上经营者所达成,这些经营者可能具有竞争关系,

---

〔2〕 德国《反限制竞争法》第 1 条规定:"处于竞争关系之中的企业之间达成的协议、企业联合组织作出的决议以及联合一致的行为,如以阻碍、限制或扭曲竞争为目的或使竞争受到阻碍、限制或扭曲,则是禁止的。"美国联邦贸易委员会与司法部制定的《关于竞争者之间合谋的反托拉斯指南》规定:"'竞争者合谋'包括竞争者之间从事经济活动的一个或一个以上协议——不是合并协议,以及根据协议进行的有关经济活动。'竞争者'包括实际和潜在的竞争者。竞争者合谋涉及一项或多项商业活动,如研究与开发、生产、市场营销、分销、销售或购买。信息共享和不同的贸易协会活动也可能通过竞争者合谋进行。"参见尚明主编:《主要国家(地区)反垄断法律汇编》,法律出版社 2004 年版,第 3 ~ 662 页。

〔3〕 [美]丹尼斯·卡尔顿、杰弗里·佩罗夫:《现代产业组织》,黄亚钧、谢联胜、林利军主译,上海三联书店、上海人民出版社 1998 年版,第 137 页。

〔4〕 参见万江:《窜货的法律控制》,载《中外法学》2016 年第 4 期。

也可能具有买卖合作关系。经营者之间的关系决定了垄断协议的类型。当这些经营者具有竞争关系时,垄断协议被称为横向垄断协议。而经营者之间属于买卖关系时,垄断协议被称为纵向垄断协议。[5] 比如各个电动车制造商之间为争夺市场份额,属于竞争关系,这些电动车制造商达成限制电动车价格、产量等方面的协议就属于横向垄断协议。而同品牌电动车制造商与电动车销售商之间的合作多于竞争,属于上下游关系、买卖关系。同品牌电动车制造商与电动车销售商达成的限制电动车销售价格、数量等方面的协议就属于纵向垄断协议。

除经营者之外,行业协会也属于垄断协议的主体。行业协会参与的垄断协议多种多样,最为典型的是参与价格限制、产量分配、市场分割。在美国,所有价格操纵案件中有36%涉及商会,43.6%的反托拉斯法案例涉及行业协会。[6] 在我国,行业协会垄断同样极为常见,尤其集中在建筑建材、保险等行业。有关行业协会垄断将专节论述,此不赘述。

(二)行为

垄断协议的本质是一种合同,是经营者就限制、排除竞争达成的约定。但这种合同并不要求必须达成书面合同或者口头合同,默示合同也属于垄断协议的一种。除此之外,行业协会的决定也属于垄断协议的一种。

1. 协议

垄断协议在多数情况下是由经营者之间就限制、排除竞争达成的一致意思表示,与通常的合同较为类似。这些协议包括双方形成的书面协议,也包括口头协议。

2. 决定

决定是行业协会促成垄断协议的主要方式,也是垄断协议比民事合同更为宽泛的体现之一,包括行业协会制定、发布含有排除、限制竞争内容的行业协会章程、规则、决定、通知、标准等,行业协会召集、组织或者推动本行业的经营者达成含有排除、限制竞争内容的协议、决议、纪要、备忘录等,以及其它行为。行业协会的决定表面上是单方行为,但只是将会员的共同意思由行业协会这一载体表达出来,仍然是多个经营者所达成的合意。行业协会决议应作宽泛意义上的理解,包括行业协会章程的条款,或者根据该章程对会员或者由会员作出的决议或建议,或者在协会内达成的非正式的建议。[7]

3. 协同行为

《反垄断法》上的垄断协议比民事合同范围宽泛的另一形式是协同行为。协同行为是指经营者虽未明确订立书面或者口头形式的协议或者决定,但实质上存在协调一致的行为。协同行为通常出现在,一个或数个经营者或行业协会向另一个经营者以口头或书面的方式发出订立限制竞争协议的要约,而另一方并未直接以口头或书面的形式承诺,但在以后的经营活动中采取协调一致的行为,从而使限制竞争协议成立。协同行为的本质还是一种合意,是经营者的共同意思。根据2010年国家工商行政管理总局发布的《工商行政管理机关关于禁止垄断协议行为的规定》第3条,认定协同行为应当考虑下列因素:经营者的市场行为是否具有一致性;经

〔5〕 有关纵向垄断协议与横向垄断协议两分法正当性的探讨,参见张晨颖:《垄断协议二分法检讨与禁止规则再造——从轴辐协议谈起》,载《法商研究》2018年第2期;侯利阳:《垄断行为类型化中的跨界行为——以联合抵制为视角》,载《中外法学》2016年第4期。

〔6〕 [美]丹尼斯·卡尔顿、杰弗里·佩罗夫:《现代产业组织》,黄亚钧、谢联胜、林利军主译,上海三联书店、上海人民出版社1998年版,第131页。

〔7〕 参见孔祥俊:《反垄断法原理》,中国法制出版社2001年版,第379页。

营者之间是否进行过意思联络或者信息交流;经营者能否对一致行为作出合理解释。如果有证据证明经营者事先进行过联络,事后又发生了协调一致的行为,可以认定构成一致行动。如果不能证明联络的事实和内容,但经营者的行为却高度协调一致,而且协调一致的行为若非经营者的合意不可能出现时,除非经营者能够给予合理解释,否则可以推定经营者存在协同行为。除此之外,认定协同行为还应当考虑相关市场的结构情况、竞争状况、市场变化情况、行业情况等。

(三)主观目的

无论是具有竞争关系的经营者,还是具有买卖关系的经营者,他们平常都可能有接触、有合作,并不是所有的合作关系都属于垄断协议,只有那些具有"限制、排除竞争"的主观故意的行为才属于垄断协议。垄断协议要求当事人在主观方面有排除、限制竞争的故意,即主体明知其行为会带来限制和排除竞争的后果,却希望或放任这种后果发生。不少国家都将经营者具有限制、排除竞争的合意作为认定垄断协议的要件。"主观故意可以从卡特尔协议或联合造成限制竞争的后果来反推,也可以从卡特尔参加企业所共同进行的共谋中来直接指证。也就是说,卡特尔协议或其他共谋中明确存在的限制竞争的内容或卡特尔造成的限制竞争的后果,就是卡特尔实施者主观故意的充分证据。"[8] 对于以书面或口头协议而进行的排除、限制竞争行为,可将协议作为排除、限制竞争行为的直接证据;对于没有订立书面协议或采取口头约定者,以及虽有书面协议或约定,但无法取得相关证据的,还可以其行为所造成的排除、限制竞争后果来进行推定,这样才能防止垄断协议的实施者以无法证明其主观故意为由来规避法律的制裁。[9]

(四)客观效果

垄断协议之所以为法律所禁止,是因为垄断协议会抑制市场公平竞争,阻碍市场配置资源的功能,损害消费者利益,影响社会主义市场经济的健康发展。国家工商行政管理总局在江西省泰和县液化石油气经营者从事垄断协议案中指出,分割销售市场的协议,一方面使消费者失去了选择商品的权利,严重损害消费者的利益;另一方面也使市场失去优胜劣汰的功能,效益好的企业因为不能参与正当竞争,不能根据市场的情况扩大自己的生产规模,因而也就不能扩大自己的市场份额,也严重损害企业的竞争力,使社会资源不能得到优化配置。[10]

因此,限制、排除竞争的客观效果成为判断协议、决定与协同行为是否构成垄断协议的重要构成要件之一。除要求垄断协议的主体具有限制、排除竞争外,还要求这些行为已经或者足以产生限制、排除竞争的效应。如果相关协议并不可能限制、排除竞争,就不应认定为垄断协议,比如国际统一的产品质量标准就不认为属于垄断协议。判断相关行为是否限制、排除了市场竞争,主要是看协议的履行是否让产品维持了高价、降低了产品供给。为证明相关行为是否存在限制、排除竞争的效应,可以采取横向对比和纵向对比两种方式。但要注意,垄断协议的民事诉讼和行政执法对"限制、排除竞争的客观后果"的要求不同。行政执法并不要求垄断协议已经"限制、排除竞争"。例如《反垄断法》第46条规定,尚未实施所达成的垄断协议的,可以

〔8〕 参见曹士兵:《反垄断法研究》,法律出版社1996年版,第208页。
〔9〕 参见种明钊:《竞争法》(第3版),法律出版社2016年版,第221页。
〔10〕 国家工商行政管理总局竞争执法公告2013年第2号。

处五十万元以下的罚款。[11] 但在民事诉讼中,个别法院认为受害人需要证明经营者的行为产生了限制、排除竞争的效果,进而使其受到损失,方能主张相应的赔偿。[12]

此外,《反垄断法》第13条、第14条明确列举了七种垄断行为。行政执法、司法实务就《反垄断法》所明确列举的七种垄断行为,是否还需要证明存在"限制、排除竞争"的效应具有较大争议。一种观点认为,这些行为具有限制、排除竞争的效应,不需要另行证明,通常将之归类为本身违法原则。另外一种观点则认为,依然要证明这些行为具有限制、排除竞争的效应,通常将之归类为合理原则。最高人民法院的司法解释对此予以了区分,即"被诉垄断行为属于反垄断法第13条第1款第1项至第5项规定的垄断协议的,被告应对该协议不具有排除、限制竞争的效果承担举证责任"。但就《反垄断法》第14条所列举的行为,最高人民法院并未予以明确。[13] 一般观点倾向于认为,最高人民法院对横向垄断协议持本身违法原则或者推定原则,对纵向限制协议持合理原则。与司法部门的观点不一样,行政部门更倾向于采取本身违法原则处理纵向限制协议和横向垄断协议。[14]

第二节　横向垄断协议

横向垄断协议是指两个或两个以上因生产或销售处于同一阶段、相互直接竞争中的经营者,通过共谋而实施的限制竞争行为。横向垄断协议是一种水平方向的联合,其行为主体是处于同一经济阶段的互为竞争对手的经营者。从事生产经营活动的市场主体,无论是自然人、合伙企业还是公司,都可以成为横向垄断协议的主体,但参与的经营者必须在经济上和法律上均保持独立。[15] 横向垄断协议是由具有直接竞争关系的经营者所达成的协议或者协同行为,直接限制乃至排除了经营者之间的竞争,对市场竞争秩序的损害极大,因而通常以本身违法原则予以处理。一般情况下,卡特尔更多指向横向垄断协议,如德国《反限制竞争法》第1章为"卡特尔协议、卡特尔决议及联合一致的行为",第2章则为"纵向协议"。我国《反垄断法》第13条列举了横向垄断协议的多种类型,包括固定价格、横向限制产量和销售量、分割销售市场、联合抵制等多种形式。

一、价格垄断协议

价格垄断协议又称为价格固定、联合定价、价格联盟,是具有竞争关系的经营者联手统一

---

〔11〕 有关行政执法与民事诉讼对"限制、排除禁止效应"构成要件区别的分析,参见海南省高级人民法院行政判决书(2017)琼行终1180号。

〔12〕 详见本章第三节的强生案。

〔13〕 最高人民法院《关于审理因垄断行为引发的民事纠纷案件应用法律若干问题的规定》第7条(法释〔2012〕5号),2012年5月3日。

〔14〕 推定原则是假设存在限制、排除竞争的效应,但被告可以证明不具限制、排除竞争的效应而免责。推定原则和本身违法原则有细微的区别,但和豁免的区别则比较明显。有关我国规制垄断协议的模式,参见兰磊:《论我国垄断协议规制的双层平衡模式》,载《清华法学》2017年第5期;叶卫平:《反垄断法分析模式的中国选择》,载《中国社会科学》2017年第3期。

〔15〕 王晓晔:《竞争法研究》,中国法制出版社1999年版,第206页。

确定、维持或者变更商品价格的协议、决定或者其他协同行为。价格垄断协议是最为常见的横向垄断协议，其对市场竞争的抑制最为显著，对消费者利益的损害最为直接和严重。原因在于，价格是经营者之间以及经营者与消费者之间互通信息的工具，是调节社会生产和需求的重要机制。[16] 一旦价格被固定下来，消费者不得不支付高于竞争水平的价格。价格垄断协议还抑制了市场机制的资源配置功能，使市场机制无法传递供需状况，其结果是劣质企业不能被淘汰，优势企业不能获得良好的经济效益。

价格垄断协议包括以下几类：[17]

一是固定或者变更商品和服务的价格水平。比如，日本住友等8家汽车零部件企业多次通过会谈协商固定商品价格，形成对中国大陆地区汽车零部件、轴承的统一订单报价协议，在拟对产品进行涨价时，需要共同确认涨价方针和涨价时机。[18]

二是固定或者变更价格变动幅度。比如，广州市机动车驾驶培训行业协会制定了机动车驾驶员培训费行业指导价，要求各驾校按此标准可以下调5%，上调15%。

三是固定或者变更对价格有影响的手续费、折扣或者其他费用。比如，浙江省保险行业协会组织23家浙江省级财产保险公司多次开会协商约定车险费率折扣幅度，将新车第一年商业险折扣固定为9.5折，后被国家发展和改革委员会处以罚款总计1.1亿多元。[19]

四是约定采用据以计算价格的标准公式。比如，国家发展和改革委员会查处的上海黄金饰品行业协会及部分金店达成价格垄断案中，上海黄金饰品行业协会多次组织具有竞争关系的会员单位商议制定《上海黄金饰品行业黄金、铂金饰品价格自律实施细则》，约定了黄金、铂金零售价格的测算方式、测算公式和定价浮动幅度。执法部门经测算比对，多家金店零售牌价全部落在测算公式规定的浮动范围内，并且调价时间、调价幅度以及牌价高度一致，违反了《反垄断法》第13条关于禁止具有竞争关系的经营者达成固定或者变更商品价格的垄断协议的规定；[20] 约定未经其他经营者同意不得变更价格等。

此外，经营者还可以约定未经参加协议的其他经营者同意不得变更价格，使用约定的价格作为与第三方交易的基础，以及采取其他方式变相固定或者变更价格。

二、限制数量协议

限制数量协议是指两个或者两个以上的经营者通过合同、协议等方式，以限制商品的生产或者销售数量的行为。限制商品的生产、销售数量，而不是按照市场需求进行产品生产和销售，是人为降低产品供应，使消费者不能获得充裕的产品，生产经营者由此可以提高产品单价并从中获得高额利润。限制数量协议主要体现为，以限制产量、固定产量、停止生产等方式限制商品的生产数量或者限制商品特定品种、型号的生产数量；以拒绝供货、限制商品投放量等

---

〔16〕 参见种明钊：《竞争法》（第3版），法律出版社2016年版，第222页。

〔17〕 更详细的类型列举，参见《反价格垄断规定》（2010年国家发展和改革委员会令第7号）。

〔18〕 参见《国家发展和改革委员会行政处罚决定书》（发改办价监处罚〔2014〕9号）。

〔19〕 参见《国家发展和改革委员会行政处罚决定书》（发改办价监处罚〔2013〕7号）。

〔20〕 根据《上海黄金饰品行业黄金、铂金饰品价格自律实施细则》规定，各金饰品经营者应以中间价为基准，上下浮动正负不超过3%，在这一幅度范围内选择适合本企业、商家的饰金价格。饰金价的调准方法是依据上海黄金交易所前一周交易的黄金周加权平均价为基准，当周加权平均后的黄金交易价在上周基准价的正负2%之内，零售饰金市场基准价不变，超出正负2%部分乘以加成系数，即调整周挂牌的饰金价格。

方式限制商品的销售数量或者限制商品特定品种、型号的销售数量。[21] 例如,辽宁省建筑材料工业协会组织 11 家水泥熟料生产企业,共同订立《水泥行业自律条款》《检查处罚规定》等自律公约,要求各水泥生产企业在特定时间段停产。国家工商行政管理总局授权辽宁省工商行政管理局于 2011 年立案调查,并于 2012 年对涉案当事人分别下达了行政处罚决定。[22]

三、分割销售市场或者原材料采购市场

分割市场协议是指处于竞争关系的企业之间就地域市场、交易对象、产品类别等进行划分的协议、决定或者协同行为。分割市场的目的是人为排除经营者之间的竞争,抑制市场优胜劣汰的资源配置功能。分割市场协议自然会损害消费者利益,减少了消费者购买多样化产品的权利,迫使其不得不支付高价。其行为主要包括:划分商品销售地域、销售对象或者销售商品的种类、数量;划分原料、半成品、零部件、相关设备等原材料的采购区域、种类、数量;划分原料、半成品、零部件、相关设备等原材料的供应商。[23] 例如,连云港市建筑材料和建筑机械行业协会混凝土委员会以行业自律为名,制定"预拌混凝土企业行业自律条款"及"检查处罚规定",明确了市场划分原则,即"市区的砼市场原则上按东西区域、就近安排来划分"。协议明确规定,会员单位未经协会统一分配私自承接工程或工程量隐瞒不报的,予以处罚。[24]

四、联合限制技术进步

联合限制技术进步是指具有竞争关系的经营者共谋限制购买新设备或限制开发新技术、新产品。技术、设备是影响企业生产效率、生产规模的重要因素。新技术、新设备有利于降低生产成本,提高消费者福利。但新技术、新设备改变了经营者之间的经营状况,导致旧企业在竞争中处于不利地位,乃至被淘汰。经营者因而有达成限制购买新设备新技术、开发新产品的激励。但是,这种协议却抑制了技术进步,阻碍了市场优胜劣汰的功能,损害消费者福利,《反垄断法》因而予以禁止。2011 年,国家工商行政管理总局发布的《工商行政管理机关关于禁止垄断协议行为的规定》第 6 条列举了联合限制技术进步的各种行为:限制购买、使用新技术、新工艺;限制购买、租赁、使用新设备;限制投资、研发新技术、新工艺、新产品;拒绝使用新技术、新工艺、新设备;拒绝采用新的技术标准。

五、联合抵制交易

联合抵制协议又称集体拒绝交易、杯葛行为,[25] 是指具有竞争关系的经营者联合起来,共同拒绝与其他竞争对手、供应商或者客户进行交易的行为。经营者为了将竞争者置于不利之地而直接拒绝与其交易,或通过迫使供应商中断与竞争者的交易来达到同样的目的的联合抵

---

〔21〕 参见 2011 年《工商行政管理机关关于禁止垄断协议行为的规定》第 4 条。

〔22〕 国家工商行政管理总局竞争执法公告 2013 年第 4 号。

〔23〕 参见 2011 年《工商行政管理机关关于禁止垄断协议行为的规定》第 5 条。

〔24〕 国家工商行政管理总局竞争执法公告 2013 年第 1 号。

〔25〕 杯葛源自 Boycott 的译音。Boycott 是 19 世纪英国地主代理人的名字,被爱尔兰农民集体抵制,要求减租减息。由于此事影响深远,后来英语中就常用"Boycott"一词代指一方与另一方断绝政治或经济关系,或是某方抵制某项活动。译成汉语即为"杯葛",或意译为"抵制"。

制，必然会影响市场竞争机制的正常运行，损害消费者利益。[26] 联合抵制交易主要包括：联合拒绝向特定经营者供货或者销售商品；联合拒绝采购或者销售特定经营者的商品；联合限定特定经营者不得与其具有竞争关系的经营者进行交易。[27] 例如，番禺动漫游戏产业的52家会员及联盟企业共同约定，当事人仅参加由该协会主导、主办或者承办的广州展会，不能参加与本行业无关或协会认为不能参加的展会。[28]

除前述五种常见的横向垄断协议外，实践中还存在其它类型的横向垄断协议，比如招标投标活动中串通招投标。《反垄断法》第13条第1款第6项规定，禁止经营者达成"国务院反垄断执法机构认定的其他垄断协议"。这一条款赋予了反垄断执法机构的自主裁量权。需提醒，"其他协议"须以国务院反垄断执法机构的"认定"为要件。

第三节　纵向垄断协议

纵向垄断协议是指两个或两个以上在同一产业中处于不同阶段而有买卖关系的企业，通过共谋而实施的限制竞争行为。经营者之间的纵向限制包括转售价格限制、纵向地域限制、推荐价格、忠实折扣、排他性销售、排他性购买、顾客限制等。[29] 与横向垄断协议相比，纵向限制协议在商业实践中更为常见，但并非所有的纵向限制协议都构成垄断协议，司法实践中纵向限制协议被认定为垄断协议的比例非常低。[30] 我国《反垄断法》明确禁止经营者与交易相对人达成固定向第三人转售商品的价格、限定向第三人转售商品的最低价格。

一、纵向限制协议的类型

（一）纵向价格限制协议

纵向价格垄断是指经营者与交易相对人达成限制商品转售价格或者服务提供价格的协议、决定。纵向价格限制协议包括固定转售价格、最低转售价格限制和最高转售价格限制。固定转售价格是固定交易相对人向第三人转售商品的价格，交易相对人在向第三人转售时不得提高或者降低价格。最低转售价格是限定交易相对人向第三人转售商品的最低价格，交易相对方可以提高但不得降低转售价格。最高转售价格则是限定交易相对人向第三人转售商品的最高价格。此外，当事人还可以限定转售价格区间、限定交易相对人的定价权。转售价格限制是上游经营者与下游经营者就商品、服务定价达成的合意，目的在于限制下游经营者的定价行为，进而限制、排除竞争，符合垄断协议的构成要件，因而常为法律所禁止。

不过，最高转售价格在一定程度上有利于消费者，因而较少会被认定为垄断协议。我国《反垄断法》明确禁止的行为包括固定转售价格、最低转售价格限制。对实践中较为常见的价

---

〔26〕 参见种明钊：《竞争法》（第3版），法律出版社2016年版，第223页。

〔27〕 参见2011年《工商行政管理机关关于禁止垄断协议行为的规定》第5条。

〔28〕 广东省工商行政管理局行政处罚决定书粤工商经处字〔2015〕第2号。

〔29〕 参见王晓晔：《王晓晔论反垄断法》，社会科学文献出版社2010年版，第140页。

〔30〕 参见万江：《窜货的法律控制》，载《中外法学》2016年第4期；万江：《商品售后服务全国联保窜货免责的法律救济》，载《现代法学》2017年第3期。

格推荐行为,由于其是制造商对销售商就其所供商品的转售价格作出的没有约束力的推荐,并没有排除经销商的自主定价权力,通常视为合法行为。但如果供货商就推荐价格设定了处罚条款,就构成转售价格限制,应受到反垄断法规制。[31]

(二)纵向非价格限制协议

纵向非价格垄断,是指经营者与交易相对方达成的限制非价格问题的其他纵向协议。纵向非价格限制协议同样是经营者与交易相对人达成的协议,其与纵向价格限制协议的区别主要表现在限制的对象不同,纵向非价格限制涉及销售区域、销售渠道、销售对象、销售数量、售后服务等,比如供货商与零售商通常会约定,零售商只能在特定区域按指定方式销售,供货商则承诺要保护经销授权,制止非授权零售商通过开设实体店、网店等行为销售同类产品。实践中最常见的是销售渠道限制包括独家销售、独家购买、选择性销售。[32]

我国《反垄断法》并没有明确列举纵向非价格限制协议,但反垄断执法机构可以根据《反垄断法》第14条第1款第3项"国务院反垄断执法机构认定的其他垄断协议"进行查处。不过,由于条款的模糊性增加了执法成本,反垄断执法机构较少查处纵向非价格限制协议案件。在2016年查处的美敦力垄断协议案中,执法机构指出,"当事人还采取了限制经销商转售商品的销售对象和销售区域、禁止经销商销售具有竞争关系的其他品牌产品等措施,这些限制措施与纵向价格措施并用,进一步强化了固定转售价格和限定最低转售价格的实施效果"。[33] 另需注意,纵向限制协议到底应当属于垄断协议还是滥用市场支配地位在实践中存有争议。

二、纵向限制协议的竞争效应及其合法性争议

纵向限制协议与横向垄断协议不同之处在于,纵向限制协议的参与者是两个以上在同一产业中处于不同经济阶段而有买卖关系的企业。纵向限制中买卖关系的存在意味着,经营者间的竞争关系不如横向市场经营者之间的竞争激烈,对市场竞争的破坏没有那么严重。因而,对纵向限制协议的法律规制不能简单采取本身违法原则。

(一)竞争效应

限制、排除竞争效应是垄断协议违法性的本质。一般认为,纵向限制协议限制了同一品牌内经销商之间的竞争,影响竞争机制优胜劣汰的功能发挥,使消费者不得不支付更高的价格。正是由于纵向限制协议抑制了品牌内竞争,因而才受到反垄断法的规制。尤其是对固定价格行为,不少国家更趋向于采取本身违法原则进行处理。[34] 国务院反垄断委员会就曾指出,纵向协议会限制品牌内竞争,损害消费者利益。特别是,当相关市场上多数甚至全部经营者均采用相似纵向协议,协议中的各类纵向限制形成网络,全面覆盖相关市场,品牌间竞争的约束力将被明显削弱。相似纵向协议导致的累积效果能够显著限制相关市场的竞争,使相关产品和服务在竞争水平之上定价,最终导致消费者福利损失。

纵向价格限制的负面效应主要表现在以下方面:(1)可以促成供应商或者经销商之间的横

---

〔31〕 参见孟雁北:《反垄断法》,北京大学出版社2011年版,第101~102页。

〔32〕 详细论述参见苏华:《分销行为的反垄断法规制》,法律出版社2012年版,第119页。

〔33〕 国家发展和改革委员会行政处罚决定书〔2016〕8号。

〔34〕 王晓晔:《王晓晔论反垄断法》,社会科学文献出版社2010年版,第141页。

向价格垄断协议;(2)排除品牌内的价格竞争,使正常的降价需求不可能,导致产品价格长期维持较高价格水平,进而损害消费者福利;(3)限制经销商定价自由,排挤有效率的经销商。在美敦力实施的纵向价格限制案中,国家发展和改革委员会认为纵向价格限制排除、限制了市场竞争,损害了消费者利益,主要表现在:首先,排除、限制了经销商之间的价格竞争。其次,限制了品牌间的竞争,当事人限制经销商通过降低价格等方式与其他品牌经销商进行竞争,并禁止经销商销售其他竞争品牌的产品,进一步扩大了对竞争的限制,阻碍了市场价格机制正常发挥作用。最后,损害了终端购买者的合法权益和消费者利益。纵向价格限制排除了消费者以低于限制价格购买涉案产品的机会,损害了消费者利益。[35]

地域限制和客户限制等非纵向价格限制同样可能削弱品牌内竞争、分割市场、助长价格歧视。有效实施的地域限制和客户限制导致其他经销商难以获得供货,阻碍更有效率的新型经销模式的推广,使商品和服务价格维持在高位。但是,有时地域限制和客户限制也能够提高经销效率,比如,在经销商需要为保护和建立品牌形象进行特定投资时,地域限制能产生显著的效率。[36]

与横向限制协议只具有限制竞争效应不同,纵向限制协议也有促进竞争的积极一面。纵向限制协议可用于防止经销商"搭便车"的行为,使经销商之间从低价竞争转向非价格竞争,比如产品推广、售后服务、品牌维系、诚信守约等。同时,纵向限制的实施有利于新品牌、新市场的开发,最终,纵向限制协议客观上有利于增加品牌间竞争。一些学者的实证研究发现,禁止转售价格限制后确实可以降低商品价格,但却导致经营者减少了广告预算。[37]

(二)合法性争议

纵向限制协议具有抑制品牌内竞争的效应,但也可能促进品牌间竞争。在品牌间竞争剧烈时,可以抵消纵向限制协议对品牌内竞争的抑制。但如果供货商或者销售商至少一方具有市场支配地位,导致品牌间缺乏竞争,那么纵向限制协议就会进一步抑制市场竞争。只有在实际产生难以克服、难以抵消的限制竞争效果时,纵向限制协议才应被认定为垄断协议。比如,在原告经销商起诉格力电器纵向垄断协议案中,广州知识产权法院指出,最低销售价格的行为也许限制了经销商之间在同一产品品牌内部的价格竞争,但原告与其他经销商仍然可以在售前宣传、售中促销和售后服务等多方面参与竞争。即便面对同一品牌,消费者也仍存有选择的空间。[38] 而到底是促进还是抑制竞争更占优势?这与市场的竞争结构紧密相关。因此,考察纵向限制对市场竞争的实际影响就非常必要。在原告经销商起诉强生公司纵向垄断协议案中,上海市知识产权法院指出,相关市场的竞争不充分应当是认定涉案限制最低转售价格协议构成垄断协议的首要条件,只有在认定相关市场缺乏充分竞争的情形,才需要进一步判断涉嫌垄断的协议的竞争效果。在充分竞争的市场,限制最低转售价格不会妨碍消费者的其他替代选择,经济效率和消费者利益没有受损。而在一个竞争不充分的市场,由于缺乏充分的替代选择,最低价格限制不仅会导致该品牌内产品失去价格竞争,而且可能在不同品牌产品间形成定

---

〔35〕 国家发展和改革委员会行政处罚决定书[2016]8号。

〔36〕 参见《国务院反垄断委员会关于汽车业的反垄断指南(征求意见稿)》(2016年3月),载 http://www.ndrc.gov.cn/gzdt/201603/t20160323_795743.html,最后访问日期:2018年9月14日。

〔37〕 [美]丹尼斯·卡尔顿、杰弗里·佩罗夫:《现代产业组织》,黄亚钧、谢联胜、林利军主译,上海三联书店、上海人民出版社1998年版,第412页。

〔38〕 广州知识产权法院民事判决书(2015)粤知法商民初字第33号。

价上的默契,使市场价格上涨或者维持在一个较高水平,降低经济效率、损害消费者利益。但是,如果企业不具备影响市场竞争的能力,不会产生应当通过反垄断执法来消除的排除、限制竞争的效果。因此,实施限制最低转售价格的企业具有很强的市场地位,应当是认定限制最低转售价格行为具有排除、限制竞争效果的前提和基础。[39] 对此,欧盟委员会2010年制定的《纵向限制指南》根据纵向协议各方的市场份额高低,设定了评价垄断协议合法性的市场份额标准。[40]

由于纵向限制协议竞争效应的复杂性,纵向限制协议到底采取本身违法原则、合理原则还是其他处理方法,在各国都存在较大争议,尤其是转售价格限制的合法性争议最为突出。从理论方面来看,垄断协议的认定存在本身违法原则、合理原则和本身合法原则三种思路。美国《谢尔曼法》实施后不久,美国对纵向垄断协议确立了本身违法原则,但在 1976 年对纵向地域限制协议采取了合理原则,在 2006 年对最低转售价格限制开始采取合理原则。[41] 结合我国《反垄断法》的规定来看,纵向垄断协议究竟是采取本身违法原则还是合理原则是有争议的。《反垄断法》第 13 条、第 14 条分别罗列了几种典型的垄断协议,通常认为应当采取本身违法原则处理。但是《反垄断法》第 13 条又将垄断协议定义为具有排除、限制竞争的行为。如何理解《反垄断法》第 14 条与第 13 条的关系会影响到合法性判断原则的采用。最高人民法院的司法解释明确了横向垄断协议的举证责任,但未明确纵向限制协议的举证责任。因而,限制、排除竞争的效应是不是《反垄断法》罗列的几种垄断行为的必备要件,两者是并列还是种属关系,都没有定论。

案例 1:锐邦涌和诉强生公司垄断协议案[42]

锐邦涌和与强生公司在《经销合同》中约定:锐邦涌和在授权指定区域销售强生公司的缝线产品,并不得低于协议规定的产品价格销售。后强生公司以锐邦涌和在竞标中降低销售价格、在非授权区域经销缝线产品为由,扣除锐邦涌和保证金 2 万元,取消经销授权,继而完全停止供货。锐邦涌和向上海市第一中级人民法院提起诉讼,指控强生公司与经销商的价格限定协议构成纵向垄断。

一审法院认为:双方限制最低转售价格的条款是否属于垄断协议,需要进一步考量其是否具有排除、限制竞争的效果。原告举示的证据不能确切地反映出经销合同项下产品在相关市场所占份额,更不能说明相关市场的竞争水平、产品供应和价格的变化等情况。由于原告举证不足,判决驳回原告锐邦涌和全部诉讼请求。被告强生公司不服一审判决,向上海市高级人民法院提出上诉。

二审法院认为:(1)《反垄断法》第 14 条规定限制最低转售价格协议必须具有排除、限制竞争效果才能被认定为垄断协议。但由于纵向协议限制竞争效果一般不如横向协议直接明显,应当遵循民事诉讼"谁主张,谁举证"的原则,由原告对本案限制最低转售价格协议具有排除、

---

〔39〕 上海市高级人民法院民事判决书(2012)沪高民三(知)终字第63 号。

〔40〕 在协议各方市场份额分别不超过 15%,不含有特定类型的纵向限制,且相关市场上类似纵向协议不存在累积效果时,该协议通常不会被禁止。参见苏华:《分销行为的反垄断规制》,法律出版社 2012 年版,第 34 ~ 36 页。

〔41〕 参见卢延纯、苏华:《美国纵向价格限制反垄断十年回顾:2007 年—2016 年》,载《竞争政策研究》2017 年第 1 期。

〔42〕 详细案情参见上海市高级人民法院民事判决书(2012)沪高民三(知)终字第63 号。

限制竞争效果承担证明责任。在对限制最低转售价格行为性质的分析判断中,相关市场竞争是否充分、被告市场地位是否强大、被告实施限制最低转售价格的动机、限制最低转售价格的竞争效果等四方面情况是最重要的考量因素。另外,虽然不能将具有限制竞争的动机作为认定限制最低价格协议具有排除或限制竞争效果、构成垄断协议的必要条件,但仍然可以将其作为认定限制最低转售价格协议性质所应考虑的重要参考因素。(2)本案限制最低转售价格协议明显存在以下限制竞争的效果:第一,排除品牌内竞争,长期维持较高价格水平。正是由于被上诉人采取最低转售价格限制,才使得这种现实、正常的降价需求变得不可能,直接排除了品牌内的价格竞争。根据相关证据,可以确认强生公司缝线产品价格普遍高于其他品牌缝线产品价格,也可以确认强生公司多年来所采取最低转售价格限制,帮助其缝线产品价格长期维持在竞争价格水平之上;第二,协议回避了品牌间价格竞争,降低了相关市场的价格竞争;第三,协议限制经销商定价自由,排挤有效率的经销商。(3)在促进竞争的效果方面,本案限制最低转售价格协议也不存在促进产品质量提升、促进新产品或新品牌进入市场方面的明显必要和效果,也不存在防止经销商"搭便车"行为的明显必要和效果,不存在其他在经济学上可以说明的必要和效果。两相比较,本案限制最低转售价格协议促进竞争的效果不明显或者说非常有限,远远抵不上其排除、限制竞争的效果。(4)本案《经销合同》中限制最低转售价格条款属于《反垄断法》所禁止的垄断协议。

本案中,一审法院与二审法院都认为是否具有限制、排除市场竞争的动机,是否具有限制、排除市场竞争的效果,均是纵向限制协议构成垄断协议的构成要件。一审法院认为,争诉的纵向限制协议不具有限制、排除市场竞争的效果,不是垄断协议。二审法院则认为,争诉的纵向限制协议具有限制、排除竞争的效果,属于垄断协议。

第四节 行业协会垄断

一、行业协会垄断的定义与特征

(一)行业协会垄断的定义

一般认为,行业协会是由单一行业的竞争者所构成的非营利性组织。[43] 行业协会是按国民经济行业分类由属于不同门类的经营者所参加的群众性组织。行业协会必须是经民政部门依法登记的社会团体,如汽车工业协会、家用电器生产企业协会等。当然,也可跨门类而形成综合性的行业组织,如产品质量管理协会、(集贸)市场管理协会等。行业协会是合法的社会组织,具有合法的行业管理协调权、行业处罚权。行业协会作为同类经营者的管理者、协调者,一方面可以规范行业经营秩序,但另一方面又便利了经营者垄断协议的达成,用于限制乃至排除经营者之间的竞争,为行业经营者牟取非法利益。

根据2011年《工商行政管理机关禁止垄断协议行为的规定》第9条,学界倾向于将行业垄断定义为,行业协会通过单独制定、发布协会章程、规则、决定、通知、标准,或者组织协调成员企业达成协议、决议、纪要、备忘录等形式,实施旨在排除、限制竞争或者实际达到排除、限制竞

〔43〕 鲁篱:《行业协会限制竞争法律规制研究》,北京大学出版社2010年版,第1页。

争后果的行为。简言之，行业协会垄断是指行业协会组织经营者达成限制、排除竞争的行为。我国《反垄断法》第 11 条规定，行业协会应当加强行业自律，引导本行业的经营者依法竞争，维护市场竞争秩序。《反垄断法》垄断协议章第 16 条更明确规定，行业协会不得组织本行业的经营者从事本章禁止的垄断行为。[44]

（二）行业协会垄断的特征

与经营者达成的垄断协议相比，行业协会垄断的特点尤其体现在行业协会主体本身的复杂性方面。

第一，行业协会垄断是一种集体行为。行业协会是一种社团法人，是多个经营者构成的集体性组织，具有独立人格。但由于行业协会的利益与协会成员具有高度一致性，所做出的决定是协会成员共同意思的外在表现。“虽然其限制竞争行为是由行业协会组织或者主导的，但具体的实施者仍然是参见行业协会的会员企业”。[45] 因此，尽管行业协会做出限制、排除竞争的决定看似为一种单方行为，但依然是众多经营者达成的合意行为。行业协会更多地“体现为策划、协调、指导等行为，只有在其组织本行业经营者达成或实施垄断行为的情况下，行业协会的垄断性才得以表现；反之，脱离了经营者这一重要载体，行业协会将不可能实现垄断预期”。[46] 因此，行业协会垄断依然属于众多经营者达成的合意，属于垄断协议。

第二，行业协会垄断的行为更加隐蔽。行业协会本身具有合法的行业自治、行业自律权利，因而行业协会的限制、排除竞争行为往往以行业自律的形式出现，在表面合法的情况下实施违法行为，进而逃避反垄断执法。同时，行业协会可以通过内部的监督机制防止成员的欺骗行为，避免外部公众知晓。[47]

第三，行业协会垄断的危害性更大。反垄断法律受到经济学反对的一个重要原因是垄断协议的不稳定性，即参与协议的经营者有违约的冲动。由于行业协会垄断具有处理违反协会规则的会员的自律权，[48] 行业协会的加入使得垄断协议更加稳定，持续期更长。与此同时，因行业协会的决定对所有的会员均具有约束力，更多的经营者会实施限制、赔偿竞争的行为。

目前，我国行业协会还存在政会不分、管办一体等问题，行业协会甚至享有一定的行政职能。[49] 行业协会实施的垄断行为通常与行业管理职能混合在一起，导致其垄断行为形式多样、行为隐蔽。又由于行业协会的决议对行业内所有的会员具有约束力，涉及面更广、危害性更大。因而，行业协会垄断需受到法律的规制。

---

〔44〕 德国《反限制竞争法》明确区分企业与企业团体，企业团体的决议为该法第 1 条卡特尔禁止的对象；而我国台湾地区“公平交易法”则规定：“本法所称事业如下：（一）公司；（二）独资或合伙之工商行号；（三）同业公会；（四）其他提供商品或从事交易之人或团体。”据此规定，“同业公会”在我国台湾地区也为从事联合限制竞争的行为主体之一。参见种明钊：《竞争法》（第 3 版），法律出版社 2016 年版，第 220 页。

〔45〕 鲁篱：《行业协会限制竞争法律规制研究》，北京大学出版社 2010 年版，第 18 页。

〔46〕 全国工商系统第二期反垄断与反不正当竞争专家型人才培训班第二课题组：《行业协会垄断行为执法研究》，载《中国工商管理研究》2012 年第 6 期。

〔47〕 鲁篱：《行业协会限制竞争法律规制研究》，北京大学出版社 2010 年版，第 20 页。

〔48〕 有关行业协会规则制定权与垄断关系的讨论，参见梁鹏：《论保险行业协会制定规则的权限——兼论反垄断法对保险行业协会规则制定的影响》，载《保险研究》2008 年第 11 期。

〔49〕 参见中共中央办公厅、国务院办公厅于 2015 年制定的《行业协会商会与行政机关脱钩总体方案》。

二、行业协会垄断的表现形式

综合2010年国家发展和改革委员会《反价格垄断规定》第9条和2011年《工商行政管理机关禁止垄断协议行为的规定》第9条，从形式上看，行业协会参与的垄断协议包括以下情形：以行业协会名义单独或者与其成员共同作出的决定、通知、标准等，或者组织协调成员企业达成协议，实施旨在排除、限制竞争或者实际达到排除、限制竞争后果的行为。

一是直接制定垄断协议。第一种情形下，行业协会直接制定一系列限制、排除竞争的决定、标准、行业自律等，这种行业协会垄断通常对行业内所有的经营者都有影响。在目前查处的多数行业协会垄断案件中，都是行业协会作出的决定或者行业自律。例如，西双版纳州旅游协会组织46家酒店、15家景点、2家旅游客运汽车公司签订《西双版纳州信息管理系统诚信服务自律公约》(以下简称《自律公约》)，要求旅行社接待旅游团队选择的旅游汽车必须是旅游客运公司提供的车辆，旅行社接待旅游团队选择的酒店必须是与其签订《自律公约》并纳入系统的酒店等。云南省工商管理局指出，西双版纳州旅游协会组织上述83家旅游服务企业经营者签订含有垄断条款的《自律公约》的行为，违反了《反垄断法》第16条。[50] 又如，浙江省保险行业协会多次组织浙江省各财产保险公司集体开会、磋商，制定车险费率，并制定了《浙江省机动车辆保险行业自律公约》。国家发展和改革委员会指出，浙江省保险行业协会具有组织经营者达成垄断协议、督促经营者实施垄断协议等行为，排除限制了市场竞争，是“横向价格垄断协议的策划者、召集者和主要推动者”。[51]

二是组织经营者达成垄断协议。行业协会还可以作为协调者、组织者，协调、推动所有或者部分成员达成垄断协议。相比第一种情形，经营者之间会直接签订协议，行业协会并不是《合同法》上的合同主体。例如，张家界市保险行业协会组织中国人民财产保险股份有限公司张家界市分公司、中国平安财产保险股份有限公司张家界中心支公司等8家保险企业多次召开会议，最终由8家保险企业达成一致意见，签订了《新车保险协议》。《新车保险协议》对新车的市场份额进行了划分。[52] 本案中，行业协会起草、协调推动协会成员签订垄断协议，但并非垄断协议的直接签订人，属于典型的组织者。

三是组织经营者交流信息。除在前述两种情形中扮演主动的角色之外，行业协会还可能扮演信息交流的角色。例如，由行业组织出面收集行业成员以及其他经营者的价格、产量、成本、商业计划等生产经营信息，然后将收集的相关信息发布给成员。生产经营信息的交换使得经营者更容易达成垄断协议。此外，行业协会也可以通过出版或编辑价格指南、构建信息交流平台、互换职务等来交流信息。[53] 不过，行业协会本身的功能之一也在于收集相关信息，并非所有的信息交换都是违法的。在分析信息交换的合法性时，“主要考察信息本身的特征、相关市场环境、信息交换行为对相关当事人的影响程度等因素”。[54]

前述分类是基于行业协会垄断的形式。从内容上看，行业协会垄断更加广泛，有关横向垄

---

〔50〕 参见《中华人民共和国国家工商行政管理总局竞争执法公告2013年第12号》。

〔51〕 参见《国家发展和改革委员会行政处罚决定书》(发改办价监处罚〔2013〕7号)。

〔52〕 参见《中华人民共和国国家工商行政管理总局竞争执法公告2013年第6号》。

〔53〕 参见鲁篱:《行业协会经济自治权研究》，法律出版社2003年版，第258～261页。

〔54〕 全国工商系统第二期反垄断与反不正当竞争专家型人才培训班第二课题组:《行业协会垄断行为执法研究》，载《中国工商管理研究》2012年第6期。

断协议、纵向垄断协议的各种类型都可能涉及，包括固定价格、分割市场、制定标准、资格认定等。从我国反垄断执法实践来看，行业协会垄断最常见的是促成横向价格垄断协议。与一般垄断协议相比，行业协会垄断最为特别的类型是行业标准制定方面的限制、排除竞争。根据《产品质量法》，行业协会可以制定行业标准。行业标准有助于降低消费者的搜寻成本，但行业协会也可能以标准化为借口拒绝给对标准产品具有强大竞争威胁的革新产品予以认证，也可能设定一些不必要的技术指标提高中小企业的进入门槛，进而降低了市场的竞争程度。[55] 在分析行业协会标准化行为的违法性时，“主要考察标准化行为的目的、标准制定者或实施者的市场影响力、被标准排除的商品和经营者的竞争能力、行业协会标准的制定程序是否正当以及标准的认证程序是否公正等因素”。[56]

第五节 垄断协议的豁免与法律责任

一、垄断协议的豁免

尽管垄断协议会损害市场竞争，但某些协议却有积极的一面，“整体上有利于技术进步、经济发展和社会公共利益。因此，各国反垄断法又大都规定在一定情况下，对经营者达成的这类协议予以豁免”。[57] 垄断协议的豁免，是指经营者之间的协议、决议或者其他协同行为，虽然有排除、限制竞争的影响，但该类协议在其他方面所带来的好处要大于其对竞争的不利影响，因此法律规定对其豁免，即排除适用《反垄断法》的规定。

通常而言，可以豁免的垄断协议主要有：合理化卡特尔、标准化卡特尔、专业化卡特尔、公共利益卡特尔、中小企业卡特尔、结构危机卡特尔、条件卡特尔等。[58]《反垄断法》第 15 条第 1 款规定，经营者能够证明所达成的协议属于下列情形之一的，不适用本法第 13 条、第 14 条的规定：“（一）为改进技术、研究开发新产品的；（二）为提高产品质量、降低成本、增进效率，统一产品规格、标准或者实行专业化分工的；（三）为提高中小经营者经营效率，增强中小经营者竞争力的；（四）为实现节约能源、保护环境、救灾救助等社会公共利益的；（五）因经济不景气，为缓解销售量严重下降或者生产明显过剩的；（六）为保障对外贸易和对外经济合作中的正当利益的；（七）法律和国务院规定的其他情形。”但要注意，《反垄断法》第 15 条第 2 款补充到，属于前款第 1 项至第 5 项情形，不适用本法第 13 条、第 14 条规定的，经营者还应当证明所达成的协议不会严重限制相关市场的竞争，并且能够使消费者分享由此产生的利益。

相关经营者、行业协会可以选择在反垄断执法机构调查后、收到行政处罚事先告知书前提出豁免申请，或者是在收到行政处罚事先告知书后在行政处罚事先告知书规定的陈述、申辩期

---

〔55〕 鲁篱：《行业协会经济自治权研究》，法律出版社 2003 年版，第 284 页。

〔56〕 全国工商系统第二期反垄断与反不正当竞争专家型人才培训班第二课题组：《行业协会垄断行为执法研究》，载《中国工商管理研究》2012 年第 6 期。国外经验参见叶明：《行业协会限制竞争行为的反垄断法规制》，法律出版社 2010 年版，第 156～165 页。

〔57〕 参见曹康泰：《关于〈中华人民共和国反垄断法（草案）〉的说明》，2006 年 6 月 24 日在第十届全国人民代表大会常务委员会第二十二次会议上。

〔58〕 德国法就列举了上述可以豁免的卡特尔，参见王晓晔：《王晓晔论反垄断法》，社会科学文献出版社 2010 年版，第 141 页。

内提出豁免申请。反垄断执法机构在审查协议是否属于豁免情形时主要考虑以下因素:协议实现《反垄断法》第 15 条第 1 款第 1 项至第 6 项所列豁免情形的具体形式和效果,协议与实现该情形之间的因果关系,协议对实现该情形的重要性。在评价协议是否会严重限制相关市场的竞争时,需要界定相关市场,结合《反垄断法》第 18 条所列举的因素考察经营者对相关市场的控制能力。在消费者能否分享协议产生的利益时,主要考虑协议能否带来商品或服务创新,是否可以增加商品种类、产量,是否可以提升商品质量与安全性,是否可以降低商品价格,可否提供消费者便利性等。[59] 在辽宁省建筑材料工业协会组织本行业经营者从事垄断协议案中,经营者提出豁免申请,其认为相关协议是为实现供需平衡,节约能源,保护环境,符合《反垄断法》第 15 条第 1 款第 1 项和第 4 项规定,不属于垄断行为。执法机构强调,《反垄断法》第 15 条所规定的适用豁免制度的七种协议类型必须满足第 2 款所规定的前提条件,本案中,"签约企业的协议停产行为已经造成水泥成品市场和水泥熟料市场竞争机制严重破坏、并且引起水泥产业链条上的生产成本大幅度提升,相关产品价格明显上涨,相关企业难以维持,同时客观上推动了建筑及相关行业成本提高,最终损害消费者利益等影响,这与豁免制度适用所要求的前提条件不符"。[60]

除个案豁免外,反垄断执法机构可以根据执法需要,在条件成熟时就特定类型或特定行业的垄断协议出台豁免指南,通常被称为集体豁免。例如,2010 年《欧洲联盟委员会关于纵向限制的指南》专门就纵向限制协议的豁免予以细致、全面的规定。2011 年国家发展和改革委员会制定的《反价格垄断规定》第 27 条指出,农业生产者及农村经济组织在农产品生产、加工、销售、运输、储存等经营活动中实施的联合或者协同行为,不构成垄断协议。为应对电商经济对实体书店的竞争压力,国家发展和改革委员会曾于 2012 年制定了《关于豁免新版图书出版发行纵向协议的规定(试行)》(征求意见稿),拟对图书销售的垄断协议予以豁免。[61] 2016 年,国务院反垄断委员会公布了《关于汽车业的反垄断指南(征求意见稿)》,明确了垄断协议推定豁免与个案豁免两种类型。同时,反垄断委员会列举的不具有市场显著力量的经营者设置的纵向地域限制和客户限制的若干情形,可以推定适用《反垄断法》第 15 条的规定。反垄断委员会进一步指出:纵向地域限制、纵向客户限制通常能够提高经销服务质量、增进经销效率、增强中小经销商经营效率和竞争力,一般不会严重限制相关市场的竞争,并且能够使消费者分享由此产生的利益,因而符合《反垄断法》第 15 条规定的豁免条件,如研究与开发协议、专业化协议、技术标准化协议、联合生产协议、联合采购协议等,通常能够增进效率和促进竞争,有利于增加消费者福利。比如,新能源汽车研发与生产过程中的横向合作协议,可以使竞争者分担投资风险、提高效率、促进社会公共利益。因此,达成前述能够增进效率和促进竞争的横向协议的汽车业经营者,可以根据《反垄断法》第 15 条证明其协议不适用《反垄断法》第 13 条的规定。[62]

---

〔59〕《国务院反垄断委员会关于垄断协议豁免一般性条件和程序的指南(征求意见稿)》(2016 年 5 月),载 http://jjs.ndrc.gov.cn/fjgld/201605/t20160512_801559.html,最后访问日期:2018 年 9 月 14 日。

〔60〕国家工商行政管理总局竞争执法公告 2013 年第 4 号。

〔61〕详细研究参见李剑:《出版物多样性保护与反垄断法的转售价格维持规制》,载《中外法学》2013 年第 2 期。

〔62〕参见《国务院反垄断委员会关于汽车业的反垄断指南(征求意见稿)》(2016 年 3 月),载 http://www.ndrc.gov.cn/gzdt/201603/t20160323_795743.html,最后访问日期:2018 年 9 月 14 日。

案例2：裕泰公司与海南省物价局行政处罚案〔63〕

裕泰公司与经销商签订了最低转售价格限制协议。海南省物价局认为该协议违反了《反垄断法》第14条，属于达成垄断协议的违法行为，给予裕泰公司行政处罚。裕泰公司不服行政处罚遂提起行政诉讼。

一审法院认为，结合裕泰公司的经营规模、市场所占份额等因素看，相关行为不具有排除、限制竞争效果，不构成垄断协议，海南省物价局的行政处罚属于适用法律错误。

海南省物价局提出上诉，请求依法撤销一审判决。其理由是，根据《反垄断法》第15条，排除、限制竞争的协议仅可能在其满足第15条所列豁免条件的情形下，才可不受第13条或者第14条的规制。然而，一审判决以经营规模较小、相关市场所占份额不高等因素为由，认定明显排除限制品牌内价格竞争的涉案合同条款不构成垄断协议，其实质上"豁免"了固定转售价格行为，该认定显然与第15条相冲突，使第15条形同虚设。

二审法院认为：《反垄断法》根据是否实施达成的垄断协议规定了两种不同的处罚方式，并明确赋予反垄断执法机构对达成但未实施垄断协议进行行政处罚的权力。《反垄断法》第15条规定若经营者能够证明所达成的协议属于为改进技术、增进效率、提高中小经营者竞争力、节约能源、经济不景气等情形，且能够证明所达成的协议不会严重限制相关市场的竞争，并且能够使消费者分享由此产生的利益的，不适用该法第13条、第14条的规定。因此，反垄断执法机构根据《反垄断法》第14条认定经营者达成纵向垄断协议后，只有当经营者提交证据证明其达成的协议满足该法第15条规定的除外情形，才不适用该法第14条关于纵向垄断协议的认定。《反垄断法》第15条的举证责任在于达成垄断协议的经营者一方，若经营者未能完成其举证责任，则反垄断执法机构可以根据该法第46条的规定，对达成并实施垄断协议以及达成但未实施垄断协议的经营者进行处罚。上诉人海南省物价局作出本案行政处罚决定无需以裕泰公司与经销商达成的协议具有排除、限制竞争效果为前提，更无需以给他人造成损失为前提。综上，海南省物价局作出琼价监案处〔2017〕5号《行政处罚决定书》程序合法，认定事实清楚，适用法律正确。

本案中，反垄断执法机构、一审法院和二审法院就垄断协议的认定和豁免关系的阐述有很大区别。反垄断法执法机构采取了本身违法原则，认为是否产生限制、排除竞争的实际效果属于豁免时考虑的情形。一审法院则认为，反垄断法执法机构采取本身违法的处理方式是错误的，应当采取合理原则。二审法院则认为，行政部门和司法部门的处理逻辑可以不一样。

二、垄断协议的法律责任

（一）垄断协议的法律责任类型

垄断协议作为一种法律所禁止的行为，相关主体自然要承担相应的法律责任。《反垄断法》规定了民事责任与行政责任两种形式。《反垄断法》第50条规定了实施垄断行为要承担民事责任，但谁承担民事责任、如何承担民事责任，相关规定过于简化。《反垄断法》第46条规定，经营者达成并实施垄断协议的，由反垄断执法机构责令停止违法行为，没收违法所得，并处上一年度销售额百分之一以上百分之十以下的罚款；尚未实施所达成的垄断协议的，可以处五

---

〔63〕 详细案情参见海南省高级人民法院行政判决书（2017）琼行终1180号。

十万元以下的罚款。反垄断执法机构确定具体罚款数额时，需要考虑违法行为的性质、程度和持续的时间等因素。此外，对行业协会组织本行业的经营者达成垄断协议的，反垄断执法机构可以处五十万元以下的罚款；情节严重的，社会团体登记管理机关可以依法撤销登记。需补充的是，为强化对垄断行为的威慑效应，美国、日本、加拿大、英国、我国台湾地区等都规定了垄断协议的刑事责任。例如，我国台湾地区就规定了有期徒刑、拘役、单处或并处罚金等形式的刑事责任。

（二）垄断协议行政追责中的宽恕制度

垄断协议的隐蔽性使得垄断协议极难为消费者、行政执法部门所发现，尤其是垄断协议各参与主体的利益一致性使得协议各方极容易形成攻守同盟，共同对抗反垄断执法部门的执法活动。为了打破垄断协议主体之间利益的高度一致，各个国家开始采取宽恕制度，分化、瓦解经营者之间的攻守同盟，以便于行政部门查处垄断协议。

宽恕制度，是指垄断协议中的经营者向执法机关主动披露垄断协议实行情况，并协助调查，从而被豁免于垄断处罚的一种制度。《反垄断法》第46条第2款规定："经营者主动向反垄断执法机构报告达成垄断协议的有关情况并提供重要证据的，反垄断执法机构可以酌情减轻或者免除对该经营者的处罚。"

根据《反垄断法》第46条之规定可以发现，首先，宽恕制度只适用于垄断协议。其次，宽恕制度只适用于行政执法程序中。再次，宽恕制度要求申请者必须满足一定条件才可被授予宽恕，即主动报告达成垄断协议的相关情况并提供重要证据。这里的重要证据是指能够对反垄断执法机构启动调查或者对认定垄断协议行为起到关键性作用的证据，包括参与垄断协议的经营者、涉及的产品范围、达成协议的内容和方式、协议的具体实施情况等。[64]复次，被宽恕者可以免于或承担或承担较轻的法律责任。最后，是否宽恕的决定权掌握在反垄断执法机构手中。

宽恕制度的目的在于形成囚徒困境，打破垄断协议的稳定性，减少反垄断部门的执法压力，因此设计合理的宽恕方案非常必要。国家工商行政管理总局明确指出，工商行政管理机关决定减轻或者免除处罚，应当根据经营者主动报告的时间顺序、提供证据的重要程度、达成和实施垄断协议的有关情况以及配合调查的情况确定。对第一个主动报告所达成垄断协议的有关情况、提供重要证据并全面主动配合调查的经营者，免除处罚。对主动向工商行政管理机关报告所达成垄断协议的有关情况并提供重要证据的其他经营者，则酌情减轻处罚。[65] 与国家工商行政管理总局只明确了第一个主动报告者的豁免不同，国家发展和改革委员会则区分了三种类型，并明确了不同的豁免幅度。2011年《反价格垄断行政执法程序规定》第14条规定，第一个主动报告达成价格垄断协议的有关情况并提供重要证据的，可以免除处罚；第二个主动报告达成价格垄断协议的有关情况并提供重要证据的，可以按照不低于50%的幅度减轻处罚；其他主动报告达成价格垄断协议的有关情况并提供重要证据的，可以按照不高于50%的幅度减轻处罚。前述"重要证据"是指对反垄断执法机构认定价格垄断协议具有关键作用的证据。目前，最为典型的宽恕案件是欧盟、韩国、美国及我国参与处理的友达、三星等十余家液晶面板企业达成的价格垄断协议案。在该案中，友达、奇美、三星电子、夏普、日立等多家液晶面板企

〔64〕 2011年《工商行政管理机关禁止垄断协议行为的规定》（国家工商行政管理总局令第53号）。

〔65〕 2011年《工商行政管理机关禁止垄断协议行为的规定》（国家工商行政管理总局令第53号）。

业从2001年9月至2006年12月,在酒店房间、卡拉OK厅、咖啡馆里会晤,合谋液晶面板的销售价格和出货量。2010年12月,欧盟竞争委员会对三星、LG、友达、奇美、中华映管和瀚宇彩晶六家企业处以总额高达6.49亿欧元的罚款,其中三星因"首先认罪并检举有功"获得特赦,免除罚金;韩国公平交易委员会也于2011年10月对上述六家企业处以总共1.75亿美元的罚款;2012年10月,美国司法部要求美国联邦法院重罚友达光电5亿美元罚款;我国发展与改革委员会在2012年年底对三星、LG、奇美、友达、中华映管和瀚宇彩晶六家国际大型液晶面板企业进行了处罚,包括责令退还、没收和罚款总金额达3.53亿元,其中友达因第一个报告而免于罚款。(见表2)

表2 液晶面板价格垄断协议案中罚款对比

	中国		欧盟		美国	
企业	金额	宽恕情况	金额	宽恕情况	金额	宽恕情况
LG	1.18亿元	×	2.15亿欧元	×	4亿美元	认罪
三星	1.01亿元	×	0	√	0	√
奇美	9441万元	×	3000万欧元	×	2.2亿美元	认罪
友达	2189万元	√	1.2亿欧元	×	10亿美元	×
中华映管	1620万元	×	902万欧元	×	0.6亿美元	认罪
瀚宇彩晶	24万元	×	810万欧元	×	不清楚	认罪

注:中国包括了罚款与没收违法所得,友达被免去罚款。

不过,在我国反垄断执法机构所公布的上百个案件中,只有极少数案件中明确适用了宽恕。

宽恕制度有利于反垄断执法,但宽恕制度同样可能导致垄断协议参与者采取机会主义行为。"由于宽大政策会提高所有卡特尔成员免于被处罚的可能性,从而提高了参与卡特尔的预期净收益",[66]可能会鼓励一些不打算合谋的企业成立垄断协议,因此,设计科学、合理、高效的宽恕制度就极为必要。

本章小结

垄断协议对市场竞争的抑制极大,是各国反垄断法律规制的核心。垄断协议根据缔约主体之间的关系可分为横向垄断协议与纵向垄断协议。横向垄断协议是具有竞争关系的经营者达成的共谋,对市场竞争的抑制效应最大,几乎无有利于市场竞争的积极效应,理论与实务界更趋向于采取本身违法原则进行处理。纵向限制协议是具有买卖关系的经营者达成的一致行为,虽然限制了同一品牌内部经销商之间的竞争,但在参与协议的经营者市场势力不大时,对市场竞争的抑制效应就不显著。与此同时,纵向限制还可能促使经销商从价格竞争转向非价格竞争,有利于解决"搭便车"问题,促进品牌间竞争。因而,对纵向限制不宜采取本身违法原则的"一刀切"处理方式。目前,理论界、实务部门就如何处理纵

〔66〕 参见[美]林恩·派波尔等:《当代产业组织理论》,唐要家等译,机械工业出版社2012年版,第219页。

向限制协议，尤其是转售价格限制，还未能达成共识。行业协议制定、组织垄断协议的行为具有更大的危害性，同样属于反垄断法所禁止的重要行为类型。目前，反垄断执法机构查处的不少垄断协议案件都涉及行业协会。此外，由于部分垄断协议在特定情况下具有一定的积极效应，在经营者能够证明达成的协议具有积极效应且不会严重限制相关市场的竞争，并能够使消费者分享由此产生的利益时，反垄断执法机构可予以豁免。而为打破经营者攻守同盟的均衡，宽恕制度被各反垄断执法机构普遍用于查处垄断协议案件。

思　考　题

1. 如何理解纵向限制协议可能促进市场竞争的积极效应？
2. 如何理解横向垄断协议与纵向垄断协议的区别？
3. 几大视频网站与领头制作公司 2018 年联合声明，单个演员的总片酬（含税）最高不得超过 5000 万元人民币。试评价该声明的合法性。
4. 试回答宽恕制度的悖论。

第十四章　滥用市场支配地位

本章导引

滥用市场支配地位是企业垄断的典型类型，任何垄断行为都需要以企业的市场支配力作为基础，垄断协议和经营者集中也蕴含了支配地位的结构性特征。市场支配地位是指一家或少数几家企业控制特定行业，属于独占或寡头垄断型市场结构；滥用行为则是其利用已经获取的市场支配地位，从事排除、限制竞争行为。2015 年，原国家发展和改革委员会价格监督检查与反垄断局对美国高通公司开出 60.88 亿元人民币的罚单，理由是高通公司在中国滥用了其在无线标准必要专利许可市场及手机基带芯片市场的支配地位，对我国手机生产商实施了垄断高价、搭售等限制竞争行为。[1] 那么，什么是市场支配地位？具有市场支配地位的经营者哪些行为可能被认定为滥用行为？经营者对其行为是否有权以正当理由进行抗辩？同时，如何理解滥用市场支配地位中一系列较为独特的制度和概念，比如市场支配地位、市场优势地位、相关市场界定、正当理由抗辩等。希望通过本章学习，帮助大家系统解答这些问题并厘清相关概念。

第一节　滥用市场支配地位概述

任何经营者都希望在市场竞争中占据更多优势，甚至希望一直居于行业中的龙头地位。反垄断法并不禁止经营者获得市场支配地位，但企业取得支配地位以后必须以合法的方式行使支配力，否则将被认定为违法行为。

一、滥用市场支配地位的概念及特点

（一）滥用市场支配地位的概念

滥用市场支配地位是指具有市场支配地位的经营者，没有正当理由而违法实施的排除、限制竞争行为。所谓市场支配地位，是指经营者在相关市场内具有能够控制商品价格、数量或者其他交易条件，或者能够阻碍、影响其他经营者进入相关市场能力的市场地位。拥有市场支配地位的企业能够不必考虑竞争者或消费者的反应，直接进行市场定价或做出其他经营决策。

---

〔1〕 参见《中华人民共和国发展和改革委员会行政处罚决定书》（发改办价监处罚〔2015〕1 号）。

反垄断法强调将经营者的市场支配地位作为认定滥用行为的前提。以法律主体的某种市场地位作为规制的前提，在法律体系中并不多见。如何认识企业所拥有的市场支配地位，以及这种地位在理论上应该如何定性，反垄断法研究尚未达成共识。从权力理论角度，滥用市场支配地位的本质应当是滥用企业所具有的市场"支配力"[2]，这种"支配力"经由企业市场支配地位获得，是一种能够控制商品在市场上的价格、数量或者其他交易条件的能力。反垄断法规制和防范的，也正是经营者对市场"支配力"的滥用行为。

讨论 1　如何认识市场支配地位的本质？

对经营者市场支配地位性质的认识，是滥用市场支配地位乃至反垄断法的基本问题。从法学理论上，"权利"适用于平等主体之间形成的权利义务关系，"权力"概念则运用于非平等主体之间的支配关系。企业在市场上所拥有的"支配地位"究竟属于"权利"还是"权力"范畴？目前尚未有明确定论。

英文将具有垄断地位企业所拥有的这种支配力量称为"monopoly power"或"market power"，之所以没有选择"right"一词，很明显是因为其包含支配关系属性。因此，可以认定"支配力"不属于传统民事领域平等主体之间的权利范畴。但是，这种"支配力"与行政权力也存在明显区别，并非来源于国家立法授权或行政机关委托。而且，此种经济力量能够支配其他市场主体，具有较高的滥用风险，行使需要受国家立法的监督和控制。

通过经济力量在经济主体之间形成的支配关系，本质上属于一种权力类型，很难套用现有的"权利"或"权力"二元理论框架简单划分。由于这种特殊的经济力量既不同于平等主体之间的权利范畴，也不属于行政权力领域，我们将其作为经济领域具有独立属性的"支配力"，属于需要公权力监管的一种经济力量。

（二）滥用市场支配地位的特征

1. 行为主体具有特定性

行为主体的特定性主要是指实施滥用行为的主体应当是在市场上具有支配地位的经营者，不包括其他处于竞争劣势的经营者。从主体数量上，以一家经营者独占整个市场最为典型，也可以由数个经营者共同控制整个市场。其中，由少数几家大企业控制整个市场的情况，又称共同支配地位。在共同支配地位的经营者实施滥用行为的情况下，可能出现与垄断协议竞合的情况。[3] 与垄断协议相竞合时，如果认定经营者的共同支配地位，则可以直接依据滥用市场支配地位规定进行处罚，反垄断执法机构无需再对垄断协议行为举证。

2. 行为构成具有复合性

滥用市场支配地位的构成必须具备两个要件：(1)市场支配地位的结构性要件，经营者必须具有市场支配地位。(2)行为要件，经营者具有市场支配地位本身并不违法，违法性在于其

---

〔2〕 针对企业在经济领域所得的这种支配力量，欧盟或德国使用"市场支配地位"概念。美国反托拉斯法通常不使用这一概念，而是使用"垄断势力"或"市场势力"。参见王晓晔：《反垄断法》，法律出版社 2007 年版，第 191～192 页。我国台湾地区将企业经由支配地位获得的这种力量称为"经济力"，参见何之迈：《公平交易法专论》，中国政法大学出版社 2004 年版，第 265 页。

〔3〕 参见种明钊主编：《竞争法》(第 3 版)，法律出版社 2016 年版，第 247 页。

实施了滥用行为。滥用行为类型主要包括垄断价格、掠夺性定价、拒绝交易、限定交易、搭售行为及差别待遇等。欧盟竞争法又将其分为剥削性滥用和排挤性滥用,垄断价格、掠夺性定价属于剥削性滥用,拒绝交易、限定交易、搭售行为及差别待遇等属于排挤性滥用。

3. 行为效果具有反竞争性

经营者实施滥用行为,主要是通过限制、扭曲市场的竞争秩序,获取垄断利润或增强该经营者的垄断地位。滥用行为不仅损害竞争对手、消费者的个体利益,更为本质的危害是破坏了公平、自由竞争的市场秩序,而市场竞争秩序又是反垄断法保护的终极目标。

4. 行为性质具有违法性

滥用市场支配地位可能因对竞争对手、消费者或社会公共利益的损害而具有违法性,而且不具有可抗辩的正当理由。滥用行为的违法性表现在损害了交易对手或消费者的权益及竞争秩序,违法性的后果是需要承担相应的民事责任或行政责任(目前我国尚未规定刑事责任)。但是,认定经营者行为违法性的原因包括不符合"正当理由抗辩"的要求,即在具备正当理由的情况下,经营者可以提出其行为的"违法阻却事由"。

二、滥用市场支配地位规制思想的演变

立法对于滥用市场支配地位的规制经历了由结构主义到行为主义思想的演变,即从早期仅关注市场结构逐步到关注经营者市场行为,规制的思想基础发生了方向性的变革。在严厉的结构主义思想下,企业拥有市场地位本身就已经被认为足以威胁市场,面临拆分危险。反垄断领域的指导思想在芝加哥学派替代哈佛学派后,行为主义日益占据上风,改变了以往仅依靠市场结构来认定垄断违法性的结构主义传统。

现代反垄断法认为,经营者的市场支配地位往往是具有效率或者基于特定需要的结果,市场支配地位本身并不必然具有违法性。市场支配地位可能是企业在努力改进技术、提高产品质量的基础上,取得市场占有率的结果,这样的支配地位反而可能是企业经营效率的体现。对滥用市场支配地位的规制思想转变,意味着企业市场支配地位本身并不具有违法性,反垄断法所指向的是支配企业的某些滥用行为。换言之,现代反垄断法并非指向市场支配地位本身,而是禁止具有市场支配地位的企业从事某些限制竞争行为。因此,滥用市场支配地位必须同时满足"支配地位+滥用行为"两个要件。

实质上,规制滥用市场支配地位的也并非仅仅关注经营者的市场行为。综合分析市场支配地位的构成要件,不难发现,市场支配地位要件并未被完全抛弃,而是被行为主义所吸收,成为认定行为违法性的前提条件。滥用行为的认定属于行为性标准,建立于行为主义思想基础之上,而市场支配地位来源于结构主义思想的结构标准。从某种程度上,对滥用市场支配地位的规制代表着两种思想的综合运用,即便将其归属于行为主义思想之下,但仍不能忽视市场结构在认定支配地位过程中所发挥的基础作用。

三、滥用市场支配地位与滥用市场相对优势地位之比较

(一)滥用相对市场优势

滥用市场支配地位与滥用市场相对优势地位十分相似,但又不尽相同。滥用相对优势地

位[4]的概念起源于德国《反限制竞争法》，该法在2005年修订时明确规定："相对于中小企业具有市场优势的企业，不得利用其市场优势地位……"之所以规定滥用市场相对优势地位，原因在于其对市场经营者的控制地位要求较低，不要求必须达到"支配地位"的严格标准，适用标准更宽松。正是由于"滥用市场相对优势地位"比"滥用市场支配地位"的规制范围更广，德国将该制度用于对大型零售超市等"买方势力"不当交易行为的规范。

滥用市场相对优势地位制度主要着眼于纵向交易关系中的不平等性，更确切地说，主要关注弱势方对强势方所形成的依赖关系。大型零售超市向供货者收取的"进场费""通道费"，就是滥用市场相对优势地位的典型情形。对于企业获得的相对优势地位，虽然没有绝对的市场支配力，但所控制的资源足以从交易相对方掠夺更多的利益。[5] 在进行规制时，大型超市在零售领域很难被认定为条件严格的"支配地位"，并不符合"支配地位"的前提要件，因此，难以适用反垄断法关于滥用市场支配地位的规定。基于对"买方势力"滥用优势地位的担忧，德国、日本、美国在反垄断立法中规定了滥用市场优势地位制度，明确了经营者滥用市场优势地位行为的违法性。

(二)我国对滥用市场相对优势地位的规定

我国同样面临大型零售商向供货商收取不公平的"进场费""通道费"问题。对此，商务部2006年10月颁布的《零售商供货商公平交易管理办法》规定，零售商不得滥用相对优势地位从事下列不公平交易行为：(1)与供应商签订特定商品的供货合同，双方就商品的特定规格、型号、款式等达成一致后，又拒绝接收该商品。但具有可归责于供应商的事由，或经供应商同意、零售商负责承担由此产生的损失的除外。(2)要求供应商承担事先未约定的商品损耗责任。(3)事先未约定或者不符合事先约定的商品下架或撤柜的条件，零售商无正当理由将供应商所供货物下架或撤柜的；但是零售商根据法律法规或行政机关依法作出的行政决定将供应商所供货物下架、撤柜的除外。(4)强迫供应商无条件销售返利，或者约定以一定销售额为销售返利前提，未完成约定销售额却向供应商收取返利的。(5)强迫供应商购买指定的商品或接受指定的服务。由此可见，《零售商供货商公平交易管理办法》作为部门规章，在正式制度中首次明确使用了滥用相对优势地位的概念。其实，早在2002年上海市出台的《上海市商业委员会、上海市工商行政管理局关于超市收费的意见》，虽然尚未明确使用滥用市场相对优势地位概念，但表明超市利用"连锁网络优势"向供货商不当收费的问题在当时已经引起重视。

学界对大型超市等"买方势力"的损害竞争行为，能否适用"滥用市场相对优势地位"制度予以规制争议仍然较大。支持"滥用市场相对优势地位"立法的学者[6]主要基于现有滥用市场支配地位制度的局限性，认为对一些不具有"支配地位"的相对优势企业的滥用行为存在规制漏洞。而滥用相对优势地位的行为无论在横向交易关系还是纵向交易关系中，均具有损害

---

[4] 滥用相对优势地位又被成为滥用相对支配地位，为行文方便并尊重术语使用习惯，本书采用滥用市场相对优势地位的概念。

[5] 参见徐士英、荣中华：《相对优势地位理论研究》，载《经济法研究》(第6卷)2008年第7期。

[6] 支持"相对市场优势地位"立法的理论观点可参见徐士英、荣中华：《相对优势地位理论研究》，载《经济法研究》(第6卷)2008年第7期；徐士英、唐茂军：《滥用相对支配地位行为的法律调整研究》，载《东方法学》2008年第3期；焦海涛：《反垄断法调整相对优势地位的基础与限度》，载《时代法学》2008年第3期；王亚楠：《滥用相对优势地位问题的反垄断法理分析与调整——以大型零售企业收取"通道费"为切入视角》，载《法学杂志》2011年第5期；郭学兰、昆波拉提：《相对优势地位理论的反垄断法适用研究》，知识产权出版社2016年版，第24~87页。

市场竞争秩序的危害性,存在规制必要性。也有学者旗帜鲜明地否定“滥用市场优势地位”制度,主要理由为:〔7〕第一,从理论层面,过宽的保护范围可能违背反垄断法的立法目的,最终与反垄断法的结构性要素的基础地位相冲突。第二,从实践层面,该制度也存在边界的模糊性和不确定性问题,纳入立法后在适用中存在不受制约的可能性。

(三)滥用市场优势地位立法的尝试

我国现行《反垄断法》并未明确规定相对市场优势地位。〔8〕基于解决实践问题的实用主义角度,2016年2月,国务院法制办公室公布的《反不正当竞争法(修订草案送审稿)》(以下简称《送审稿》)第6条新增了滥用相对优势地位的行为。该条规定:经营者不得利用相对优势地位,实施下列不公平交易行为:(1)没有正当理由,限定交易相对方的交易对象;(2)没有正当理由,限定交易相对方购买其指定的商品;(3)没有正当理由,限定交易相对方与其他经营者的交易条件;(4)滥收费用或者不合理地要求交易相对方提供其他经济利益;(5)附加其他不合理的交易条件。

这一做法引起了学界乃至社会层面的广泛争议,普遍担心将市场优势地位纳入《反不正当竞争法》容易引发滥用,也有学者认为“滥用市场优势地位”本属于反垄断法制度,不应当生硬地“移植”至反不正当竞争法。最终,在正式颁布的《反不正当竞争法》中删除了该制度。从立法科学性角度,滥用市场优势地位的依赖关系“是一个应当由反垄断法来解决的问题,而不是反不正当竞争法要解决的问题”〔9〕,正式立法删除该制度具有合理性,能够有效避免制度原理和立法衔接的错位问题。然而,究竟是否在《反垄断法》中规定以及如何规定该制度,仍然是一个待解决问题,《反垄断法》的修改可能仍然需要面对该问题。

第二节 相关市场界定

一、相关市场的概述

相关市场(Relevant Market)即是指经营者在一定时期内就特定商品或者服务进行竞争的商品范围、地域范围及技术领域。任何交易都发生在一定市场之中,分析经营者市场地位的前提是对经营者的市场范围进行界定。“市场支配地位是认定滥用行为一个必不可少的前提条件,界定市场在认定滥用行为的过程中也是一个必不可少的前提条件。”〔10〕

相关市场界定是一个共性问题,不仅存在于滥用市场支配地位制度中,垄断协议、经营者集中及行政垄断等均可能涉及相关市场的界定。在滥用市场支配地位规制中,相关市场界定是认定经营者市场支配地位步骤的一个重要环节。即使在个别案例中,相关市场界定不必然

---

〔7〕 参见李剑:《论结构性要素在我国〈反垄断法〉中的基础地位——相对优势地位理论滥用理论之否定》,载《政治与法律》2009年第10期。

〔8〕 我国《反垄断法》第18条第4项将“其他经营者对该经营者在交易上的依赖程度”作为认定市场支配地位的要素之一,而“依赖性”也正是滥用市场相对优势地位的核心要素,此为二者的重合之处。无论如何,这种“交易上的依赖程度”仅仅适用于市场支配地位的认定,也就是说反垄断立法并未明确规定该制度。

〔9〕 参见王晓晔:《论滥用“相对优势地位”的法律规制》,载《现代法学》2016年第5期。

〔10〕 王晓晔:《论相关市场界定在滥用行为案件中的地位和作用》,载《现代法学》2018年第3期。

是市场支配地位认定的必经环节[11]，但在绝大多数案件中，界定相关市场仍然是认定市场支配地位的重要内容。经营者进行竞争的商品范围或地域范围，是反垄断案件裁决不容回避的问题。因此，相关市场界定在滥用市场支配地位规制中具有不可忽视的作用。

二、相关市场界定的学科交叉性

“相关市场界定是一个法律问题，因为仅在反垄断法中才需要考虑这个问题。然而，相关市场界定也是一个经济学问题，因为它需要经济学的原理和方法。”[12]从案件裁决角度，相关市场界定事实认定的重要环节，需要用到经济学原理和方法，具有较强的技术性。而这种技术性特征，对案件审查的法律结论具有直接影响。

相关商品市场界定典型案件是1956年美国“杜邦公司案”[13]，杜邦公司是一家生产玻璃纸为主业的公司，在美国玻璃纸市场上的占有率为75%。司法部对杜邦公司提出指控，认为其利用玻璃纸市场的力量实施了垄断行为。美国联邦最高法院则认为杜邦公司的相关市场应当是包括透明纸、防油纸等的“灵活材料包装市场”，最终认定杜邦公司在相关包装材料的市场份额仅占17.9%，不具有市场支配地位。事后证明，美国联邦最高法院明显夸大了产品的可替性，将相关市场的范围界定得过宽，该案对相关市场界定过宽所导致的后果又被称为“玻璃纸谬误”（cellophane fallacy）。可见，相关市场界定技术性较强，自由裁量空间也较大。相关市场界定这一事实认定环节出现问题，必然影响法律适用环节。

为避免因经济技术运用问题而引发的相关市场界定不准确现象，各国反垄断机构通常采用指南的方式进行非强制性指引，以确保相关市场界定的科学性、规范性，这对于反垄断法的有效实施具有重要意义。我国反垄断委员会于2009年5月颁布的《关于相关市场界定的指南》，对相关市场界定的主要依据、一般方法予以规定，并专门对其中的技术分析问题——假定垄断者测试分析思路作出详细说明。欧盟委员会早在1997年就已经发布《关于相关市场界定的通知》，为各成员国的反垄断执法机构提供指引。美国联邦贸易委员与美国司法部联合发布2010年《横向合并指南》，该指南第四部分对相关市场界定问题作出了规定。各国发布的指南为相关市场界定的步骤和技术提供了明确指引，有利于增强反垄断法实施的科学性和统一性。

三、相关市场的种类

相关市场从类型上可以划分为相关商品市场、[14]相关地域市场、相关时间市场，随着科学

---

[11] 在北京奇虎科技有限公司诉腾讯科技（深圳）有限公司、深圳市腾讯计算机系统有限公司滥用市场支配地位案（以下简称奇虎360诉腾讯案）中，最高人民法院首次对市场支配地位认定中是否必须进行相关市场界定进行论述，“在反垄断案件的审理中，界定相关市场通常是重要的分析步骤。尽管如此，……即使不明确界定相关市场，也可以通过排除或者妨碍竞争的直接证据对被诉经营者的市场地位及被诉垄断行为可能的市场影响进行评估。因此，并非在每一个滥用市场支配地位的案件中均必须明确而清楚地界定相关市场”。虽然持此观点，最高人民法院对该案的相关市场仍然进行了严格的界定。参见最高人民法院民事判决书《北京奇虎科技有限公司诉腾讯科技（深圳）有限公司、深圳市腾讯计算机系统有限公司滥用市场支配地位案》（2013）民三终字第4号。

[12] 王晓晔主编：《反垄断法中的相关市场界定》，社会科学文献出版社2014年版，前言页。

[13] See United States v. E. I. du Pont de Nemours & Co. ,351 U. S. 377(1956).

[14] 相关商品市场包括特定产品市场和服务市场。对概念的表述，不同学者之间略有差异，有学者将其称为“相关商品市场”，也有学者称其为“相关产品市场”。为保证与我国反垄断委员会2009年《关于相关市场界定的指南》的统一性，本书采用“相关商品市场概念”。

技术的不断进展,相关技术市场和相关创新市场在知识产权领域也日益受到重视。

(一)相关商品市场

相关商品市场是具有较为紧密替代关系的一组或一类商品所构成的市场,包括同类品和替代品两个种类。例如,考察市场上某苹果经营者的市场地位,各品种苹果均是同类品,梨子、橘子、香蕉等水果则构成替代品。

通常来讲,将各品种苹果作为苹果产品的相关市场不存在争议,而能否将苹果的相关市场扩展到梨子、橘子、香蕉等水果市场,以及扩展到何处,认识并不统一。反垄断法实践中,同类品界定争议较少,比较困难的是界定替代品范围。相关商品市场的界定方法比较丰富,从供需角度不同,可以分为需求替代分析和供给替代分析;从定量或定性角度,可以分为定量分析(比如 SSNIP)和定性分析(比如盈利模式测试法)。基于相关商品市场的基本特性,本部分主要从“需求替代分析”和“供给替代分析”两个方面进行介绍。

需求替代分析主要从满足消费者需求的角度判断是否存在替代性,供给替代分析则主要是从供给者替代性角度所进行的分析。在两种分析技术的主次划分上,欧共体委员会认为在相关市场界定中,“企业会受到三个方面的竞争约束:需求替代、供应替代和潜在竞争”。[15] 我国反垄断委员会主张“界定相关市场主要从需求者角度进行需求替代分析,当供给替代对经营者行为产生的竞争约束类似于需求替代时,也应考虑供给替代”[16],即包括需求替代分析和供给替代分析两种方法,潜在竞争包含在供给替代分析方法中进行介绍。

• 需求替代分析

需求替代分析是根据商品功能用途、质量、价格以及获取的难易程度等因素,从需求者角度确定不同商品之间的替代关系。需求替代分析包括需求弹性、交叉需求价格弹性以及假定垄断者测试等技术工具,往往涉及数学公式的运用。

对同类品的分析工具通常为需求价格弹性(price elasticity of demand),表示在一定时期内一种商品的需求量变动对于该商品的价格变动的反应程度。需求价格弹性的计算方法为,在一定时期内当一种商品的价格变化1%时所引起的该商品的需求量变化的百分比。假设需求函数 Q = f(P),需求价格弹性的公式为[17]:

$$e_d = -\frac{\frac{\Delta Q}{Q}}{\frac{\Delta P}{P}} = \frac{\Delta Q}{\Delta P} \cdot \frac{P}{Q}$$

公式中:

e_d——需求的价格弹性系数;

Q——需求量;

ΔQ——需求的变动量;

P——商品价格;

ΔP——商品价格的变动量。

---

〔15〕 Commission Notice on the Definition of the Relevant Market for the Purposes of Community Competition Law, OJ C 327,1997.

〔16〕 参见国务院反垄断委员会《关于相关市场界定的指南》(国反垄发〔2009〕3 号)第 4 条。

〔17〕 参见高鸿业:《西方经济学(微观部分)》,中国人民法学出版社 2007 年版,第 38 页。

当需求弹性越高表明消费者越能轻易转向其他商品，商品越具有可替代性，该指标表明消费者对商品的选择权程度。在商品价格变动1%的情况下，当 $e_d>1$，表明消费者需求量对价格变动比较敏感，被称为富有弹性，此时消费者拥有比较自由的选择权；当 $e_d<1$，表明消费者需求量对价格变化不敏感，被称为缺乏弹性，此时消费者的选择权受到限制。对富有弹性的同类商品，可以继续扩大市场边界，直至测试到缺乏弹性的产品边界为止。

反垄断法的相关市场界定通常涉及两种或两种以上商品的比较，则需要用到更为复杂的需求交叉价格弹性作为工具，对替代品分析常用的技术工具是交叉需求价格弹性。需求的交叉价格弹性（cross-price elasticity of demand）表示在一定时期内一种商品的需求量的变动对于它的相关商品的价格变动的反应程度。假定商品 X 的需求量 Q_x 是它的相关商品 Y 的价格 P_y 的函数，即 $Q_x=f(P_Y)$，则商品 X 的需求的交叉价格弹性公式为[18]：

$$e_{XY}=-\frac{\frac{\Delta QX}{Q_X}}{\frac{\Delta P_Y}{P_Y}}=\frac{\Delta Q_X}{\Delta P_Y}\cdot\frac{P_Y}{Q_X}$$

公式中：

e_{XY}——当 Y 商品的价格发生变化时 X 的商品的需求交叉价格弹性系数；

Q_x——商品 X 的需求量；

ΔQ_X——商品 X 需求量的变化量；

P_Y——商品 Y 的价格；

ΔP_Y——商品 Y 价格的变动量。

交叉需求价格弹性主要运用于对替代品的分析。“根据这个理论，如果一种产品的价格稍稍发生变化，就会引起消费者对其他产品的需求，这种情况说明，这些产品之间存在很重要的竞争关系，从而可被视为属于同一相关产品市场。”[19]如果某种商品的价格上涨引起其他商品的需求大幅增加，则 e_{XY} 的数值增大，说明两类商品的替代性强，能够作为属于同一相关市场的经济证据。

在交叉需求价格弹性的基础上，我国《关于相关市场界定的指南》引入美国分析工具“假定垄断者测试（SSNIP 测试）”作为技术工具。假定垄断者测试的核心内容是“小幅度但显著且非临时性的价格上涨（Small but Significant Not-transitory Increase in Price）”，首先，确定相关市场只包括被测试企业所拥有的产品（假设产品为 A）；其次，将其他类似产品和地域扩大到这个相关市场，观察 A 产品发生“小幅度但显著且非临时性的价格上涨”时，该产品的用户是否会转向其他产品（如产品 B、产品 C），直到该非临时性涨价不再改变用户需求转向时为止，由此将所扩展的范围确定为相关市场。对于假定的涨价幅度和涨价时间，我国《关于相关市场界定的指南》确定为，在其他商品的销售条件保持不变的情况下，“能否持久地（一般为 1 年）小幅（一般为 5% 至 10%）提高目标商品的价格”作为标准。如果目标商品涨价会导致需求者转向购买其他商品，从而引起假定垄断者销售量下降，使假定垄断者的涨价行为无利可图，则需要把该替代商品增加到相关商品市场中，该替代商品与目标商品形成相关市场内的商品。

在反垄断实践中，并非所有案件都需要用到数学公式进行分析，大部分案件通过消费者需

---

〔18〕 参见高鸿业：《西方经济学（微观部分）》，中国人民法学出版社 2007 年版，第 55 页。

〔19〕 王晓晔：《反垄断法》，法律出版社 2007 年版，第 91 页。

求的通常界定即可完成。在徐书青诉腾讯案[20]中,原告徐书青将相关商品市场界定为"微信表情开放平台",一审法院将相关商品市场界定为互联网平台信息服务,两者对相关市场的界定差异较大。二审法院经过审理,认为原告对相关市场界定存在范围过窄的问题,而一审法院界定的相关市场范围又存在过宽的问题。因此,对原告徐书青和一审法院的相关商品市场均予以纠正,将相关产品市场的范围界定为互联网表情包服务市场。二审法院即是通过对消费者需求分析完成了对相关商品市场界定,认定目前互联网不存在能够替代表情包这种情感表达方式、实现相同功能的其他服务形式,而不同经营者提供的互联网表情包服务之间存在较强的竞争关系。因此,从需求替代角度分析,表情包服务就是一个商品市场。该判决对相关产品市场的界定过程,展示了不经过数学公式而对相关市场进行界定的过程,同时体现了需求替代所扮演的重要角色。

基于对消费者需求替代性的重要作用,《关于相关市场界定的指南》明确规定,无论采用何种方法界定相关市场,都要始终把握商品满足消费者需求的基本属性,并以此作为对相关市场界定中出现明显偏差时进行校正的依据。

● 供给替代分析

即便市场上某种商品价格过高或产量受到限制,只要存在其他经营者能够通过合理成本进入该商品市场的可能性,经营者仍然难以实施垄断行为。供给替代分析主要从商品供给者角度考虑商品的可替代性。若市场的垄断经营者对商品实施涨价、限制产量等垄断行为,其潜在竞争者能够及时有效地进入市场中提供替代商品,则该经营者就难以长期获取垄断利润。

经济学上,与供给替代相近的概念是供给弹性。供给弹性是指供给量相对于价格变化作出的反应程度,即某种商品价格上升或下降1%时,对该商品供给量增加或减少的百分比。供给弹性代表着市场中企业可替代性的程度。供给弹性越高,说明其他经营者能够根据价格随时增减产量或决定是否进入某一领域,该经营者在某一市场的可替代性越强,市场的进入壁垒越低。将供给替代分析运用于相关市场界定,主要作用在于弥补需求替代分析仅考虑现有供给者的不足,因为市场中的竞争主体除了现实竞争者之外,还包括潜在竞争者。因此,在界定相关市场时,应该"将一定条件下的潜在竞争者也纳入相关商品市场中"[21]。供给替代分析主要考虑潜在竞争者进入市场的合理成本与进入障碍。

反垄断委员会2009年颁布的《关于相关市场界定的指南》,从供给角度界定相关商品市场,一般考虑的因素包括其他经营者对商品价格等竞争因素的变化作出反应的证据,其他经营者的生产流程和工艺、转产的难易程度、转产需要的时间、转产的额外费用和风险、转产后所提供商品的市场竞争力、营销渠道等。潜在竞争者能够快速进入市场,无形之中会对现有经营者的市场行为形成竞争压力,从而约束其采取涨价、限制产量、搭售等反竞争行为。由于供给替代分析的潜在竞争仅仅是一种可能性,因此通常并不被作为相关市场界定的首选方法。我国《关于相关市场界定的指南》第7条规定:"界定相关市场时,可以基于商品的特征、用途、价格等因素进行需求替代分析,必要时进行供给替代分析。"将供给替代分析作为需求替代的补充方法。

---

[20] 参见《徐书青与深圳市腾讯计算机系统有限公司等滥用市场支配地位纠纷上诉案》(2016)粤民终1938号。

[21] 刘继峰:《竞争法学》,北京大学出版社2018年版,第140页。

（二）相关地域市场

相关地域市场，是指需求者获取具有较为紧密替代关系的商品的地理区域。也就是说，消费者能够有效选择商品或者竞争者能够有效供应商品的范围，反垄断法中通常将其作为认定竞争关系的地域范围。相关地域市场的界定，通常仍然从需求替代分析和供给替代分析两个角度考虑。

● 需求替代分析

从消费者需求替代的角度界定相关地域市场，通常需要考虑产品特性、运输成本、地区间贸易壁垒及消费者偏好等因素。不同的案件所考虑的因素并不完全相同，所占比例各自有所侧重。

产品特性决定了该产品能否在地区间自由流通，也决定了消费者能否通过其他地域的产品满足自身需求。若根据产品特性只适合特定地区的商品，其相关地域市场只能在特定地区范围内。在内蒙古工商局对中国农业银行股份有限公司内蒙古自治区分行（以下简称农业银行内蒙古分行）调查的一起滥用市场支配地位案件[22]中，该银行所发放的“金融扶贫富民工程”贷款即属于具有特殊性的产品。在案件中，农业银行内蒙古分行要求贷款农牧户必须购买人身意外伤害保险，否则不予发放贷款。根据调查，自 2013 年 11 月 7 日开始至 2015 年 12 月 31 日，农业银行内蒙古分行是内蒙古自治区唯一一家开展“金融扶贫富民工程”贷款的金融机构，也就是说在内蒙古自治区范围内，仅有农业银行内蒙古分行一家银行提供该项贷款业务。基于该贷款业务的政策性，内蒙古自治区内的农牧户不能从其他银行获得“金融扶贫富民工程”贷款。因此，在本案中，对反垄断执法机构界定相关地域市场起决定作用的是产品特性，因扶贫贷款具有不同于一般商品的政策特性。

同时，消费者偏好也是界定相关地域市场不可忽视的因素，不同地区的消费者受语言种类、风俗习惯、消费观念等影响明显。如果消费者对某种商品形成偏好时，即使有与其性能、用途方面相似的其他产品，这些商品之间也不具有替代性。在此种情况下，尽管另一个地区内存在相同或类似的商品，但消费者会更倾向于选择自己所偏好的商品。因此，在界定相关市场时，应该考虑不同地区消费者的偏好因素。例如，在“奇虎 360 诉腾讯案”中，最高人民法院认为，[23]中国大陆地区境内绝大多数用户均选择使用中国大陆地区范围内的经营者提供的即时通信服务，中国大陆地区境内用户对于国际即时通信产品并无较高的关注度。最终，将相关地域市场应为中国大陆地区市场。可见，大陆地区境内的消费者对于 QQ、微信等即时通信产品具有明显的偏好性。

● 供给替代分析

供给替代分析能够识别竞争者或潜在竞争者有效提供替代品的地域范围。由于这个区域内的经营者具有较强的竞争关系，当一种商品涨价或短缺时，其他经营者可以迅速提供商品作为替代选择。于此，则构成商品竞争的地域范围。从供给角度界定相关地域市场时，一般考虑的因素包括：其他地域的经营者对商品价格等竞争因素的变化作出反应的证据；其他地域的经营者供应或销售相关商品的即时性和可行性，如将订单转向其他地域经营者的转换成本等。

---

〔22〕　参见《内蒙古自治区工商行政管理局垄断案件终止调查决定书》（内工商竞争案字〔2018〕第 1 号）。

〔23〕　参见最高人民法院民事判决书（2013）民三终字第 4 号：北京奇虎科技有限公司诉腾讯科技（深圳）有限公司、深圳市腾讯计算机系统有限公司滥用市场支配地位案。

供给替代分析在地域范围上受运输成本、法律限制等因素影响比较明显。运输成本所占价格比例直接影响产品的竞争力，可能限定商品的销售范围大小。运输成本占商品价格的比例越高，该商品的地域范围就越小；而运输成本所占比例越低的商品，其地域市场的范围就越大。比如，水泥、砂子等价值较低、运输成本高的商品，地域市场范围往往比较小；药品、智能手机产品等市场价值较高、运费较低的产品，地域范围可以界定得更宽。同时，地区间的贸易壁垒在国际贸易中体现为关税、国家安全审查等因素，比如，在美国总统特朗普上台后发起的中美"贸易战"中，美国对中国出口的商品征收高额关税，以及对在美国设立的企业以国家安全审查的名义进行监控，无形之中设置了两国的贸易壁垒。国内市场则体现为地方性法规、规范性文件、歧视性资质要求、歧视性收费标准等所形成的地方保护主义。

供给替代分析在地域范围上受商品保鲜技术等因素影响也较大，比如海鲜等鲜活商品在传统上属于地域性非常强的商品，但在冷藏链技术逐渐成熟之后，其商品地域跨度可以扩展至全国乃至全球范围。

（三）相关时间市场

某些产品因季节性、时尚性或技术替代性等因素，市场竞争状况往往会随着时间的变化而发生变化。在产品市场和商品市场都确定的情况下，对这类商品还需要考虑时间因素。基于欧美国家的反垄断实践，时间因素在界定相关市场中的意义比较有限。我国 2009 年《关于相关市场界定的指南》规定："当生产周期、使用期限、季节性、流行时尚性或知识产权保护期限等已构成商品不可忽视的特征时，界定相关市场还应考虑时间性。"相对于相关商品市场和相关地域市场，相关时间市场经常作为一项辅助性标准出现。

界定相关时间市场考虑的因素主要包括产品经营高峰期、使用期限、季节性、产品更新速度等因素。这些因素对相关市场市场界定的影响分别如下：(1)需要考虑商品稳定的经营高峰期或低谷期。[24] 例如，我国"春运""五一""十一"等节假日，交通出行和旅游行业处于运营高峰期，高峰期商品往往供不应求，容易出现垄断高价、附加不合理交易条件等行为。(2)考虑商品的使用期限。对于长期使用的商品，消费者选定之前可能具有替代性较好的商品供自由选择，一旦选用后因更换费用较高，重新选择的可能性大大降低。例如，燃气公司安装供暖系统阶段可能会面临其他能源公司的竞争，一旦用户选择安装该系统后，再进行更换设备的成本就比较高，燃气公司供气也就不再面临其他公司的竞争。(3)季节对商品的竞争影响也较为明显。例如，羽绒服等冬季御寒服装在夏天的低于成本的降价处理，不会被认定为掠夺性定价行为。(4)产品更新速度是对相关时间市场界定不可忽视的因素，特别是智能手机、电脑、汽车等科技型产品，技术更新速度非常快，商品也呈现出明显的时间特征。相关时间市场的界定主要包括以上几种因素，但并不仅仅限于这些因素，在界定过程中也可能需要对多种因素进行综合判断。

（四）相关市场的新发展

相关商品市场、相关地域市场、相关时间市场的划分产生于传统工业社会，无法完全满足当下社会对技术及其创新发展的特殊需求。1995 年 4 月，美国司法部和联邦贸易委员会联合发布《知识产权许可的反托拉斯指南》，首次提出相关技术市场和相关创新市场的概念。随后，欧盟、日本、我国台湾地区都进行了不同程度的引入和借鉴。2015 年 4 月，国家工商行政管理

---

〔24〕 刘继峰：《竞争法学》，北京大学出版社 2018 年版，第 142 页。

总局颁布《关于禁止滥用知识产权排除、限制竞争行为的规定》(以下简称《禁止滥用知识产权规定》),对相关技术市场和相关创新市场作出了相应规定。

• 相关技术市场

相关技术市场是指由行使知识产权所涉及的技术和可以相互替代的同类技术之间相互竞争所构成的市场。美国1995年《知识产权许可的反托拉斯指南》指出:"技术市场由被许可的技术以及其密切替代技术所构成。密切的替代技术即指可充分约束被许可专利权市场力量发挥的具有相同功能的技术。"

界定相关技术市场的过程与方法类似于界定相关商品市场,但必须注意技术与商品的不同之处。在界定相关技术市场时必须考虑技术自身的特性,这些技术特性主要包括:(1)技术的功能,专利技术具有特定的功能与用途,可以从用途上判断特征相似的技术之间是否可以实际相互替代。(2)以非价格为主要竞争力,技术领域往往以创新、客户粘性、用户普及率等为主要的竞争因素。[25] 当然,技术市场并不排斥价格对技术先进性的估值作用,只是在考量因素上价格不再具有决定性作用。(3)受相关创新市场影响强烈,技术创新者类似于该技术的潜在供给者,构成了现有技术的潜在供给替代。相关创新市场的技术研发团队、资金、设备及研究进展对现有技术均有着强烈的影响,新技术的潜在竞争者会随时使市场竞争状况发生变化。

同时,在相关技术市场中,标准必要专利滥用问题近年来引发社会广泛关注。我国对标准必要专利的滥用行为作出了相应规定,根据《禁止滥用知识产权规定》第13条第1款,经营者不得在行使知识产权的过程中,利用标准(含国家技术规范的强制性要求)的制定和实施从事排除、限制竞争的行为。标准必要专利是指实施相关技术标准所必不可少的专利,对标准必要专利相关市场的界定,需要考虑标准必要专利的双重特性:一是标准必要专利本质上属于技术领域,具备技术的基本特征。因此,对其相关市场界定问题,应遵从技术市场的基本界定方法。二是标准的实施强制性问题。也就是说,当该专利被纳入强制性标准(包括强制性事实标准和强制性法定标准),由于要求产品、服务必须符合一定的技术标准、条件,该专利在标准领域内能够形成明显的市场进入障碍,[26] 具备相应的市场力量。在"高通公司垄断案"[27] 中,原国家发展和改革委员会价格监督检查与反垄断局认为,无线通信技术标准作为高度复杂的技术方案,包括大量的标准必要专利,该专利具有唯一性和不可替代性。据此认定,每一项无线标准必要专利许可均单独构成一个独立的相关技术市场。

• 相关创新市场

创新市场与技术市场是彼此联系却又明显不同的两个市场。创新是对已有技术的创新,而创新市场孕育着新的技术,属于技术市场的延伸。[28] 美国1995年《知识产权许可的反托拉斯指南》和1999年《竞争者协同反托拉斯指南》对相关创新市场均作出规定,即对特定新产品和新方法或其改进的研究和开发,或者与该研发相似的替代性工作形成的市场。

我国《反垄断法》配套制度中尚未明确使用"相关创新市场"的概念,不过国务院反垄断委

---

〔25〕 丁春燕:《论我国反垄断法适用中关于"相关市场"界定方法的完善——兼论SSNIP方法界定网络相关市场的局限性》,载《政治与法律》2015年第3期。

〔26〕 参见朱战威:《垄断语境下标准必要专利许可费之厘定 ——兼评"高通案"专利许可费的裁决》,载《价格理论与实践》2015年第11期。

〔27〕 《中华人民共和国发展和改革委员会行政处罚决定书》(发改办价监处罚〔2015〕1号)。

〔28〕 李丹:《专利权人滥用市场优势地位研究》,西南政法大学2016年经济法学博士学位论文,第81页。

员会2009年《关于相关市场界定的指南》与国家工商总局2015年《禁止滥用知识产权规定》关于界定相关市场,均认为需要"考虑知识产权、创新等因素的影响",这实际上是对相关创新市场的借鉴与参考。例如,《关于相关市场界定的指南》第3条第5款规定,在技术贸易、许可协议等涉及知识产权的反垄断执法工作中,可能还需要界定相关技术市场,考虑知识产权、创新等因素的影响。《禁止滥用知识产权规定》第3条第2款规定,相关市场,包括相关商品市场和相关地域市场,依据……进行界定,并考虑知识产权、创新等因素的影响。同时,在分析经营者行使知识产权的行为对竞争的影响时,应当考虑对促进创新和技术推广的影响、经营者的创新能力和技术变化的速度等因素。

相关技术市场和相关创新市场对科技型企业的垄断行为认定具有重要意义。相关技术市场是由现有技术所形成的市场,而相关创新市场更类似于潜在技术开发者形成的市场,两个市场均与特定技术相关。因创新结果具有不确定性和不可预期性,在相关技术市场创新因素的竞争效果未得到充分考虑的情况下,且当相关研发与企业特有财产或特征相关时,反垄断分析中仍应以现有技术优先,再进行相关创新市场的界定。

第三节 市场支配地位的判断

规制滥用市场支配地位的前提条件是认定经营者的市场支配地位。市场支配地位的认定需要综合考虑市场份额、相关市场竞争状况、控制市场能力等更多的因素,采用的方法也更为复杂和多元。

一、市场支配地位的主体

(一)市场支配地位主体的立法规定

根据我国《反垄断法》的规定,滥用市场支配地位的主体是"经营者"。《反垄断法》第12条将经营者的概念予以明确:"本法所称经营者,是指从事商品生产、经营或者提供服务的自然人、法人和其他组织。"反垄断法上经营者概念外延比较广泛,除了常见的有限公司、股份公司、合伙、个人独资企业、外资企业等企业组织外,也包括行业协会、民办学校等机构团体,还包括各类知识产权人(如专利持有人、商标持有人等)、自由职业者等自然人。

从经营者数量上,市场支配地位类型可以分为经营者独占和共同市场支配地位。经营者独占是市场支配地位的典型表现形式,即市场上仅有一家企业;共同市场支配地位(collective dominance)是指少数几家企业共同控制市场,经济学上又称为"寡头垄断"。美国反托拉斯法明确地将滥用行为限定在单个企业,未采用共同支配地位的提法。共同支配地位确认经营者共同拥有市场支配地位,并对其滥用共同市场支配地位的行为进行规制是欧盟竞争法的一个特色。[29] 欧盟对于如何认定共同市场支配地位,如何区分共同市场支配地位与垄断协议行为,一直存在较大争议。

我国反垄断法也规定了共同市场支配地位,但在实践中两个以上经营者实施的行为,大部

〔29〕 戴龙:《滥用市场支配地位的规制研究》,中国人民大学出版社2012年版,第126页。

分案件仍然依照垄断协议行为的思路处理,共同市场支配地位的规定存在虚置的问题。同时,受到反垄断法豁免的国有企业是否能成为滥用市场支配地位主体?《反垄断法》第 7 条第 1 款规定:“国有经济占控制地位的关系国民经济命脉和国家安全的行业以及依法实行专营专卖的行业,国家对其经营者的合法经营活动予以保护,并对经营者的经营行为及其商品和服务的价格依法实施监管和调控,维护消费者利益,促进技术进步。”该条属于对国有企业垄断的特殊规定,能不能据此理解为国有企业完全不受反垄断法的约束?反垄断法上滥用行为的主体为在市场中从事生产经营活动的经营者,并未从企业性质上作为区分,这些国有企业的拒绝交易、限定交易等行为应该受到反垄断法的约束。从《反垄断法》第 7 条第 2 款“不得利用其控制地位或者专营专卖地位损害消费者利益”的规定来看,也印证了“关系国民经济命脉和国家安全的行业以及依法实行专营专卖的行业”的滥用行为依然应受到反垄断法规制。

(二)行业协会滥用市场支配地位问题

行业协会能否作为滥用市场支配地位的主体,也是一个值得讨论的问题。一般情形下,行业协会涉及的垄断行为主要是组织本行业经营者达成垄断协议,作为垄断协议的处罚主体出现。对此,《反垄断法》第 16 条规定:“行业协会不得组织本行业的经营者从事本章禁止的垄断行为。”从该条规定来看,反垄断法禁止行业协会从事的是《反垄断法》第二章“垄断协议”的行为,主要将其作为垄断协议的规制主体。但行业协会有拒绝交易、限定交易行为时能否作为滥用市场支配地位主体?实践中已经面临相关案例的挑战和裁判需求。

案例 1:广东粤超体育发展股份有限公司诉广东省足球协会等垄断纠纷案

广东粤超体育发展股份有限公司诉广东省足球协会等垄断纠纷案,又被称为“中国体育反垄断第一案”,该案对行业协会(广东省足球协会)的特殊身份存在较大争议,当事人不服地方法院判决一直申诉至最高人民法院再审,基本案情如下:[30]

2009 年 7 月 8 日,广东省足协与珠超公司签订《新广东省室内五人制足球联赛协议书》(以下简称《协议书》),约定三个方面的主要内容:一是广东省足协批准珠超公司独家经营广东省室内五人制足球联赛,制定有关的规章制度,决定参赛球队的数量和加盟球队的资格。二是广东省足协批准珠超公司独家拥有广东省室内五人制足球联赛相关的知识产权和一切商业的经营开发权利。三是广东省足协向珠超公司提供诸如争取有关政府机构和主管部门对联赛的支持和批准等与举办联赛相关的协助服务,珠超公司支付相应劳务费用。同年 8 月 17 日,广东省足协向珠超公司发出《举办广东省室内五人制足球联赛批准书》(以下简称《批准书》),批准珠超公司举办广东省室内五人制足球联赛,并独家享有《协议书》约定的赛事权利。2012 年 6 月,珠超公司的竞争对手粤超公司向广州市中级人民法院提起诉讼,称《协议书》《批准书》具有排除、限制竞争的效果,属于限制同行业之间竞争的排他性协议。

粤超公司认为,广东省足协的独家授权行为,也构成了滥用市场支配地位行为中的“没有正当理由,对条件相同的交易相对人在交易价格等交易条件上实行差别待遇”。广东省足协则认为自己不属于《反垄断法》所定义的、能够独立参与市场经济活动的经营者,不属于滥用市场支配地位的主体。该案对广东省足协是否构成滥用市场支配地位行为存在争议。对此,最高

〔30〕 最高人民法院(2015)民申字第 2313 号。

人民法院在该案的再审阶段进行释明："应当认定广东省足协在五人制足球联赛的组织（商业化运营）市场中具有支配地位。"案件判决后，负责该案再审的主审法官也撰文认为："因为其（广东省足协）先天优势，可以根据其自身的性质和职能，认定为具备市场支配地位的经营者，受《反垄断法》的约束。"〔31〕有学者除认同广东省足协的市场支配地位外，对最高人民法院认定的滥用行为进行进一步纠偏，认为广东省足协"最有可能构成的应该是滥用市场支配地位行为中的拒绝交易"。〔32〕

从实践发展来看，滥用市场支配地位的主体不仅包括《反垄断法》中已明确规定的从事经济活动的一般经营者，也应该包括控制着关键性市场资源的行业协会。

二、市场支配地位的推定

市场支配地位推定在操作中具有简便易行的特点，将经营者市场份额作为唯一标准，能够有效节约执法成本和简化市场支配地位的判断过程。作出推定的原因在于市场份额的重要作用，"市场份额不仅是关于市场结构的重要信息，而且也是关于滥用行为的重要信息"〔33〕。《反垄断法》第19条规定了推定制度，即反垄断执法机构仅根据该条规定的经营者的市场份额，就可推定该经营者具有市场支配地位，因为市场份额是判断经营者是否具有市场支配地位的重要因素。

我国《反垄断法》第19条第1款规定，有下列情形之一的，可以推定经营者具有市场支配地位：（1）一个经营者在相关市场的市场份额达到二分之一的；（2）两个经营者在相关市场的市场份额合计达到三分之二的；（3）三个经营者在相关市场的市场份额合计达到3/4的。其中，一个经营者占市场份额1/2的推定属于独占情形，即市场上只有一家企业；两个或三个企业占市场份额的推定属于共同支配地位，推定两个或三个企业作为一个整体居于市场支配地位。2014年修订后的德国《反对限制竞争法》规定：一家企业就某种商品或者服务至少占有40%的市场份额，可推断该企业拥有市场支配地位；3家或者3家以下企业共同占有1/2的市场份额，5家或者5家以下企业共同占2/3有的市场份额，则这些企业整体上应视为具有市场支配地位。〔34〕反垄断法对多个经营者具有市场支配地位推定，优点在于减轻反垄断执法执法机构的举证责任，〔35〕从而提高执法效率。

在"高通公司垄断案"〔36〕中，原国家发展和改革委员会价格监督检查与反垄断局认定高通公司市场支配地位的方法，包括市场份额的推定，即"根据Strategy Analytics报告数据，2013年其在CDMA基带芯片市场、WCDMA基带芯片市场和LTE基带芯片市场的销售额市场份额分别为93.1%、53.9%和96%，均超过了50%"。在分析市场份额的基础上，进而根据《反垄断法》第19条关于市场支配地位的推定，认定当事人在基带芯片相关市场具有市场支配地位。

在推定市场支配地位的情况下，所占市场份额特别低的经营者不宜被推定为市场支配地

〔31〕参见刘贵祥：《滥用市场支配地位理论的司法考量》，载《中国法学》2016年第5期。

〔32〕参见焦海涛：《行业协会的反垄断法主体地位——基于中国体育反垄断第一案的分析》，载《法学》2016年第7期。

〔33〕王晓晔：《论相关市场界定在滥用行为案件中的地位和作用》，载《现代法学》2018年第3期。

〔34〕See German Act against Restraints of Competition, Last up-dated in July 2014, § 8.

〔35〕参见种明钊主编：《竞争法》（第3版），法律出版社2016年版，第247页。

〔36〕《中华人民共和国发展和改革委员会行政处罚决定书》（发改办价监处罚〔2015〕1号）。

位。我国《反垄断法》第 19 条第 2 款规定，在经营者具有共同市场支配地位时，其中有的经营者市场份额不足十分之一的，不应当推定该经营者具有市场支配地位。该款规定表明，当某个经营者所占份额比例过低（不足 1/10）时，即使该经营者与其他经营者整体市场份额达到法定标准以上，也不构成市场支配地位。德国《反限制竞争法》同样将低于市场份额 1/10 作为排除标准。这样，能够有效防止中小企业被作为垄断性大企业一并处理，当然，他们之间达成垄断协议从事垄断活动依然适用垄断协议的规定。

最后，如果将市场份额作为唯一标准推定企业的支配地位，不可避免地会有一定局限性。之所以选择“推定”而非“认定”作为表述用语，也包含了避免过于将市场份额过于绝对化的做法。《反垄断法》第 19 条第 3 款规定：“被推定具有市场支配地位的经营者，有证据证明不具有市场支配地位的，不应当认定其具有市场支配地位。”被推定具有市场支配地位的经营者，有证据证明不具有市场支配地位的，不应当认定其具有市场支配地位，比如，市场上还存在竞争对手或潜在竞争者，就不应当认定其具有市场支配地位。

三、市场支配地位的认定

市场支配地位的推定是单独依据市场份额标准，但支配地位的认定需要综合考虑企业各项情况、市场竞争及产业政策的各种因素综合判断。我国《反垄断法》第 18 条规定，认定经营者的市场支配地位时，需要综合考虑市场份额、市场竞争状况、与上下游企业的关系、经营者财力技术条件、进入相关市场的难易程度。

（一）市场份额及市场竞争状况

目前的反垄断执法和司法实践表明，认定经营者市场地位依然是将市场份额作为起点，市场份额也是判断市场支配地位的首要考量因素。但市场份额也并非唯一判断因素，需要结合市场竞争状况一并考量。市场竞争状况主要考虑经营者所在相关市场有无竞争，竞争是否充分等因素，主要包括相关市场内的企业数量、产能以及竞争特点等。

（二）控制销售市场或者原材料采购市场的能力

控制销售市场或者原材料采购市场的能力，主要是指该经营者控制销售市场和原材料采购市场的价格、数量或者其他交易条件的能力。该项能力体现经营者对上下游市场的控制能力，即便市场上存在其他竞争者生产特定产品，但具有支配力的经营者能够控制产品销售渠道或原材料采购来源，同样可以通过对上下游市场对所在市场实行间接控制。例如，在“利乐公司垄断案”[37]中，利乐公司通过与原料供应商红塔公司签订牛底纸产品的独家供应协议，控制了液体食品纸基无菌包装的原材料市场，同时也获取了所在液体食品纸基无菌包装市场的支配地位。

（三）经营者的财力和技术条件

经营者的财力和技术条件是根据经营者自身状况所进行的分析。经营者的财力包括其资产规模、资金流动性、融资能力，是经营者参与市场竞争的后盾。若经营者的财力远超其他经营者，则在相关市场中居于更加有利的地位。技术条件代表企业对知识产权的占有情况，在技术突飞猛进的市场背景下，企业之间的竞争主要体现为技术的竞争。经营者所获得的专利权、

---

〔37〕　参见《国家工商行政管理总局行政处罚决定书》工商竞争案字〔2016〕1 号。

商标权及著作权,构成认定其市场地位的重要因素。

(四)其他经营者对其在交易上的依赖程度

依赖性主要着眼于该经营者与其同业竞争的市场关系。竞争者在交易中对该经营者依赖程度越高,其就处于越强势的市场地位,获取支配地位的可能性就越大。在“高通公司垄断案”中,原国家发展和改革委员会价格监督检查与反垄断局认定高通公司市场支配地位的理由之一,即为“无线通信终端制造商对当事人(高通公司)的无线标准必要专利组合许可高度依赖,当事人具有支配性的市场力量”[38]。

从需求方对供应方的依赖关系来看,一般可以分为四类[39]:(1)因品牌形成的依赖。这种依赖关系往往是销售商对品牌商的依赖,销售商为了维持市场竞争力,需要向消费者提供齐全的货物品种。某些名牌或强势品牌就成为销售商必须保有的,对品牌供应商的依赖关系也就产生。(2)因物质短缺形成的依赖。物质短缺形成的依赖最常发生在原材料市场,比如经营者控制了其他竞争对手生产所需要原材料,或者使其他竞争者形成了对石油、特产矿产等特定物质的依赖。(3)因长期合作关系形成的依赖。如果供应商与客户单位存在长期合作关系,供应企业在资本投资、技术发展、人员培训等方面会进行有针对性投入,比如强生公司对各医院的医护人员经常有针对性地开展产品使用培训,进而获取在医疗器械市场更为强势的地位。[40](4)因核心设施形成的依赖。因核心设施形成的依赖主要发生在经营者掌握电气管线、码头港口、专利技术等生产要素的情况下,其他竞争者进入特定市场必须使用该设施,由此形成对核心设施拥有者的依赖性。

(五)进入相关市场的难易程度

进入相关市场的难度主要从市场进入的角度考虑,涉及潜在竞争者问题。新竞争者进入相关市场的难易程度是判断企业市场地位的重要因素,当新的竞争者进入某一市场的难度越大,该企业的对特定市场的支配能力就越强。若新企业可以很容易进入相关市场,则证明不存在市场进入壁垒,表明企业尚不具备阻碍市场进入的支配地位。衡量市场进入的难易程度,主要考虑资金要求、技术门槛、监管规定等各项因素。

经营者的市场支配地位认定过程往往具有较大的模糊性,并不是非黑即白的两分判断。经营者在相关市场的控制商品价格、数量或者交易条件的能力,以及市场进入壁垒,需要结合多种因素综合考虑。产业政策对反垄断法的影响已经不可忽视,虽然我国《反垄断法》并未明确提出产业政策的作用,但是,产业政策在对经营者的市场支配地位认定中发挥着举足轻重的作用,建议在反垄断立法中明确产业政策的影响和限度。

总之,判断经营者市场支配地位的原则是其具有独立性的“支配力”特征,即该经营者可以不考虑竞争对手、客户和终端消费者的行为或反应,直接实施自己的生产或销售策略。也就是说,经营者的生产销售计划完全可以独立作出,不考虑市场竞争对手和消费者的反应,后者对其缺乏竞争约束能力。

四、互联网平台市场支配地位的认定

在技术不断革新的信息社会,反垄断法的实施遭遇新的挑战。互联网平台的全新特性,使

---

〔38〕《中华人民共和国发展和改革委员会行政处罚决定书》(发改办价监处罚〔2015〕1号)。

〔39〕参见时建中主编:《反垄断法——法典释评与学理探源》,中国人民大学出版社2008年版,第229页。

〔40〕参见上海市高级人民法院民事判决书(2012)沪高民三(知)终字第63号。

得平台企业的市场地位认定方法面临新的问题。当然,对互联网平台企业的市场支配地位认定困难这一问题的分析,首先需要以相关市场界定作为起点。[41]

(一)互联网平台的相关市场界定

● 互联网平台相关市场界定的挑战

互联网平台对相关市场界定的挑战,首先表现在互联网平台相关市场界定的过程。互联网平台是互联网产业技术创新的产物,技术创新为平台提供了完全不同于传统形式的虚拟载体。在计算机技术的支撑下,互联网平台展现出免费模式、锁定效应以及跨界竞争等全新特性。免费模式的本质在于获得网络用户的注意力,注意力对于平台具有较高市场价值,但难以用货币形态精确评估。

反垄断法传统上运用的价格分析、市场份额分析已经不再适用于互联网领域。互联网领域因受动态竞争性、网络外部性、用户锁定效应和边际成本递减等特性影响,市场份额数值对竞争的影响力减弱。互联网领域的高技术特性也使得市场份额等处于剧烈的变动中,互联网领域的新特性使得结构标准面临着适用困境。[42] 其原因在于,现有的反垄断法发端于工业社会,关注有形产品的价格、产量、销售及成本因素,而互联网平台则属于信息社会发展下的产物,呈现出一系列与传统工业社会不同的特征。由此,建立在注意力经济基础上的免费模式使得"假定垄断者测试(SSNIP 测试)"面临困难。

● 互联网平台相关市场界定的方法改进

针对互联网平台的市场支配地位认定困境,应当从技术创新本质出发分析互联网平台所展现出来的新型特征,从而寻求更为根本的问题解决之道。关于目前"SSNIP 测试"方法在"免费模式"运用中的局限性问题,通过改进"SSNIP 测试"中的基本要素,以"质量""性能"等代替"价格"因素,是一种更符合平台特性的可行方法。在"奇虎 360 诉腾讯案"中[43],最高人民法院对"SSNIP 测试"作出改进,认为如果在产品差异化非常明显且质量、服务、创新、消费者体验等非价格竞争成为重要竞争形式的领域,特别是市场均衡价格为零时,采用"SSNIP 测试"较为困难。经过对比、分析、讨论,最高人民法院最终选择"SSNDQ 测试"作为腾讯公司市场支配地位认定的分析工具。所谓"SSNDQ 测试",是指"数量不大但有意义且并非短暂的质量下降"(Small but Significant and Non-transitory Decrease in Quelity)的测试方法,与前文所述的"SSNIP 测试"相比,是"以质量取代价格下降的假设"进行假定垄断者测试。SSNDQ 是对 SSNIP 测试在互联网平台对市场支配地位认定方法的改进。

对于互联网平台的市场支配地位的认定,不应拘泥于传统工业社会的分析工具和分析方法,需要对信息社会的新问题、新特点不断推进理论研究。除了对传统的"SSNIP 测试"进行改革外,还可以尝试引入产品性能测试法、盈利模式测试法和销售方式测试法来界定互联网行业的相关产品市场。[44]

---

〔41〕 互联网平台市场支配地位面临的问题既体现在市场支配地位认定过程,又体现在相关市场界定过程,二者的联系较为紧密。为确保问题论述的完整性和集中性,本部分一并论述互联网平台相关市场相关界定和滥用市场支配地位,不再分为不同章节单独论述。

〔42〕 参见叶明:《互联网行业市场支配地位的认定困境及其破解路径》,载《法商研究》2014 年第 1 期。

〔43〕 参见最高人民法院民事判决书(2013)民三终字第 4 号。

〔44〕 参见叶明:《互联网对相关产品市场界定的挑战及解决思路》,载《社会科学研究》2014 年第 1 期。

（二）互联网平台市场支配地位的认定

● 认定互联网平台市场支配地位的困境

互联网平台除免费模式产生的相关市场界定困难之外，也存在“锁定效应”与“跨界竞争”并存的双重困境[45]，二者对于认定互联网平台的市场地位意义更为显著。互联网经济同时具有垄断与创新两大特色[46]：一方面，强大的规模效应和网络效应使产品的“垄断”问题变得突出；另一方面，行业创新的加速也使得产品的可替代性增强，并对在位优势企业形成巨大的竞争压力。

“锁定效应”与“网络效应”密切相关，“网络效应”表明平台规模越大，对用户的吸引力也越大，当平台扩展到足够大的规模时用户转移成本极高，具有明显的用户黏性，从而产生“锁定效应”。另外，“跨界竞争”具有与“锁定效应”相反的结果，“跨界竞争”基于平台技术的知识产品特性，代际更迭非常频繁，在无法确保知识产权领先市场的情况下，平台获取的用户及注意力优势很容易短时间内丧失殆尽。这些看似相互矛盾而又紧密关联的平台特性，对于市场支配地位的分析造成两难状况，必须探索符合互联网平台特性的市场支配地位认定规则。

● 互联网平台市场支配地位的困境应对

对于互联网平台“锁定效应”与“跨界竞争”并存的难题，应该对互联网平台进行更为细致的类型化划分。其中，“锁定效应”体现的是互联网平台垄断性特征，而“跨界竞争”则体现出平台的动态竞争特征。通过互联网平台进行类型化划分，能够进一步区分特定互联网平台垄断性还是竞争性占主导地位，从而提出更有针对性的规制措施。

依照用户的选择权行使自由程度，可以将互联网平台分为“用户依赖型”和“用户自主型”平台。“用户依赖型”平台具有比较明显的锁定效应，如微信、QQ 等即时通讯软件及网络游戏等社交平台；而购物平台、门户网站和搜索引擎的替代性较强，用户能够根据意愿比较自由地选择，可以称其为“用户自主型”平台。根据上述对互联网平台的类型划分，能够依据用户选择权行使的自由程度更有针对性地认定平台的支配地位。

第四节　滥用市场支配地位行为

根据行为目的和损害对象的不同，可以将滥用市场支配地位分为剥削性滥用行为和排挤性滥用行为两大类。[47] 剥削性滥用行为是具有市场支配地位的经营者不受市场竞争约束，以获取垄断利润为直接目的，向交易相对人设定不合理交易条件的行为。排挤性滥用行为又称妨碍性滥用、排他性滥用，是指具有支配地位的经营者以排挤竞争对手为直接目的，实施的限制竞争行为。根据该分类标准，我国《反垄断法》第 17 条所列举的六种典型行为可以进一步归类如下。

---

〔45〕 参见朱战威：《互联网平台的动态竞争及其规制新思路》，载《安徽大学学报》（哲学社会科学版）2016 年第 4 期。

〔46〕 参见仲春：《创新与反垄断 ——互联网企业滥用行为之法律规制研究》，法律出版社 2016 年版，第 51 页。

〔47〕 参见万江：《中国反垄断法：理论、实践与国际比较》，中国法制出版社 2017 年版，第 126 页。

一、剥削性滥用行为

剥削性滥用行为的典型表现是垄断价格行为和价格歧视行为。新古典经济学认为，垄断者能够通过降低产量及将价格提高到竞争水平以上，以实现利润最大化。居于市场支配地位的经营者对商品价格、产量所做的决策不受市场竞争影响，有能力对交易相对人提出不合理的条件来实现利益最大化。

1. 垄断价格

垄断价格的典型表现是经营者的“低买高卖”行为，即具有支配地位的企业凭借其强势在交易活动中以不公平的高价销售商品或者以不公平的低价购买商品，损害交易相对方的利益。经营者采取限制竞争的行为，归根结底为获取垄断价格，或者作为卖方高价出售自己的产品，或者作为买方低价买入原材料等生产资料。我国《反垄断法》第 17 条第 1 项规定，禁止具有市场支配地位的经营者，以不公平的高价销售商品或者以不公平的低价购买商品。该规定同时包括了“低买高卖”两种行为。

2015 年 2 月，原国家发展和改革委员会价格监督检查与反垄断局对美国高通公司进行处罚[48]，理由之一即是高通公司滥用市场支配地位收取垄断高价。原国家发展和改革委员会价格监督检查与反垄断局经调查认为，高通公司利用其在无线标准必要专利许可市场的支配地位，对过期无线标准必要专利收取许可费、要求被许可人将专利进行免费反向许可、以整机批发净售价（超出无线标准必要专利覆盖范围）作为计费基础等三种行为，属于收取不公平的高价专利许可费行为。该案中，高通公司即属于垄断高价的行为，其通过挤压下游企业的利润谋取垄断利益。

对于如何界定“不公平的高价”或“不公平的低价”面临诸多难题，也是垄断价格认定的核心问题。2011 年国家发展改革委《反价格垄断规定》第 11 条规定，认定“不公平的高价”和“不公平的低价”，应当考虑下列因素：（1）销售价格或者购买价格是否明显高于或者低于其他经营者销售或者购买同种商品的价格；（2）在成本基本稳定的情况下，是否超过正常幅度提高销售价格或者降低购买价格；（3）销售商品的提价幅度是否明显高于成本增长幅度，或者购买商品的降价幅度是否明显高于交易相对人成本降低幅度；（4）需要考虑的其他相关因素。实践中，通常使用市场上同类产品比较、历史价格比较、成本利润比较等方法综合判定。垄断价格的认定与市场结构密不可分，当市场属于独占或寡头垄断形态时，产品在较短期间内大幅度涨价却没有相应的理由，则可认定为垄断意图非常明确。

2. 歧视性交易

歧视性交易是指没有正当理由，对条件相同的交易相对人在交易价格等交易条件上实行差别待遇。歧视性交易的典型表现是差别定价，经济学垄断理论表明，通过不同的价格策略组合，经营者能够对接受程度不同的交易相对人制定其所能容忍的最高价格，从而最大限度地获取垄断利润。将歧视性交易归类于剥削性滥用行为，也主要基于对部分交易相对人的“利润压榨”角度考虑。

歧视性交易比较有影响力的案例是欧共体 1978 年“United Brands Co. v. Commission”

---

〔48〕 参见《中华人民共和国发展和改革委员会行政处罚决定书》（发改办价监处罚〔2015〕1 号）。

案。[49] 联合商标公司(United Brands Company)是当时欧共体最大的香蕉供应商,拥有具有广泛知名度的品牌“Chiquita”,同时向多个欧共体成员国供应香蕉。但是,这些香蕉在欧共体内不同国家的价格明显不同。为此,欧共体委员会针对该公司的香蕉销售状况进行了调查,发现同样等级的香蕉在德国、丹麦的销售价格较高,而在比利时、荷兰、卢森堡、爱尔兰的销售价格则比较低。在比利时、荷兰等地区销售价格较低的原因主要是为了阻止新供应商的进入。欧共体委员会和法院均认为,联合商标公司针对不同成员国采取不同的定价策略,且抗辩的理由不具有正当性,构成了歧视性定价行为。

在市场交易中,对不同的交易相对人采取不同的定价方式较为常见,比如对购买商品达到一定数额的客户提供一定比例折扣。但是,当经营者具有市场支配地位以后,这种歧视性交易行为会对市场竞争秩序产生明显影响。美国反托拉斯法将价格歧视行为产生的危害分为两种:(1)对竞争对手产生的损害,又被称为一线竞争(first line competition)损害,主要损害其竞争对手的利益;(2)对下游市场竞争产生的损害,又被称为二线竞争(second line competition)损害,主要影响下游经营者之间的竞争。美国 1936 年《罗宾逊 - 帕特曼法》(Robinson Patman Act)重点在于调整供应商与零售商之间的交易关系,目的是防止生产商或者批发商对下游零售商采取价格歧视行为。

二、排挤性滥用行为

排挤性滥用行为的目的主要是占有市场支配地位的经营者为了维护自己的市场地位,或者增强其市场地位,或者试图将该市场地位扩大到其他市场上。也就是说,排挤性滥用行为的最终指向是该竞争者的同业竞争者,通过排挤竞争对手,经营者能够维持、增强其在市场上的支配地位或将该地位不正当地扩大到其他领域。

1. 掠夺性定价

掠夺性定价又称“低价倾销”,是指具有市场支配地位的经营者以排挤竞争对手为目的,采取持续的低价竞争手段,企图独占或增强其市场支配地位的滥用行为。我国《反垄断法》第 17 条第 2 项规定,禁止具有市场支配地位的经营者,没有正当理由,以低于成本的价格销售商品。掠夺性定价目的是将竞争对手排挤出市场,以便阻止新的经营者进入,进而维持或增强垄断地位。

掠夺性定价的构成要件主要包括:(1)经营者具有市场支配地位。如果实施低价销售的经营者没有市场支配地位,则不会对市场竞争秩序产生影响,反垄断法自然无需过问。(2)低于成本销售商品。低价销售并不是指低于市场竞争价格,而是低于成本价格。低于成本价格销售实际上是一定时期内的自我牺牲行为,短期来看对消费者十分有利。然而,市场上的其他竞争者必须以同样的价格销售,才能在市场上生存,因流动资金、融资能力等不同,其他竞争者极有可能被驱逐出市场。(3)具有回收损失或获取垄断利润的可能性。掠夺性定价的目的是将竞争对手排除之后获取垄断利润,反垄断执法必须考虑经营者是否真能够回收损失并获取垄断利润。于此,则要考虑该市场是否存在进入障碍,只有存在市场进入障碍时,经营者涨价才不会流失市场份额。(4)经营者从事该行为不具有正当理由。如果低价倾销属于处理鲜活商品、季节性降价,则经营者能够以正当理由抗辩。

---

〔49〕 See United Brands v. Commission, Case27/26 [1978] ERC:207:1CMLR429.

掠夺性定价的关键是比较产品的价格与成本,而衡量企业的"生产成本"是项复杂的工作。根据经济学研究,勒纳指数以价格偏离成本的幅度为标准,为掠夺性定价行为提供了量化基础。勒纳指数的计算公式为:$L=(P-MC)/P$。其中,P 代表价格,MC 代表边际成本。勒纳指数在 0 到 1 之间变动,勒纳指数越大,表明市场中的垄断性越强;反之,竞争程度越高。在市场完全竞争时,勒纳指数等于 0。在计算中,由于边际成本仅存在于经济理论模型中,阿里达(Areeda)和特纳(Turner)提出以平均可变成本(AVC)代替边际成本(MC)。勒纳指数通过价格偏离边际成本的程度,从经验数据上来证明掠夺性定价的存在。由于掠夺性定价行为的代价和市场风险较高,该行为虽然一直作为反垄断法规制的对象,但在实践中的案例却比较少见。

2. 拒绝交易行为

拒绝交易行为是指具有市场支配地位的经营者,无正当理由拒绝向交易相对人供应或销售商品的行为。如果一个企业居于市场支配地位,其拒绝交易行为造成实际交易机会的不平等,特别是会影响下游市场的竞争,应当被反垄断法禁止。我国《反垄断法》第 17 条第 3 项规定,禁止具有市场支配地位的经营者,没有正当理由,拒绝与交易相对人进行交易。

在自由竞争的市场环境下,任何企业都有选择交易对手的自由,此为传统民法所奉行的合同自由原则。因此,拒绝交易有较为严格的构成要件:(1)拒绝提供的商品具有不可替代性。拒绝提供的商品具有不可替代性,也通常是下游经营者参与竞争所必需。如果相应商品在市场上具有良好替代性,交易相对方被拒绝后能够通过其他渠道获得,则不具有违法性。(2)限制相关市场的竞争。当目标商品是企业参与下游竞争市场所必需,需要考虑经营者的拒绝行为是否会限制相关市场的竞争。拒绝交易也发生在纵向一体化经营者身上,比如某企业既供应某种商品的原料,又生产销售该种商品,该经营者拒绝或高价向下游的竞争对手供应所控制的原料,即是所谓的"利润压榨"(margin squeeze)行为。(3)行为不具有正当理由。行为不具有正当理由是滥用行为的前提条件,并非支配地位企业所有的拒绝行为都会被禁止,行为企业有权以正当理由抗辩。同时,拒绝交易行为伴随的市场后果是消费者利益受损。在下游竞争受到抑制的情况下,往往会造成终端产品的短缺及涨价等现象。

案例2:重庆西南制药二厂有限责任公司垄断行为案

2016 年重庆市工商局处罚的"重庆西南制药二厂有限责任公司垄断行为案",[50]即属于典型的拒绝交易行为。重庆西南制药二厂有限责任公司(以下简称西南制药二厂)是全国唯一生产苯酚的药品生产企业,具有苯酚原料药生产销售的完全垄断地位。2014 年 2 月,西南制药二厂与新先锋公司签订了《全国总代理合同》。合同签订后,西南制药二厂在三个月时间内停止向市场任何客户供货,以达到清理市场存货目的。在此期间,国内多家鸡眼膏制剂生产企业、医药公司通过电话、信函等方式向当事人提出购买苯酚原料药的请求,均被当事人拒绝。2014 年 5 月至 2015 年 12 月,西南制药二厂只向新先锋公司等个别企业销售苯酚,以往购买苯酚的大客户和老客户多次提出购买苯酚原料药请求,均被拒绝。重庆市工商局认为,西南制药二厂拒绝向市场销售苯酚原料药的行为排除了其它购买苯酚制剂的医药公司之间和生产企业之间

〔50〕 参见《重庆市工商行政管理局行政处罚决定书》渝工商经处字〔2016〕15 号。

的竞争,侵害了苯酚制剂生产企业的利益,扰乱了苯酚原料药及下游市场的市场竞争秩序。同时,原料药的价格上涨使得成品药从2012年的约1元/盒,最高上涨到约20元/盒,损害了消费者利益。

3. 限定交易

限定交易又称强制交易,是指具有市场支配地位的经营者限定交易相对人只能与其进行交易或者只能与其指定的经营者进行交易。限定交易通常发生在上下游企业之间,支配企业通过与相对方订立限定交易合同,可以达到抑制或排除相关市场内竞争者的目的,也可能妨碍下游新的竞争者进入。

我国《反垄断法》第17条第4项规定,禁止具有市场支配地位的经营者,限定交易相对人只能与其进行交易或者只能与其指定的经营者进行交易。欧盟2009年发布的《关于对市场支配地位企业的排挤性滥用行为适用欧共体条约第82条的执法优先性指引》〔51〕中,将限定交易行为分为独家购买(exclusive purchasing)或附条件折扣(conditional rebate)两种类型。当经营者的商品品牌被消费者认为是销售商必须陈列或保有的,独家购买义务就会具有明显的排除限制竞争效果。附条件折扣手段上与价格歧视有重合之处,目的在于通过给予消费者特定购买行为的折扣,如超过一定期限或一定数量的采购,排除实际或潜在竞争对手。

案例3:利乐公司滥用市场支配地位案

2016年国家工商总局处罚的利乐公司滥用市场支配地位案,〔52〕主要行为表现就是限定交易。利乐公司在中国大陆市场的液体食品纸基无菌包装设备(以下简称设备)、纸基无菌包装设备的技术服务(以下简称技术服务)、纸基无菌包装材料(以下简称包材)三个市场均具有市场支配地位。利乐公司的限定交易行为主要发生在包材市场,该限定交易同时包括了独家供货和附条件折扣两种表现形式。

一是利乐公司要求红塔公司对其独家供货。截至2014年,中国大陆市场生产销售牛底纸的仅有佛山华新包装股份有限公司及其子公司珠海经济特区红塔仁恒纸业有限公司(二者统称红塔公司),利乐公司要求红塔公司不得与第三方合作开发牛底纸项目、限制向其他包材厂商供应牛底纸。反垄断执法机构认为,利乐公司与红塔公司的独家供货约定损害了包材市场的竞争。

二是利乐公司对其交易对手采取附条件折扣行为。通过追溯累计折扣的方式提供优惠条件,客户的总支付金额在一定阈值处会出现陡降,即当客户采购量达到或超过阈值时,会出现采购量增多而总支付却减少的"总支付陡降现象"。通过客户对利乐产品种类和产能依赖的"不可竞争部分需求",通过追溯累计折扣增加交易量,将部分"可竞争需求"锁定为"不可竞争需求"。反垄断执法机构认为此举构成忠诚折扣(loyalty rebate),即附条件折扣,具有明显的排除、限制竞争效果。

〔51〕 See Communication from the Commission—Guidance on the commission's enforcement priorities in applying Article 82 of the EC Treaty to abusive exclusionary conduct by dominant undertakings.

〔52〕 参见《国家工商行政管理总局行政处罚决定书》工商竞争案字〔2016〕1号。

4. 搭售行为

搭售行为是指具有支配地位的经营者强迫交易相对人购买在性质、交易习惯上与合同无关的产品或服务的行为。搭售的危害性在于，首先这违反了交易自由原则，强迫交易相对人接受并不需要的商品，直接侵犯了他们的选择权和公平交易权。其次，还可能影响搭售商品所在的相关市场竞争，将该经营者市场支配地位扩大到被搭售产品的市场上，或者妨碍潜在的竞争者进入。我国《反垄断法》第 17 条第 5 项规定，禁止具有市场支配地位的经营者，没有正当理由搭售商品，或者在交易时附加其他不合理的交易条件。

搭售行为构成要件如下：其一，搭售品和被搭售品为"单一产品"。构成搭售的前提是存在两件或两件以上的单一产品问题。对于如何判断单一产品问题，我国法院和反垄断执法机构也积累了一定实践经验，主要从需求标准、交易习惯标准、功能标准等方面进行判断。[53] 首先，从消费者需求的角度，认定产品是否为存在独立的单一产品；其次，考虑作为单一产品的售卖的合理性，是否出于该商品的交易习惯；最后，考虑若将被搭售的商品分开销售，是否有损于该商品的性能或使用价值。在"高通公司垄断案"[54]中，原国家发展和改革委员会价格监督检查与反垄断局认为高通公司违法行为包括搭售不需要的专利，该公司利用其在无线标准必要专利许可市场的支配地位，没有正当理由向客户搭售非无线标准必要专利许可。

其二，违背了交易相对人的自由购买意愿。搭售是经营者违背交易相对方意愿，强迫交易人不得不接受搭售品。对单买品或服务的选择权是否存在，是区分搭售与正常组合销售行为的关键要素。该选择权不是不同组合销售方式之间的选择，而是单独销售品与组合销售之间的选择。需要注意的是，当居于市场支配的销售者采取故意欺诈或剥夺消费者知情权的手段，使消费者误认为必须同时购买商品组合，是否构成"违背消费者意愿"？在"吴小秦与陕西广电网络传媒（集团）捆绑交易纠纷案"[55]中，陕西省高级人民法院判决经营者侵犯消费者知情权不构成强迫消费者购买行为，我们认为该观点值得商榷，当消费者知情权被剥夺后不得不购买搭售商品，仍然违背了其自由购买意愿。

其三，具有反竞争的效果。搭售行为的反竞争效果，即通过搭售行为获取了高额垄断利润或将市场支配地位不适当地扩大到其他市场。经营者的搭售行为往往对搭售产品的市场竞争产生负面影响。在"内蒙古工商局调查的农业银行内蒙古分行滥用市场支配地位案"[56]中，该银行在开展"金融扶贫富民工程"贷款时，要求贷款农牧户必须购买人身意外伤害保险，否则不予发放贷款。农业银行内蒙古分行所要求农牧户必须购买的人身意外伤害险，所附加的不合理交易条件即属于典型的搭售行为。通过在贷款中搭售保险的行为，除了自身获取比扶贫贷款本身更高的利润外，更一步影响到保险市场的竞争秩序。反垄断执法机立案调查后，该银行承诺发放农牧户贷款时，不再附加强制农牧民办理人身意外伤害保险等，反垄断执法机构中止调查。

---

〔53〕 参见李剑：《合理原则下的单一产品问题——基于中国反垄断法搭售案件的思考》，载《法学家》2015 年第 1 期。

〔54〕 参见《中华人民共和国发展和改革委员会行政处罚决定书》（发改办价监处罚〔2015〕1 号）。

〔55〕 （2013）陕民三终字第 00038 号。

〔56〕 参见《内蒙古自治区工商行政管理局垄断案件终止调查决定书》（内工商竞争案字〔2018〕第 1 号）。

三、正当理由抗辩

(一)正当理由的法律规定

我国反垄断立法对垄断协议规定了适用除外,对经营者集中规定了豁免制度,对滥用市场支配地位则规定了"正当理由"的抗辩。[57]《反垄断法》第 17 条第 1 款列举了具有市场支配地位的经营者禁止从事的六种滥用行为,这些行为认定均包含"不公平""没有正当理由"等前提条件。也就是说,经营者的滥用行为并不适用本身违法原则,是需要对每种行为经由合理性分析,判断其是否符合正当理由的要求。不过,由于该条规定比较原则,难以直接用于实践操作。

反垄断法相关司法解释和配套制度对其进行了更为详细的规定。从程序方面,2012 年最高人民法院《关于审理因垄断行为引发的民事纠纷案件应用法律若干问题的规定》第 8 条第 2 款规定:"被告以其行为具有正当性为由进行抗辩的,应当承担举证责任。"该款确立了诉讼中"正当理由"的举证责任。从内容方面,2010 年《工商行政管理机关禁止滥用市场支配地位行为的规定》第 8 条规定,工商行政管理机关认定本规定所称的正当理由,应当综合考虑下列因素:(1)有关行为是否为经营者基于自身正常经营活动及正常效益而采取;(2)有关行为对经济运行效率、社会公共利益及经济发展的影响。2011 年国家发展和改革委员会《反价格垄断规定》第 11 条至第 14 条规定了对"不公平的高价"、"不公平的低价"及"正当理由"的考量因素,其中更为详细地规定了掠夺性定价、[58]拒绝交易、[59]限定交易[60]等行为的正当理由,有效地拓宽了"正当理由"的概念外延。除此之外,2015 年修订的《电力法》第 22 条规定,电网经营企业不得拒绝电力生产企业的并网要求,但电力品质必须符合国家标准或者电力行业标准;对电力品质的要求亦属于"正当理由"范畴。实践立法对正当理由进行了更为丰富的规定,有助于廓清正当理由的具体外延。然而,仍然存在的问题是,正当理由的规定较为烦琐、分散,尚未获得较为完整体系化分类,不利于对正当理由的系统化掌握。

(二)正当理由的类型

正当理由作为滥用市场支配地位认定的前提条件,其分类已经受到学界关注。作为较早关注正当理由的学者,肖江平教授认为"正当理由"至少可以从主体要件、主观要件、行为后果及认定程序等方面进行考察。[61] 许光耀教授在介绍欧盟竞争法的基础上,将滥用行为抗辩划

---

〔57〕《反垄断法》第 15 条规定垄断协议的豁免制度,第 28 条规定经营者集中的豁免制度。对滥用市场支配地位并未规定独立的豁免条款,而是在该法第 17 条规定滥用市场支配地位时,以"没有正当理由"作为滥用行为认定的前提条件。

〔58〕根据《反价格垄断规定》第 12 条第 2 款,对掠夺性定价抗辩的"正当理由"包括:(1)降价处理鲜活商品、季节性商品、有效期限即将到期的商品和积压商品的;(2)因清偿债务、转产、歇业降价销售商品的;(3)为推广新产品进行促销的;(4)能够证明行为具有正当性的其他理由。

〔59〕根据《反价格垄断规定》第 13 条第 2 款,对拒绝交易抗辩的"正当理由"包括:(1)交易相对人有严重的不良信用记录,或者出现经营状况持续恶化等情况,可能会给交易安全造成较大风险的;(2)交易相对人能够以合理的价格向其他经营者购买同种商品、替代商品,或者能够以合理的价格向其他经营者出售商品的;(3)能够证明行为具有正当性的其他理由。

〔60〕根据《反价格垄断规定》第 14 条第 2 款,对限定交易抗辩的"正当理由"包括:(1)为了保证产品质量和安全的;(2)为了维护品牌形象或者提高服务水平的;(3)能够显著降低成本、提高效率,并且能够使消费者分享由此产生的利益的;(4)能够证明行为具有正当性的其他理由。

〔61〕肖江平:《滥用市场支配地位行为认定中的"正当理由"》,载《法商研究》2009 年第 5 期。

分为“客观合理性抗辩”和“效率抗辩”。[62] 刘继峰教授认为正当理由抗辩来源于三个方面:[63] 法律上的规定、经济上的合理性、技术上的合理性。杨文明博士将滥用行为的抗辩划分为权利类型、效率类型及客观必要类型,对“正当理由”的分类更为系统和详细。[64]

1. 正当理由的权利类型

法律规范以权利和义务为内容进行建构,以法律规定为表现形式的权利属于首要的正当理由。正当理由的权利类型主要包括三类:知识产权、所有权和政治权利。

首先,知识产权能够作为抗辩的“正当理由”。判断知识产权滥用的标准应当是权利人破坏了知识产权特有的“对价衡平机制”,即限制了其他经营者和社会公众对“知识公共性利益”的合理享用。[65] 当知识产权主体行使权利在合理的限度内,知识产权本身具有最基本的正当性。例如,专利权的制度设计,已经包括了权利人能够对转让、许可的主体数量和市场范围作出合理限制。因此,专利权、商标权及著作权等知识产权能够成为抗辩滥用市场支配的指控的正当理由。

其次,合理范围内的所有权行使能够作为抗辩的“正当理由”。当所有权并未逾越合理界限,所有权人能够进行抗辩。所有权的抗辩,主要体现在经营者对拥有的“核心设施”抗辩和“搭售”的抗辩问题上。例如,当作为“核心设施”的电网接入其他电厂的电力,可能导致自己的客户难以获得电力时,所有权可以作为拒绝接入的抗辩;将机器设备与控制器一起出售,不应在刻板固守“一物一权”原则,经营者能够提出产品整合后“一个所有权”的抗辩主张。

最后,政治权利能够作为抗辩的“正当理由”。美国反托拉斯法通过初期,出现利用该法压制工人运动的情况,法院先后判决普尔曼铁路工人、码头搬运工人和矿工联合会工人的罢工运动,受到学者的广泛批判。从权利性质上,请愿、言论自由、结社、集会等为政治自由,根据“自由优先于财产”[66] 的权利哲学,政治权利的行使应当作为滥用行为的抗辩理由。

2. 正当理由的效率类型

经济效率作为反垄断法的抗辩事由已经取得基本共识。经营活动主要以经济效益为中心展开,企业采取的特定行为系出于有效利用资源、节约成本的合理目的,不应被认定为滥用行为。例如,针对经营者低于成本的价格销售商品,如果属于降价处理鲜活商品、季节性商品、有效期限即将到期的商品和积压商品的,不应被认定为掠夺性定价。经营者为了在某一地区打开市场、推广品牌,采取独家代理的营销方式,也不应被认定为限定交易。欧盟《适用欧共体条约第 82 条执法重点指南》中规定,经营者能够证明其行为是客观必要的或者其行为产生的实质性效率大于对消费者产生的任何反竞争效果,不应被认定为垄断行为。

从经济学角度分析,能否作为抗辩理由的效率类型可以分为配置效率、生产效率及动态效率,与之相对应的正当理由包括消费者福利、社会总福利、技术创新等标准。其中,生产成本是生产效率的重要分析工具,又称为成本合理化抗辩。例如,搭售行为即可进行规模经济的成本合理化抗辩;在规模经济条件下,随着企业产量的提高,产品的平均成本却在不断降低。如果

---

[62] 参见许光耀:《欧共体竞争法通论》,武汉大学出版社 2006 年版,第 386 ~ 389 页。

[63] 参见刘继峰:《竞争法学》,北京大学出版社 2018 年版,第 180 页。

[64] 本部分主要参考杨文明:《滥用市场支配地位规制中的正当理由抗辩研究》,西南政法大学 2016 年经济法学博士学位论文,第 127 ~ 171 页。

[65] 参见江帆:《竞争法对知识产权的保护与限制》,载《现代法学》2007 年第 2 期。

[66] 刘连泰:《美国法上请愿免责的标准变迁》,载《法制与社会发展》2015 年第 3 期。

两件产品一起生产、销售更节约成本的话,经营者有理由通过规模经济进行抗辩。

3. 正当理由的客观合理性类型

欧共体(现为欧盟)滥用行为抗辩除了各国通行的效率抗辩之外,还包括客观合理性抗辩。客观合理性抗辩主要有两种表现形式:(1)经营者基于外在于自身的因素,诸如产品危险性或消费者安全、健康考虑的"客观必要抗辩";(2)经营者为使自己免受损失或最小化该损失,对竞争者损害行为所提出的"应对竞争抗辩"。[67] 此种类型划分逻辑清晰,且具有欧盟竞争法的规范文本和实践基础作为支撑,能够为我国正当理由分类提供有益指导。

关于客观合理性之"客观必要抗辩"。"客观必要抗辩"是指经营者的行为外在于其自身,是基于客观原因而必须采取的某种行为。该抗辩来源于人们对商业实践的经验积累,大部分来源于商业惯例。例如,出于健康、安全的考虑拒绝向未成年人售卖香烟,或者药店拒绝向没有处方的患者售卖处方药品。除此之外,环境保护和文化多样性保护等社会政策目标,也构成反垄断法豁免的重要理由。[68] "客观必要抗辩"的采信要求具有必要性,即如果不采取这个行为,就无法对产品顺利生产或销售。反垄断执法机构或法院对该抗辩理由的采信比较谨慎,要求至少达到"必不可少"的标准,防止对该抗辩理由作扩大适用。

关于客观合理性之"应对竞争抗辩"。面对同业竞争者的竞争行为,任何企业均有权采取竞争措施维护自身权益。奇虎 360 诉腾讯案[69]中,腾讯公司即以奇虎公司的不正当竞争行为进行抗辩,认为"QQ 软件对 360 安全卫士采取不兼容措施是源于奇虎公司实施侵权行为所致。为了保证 QQ 的正常运作,腾讯公司不得已采取不兼容技术措施来阻止和排除奇虎公司产品对自身产品的破坏,是一种正当的自力救济行为"。"应对竞争抗辩"要求行为必须符合"善意"与"应对"两个条件:"善意"要求经营者主观上诚信、无恶意,不能以排挤竞争者为目的实施行为;"应对"要求必须具有被动性,即支配地位企业不能"先发制人"采取降价、拒绝交易等限制竞争行为,应以回应性防御为主要特征,并且不能超过必要限度。该案一审法院对腾讯公司的该项抗辩并未采纳,认为腾讯公司"强迫用户'二选一'的行为超出了必要的限度"。[70] 总之,"应对竞争抗辩"的基本要求是不得以排除、限制竞争为目的。

第五节 公用企业滥用市场支配地位

在世界各国,普遍存在一些企业承担供水、供电、供气以及提供公共交通运输、电信等关系国计民生的产品和服务。这些企业的产品具有明显的公共性质,是支撑整个社会运行的基础,又被称为公用企业。由于公用企业地位的特殊性,尽管各国对公用企业采取的具体管理方式

---

〔67〕 参见许光耀:《欧共体竞争法通论》,武汉大学出版社 2006 年版,第 387 页。

〔68〕 参见焦海涛:《社会政策目标的反垄断法豁免标准》,载《法学评论》2017 年第 4 期。

〔69〕 参见最高人民法院民事判决书《北京奇虎科技有限公司诉腾讯科技(深圳)有限公司、深圳市腾讯计算机系统有限公司滥用市场支配地位案》(2013)民三终字第 4 号。

〔70〕 需要说明的是,一审法院对腾讯公司"二选一"行为的否定性评价并未影响案件的判决结果,该院最终并未将腾讯公司的行为认定为滥用市场支配地位,原因在于奇虎公司不能举证证明腾讯公司的市场支配地位;二审法院在终审判决中也维持了一审的判决结果。

不尽相同,但基本上都围绕着其垄断问题展开。

一、公用企业及其特征

(一)公用企业界定

从表现形式来看,公用企业主要包括供水、供电、供气、邮政、电信、交通运输等行业的经营者。基于这些企业对国家经济和民生福祉的重要影响,这些企业早已引发大量学者的关注和研究。然而,对公用企业的概念表述及内涵界定,学界仍然存在较大差异,长期采取不同概念的混用方式。当指代这类企业时,我国常见的用语包括"公用企业"、"公用事业"及"自然垄断企业"等,究竟何者为宜,及其概念内涵如何界定,仍待明确。

讨论2 公用企业、公用事业抑或自然垄断企业?

公用企业和公用事业源于英文"Public Utilities",英文"Public Utilities"可以翻译为公用企业,又可以翻译为公用事业,或者说公用企业与公用事业属于同义词,共同指向同一事物[71]。同时,自然垄断行业也经常被用来作为指涉及供水、供电、供气企业。那么,公用企业、公用事业及自然垄断企业三者究竟是同义概念、交叉关系还是包含关系?这需要辨明不同概念的内在本质。

从语源上,1978年版《辞海》将"企业"解释为,"从事生产、流通或服务活动的独立核算经济单位"。企业在通常意义上是指向市场提供商品或服务,实行自主经营、自负盈亏、独立核算的法人或其他经济组织。事业则指人们所从事的,具有一定目标、规模和系统的对社会发展有影响的经常活动,比如革命事业、科学事业、家庭与事业等。此意义上的"事业"外延范围较广,既涵盖了整个社会经济范围内的各类事项,也包含经济领域内的企业组织。我国台湾地区通常用"事业"一词指代各类市场主体,例如,我国台湾地区"公平交易法"规范对象为"事业",根据该法第2条规定:本法所称事业如下:(1)公司;(2)独资或合伙制工商行号;(3)同业公会;(4)其他提供商品或服务从事交易之人或团体。[72] 大陆"公用事业"称谓概受台湾地区影响之结果。

在称谓选择上,究竟是"公用企业",还是"公用事业"为宜?基于我国改革过程中的社会组织分类状况,"公用企业"比"公用事业"更适合作为法学研究概念。原因在于,我国在改革过程中还产生一类比较特殊的法人主体——"事业单位",目前对该主体的词义解释为"特指没有生产收入,受国家机关领导,不实行经济核算的单位"。[73] 事业单位主要指基于公共利益目的,由国家出资设立,从事教育、科技、文化、卫生等活动的社会服务组织,比如公立医院、学校。同时,我国也存在许多事业单位乃至行政性质的公用企业,通常兼有行政管理与经营职能,比如改革前的邮局、铁路系统等,这也是"公用事业"一词使用的现实所指对象。然而,"事业单位"与"公用事业"虽有对象上的交叉关系,划分逻辑却完全不同,且非常容易混淆。从这个角度,理论研究上使用"公用企业"比"公用事业"表述更准确。同时,考虑到不断推进的"公用企业"

---

〔71〕 参见孔祥俊:《中国现行反垄断法理解与适用》,人民法院出版社2001年版,第44页。

〔72〕 参见赖源河编审:《公平交易法新论》,中国政法大学出版社、台北元照出版公司2002年版,第86页。

〔73〕 中国社会科学院语言研究所词典编辑室:《现代汉语词典》,商务印书馆1995年版,第1052页。

改革，其“事业单位”性质会日益削弱，而“企业”性质也将更加明显，使用“公用企业”也更符合改革趋势。至于“自然垄断企业”，“只不过是对公用企业从技术、经济角度的一种称谓，本质上应属于公用企业之列”。[74]

基于以上讨论，也为便于行文，本书选择“公用企业”作为统一表述用语。我国1993年《反不正当竞争法》也同样采用“公用企业”概念，该法第6条规定公用企业或者其他依法具有独占地位的经营者，不得限定他人购买其指定的经营者的商品，以排挤其他经营者的公平竞争。但并未明确界定公用企业的内涵。国家工商行政管理局于1993年颁布的《关于禁止公用企业限制竞争行为的若干规定》第2条对公用企业进行了初步界定，即“公用企业是指涉及公用事业的经营者，包括供水、供电、供热、供气、邮政、电讯、交通运输等行业的经营者”。这一概念列举了公用企业的外延，但仍然存在与“公用事业”混用的问题，以“公用事业”定义“公用企业”也存在重复定义之嫌。基于此，我们将公用企业界定为，通过基础设施或管网为社会公众提供准公共产品与服务，兼具营利性与公益性，并由政府进行管制的特殊企业。

（二）公用企业特征

公用企业的“特殊企业”性质，主要体现在其不同于一般企业的基本特征。

1. 行业性质的自然垄断性

自然垄断性是公用企业获得特殊地位的主要原因。自然垄断理论源自于经济学研究，从生产成本角度，“如果企业的成本随着产出的增加一直在下降，指导达到产出这个市场的饱和点，则属于自然垄断”。[75]“自然垄断是在技术条件和市场需求条件不变的情况下，生产某一产品在一个市场上只需要一个企业比多个企业生产更为有效。”[76]也就是说，在特定行业中，由一个企业生产成本最低、效率最高，具有明显的规模经济效应。公用企业取得特许经营权的主要依据即是自然垄断原理，例如，由一家供水公司在特定区域内经营，只需要铺设一次供水管道，比多家供水公司效率要高。

2. 产品的准公共性

公用企业提供的产品多为具有准公共性质的设施或服务，与纯粹的营利性企业不同。公用企业提供的产品需要满足大多数社会主体的生产或生活需求，具有“准公共产品”性质。经济学上，把社会产品分为三大类别，分别为公共产品、私人产品及准公共产品。公共产品因不具有排他性或排他成本过高，属于市场上非竞争性的产品，比如免费开放的公园、博物馆等；私人产品则是典型的营利性商品，具有完全的排他性和专享性；而“准公共产品”则是介于公共产品和私人产品之间的物品，经营者既可以向使用者或消费者收取费用，但所提供的产品又反映着社会的基本需求，对社会公共利益影响巨大。因此，公用企业所提供的产品具有准公共性。

3. 核心设施的独占性

公用企业提供产品与服务，均需要经由一定设施或管网进行，这类设施在反垄断法上被称为“核心设施”（Essential Facility）。“核心设施”主要既包括社会生产、生活提供服务的基础设

---

〔74〕 姚保松：《公用企业反垄断法律规制研究》，法律出版社2014年版，第19页。

〔75〕 [美]赫伯特·霍温坎普：《联邦反托拉斯政策——竞争法律及其实践》，许光耀、江山、王晨译，法律出版社2009年版，第34页。

〔76〕 龚维敬：《垄断经济学》，上海人民出版社2007年版，第601页。

施,诸如铁道、车站、码头,也包括作为传输设备的各类管网,比如自来水管道、天然气管道、输电线站以及光纤等。核心设施建设往往投资巨大,并且不宜重复建设。因而,在这些领域内无法开展竞争,大部分国家采取设立公用企业的方式,指定其经营范围或项目,并由该企业独占这些投资的核心设施。

4. 生产经营的国家管制性

公用企业为全社会提供基础的产品和服务,其所生产的产品质量、价格影响广泛,需要由国家进行必要的管制。同时,为保证产品的服务均等性,尤其是社会弱者也能够获得必要产品和基本服务,也存在管制的必要性。各国对公用企业的管制措施主要表现在价格、市场准入、产品质量及服务范围等方面。“作为对特许垄断的回报,这些受到特许的厂商允许政府管制其价格和业务经营。”〔77〕不过,基于经济技术条件的不断发展,政府管制的局限性也越来越明显,对公用企业引入市场竞争机制已经是大势所趋。

二、公用企业滥用行为表现

公用企业所处市场结构大部分属于独占垄断或寡头垄断市场,极容易产生包括滥用市场支配地位、垄断协议及经营者集中等形式的垄断行为。其中,公用企业垄断的典型形式是滥用市场支配地位。根据1993年国家工商行政管理局《关于禁止公用企业限制竞争行为的若干规定》(以下简称《禁止公用企业限制竞争规定》),公用企业滥用市场支配地位行为主要包括限定交易、搭售、垄断价格、拒绝交易等。

1. 限定交易

根据《禁止公用企业限制竞争规定》第4条,公用企业在市场交易中,不得实施下列限制竞争的行为:(1)限定用户、消费者只能购买和使用其附带提供的相关商品,而不得购买和使用其提供的符合技术标准要求的同类商品;(2)限定用户、消费者只能购买和使用其指定的经营者生产或者经销的商品,而不得购买和使用其他经营者提供的符合技术标准要求的同类商品。这两项规定分别是公用企业限定交易对象(用户、消费者)只能与自己或其指定的用户进行交易,属于典型的限定交易行为。

案例4:国网山东省电力公司烟台市牟平区供电公司限定交易案

在“国网山东省电力公司烟台市牟平区供电公司限定交易案”〔78〕中,国网山东省电力公司烟台市牟平区供电公司(以下简称国网牟平区供电公司)是烟台市牟平区唯一一家供电经营企业。2012年9月至2014年9月,该公司在组织建设新建住宅小区供配电工程时,将九家新建住宅小区临时用电工程交由其关联企业山东恒源电力有限公司进行施工。该案中,国网牟平区供电公司指定其关联企业山东恒源电力有限公司进行施工,垄断了房地产电力安装工程,限制牟平区内其他民营企业参与房地产供配电施工市场的经营活动,属于公用企业限定交易行为。

---

〔77〕［美］丹尼尔·F. 史普博:《管制与市场》,余晖等译,上海三联书店1999年版,第5页。

〔78〕参见鲁工商公处字〔2016〕第29号。

2016 年 4 月,《国家工商总局关于公用企业限制竞争和垄断行为突出问题的公告》(以下简称《公用企业限制竞争突出问题的公告》)规定,供水、供电、供气公用企业限制竞争行为还包括强制或变相强制申请办理水、电、气入户的经营者或消费者购买其提供的入户设备和材料。例如,以产品质量不合格或不了解安装技术等借口,对用户自行提供的合格设备和材料,不提供或拖延提供水、电、气服务等。

2. 搭售

根据《禁止公用企业限制竞争规定》第 4 条,公用企业在市场交易中,不得实施下列限制竞争的行为:(1)强制用户、消费者购买其提供的不必要的商品及配件;(2)强制用户、消费者购买其指定的经营者提供的不必要的商品。此两项规定为滥用市场支配地位中的搭售行为。2016 年国家工商总局《公用企业限制竞争突出问题的公告》提出,供水、供电、供气公用企业的搭售行为还包括,强制或变相强制用户购买保险(如财产损失险、人身意外伤害等)或其他不必要的商品。

案例 5:中国联合网络通信有限公司内蒙古自治区分公司搭售案

在"中国联合网络通信有限公司内蒙古自治区分公司搭售案"[79]中,反垄断执法机构查明,至 2014 年 12 月 31 日,中国联合网络通信有限公司内蒙古自治区分公司(以下简称内蒙古联通)共有宽带上网用户 136 万户。内蒙古联通在提供宽带上网服务时,通过制定和使用格式合同的方式,将宽带上网服务业务与手机业务及手机终端销售业务捆绑,将宽带上网与手机(固话)业务费用相关联。该公司将宽带上网服务业务与手机业务及手机终端销售业务捆绑的行为,属于公用企业搭售的行为表现。

3. 价格垄断

在经营过程中,公用企业的价格垄断行为非常普遍,主要表现为超高定价。公用企业借助其市场支配地位,以高于市场的价格出售产品或提供服务,直接损害交易相对人的利益。"虽然公用企业定价受到政府监管,但在不受政府价格管制或者政府价格管制不严的领域,设法为自己牟取不正当的经济利益。如有些电业局采取加大线路损失、加大变压器损失、加收协议电量、表外多计电量等种种手段,多收用户电费。"[80]

案例 6:重庆燃气集团股份有限公司垄断案

在"重庆燃气集团股份有限公司垄断案"[81]中,重庆燃气集团股份有限公司下属部分分公司自 2008 年 1 月以来利用公用企业的市场支配地位,在向天然气非民用气用户(工业、集体、商业、CNG)销售天然气过程中,通过设置工作流程与签订格式合同的方式,要求用户接受以"修正系数"为基准的天然气结算方式,即在天然气表正常显示读数上乘以"修正系数"作为最终的气量结算数据。也就是说,非民用气用户天然气表上的显示读数并非作为计费的气量数,

---

〔79〕 参见内工商竞争案字〔2015〕第 2 号。

〔80〕 王晓晔:《公用企业滥用优势地位行为的法律管制》,载《法学杂志》2005 年第 1 期。

〔81〕 参见渝工商经处字〔2014〕1 号。

而是在天然气表的显示读数基础上乘以"修正系数",得到的数值才作为计费的最终数值,该公司称之为"修正系数",也称"调节系数"或"补偿系数"。重庆市工商局将其认定为"附加其他交易条件",从行为定性上,值得商榷。重庆燃气集团股份有限公司改变天然气收费的计数基础,以"修正系数"来计算最终费用,实际上是定价手段的异样化,属于垄断高价行为。

2016年国家工商总局《公用企业限制竞争突出问题的公告》指出的公用企业价格垄断行为还包括,水电气企业及其下属单位或被指定的经营者的滥收费用行为,例如,对新建住宅楼住户强制收取入户费(电力管网建设费用),否则不予办理电卡、提供用电服务;向用户强制收取气瓶检测费、气瓶清洁费,否则不予供气等。在用户初次申领公交IC卡时,公交公司收取或变相收取明显高于成本价的工本费或押金等。

4. 拒绝交易

公用企业在供求关系中居于强势地位,控制市场的能力也较强,通常以拒绝交易的方式获取垄断利润或竞争优势。例如,电力企业时常通过拉闸限电的方式迫使交易相对人接受不合理的交易条件,供热、供水、供气企业等也经常通过拒绝与交易相对人交易或拒不提供服务的方式,迫使交易相对人接受各种不合理条件。根据《禁止公用企业限制竞争规定》第4条,公用企业不得对不接受其不合理条件的用户、消费者拒绝、中断或者削减供应相关商品。这种情况属于拒绝交易行为。

案例7:郑州供电公司中断供电案

在实践中,曾发生过两家公用企业之间拒绝交易的案例。该案案情大致如下〔82〕:郑州供电公司和郑州中法供水有限公司,两家公司在郑州市分别从事供电、供水等经营活动。2009年7月,郑州供电公司要求把中法供水公司4950千瓦的装机量变成7740千瓦来计算电费,这样可能导致中法供水公司每个月多交五六万元电费,中法供水公司拒绝接受供电公司提出的条件。2009年7月31日,郑州供电公司对中法供水有限公司采取断电措施,导致郑州市大面积停水。该案争议经过市政府协调解决,就郑州供电公司的行为性质来看,属于典型的公用企业拒绝交易行为。

公用企业滥用市场支配地位行为主要有上述四种典型表现,但并不限于所列举类型,还包括价格歧视、掠夺性定价以及附加不合理交易条件等行为。

三、公用企业滥用市场支配地位规制

公用企业的垄断性导致一系列的社会经济问题,各国均采取一定措施对该领域进行规制。总体上,规制措施主要包括反垄断立法和对公用企业领域进行市场化改革两个维度。滥用市场支配地位行为的反垄断立法,属于公用企业改革的重要方面。同时,围绕着公用企业占据的"核心设施"所进行的市场化改革,对公用企业垄断问题的解决更有着釜底抽薪的作用。

---

〔82〕 钟欣:《供电公司停电,供水公司供水系统瘫痪》,载腾讯网:https://news.qq.com/a/20070802/000704.htm,最后访问日期:2018年10月28日。

（一）反垄断立法对公用企业滥用行为的规制

反垄断法对公用企业滥用行为的规制，主要依据《反垄断法》第17条禁止滥用行为规则。该条所规定的垄断价格、掠夺性定价、拒绝交易、限制交易、搭售、差别待遇均适用于公用企业，而且这些行为的表现方式与一般企业垄断并无显著差异。公用企业滥用市场支配地位行为的规制独特之处，在于对公用企业的市场支配地位认定过程。公用企业有明显的区域分割性，其他竞争者很难进入该企业所经营的特定领域，例如，我国的电力生产和供应、天然气生产和供应、自来水生产和供应基本上是地区垄断的。[83] 即便是全国市场，在该特定行业往往具有垄断性，特定行业、地域之外的企业很难与其展开有效竞争。

从案件审理角度，滥用市场支配地位案件审理的难点也在市场支配地位举证方面，原告败诉往往因难以举证证明被告企业的市场支配地位。因此，反垄断法在公用企业领域的适用重点在于市场支配地位的认定，以默示推定的方式认定公用企业的市场支配地位，对该类企业的经营行为规范具有重要意义。然而，这种支配地位的推定不仅仅是举证责任上的技术问题，往往更涉及复杂的社会政治因素。

我国最高人民法院2011年4月发布的《关于审理垄断民事纠纷案件适用法律若干问题的规定（征求意见稿）》第9条第3款规定，"受害人提供的证据能够证明被诉垄断行为人属于下列情形之一的，人民法院即可初步认定被诉垄断行为人具有市场支配地位，但被诉垄断行为人有相反证据足以推翻的除外：（一）供水、供电、供热、供气等公用企业；（二）公用企业以外的由法律、法规和规章或者其他规范性文件赋予其从事特定商品或者服务的独占经营资格的经营者；（三）相关市场缺乏有效的竞争，而交易相对人又对其提供的商品或者服务具有高度依赖性的经营者。对供水、供热、供气等公用企业的市场支配地位采取初步推定的规则，受害人提供了证明被诉垄断行为人具有市场支配地位的初步证据，被诉垄断行为人未予否认，或者虽予以否认但未提交足以支持其否定主张的证据的，人民法院可以认定其具有市场支配地位"。然而，在最高人民法院2012年正式发布的《关于审理因垄断行为引发的民事纠纷案件应用法律若干问题的规定》司法解释中，该款规定却被删除，对供水、供热、供气等公用企业滥用市场支配地位规制的效果大打折扣。

（二）公用企业市场化改革的"核心设施理论"

无论是美国的放松管制措施，还是英国的"私有化改革"，其所指方向均是如何在公用企业领域引入竞争机制。公用企业引入竞争的难点是这些企业占据着重要的基础设施，比如自来水管道、电缆电线及变电站、铁路、码头、光纤等，这些构成了公用企业经营的"核心设施"。解决好公用企业的核心设施问题，公用企业市场化的问题很大程度上也会迎刃而解。因此，公用企业市场化改革，实际上主要是如何避免"核心设施"的垄断性，解决该问题的理论资源是"核心设施理论"（Essential Facility Doctrine）。

核心设施（Essential Facility）又称关键设施、必要设施、必需设施，是指当某一经营者掌握了生产经营活动中核心的或重要的设施，其他经营者又不可能重建该设施或重建极端困难，该设置就构成了核心设施。核心设施的范围通常包括港口、铁路、输电设备、电信网络等，可以说，主要是自然垄断行业的基础设施。核心设施理论发端于Terminal Railroad案[84]。该案中，

---

〔83〕 王立国：《论相关市场的界定标准》，载《经济研究导刊》2008年第3期。

〔84〕 United States v. Terminal Railroad Ass'n 224 U.S. 383 (1912).

Terminal Railroad Association of St. Louis 公司(以下简称 Terminal Railroad 公司)是由多家铁路公司共同设立的联营企业,由其控制着通往圣路易斯城的车站和桥梁设施。该公司拒绝其他竞争对手共同使用这些车站和桥梁等基础设施。法院经审理认为,由于圣路易斯城的地理位置和地形特征,新的进入者无法建造自己的设施,要求 Terminal Railroad 公司允许新的经营者以公平合理的价格使用这些设施。

核心设施理论确立的标志性案件是美国 1983 年 MCI. Communications v. AT&T 案,该案中 AT&T 公司及其所属的 26 家公司控制着美国电信网络设施和电信市场,1971 年 6 月美国联邦通讯委员会(FCC)发布命令,允许所有专营长途电信从业者进入市场。但 AT&T 公司拒绝 MCI 公司的长途电话业务接入其控制的电话交换系统,MCI 公司本身不拥有这种电话交换系统。在该案判决书中,法院归纳了“核心设施”理论的四个基本要件〔85〕:(1)企业控制了某种核心设施;(2)竞争者没有能力或没有合理方式重建该核心设施;(3)拥有者拒绝竞争者使用核心设施;(4)具有提供该核心设施的可行性。

从历史背景看,核心设施理论因解决公用企业的问题而产生,该理论的主要运用领域亦在公用企业改革领域。若某公用企业拥有该类“核心设施”,市场竞争者的生产经营活动必须依赖于此,否则就无法进入相关市场。核心设施理论要求,公用企业在特定情况下被强制以合理条件允许竞争对手接续其基础设施,并允许竞争对手利用这一设施与自己公平竞争。〔86〕 核心设施理论为公用企业开放所拥有的基础设施提供了法理上的正当性。当然,核心设施理论的适用并非没有争议,针对核心设施的否定性意见主要集中在两个方面:〔87〕一是认为核心设施理论强制性要求所有权人开放其设施,属于对契约自由基本原则的违背;二是认为核心设施理论和反垄断法理论体系不能很好融合,因而缺乏存在基础。实际上,核心设施理论是对契约自由的限制而非完全否定,在现代社会,绝对的契约自由早已不复存在。同时,核心设施理论主要在反垄断法领域研究和适用,即便存在内部融合的瑕疵,该理论也能够帮助衔接反垄断法与行业管制的关系。〔88〕 在公用企业市场化改革的过程中,合理运用核心设施理论,适度开放公用企业所拥有的核心设施,是一条理性且具有可行性的道路。

本章小结

滥用市场支配地位的构成要件包括“结构要件”+“行为要件”。从结构要件分析,首先需要界定相关市场,进而判断经营者在相关市场内是否具有支配地位。市场支配地位的判断分为推定和认定两种方法,推定主要根据经营者所占市场份额,认定则需要综合考虑市场份额、市场竞争状况、其他经营者依赖程度等因素。从行为要件分析,经营者的滥用行为主要表现为垄断价格、掠夺性定价、拒绝交易、限定交易、搭售、歧视性交易等行为,不过,当经营者有正当理由进行抗辩时,则具有反垄断法上的豁免效果。正当理由包括权利类型、效率类型及客观合理性类型等基本分类。

滥用市场支配地位还需要特别关注互联网、知识产权、公用事业等特定领域。互联网领域滥用市场支配地位是进入信息社会后面临的新问题,尤其是判断互联网企业的市场支配地位,具有较大难度

〔85〕 See MCI. Comm. Corp. v. AT&T,708F. 2d 1132 – 1133(7th Cir. 1983).
〔86〕 参见曹阳:《网络型公用企业竞争的法律规制》,法律出版社 2007 年版,第 159 页。
〔87〕 参见李剑:《反垄断法核心设施理论研究》,上海交通大学出版社 2015 年版,第 13 页。
〔88〕 参见李剑:《反垄断法核心设施理论研究》,上海交通大学出版社 2015 年版,第 47 页。

和争议。知识产权具有专属性,本身是法律所授予的一定期限内的“垄断权”。然而,知识产权的行使并非不受限制,当滥用知识产权排除、限制市场竞争时,必然要受到反垄断法的约束。公用企业滥用市场支配地位是一个由来已久的问题,在不断改进管制技术的同时,需要通过“核心设施理论”的运用,在实践中不断推进相关领域的市场化改革。

思考题

1. 什么是相关市场？相关市场的种类有哪些？
2. 如何认定经营者的市场支配地位？市场支配地位认定的考量因素包括哪些？
3. 具有市场支配地位经营者的滥用行为表现有哪些？
4. 经营者滥用市场支配地位是否有正当理由进行抗辩？主要包括哪些类型？
5. 公用企业的滥用行为有哪些？应该如何实现对公用企业滥用的规制？

第十五章　经营者集中

本章导引

经营者集中主要着眼于市场结构的合理性，对经营者的排除、限制竞争行为进行事前预防与控制。该制度的基本要义在于，合理的市场结构能够激励企业相互争胜的方式，不断提高技术、降低生产经营成本，向消费者提供更为优质的商品。基于对竞争性市场结构维护的需求，反垄断执法部门需要对具有排除、限制竞争效果的经营者集中进行规制。例如，2018年7月，市场监管总局以附条件方式批准了眼镜业依视路国际与陆逊梯卡集团的合并。两企业于2017年5月向反垄断执法机构进行合并申报。市场监管总局认为，二者集中后对国内光学镜片、光学镜架、太阳镜批发和眼镜产品零售市场的竞争，具有或可能具有排除、限制竞争效果。为消除合并可能引发的反竞争效果，经过多轮调查与协商，市场监督管理总局最终以附条件方式批准了该申报。[1] 其中，所附条件包括不得进行眼镜产品搭售、拒绝交易、排他交易、低价倾销等，目的是约束依视路国际与陆逊梯卡集团相关市场竞争行为，维护眼镜市场的竞争活力。通过本章学习，我们将阐述和分析什么是经营者集中，为什么需要对经营者进行事前审查，经营者集中审查的实体标准和程序是什么，经营者集中结构救济和行为救济的意义，反垄断执法机构对经营者集中可能作出何种处理结果以及如何规范反垄断机构的执法程序等一系列问题。

第一节　经营者集中概述

一、经营者集中的概念

世界各国及地区对于经营者集中的称谓并不相同，美国反托拉斯法称其为“企业兼并”，欧盟竞争法将其称为“经营者集中”，我国台湾地区称其为“企业结合”。我国《反垄断法》以欧盟竞争法为主要借鉴对象，受欧盟法影响将其称为“经营者集中”。[2] 经营者集中属于一个相对比较宽泛的概念，我国《反垄断法》立法并未对经营者集中作出明确界定，而是采取列举方式规定了经营者集中的三种情形，主要表现形式是企业之间以一定方式或手段实现的股权、资产、营业及人员的整合与关联。具体而言，经营者集中是指经营者通过合并、购买股权或资产、合

---

〔1〕 参见《市场监管总局关于附加限制性条件批准依视路国际与陆逊梯卡集团合并案反垄断审查决定的公告》2018年7月25日。

〔2〕 参见李剑：《反垄断法实施中的体系冲突与化解》，载《中国法学》2014年第6期。

同等方式,取得对其他企业经营控制权的行为。

从规制主体上,经营者作为法律概念由我国《反不正当竞争法》进行了明确界定,该法第2条第3款规定,本法所称的经营者是指从事商品生产、经营或者提供服务(以下所称商品包括服务)的自然人、法人和非法人组织。具体到反垄断法上,经营者集中主体主要指法人与非法人等企业组织。

从表现形式上,经营者集中比一般意义上企业合并更为宽泛,除企业组织体意义上的合并之外,还包括取得有表决权股权或资产、签订委托经营合同等方式实现的企业集中行为。其中,经营者集中制度关注的重点并非是企业组织体的法律人格变化,而是企业之间的控制关系及所引发的市场竞争结构变化。经营者集中认定的标准为控制性标准,即判断经营者集中时,不仅观察组织体意义上的企业合并,更需要关注企业之间的控制关系。企业之间如果实施了具有长期稳定的控制行为,并不一定以组织体合并为标准,所具有的控制效果同样可以认定为集中行为。

从制度属性上,经营者集中是一种事前预防和控制制度。当一个企业通过合并、取得股权或资产、合同等能够对另一个企业施加控制性影响的时候,很可能会改变市场竞争结构,并增加企业在市场中获得支配地位或滥用市场支配地位的概率。而此时,这种支配地位的获得或者滥用行为并不一定现实地发生,规制经营者集中的目的在于维持合理的市场结构。在思想基础上,经营者集中的规制思想源于哈佛学派结构主义传统。

二、经营者集中方式

对于所禁止的经营者集中表现方式,各国反垄断法规定并不尽相同。美国《克莱顿法》对集中行为的规定较为狭窄,主要指经营者对另一个经营者取得股份或资产,进而产生实质减少竞争效果或具有垄断目的。欧盟竞争法的范围更为广泛,包括通过购买股权或资产、签订合同或其他方式取得另一个企业的控制权。根据我国《反垄断法》第20条规定,经营者集中是指下列情形:(1)经营者合并;(2)经营者通过取得股权或者资产的方式取得对其他经营者的控制权;(3)经营者通过合同等方式取得对其他经营者的控制权或者能够对其他经营者施加决定性影响。从世界各国和地区立法和实践经验来看,经营者集中主要包括以下方式:

1. 经营者合并

经营者合并又称企业合并,是指两个或两个以上的企业,订立合并协议,不经过清算直接合并为一家企业的法律行为。经营者合并的典型情形是公司之间的合并行为,产生企业组织体或法律人格的变化。

经营者之间合并通常有两种方式:(1)吸收合并,又称存续合并,指两个或两个以上的企业合并时,其中一个或一个以上的企业并入另一家企业的法律行为,通常是实力较强的企业吸收合并相对弱势的企业。(2)新设合并,是指两个或者两个以上的企业组合成为一家新企业的法律行为,原有的两个企业不再存在,重新结合成为一家新的企业。我国《公司法》第172条对公司之间的合并进行了规定,经营者合并主要是公司法所规定两种合并方式。

2. 取得股权或资产

组织体意义上的合并程序较为复杂,相对而言,取得股权或资产的集中方式更受合并方青睐。取得股权是一个企业通过持有相对方一定数量的股权达到控制该企业的目的。从公司法角度,取得股权与被取得股权企业之间的关系为母子公司,母公司通过持有子公司一定比例的股权达到控制目的。[3] 从企业内部表决机制角度，如果一个企业取得对另一个企业50%以上的股权，则无可争辩地成为大股东，拥有对企业经营事项的控制性表决权。所以，持股比例成为取得股权或资产方式的重要标准。

然而，在企业股权比例分散化的情况下，有可能不需要50%以上股权即可获得企业控股股东的地位。在此种情况下，是否构成集中需要考虑经营者集中的控制性标准。对此，各国有不同的规定。例如，德国2011年修订的《反对限制竞争法》第37条第3项规定，一方单独或与他人合并取得另一方股权，达到该企业股权：a. 50%以上，或b. 25%以上资产或25%以上表决权，即可被视为经营者集中行为。由此可见，德国法认定经营者集中的最低标准为，一个企业取得对另一个企业25%以上的持股比例。美国对取得股权或资产的最低比例标准则相对宽松，1976年颁布的《哈特－斯科特－罗迪诺反垄断改进法》（Hart-Scott-Rodino Antitrust Improvements Act of 1976）规定，并购方如果取得被并购方15%以上表决权股权，则被视为构成反垄断法上的控制性标准，需要进行反垄断申报。也就是说，在美国，一个企业对另一个企业取得股权比例达到15%以上即可能被认定为企业合并。虽然欧美对取得企业控制权的具体标准规定并不一致，但对即使未满足50%以上绝对控股比例，也可以通过25%或15%持股比例来认定控制权取得，达成了基本共识。

取得资产是一个企业通过购买另一家企业的全部或部分重要价值资产的所有权或使用权，进而控制该企业的行为。股权收购仅适用于公司制企业，而取得或收购资产同时适用于非公司制企业。

3. 人事控制

人事控制又称人事兼任，是指企业之间通过高级管理人员的兼任可以达到生产经营上的控制目的。比如，一个企业的董事长或经理同时受聘于另一家企业，长期担任该企业管理机构的成员，或者该企业能够间接控制其他企业董事长、经理等主要管理人员的任免权，均对另一个企业产生控制效果，属于经营者集中的人事控制。

4. 订立合同

通过订立并购合同能够实现企业之间的控制，这种方式主要是企业间财务、业务、人力、技术、资讯及经销方法等事项作出约定，最终形成稳定的控制与被控制关系。[4] 在德国，与康采恩（Konzern）企业集团有关的企业合同主要有“控制合同”和“利润移转合同”，订立康采恩合同意味着从属企业将丧失经营自主权。

5. 建立合营企业

建立合营企业的方式通常是两家大型企业共同设立一个目标，投资企业通过对目标企业的控制影响市场竞争。比如，2018年4月商务部对青岛两家码头集装箱公司青岛港招商局国际集装箱码头有限公司（以下简称招商局青岛）和青岛新前湾集装箱码头有限责任公司（以下简称青岛新前湾）进行处罚，原因是两公司于2009年12月共同成立青岛前湾联合集装箱码头

---

〔3〕 我国《公司法》第217条对控股关系出了如下规定：控股股东，是指其出资额占有限责任公司资本总额50%以上或者其持有的股份占股份有限公司股本总额50%以上的股东；出资额或者持有股份的比例虽然不足50%，但依其出资额或者持有的股份所享有的表决权已足以对股东会、股东大会的决议产生重大影响的股东。实际控制人，是指虽不是公司的股东，但通过投资关系、协议或者其他安排，能够实际支配公司行为的人。

〔4〕 参见吴振国、刘新宇：《企业并购反垄断审查制度之理论与实践》，法律出版社2012年版，第19页。

有限责任公司(以下简称青岛前联),符合申报标准但未进行反垄断申报。[5] 该案中,招商局青岛和青岛新前湾方各持有青岛前联50%的股权,形成共同控制,这种集中即属于建立合营企业的方式。建立合同企业对竞争的影响主要在于,通过合营企业可以使原本独立的企业建立经济、技术方面的长期性协作关系,进而影响市场竞争状况。欧盟委员会关于控制企业集中的第139/2004号条例第3条规定,“建立一个长期行使独立经济实体全部功能的合营企业”应受到反垄断控制。在经济全球化的背景下,建立合营企业更是跨国公司较为常见的垄断方式。

由此可见,无论是采取企业合并、收购股权或资产,还是订立合同、人事控制、建立合营企业等方式,经营者集中关注的重点在于企业之间是否形成控制性关系。如果企业间形成了稳定的控制与被控制关系,则属于反垄断法上的经营者集中。不过,从预防和减少政府对市场干预的角度,经营者集中多数情况下属于市场主体的自主行为,对“控制性标准”的把握应尽量避免过度干预。

三、经营者集中的经济学基础

从经济学理论分析,经营者集中制度建立在市场结构主义传统基础之上。结构主义认为,经营者集中导致市场中的竞争者数量减少,造成经济力量的集中和市场结构的改变,造成市场中的竞争程度降低。同时,在市场主体数量急剧减少的情况下,竞争者之间也容易做出协调一致的行为,产生或加强市场支配力量,极有可能从事排除和限制竞争活动,损害消费者利益,甚至危及经济民主。

结构主义传统主要源自于哈佛学派经济学理论,该学派认为市场的产业集中度越高,市场中的企业主体越容易产生共谋提价行为,由此提出经济学上的“共谋假说”。[6] 在“共谋假说”思想的指导下,哈佛学派又将市场结构(market structure)、市场行为(market conduct)、市场绩效(market performence)进行理论上的逻辑关联,认为市场结构决定市场行为,市场行为最终又决定市场绩效,它们之间存在单向的决定关系,即市场结构(Structure)—市场行为(Conduct)—市场绩效(Performence),这种对三者之间关系进行分析的理论又被称为“SCP范式”。“共谋假说”和“SCP范式”均显示出理论界对市场结构的重视,又被称为反垄断理论研究的“结构主义”。在结构主义思想的指导下,美国反垄断领域对企业合并非常关注,美国司法部1968年发布的《横向合并指南》[7]将市场集中度作为关注重点,[8]对企业合并采取严格的限制态度。

但从20世纪70年代开始,芝加哥学派开始对哈佛学派关于市场结构决定市场绩效的观点提出质疑与批评。芝加哥学派相信市场是普遍有效的,市场自身能够缺陷之处自我纠偏,甚至主张所有的纵向合并行为本身都是合法的。[9] 美国1982年、1984年连续修订《横向合并指

---

〔5〕 商务部行政处罚决定书(商法函〔2018〕130号)。

〔6〕 “共谋假说”认为产业集中度越高,阻止新进入的壁垒就越高,因而能实现产业的高利润。同时,在高集中度的环境下,企业也会通过合谋提价提高利润率。参见[日]泉田成美、柳川隆:《产业组织理论基础》,机械工业出版社2015年版,第6页。

〔7〕 Horizontal Merger Guidelines, by Department of Justice.

〔8〕 Jonathan B. Baker, “A Preface to Post-Chicago Antitrust”, *SSRN Electronic Journal*, 2002, p. 10.

〔9〕 Herbert J. Hovenkamp, “Harvard, Chicago, and Transaction Cost Economics in Antitrust Analysis”, *Antitrust Bulletin*, 2012, p. 615.

南》深受芝加哥学派影响。后芝加哥学对芝加哥学派的极端放松观点并不认同,将博弈论、信息不完全理论、沉没成本及声誉效应等工具运用于对垄断现象的分析,证明芝加哥学派过度放松管制的观点存在缺陷,在一定程度上属于向结构主义的回归。

对比经济学不同流派的主张,哈佛学派规制垄断行为的"SCP 范式"与芝加哥学派"规模效应"假说截然相反,而后芝加哥学派对芝加哥学派的批判,显然属于对结构主义一定程度的回归。尽管不同的经济学流派对经营者集中的认识并不尽相同,总体而言,市场结构与市场集中度对于企业的竞争行为有显著影响,也正是基于这一共识,经营者集中制度作为三大经济性垄断制度之一的地位从未动摇。

第二节　经营者集中申报制度

一、申报的实体标准

由于经营者集中可能具有排除和限制竞争效果,在符合申报标准时应当进行反垄断申报,申报标准的设定对企业集中行为具有重要影响。

(一)我国经营者集中申报标准

申报标准是参与集中的经营者作为是否申报法律依据,对企业兼并、重组及治理等行为有明显的影响。若申报标准规定过低,企业间兼并、重组等市场行为需要频繁地进行申报和审查,不利于国内企业通过兼并做强做大,同时有政府对经济干预过度之虞。若申报标准规定过高,不利于防止因过度集中造成的垄断。因此,考虑到静态标准难以达成普遍共识,又不利于随着经济发展、市场竞争状态进行适时调整,《反垄断法》对此并未明确规定。《反垄断法》第 21 条规定:"经营者集中达到国务院规定的申报标准的,经营者应当事先向国务院反垄断执法机构申报,未申报的不得实施集中。"通过该条规定,我国将申报标准的制定授权给国务院进行具体规定。

对此,国务院于 2008 年发布了《关于经营者集中申报标准的规定》(以下简称《申报标准规定》)。依据该规定第 3 条,经营者集中达到下列标准之一的,经营者应当事先向国务院主管部门申报,未申报的不得实施集中:(1)参与集中的所有经营者上一会计年度在全球范围内的营业额合计超过 100 亿元人民币,并且其中至少两个经营者上一会计年度在中国境内的营业额均超过 4 亿元人民币;(2)参与集中的所有经营者上一会计年度在中国境内的营业额合计超过 20 亿元人民币,并且其中至少两个经营者上一会计年度在中国境内的营业额均超过 4 亿元人民币。从《申报标准规定》第 3 条来看,我国采取的是营业额计算标准,而非注册资本、股权、资产等企业资本标准,亦并非所占市场份额的比例标准。

其中,由于银行、保险、证券、期货等行业的特殊性,国务院《申报标准规定》第 3 条第 2 款规定,营业额的计算应当考虑银行、保险、证券、期货等特殊行业、领域的实际情况,具体办法由国务院商务主管部门会同国务院有关部门制定。此后,原反垄断执法机构商务部会同中国人民银行、原中国银监会等机构[10]于2009年联合发布了《金融业经营者集中申报营业额计算办法》,针对金融业集中申报的营业额计算办法进行了专门规定。

同时,针对未达到营业额申报标准的经营者集中,如果有证据表明该集中已经或可能具有排除、限制竞争效果,反垄断执法机构应当启动调查程序。国务院《申报标准规定》第4条对此作出了明确规定,即经营者集中未达到规定的申报标准,但按照规定程序收集的事实和证据表明该经营者集中具有或者可能具有排除、限制竞争效果的,国务院主管部门应当依法进行调查。该规定说明我国除营业额标准之外,还赋予了反垄断执法机构一定的自由裁量权,在一定程度上提高了经营者集中申报与审查的灵活性。

(二)国外对申报标准的设定

对于经营者集中的申报标准,各国和有关国际组织规定的标准有所不同。根据欧盟2004年《关于企业集中控制的139/2004号理事会条例》(以下简称《企业集中控制条例》)规定,以下两种情形属于符合"共同体规模"的企业集中需要申报:(1)一项集中如果同时符合:a. 全体经营者的全球总营业额超过50亿欧元,并且b. 至少两个经营者在欧盟范围的营业额超过2.5亿欧元;但如果每一经营者在同一成员国内营业额均超过该经营者在共同体内总营业额2/3的除外。(2)一项集中不满足上述标准,但符合以下条件,也属于具有"共同体规模"情形:a. 全体经营者在全球范围内的营业额合计超过25亿欧元,其中b. 在至少三个成员国内,所有相关经营者的总营业额均超过1亿欧元,c. 在b项所列的至少三个成员国内,在每一个成员国内,至少两个相关经营者的营业额均超过2500万欧元,并且d. 至少两个相关经营者中每一个在共同体范围内的总营业额都超过1亿欧元。相比于标准(1),满足标准(2)的经营者集中申报显然需要更多条件,说明当时欧共体对较小规模的经营者集中持更为审慎的态度。

美国反托拉斯法对企业合并申报标准规定在1914年《克莱顿法》第7条,明确在下列情形下不得直接或间接取得他人有表决权证券或资产:(1)取得方或有表决权证券、资产被取得方是从事商业或影响商业活动的人。(2)a. 总资产或年净销售额超过1亿美元的人,取得另一家总资产或年净销售额超过1千万美元制造业的表决权证券或资产;b. 总资产或年净销售额超过1亿美元的人,取得另一家总资产超过1千万美元制造业的表决权证券或资产;c. 总资产或年净销售额超过1千万美元的人,取得另一家总资产超过1亿美元制造业的表决权证券或资产。(3)由于上述取得,取得方将拥有a. 被取得方15%以上表决权证券或资产,或b. 被取得方有表决权证券或资产总额累积超过1500万美元。美国已经授权联邦贸易委员会逐年对申报标准进行评估,以适应美国经济发展的需求。

德国《反对限制竞争法》(2014年修订)第35条第1款规定,如果在集中前的最后一个营业年度,参与合并的所有企业在全球范围内的销售额超过5亿欧元,且至少一个参与集中企业在本国的销售额超过2500万欧元,则属于反垄断申报的范围。企业合并是英国1973年《公平交易法》的主要内容之一,规定以市场份额和目标企业资产规模作为申报标准。2002年《企业

---

[10] 2018年3月国务院机构改革,将国家工商行政管理总局的职责,国家质量监督检验检疫总局的职责,国家食品药品监督管理总局的职责,国家发展和改革委员会的价格监督检查与反垄断执法职责,商务部的经营者集中反垄断执法以及国务院反垄断委员会办公室等职责整合,组建国家市场监督管理总局,作为国务院直属机构。国务院机构改革后,市场监督管理总局承担反垄断统一执法职责。同时,将中国银行业监督管理委员会和中国保险监督管理委员会的职责整合,组建中国银行保险监督管理委员会,作为国务院直属事业单位。具体参见2018年《国务院机构改革方案》。

法》修正了《公平交易法》原有的合并制度框架,该法保留了市场份额标准,但以营业额标准替代了原来的资产规模标准,规定合并后企业在英国市场占有25%市场份额或目标公司的营业额超过7000万英镑,需要向公平交易局和竞争委员会进行反垄断申报。日本《禁止私人垄断及确保公正交易法》(2013年修订)规定企业合并满足一定条件时需要向公平交易委员会进行申报,其中的资产规模标准为一家企业的总资产超过100亿日元,并且另一家企业的总资产超过10亿日元。

(三)申报义务的免除

经营者集中申报的主要目的,是因市场结构变化所引起的反竞争行为进行事前预防和控制。经营者集中达到国务院规定的申报标准的,经营者应当事先向国务院反垄断执法机构申报。申报义务的免除是指,即使达到申报标准,若经营者集中不会引起市场结构变化,经营者的申报义务可以免除。

我国《反垄断法》第22条规定,经营者集中有下列情形之一的,可以不向国务院反垄断执法机构申报:(1)参与集中的一个经营者拥有其他每个经营者50%以上有表决权的股份或者资产的;(2)参与集中的每个经营者50%以上有表决权的股份或者资产被同一个未参与集中的经营者拥有的。从公司法角度,第一种情况属于母子公司之间的集中;母公司属于子公司股东,达到50%以上控股比例则对子公司拥有绝对控股权。第二种情况是在同一集团内部母公司未参与集中,子公司之间进行合并集中,无论集中之前还是集中之后都会受到母公司控制。这两类公司即便未进行集中在经济上也并非相互独立,它们之间的集中并不会引起市场竞争状况的显著变化。如果集中不会引起市场结构变化,则无申报必要。反垄断法不对其施加申报审查的义务,符合国际通行做法。

经营者集中是经济领域的常见现象,过于严格的限制可能影响经济活动效率。从这个角度考虑,免除申报在微观方面可以提高集团公司或母公司的经济效率,扩大其生产经营规模,增加内部运营的合理化并加强了自身的竞争能力,也可能减少名义上的市场竞争对手数量。但从宏观市场结构考虑,免除申报的根本原因在于市场结构未发生显著变化,经营者的行为不会对市场竞争状况产生重要影响。

二、申报的程序规定

经营者集中申报作为程序性事项,对于反垄断执法机构具有重要的信息收集意义。通过经营者集中申报程序,反垄断执法机构能够及时掌握某个行业的市场竞争状况,并通过审查阶段来判定集中后对市场竞争的实质性影响。

(一)事前申报制度

1. 申报主体

经营者集中申报主体,是指根据法律规定应当向反垄断执法机构履行申报义务的经营者。由于一项经营者集中可能涉及多个经营者,并非所有各方都必须向反垄断执法机构履行申报义务。申报主体应当履行相应的申报义务,否则可能承担相应的法律责任。

美国《哈特-斯科特-罗迪诺反垄断改进法》规定,经营者合并或收购的双方都应当向司法部或联邦贸易委员会提交申报。欧盟《企业集中控制条例》第4(2)条规定,若企业集中属于第3(1)a条合并,参与各方应共同申报;若其中一个或多个企业获得第3(1)b条中的控制权,则由获得控制权的企业向委员会申报。《关于执行〈关于企业集中控制的139/2004号理事会条例〉第802/2004号委员会条例》(以下简称《企业集中控制实施条例》)第2(3)条补充规定,联合申报的文件应当由联合代表提交。在反垄断实践中,虽然不同的交易类型主体略有差别,多数情况下由取得控制权的企业作为申报义务人。

我国对申报主体也作出了明确规定。2009年商务部发布的《经营者集中申报办法》第9条规定,通过合并方式实施的经营者集中,由参与合并的各方经营者申报。采取其他方式的经营者集中,由取得控制权或能够施加决定性影响的经营者申报,不负责申报的经营者应予以配合。由此可见,我国经营者集中申报主体规定符合各国通行惯例。同时,基于申报专业性与效率考虑,申报义务主体可以自行申报,也可以委托他人代理申报。

2. 申报前商谈制度

申报前商谈主要是指准备实施集中的经营者在提出正式申报之前,向反垄断执法机构先行咨询意见的一种非正式程序。该制度在欧盟、日本等许多和地区使用频率较高,我国在2009年商务部《经营者集中申报办法》中规定了申报前商谈制度,该办法第8条规定,在正式申报前,参与集中的经营者可以就集中申报的相关问题向反垄断执法机构申请商谈。申请方式上,商谈申请应当以书面方式提出。双方可以就关切的事项进行非正式商谈,在商谈中提出的意见不会具有任何法律效力。商谈制度有利于双方信息的及时交流,具有加快审查效率和减缓双方对立的作用,能够在事实上减轻经营者集中面临的法律风险。

3. 强制事前申报

从世界范围内的立法和执法实践看,经营者集中申报主要有三种方式:一是采取事前申报,二是采取事后申报,三是采取全部自愿申报,即事前事后均可。我国采取事前申报的强制申报制度。《反垄断法》第21条规定,经营者集中达到国务院规定的申报标准的,经营者应当事先向国务院反垄断机构申报,未申报的不得实施集中。

经营者集中达到国务院规定的申报标准的,经营者应当事先向国务院反垄断执法机构申报。该规定属于强制性规范,实施集中的经营者不得违反,否则需要承担相应的法律责任。经营者集中强制申报的前提是符合申报标准,在申报标准以下自然无需申报。当然,若经营者集中可能对市场竞争产生显著影响,参与集中的经营者可以自愿向反垄断执法机构提出申报。例如,《经营者集中申报办法》第16条规定,经营者集中未达到申报标准,参与集中的经营者可以自愿向反垄断执法机构提出申报。反垄断执法机构收到申报文件、资料后,首先确定是否符合立案标准,有必要立案的应当进行立案审查并作出决定。2011年商务部颁布的《未依法申报经营者集中调查处理暂行办法》,对达到申报标准但未依法申报经营者集中的调查处理进行了程序性规定,反垄断执法机构有权依据举报或者其他途径对案件进行必要核实。

(二)申报的文件和内容

申报的文件和内容直接关系到反垄断执法机构的审查活动,主要由反垄断法和执法机构发布的规范性文件予以规定。依据我国《反垄断法》第23条,经营者向国务院反垄断执法机构申报集中,应当提交的文件、资料主要包括:

1. 申报书

申报书是申报主体向国务院反垄断执法机构提交的基本文件,通常包括参与集中的经营者各方商业情况和提请审查的意愿。除少数国家没有固定的格式要求之外,大部分国家采用格式化格式,如美国、欧盟、日本等均强制使用格式化的申报表。商务部在2014年修订的《关于经营者集中申报文件资料的指导意见》之后附格式化的《经营者集中申报表》,供申报主体下载使用。申报书应当载明参与集中的经营者的名称、住所、经营范围、预定实施集中的日期和国务院反垄断执法机构规定的其他事项。对应当载明而未记载的法定事项，属于材料提交不完备，可能影响申报效果。

2. 集中对相关市场竞争状况影响的说明

集中对相关市场竞争状况影响的说明是申报主体对参与集中的经营者所在的市场竞争状况包括有利影响和不利影响的说明。比如，减少后的竞争对手数量、集中后所占有的市场份额、地域和产品界定及构成、竞争状况的历史和发展前景等。对相关市场竞争状况的说明的文件形式主要为说明性文字或图表，通常需要进行相关市场界定。

3. 集中协议

集中协议是参与集中的经营者之间达成的相关协议，比如合并协议、取得股权或资产的协议、联营协议等。集中协议应当遵守法律和行政法规，遵循公平合理、等价有偿、诚实信用的原则，不得扰乱社会经济秩序和损害社会公共利益等。从国际实践来看，为了缩短集中时间、提高审查效率，参与集中的经营者往往在集中协议草签阶段即向有关反垄断执法机构申报反垄断审查，在审查过程中逐渐形成正式的协议文本。我国《反垄断法》及相关配套制度对草签协议并未明确规定，在实践中，经营者集中通常将通过反垄断审查作为协议的生效要件之一。

4. 财务会计报告

参与集中的经营者应当提交经会计师事务所审计的上一会计年度财务会计报告，该报告属于对参与集中的经营者生产经营的成果和财务状况的总结性文件。申报审查时提交该文件有利于国务院反垄断执法机构掌握参与集中的经营者的财务会计信息，从而能够对经营者的竞争能力和实际竞争状况作出准确判断和认定。

5. 反垄断执法机构规定的其他文件、资料

经营者集中通常涉及较为复杂的法律关系，同时在我国也属于较新的执法领域，法律规定难以穷尽所有资料，必须留有一定的裁量空间。《反垄断法》授权国务院反垄断执法机构根据具体情况，规定其他需要的文件、资料是非常必要的。

在提交申报文件和内容过程中，申报义务人应充分、如实申报，不得提供虚假信息和误导性信息，否则可能要承担相应的行政责任甚至刑事责任。我国《反垄断法》第 52 条规定，对反垄断执法机构依法实施的审查和调查，拒绝提供有关材料、信息，或者提供虚假材料、信息，或者隐匿、销毁、转移证据，或者有其他拒绝、阻碍调查行为的，由反垄断执法机构责令改正，对个人与单位分别处以相应罚款；构成犯罪的，依法追究刑事责任。

（三）申报信息补充

由于经营者集中申报要求的文件、资料数量较多，并且对内容也有相应的要求，若经营者未遵守规定的申报要求、所提交的信息不充分、相关市场数据不准确等情形，需要补充申报相应的文件资料。我国《反垄断法》第 24 条规定，经营者提交的文件、资料不完备的，应当在国务院反垄断执法机构规定的期限内补交文件、资料。经营者逾期未补交文件、资料的，视为未申报。

如果经营者提交的文件资料缺少规定所要求的项目，或者文件资料的内容不符合法律和规定的内容，即为提交的材料不完备，应当按照反垄断执法机构规定要求的数量和内容继续提交。补充材料应在规定的期限内提交，如果超过该期限，大多数国家的做法是视为未申报。我国反垄断法同样将逾期补充文件、资料的情形视为未申报。

第三节　经营者集中审查制度

经营者集中审查属于反垄断执法机构的内部审查过程。反垄断执法机构审查经营者集中，关键是审查该集中是否具有或者可能具有排除、限制竞争的效果。经营者集中审查的专业性较强，为了便于反垄断执法机构对经营者集中排除、限制竞争的效果进行科学分析和正确认定，反垄断执法机构对申报的经营者集中需要依据一定标准和程序进行审查。

一、审查的实体标准

（一）审查参考的因素

我国《反垄断法》第 27 条规定，审查经营者集中，应当考虑下列因素：（1）参与集中的经营者在相关市场的市场份额及其对市场的控制力；（2）相关市场的市场集中度；（3）经营者集中对市场进入、技术进步的影响；（4）经营者集中对消费者和其他有关经营者的影响；（5）经营者集中对国民经济发展的影响；（6）国务院反垄断执法机构认为应当考虑的影响市场竞争的其他因素。

1. 市场份额及对市场的控制力

一般来说，经营者在相关市场的市场份额越大，对市场的控制力就越大。当企业所占市场份额足够控制整个市场时，其决定产品的交易价格和其他交易条件将不再受到竞争约束，很可能会排挤竞争对手或者损害消费者的利益。

为了避免因集中产生排除、限制竞争的后果，维护有效竞争的市场结构，国际通行的做法为将企业的市场份额及其对市场的控制力作为审查经营者集中的重要因素，甚至是首要标准。欧盟控制企业合并的第 139/2004 号条例同样重视市场份额的作用，规定若依据相关企业现有市场份额能够确定合并不会损害有效竞争时，可以推断该合并与市场共同体相容。同时规定若相关企业在共同体或大部分地区市场份额不超过 25% 时，可推断该合并与市场共同体相容，也就是说该合并不受反垄断法限制。这是经营者集中的“安全港”规则，即参与集中的市场份额在一定范围不会受到反垄断法规制。欧盟规定的安全港标准为市场份额的 25% 以内。我国目前尚未明确规定该标准，为提高并购活动的可预见性，可以结合我们经济发展水平和市场竞争状况补充制定更具可操作性的规则。

在互联网领域，市场份额的意义可能远小于传统领域。互联网领域因受动态竞争性、网络外部性、用户锁定效应和边际成本递减等特性影响，市场份额数值对竞争的影响力减弱。互联网领域的高技术特性也使得市场份额等处于剧烈的变动中，互联网领域的新特性使结构标准面临着适用困境。[11] 在此背景下，互联网领域企业合并应更重视用户黏性、技术创新、市场进入难度等非结构性因素。

2. 相关市场的市场集中度

市场集中度与市场支配地位有密切的联系，市场集中度越高，产生或者加强市场支配地位

〔11〕 参见叶明：《互联网行业市场支配地位的认定困境及其破解路径》，载《法商研究》2014 年第 1 期。

的可能性也就越大,经营者排除或者限制竞争的可能性也会越大。与市场份额相比,市场集中度经过计算更为全面、精确地反映了市场结构,可以更加科学、合理地反映经营者集中对市场竞争的影响。许多国家和地区的反垄断执法机构均将市场集中度作为审查经营者集中的重要标准。美国在1968年《横向合并指南》中设立了“四企业集中度标准”(four-firm concentration ration,CR4),通过测量市场中排名前四位的企业市场份额之和,测算其占整个行业职场份额之和的百分比来判断市场集中程度。此后,美国司法部通过改进“四企业集中度标准”,采用新的指标——“赫芬达尔-赫希曼指数”(Herfindahl-Hirschman Index,又称“HHI 指数”)来测算市场集中度。[12]

3. 对市场进入、技术进步的影响

市场进入的难易程度直接决定了申报集中的经营者是否存在潜在的竞争对手。集中后的经营者即使取得或者加强了市场支配地位,可能实施如垄断价格、限制产量、歧视性交易等排除、限制竞争的行为。如果相关市场没有或者只有很小的进入障碍,潜在的竞争对手很快就会进入以抢占市场份额。相反,如果经营者集中的结果大幅提高了潜在竞争者的市场进入门槛,比如进入市场的沉没成本或贸易壁垒等,则会增强现存企业的市场力量,容易形成垄断势力。因此,对市场进入的影响是审查经营者集中的一个重要因素。

在科技迅猛发展的今天,技术创新与进步几乎成为经济增长的决定性因素。技术创新的最大作用是能够通过不断改进的新技术降低产品成本、提高产品质量。经营者集中之后由于市场主体的减少,在没有竞争压力的情况下,很可能丧失技术研发的动力。为保持市场的竞争性,防止集中后的经营者失去危机感和技术创新的动力,反垄断执法机构在进行经营者集中审查时,需要考虑对技术进步的影响。

4. 对消费者和其他有关经营者的影响

经营者集中是否具有或可能具有排除、限制竞争效果,除了通过市场份额、市场集中度等因素进行分析,还可以通过对消费者和其他有关经营者的影响得以反映。如果经营者通过合并减少竞争对手,进而降低产量、提高价格,则会明显损害消费者利益。比如滴滴打车平台首先合并快的平台,随后又将主要竞争对手优步中国(Uber)合并,最终成为网约车市场最大的平台。在获得网约车平台龙头地位之后,滴滴平台的经营行为一直广受诟病,不仅被消费者和司机反映市场价格上涨、服务质量下降,[13]而且对其平台因疏于管理造成恶劣影响的乘客安全事故时有发生。[14] 经合并消灭市场竞争对手之后,集中后的经营者往往减少供给或降低供给质量,同时提高市场价格。在经营者集中审查中,对消费者和其他相关经营者的影响同样应作为

---

〔12〕 对该指数的详细介绍详见下文“经济分析工具运用”部分。

〔13〕 对滴滴平台提供服务质量的下降,除消费者与司机的线下口头交流方式外,公开表达的典型情形比如2017年时建中教授通过打车亲身经历体验,撰文谴责滴滴平台实施滥用市场支配地位等垄断行为。参见万学忠、王苹:《法大教授怒批滴滴加价模式——时建中:不要把消费者精准地圈进“屠宰场”》,载《法制日报》2017年4月21日,第1版。

〔14〕 滴滴平台因管理问题所引发的安全事故,已经成为引发社会普遍担忧的热点问题。2018年8月24日,江苏乐清女孩赵某(殁年20岁)达成顺风车前往永嘉。被司机钟某载自偏僻处侵犯并杀害。而在此不久前,2018年5月6日,郑州空姐李某某(殁年21岁)在郑州航空港区搭乘一辆滴滴专车后赶往市内上班,途中遭到司机侵犯后杀害,引发社会对平台履行司机审查义务的质疑。滴滴平台事后公告已经进行安全整改,然而,此类事件的接续发生引发社会的普遍关注和担忧;对平台安全问题的相关评论参见《人民微评:消除司机隐患,平台须尽责》,载 https://weibo.com/rmrb? is_all =1&stat_date =201805&page =17#feedtop,最后访问日期:2018年5月10日。

重要因素。而且,反垄断执法机构不仅应考虑集中后的短期影响,更应考虑对消费者和其他经营者的长期影响。

5. 对国民经济发展的影响

对经营者集中审查的根本目的是保护竞争并预防垄断,从而维护竞争性的市场结构。在市场经济体制下,市场的本质就是竞争。通过市场竞争,一方面将推动经营者降低产品价格,提高产品和服务的质量;另一方面也会有效地优化配置资源,能够不断提高效率及合理分配国民经济发展成果。因此,审查经营者集中应当考虑对国民经济发展的影响是合理的。

同时,我国仍处于市场经济体制正在建立和完善的过程中,经济水平、技术条件与发达国家存在较大差距,产业结构、企业规模结构及技术研发仍存在一定问题。因此,国家产业政策和其他经济政策在经济发展中仍居于重要地位,在审查经营者集中时必须统筹协调反垄断法与实施国家产业政策和其他经济政策的关系,不仅要考虑集中对市场竞争的影响,也要考虑集中对国民经济发展的影响。

6. 影响市场竞争的其他因素

随着经济的发展、技术的进步和反垄断执法经验的积累,审查经营者集中所应当考虑的因素还会不断地丰富。因此,需要授权反垄断执法机构在实践中认定影响市场竞争的其他因素。

(二)经营者集中违法性审查的认定原则

反垄断执法机构审查经营者集中,通过对上述因素的分析,最终认定是否具有或者可能具有排除、限制竞争的效果,从而对经营者集中做出禁止或者不予禁止的决定。对于垄断行为的违法认定原则,总体上分为本身违法原则与合理原则,经营者集中适用合理原则。之所以适用合理原则,是因为经营者集中对企业而言可能产生效率,需要在个案中分析其是否具有违法性。

在世界各国的反垄断立法中,对经营者集中违法性认定有"实质减少竞争标准"与"严重妨碍有效竞争标准"。其中,美国对违法行为的认定为实质减少竞争(substantially lessen competition)标准,《克莱顿法》第7条规定任何人不得直接或间接取得其他人全部或部分资产,如果该合并造成实质减少竞争的结果或有意形成垄断。尽管实质减少竞争标准在表述上一直未发生改变,但在反垄断执法实践中却经历了从哈佛学派严格的结构主义到芝加哥学派极端宽松的行为主义,二者对经营者集中的态度居于两个极端。直至1992年,由美国司法部和联邦贸易委员联合发布《横向合并指南》,由此奠定了后芝加哥学派在反托拉斯政策中的基础地位。[15]

欧盟确立的审查标准为严重妨碍有效竞争(significant impediment effective competition)标准,即以是否严重妨碍共同体市场或共同体市场重要部分的有效竞争来判断集中的违法性。欧盟确立严重妨碍有效竞争同样经历了长期探索的过程:在最初阶段,欧共体缺乏专门规定企业集中审查的实体标准,采用由案例确认的滥用支配地位标准。此后,欧共体在1989年第4064/89号并购控制条例中确立了审查集中的支配地位标准,对企业集中行为采取更为严格的违法认定标准。最终,欧盟在《企业集中控制条例》中引入严重妨碍有效竞争标准,使欧盟对企业集中的标准向美国标准看齐。

根据我国《反垄断法》第28条,经营者集中具有或者可能具有排除、限制竞争效果的,国务院反垄断执法机构应当作出禁止经营者集中的决定。我国规制经营者集中的主要标准应该是

〔15〕 Jonathan B. Baker, "A Preface to Post-Chicago Antitrust", *SSRN Electronic Journal*, 2002, p. 19.

“排除、限制竞争效果”标准。从理论渊源上，我国采取的标准更类似美国“实质减少竞争标准”。然而，无论何种标准，都并非一成不变，各国经营者集中标准均建立在经济发展状况及相关理论基础之上，并且随着实践的推进不断发生变化。

（三）经济分析工具的运用

经营者集中的经济分析主要适用于市场集中度认定方面。由于反垄断法中许多条文因过于简略，难以提供可操作性的实体规则。经济分析在经济学量化分析方法取得突破之后迅速发展，建立在数学知识基础上的量化技术为反垄断法提供了基本的分析工具。[16] 因此，需要借助经济分析等方式对市场集中度进行具体分析和认定。美国最早在反垄断立法和实施中引入经济分析，目前已经对世界各国产生广泛影响。随着经济学研究的不断推进，经济分析工具也取得新的进展。目前对市场集中度分析主要采用“赫芬达尔－赫希曼指数”（即“HHI 指数”），“HHI 指数”由 1982 年美国《横向合并指南》改进“CR4 标准”后采用，主要通过将特定市场中所有参与者所占的市场份额的比率的平方进行加总而获得。[17] 该指数的计算方法如下：

$$HHI = \sum^{N}(Xi/X)^2 = \sum^{N} S_i^2$$

公式中：

X——市场的总规模；

Xi——i 企业的规模；

$Si = Xi/X$——第 i 个企业的市场占有率；

N——该产业内的企业数。

“HHI 指数”的具体分析步骤如下：一是取得竞争对手的市场占有率，可忽略过小的竞争对手；二是将市场占有率平方；三是将这些平方值加总。根据这种测算方法，反垄断执法机构将相关市场的市场集中度分为三种状态：(1) HHI 不足 1500 点为没有形成集中的市场，在该市场上的集中不具有排除、限制竞争的效果。(2) 集中后的 HHI 在 1500 点和 2500 点之间，该市场为中度集中的市场；在该市场上，如果集中使市场的集中度较之前增加不超过 100 点（$\Delta HHI \leq 100$），则集中不具有排除、限制竞争的效果；反之，集中可能会实质地减少有效竞争。(3) 集中后的 HHI 达到 2500 点以上，该市场为高度集中的市场；在该市场上，如果市场集中度增加 $100 < \Delta HHI \leq 200$，表明该集中可能产生显著竞争问题，需要仔细审查；若增加数值达到 $\Delta HHI > 200$，推定认为会产生竞争问题，除非有证据证明不具有实质减少竞争效果。“HHI 指数”在我国经营者集中审查中也已经成为常用经济分析工具之一。例如，2018 年商务部批准的“拜耳公司收购孟山都案”[18] 中，该执法机构对长日照洋葱种子市场、玉米性状市场、大豆市场等分析中即采用了“HHI 指数”来判断市场集中度。

案例：“拜耳公司收购孟山都案”中“HHI 指数”的运用

在“拜耳公司收购孟山都案”中，反垄断执法机构经调查发现，2016 年孟山都在全球大豆性

〔16〕 参见朱战威：《反垄断法中经济分析运用问题研究》，西南政法大学 2017 年经济法学博士学位论文，第 63 页。

〔17〕 参见［美］保罗·萨缪尔森、威廉·诺德豪斯：《经济学》，萧琛主译，商务印书馆 2013 年版，第 175 页。

〔18〕 《关于附加限制性条件批准拜耳股份公司收购孟山都公司股权案经营者集中反垄断审查决定的公告》商务部公告 2018 年第 31 号。

状市场份额为55%至60%,拜耳市场份额为0至5%,双方合计市场份额为55%至65%。全球大豆性状市场结构高度集中,市场前4位竞争者占据90%以上市场份额。集中前,该市场HHI指数为3969,集中后指数为4441,集中产生的HHI增量(ΔHHI)为472,属高度集中市场。因此,最终认定该集中将进一步增强拜耳在全球大豆性状市场的支配地位,具有排除、限制竞争的效果。

经济分析工具方法运用的优越性在于其借助计算过程,数学计算在既定条件下是可重复检验的。在经济学模型的既有框架内,能够保证相同或类似条件下判决结果的稳定性。"经济学证据的采用使得裁决者可以适用一套连贯的体系处理案件,也可以使经营者一方更好地预测(市场行为)结果从而避免诉讼。"[19] 经济模型的量化分析方法能够通过对案件事实认定的精确化,增强执法结果的科学性和稳定性。

二、审查的程序规则

集中审查程序是指反垄断执法机关对经营者集中进行实质性的审查和最终做出批准决定或禁止决定的程序。[20] 对于审查程序本身而言,在世界范围内通常分为两个阶段:第一阶段为初步审查阶段,第二阶段为进一步审查(实质审查)阶段。

(一)初步审查阶段

反垄断执法机构自收到经营者依法提交的文件资料后,主要对经营者集中是否对竞争造成损害进行初步审查,审查的期间一般在30日左右。初步审查阶段的审查期间规定,一方面是为了尽早结束集中协议实施面临的不确定状态,有利于经营者及时从事相应的市场活动;另一方面反垄断执法机构面临专业性较强的经营者集中问题,又应当留足的时间进行审查。所以,初步审查阶段应当尽快作出是否批准的决定,通常为一个月左右。

我国《反垄断法》第25条规定,国务院反垄断执法机构应当自收到经营者提交的符合规定的文件资料之日起30日内,对申报的经营者集中进行初步审查,作出是否实施进一步审查的决定,并书面通知经营者。30日审查期限的确定与国际惯例大体相同。初步审查后存在两种结果,一是经营者参与的集中对市场竞争未产生影响或影响不大,不需要进一步审查。此种情况下,反垄断执法机构应做出决定并书面通知经营者,可以实施经营者集中行为。二是反垄断执法机构认为集中有可能对市场竞争产生影响或造成损害,由此将进入进一步审查阶段。在国务院反垄断执法机构作出上述决定前,经营者不得实施集中。

反垄断执法机构逾期未作出决定的,经营者可以实施集中。如果反垄断执法机构超过30日期限未作出是否实施进一步审查的决定,为避免因执法机关的原因影响市场交易活动,反垄断法规定经营者可以实施集中。

(二)实质审查阶段

在初步审查过程中,如果反垄断执法机构无法对集中事项作出准确的竞争影响评估,则会启动进一步审查阶段。相对于初步审查阶段,进一步审查所需要的信息更为详细,审查的程度

---

〔19〕 Douglas H. Ginsburg & Eric M. Fraser, The Role of Economic Analysis in Competition Law, *Journal of National School of Administration*, 2010, 55(1), p. 26.

〔20〕 参见王晓晔:《反垄断法》,法律出版社2011年版,第268页。

也更加深入,又被称为实质审查阶段。

在实质审查阶段,反垄断执法机构需要足够的时间对经营者集中进行审查,否则很难充分评估集中对竞争产生的影响,也难以科学地对集中作出决定。同时,进入实质审查的集中案件,一般都会对市场竞争状况有较大的影响,需要进行更加详尽、细致地审查,审查期限也要相应地延长。因此,反垄断执法机构决定实施实质审查的,应当自决定之日起 90 日内审查完毕,并作出是否禁止经营者集中的决定。我国《反垄断法》第 26 条第 1 款规定,国务院反垄断执法机构决定实施进一步审查的,应当自决定之日起 90 日内审查完毕,作出是否禁止经营者集中的决定,并书面通知经营者。作出禁止经营者集中的决定,应当说明理由。审查期间,经营者不得实施集中。

经营者集中的实质审查阶段专业性更强,所面临的情况也更加复杂,为确保反垄断执法机构做出的决定符合市场竞争状况,审查期限的设置应该具有一定的灵活性。为此,各国反垄断法通常赋予执法机构一定时期的延长审查期限。我国《反垄断法》第 26 条第 1 款规定,国务院反垄断执法机构经书面通知经营者,在三种情况下可以延长前款规定的审查期限:(1)经营者同意延长审查期限的;(2)经营者提交的文件、资料不准确,需要进一步核实的;(3)经营者申报后有关情况发生重大变化的。为防止反垄断执法机构滥用延长期限的权力,应注意对延长审查期限的限制性规定。为保护参与集中的经营者的合法利益,反垄断法作出了两项限制性规定:一是对延长审查期限三种情形的明确规定,凡不属于三种情形之一的,反垄断执法机构不得延长审查期限。二是对延长审查期限的上限作出了规定,延长期间最长不得超过60 日。也就是说,在实质审查阶段,审查期限最长不得超过 150 日。

对于经营者而言,无论初步审查期间还是集中审查期间,都不得实施集中行为,这一期间又被称为“等待期间”。为提高反垄断执法机构的审查效率,保护参与集中的经营者的合法利益,若执法机构在等待期内仍未作出决定的,经营者可以实施集中。审查期限的设定有利于加快执法机构的审查速度、提高审查效率,在一定程度上也减少了执法活动中的市场主体时间成本。

值得注意的是,虽然反垄断法对申报经营者规定了明确的等待期间,但尚未对未申报经营者的调查程序作出规定,尤其是针对社会普遍关注的经营者集中问题,应该如何启动何种调查程序及如何确定期间均未作出明确规定。为增强反垄断执法的透明度,反垄断立法需要完善对未申报经营者的调查程序和信息公开义务。

(三)经营者集中简易案件制度

由于绝大多数集中案件不会对竞争产生实质性影响,为提高执法效率、减轻经营者申报负担,反垄断法往往会作出简易程序的规定。经营者集中简易案件申报制度又被称为“简易审查程序”或“快速审查机制”,属于经营者集中明显不具有限制竞争效果申报与审查的简化程序。经营者在申报时可以根据相关标准选择简易申报。

商务部 2014 年颁布的《关于经营者集中简易案件适用标准的暂行规定》,规定符合下列六种情形的经营者集中案件为简易案件:(1)在同一相关市场,所有参与集中的经营者所占的市场份额之和小于 15%;(2)存在上下游关系的参与集中的经营者,在上下游市场所占的份额均小于 25%;(3)不在同一相关市场,也不存在上下游关系的参与集中的经营者,在与交易有关的每个市场所占的份额均小于 25%;(4)参与集中的经营者在中国境外设立合营企业,合营企业不在中国境内从事经济活动;(5)参与集中的经营者收购境外企业股权或资产的,该境外企业不在中国境内从事经济活动;(6)由两个以上经营者共同控制的合营企业,通过集中被其中一个或一个以上经营者控制。

在经营者集中简易案件的审查程序方面,商务部反垄断局 2014 年 4 月专门颁布《关于经营者集中简易案件申报的指导意见(试行)》(以下简称《指导意见》)予以明确。《指导意见》规定在正式申报前,经营者即可以就拟申报的交易是否符合简易案件标准等问题向反垄断局申请商谈。商谈申请应以书面方式,通过传真、邮寄或专人递送等方式提交。同时明确,商谈不是经营者集中简易案件申报的必经程序,经营者自行决定是否申请商谈。对于符合简易案件标准的经营者集中,申报人可以申请作为简易案件申报。如果申报人选择选择简易案件申报,需要填报《经营者集中简易案件反垄断审查申报表》。如果申报人未申请简议案件程序的,应作为非简易案件申报。

反垄断执法机构受理申报之后,即正式进入审查程序,从总体上,经营者集中的流程可以划分为以下几个阶段:(见图 3)

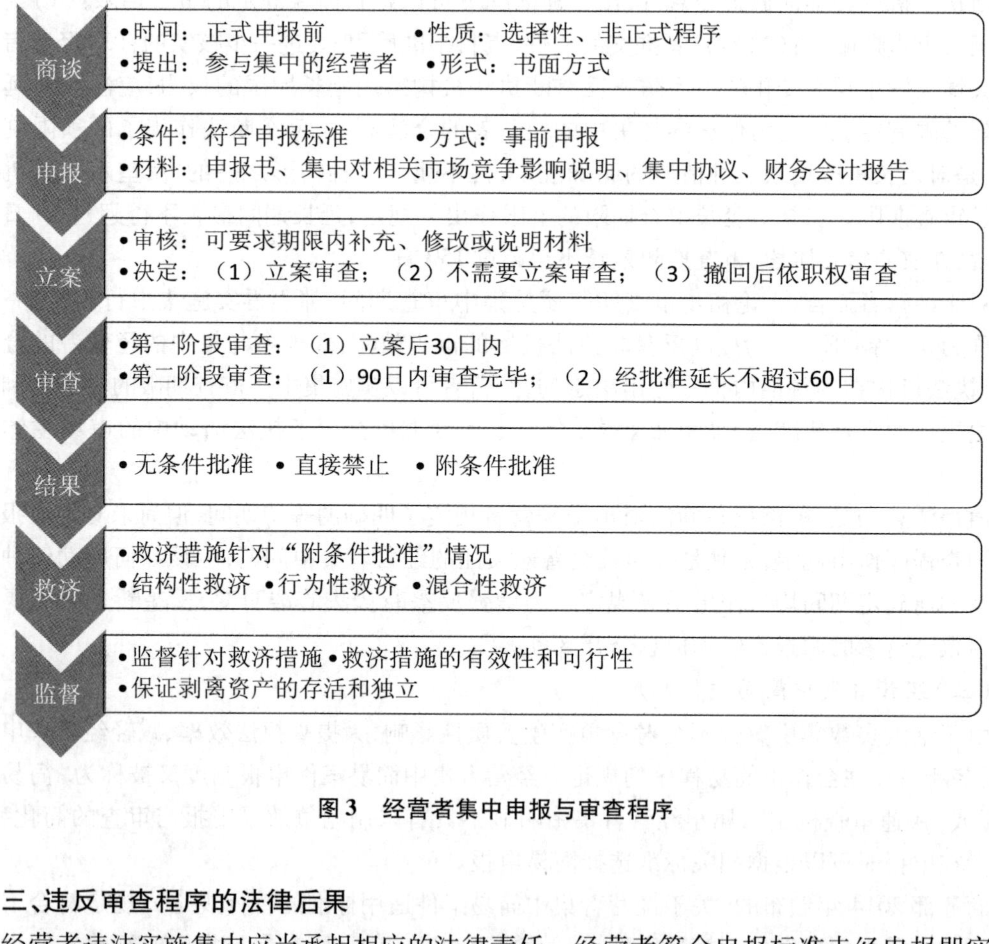

图 3 经营者集中申报与审查程序

三、违反审查程序的法律后果

经营者违法实施集中应当承担相应的法律责任。经营者符合申报标准未经申报即实施集中、反垄断执法机构作出审查决定之前集中、审查决定禁止集中而实施或者违反承诺的条件,均属违法实施集中的行为。我国《反垄断法》第 48 条规定,经营者违反规定实施集中的,由国务院反垄断执法机构责令停止实施集中、限期处分股份或者资产、限期转让营业以及采取其他必要措施恢复到集中前的状态,可以处五十万元以下的罚款。

2018年9月,反垄断执法机构市场监管总局对林德香港与上海华谊两家公司作出行政处罚。处罚的理由主要为,2012年9月林德香港与上海华谊签署合同,新设合营企业林德芜湖,符合申报标准而未进行申报。新设合营企业林德芜湖于2012年10月取得营业执照,属于《反垄断法》第21条未依法申报的情形。据此,市场监管总局对林德香港和上海华谊各处以三十万元罚款。本案属于企业符合申报标准而未经申报实施集中的情形,违法实施集中企业应承担相应的法律责任。对未履行申报义务的审查与集中是否具有排除、限制竞争效果并无必然联系,即使该项经营者集中不会产生反竞争效果,仍然应受到反垄断执法机构的处罚,本案即属此种情况。

在实践中,对于未经申报而违法实施集中的企业,反垄断执法机构大多数采取罚款的处罚方式。对罚款数额的确定,主要考虑经营者实施的垄断行为的性质、程度、持续时间不同,根据案件中违法行为的具体情况。然而,我国《反垄断法》所规定得对罚款金额五十万元的上限设定,对其所具有的惩戒和威慑效果仍然存疑。我国大部分涉案企业的行政罚款不足五十万元,甚至仅仅十五万元或者二十万元,违法实施集中的企业往往是市场份额较高的大企业,这样幅度的罚款何谈威慑?同时需要考虑的是,在经营者违法实施合并或者违反承诺的情况下,恢复原状或者拆分企业涉及企业组织机构的重大调整,实践操作难度非常大,〔21〕对企业约束力度明显不足。对违反规定实施垄断行为的行政罚款上限的确定,关系到反垄断法的实施效果,需要综合考虑行为危害程度、违法成本、威慑效果的关联性。

同时,在国务院反垄断执法机构对经营者集中进行审查期间,以及审查后做出禁止集中的决定的,经营者均不得实施集中。如果经营者违反规定的集中尚未完成,由反垄断执法机构责令停止继续实施集中。对于已经完成、或者已部分完成集中的,可以根据集中采取的具体方式责令经营者限期处分股份、资产、转让营业。若采取上述措施仍不能恢复到集中前的状态的,可以采取其他必要措施恢复到集中前的状态。

需要说明的是,除了规定经营者申报行为的法律责任之外,反垄断执法机构的履职责任也需要进一步明确。2016年"滴滴合并优步中国"并未向反垄断执法机构进行申报,此案引发社会广泛关注。原负责经营者集中的反垄断执法机构商务部曾在一个月内三度回应该事件,称正在依照法律进行调查。然而,至今尚未公布应允许集中或者禁止集中并责令恢复到营业前状态的调查结论。对于社会普遍关注的经营者集中案件,是否应当对反垄断机构的执法程序和信息公开义务作出更为明确的规定,值得思考。

第四节 经营者集中救济制度

一、救济制度概述

反垄断执法机构对经营者集中进行审查后,可能出现三种结果:无条件批准集中、禁止集

〔21〕 王晓晔:《我国反垄断法中的经营者集中控制:成就与挑战》,载《法学评论》2017年第2期。

中及附条件批准集中。经营者集中案件大部分为无条件批准,直接禁止集中的案件也较为少见。[22] 相较而言,附加限制性条件批准是世界各国审查经营者集中常用的一种方式,这种附加的限制性条件在反垄断法中被称为经营者集中的救济(remedy)措施。

对于反垄断执法机构不予禁止的集中案件,很大一部分仍会对市场竞争产生不利的影响。为了使集中对竞争产生的不利影响降低到最小的程度,充分地保护和促进市场竞争,绝大多数被批准的经营者集中需要附加一定的限制性条件才能被批准。从这个角度,经营者集中救济制度不同于一般的法律救济,它并非是对违法行为的惩戒或制裁,而是对所批准案件引发竞争问题的一种特殊制度。

为防止特定集中可能造成的损害,我国对经营者集中救济制度也作出了相应规定。《反垄断法》第 29 条规定,对不予禁止的经营者集中,国务院反垄断执法机构可以决定附加减少集中对竞争产生不利影响的限制性条件。本条规定国务院反垄断执法机构对不予禁止的经营者集中,可以决定附加减少集中对竞争产生不利影响的限制性条件。然而,该规定因过于原则而缺乏可操作性,比如对于救济制度的启动、救济措施的种类和实施中的重要问题均未作出明确规定。为此,负责经营者集中审查的原反垄断执法机构商务部颁布《经营者集中审查办法》《关于经营者集中附加限制性条件的规定(试行)》等规范性文件专门规定。

另外,附条件批准在性质上是否属于经营者承诺制度,目前尚无明确定论。从立法规定来看,附件条批准主要规定于《反垄断法》第 28 条、第 29 条等条文,反垄断执法机构可以直接依据该条款处理经营者集中案件。经营者承诺制度则规定于《反垄断法》对涉嫌垄断行为的调查一章,以第 45 条独立条款规定承诺制度的具体内容,适用于各类型垄断行为。同时,原执法机构商务部颁布的《经营者集中审查办法》对附条件集中并未使用"承诺"等相关字眼。从立法规定上二者并无明显关联,从适用范围上经营者集中显然更具针对性,我们主张将其作为独立的制度类型,以达到更具针对性的规制效果。

二、经营者救济的措施

对经营者集中的救济措施,从世界范围内来看,主要包括结构性救济和行为性救济两种主要方法,同时包括结构性救济与行为性救济的结合,可以将之归类为综合性救济。

(一)结构性救济

市场中经营者的数量和规模直接影响市场的结构及有效竞争程度,完善的市场结构是保持充分竞争的必要条件。结构性救济关注市场主体的数量和规模、产品的可替代性及市场进入条件,主要从市场结构入手,保证市场上有适度规模的竞争企业。

结构性救济的措施主要包括剥离参与集中的经营者的部分资产或业务,能够影响相关市场结构永久性或长期性的变化。由于其操作过程中不需要对垄断性经营者的行为进行监督,往往更容易被反垄断执法机构采用。我国《经营者集中审查办法》第 11 条规定,结构性条件包

---

〔22〕 截至 2018 年,商务部直接作出禁止性决定的案例共两件:第一件是 2009 年商务部禁止可口可乐公司并购中国汇源果汁集团有限公司案;参见《商务部关于禁止可口可乐公司收购中国汇源公司审查决定的公告》商务部公告 2009 年第 22 号。第二件是 2014 年商务部禁止马士基、地中海航运和达飞三家欧洲航运公司组建新的经营实体(即有限合伙企业"网络中心")案;参见《商务部关于禁止马士基、地中海航运、达飞设立网络中心经营者集中反垄断审查决定的公告》商务部公告 2014 年第 46 号。

括剥离参与集中的经营者的部分资产或业务等。在辉瑞公司收购惠氏公司一案[23]中,反垄断法执法机构要求辉瑞公司剥离在中国境内旗下以瑞倍适(Respisure)及瑞倍适－旺(Respisure One)品牌为主的猪支原体肺炎疫苗业务,包括确保被剥离业务存活性和竞争性所需的有形资产和无形资产(包括知识产权)。

为保证结构性救济的程序规范性,原反垄断执法机构商务部先后公布了《关于实施经营者集中资产或业务剥离的暂行规定》(以下简称《暂行规定》)、《关于经营者集中附加限制性条件的规定(试行)》[24](以下简称《附加限制性条件规定》)等部门规章,其中《附加限制性条件规定》替代了之前颁布的《暂行规定》,对附条件批准进行了更为详细的规定。美国、欧盟所做出的关于经营者集中的决定中,除无条件批准之外,其余案件中以附加资产剥离条件的方式结案的占绝大多数,只有少数的案件被直接禁止。在已经获得市场支配地位的大企业存在滥用行为时,结构性救济中的拆分方法也会派上用场。比如美国在20世纪80年代将AT&T公司拆分为八个公司,原AT&T仅保留长途通信业务,另外分立出其他七个地区性通信公司。结构性救济在欧美反垄断执法实践中往往受到反垄断执法机构更多的青睐。

值得注意的是,2014年商务部《附加限制性条件规定》为保证剥离的有效性和资产存活性,引入了"皇冠宝石"(crow jewel)条款。皇冠宝石条款是指在附加剥离限制性企业批准集中时,反垄断执法机构可以要求经营者提供两套范围不同的剥离方案,若首选剥离方案失败,则启动备用剥离方案。而备用剥离的资产往往比待剥离的首套资产更为优质、更具市场价值,被形象地比喻为"皇冠宝石"[25]。根据《附加限制性条件规定》第7条第2款,"申报方提出的附条件建议首选方案存在不能实施的风险的,商务部可以在审查决定中要求申报方在首选方案基础上提出备选方案。备选方案应比首选方案的条件更为严格,可以包括不同核心资产,包括有形资产、知识产权等无形资产或相关权益等"。该规定对"首选方案"和"备选方案"的设置,即是我国对"皇冠宝石"条款的引入。

由于"皇冠宝石"条款在资产剥离中极强的实践作用,早在2009年"三菱丽阳公司收购璐彩特公司案"[26]中已经得到实际运用,商务部要求璐彩特(中国)公司将其年产能中的50%剥离出来,一次性出售给一家或多家非关联的第三方购买人,剥离的期间为五年。如果在剥离期限内产能剥离未能完成,集中双方同意商务部有权指派独立的受托人将璐彩特中国公司的100%股权出售给独立第三方("全部剥离")。如果首选方案"部分剥离"实施失败,则转为更为严格的备选方案"全部剥离"。该条款能够倒逼经营者制定更可行、成活率更高的剥离方案,降低附条件批准方案实施的风险,为救济的有效性提供保障。

(二)行为性救济

行为性救济是指在交易完成后规制经营者市场行为的措施,主要包括要求集中后的经营者允许竞争者有偿使用其重要设施或知识产权、采取措施保障竞争者的独立性及退出部分经营的领域等。如果无法剥离经营者的部分资产或业务,或不宜采取结构性救济时,反垄断执法机构可以采取行为性救济的方法。《经营者集中审查办法》第11条规定,行为性条件包括参与

---

[23] 《关于附条件批准辉瑞公司收购惠氏公司反垄断审查决定的公告》(商务部公告2009年第77号)。

[24] 《关于经营者集中附加限制性条件的规定(试行)》(商务部令2014年第6号)取代了《关于实施经营者集中资产或业务剥离的暂行规定》(商务部公告2010年第41号),成为附条件批准。

[25] 参见叶军:《经营者集中反垄断审查之皇冠宝石规则研究》,载《中外法学》2016年第4期。

[26] 中华人民共和国商务部公告(2009年第28号)。

集中的经营者开放其网络或平台等基础设施、许可关键技术(包括专利、专有技术或其他知识产权)、终止排他性协议等。

2018 年批准的“依视路国际与陆逊梯卡集团合并案”中,所附五项条件分别是:[27](1)没有正当理由,不进行眼镜产品搭售,包括但不限于不得拒绝向中国眼镜店铺单独供应眼镜镜片、镜架、太阳镜、整副眼镜产品(并提供必要的商标授权),不得在交易时附加不合理的交易条件,仅在“整副眼镜”中供应的镜片或镜架除外。(2)STARS 计划应在获得本执法机构批准后,向中国眼镜店铺提供,供其自愿选择。在任何情况下,中国眼镜店铺均可自主选择通过交易双方及集中后实体批发系统订购镜架和太阳镜。(3)不得对中国眼镜店铺(单一品牌专卖店和特许经营店除外)强加排他性条件,禁止或采取不正当手段限制其销售竞争者的镜片、镜架和太阳镜产品。(4)本着公平、合理、无歧视的原则提供眼镜产品和必要的商标授权,不得对条件相同的交易相对人在交易价格等交易条件上实行差别待遇。(5)没有正当理由不得以低于成本的价格销售眼镜产品。

在“通用汽车收购德尔福公司”一案中,[28]反垄断执法机构要求该集中交易完成后,通用汽车、德尔福应当保证德尔福及其控股和实际控制的关联企业将继续对国内汽车厂商无歧视性地供货,并且承诺将一如既往地确保供货的及时性、可靠性及产品质量,确保在供货的价格和数量上依据市场规则和已达成的协议而定,不应附加会直接或间接排除、限制竞争的不合理条件。

对于结构性救济和行为性救济的优先性问题,尽管在国际上反垄断执法机构对结构性救济表现出了明显的青睐,但并非代表结构性救济总是优先于行为性救济适用。与欧美国家不同,我国反垄断执法机构在附条件批准的案件中采用行为性救济比结构性救济更多。[29] 为有效解决集中所产生的竞争问题,常常需要根据不同的市场特征来确定救济措施的种类。

(三)综合性救济

在对市场影响较大的复杂性案件中,单独适用结构性救济或行为性救济均不足以消除对市场竞争影响,则适用综合性救济方式。综合性救济是前两种救济的结合,参与集中的经营者不仅需要完成剥离资产或业务的结构性措施,而且其集中之后的行为也会受到限制。根据《经营者集中审查办法》第 11 条第 2 款规定,混合性条件为结构性条件和行为性条件的结合。

在 2018 年“拜耳公司收购孟山都案”中,我国反垄断执法机构对两公司合并共附加了三项结构性条件和一项行为性条件,整体上属于综合救济措施。关于三项结构性救济,反垄断执法机构要求拜耳公司在全球范围内剥离其蔬菜种子业务、非选择性除草剂业务(草铵膦业务)以及玉米、大豆、棉花、油菜性状业务,包括相关设施、人员、知识产权(包括专利、专有技术及商标)及其他有形与无形资产,以保证农业内市场的有效竞争。同时,反垄断执法机构所附的第四项行为性条件为,拜耳、孟山都及集中后实体的商业化数字农业产品进入中国市场之日起五年内,基于公平、合理、无歧视条款,允许中国所有农业软件应用程序开发者将其数字农业软件应用程序连接到拜耳、孟山都及集中后实体在中国应用的数字农业平台,允许中国所有用户注

[27] 参见市场监管总局《关于附加限制性条件批准依视路国际与陆逊梯卡集团合并案反垄断审查决定的公告》2018 年 7 月。

[28] 《通用汽车收购德尔福案》(商务部公告 2009 年第 76 号)。

[29] 王晓晔:《我国反垄断法中的经营者集中控制:成就与挑战》,载《法学评论》2017 年第 2 期。

册使用拜耳、孟山都及集中后实体的数字农业产品或应用程序。该条件要求拜耳、孟山都及集中后实体在五年内对公平、合理、无歧视地允许中国所有农业软件应用程序开发者连接,并保证中国所有用户使用,这种救济方法又属于典型的行为性救济。

三、救济措施的实施与监督

对附加限制性条件批准的经营者集中,无论结构性救济、行为性救济还是综合性救济方式,反垄断执法机构均需要监督所附条件实施的有效性。所以,附条件批准并不代表经营者集中程序的终结,执法机构仍应当对经营者履行限制性条件的情况进行监督。商务部(原反垄断执法机构)制定的《经营者集中审查办法》第 15 条规定,对于附加限制性条件批准的经营者集中,商务部应当对履行限制性条件的行为进行监督检查,参与集中的经营者也有义务按期报告执行情况。经营者未履行规定义务的,商务部可以责令其限期改正,在期限内未改正的,商务部有权依照职权进行处理。

商务部 2014 年《附加限制性条件规定》对附条件的实施进行了更为详细、可操作性更强的规定。关于剥离措施,《附加限制性条件规定》明确了剥离义务人向第三方出售资产的方案和程序,对其他类型的限制性条件比照剥离条件的规定进行监督。在剥离条件中,按照审查决定应当出售剥离业务的经营者为剥离义务人。关于剥离措施的监督,监督受托人发挥关键作用,根据自行剥离或者受托剥离的不同方式,监督受托人的产生方式也不尽相同。在自行剥离程序中,接受剥离义务人委托,对剥离条件实施进行监督的自然人、法人或其他组织为监督受托人。在受托剥离程序中,申报方应当委托剥离受托人,负责出售剥离业务,同时应一并委托负责监督的监督受托人。无论是剥离受托人还是监督受托人,均需经商务部同意并且独立于剥离义务人。

在监督程序上,剥离义务人应在反垄断执法机构作出审查决定之日起 15 日内提交监督受托人人选,启动受托剥离阶段 30 日前向执法机构提交剥离受托人人选。剥离义务人提交商务部审查的潜在买方、监督受托人、剥离受托人应各不少于三家。在剥离完成之前,剥离义务人应当及时向商务部报告其遵守审查决定、实施剥离和执行相关协议等情况。

在受托剥离阶段,剥离受托人负责出售剥离业务,并且在符合相关条件时,有权以无底价方式出售。为规范剥离义务人与监督受托人的委托协议,提高签约效率,商务部反垄断局于 2015 年制定了《监督受托人委托协议(示范文本)》,供委托人和监督受托人签约时参照适用。该示范文本既适用于商务部附加结构性条件案件,也适用于附加行为性条件案件,以及混合性条件案件。总而言之,救济措施的实施监督主要是为确保结构性救济中剥离业务的存续性、竞争性和可销售性,以及其他救济措施的有效性和可行性,进而维持市场竞争活力。

本章小结

经营者集中通过对企业合并、取得股权或资产、人事兼任、订立合同及设立联营企业等集中形式进行预防和控制,防止企业集中之后的滥用支配地位和垄断协议行为。对市场集中度的关注,说明经营者集中的经济学基础仍然是哈佛学派结构主义。我国对经营者集中的申报和审查规定了相应的实体标准,符合申报标准的企业需要事前向反垄断执法机构申报,执法机构审查经营者集中考虑的因素包括市场份额、市场集中度、市场进入、消费者利益及国民经济发展等。从程序方面,经营者集中包括集中申报和审查两种程序,经营者集中申报应该提供相应的文件和信息。经营者集中审查则进一步划分为初步审查和实质审查两个阶段。对具有排除、限制竞争效果的经营者集中,反垄断执法机构谨慎采取直接禁止的措施,更多地采取附条件批准的方式。附条件批准的救济性措施主要包括结构性救济、行为性救济和综合性救济。救济性措施需要反垄断执法机构的后期监督,剥离资产或业务等结构性措施应关注剥离主体的存活性,行为性救济应密切观察经营者集中后的市场行为。

思考题

1. 经营者集中包括哪些主要形式?
2. 结合滴滴与快的、优步中国合并案,分析经营者集中对市场竞争的意义。
3. 经营者集中的审查程序有哪几个阶段?
4. 经营者集中是否涉及经济分析? 如何实现经济分析与反垄断案件的结合?

第十六章　行政性垄断

本章导引

在2014年全国职业院校技能大赛广东省选拔赛"工程造价基本技能赛项"比赛中，由赛事主办方广东省教育厅成立的大赛组委会发布《赛项技术规范》和《竞赛规程》，明确规定赛事软件指定使用广联达独家的认证系统、广联达土建算量软件GCL2013和广联达钢筋算量软件GGJ2013。深圳市斯维尔科技股份有限公司（以下简称斯维尔公司），认为大赛组委会指定赛事使用独家软件的做法，违反了《反垄断法》。2014年4月26日，斯维尔公司以广东省教育厅侵犯公平竞争权为由向广州中院提起行政诉讼。在该案中，大赛组委会指定使用广联达公司软件是否具有排除、限制竞争的效果？广东省教育厅是否能够成为反垄断法规制的对象？政府部门实施垄断行为有哪些方式和危害？其对这些垄断行为如何规制？本章将对上述问题一一予以介绍和探讨。

第一节　行政性垄断概述

一、行政性垄断的含义

（一）概念由来

不同于垄断协议、滥用市场支配地位、经营者集中等术语，行政性垄断（或称行政垄断、行政型垄断）是一个本土的概念，来自中国学者对转型时期特定垄断行为的概括和描述。

"行政垄断"问题最早是由政府而非学界提出的。1980年国务院《关于开展和保护社会主义竞争的暂行规定》要求，"开展竞争必须打破地区封锁和部门分割。任何地区和部门都不准封锁市场，不得禁止外地商品在本地区、本部门销售。对本地区出产的原材料必须保证按国家计划调出，不准进行封锁。工业、交通、财贸等有关部门对现行规章制度中妨碍竞争的部分，必须进行修改，以利于开展竞争。采取行政手段保护落后，抑制先进，妨碍商品正常流通的作法，是不合法的，应当予以废止"。

在学术研究领域，经济学界和法学界对"行政垄断"关注较多，1988年胡汝银博士在其专著《竞争与垄断：社会主义微观经济分析》中使用了"行政垄断"一词。[1] 法学界较早使用"行政性垄断"一词的是史文清和刘晓海，其著作《试论健全竞争领域的经济法制》一文将垄断界分为

---

〔1〕 胡汝银：《竞争与垄断：社会主义微观经济分析》，三联书店1988年版，第48页。

行政性垄断和经济性垄断，其中，行政性垄断被用于指代"行政主管部门通过行政手段来限制合法的竞争"。[2] 此后，法学界总体上沿用了史文清和刘晓海关于行政性垄断和经济性垄断的界分方法。1990年王保树将我国经济生活中的垄断分为"经济性垄断"与"行政型垄断"，并将行政型垄断定义为：所谓行政型垄断，是相对于经济性垄断而言的，指国家经济主管部门和地方政府滥用行政权，排除、限制或妨碍企业之间的合法竞争。[3] 1991年梁慧星也撰文认为："在中国，垄断有两种，即行政性垄断和经济性垄断……所谓行政性垄断，指各级地方政府和经济主管部门运用行政权力，排除、限制或干涉本地区、本部门企业之间及它们与其他地区、部门的企业之间的合法竞争……所谓经济性垄断，指大企业凭借经济实力，单独或者合谋在生产或流通领域限制、排斥或控制经济活动。"[4]

总体而言，学者对于"行政性垄断"的界定尽管表述各异，但宗旨相通，即行政性垄断包含两个核心要素：一是行政主体滥用了权力；二是权力的滥用排除或限制了市场竞争。

（二）行政性垄断的立法界定

1993年9月，全国人大常委会通过了《反不正当竞争法》，首次以立法形式规制行政性垄断，该法第7条规定："政府及其所属部门不得滥用行政权力，限定他人购买其指定的经营者的商品，限制其他经营者正当的经营活动。政府及其所属部门不得滥用行政权力，限制外地商品进入本地市场，或者本地商品流向外地市场。"

2007年8月全国人大常委会通过了《反垄断法》，对行政性垄断作出了更全面的规定。该法第8条规定："行政机关和法律、法规授权的具有管理公共事务职能的组织不得滥用行政权力，排除、限制竞争。"该法第五章还较详尽地列举了行政性垄断的各种行为类型。在《反垄断法》中，行政性垄断行为的主体不再限于反不正当竞争法中的"政府及其所属部门"，法律、法规授权的具有管理公共事务职能的组织亦被纳入反垄断规制范围。同时，抽象性行政行为也受到立法重视，《反垄断法》第37条规定："行政机关不得滥用行政权力，制定含有排除、限制竞争内容的规定。"

总体上看，学界对行政性垄断的概念进行归纳的通说和立法上的权威界定基本上是一致的。结合《反垄断法》的概括和表述，我们将行政性垄断界定为：行政机关和法律、法规授权的具有管理公共事务职能的组织滥用行政权力，排除或限制竞争的违法行为。

（三）隐性行政垄断

虽然《反垄断法》对行政性垄断的行为类型进行了较详细的列举，但实践中仍存在许多具有行政性垄断性质但又尚未被涵括在《反垄断法》之中的行为，因此有学者提出了"隐性行政垄断"的概念，即"隐性行政垄断是行政机关或法律、法规授权的具有管理公共事务职能的组织等行政主体以不正当的经济援助、行政管制或其他行政手段优待、扶持或保护特定市场经营主体，阻碍、限制或扭曲市场竞争或存在阻碍、限制、扭曲市场竞争威胁，但法律、行政法规尚未禁止的行政行为"。[5] 此类行为具有隐蔽性特点，在表现形式上不同于《反垄断法》等规制的行政垄断行为，但是同样具有减少、阻碍、限制、排除竞争的效果，因而与《反垄断法》规制的行政

---

〔2〕 史文清、刘晓海：《试论健全竞争领域的经济法制》，载《法学》1985年第5期。

〔3〕 王保树：《企业联合与制止垄断》，载《法学研究》1990年第1期。

〔4〕 梁慧星：《中国反垄断立法的构想》，载《法学与实践》1991年第6期。

〔5〕 李晓鸿：《隐性行政垄断及其法律规制研究》，武汉大学法学院2015年博士学位论文，第1页。

性垄断在本质上具有一致性。

当前我国处于经济转型时期,隐性行政垄断主要表现为三种常见形态。其一,是行政主体对特定市场主体进行不正当的经济援助行为,如无偿或低价向特定市场经营主体提供土地、矿产、频谱、航线等稀缺资源,给予赠款等财政补贴(助)和减免税、低利率融资贷款、核销亏损等经济优惠政策。这类行为直接给予特定经营者经济利益从而使其增强市场竞争力或保持其市场竞争优势。其二,是行政主体对特定市场经营主体给予不正当的市场进入、产品(服务)价格或数量等方面的行政管制保护的行为。国家对自然垄断行业和关系国民经济命脉、国家安全等市场领域进行市场准入、价格或数量等方面的行政管制的初衷是维护社会公共利益,但随着体制变革、经济发展,国家在这些领域中的某些管制行为业已偏离初衷或不再具有最初设想的功能作用,转而沦为受管制企业谋取市场垄断地位和垄断利润的工具。其三,是行政主体对特定市场经营主体的不正当行政扶持行为,例如,行政主体在行政管理上给予特定市场经营主体特殊待遇或法外特权;行政主体强制特定市场经营主体兼并重组;行政主体协调特定市场经营主体采取统一市场行动等。[6]

值得注意的是,尽管上述"隐性行政垄断"并未得到《反垄断法》的充分关注,但在近年来逐步建立的"公平竞争审查"制度中有较多体现,2017年国家发展和改革委员会等五部门制定的《公平竞争审查制度实施细则(暂行)》在其审查标准设计中包含了许多针对"隐性行政垄断"设计的具体审查标准(详见第三节"公平竞争审查制度"),这使长期以来庇护"隐性行政垄断"的灰色地带被纳入规制范围,由此也推动了行政性垄断外延的扩展和行政性垄断规制的合理化。

(四)与其他相邻概念的关系

1. 行政性垄断与自然垄断

早期的自然垄断概念与资源条件的集中密切相关,主要是指由于资源条件的分布集中而无法竞争或不适宜竞争所形成的垄断,现代经济社会中这种情况引起的垄断已不多见。现在所称的自然垄断一般与规模经济有关。由于规模经济的存在,单一企业的平均成本会随着产量的增加而持续下降,产量越大成本越低,单个企业进行生产会导致成本最低。相反,如果由多个企业同时进行生产,由于产量较低,每个企业的平均成本将会居高不下。这意味着某些产品和服务由单个企业大规模生产经营比多个企业同时生产经营更有效率。[7] 因此,政府出于社会福利最大化的考虑,会允许此类自然垄断的存在。据此判断,尽管行政性垄断和自然垄断通常都具有政府允许或促成垄断行为的外观,但二者之间仍然包含显著差别。(1)产生的原因不同。自然垄断的产生原因主要在于经济效率或者效益,因而许多自然垄断行业产生于自发的竞争过程,而行政性垄断缘于行政机关或者其授权的组织为追求部门的利益甚至个人利益而滥用行政权力。(2)行为影响不同。自然垄断往往带来效率经济增加社会总体福利,而行政性垄断则不仅容易扭曲市场机制,还会滋生腐败行为,扼杀经济民主。(3)法律性质及规制方式不同。自然垄断由于其经济效率、社会福利上的合理性,在大多数国家获得了法律制度给予的合法地位,对于自然垄断的规制以行业监管为主;与之相对,行政性垄断则属于政府权力的滥用,因而系违法行为,受到《反垄断法》的规制调整。

---

[6] 李晓鸿:《隐性行政垄断及其法律规制研究》,武汉大学法学院2015年博士学位论文,第1~2页。

[7] 于立、肖兴志:《自然垄断理论演进综述》,载《经济学动态》2000年第6期。

值得注意的是，由于石油、电信、燃气等行业具有自然垄断特征，这些行业中形成的公用企业垄断、行业垄断在我国往往被视为自然垄断。然而，越来越多的规制经验和研究表明，公用企业的业务可以并且应当区分为自然垄断业务和竞争性业务，例如，石油天然气中游的管道运输环节，因其管网设施的网络性（即必须借助有形或无形的网络系统才能实现最终消费）而属于自然垄断领业务，下游的炼制和销售则属于可充分竞争的业务。实践中，很多竞争性业务被一家或几家企业垄断，这类企业倚仗其背后的主管机构以行政权力设置的行业壁垒实施垄断经营，名为“自然垄断”，实为“行政垄断”。在这个意义上讲，我国的自然垄断和行政垄断之间存在一定交叉。

2. 行政性垄断与国家垄断

学界对于行政性垄断与国家垄断的关系存在较大争议。其中一种观点认为，行政垄断实质上就是国家垄断，强调国家以法律形式明确规定某种商品生产、买卖由国家设立或指定的机构专营所形成的垄断就是行政垄断的一种形式。[8] 另一种观点则主张行政垄断不同于国家垄断，原因在于，行政性垄断的目标具有多重性，可能是公众和社会长远利益，可能是国家收入，也可能是某些行业的利益，甚至可能是少数人的利益；而国家垄断的目标一般是国家整体利益，而不是少数人的利益。[9]

我们认为，国家垄断是国家基于某种正当目的（至少带有正当性目的的外观）通过法律、法规创制的垄断状态。这意味着国家垄断既包含合理的垄断，也包含不合理的垄断。合理的国家垄断，如对自然垄断行业的非竞争性业务而采取的国家垄断经营，与行政性垄断相区别，而不合理的国家垄断徒具正当性外观和合法性外衣，实则是以法律为掩护实施的垄断行为，因而与行政性垄断相通。至于国家垄断是否具有合理性，则要进行综合评估分析，总体而言，应当判断四方面因素：(1)有无正当目的；(2)该正当目的是否会造成其他正当目的、利益的减损以及此种正当目的对此是否具有优先性；(3)正当目的能否以及是否通过国家垄断的方式予以真正实现；(4)正当目的的实现有无其他可替代性方案（非国家垄断的方案）辅助其实现。

二、行政性垄断的危害

行政性垄断之所以应当受到法律规制，是因为其具有显著的危害性，它既破坏市场运行机制，亦损害市场中的利益相关者的正当权益，同时还会侵蚀政治系统，滋生严重的腐败，败坏政治环境。

第一，妨害市场竞争，阻碍资源有效配置。竞争机制是市场配置资源的核心机制，它创造了一种哈耶克所称的“发现过程”，通过竞争能够发现那些迄今为止尚未得到满足的需求和满足这些需求的产品，发现哪些产品是稀缺的以及它们的稀缺程度多大、价值几何，发现以较低成本生产这些产品的技术、方法。行政性垄断将会阻断这一市场过程，它诱导经营者将寻求政府的扶持、庇护，排除竞争对手，获得垄断收益，而非创新技术、改善服务、优化管理；同时，它也限制了商品、生产要素的自由流通，使得价格机制和竞争机制难以发挥作用，技术进步和产业升级被延缓，资源配置无法实现最优。

第二，侵夺经营者竞争机会，损害消费者权益。行政性垄断为了保障地区利益、部门利益

---

〔8〕 刘建华：《论中国烟草专卖体制下的行政垄断》，载《经济与管理研究》2004年第4期。

〔9〕 王俊豪、王建明：《中国垄断性产业的行政垄断及其管制政策》，载《中国工业经济》2007年第12期。

和官员个人利益,给予本地经营者或个别经营者以不公平的竞争优势,其他经营者如果要进入相应市场,就需要付出高昂的金钱成本、技术成本、管理成本、时间成本;受制于这些壁垒,其他经营者或无利可图或根本无从进入,公平的竞争机会遭到侵夺。行政性垄断不仅侵夺经营者竞争机会,也会损害消费者权益。由于其他经营者进入受限,消费者的选择范围亦将受限,支付价格将高于公平竞争状态下的商品、服务价格,所享有的服务水平和产品质量水平则低于公平竞争状态下的服务水平和产品质量水平,同时还需承担由于创新和技术进步延缓所带来的福利损失。

第三,侵蚀经济民主,滋生政府腐败。民主是现代文明的重要标志。经济民主是社会民主的基石,也是转型国家推进民主改革的先导,经济领域民主的实现程度和发展水平深刻影响国家和社会的民主化进程。行政性垄断的广泛存在阻碍了国企与民企、大型企业与中小企业、本地企业与外地企业的公平竞争和发展,人为制造了市场权力的失衡,"污染"了经济民主的成长土壤。与此同时,行政性垄断还会滋生腐败。中国长期以来所普遍存在的地区封锁、行业垄断多以发展地方经济、培育特定产业的正当名义实施。然而,隐藏在这正当名义背后的往往却是寻租设租、行贿受贿以及官商勾结、权钱交易等行为。滥设壁垒的特权制造了政府及官员权力的寻租冲动,也制造了企业及私人的行贿激励,推动贪腐在公权力领域的蔓延,滋长"权贵资本主义",阻碍政治体制改革和廉政建设。

三、行政性垄断的构成要件和类型

(一)行政性垄断的构成要件

1. 主体要件

行政性垄断的主体主要包括各级行政机关、法律、法规授权的具有管理公共事务职能的组织、受行政机关委托行使职权的社会组织。(1)各级行政机关。在现实案件中,行政性垄断案件牵涉的政府部门繁多,如市县政府、交通运输、住房建设、金融、商务、质检、公共资源交易管理、公安、国土、发改、价格、水务、安监、旅游、国资、财政、市场监管、卫生计生、能源监管等部门。(2)法律、法规授权的具有管理公共事务职能的组织。此类主体虽然不是行政机关,但从事的是公法意义上的管理活动,在滥用行政权力时也产生与行政机关滥用权力相同的法律效果。典型的"法律、法规授权的具有管理公共事务职能的组织"如金融监管机构、工程与环境质量监理机构、交通监理机构、卫生监督机构等。(3)此外,受行政机关委托行使职权的社会组织,以委托机关名义实施行使行政权力,其行为导致的后果归于该委托机关,在这种情况下行政垄断的主体应视为委托的行政机关。[10]

2. 行为要件

行为的违法性是行政性垄断行为要件的核心内容,确认行为的违法性需要同时满足两个条件。(1)实施了具有排除或者限制竞争效果的行为。其中,"排除竞争"是指,在某一商品或服务领域中,使其他经营者难以从事相应的经营活动;"限制竞争"是指,在某一商品、服务领域中,直接或间接剥夺其他经营者在经营活动中自主决定的机会和能力。(2)行政行为的实施没有法律、法规的依据。只有违背现行法的行为才应当受到法律规制,如果某一行政行为虽然限制了市场竞争,但拥有合法依据,便不受法律规制。在中国的很多管制行业中,诸如具有自然

---

〔10〕 邓志松:《论行政垄断成因、特点及法律规制》(第2版),法律出版社2017年版,第24页。

垄断性质的交通、供水、供电、电信等城市公用设施,涉及经济安全和宏观经济稳定的银行、保险等行业,关系国计民生的教育、医疗等公共部门,政府对市场准入或者市场运行都施加了严格限制,是典型的政府替代市场来配置资源的行为,会造成排除或者限制竞争的客观效果,但是这些行为是有法律、法规授权的合法行为。[11]

3.效果要件

是否会产生排除或限制市场竞争的效果是反垄断法判定行政主体行为是否违法的重要依据。有学者认为,应当将行为的后果即是否限制竞争作为判断该行为是否属于行政性垄断的唯一标准。[12] 但值得注意的是,这里存在一个模糊性问题,即如何理解"排除或限制市场竞争的效果"。是否以相关主体利益遭受损害为判断依据?考虑"排除或限制市场竞争的效果"是否意味着在个案中需要进行专门的效果评估?

我们认为,其一,"排除或限制市场竞争的效果"不须以相关主体利益受损为前提,因为一些行政性垄断行为(如区域封锁)的实施直接带来的结果是外地企业无法进入,在这种情况下,竞争者的利益损失无法衡量,但又确实排除、限制了经营者之间的竞争,以损害结果论会敞开行政性垄断规制的缺口。其二,考虑"排除或限制市场竞争的效果"原则上不需要在个案中进行专门的效果评估。行政性垄断的主要表现类型实际上是对实践中具有排除或限制竞争的管制行为的总结、归纳,可以将其视为一种经验性的提炼。换言之,典型的行政性垄断行为在一般经验上都具有"排除或限制市场竞争的效果",因而才予以规制。从我国《反垄断法》规定来看,无论限定交易、区域封锁,还是强制垄断,都具有"本身违法"的性质,其排除或限制竞争的效果已是不言自明,因而无须再进行额外的效果要件审查。当然,关于《反垄断法》第33条第5项的兜底条款——"妨碍商品在地区之间自由流通的其他行为"以及第37条——"行政机关不得滥用行政权力,制定含有排除、限制竞争内容的规定",则仍需要在个案中对排除、限制竞争的效果进行评估。

(二)行政性垄断的类型

根据不同的标准,行政性垄断的类型可以有多种划分。按照进入市场的环节以及行为本身的性质,可以将行政性垄断分为行政限制市场准入、强制性交易和设置歧视性的交易条件;按照行为是针对特定还是不特定的市场主体,可以将行政性垄断分为具体行政性垄断和抽象行政性垄断等;按照行为主体标准,可以将行政性垄断划分为地区性垄断和行业性垄断。以行为主体为标准是行政性垄断分类较常采用的,目前,我国反垄断法所规制的行政性垄断主要是地区性垄断,主要包括限定交易、地区封锁、强制从事垄断和制定含有排除、限制竞争内容的规定。(具体内容详见本章第二节)

四、我国行政性垄断的成因

(一)经济转轨中旧体制的残留

20世纪70年代末开启的改革推动了中国经济、社会、政治各领域的重大转型。从计划经济迈向市场经济意味着生产组织方式、资源配置模式、管理体制的重置,政府在经济活动中的角色、功能定位、作用方式和职权范围都必然发生重大变化。中国的转型选择了一种渐进方

[11] 种明钊:《竞争法》(第3版),法律出版社2016年版,第284页。

[12] 盛杰民:《规制行政性限制竞争行为是中国〈反垄断法〉的必然使命》,载《工商行政管理》2002年第9期。

案，最大限度减少了改革的摩擦成本和转型中的经济、社会、政治风险。渐进意味着在“延续”的基础上不断修正，而非在“断裂”的基础上重构，因此转型过渡期必然有旧管理体制的承继或残留。正是原有管制体制的残留为中国的行政性垄断提供了体制性便利，经济管理权力过于集中，政府与市场相互渗透，造成严重的政企不分，各级政府及政府部门仍然保有资源配置的决定性权力，能够轻易地进行倾斜性的资源和机会分配。在转型进程中，旧体制遗留下来的不仅仅是计划时代的管理方式和制度，还有与之相匹配的思维观念，在政府主导下的经济体制改革过程中，市场主体和市场管理主体的权利意识、法治观念较为滞后，易于产生过度干预和行政性垄断的冲动。

（二）经济管制中的私益驱动

从理论上讲，公共政策目标应当以公共利益为指向，但公共选择理论、管制俘获理论等理论学说和大量经验事实都表明政府公共政策的制定和实施难以避免地会夹杂私益冲动，正是这些私益冲动为政府（特别是地方政府）假公共政策之名过度干预市场竞争制造了动力。

腐败、“寻租”是地方保护主义中个人利益的极端表现。当本地企业市场竞争能力弱，无法凭借自身实力在市场竞争中获胜时，就会避开市场竞争，利用相比于外地企业更具优势的人际资源进行寻租活动，寻求地方官员的保护。而地方官员则可能为得到一定的灰色收入而选择施以保护，同时，“由于地方领导干部的血缘、姻缘、地缘关系网遍布在地方企业、事业单位中，照顾这些企业从而照顾亲友也是地方领导干部的个人利益”。〔13〕 此外，政绩作为一种特殊的官员私益也是影响地方官员行动逻辑的重要因素。自20世纪80年代以来，我国地方官员的政绩考核标准就以地方经济增长为主。〔14〕 地区性行政垄断可以在一定程度上保障本地企业利润、就业岗位和政府财政收入，从而维护地方经济利益，并由此助推地方官员的政绩最大化。〔15〕

（三）制度激励和保障不足

如果说旧体制残留为行政性垄断提供了便利条件，私益冲动为行政性垄断制造了实施动机，那么，既有制度提供的激励和保障不足则为行政性垄断的实际发生培育了生存土壤。概括而言，制度激励和保障不足主要体现在对以下两个难题的回应不力：

一是央地关系难题。中央和地方关系如何处理，一直是一项富于挑战的政治难题，新中国建立后的很长时间里，中央决策一直在收权和放权之间摇摆，出现了收、放循环的局面。改革开放后，地方分权改革使地方政府拥有了较大的自主权，但职责权限厘定不清，相应的权力制约机制未能及时完善，地方立法执法机构对地方政府的制约力很弱，地方企业和公民对地方政府的监督力量亦不足。与此同时，政绩考核的偏差，激励地方政府及其领导人急功近利，追求眼前利益，不顾长远利益。〔16〕 除此之外，分税制改革后，地方政府财权与事权不匹配造成财政经费紧张，强化了地方政府对非规范收入的依赖和对培育新财源的诉求，从而加重了地方政府的地方保护倾向。

二是政府干预权界定难题。现代政府要应对复杂的经济系统，必须具备充分、高效的管理能力，而推动改革和制度变迁同样离不开一个强有力的政府，但现代市场经济始终畏惧政府干

---

〔13〕 谢玉华：《转轨时期的地方保护主义研究》，华中师范大学政治学理论2004年博士学位论文，第39页。

〔14〕 周黎安：《晋升博弈中政府官员的激励与合作——兼论我国地方保护主义和重复建设问题长期存在的原因》，载《经济研究》2004年第6期。

〔15〕 崔秀荣：《试论我国反垄断立法应如何规制行政垄断》，载《经济体制改革》2001年第5期。

〔16〕 谢玉华：《转轨时期的地方保护主义研究》，华中师范大学社会主义研究所2004年博士学位论文，第40～46页。

预失败的风险,同时又屡屡承受这种风险。这一矛盾——亦即“诺斯悖论”凸显了清晰界定政府与市场边界的难题。也正是源于相当长一段时期内对于这一难题的搁置或粗糙回应,政府调控和规制经济的职权范围、竞争政策与其他政策的关系一直模糊不清,加之《反垄断法》长期缺位,地方政府往往最大化其调控和规制权限,并以其他政策目标优先于竞争政策目标,由此造成了政府对于个别企业的优待和荫蔽,进而形成行政垄断的痼疾。

第二节 行政性垄断的法律规制

一、行政性垄断法律规制的域外实践:以美国、俄罗斯为例

“行政性垄断”更多被视为一个本土概念而非普遍性概念,但“行政性垄断”的现象却并非中国独有,各国对于这类垄断现象、行为的应对、处理都有各自经验,本部分将以成熟经济体美国和转型经济体俄罗斯为例,介绍其对行政性垄断的法律规制。

(一)美国对行政性垄断的规制

美国市场经济发展程度较高,相较于转型中国家而言行政性垄断问题并不特别突出,但由于其特殊的历史和政治架构,地区性的行政垄断仍然长期存在。

美国独立之初,中央政府孱弱无力,各州享有高度自治的权力,各州为维护地方利益,各自发行货币,设立关税,建立贸易壁垒。[17] 1787 年宪法的颁行重建了美国较为混乱的政治经济秩序,联邦政府逐渐扩张了自身权力,特别是国会获得了“管理与外国的以及州与州之间的贸易”的权力,这就消解了各州实施地方保护主义的体制便利。然而,在联邦体制下,州政府仍然拥有其独立的权力,依据《美利坚合众国宪法》第 10 条修正案,“宪法未授予合众国,也未禁止各州行使的权力,由各州各自保留,或由人民保留”,这就为地方保护预留了生存空间;司法实践中亦出现大量“行政性垄断”案例,也为联邦政府、法院的介入和规制增添了复杂性。

总体而言,美国对于“行政性垄断”现象的规制建立在“州政府行为法则”(state action doctrine)及其限制的基础上。“州政府行为法则”由美国最高法院面对反托拉斯联邦制问题时创设,其适用效果是州和地方政府的反竞争行为在一定条件下豁免于反托拉斯法。适用“州政府行为法则”的第一个案件是 Parker v. Brown 案(因此亦称帕克豁免法则,Parker immunity doctrine)。20 世纪 40 年代,加州颁布了一个农业分配法案(California Agricultural Prorate Act),规定在该州特定范围的农产品生产区域中如果有 10 名以上生产者联名就可以向计划咨询委员会提出具有实质性限制市场交易方案的申请,由委员会决定是否将该申请提交所有生产者表决,如果该表决获得 65% 以上的生产者支持,该方案就可以强制推行,对该区域的所有生产者生效。1943 年,加州葡萄干生产者依据“加州农业分配法案”制订了一个销售计划来管理葡萄干的生产和销售,以应对此前因产品供应量过大而导致价格急剧下降的问题,该计划在一个由行业代表组成的委员会的公开听证和讨论后正式实施。该计划确立了不同等级葡萄干的配额,个体种植者在销售葡萄干之前必须得到特别许可。但生产者布朗等人认为该计划违反了

〔17〕 李海涛:《美国行政垄断管制及其启示——兼评我国〈反垄断法〉关于行政垄断的规定》,载《东方法学》2008 年第 3 期。

《谢尔曼法》而提起诉讼。联邦最高法院在审理中认为,《谢尔曼法》的目的是"禁止私人或企业限制竞争的联合或图谋垄断的行为",无法从《谢尔曼法》的文意中发现其具有"限制一个州或其官员及代理机构依据该州立法实施的行为"的立法目的,因而拒绝将本案适用《谢尔曼法》予以违法判定。[18]

此后,在1980年的California Retail Liquor Dealers Association v. Midcal Aluminum, Inc.[19]一案中,联邦最高法院确立了"州政府行为法则"适用的两个条件:其一,被诉的限制竞争行为必须是"被清晰地表达和肯定地表示为州政策";其二,该政策必须由州本身进行实施主动监督。在该案中,联邦最高法院认为,加州关于所有酒类生产商和批发商必须遵守当地价格转售维持并禁止以不同的价格进行销售的定价制度,符合第一项条件;但这一方案没有满足豁免需要具备的第二个条件,即州政府必须主动实施监督。本案中,州政府既没有自己设立价格,也没有对价格方案的合理性进行审查,而仅仅是授权私人设定价格,固定价格其实是披上了"州行为"外衣的私人价格联盟,因而不能适用"州政府行为法则"进行豁免。

"州政府行为法则"可视为"联邦反托拉斯法对涉及地方政府因素的反竞争行为'网开一面',通过联邦法律的'礼让'将其纳入地方自治的范围"。[20] 然而,该原则提出以后并没有得到完全遵从,回避"州政府行为法则"而进行违反竞争政策的实质性审查不乏实例。此外,美国宪法中的贸易条款,即"国会有权管理与外国的以及州与州之间的贸易"亦提供了超越"州政府行为法则"的解释效力,并成为对州政府行为的合法性进行实质审查的法律依据。[21] 总之,关于"行政性垄断"的司法实践既反映出美国对于竞争原则的坚守和对于地方保护主义的拒斥,但同时也反映出在不同阶段、不同现实条件下,对于联邦政府与州政府之间的权力关系的调适和平衡。

(二)俄罗斯对行政性垄断的规制

20世纪90年代东欧剧变,苏联解体,俄罗斯和大多东欧国家开启了全面的政治、经济体制变革和转型,作为"经济宪法"的竞争法也被引入实施。对于从计划经济体制转向市场经济体制的转型国家而言,行政性垄断是其普遍面临的突出问题。俄罗斯于1991年制定了第一部竞争法——《商品市场竞争和限制垄断活动法》,其第二章将行政垄断规定为一种独立的限制竞争的垄断行为。[22] 该法此后历经多次修改,2006年俄罗斯在整合《商品市场竞争及限制垄断活动法》和《金融市场保护法》的基础上制定了《竞争保护法》,实现了对商品市场和金融市场的统一监管,确立了现行竞争法律体系的基本制度。[23]《竞争保护法》将"行政性垄断"界定为"联邦执行权力机构、俄罗斯联邦主体国家权力机构、地方自治机构、其他履行上述机构职能的机构或组织,以及国家预算外基金和俄罗斯联邦中央银行限制竞争的法规、行为(不作为)、协议和协同行为",并在第15条和第16条分别列举了两种类型的行政性垄断。

---

〔18〕 317 U. S. 341 - 351 (1943).

〔19〕 445 U. S. 97(1980).

〔20〕 种明钊:《竞争法》(第3版),法律出版社2016年版,第288页。

〔21〕 李海涛:《美国行政垄断管制及其启示——兼评我国〈反垄断法〉关于行政垄断的规定》,载《东方法学》2008年第3期。

〔22〕 李小明、罗成忠:《俄罗斯行政垄断规制问题比较研究》,载《财经理论与实践》2016年第3期。

〔23〕 马幸荣:《经济转型国家竞争立法变迁路径及对我国的启示——基于对俄罗斯、乌兹别克斯坦、越南竞争法的分析》,载《东北师大学报》(哲学社会科学版)2015年第6期。

一是国家机构的限制竞争的法规和行为，即禁止联邦执行权力机构、联邦主体国家权力机构、地方自治机构、其他履行上述机构职能的机构和组织，以及国家预算外基金、联邦中央银行限制竞争的法规和行为（不作为）。其主要包括：禁止对某行业新建经营主体设置限制，对部分经营活动或对部分商品的生产制定禁止或限制性规定；禁止在联邦法律规定之外制定对商品或对经营主体的要求以及禁止对商品在俄联邦自由流通制定禁止性规定；禁止无理由地向特定主体提供优先权等。俄罗斯《竞争保护法》第15条第2款还专门规定，禁止联邦主体国家权力机构、地方自治机构拥有导致或可能导致禁止、限制和排除竞争的权力，要求禁止国家权力机构的职能与经营主体的职能重合，禁止把国家权力机构的职能和权力授予经营主体。

二是国家机构的限制竞争的协议或协同行为，即禁止联邦执行权力机构、联邦主体国家权力机构、地方自治机构、其他履行上述机构职能的机构和组织、国家预算外基金和联邦中央银行的限制竞争的协议或协同行为，如抬高、压低或操纵价格，划分市场范围、总销售额或购买额、所售商品的等级或卖方或买方的集团，限制经济实体进入市场或将其排除在市场之外等行为。[24]

此外，《竞争保护法》连同俄罗斯民事法、刑事法、行政法构建了行政性垄断的法律责任体系，责任形式主要包括停止违法行为，恢复原状，终止改变契约，消除后果，违法所得上缴联邦预算，撤销或修改违法的法规，终止或修改违法协议，对行政机构工作人员的罚款及行政处罚，以及有期徒刑及罚金等刑事责任。自2002年以后，行政性垄断案件在相当一段时期内一直是反垄断案件中数量最多的案件类型，[25]由此也反映出俄罗斯反行政性垄断法律制度较高的运用频率和运行效率。

二、我国反垄断法对行政性垄断的规制

（一）《反垄断法》中行政性垄断行为的类型

根据《反垄断法》第五章的规定，行政性垄断类型主要包括限定交易、地区封锁、强制经营者从事垄断行为和制定含有排除、限制竞争内容的规定。

1. 限定交易

限定交易是一种限制经营者或消费者交易选择权的行政性垄断行为。《反垄断法》第32条规定："行政机关和法律、法规授权的具有管理公共事务职能的组织不得滥用行政权力，限定或者变相限定单位或者个人经营、购买、使用其指定的经营者提供的商品。"以下两则案例所涉行政性垄断行为都属于限定交易行为。

案例1

2013年，陕西眉县突破工业发展领导小组办公室发布了《关于进一步加强社会水泥在眉县区域销售工作的意见》，文件要求当年全县所有重点建设项目，必须全部使用"陕西社会水泥有限责任公司"生产的"社会水泥"，确保全县县内销售社会水泥50万吨以上。文件还要求各镇、各部门包抓的重点项目，由相关镇和部门负责落实，督促项目实施单位全部使用社会水泥，并

〔24〕 李小明、罗成忠：《俄罗斯行政垄断规制问题比较研究》，载《财经理论与实践》2016年第3期。

〔25〕 刘继峰：《俄罗斯反垄断法规制行政垄断之借鉴》，载《环球法律评论》2010年第2期。

把使用社会水泥工作情况作为考核重点项目建设的重要方面。眉县32个乡镇和部门,分派了销售任务,总量达63万吨。

案例2

2017年北京市发改委通报了中国证券业协会涉嫌滥用行政权力事件,该事件缘于中国证券业协会指定网银在线(北京)科技有限公司运营的"京东支付"平台作为其唯一的考试费收取平台。中国证券业协会[26]仅为考生提供"京东支付"这一唯一的报名费用支付工具,使得作为消费者的考生必须与"京东支付"之间形成资金支付结算服务关系,没有选择地注册成为"京东支付"的用户,破坏了提供资金支付结算服务的经营者之间的公平竞争环境,从而损害了消费者和其他经营者的利益。

2. 地区封锁

地区封锁是对跨区域商品、资金流通进行的限制,主要包括限制商品流通、歧视性招投标、妨碍投资或设立分支机构,对应于《反垄断法》第33条、第34条、第35条的规定,具体涉及以下几类。

其一,限制商品流通。《反垄断法》第33条以列举方式规定了不得实施的限制商品流通行为,包括:(1)对外地商品设定歧视性收费项目、实行歧视性收费标准,或者规定歧视性价格;(2)对外地商品规定与本地同类商品不同的技术要求、检验标准,或者对外地商品采取重复检验、重复认证等歧视性技术措施,限制外地商品进入本地市场;(3)采取专门针对外地商品的行政许可,限制外地商品进入本地市场;(4)设置关卡或者采取其他手段,阻碍外地商品进入或者本地商品运出;妨碍商品在地区之间自由流通的其他行为。

案例3

2013年10月,河北省交通运输厅、物价局和财政厅联合下发《关于统一全省收费公路客运班车通行费车型分类标准的通知》,确定自2013年12月1日起,调整全省收费公路车辆通行费车型分类,并对本省客运班车实行通行费优惠政策。客运班车通过办理高速公路ETC卡或者月票,按照计费额的50%给予优惠。[27] 该政策使河北省客运班车经营者的通行费成本大幅低于其他省份相关经营者,导致外省经营者处于不利的竞争地位。该行为即属于"对外地商品设定歧视性收费项目、实行歧视性收费标准,或者规定歧视性价格"。国家发展和改革委员会依据《反垄断法》规定,向河北省人民政府办公厅发出执法建议函,建议其责令交通运输厅等有关部门改正相关行为,对在本省内定点定线运行的所有客运企业,在通行费上给予公平待遇。

其二,歧视性招投标。《反垄断法》第34条规定:"行政机关和法律、法规授权的具有管理

[26] 中国证券业协会虽然不是行政机关,但它是依据《中华人民共和国证券法》和《社会团体登记管理条例》的有关规定设立的证券业自律性组织,属于非营利性社会团体法人,接受中国证监会和国家民政部的业务指导和监督管理,是反垄断法上"法律、法规授权的具有管理公共事务职能的组织"。

[27] 参见杨汛:《发改委:河北"本省车辆通行费半价"违反〈反垄断法〉》,载人民网:http://politics.people.com.cn/n/2014/0928/c70731-25749595.html,最后访问日期:2014年09月28日。

公共事务职能的组织不得滥用行政权力,以设定歧视性资质要求、评审标准或者不依法发布信息等方式,排斥或者限制外地经营者参加本地的招标投标活动。”典型案例如深圳市教育局在中小学学生装管理工作中滥用行政权排除、限制竞争事件。2011 年,深圳市教育局在中小学学生装招标中要求“投标人必须为深圳注册的企业,或在深圳有经工商注册的分支经营机构的企业”,而按照相关规定,注册分支机构,必须具备消防、环保等相关证照,受投标有限时效所制,此条规定会将很多来不及办理相关证照的潜在外地投标企业排斥在投标范围之外。不仅如此,深圳市教育局还设定了招标评分规则,将企业深圳纳税额、本地学生装服务经验与分值挂钩,规定:“在深圳纳税年平均 50 万元以上,100 分,每年减少 5 万元,扣减 10 分”,“有深圳学生装服务经验的,100 分,有广东省(深圳除外)市级或区级以上经验的,50 分,有其他省份市级或区级以上经验的,20 分”;2014 年,深圳市教育局又进一步将企业近三年在深圳纳税总金额作为评分标准。上述条件、规则和标准的设定明显有利于本地企业,使外地企业在竞争中处于不利地位。[28]

其三,妨碍投资或设立分支机构。《反垄断法》第 35 条规定:“行政机关和法律、法规授权的具有管理公共事务职能的组织不得滥用行政权力,采取与本地经营者不平等待遇等方式,排斥或者限制外地经营者在本地投资或者设立分支机构。”

3. 强制经营者从事垄断行为

强制经营者从事垄断行为即行政机关和法律、法规授权的具有管理公共事务职能的组织强制经营者从事法律所禁止的制定垄断协议、滥用市场支配地位、过度集中等垄断行为。在现实生活中,地方政府或者行业主管部门强制本地区、本部门的经营者组建大的企业集团、要求它们实施联合定价、划分市场、限定产量等行为非常普遍。2009 年 8 月至 10 月,云南省通信管理局牵头组织中国移动云南分公司、中国电信云南分公司、中国联通云南分公司和中国铁通云南分公司多次会议协商,于 2009 年年底达成《云南基础电信运营企业规范各类赠送活动的协议》,协议约定了四家电信运营商开展相关赠送活动的内容、额度、频次等内容:不得采取“无预存话费”、“无保底消费”或“无在网时限”等方式开展赠送活动等;赠送通信内产品的价值不得高于用户承诺在网期限内承诺消费总额的 60%,赠送通信外产品的价值不得高于用户承诺在网期限内承诺消费总额的 30%;赠送活动对同一用户每年不超过两次(含两次);各电信企业制定的积分回馈方案中,用户消费价值与积分价值之比不超过 1:1,积分价值与兑换服务的价值之比不超过 1:0.05。同时,云南省通信管理局制定争议解决规则,要求处于竞争关系的电信运营商,在对赠送行为出现争议时,首先进行逐级协调,并争取达成一致。上述协议实质上是云南省通信管理局要求电信运营商就相关问题达成垄断协议,排除和限制了相关市场竞争,这种行为即是典型的“滥用行政权力,强制经营者从事本法规定的垄断行为”。

4. 制定含有排除、限制竞争内容的规定

《反垄断法》第 37 条规定:“行政机关不得滥用行政权力,制定含有排除、限制竞争内容的规定。”行政性垄断不仅仅体现在具体行政行为之中,在抽象性行政行为和行政立法等行为中,也有大量表现。地方政府或者行业主管部门以法规、规章、命令、决议、会议纪要等形式,妨碍商品流通和生产要素自由流动、排除或者限制竞争是行政性垄断行为中的非常重要的形式,在

---

〔28〕 参见发改委网站:《深圳市教育局承诺纠正中小学学生装管理中涉嫌滥用行政权力排除限制竞争行为》,载 http://www.ndrc.gov.cn/gzdt/201612/t20161229_833278.html,最后访问日期:2016 年 12 月 29 日。

一定意义上讲,行政性垄断行为的实施常常会伴随着政府及相关部门的法规、规章和各种规范性文件的制定。例如,山西太原市住房和城乡建设委员会于2016年2月3日下发《太原市住建委关于进一步规范施工图审查工作的通知》,该文件第3条明确"建设单位可自主选择审查机构,但选择的审查机构必须是在本市注册",第4条要求"执行物价主管部门规定的收费标准",第7条第4项要求"外省、市勘察设计单位是否在'山西省建筑市场监管与诚信信息一体化平台'办理了入晋信息登记"。

《反垄断法》对于行政性垄断的类型界定还存在一个争议,即《反垄断法》并没有将"行业垄断"纳入行政性垄断的规制范围。《反垄断法》第7条规定:"国有经济占控制地位的关系国民经济命脉和国家安全的行业以及依法实行专营专卖的行业,国家对其经营者的合法经营活动予以保护,并对经营者的经营行为及其商品和服务的价格依法实施监管和调控,维护消费者利益,促进技术进步。"这意味着,"国有经济占控制地位的关系国民经济命脉和国家安全的行业"和"依法实行专营专卖的行业"不属于行政性垄断的范畴,亦不受反垄断法调整。对此,全国人大法工委在立法理由中提道:"根据我国社会主义市场经济的性质和国民经济健康、有序发展的要求,对关系国民经济命脉和国家安全的行业,如电网、铁路路网、供水、供气、供热管网、长距离输油输气管道等基础设施不宜重复建设和多家经营,具有自然垄断性质,以及一些依法实行专营专卖的行业如烟草业、盐业等,一般由国家设立或控股的企业经营。"在一些学者看来,《反垄断法》第7条实际上构成了对特殊行业的保护,加大了规制这些特殊行业行政垄断的难度。[29]

(二)行政性垄断行为的法律责任

《反垄断法》第51条对行政性垄断行为的法律责任作了如下规定:"行政机关和法律、法规授权的具有管理公共事务职能的组织滥用行政权力,实施排除、限制竞争行为的,由上级机关责令改正;对直接负责的主管人员和其他直接责任人员依法给予处分。反垄断执法机构可以向有关上级机关提出依法处理的建议。法律、行政法规对行政机关和法律、法规授权的具有管理公共事务职能的组织滥用行政权力实施排除、限制竞争行为的处理另有规定的,依照其规定。"从上述规定来看,行政性垄断的法律追责采取了纵向的系统内解决方式,即由上级机关责令改正,对直接负责的主管人员和其他直接责任人员依法给予处分,而反垄断执法机构对此没有调查权和处分权,其作用只是"向有关上级机关提出依法处理的建议"。显然,这样的制度设计对于行政性垄断尚不具有足够的威慑力,因为"行政系统的科层制结构不仅使行政内部监督更少公信力,也增加了上、下级机关之间'共谋'等道德风险发生的可能",[30]在现实中,上下级机关之间、上下级机关领导之间普遍存在某种庇护关系,阻碍"上级机关"严格执法。与此同时,"上级机关"并不是专业的反垄断执法机构、司法机关,工作人员也通常不具备较强的反垄断意识和处理相应案件的专业知识及能力。[31] 有鉴于此,对行政性垄断的司法审查显得尤为必要。2015年,修订后的《行政诉讼法》开始实施,本次修订明确将行政垄断纳入行政诉讼的受案范围,其第12条规定:"人民法院受理公民、法人或者其他组织提起的下列诉讼:……(八)认为行政机关滥用行政权力排除或限制竞争的……"此外,修订后的《行政诉讼法》第53条规定:

---

〔29〕 邓志松:《论行政垄断成因、特点及法律规制》(第2版),法律出版社2017年版,第79~80页。

〔30〕 叶卫平:《司法审查与行政性垄断规制》,载《法学》2009年第1期。

〔31〕 邓志松:《论行政垄断成因、特点及法律规制》(第2版),法律出版社2017年版,第72页。

“公民、法人或者其他组织认为行政行为所依据的国务院部门和地方人民政府及其部门制定的规范性文件不合法,在对行政行为提起诉讼时,可以一并请求对该规范性文件进行审查。前款规定的规范性文件不含规章。”这意味着法院可以对规章以下的抽象行政行为进行司法审查。上述修改对规制行政性垄断将产生重要的促进作用。

第三节 公平竞争审查制度

2016 年 6 月,国务院发布《关于在市场体系建设中建立公平竞争审查制度的意见》(以下简称《意见》),公平竞争审查制度正式推出;2017 年 11 月,国家发展和改革委员会、财政部、商务部、国家工商行政管理总局、国务院法制办印发了《公平竞争审查制度实施细则(暂行)》(以下简称《实施细则》),使公平竞争审查制度更具操作性。公平竞争审查制度的逐步建立将对行政性垄断的规制产生重要的积极影响。

一、设立公平竞争审查制度的背景

从宏观层面讲,设立公平竞争制度是推进经济体制改革和建设现代经济体系的内在需要。经济体制改革和建设现代经济体系的核心是使市场在资源配置中起决定性作用和更好发挥政府作用。统一开放、竞争有序的市场体系,是市场在资源配置中起决定性作用的基础。我国整体竞争环境一直不尽理想,竞争政策在经济政策体系中始终处于弱势地位,竞争政策体系自身也长期处于支离破碎的状态,在实践中,产业政策往往优先于竞争政策适用,[32]政府多以产业政策等公共政策之名过度干预市场,扭曲资源配置。公平竞争审查制度的设立将有利于防止政府过度和不当干预市场,有利于保障资源配置依据市场规则、市场价格、市场竞争实现效益最大化和效率最优化。

从微观层面讲,公平竞争审查制度直指行政性垄断问题。[33] 尽管有《反垄断法》作保障,但行政性垄断仍然普遍且严重,特别是地方政府常常通过低层级的立法或红头文件助推保护主义——如《意见》所称:“地方保护、区域封锁,行业壁垒、企业垄断,违法给予优惠政策或减损市场主体利益等不符合建设全国统一市场和公平竞争的现象仍然存在。”建立公平竞争审查制度将在一定程度上弥补《反垄断法》反行政性垄断执法的不足:反垄断执法属于事后监管与救济,往往是在造成了排除限制竞争的损害后果之后才开始进行,且反垄断执法机构对于行政垄断大多只能采取“内部建议”方式,对规范相关行为的力度不足。除此之外,反垄断救济通常属于个案救济,虽然在一定程度上可以发挥示范性作用,但是难以全面规范相关行为。[34]

二、公平竞争制度的审查模式

《意见》指出:“政策制定机关在政策制定过程中,要严格对照审查标准进行自我审查。”这

〔32〕 李晓琳:《市场经济体制背景的竞争政策基础体系解构》,载《改革》2017 年第 3 期。

〔33〕 尽管公平竞争审查制度并不局限于解决行政性垄断问题,但行政性垄断构成了公平竞争审查制度的核心关切。

〔34〕 张叶妹、耿启幸:《我国公平竞争审查模式的构建与启示》,载《价格理论与实践》2017 年第 7 期。

表明我国公平竞争审查采用内部审查模式。这种模式选择更多是针对我国现实情况所做的"权宜之计"。考虑到我国幅员辽阔、人口众多,行政事务繁杂,并且由于历史原因经济干预动机较强,因而现有公共政策文件和每年新增公共政策文件体量极其庞大,我国当前竞争执法人才在数量上和质量上都难以匹配,而且执法机关还须承担其他行政性事务和执法工作,更难以全力满足巨大的审查需求。由政策制定机关自我审查,一定程度上可以减小公平竞争审查推行的阻力和难度。另外,由政策制定机关自我审查,也是一种竞争倡导的过程,在各级政府部门普遍缺乏促进竞争和反垄断意识的情况下,政策制定机关的自我审查也会在一定程度上促使其更多接触、了解公平竞争理念和竞争法制,促进管理理念的转变,不断增强公平竞争意识。[35]

长远地看,内部审查模式仍然有自身的局限:(1)审查动力不足,政策制定部门在制定某一政策时多会优先考虑短期经济发展指标,政策对于市场竞争的影响则是附带考虑的,在进行自我审查时会倾向于放宽标准、自证正当;(2)公平竞争审查评估专业性极强,无论是对竞争的价值目标与其他政策价值目标的权衡,还是对市场竞争状况、行业发展前景、外部性影响等情况的研判,都需要专业背景和专门技能,政策制定机关显然在对竞争评估的经验上和专业上要远远逊于竞争执法机构。[36] 因此,出于长远考虑,进行有效的公平竞争审查需要确立一个强有力的专业机构,该机构应具有公平竞争审查的最终裁决权,且独立于其他政策制定机构。

三、公平竞争制度的审查对象

《实施细则》第2条规定:"行政机关以及法律法规授权的具有管理公共事务职能的组织(以下统称政策制定机关),在制定市场准入、产业发展、招商引资、招标投标、政府采购、经营行为规范、资质标准等涉及市场主体经济活动的规章、规范性文件和其他政策措施(以下统称政策措施)时,应当进行公平竞争审查,评估对市场竞争的影响,防止排除、限制市场竞争。"从该条规定可以看出,目前我国的公平竞争审查对象重点在于规章、规范性文件和其他政策措施。实践中,规章、规范性文件和其他政策措施这几类文件的制定主体众多,文件规模庞大,且制定过程相对于法律、行政法规、地方性法规而言,缺乏民主监督程序,最有可能产生滥用行政权力限制竞争的情况。[37] 对行政法规和国务院制定的政策措施、政府部门负责起草的地方性法规,则按照《实施细则》第3条的规定,"由起草部门在起草过程中参照本细则规定进行公平竞争审查"。

四、公平竞争制度的审查标准

《实施细则》确立的审查标准包含市场准入和退出标准、商品和要素自由流动标准、影响生产经营成本标准、影响生产经营行为标准等四大类审查内容,四类内容下设18条一级审查标准,18条一级审查标准又被细化为50条二级标准。

这些审查标准总体上涵盖了《反垄断法》所规定的各种行政性垄断行为类型,并对其内容进行了细化,具体如下:

---

〔35〕 参见王贵:《论我国公平竞争审查制度构建的基准与进路》,载《政治与法律》2017年第11期。

〔36〕 张叶姝、耿启幸:《我国公平竞争审查模式的构建与启示》,载《价格理论与实践》2017年第7期。

〔37〕 向立力:《中国公平竞争审查制度的理论梳理、制度基础与机制完善》,载《法治研究》2017年第3期。

一是市场准入和退出标准。其中第三项“不得限定经营、购买、使用特定经营者提供的商品和服务”对应了《反垄断法》第32条关于限定交易的规定。同时,《实施细则》将该标准进一步细化为三项具体标准:(1)以明确要求、暗示、拒绝或者拖延行政审批、重复检查、不予接入平台或者网络等方式,限定或者变相限定经营、购买、使用特定经营者提供的商品和服务;(2)在招标投标中限定投标人所在地、所有制、组织形式,排斥或者限制潜在投标人参与招标投标活动;(3)没有法律法规依据,通过设置项目库、名录库等方式,排斥或者限制潜在经营者提供商品和服务。

二是商品和要素自由流动标准。商品和要素自由流动标准包含了五项审查标准,对应了《反垄断法》第33—35条关于地区封锁的规定。其中关于禁止妨碍对外地经营者在本地的投资或者设立的分支机构的内容相较于《反垄断法》增设了一种行为类型,即“不得对外地经营者在本地的投资或者设立的分支机构实行歧视性待遇”,同时该标准下设立了三项可操作的二级标准:(1)对外地经营者在本地的投资不给予与本地经营者同等的政策待遇;(2)对外地经营者在本地设立的分支机构在经营规模、经营方式、税费缴纳等方面规定与本地经营者不同的要求;(3)在节能环保、安全生产、健康卫生、工程质量、市场监管等方面,对外地经营者在本地设立的分支机构规定歧视性监管标准和要求。

三是影响生产经营行为标准。其中第一项“不得强制经营者从事《中华人民共和国反垄断法》规定的垄断行为”对应《反垄断法》第36条关于强制从事垄断行为的规定。值得注意的是,该标准对“强制从事垄断”作了进一步界定,即“以行政命令、行政授权、行政指导或者通过行业协会等方式,强制、组织或者引导经营者达成、实施垄断协议或者实施滥用市场支配地位行为”。实践中,普遍存在地方政府通过某些不具有“强制性”外观的手段促成的垄断行为,《实施细则》以列举的方式对“强制”的文意进行了解释,将“组织”“引导”视同为“强制从事垄断行为”,这一处理将更有利于规制行政性垄断。

《实施细则》还涵括了一些新形式的行政性垄断,如“没有法律法规依据,通过软件或者互联网设置屏蔽以及采取其他手段,阻碍外地和进口商品、服务进入本地市场或者本地商品运出和服务输出”。此外,《实施细则》还覆盖了《反垄断法》未能覆盖的大量隐性行政垄断行为,如不正当经济援助(如补贴优待)和不正当扶持(如税款、地价、环保标准等优待)。

五、公平竞争审查的豁免制度

公平竞争审查的豁免制度是指基于某种正当目的和理由,即使政策措施具有限制、排除竞争的效果,仍可予以实施。《实施细则》第四章专章作出“例外规定”,“维护国家经济安全、文化安全、涉及国防建设,为实现扶贫开发、救灾救助等社会保障目的,为实现节约能源资源、保护生态环境等社会公共利益以及法律、行政法规规定的例外情形”构成了豁免的正当理由,但它同时也规定,必须在符合以下条件的情况下才可以实施:“(一)对实现政策目的不可或缺,即为实现相关目标必须实施此项政策措施;(二)不会严重排除和限制市场竞争;(三)明确实施期限。”

此外,《实施细则》还规定:“政策制定机关应当在书面审查结论中说明政策措施是否适用例外规定。认为适用例外规定的,应当对符合适用例外规定的情形和条件进行详细说明。”为避免适用例外规定的政策徒具“国家利益或公共利益”之名,而无实际效果,《实施细则》规定:“政策制定机关应当逐年评估适用例外规定的政策措施的实施效果,形成书面评估报告。实施期限到期或者未达到预期效果的政策措施,应当及时停止执行或者进行调整。”但该规定遗留的问题是:哪一主体有权对豁免的申请进行审查和批准?以何种程序进行审批?这些问题《实施细则》并未进行相应设计。

六、公平竞争制度的审查流程

按照“谁制定,谁审查”的原则,由政策制定机关对照《实施细则》的审查标准,按照公平竞争审查的基本流程进行自我审查,征求市场主体意见,填写《公平竞争审查表》,形成审查报告。具体分为四个审查步骤:

第一步,识别是否涉及市场主体经济活动;

第二步,对照标准逐条审查并说明相关情况;

第三步,判断是否适用例外规定;

第四步,形成审查结论,其形式要求是以书面形式呈审查机构负责人签字,并随其他材料一并履行程序并存档备查,其内容要求是尽量体现审查的全过程,包括结论、理由以及征求意见的情况等。

本章小结

“行政性垄断”是《反垄断法》针对政府滥用权力而排除和限制竞争的情形创设的一种垄断行为类型,见之于《反垄断法》第五章第32条至第37条。“行政性垄断”主要出现在转轨国家中,在我国尤为普遍,因而“行政性垄断”被视为一个“本土性概念”,对于这一概念的学习,应重点掌握它的类型划分、构成要件以及它同相邻概念的关系,并了解概念的由来,理解其具体危害。

“行政性垄断”虽然带有明显的本土烙印,但“行政性垄断”的现象却并非中国独有,各国对于这类垄断现象、行为的应对、处理都有各自经验。通过考察成熟经济体美国和转型经济体俄罗斯行政性垄断的法律规制,可以了解行政性垄断规制的一般经验,并进一步了解行政性垄断现象产生的国别差异以及由此而来的规制方法区别。

中国的行政性垄断规制以《反垄断法》为重心,2014年修正的《行政诉讼法》和2016年开始推行的“公平竞争审查制度”对于行政性垄断规制也产生了促进作用。应结合实例重点掌握《反垄断法》对于行政性垄断的类型划分,尝试思考《反垄断法》规则对于规制行政性垄断的不足,同时需要了解2014年修正的《行政诉讼法》对于行政性垄断规制的影响以及公平竞争审查制度的审查模式和审查标准。

思考题

1. 中国行政性垄断的产生同美国、俄罗斯有何异同?
2.《反垄断法》对于行政性垄断规制的难点是什么?
3. 公平竞争审查制度的推行对于行政性垄断规制有何影响?

第四编 | 竞争法的实施

第十七章　竞争法的实施

本章导引

法律实施是指人们在社会生活中实际施行法律、运用法律的活动。竞争法的实施是竞争法目标得以实现的基础。如果缺乏独立、权威、高效的竞争法执行机构,没有合理、完善、公正的程序作为保障,竞争法将是一纸空文。行政执行机构不仅承担着对不正当竞争行为、限制竞争行为进行监督、检查、处罚等职责,更承载着将竞争理念转化为现实秩序的期望。与此同时,司法机构既直接对受损的消费者、经营者进行救济,也对行政执法机构进行司法审查。中国的竞争执法机构在经历了多头竞争执法机构之后建立了统一的竞争执法机构,并与司法机构在竞争法实施上呈现出互补关系。在程序保障上,中国竞争法的行政执法程序和司法程序的建立和完善也具有重要意义。

第一节　竞争法的实施机构

竞争法的实施机构主要包括两大类别:一是行政执法机关,二是司法机关。实施机构的类型也代表了竞争法的不同实施方式。

一、竞争法实施机构的基本类型

(一)行政执法机关

行政执法机关是指设立在政府机构之中的竞争法执行机关,也称狭义上的竞争法执行机关。目前,绝大多数国家的竞争法执行机关设立于政府内部,接受行政领导,但同时又相对独立,享有对案件的调查、起诉、处罚以及制定相关竞争政策的权力。

根据竞争法执行机构是否单独设立,可以将其进一步划分为单独机构模式与多机构模式。德国的联邦卡特尔局、日本的公平交易委员会是这种单独机构模式的典型代表。这一模式下执法权力集中、职责明确,能够有效减少执法冲突,是目前国际上颁布了竞争法的国家采用最多的一种模式。多机构模式则是竞争执法权力由多个行政机关共同享有,并且,这些行政机关往往都被赋予了多种职责,竞争法执法仅仅是其众多职责中的一部分。美国是多机构模式的代表,同时由司法部反垄断局和联邦贸易委员会来负责反托拉斯法的实施。中国在最新一轮机构改革之前,国家发展和改革委员会、国家工商行政管理总局以及商务部都有竞争法的执法权,也属于多机构执法的模式。多机构模式中存在的问题主要是执法标准不统一、执法权限冲突,好处则是能够通过执法竞争促进执法机构积极执法,减少在监督、管制俘获上带来的成本。[1] 就目前世界范围的趋势来看,越来越多国家选择设置相对独立、单一的专门机构来进行竞争法执法。例如,法国、葡萄牙和西班牙已经将两个竞争机构合并为一个;巴西最近将其三个竞争法执法机构整合为了一个新的机构。[2] 还有些国家走得更远,成立了以维护市场竞争、消费者权益保护为核心的整体性机构。例如,荷兰在将其负责竞争法、消费者保护和邮政、电信的部分整合成为一个新的机构;而西班牙则正在考虑进一步将竞争执法机构和多达六个的独立管制机构整合到一起。[3]

根据竞争执法机构的组织方式,竞争执法机构还可以分为委员会制机构以及单一行政性机构。目前世界上大多数竞争执法机构采用的是委员会制。根据习惯或者法律,很多国家要求委员会成员是政治多元的。多委员的委员会制被认为具有多元化专家、不易被俘获以及提高决策合理性的优势。同时委员会制下较少因为选举导致的权力变更而发生政策上的突然转变。[4] 美国的司法部反垄断局和联邦贸易委员会分别代表了单一行政型执法机构以及委员会制执法机构。

美国的司法部反垄断局主要负责执行《谢尔曼法》和《克莱顿法》,是典型的行政机构。反垄断局的局长由司法部一名助理部长担任,经总统提名并由参议院批准任命。司法部反垄断局具有提出包括刑事诉讼和民事诉讼在内的司法诉讼权力。联邦贸易委员会主要负责执行《联邦贸易委员会法》和《克莱顿法》,其下设的竞争局(Bureau of Competition)与经济局(Bureau of Economics)等部门可对违反竞争法的行为展开调查。联邦贸易委员会是相对独立的联邦执法机构,具有准司法权,有权在执法过程中做出行政裁决。联邦贸易委员会由五名委员领导,经总统提名并由参议院批准,任期七年并可连任,联邦贸易委员会主席由总统在五人中指定。

(二)竞争法咨询机构

有的竞争法专门机构虽然设立在行政部门之中,但并没有相应的行政执法权力,而仅仅是顾问咨询机构。严格来说,这些机构并不属于行政执法机构,但是这些机构在行使职权过程中能够通过制定指南、发布行业报告等方式直接影响到竞争法的实施,因此,在广义的执法机构中,往往也会将这些机构纳入其中。

竞争法咨询机构的设立主要是为了解决竞争法执法中所面临的实体问题,处理竞争法实施中的专业性问题。如德国的垄断委员会,法国竞争审议委员会,英国的垄断与限制性行为委员会等机构都是如此。我国在《反垄断法》中借鉴了设立反垄断咨询机构的做法。该法第9条规定:“国务院设立反垄断委员会,负责组织、协调、指导反垄断工作。”从条文所规定的职能上看,反垄断委员会将承担多方面的咨询职能。2009年5月,国务院反垄断委员会颁布了《关于相关市场界定的指南》,该指南是第一个,也是目前唯一的反垄断法指南。尽管指南没有法律

---

〔1〕 李剑:《中国反垄断执法机构间的竞争——行为模式、执法效果与刚性权威的克服》,载《法学家》2018年第1期。

〔2〕 William E. Kovacic, The Institutions of Antitrust Law: How Structure Shapes Substance, 110 Michigan Law Review, at 1019, 1042, 1043 (2012).

〔3〕 William E. Kovacic, The Institutions of Antitrust Law: How Structure Shapes Substance, 110 Michigan Law Review, at 1019, 1042, 1043 (2012).

〔4〕 See William E. Kovacic & David A. Hyman, “Competition Agency Design: What's on the Menu?”, 8 European Competition Journal, at 527 (2012).

效力,但对于条文抽象、模糊的《反垄断法》的实施有非常强的指导作用,在法院审理案件时也有援引,因此具备事实上的约束力。[5] 此外,国务院反垄断委员会也在着手《汽车行业反垄断指南》《关于滥用知识产权的反垄断指南》《宽大制度指南》《经营者承诺指南》《违法所得和罚款计算指南》《垄断协议豁免程序指南》等指南的制定。

(三)司法机关

司法是权利救济的最终方式。司法机关也是竞争法实施的重要机构。通常认为,负责竞争法实施的司法机关包括法院和检察部门,其中以法院为主。[6] 在实施的方式上,法院是通过对竞争纠纷的审理,来制止不当竞争行为和限制竞争行为,追究违法行为人的法律责任,使受侵害的经营者、消费者的损失得到补偿。部分国家在审理竞争纠纷上并没有特别考虑,普通法官都可以审理相关案件,如美国。有的国家为了增强司法机关的专业性和权威性,设立了专门负责审理竞争法案件的审判机构,如德国在其州高级法院和联邦法院中设置了卡特尔庭,英国于 1956 年设立限制性商业行为法院。而在竞争法实施的权力由国家检察机构行使的国家中,检察机构往往自身不对案件进行裁决,只是依据法律所赋予的调查权来调查这些案件,并将这些案件提请特定的法院审判。这种类似公诉的方式并不是现在世界各国的主流,主要为拉美国家所采用。

在竞争法的实施中,除了直接审理受损的经营者、消费者提起的损害赔偿诉讼外,司法机关还负有对行政执法进行审查的重要职能。竞争法的实施要求专业、独立的执法机构,但与此同时会带来如何监管执法者的问题。而通过法院进行的司法审查是监督竞争执法权的主要机制。例如,欧洲法院(Court of Justice,ECJ)于 1952 年设立,总部位于卢森堡,由 15 名法官组成,每位法官的任期为六年。除此之外,欧洲法院还设有八名总顾问(Advocate-General)。欧洲法院以实现欧盟利益为宗旨,是欧洲联盟的最高司法机关。作为实施欧盟反垄断司法审查的主体,欧洲法院虽不直接参与欧盟成文法的制定,却对欧盟条约的执行起着至关重要的作用。欧盟委员会、成员国、企业或个人都可以就成员国是否履行条约规定,执法机构作出的决定是否合法向欧洲法院提起诉讼。而欧洲法院所作出的判决和裁定也是欧盟竞争法的重要渊源。

(四)不同实施机构的制度优势

上述两类竞争法实施机构各有所长。在不同的国家或地区,占据竞争法实施主导地位的机构也因为制度、文化等因素而存在差异。

行政执法具有主动性。竞争法所调整的社会关系复杂而多变,往往需要针对不同的情况灵活、主动地执法,而这正是行政执法的特点所在。行政执法机关往往享有相对全面的执法权力,包括调查、起诉以及对案件作出裁决的权力,执行竞争法更快捷并富有效率此外,行政执法机构往往在专业知识和资源上具有优势。例如,美国司法部反垄断局有专职人员 830 人,其中

---

〔5〕 例如,在奇虎 360 诉腾讯滥用市场支配地位的案件中法院判决就引用了《关于相关市场界定的指南》的条文来分析和论证涉案的相关市场。

〔6〕 有学者认为,将检察院和法院并称为司法机关并不妥当,因为有的国家司法机关仅仅指法院。如美国,检察官属于司法部管辖,检察官需要依据司法部长的指示对违法行为人提起诉讼;而美国联邦司法部是联邦政府的组成部分,联邦政府行使的是行政权。参见万鄂湘:《从中美司法制度比较看司法权的特点》,载《中国青年报》2004 年 3 月 10 日,第 1 版。但考虑到各个国家的不同情况差异,因此此处仍用较为宽泛的界定。

律师320人,年度预算1.622亿美元;[7]欧盟委员会竞争局有专职人员785人,另有外部支持人员144人,年度预算2.4亿美元左右。[8] 但是,由于实践中很难在一个行政机构中将调查、起诉和裁判进行比较好的区分而形成相互的制衡,如果对案件的调查和起诉是同一批人,要最终认定调查对象没有犯被指控的罪行就会是一件非常困难的事情。因此,在程序公正方面的欠缺使得在这些案件处理过程中可能损害到个体的权利。

司法具有被动性,更注重程序保障。司法机构严格的程序规定对竞争法的执行则可以很好地解决程序公正问题,从而最大限度地维护当事人的权益。但是,一般来讲,司法机构的法官因为专业知识的限制,对经济理论不熟悉,其判决常常依据法律程序的正当性,对争论的实质性问题很大程度上要依靠竞争法的行政执行机构对案件的调查和认定。[9] 司法机关在执行竞争法保障当事人正当程序权利的同时,则可能牺牲他们在实体上的权利。同时,因为司法资源的有限性,以及司法所固有的被动的权利保护机制,使得竞争法的实施成本较高,而这些成本往往直接由诉讼双方当事人直接承担。

行政执法与司法在竞争法实施过程中并非截然分开。二者之间有很好的补充、协调作用。例如,美国私人反垄断诉讼中有一个显著特点:在美国司法部或者联邦贸易委员会对垄断行为提起公诉并胜诉之后,往往会紧随其后提起大量反垄断诉讼,即尾随诉讼(Follow-on cases)。美国《克莱顿法》第5条规定,在任何公共执行程序中支持政府的最终裁决可以在基于相同请求的私人跟随诉讼中作为"初步证据"。这促成了私人诉讼的数量和成功率增加。例如,在一起电气设备共谋案件的终审判决对被告的垄断违法行为做出认定后,私人随后针对相关被告提起了2233起三倍反垄断赔偿诉讼。[10] 在1946年至1963年,有2/3的私人垄断诉讼是尾随诉讼,在1973年至1983年美国五大城市发生的私人反垄断诉讼中,尾随诉讼的比例有所下降,约为12%。[11] 因此,美国有大量的私人反垄断诉讼中相当部分实际上是因为在三倍赔偿的激励下,通过"搭便车"而借助反垄断行政执法机构的力量来进行的。因此,这种惩罚也事实上并非仅仅是诉讼机制本身所发挥的限制违法行为的作用,而是行政执法的附带效果,并成为行政执法机构获得同意裁决(consent decree)的筹码。

司法实施在不同的国家有不同的地位和作用。由于制度设计的原因,在部分国家和地区偏重于司法机构,如美国;部分国家或地区则更为强调行政执法,如欧盟、日本,通过司法机关来实施竞争法并不发达。例如,日本自《1947年反垄断法》制定以来,几乎没有成功的私人执行案件,直到1998年日本法院才在一个卡特尔案件中判决被告赔偿原告40多万美元损失。[12] 2004年由欧盟委员会资助的一项研究报告中所统计的数据表明,从1962年到2004年8月,在所有25个欧盟成员国中,总共只有50件私人执行案件(其中根据欧盟竞争法的是12件,根据

---

[7] 根据2015年预算。http://www.justice.gov/sites/default/files/jmd/legacy/2014/07/08/atr.pdf。

[8] 根据2014年预算。欧盟委员会竞争局在办案上的支出年度变化较大。2013年其支出为3.97亿美元,而2012年为0.85亿美元。这和当年处理的案件本身相关。因此这里取两年平均,为2.4亿美元。

[9] [委内瑞拉]德利昂:《发展中国家和转轨国家竞争政策的制度分析》,载王晓晔、[日]伊从宽主编:《竞争法与经济发展》,社会科学文献出版社2003年版,第101~116页。

[10] U. S. v. General Electric Co., Civil No. 28288 (1962).

[11] Richard A. Posner, Statistical Study of Antitrust Enforcement, *13 Journal of Law and Economics*, p.371(1970). 转引自李俊峰:《反垄断法的私人实施》,中国法制出版社2009年版,第108页。

[12] Charies E. Koob, David E. Vann, JR. and Arman Y. Oruc, *Development in Private Enforcement of Competition Laws-Introduction*, Simpson Thacher & Bartlett LLP, p.4 (2004).

成员国竞争法的是32件,还有6件案件根据成员国和欧盟竞争法)。在这些案件中只有28件案件胜诉(其中根据欧盟竞争法的是8件,根据成员国的是16件,还有4件案件根据成员国和欧盟竞争法)。[13] 相比之下,美国以司法为中心构建的竞争法实施体制中,法院的作用就非常突出,相关案件数量非常大。但这一局面在竞争法新的发展中逐渐发生了变化,司法的作用被更多地认识到。最近一些年,欧盟通过制度构建,积极推动竞争法的司法实施。

总体而言,不同的制度设计往往会带来不同的效果,但最终选择什么样类型的机构,以及不同机构之间的关系如何协调,其决定因素更多的是一个国家的具体国情,并没有一个绝对的标准。

二、竞争法执行机构的性质

尽管我们在狭义上将竞争法执行机构归为"行政机构",但在理论上对竞争法执行机构性质的认识仍然存有争议,这一问题也直接影响到竞争法执行机构在整个国家机关中的地位和权力行使。因为根据传统的政治理论中,司法权、立法权和行政权是相互独立的,三者的界限虽然不能说是泾渭分明,但也有较为明确的划分。但绝大多数国家的竞争法执行机构的权限出于现实经济秩序维护的需要,在很大程度上将司法权、立法权和行政权融合在了一起。对此,存在两种学说:(1)认为竞争法执行机构只能是单纯的行政机关。该学说认为,应当按照严格的"三权分立"原则来界定竞争法执行机构的行政权。竞争法执行机构基本上都是设立在行政系统之中,要么独立行使职权,要么接受行政长官的领导和指示。例如,德国的竞争法执行机构卡特尔局就隶属于联邦经济部,部长可以对联邦卡特尔局作出一般性的指示,并在企业的合并符合重大公共利益,或对整体经济产生的利益可以弥补对竞争的限制时,可以批准这种合并。[14] 而且在机构的产生上,卡特尔局的局长、副局长都是由经济部长提名,经内阁决议后由总统任命。再如,我国的竞争法执行机构曾经由国家工商行政管理部门、商务部和国家发展和改革委员会共同构成,而这些机构都是传统意义上的行政机关。因此,不管是从严格意义上的"三权分立",还是从竞争机构本身的产生方式、权力的行使上,竞争法执行机构都应当认定为单纯的行政机关,并在行政权、司法权和立法权分立的情况下履行职责。(2)认为竞争法执行机构可以是一种特殊机构。该种观点认为,现代社会的权力框架已经不能由简单的司法权、立法权和行政权来概括。竞争法执行机关尽管设立在行政机构下,但其往往既有立法的权力,同时也具有行政、司法性质的权力,三者之间的界限并不清晰。例如,日本实行公平交易委员会有专属揭发制度,凡有关违反私人垄断或不正当的交易限制的行为,必须先有公平交易委员会的检举,否则不能进行处罚,这在一定程度上赋予了日本竞争法执行机构司法的权力。同时,1990年6月日本的公平交易委员会还颁布了《有关违反禁止垄断法刑事告发的方针》,进一步

---

〔13〕 Denis Waelbroeck, Donald Slater and Gil Even - Shoshan, Study on the conditions of claims for damages in case of infringement of EC competition rules. 转引自王健:《反垄断法的私人执行——基本原理与外国法制》,法律出版社2008年版,第7页。

〔14〕 德国《反限制竞争法》第1条规定:"处于竞争关系之中的企业之间达成的协议、企业联合组织作出的决议以及联合一致的行为,如以阻碍、限制或扭曲竞争为目的或使竞争受到阻碍、限制或扭曲,则是禁止的。"第8条规定:"联邦经济部长可以批准协议和决议豁免适用第一条的禁令,但以在例外情况下出于整体经济和公共利益方面的重大事由必须对竞争进行限制为限。"

细化公平交易委员会进行刑事处罚告发的标准,[15]这在一定程度上也是公平交易委员会立法权力的体现。从世界的范围看,日本的公平交易委员会也并非特例,很多国家的竞争法执行机构都是集准司法权、立法权于一体,并享有行政权力的特殊机构,其性质不再是传统意义上的行政机关。最为典型的是前文介绍的美国的联邦贸易委员会。因此,从实际状况来看,竞争法的执行机构就是特殊的机构。

实际上,将权力分立为司法、行政和立法仅仅是一个相对的概念。在西方国家"三权分立"结构建立的初期,国家机关之外的社会制约力量是比较薄弱的,最好的办法就是通过国家各机关之间的相互制约来防止某一个机关滥用权利,维持权力平衡。而在多元化的现代社会中,随着利益主体多元,各利益主体力量对比的变化,执政党、司法部门、立法部门以及行政部门、各政治利益团体之间的相互制衡也越来越有力。社会的发展使得在将立法、行政和司法三权的相对分立作为一个政治原则而适用在最上层权力机关的同时,具体的国家机关在行使权力中三权的界限则并不需要泾渭分明。而且,由于行政部门实行首长负责制,具有雄厚的专业力量,其行使职权具有主动性、及时和效率等优势。当代政治演化的结果正是行政部门在国家机关中取得越来越重要的地位,而人数众多,力量却分散的立法机构除具有监督作用外,在政策指导上已经丧失了主导地位。[16]

美国首创了独立管制机构,对于行政权、立法权和司法权的配置有了新的发展。美国独立管制机构肇始于 1887 年成立的州际贸易委员会(ICC),此后,联邦政府于 1913 年建立了美国联邦储备委员会,以管理和规范银行业,控制国家的货币供应;于 1915 年建立了联邦贸易委员会(FTC),以防范虚假和欺诈的商业活动,和司法部共同实施反垄断法;于 1934 年建立了联邦通讯委员会(FCC),对国家电话、广播和电视产业加以规制;于 1935 年成立国家劳资关系委员会(NLRB),对劳资关系加以管理。国会于 1977 年建立了联邦能源规制委员会(FERC),在 1983 年认可了公民权利委员会的独立地位。[17] 使美国决定给予独立行政机关其它权力的主要原因,是由于 19 世纪 30 年代美国爆发了严重的经济危机,出现了经济大恐慌,罗斯福总统上台后实施"新政",为了解决政府面临的复杂的社会经济问题,而必须委任行政机关行使部分之立法权及司法权。[18] 因此,这一变化体现了政治权力结构面对新挑战所进行的改变,也在很大程度上反映了当下世界上主要竞争法执行机构的性质以及可能的发展方向。也正是因为其对现实需求的回应能力,在竞争法实施上委员会制的机构被越来越多的国家和地区所采用。

但是,需要注意的问题在于,独立管制机构并非存活于真空中,"独立"只是相对的。而且,尽管非常清晰地区分立法权、司法权和行政权在现实中很难进行,但并不意味着制衡机制应当缺失。尽管有很强的专业性与独立性,但在联邦贸易委员会的历史上,美国总统曾于 1934 年免去了政见不合的委员,并且还重新任命了五名新的委员。而制衡机制是保障制度有效运作的重要一环。行政法上的司法审查本来就带有监督之义,无论是英美普通法院性质行政诉讼,还是德日专门行政法院性质的行政诉讼,都是为了在国家司法权中调度一些力量,从而对行政行为加以监控。竞争执法机构实施委员会制的美国,是从行政程序和司法审查两方面来加强

---

〔15〕 徐梅:《日本的规制改革》,中国经济出版社 2003 年版,第 288、302 页。

〔16〕 王名扬:《美国行政法》,中国法制出版社 1995 年版,第 100 ~ 101 页。

〔17〕 宋华琳:《美国行政法上的独立规制机构》,载《清华法学》2010 年第 6 期。

〔18〕 李剑:《如何制约反垄断执法机构——反垄断执法机构的独立性与程序性制约机制》,载《南京师范大学学报》2010 年第 5 期。

对独立管制机构的控制,以克服其消极面,发挥其积极作用。[19]

第二节　中国竞争法的实施机构

中国的竞争法实施机构因为立法和历史的原因,反不正当竞争法实施和反垄断法实施有不同的方式。

一、反不正当竞争法执行机构

国家工商行政管理局曾经是我国《反不正当竞争竞争法》执行的重要机构。国家工商行政管理局由国务院于1978年7月成立。根据1978年9月25日《国务院关于成立工商行政管理总局的通知》,该机构设立的目的是保卫社会主义公有制,维护国家计划,保护正当的经济活动,打击资本主义势力,防止资本主义倾向的发展。随着经济和政治体制改革的发展,工商局在规范计划经济中的角色被削弱,而在促进市场经济、加强竞争法执行上发挥越来越大的作用。[20] 1993年颁布的《反不正当竞争法》第3条规定:"各级人民政府应当采取措施,制止不正当竞争行为,为公平竞争创造良好的环境和条件。县级以上人民政府工商行政管理部门对不正当竞争行为进行监督检查;法律、行政法规规定由其他部门监督检查的,依照其规定。"2017年修订后的《反不正当竞争法》第3条规定:"各级人民政府应当采取措施,制止不正当竞争行为,为公平竞争创造良好的环境和条件。""国务院建立反不正当竞争工作协调机制,研究决定反不正当竞争重大政策,协调处理维护市场竞争秩序的重大问题。"第4条规定:"县级以上人民政府履行工商行政管理职责的部门对不正当竞争行为进行查处;法律、行政法规规定由其他部门查处的,依照其规定。"这说明无论是修订之前或者之后,我国的工商行政管理机关是《反不正当竞争法》的主要执行机关,相对集中地行使执行竞争法的权力。

国家工商行政管理局于1994年成立了公平交易局,并设置了反不正当竞争处,专司反不正当竞争法的执行工作;许多地方的工商行政管理部门也相应地设置了公平交易执行机构(公平交易处、科等),负责不正当竞争案件的查处。《反不正当竞争法》规定了11类不正当竞争行为,其中有3类行为没有行政责任条款,即第11条规定的低于成本价销售商品行为,第12条规定的搭售或附加其他不合理条件的行为,以及第14条规定的商业诋毁行为;另有一类行为不由工商行政管理机关主管,即第7条规定的政府及其所属部门的限制竞争行为;剩下的7类行为都可以由工商行政管理机关查处。2008年7月国务院批准"三定"方案,国家工商总局成立了"反垄断与反不正当竞争执法局",专门负责竞争法的执法工作。

在由工商部门统一进行反不正竞争法执法之外,还有众多行政机关具有在特定行业、领域中的反不正当竞争执法权限。例如,根据《产品质量法》第21条第1款的规定,"擅自使用他人的企业名称或者姓名,伪造或者冒用认证标志、名优标志等质量标志,伪造产地,对商品质量作

---

〔19〕 丁捷:《美国独立管制机构的宏观制衡系统》,载《苏州大学学报》(哲学社会科学版)2017年第6期。

〔20〕 金朝武、罗伟:《中国竞争法的执行》,载王晓晔、[日]伊从宽主编:《竞争法与经济发展》,社会科学文献出版社2003年版,第159~171页。

引人误解的虚假表示的"行为按照《产品质量法》的规定进行处罚。据《药品管理法》的规定，药品监督管理部门负责药品生产、经营等领域的不正当竞争行为的监督检查。根据《证券法》的规定，国务院证券监督管理机构（中国证监会）依法对证券市场上的不正当竞争行为进行监督检查等。这些法律和《反不正当竞争法》在处理不正当竞争行为上存在"特别法"和"一般法"的关系，相应的主管机关不是依据《反不正当竞争法》进行行为查处，但具有广义的反不正当竞争行政执法权力。

根据新修订的《反不正当竞争法》，监督检查部门执法权有如下规定：[21]

1. 进入调查权

《反不正当竞争法》第13条第1款第1项规定，监督检查部门调查涉嫌不正当竞争行为时，可以进入涉嫌不正当竞争行为的经营场所进行检查。这一规定明确赋予监督检查部门进入涉案当事人经营场所进行调查的权力。原《反不正当竞争法》虽然规定监督检查部门可以按照规定程序询问被检查的经营者、利害关系人、证明人，并要求提供证明材料或者与不正当竞争行为有关的其他材料，但未明确赋予监督检查部门进入经营场所进行调查的权力。新《反不正当竞争法》增加了监督检查部门进入被调查对象经营场所进行调查的权力。

2. 询问权

《反不正当竞争法》第13条第1款第2项规定，监督检查部门调查涉嫌不正当竞争行为时，可以询问被调查的经营者、利害关系人及其他有关单位、个人，要求其说明有关情况或者提供与被调查行为有关的其他材料。监督检查部门询问被调查对象通常以询问笔录、现场笔录的方式进行，要求当事人对被调查事件有关的事项作出说明，提供与被调查行为有关的其他材料，有利于迅速了解涉嫌不正当竞争行为的实际情况，为监督检查部门确定调查方向、作出后续处理决定提供事实依据。

3. 查阅、复制权

《反不正当竞争法》第13条第1款第3项规定，监督检查部门调查涉嫌不正当竞争行为时，可以查询、复制与涉嫌不正当竞争行为有关的协议、账簿、单据、文件、记录、业务函电和其他材料。这一规定赋予监督检查部门查阅、复制被调查对象的协议、账簿、单据、文件等材料的权力。查阅、复制相关材料，有利于了解被调查对象的相应经济活动、业务往来、资金流转等情况，以便取得关键证据，确认被调查对象是否存在违法行为，保障案件的正确处理。

4. 查封、扣押财物权

《反不正当竞争法》第13条第1款第4项规定，监督检查部门调查涉嫌不正当竞争行为时，有查封、扣押与涉嫌不正当竞争行为有关的财物的权力。这一规定与《行政强制法》第9条的规定相衔接。监督检查部门不但可以将涉案财物原地封存，也可以实施扣押，将其异地封存至合理地点。该规定可以更有效地防止被调查对象隐匿、损毁有关证据、物品或转移财产。

5. 查询账户权

《反不正当竞争法》第13条第1款第5项规定，监督检查部门调查涉嫌不正当竞争行为时，可以查询涉嫌不正当竞争行为的经营者的银行账户。在以往涉嫌不正当竞争案件的执法调查中，银行往往只配合公安、法院等部门提出的查询、冻结银行账户要求。这一规定明确赋予工商等监督检查部门查询经营者银行账户的权力，以便了解经营者的经济活动状况，发现违

---

〔21〕 相关归纳参考自秦跃：《〈反不正当竞争法〉对执法权的规定》，载《中国工商报》2018年4月14日，第003版。

法行为。

6. 商业秘密调查权

《反不正当竞争法》第15条规定,监督检查部门及其工作人员对调查过程中知悉的商业秘密负有保密义务。该规定一方面明确规定监督检查部门及其工作人员应当谨慎保守其知悉的商业秘密,另一方面通过规定执法者保密义务的方式,明示被调查对象不得以保护商业秘密为由拒绝监督检查部门及其工作人员正常检查。

7. 对拒绝、阻碍调查行为的处罚权

《反不正当竞争法》第28条规定,妨害监督检查部门依照本法履行职责,拒绝、阻碍调查的,由监督检查部门责令改正,对个人可以处五千元以下的罚款,对单位可以处五万元以下的罚款,并可以由公安机关依法给予治安管理处罚。这一规定在第四章法律责任部分,强化了配合调查、支持调查的义务,是强化执法权限的重要表现。《反不正当竞争法》第14条规定被调查的单位和个人有配合调查的义务,拒绝、阻碍调查就是违法行为,不以进行不正当竞争为前提。

二、反垄断法执行机构

我国反垄断法的执行机构在最初采用的是权力分享的多机构模式。2007年颁布的中国《反垄断法》最初确立了竞争性的执法机构设置,即"双层次+三机构"模式。所谓双层次,是指国务院反垄断咨询委员会加行政执法机构这两个层次。在反垄断行政执法职权分配上,由国家发展和改革委员会、国家工商总局以及商务部三家共享。按照《反垄断法》和国务院的职责分工,商务部负责经营者集中申报审查;国家发展和改革委员会负责价格垄断行为的查处;国家工商总局负责垄断协议、滥用市场支配地位、滥用行政权力排除、限制竞争方面的反垄断执法工作。

但在《反垄断法》颁布实施之前,有一系列的竞争规则散见于不同的法律、法规之中,并且三家执法机构已经负责特定领域内的反垄断法实施,职权范围和反垄断法颁布之后所建立的范围非常类似。例如,在反垄断法实施之前,商务部已经依据2003年实施的《外国投资国内企业并购规定》审查了几百个外资并购国内企业案件。国家发展和改革委员会已经作为价格管制机构执行1998年实施的《价格法》,该法禁止价格固定和与价格相关的不公平贸易行为。[22]因此,"双层次+三机构"模式一方面是对既有的"权力格局"的延续,被视为是迁就、妥协下的制度设计;[23]另一方面,则在一定程度上减少了新制度构建所带来的成本。[24]

按照现行《反垄断法》,反垄断法执法机构的主要职权、职责包含以下几个方面:

1. 调查权

在具体的调查权上,反垄断执法机构可以采取的措施包括:(1)进入被调查的经营者的营业场所或者其他有关场所进行检查;(2)询问被调查的经营者、利害关系人或者其他有关单位

---

〔22〕 Angela Huyue Zhang, "The enforcement of the Anti-Monopoly Law in China: An institutional design perspective", 56 Antitrust Bull (2011), p. 634.

〔23〕 Yong Huang, "Pursuing the Second Best: The History, Momentum, and Remaining Issues of China's Anti-Monopoly Law", 75 *Antitrust Law Journal* (2008), pp. 117, 125-226;时建中:《我国〈反垄断法〉的特色制度、亮点制度及重大不足》,载《法学家》2008年第1期。

〔24〕 参见宋亚辉:《市场规制中的执法权冲突及其解决路径》,载《法律科学》2012年第4期。

或者个人,要求其说明有关情况;(3)查阅、复制被调查的经营者、利害关系人或者其他有关单位或者个人的有关单证、协议、会计账簿、业务函电、电子数据等文件、资料;(4)查封、扣押相关证据;(5)查询经营者的银行账户。采取前款规定的措施,应当向反垄断执法机构主要负责人书面报告,并经批准。

2. 授权执法的权力

国务院反垄断执法机构根据工作需要,可以授权省、自治区、直辖市人民政府相应的机构,依照《反垄断法》的规定负责有关反垄断执法工作。

3. 处罚权

罚款是反垄断执法机构拥有的重要的行政处罚措施。根据《反垄断法》第46条的规定,经营者达成并实施垄断协议的,由反垄断执法机构责令停止违法行为,没收违法所得,并处上一年度销售额1%以上10%以下的罚款;尚未实施所达成的垄断协议的,可以处五十万元以下的罚款。经营者主动向反垄断执法机构报告达成垄断协议的有关情况并提供重要证据的,反垄断执法机构可以酌情减轻或者免除对该经营者的处罚。行业协会违反《反垄断法》的规定,组织本行业的经营者达成垄断协议的,反垄断执法机构可以处五十万元以下的罚款。根据《反垄断法》的第48条规定,经营者违反《反垄断法》的规定实施集中的,由国务院反垄断执法机构责令停止实施集中、限期处分股份或者资产、限期转让营业以及采取其他必要措施恢复到集中前的状态,可以处五十万元以下的罚款。根据《反垄断法》第52条的规定,对反垄断执法机构依法实施的审查和调查,拒绝提供有关材料、信息,或者提供虚假材料、信息,或者隐匿、销毁、转移证据,或者有其他拒绝、阻碍调查行为的,由反垄断执法机构责令改正,对个人可以处两万元以下的罚款,对单位可以处二十万元以下的罚款;情节严重的,对个人处两万元以上十万元以下的罚款,对单位处二十万元以上一百万元以下的罚款。

4. 义务与惩戒

根据《反垄断法》第38条第2款的规定,对涉嫌垄断行为,任何单位和个人有权向反垄断执法机构举报。同时,反垄断执法机构应当为举报人保密。根据《反垄断法》第54条的规定,反垄断执法机构工作人员滥用职权、玩忽职守、徇私舞弊或者泄露执法过程中知悉的商业秘密,构成犯罪的,依法追究刑事责任;尚不构成犯罪的,依法给予处分。

2018年3月,国务院机构进行了改革,原国家发展和改革委员会、国家工商总局以及商务部的相关职能进行了调整,组建了国家市场监督管理总局,整合了竞争执法职能。根据《国家市场监督管理总局职能配置、内设机构和人员编制规定》,国家市场监督管理总局的主要职责包括:"……(四)负责反垄断统一执法。统筹推进竞争政策实施,指导实施公平竞争审查制度。依法对经营者集中行为进行反垄断审查,负责垄断协议、滥用市场支配地位和滥用行政权力排除、限制竞争等反垄断执法工作。指导企业在国外的反垄断应诉工作。承担国务院反垄断委员会日常工作。(五)负责监督管理市场秩序。依法监督管理市场交易、网络商品交易及有关服务的行为。组织指导查处价格收费违法违规、不正当竞争、违法直销、传销、侵犯商标专利知识产权和制售假冒伪劣行为。指导广告业发展,监督管理广告活动。指导查处无照生产经营和相关无证生产经营行为。指导中国消费者协会开展消费维权工作。"

与这一职能相对应,国家市场监督管理总局组建了新的内设机构分别承担反垄断和反不正当竞争执法工作:(1)反垄断局。拟订反垄断制度措施和指南,组织实施反垄断执法工作,承担指导企业在国外的反垄断应诉工作。组织指导公平竞争审查工作。承担反垄断执法国际合作与交流工作。承办国务院反垄断委员会日常工作。(2)价格监督检查和反不正当竞争局(规范直销与打击传销办公室)。拟订有关价格收费监督检查、反不正当竞争的制度措施、规则指南。组织实施商品价格、服务价格以及国家机关、事业性收费的监督检查工作。组织指导查处价格收费违法违规行为和不正当竞争行为。承担监督管理直销企业、直销员及其直销活动和打击传销工作。

至此,在新的机构改革背景下,主体的竞争执法职能整合到了新组建的国家市场监督管理总局之中,完成了中国竞争执法单一机构模式的构建。

从市场监管总局公布的"竞争执法公告"案例来看(数据统计截至 2018 年 5 月 1 日),自 2008 年《反垄断法》实施以来,全国工商和市场监管部门对民生关注度高的电信、供水、医药、保险等市场领域共立案查处涉嫌垄断案件 93 件,其中 55 件已结案,4 件中止调查,涉及包括医药、烟草、广播电视、保险、石油、燃气、供电、计算机软件、家居建材、电信、食品包装材料等民生领域和社会热点问题。同时,工商和市场监管部门依法查处滥用行政权力排除、限制竞争案件,共制止滥用行政权力排除、限制竞争行为 41 起。仅 2017 年一年,全国工商和市场监管部门共制止此类行为 12 起。另外,全国工商和市场监管部门积极参与研究制定公平竞争审查工作机制和实施细则,推动公平竞争审查制度落地并不断完善,对新兴领域和社会关注的热点问题不断加强研究,提升执法效能。[25]

三、司法机构

我国的各级人民法院是竞争法实施的主体,并且在相关的法律中有明确的规定。我国《反不正当竞争法》第 17 条规定:"经营者违反本法规定,给他人造成损害的,应当依法承担民事责任。经营者的合法权益受到不正当竞争行为损害的,可以向人民法院提起诉讼。"《反垄断法》第 50 条规定:"经营者实施垄断行为,给他人造成损失的,依法承担民事责任。"同时第 53 条也规定,对反垄断执法机构的决定不服的,可以依法申请行政复议或者提起行政诉讼。[26] 因此,竞争案件在我国可以通过法院寻求最终解决,法院是我国竞争法实施的重要机构。

在最高人民法院于 2008 年发布的《民事案件案由规定》中,不正当竞争、垄断纠纷被划归第五部分"知识产权纠纷"项下第十六类中。因此,竞争法案件也因此被划入法院的知识产权庭进行审理。2011 年最高人民法院发布的修正《民事案件案由规定》直接将第五部分标题修改为"知识产权与竞争纠纷",并将不正当竞争纠纷和垄断纠纷进行了分列和细化。

案件审理之外,法院还通过司法解释、指南等方式来实际影响竞争法的实施。2007 年 1 月,最高人民法院公布了《关于审理不正当竞争民事案件应用法律若干问题的解释》,这是最高人民法院发布的第一个涉及不正当竞争案件审理的司法解释。该司法解释共 19 条,涉及反不正当竞争法规定的仿冒、虚假宣传、侵犯商业秘密和商业诋毁等不正当竞争行为的认定、民事法律责任的适用和相关诉讼程序问题。该司法解释的公布施行对于人民法院正确审理不正当

---

〔25〕 浙江理工大学:《全国工商和市场监管部门十年反垄断执法成效特点分析》,载《中国工商报》2018 年 8 月 2 日,第 6 版。

〔26〕 《反垄断法》区分了两种情况。如果是基于经营者集中具有或者可能具有排除、限制竞争效果,国务院反垄断执法机构作出了禁止经营者集中的决定,或者对不予禁止的经营者集中,国务院反垄断执法机构的决定附加了减少集中对竞争产生不利影响的限制性条件的,可以先依法申请行政复议;对行政复议决定不服的,可以依法提起行政诉讼。除此之外,对反垄断执法机构作出的其他决定不服的,可以依法申请行政复议或者提起行政诉讼。

竞争案件,统一司法尺度,依法保护有关知识产权,制止不正当竞争行为,具有重要意义。2012年5月,最高人民法院发布《关于审理因垄断行为引发的民事纠纷案件应用法律若干问题的规定》,这是我国反垄断审判领域第一部司法解释,确立了我国反垄断民事诉讼的基本框架和制度规则。

除通过司法解释来推动反垄断民事诉讼外,在反不正当竞争诉讼中,法院也颁布过审理指南。例如,北京市高级人民法院在2016年发布了《北京市高级人民法院关于涉及网络知识产权案件的审理指南》(以下简称《审理指南》),并基于相关司法实践,形成了统一适用的意见。该《审理指南》中关于网络不正当竞争的部分对涉及网络不正当竞争的具体行为进行了类型化的规定。

除了民事司法作为实施竞争法的主要形式之外,行政司法和刑事司法也发挥着重要的作用。行政司法提供行政审判对于行政执法机构查处的不正当竞争行为、限制竞争行为进行司法审查和救济。刑事司法提供追究不正当竞争行为的刑事责任来保障反不正当竞争法的实施。例如,2018年11月21日,最高人民法院、最高人民检察院联合发布了《关于办理商业贿赂刑事案件适用法律若干问题的意见》,进一步明确了有关办理商业贿赂刑事案件的法律适用问题。[27]

尽管整体上中国的竞争法实施仍然是以行政执法为中心,但经过多年的发展,竞争法司法在竞争法的实施上具有越来越重要的地位,并呈现出自己的特点。以反垄断法为例,我国反垄断民事诉讼制度表现出三个主要特点[28]:(1)反垄断民事诉讼的独立性。反垄断民事诉讼不以反垄断行政机关的行政处理为前置条件,垄断行为受害人既可以直接向人民法院起诉,也可以等待行政执法机关作出认定构成垄断行为的决定后起诉。在事实认定上,反垄断行政执法机关的行政处理决定认定的事实对于审理民事案件的法院没有法定约束力,仅仅是法院认定事实的证据之一,如有相反证据足以推翻的,人民法院可重新认定事实。对于行政机关未作认定的事实,法院可以结合案件具体证据和事实独立作出认定。(2)原告资格的开放性。无论是直接还是间接受到垄断行为侵害的经营者和消费者,均具有原告资格。赋予间接受害人尤其是消费者以原告资格,是我国垄断民事诉讼的重要特色。(3)责任方式的多样性。原告通过反垄断民事诉讼,不仅可以请求就其因垄断行为受到的损失获得赔偿,还可以请求获得禁令救济以及确认与垄断行为有关的法律行为无效。

第三节　中国竞争法的实施程序

一、程序保障的意义

任何权力,如果不加限制,都会造成权力的滥用,竞争法实施机构也不例外。例如,美国的尼克松政府时代就曾经发生过美国司法部在并购案件中涉嫌放纵大企业并购的案件。在1970年的国际电话电报公司案中,美国司法部在一审时曾请求法院对被告采取严厉的执法措施,包

---

〔27〕 和《反不正当竞争法》不同,《反垄断法》中没有关于刑事责任的规定。

〔28〕 朱理:《反垄断民事诉讼十年:回顾与展望》,载《知识产权报》2018年8月28日,第8版。

括宣告其并购违法以及阻止其对哈特富德保险公司的收购。然而在该案的二审上诉期间,美国司法部突然与被告达成了同意裁决,大大降低了对被告采取措施的严厉程度,仅要求其拆分出已并购的格林内尔消防器材公司,而允许被告收购哈特福德保险公司。[29] 随着尼克松政府丑闻的不断揭露,人们发现被告国际电话电报公司在司法部提出上诉之前,向尼克松政府筹备的 1972 年共和党年会捐献了 40 万美元,而尼克松在该案中向美国司法部施加了很大压力,要求其放弃对国际电话电报公司的执法行动。[30] 为此,美国国会于 1974 年通过了《反托拉斯程序和处罚法案》(又名《唐尼法案》),以改革同意裁决的执法程序。

要使权力不集中在任何一个人或一个部门之手,以避免胡作非为或盲动,控制的办法主要是使每个部门都可以在别的部门中发挥一定作用,并有能力延缓甚至阻止其他部门的行动,从而使它们相互制约,形成权力间的各种平衡。正如法国启蒙思想家孟德斯鸠所说,"每一个国家有三种权力:一是立法权力;二是有关国际法事项的行政权力;三是有关民政法规事项的行政权力。……当立法权和行政权集中在一个或同一个机关之手,自由便不复存在了。……如果司法权不同立法权分立,自由也不复存在了。……如果司法权同行政权合而为一,法官便将握有压迫者的力量"。[31] 正如前文所言,尽管竞争法执行机构的权力构成已经不能简单地用三权分立的标准来看待,但是,即便在现今高速发展的社会,通过程序进行制约、控制仍然具有非常重要的作用。例如,即便具有很高的独立性,但欧盟委员会在执行竞争法的过程中也受到法院的约束。其工作人员尽管有权进入嫌疑人可能保存商业记录的任何地方包括私人住宅,但这一权利的行使须得到司法机关的批准。从程序和司法公正的角度出发,对欧盟委员会裁决不服的当事人有权向法院提出申诉,请求修改或者推翻委员会的行政裁决。[32]

而从法律程序本身的设计上看,使被裁判者受到应得的对待就是使其参与裁判结果制作过程、与裁判者展开理性的对话从而影响裁判结果的形成,也就是说使被裁判者与裁判者同处于理性的道德主体地位,使裁判者的裁判权受到来自被裁判者一方的合理约束。程序正义的基本要求就体现在对裁判者权力的制约以及对被裁判者程序性权利的保障上面。程序正义的核心要求是:那些利益可能受到裁判结果直接影响的人充分而富有意义地参与裁判结果的制作过程中来,从而对裁判结论的形成施加积极有效的影响。这一要求可以简称为"程序的参与性"。[33] 由于程序对于竞争执法机构的独立与制约具有重要的意义,在作为独立执法机构代表的美国,利用程序来严格限制执法机构的执法失败也是一个重要的课题,并通过程序的完善,改善了执法效果。例如,美国在对于同意裁决程序上的改进就是如此。同意裁决是双方当事人自愿达成的协议和法院做出的判决的混合体。[34]《唐尼法案》要求执法机构必须将其与被告所达成的同意裁决,在由法院签署成为生效判决之前,以在联邦公报和报纸上登载的方式

---

〔29〕 United States v. International Telephone and Telegraph Corporation, Civ. A. No. 13319 (1970).

〔30〕 潘志成:《中美经营者集中审查程序比较——以英博收购 AB 案为例展开》,载《中外法学》2010 年第 3 期。

〔31〕 [法]孟德斯鸠:《论法的精神》,张雁深译,商务印书馆 1961 年版,第 155 ~ 156 页。

〔32〕 当然,司法审查对行政裁决的影响具有限度:第一,进入司法审查的案件即便存在行政执法中适用法律不当或者认定事实严重失误的问题,但有严重问题的案件毕竟是少数;第二,在司法审查中,法院掌握的信息一般不会超过行政执法机关;第三,按照"不告不理"的原则,法院要推翻行政执法机关的裁决要有向法院提出申诉的原告;第四,司法审查的时间一般很长,很多原告为此望而却步。参见王晓晔:《关于我国反垄断执法机构的几个问题》,载《东岳论丛》2007 年第 1 期。

〔33〕 陈瑞华:《论程序正义价值的独立性》,载《法商研究》1998 年第 2 期。

〔34〕 Richard A. Epstein, "Antitrust Consent Decrees in Theory and Practice: Why Less is More", *AEI Press*, at 5(2007).

向社会公众公布60日(在可能损害社会公共利益的特殊情况下,法院可以缩短这一公告期限)。公布的内容必须包括同意裁决的内容、执法机构接受被告所提议救济措施所基于的所有评估资料和文件以及执法机构有关竞争影响的说明。

二、行政机关的执法程序

行政执法是我国目前最为主要的竞争法执行程序。除了仍然存在政府职能过于强大、行政执行的手段更为有力之外,行政程序本身的简便、快捷也是这种执法程序存在的重要原因。

(一)反不正当竞争法的执法程序

1. 立案和管辖

启动行政执法程序主要有三种方式:

一是市场监管部门依据职权行使检查。《反不正当竞争法》第3条规定:"各级人民政府应当采取措施,制止不正当竞争行为,为公平竞争创造良好的环境和条件。国务院建立反不正当竞争工作协调机制,研究决定反不正当竞争重大政策,协调处理维护市场竞争秩序的重大问题。" 第4条规定:"县级以上人民政府履行工商行政管理职责的部门对不正当竞争行为进行查处;法律、行政法规规定由其他部门查处的,依照其规定。"此外,我国原工商行政管理局《关于禁止公用企业限制竞争行为的若干规定》中也规定:"……违法行为,由省级或者市级工商行政管理机关查处。"因此,市场监管部门有对市场进行管理、主动查处违法行为的职责。

二是受害人直接申请。不正当竞争行为的直接受害人因受到人身、财产或名誉上的损失而进行投诉时,市场监管部门通常都应当受理、记录并及时处理。并且,受害人既可以自己投诉,也可以通过委托法定代表人或雇员以及消费者协会等向主管机关投诉。

三是社会公众在发现违法事实之后向市场监管部门举报,再由市场监管部门启动程序。《反不正当竞争法》第5条规定:"国家鼓励、支持和保护一切组织和个人对不正当竞争行为进行社会监督。国家机关及其工作人员不得支持、包庇不正当竞争行为。行业组织应当加强行业自律,引导、规范会员依法竞争,维护市场竞争秩序。"该条实际上将举报、启动行政执法程序的权利赋予了社会公众。因此,投诉和启动执法程序的主体并不仅仅限于受害人,普通的消费者或者经营者,即便没有直接受到不正当竞争行为的侵害,同样可以向工商行政管理部门举报,由工商行政机构启动执法程序。

按照2007年颁布的《工商行政管理机关行政处罚程序规定》(以下简称《行政处罚程序规定》)的相关条文,行政执行的管辖权可以分为以下几种:

第一,地域管辖。根据《行政处罚程序规定》第5条、第6条的规定,除非法律或其他行政法规另有规定,违法行为发生地的县级以上(含县级)市场监管机关管辖。同时,省、自治区、直辖市市场监管机关依职权管辖本辖区内发生的重大、复杂案件。国家市场监管总局依职权管辖应当由自己实施行政处罚的案件及全国范围内发生的重大、复杂案件。

第二,特殊管辖。特殊管辖指行政机关对法律或法规规定的特殊案件拥有管辖权。《行政处罚程序规定》第8条规定,对利用广播、电影、电视、报纸、期刊、互联网等媒介发布违法广告的行为实施行政处罚,由广告发布者所在地市场监管机关管辖。广告发布者所在地市场监管机关管辖异地广告主、广告经营者有困难的,可以将广告主、广告经营者的违法情况移交广告主、广告经营者所在地市场监管机关处理。

第三,指定管辖。指定管辖指当两个或两个以上的市场监管机关对同一个不正当竞争行为案件具有管辖权时，它们之间的管辖权争议应由共同上一级市场监管机关受理并决定管辖权的归属。

第四，移送管辖。市场监管机关发现所查处的案件不属于自己管辖时，应当将案件移送有管辖权的市场监管机关。受移送的市场监管机关对管辖权有异议的，应当报请共同上一级市场监管机关指定管辖，不得再自行移送。上级市场监管机关认为必要时可以直接查处下级市场监管机关管辖的案件，也可以将自己管辖的案件移交下级市场监管机关管辖。法律、行政法规明确规定案件应当由上级市场监管机关管辖的，上级市场监管机关不得将案件移交下级市场监管机关管辖。

市场监管机关应当自收到投诉、申诉、举报、其他机关移送、上级机关交办的材料之日起7个工作日内予以核查，并决定是否立案；特殊情况下，可以延长至15个工作日内决定是否立案。立案应当填写立案审批表，同时附上相关材料（投诉材料、申诉材料、举报材料、上级机关交办或者有关部门移送的材料、当事人提供的材料、监督检查报告、已核查获取的证据等），由县级以上市场监管机关负责人批准，办案机构负责人指定两名以上办案人员负责调查处理。

2. 证据收集

通常，监督检查部门在立案后应当及时派出办案人员进行调查检查，以广泛收集证据，弄清事实真相。根据《行政处罚程序规定》第23条的规定，办案人员应当依法收集与案件有关的证据。证据包括以下几种：(1)书证；(2)物证；(3)证人证言；(4)视听资料；(5)当事人陈述；(6)鉴定结论；(7)勘验笔录和现场笔录。上述证据，应当符合法律、法规、规章等关于证据的规定，并经查证属实，才能作为认定事实的依据。

办案人员在整个收集证据的过程中应当遵守有关程序，相应的规定在《行政处罚程序规定》中有详细、严格的规定。重要的部分包括以下方面：首先，办案人员在收集证据过程中不得少于两人，一般应着制服，并出示《中华人民共和国工商行政管理行政执法证》，被检查人在核实确认检查证件后应当接受检查，对于不出示证件或证件不符合要求的，被检查人有权拒绝检查。其次，需委托其他市场监管机关协助调查、取证的，应当出具书面委托调查函，受委托的市场监管机关应当积极予以协助。无法协助的，应当及时将无法协助的情况函告委托机关。再次，办案人员可以要求当事人及证明人提供证明材料或者与违法行为有关的其他材料，并由材料提供人在有关材料上签名或者盖章。办案人员应当收集、调取与案件有关的原始凭证作为证据；调取原始证据有困难的，可以提取复制件、影印件或者抄录本，由证据提供人标明"经核对与原件无误"、注明出证日期、证据出处，并签名或者盖章。最后，对有违法嫌疑的物品或者场所进行检查时，应当有当事人或者第三人在场，并制作现场笔录，载明时间、地点、事件等内容，由办案人员、当事人、第三人签名或者盖章。扣押当事人托运的物品，应当制作协助扣押通知书，通知有关运输部门协助办理，并书面通知当事人。

3. 核审

根据《行政处罚程序规定》，省级市场监管机关可以根据本辖区的实际情况，确定辖区内各级市场监管机关核审案件的类型和范围。案件核审由市场监管机关的法制机构负责实施。市场监管所以自己的名义实施行政处罚的案件，由市场监管所的法制员负责核审。核审机构接到办案机构的核审材料后，应当予以登记，并指定具体承办人员负责核审工作。

案件核审的主要内容包括：(1)所办案件是否具有管辖权；(2)当事人的基本情况是否清楚；(3)案件事实是否清楚、证据是否充分；(4)定性是否准确；(5)适用依据是否正确；(6)处罚是否适当;(7)程序是否合法。

核审机构经过对案件进行核审,提出以下书面意见和建议:"(一)对事实清楚、证据确凿、适用依据正确、定性准确、处罚适当、程序合法的案件,同意办案机构意见,建议报机关负责人批准后告知当事人;(二)对定性不准、适用依据错误、处罚不当的案件,建议办案机构修改;(三)对事实不清、证据不足的案件,建议办案机构补正;(四)对程序不合法的案件,建议办案机构纠正;(五)对违法事实不成立或者已超过追责期限的案件,建议销案;(六)对违法事实轻微并及时纠正,没有造成危害后果的案件,建议不予行政处罚;(七)对超出管辖权的案件,建议办案机构按有关规定移送;(八)对涉嫌犯罪的案件,建议移送司法机关。"核审机构核审完毕,应当及时退卷。办案机构应将案卷、拟作出的行政处罚建议及核审意见报工商行政管理机关负责人审查决定。

案件调查终结,市场监管机关认为违法事实成立,应当予以行政处罚的,写出调查终结报告,草拟行政处罚建议书,连同案卷交由核审机构核审。调查终结报告应当包括当事人的基本情况、违法事实、相关证据及其证明事项、案件性质、自由裁量理由、处罚依据、处罚建议等。认为违法事实不成立,应当予以销案的;或者违法行为轻微,没有造成危害后果,不予行政处罚的;或者案件不属于本机关管辖应当移交其他行政机关管辖的;或者涉嫌犯罪,应当移送司法机关的,写出调查终结报告,说明拟作处理的理由,报市场监管机关负责人批准后根据不同情况分别处理。

4. 行政处罚决定

在调查取证完毕后,市场监管机关负责人经对案件调查终结报告、核审意见或者听证报告,当事人的陈述、申辩意见,拟作出的行政处罚决定进行审查,根据不同情况分别作出给予行政处罚、销案、不予行政处罚、移送其他机关等处理决定。市场监管机关对重大、复杂案件,或者重大违法行为给予较重处罚的案件,应当提交市场监管机关有关会议集体讨论决定。重大、复杂案件,或者重大违法行为给予较重处罚的案件范围,由省级市场监管机关确定。按照《行政处罚法》和《反不正当竞争法》的相关规定,工商行政机关可以实施的行政处罚形式主要有警告、罚款、没收违法所得、责令停业停产、暂扣或者吊销营业许可证或者执照、行政拘留以及法律和行政法规规定的其他行政处罚。下面介绍一下主要的三种处罚形式:

一是罚款。根据修订后的《反不正当竞争法》,罚款可以用来处罚下列不正当竞争行为:(1)经营者违反本法第6条规定从事混淆行为的,对违法经营额五万元以上的,可以并处违法经营额五倍以下的罚款;对没有违法经营额或者违法经营额不足五万元的,可以并处二十五万元以下的罚款。(2)经营者违反本法第7条规定贿赂他人,尚不构成犯罪的,处十万元以上三百万元以下的罚款。(3)经营者违反本法第8条规定对其商品作虚假或者引人误解的商业宣传,或者通过组织虚假交易等方式帮助其他经营者进行虚假或者引人误解的商业宣传的,处二十万元以上一百万元以下的罚款;情节严重的,处一百万元以上二百万元以下的罚款。(4)经营者违反本法第9条规定侵犯商业秘密,尚不构成犯罪的,处十万元以上五十万元以下的罚款;情节严重的,处五十万元以上三百万元以下的罚款。(5)经营者违反本法第10条规定进行有奖销售的,处五万元以上五十万元以下的罚款。(6)经营者违反本法第11条规定损害他人商业信誉、商品声誉的,处十万元以上五十万元以下的罚款;情节严重的,处五十万元以上三百万元以下的罚款。(7)经营者违反本法第12条规定妨碍、破坏其他经营者合法提供的网络产品或者服务正常运行的,处十万元以上五十万元以下的罚款;情节严重的,处五十万元以上三百万元以下的罚款。

二是没收非法所得。修订后的《反不正当竞争法》中,可以实施该处罚的情形有:(1)经营者违反本法第7条规定贿赂他人,尚不构成犯罪的,由监督检查部门没收违法所得。(2)经营者违反本法第6条规定从事混淆行为的,由监督检查部门责令停止违法行为,没收违法商品。

三是吊销营业执照。根据修订后的《反不正当竞争法》,对三种不正当竞争行为可以吊销营业执照,即:(1)经营者违反本法第6条规定从事混淆行为且情节严重的,吊销营业执照。(2)经营者违反本法第7条规定贿赂他人,尚不构成犯罪,情节严重的,吊销营业执照。(3)经营者违反本法第8条规定对其商品作虚假或者引人误解的商业宣传,或者通过组织虚假交易等方式帮助其他经营者进行虚假或者引人误解的商业宣传的,情节严重的,可以吊销营业执照。

5. 行政复议

根据我国2017年修订的《行政处罚法》第6条,公民、法人或者其他组织对行政机关所给予的行政处罚,享有陈述权、申辩权;对行政处罚不服的,有权依法申请行政复议或者提起行政诉讼。修订后的《反不正当竞争法》第29条也表明,当事人对监督检查部门作出的决定不服的,可以依法申请行政复议或者提起行政诉讼。

(二)反垄断法执法机关的执行程序

除了《反垄断法》中对于执法程序的基本规定之外,行政执法机构也出台了大量的配套法规,包括商务部发布的《经营者集中申报办法》《经营者集中审查办法》;原国家工商总局公布的《工商行政管理机关制止滥用行政权力排除、限制竞争行为程序规定》《工商行政管理机关查处垄断协议、滥用市场支配地位案件程序规定》,原国家发展和改革委员会制定的《反价格垄断行政执法程序规定》等。其中,由于商务部对于经营者集中的审查属于事前审查,和对市场支配地位滥用、垄断协议查处的事后程序存在显著差别,因此,反垄断法执法机关的执行程序实际上包含了两个部分:一是经营者集中审查程序,二是反垄断行政调查程序。

1. 经营者集中审查程序

经营者集中会改变市场的结构,从而可能对竞争秩序造成损害。在处理经营者集中上,有事前审查和事后审查两种模式。事前审查的好处在于可以防患于未然,如果在经营者集中之后因为其有害结果而分拆已经集中的经营者,会使得社会资源极大地浪费;而事后审查的好处在于经营者不会因为事前审查而错失集中的机会。根据我国《反垄断法》第21条的规定,如果经营者集中达到国务院规定的申报标准的,经营者应当事先向国务院反垄断执法机构申报,未申报的不得实施集中。因此采用的是事前审查制度。同时,为了克服事前审查带来的机会损失,我国《反垄断法》作出了相应的规定。(具体内容参见本书第十五章)

2. 反垄断行政调查程序

根据《反垄断法》和配套法规的规定,相关的反垄断调查主要依据以下流程进行:

首先,调查的主体。调查的主体主要分为两大类:(1)对涉嫌价格垄断行为,国务院和省、自治区、直辖市人民政府价格主管部门可以在其法定权限内委托下一级政府价格主管部门实施调查。受委托的政府价格主管部门在委托范围内,以委托机关的名义实施调查,不得再委托其他行政机关、组织或者个人实施调查。(2)国家工商行政管理总局统一负责垄断协议、滥用市场支配地位方面的反垄断执法工作。国家工商行政管理总局根据工作需要,可以授权有关省、自治区、直辖市工商行政管理局(以下简称省级工商行政管理局)负责垄断协议、滥用市场支配地位方面的反垄断执法工作。目前,国家发展和改革委员会采用的是普遍授权的方式,而国家工商行政管理总局则采用个案授权进行反垄断调查。

其次,调查的启动。调查程序的启动分两种方式:(1)依职权调查;(2)经由单位和个人举报后,对涉嫌垄断的行为进行调查。同时,如果举报采用书面形式并提供相关事实和证据的,反垄断执法机构应当进行必要的调查。

再次,实质调查。以原国家工商行政管理总局制定的《工商行政管理机关查处垄断协议、滥用市场支配地位案件程序规定》为例,其第 10 条规定:"工商行政管理机关调查涉嫌垄断行为,经向有权查处垄断案件机关的主要负责人书面报告并经批准,可以采取下列调查措施:(一)进入被调查的经营者的营业场所或者其他有关场所进行检查;(二)询问被调查的经营者、利害关系人或者其他有关单位或者个人,要求其说明有关情况;(三)查阅、复制被调查的经营者、利害关系人或者其他有关单位或者个人的有关单证、协议、会计账簿、业务函电、电子数据等文件、资料;(四)查封、扣押相关证据;(五)查询经营者的银行账户。"

最后,调查的中止、终止与恢复。对反垄断执法机构调查的涉嫌垄断行为,被调查的经营者承诺在反垄断执法机构认可的期限内采取具体措施消除该行为后果的,反垄断执法机构可以决定中止调查。中止调查的决定应当载明被调查的经营者承诺的具体内容。反垄断执法机构决定中止调查的,应当对经营者履行承诺的情况进行监督。经营者履行承诺的,反垄断执法机构可以决定终止调查。有下列情形之一的,反垄断执法机构应当恢复调查:(1) 经营者未履行承诺的;(2)作出中止调查决定所依据的事实发生重大变化的;(3)中止调查的决定是基于经营者提供的不完整或者不真实的信息作出的。

3. 其他相关行政执法机关的执法程序

中国现行的竞争法行政执行机构除了国家市场监督管理部门之外,还有质量监督管理部门、证券监督管理部门,以及物价、卫生和各行业的主管部门等。尽管这些机构根据自己管理对象的特点而采用了不同的行政执法程序,但是,从总体上来讲,这些部门的行政执法程序所依据的都是《反不正当竞争法》和相关的行政法规,如《行政处罚法》《行政复议法》等,基本和上述的工商行政管理部门的行政执法相同,在此就不再赘述。

三、司法程序

司法程序包括了民事程序、行政程序以及刑事程序。因为对竞争法并没有设计特别程序,因此在对不正当竞争行为、限制竞争行为进行救济时,需遵循《民事诉讼法》、《行政诉讼法》以及《刑事诉讼法》的相关规定。

(一)民事程序

不正当竞争行为的受害人根据《反不正当竞争法》和《民法通则》能够获得的民事救济的方式主要有:

一是赔偿损失。《反不正当竞争法》第 17 条规定:"经营者违反本法规定,给他人造成损害的,应当依法承担民事责任。经营者的合法权益受到不正当竞争行为损害的,可以向人民法院提起诉讼。"

二是停止侵害。受到不正当竞争行为侵害的受害人,除了可以向市场监管部门要求停止经营者的不正当竞争行为外,还可以向有管辖权的人民法院提起民事诉讼,由法院判决侵权人停止侵害行为。

三是恢复名誉。反不正当竞争行为损害到经营者的商业声誉时，受害人可以要求侵害人为其恢复名誉。

《反垄断法》第50条规定："经营者实施垄断行为，给他人造成损失的，依法承担民事责任。"由于经营者和被侵害的经营者之间是平等的关系，因此，受害人可以依据上述规定请求损害赔偿。目前反垄断民事诉讼案件按照民事诉讼程序进行审理。2012年最高人民法院发布《关于审理因垄断行为引发的民事纠纷案件应用法律若干问题的规定》，通过司法解释对诉讼程序中的具体问题进行了规定。根据这一司法解释，反垄断民事诉讼有以下值得注意的方面：

其一，管辖。第一审垄断民事纠纷案件，由省、自治区、直辖市人民政府所在地的市、计划单列市中级人民法院以及最高人民法院指定的中级人民法院管辖。经最高人民法院批准，基层人民法院可以管辖第一审垄断民事纠纷案件。垄断民事纠纷案件的地域管辖，根据案件具体情况，依照民事诉讼法及相关司法解释有关侵权纠纷、合同纠纷等的管辖规定确定。

其二，举证责任。被诉垄断行为属于《反垄断法》第13条第1款第1项至第5项规定的垄断协议的，被告应对该协议不具有排除、限制竞争的效果承担举证责任。被诉垄断行为属于《反垄断法》第17条第1款规定的滥用市场支配地位的，原告应当对被告在相关市场内具有支配地位和其滥用市场支配地位承担举证责任。被告以其行为具有正当性为由进行抗辩的，应当承担举证责任。

其三，市场地位推定。被诉垄断行为属于公用企业或者其他依法具有独占地位的经营者滥用市场支配地位的，人民法院可以根据市场结构和竞争状况的具体情况，认定被告在相关市场内具有支配地位，但有相反证据足以推翻的除外。原告可以以被告对外发布的信息作为证明其具有市场支配地位的证据。被告对外发布的信息能够证明其在相关市场内具有支配地位的，人民法院可以据此作出认定，但有相反证据足以推翻的除外。

其四，诉讼时效。因垄断行为产生的损害赔偿请求权诉讼时效期间，从原告知道或者应当知道权益受侵害之日起计算。原告向反垄断执法机构举报被诉垄断行为的，诉讼时效从其举报之日起中断。反垄断执法机构决定不立案、撤销案件或者决定终止调查的，诉讼时效期间从原告知道或者应当知道不立案、撤销案件或者终止调查之日起重新计算。反垄断执法机构调查后认定构成垄断行为的，诉讼时效期间从原告知道或者应当知道反垄断执法机构认定构成垄断行为的处理决定发生法律效力之日起重新计算。原告起诉时被诉垄断行为已经持续超过二年，被告提出诉讼时效抗辩的，损害赔偿应当自原告向人民法院起诉之日起向前推算二年计算。

（二）刑事程序

《反垄断法》并没有直接规定限制竞争行为的刑事责任。原《反不正当竞争法》对于不正当竞争行为的刑事责任在第21条、第22条中作了原则性规定。修订后的《反不正当竞争法》对于不正当竞争行为的刑事责任在第31条做出概括性规定："违反本法规定，构成犯罪的，依法追究刑事责任。"而结合《刑法》的相关规定，《反不正当竞争法》《反垄断法》所规制的行为可能涉及的刑事责任主要有：

其一，扰乱市场秩序罪。根据《刑法》第222条规定："广告主、广告经营者、广告发布者违反国家规定，利用广告对商品或者服务作虚假宣传，情节严重的，处二年以下有期徒刑或者拘役，并处或者单处罚金。"根据《刑法》第223条第1款规定："投标人相互串通投标报价，损害招标人或者其他投标人利益，情节严重的，处三年以下有期徒刑或者拘役，并处或者单处罚金。"

根据《刑法》第226条规定，以暴力、威胁手段强买强卖商品、强迫他人提供服务或者强迫他人接受服务，情节严重的，处三年以下有期徒刑或者拘役，并处或者单处罚金。

其二，商业贿赂罪。根据《刑法》第163条规定："公司、企业或者其他单位的工作人员利用职务上的便利，索取他人财物或者非法收受他人财物，为他人谋取利益，数额较大的，处五年以下有期徒刑或者拘役；数额巨大的，处五年以上有期徒刑，可以并处没收财产。公司、企业或者其他单位的工作人员在经济往来中，利用职务上的便利，违反国家规定，收受各种名义的回扣、手续费，归个人所有的，依照前款的规定处罚。国有公司、企业或者其他国有单位中从事公务的人员和国有公司、企业或者其他国有单位委派到非国有公司、企业以及其他单位从事公务的人员有前两款行为的，依照本法第三百八十五条、第三百八十六条的规定定罪处罚。"根据《刑法》第164条规定："为谋取不正当利益，给予公司、企业或者其他单位的工作人员以财物，数额较大的，处3年以下有期徒刑或者拘役；数额巨大的，处三年以上十年以下有期徒刑，并处罚金。"

其三，侵犯个人权利罪。根据《刑法》第221条规定："捏造并散布虚假事实，损害他人的商业信誉、商品声誉，给他人造成重大损失或者有其他严重情节的，处二年以下有期徒刑或者拘役，并处或者单处罚金。"

其四，侵犯知识产权罪。根据《商标法》第40条规定，伪造其他商品经营者的商标，严重扰乱社会和市场秩序的，应依据修改后的《刑法》加以处罚。根据《刑法》第213条规定："未经注册商标所有人许可，在同一种商品上使用与其注册商标相同的商标，情节严重的，处三年以下有期徒刑或者拘役，并处或者单处罚金；情节特别严重的，处三年以上七年以下有期徒刑，并处罚金。"根据《刑法》第214条规定："销售明知是假冒注册商标的商品，销售金额较大的，处三年以下有期徒刑或者拘役。"根据《刑法》第215条规定："伪造、擅自制造他人注册商标标识或者销售伪造、擅自制造的注册商标标识，情节严重的，处三年以下有期徒刑、拘役或者管制。"此外，《刑法》第216条和《刑法》第219条还分别规定了侵犯专利权和商业秘密的刑事责任。

其五，生产、销售伪劣商品罪。《刑法》第三章第一节规定了"生产、销售伪劣商品罪"，因此相关混淆行为如果涉及"销售伪劣商品，构成犯罪的"，可以依照《刑法》第三章第一节有关"生产、销售伪劣商品罪"的相应规定，追究刑事责任。

根据《反垄断法》，经营者违反实体规定并不承担刑事责任。但对反垄断执法机构依法实施的审查和调查，拒绝提供有关材料、信息，或者提供虚假材料、信息，或者隐匿、销毁、转移证据，或者有其他拒绝、阻碍调查行为的，由反垄断执法机构责令改正，对个人可以处二万元以下的罚款，对单位可以处二十万元以下的罚款；情节严重的，对个人处二万元以上十万元以下的罚款，对单位处二十万元以上一百万元以下的罚款；构成犯罪的，依法追究刑事责任。

（三）行政诉讼

在我国，竞争法的主要执行机构是各个行政机关，在经过行政执法程序的处理后，如果经营者不服行政机关的处罚和复议结果，其依《行政诉讼法》第11条[35]和《反不正当竞争法》第29条以及《反垄断法》第53条的规定享有提起行政诉讼的权利。

---

〔35〕 该条总共认定了行政相对人可以对八类行政机关的具体行政行为提起行政诉讼。

本章小结

在竞争法的实施中，行政执法机构和司法机构共同构成了竞争法的实施机构。在这两种基本实施机构类型之下，不同的国家和地区，实施机构基于各种考虑又有不同的组织方式。行政执法机构最主要的模式分为竞争性执法机构和垄断性执法机构。不管何种具体模式，对于执法机构的性质而言，基于对现实需求的回应，更为强调行政权、司法权和立法权在竞争执法机构内的相互制衡关系。而随着市场监督管理总局的建立，中国目前已经完成从三家执法机构分立的竞争性执法模式向统一机构的过渡。中国的法院尽管没有针对竞争法设立单独的诉讼程序以及专门的法庭，但也通过案件审理在内的司法解释、指南等多种方式推动了竞争法的实施。

行政执法机构和司法机构各有其特点与作用，在竞争法实施中二者更多地呈现出相互补充的作用。尽管如此，基于特定的制度、文化等因素，中国的竞争法实施以行政执法为中心，因此行政执法的程序在竞争法的实施中具有很重要的地位。其中，《反不正当竞争法》的执法程序涉及案件的启动、管辖、证据收集审核等多个环节的规定，用以确保案件得到合理、合法处理。《反垄断法》执法包含了两个不同的行政执法程序：一是经营者集中审查程序，二是反垄断行政调查程序。司法程序上，竞争法并没有单独的程序，而实施需要遵循民事诉讼法、行政诉讼法等的相关规定。在部分问题上最高人民法院通过司法解释予以了明确。

思　考　题

1. 反垄断法实施机构的类型。
2. 中国竞争执法机构合并的原因与影响。
3. 竞争法实施中程序的意义。

图书在版编目(CIP)数据

竞争法 / 江帆主编. -- 北京 : 法律出版社, 2019(2023.1 重印)
ISBN 978-7-5197-3121-2

Ⅰ. ①竞… Ⅱ. ①江… Ⅲ. ①反不正当竞争-经济法
Ⅳ. ①D912.29

中国版本图书馆 CIP 数据核字(2019)第 025093 号

竞争法
JINGZHENGFA

江 帆 主编

责任编辑 刘 琳
装帧设计 乔智炜

出版发行 法律出版社
编辑统筹 法律教育出版分社
责任校对 郑怡萍
责任印制 刘晓伟
经　　销 新华书店

开本 787 毫米×1092 毫米 1/16
印张 23.75 **字数** 578 千
版本 2019 年 2 月第 1 版
印次 2023 年 1 月第 3 次印刷
印刷 固安华明印业有限公司

地址:北京市丰台区莲花池西里 7 号(100073)
网址:www.lawpress.com.cn
投稿邮箱:info@lawpress.com.cn
举报盗版邮箱:jbwq@lawpress.com.cn
销售电话:010-83938349
客服电话:010-83938350
咨询电话:010-63939796

书号:ISBN 978-7-5197-3121-2
定价:48.00 元
凡购买本社图书,如有印装错误,我社负责退换。电话:010-83938349